NEW RONTENKOUGI SERIES

新 論点講義シリーズ ５

担保物権法
民事執行法

小林秀之＋山本浩美 著
HIDEYUKI KOBAYASHI + HIROMI YAMAMOTO

弘文堂

新・論点講義シリーズへの招待

　法科大学院がスタートし、法学部生および法科大学院生が法律を学ぶ際に求めるテキストの形もますます多様化しています。新司法試験をめざす人にとっては良き演習書となるような、また法学未修者にとっては良き入門書となるような、読者の多様化したニーズに応えられるテキストが求められています。

　学界の最先端で活躍する研究者に、1人もしくは2人で責任をもって一貫した視点で個性豊かに書いてもらい、記述的にも視覚的にも、創意工夫を凝らし整理の行き届いたテキストを作ることはできないか、という思いをもって、本シリーズをスタートしました。

　本シリーズは、メリハリをつけるため重要論点を厳選し、具体的に事例で考えられるようにケース・スタディ形式を取り入れた、新しいテキストの形式を追求しています。

【構成・内容上の特色】

　【1】の概説では、論点を考えるにあたって必要な基礎的な知識を説明しています。

　【2】の論点のクローズアップでは、学説の分布や対立的、判例の動向などを整理し論点を掘り下げています。

　【3】のケース・スタディでは、読者が興味をもてる素材に基づく事例を設定し、読者が【1】【2】で得た理解を応用して、模範解答が導けるような解説をしています。

　【4】のまとめでは、要約および補充的な説明を行っています。この部分は、巻によってないものもあります。

【スタイル上の特色】

　①図解・図表をふんだんに使うとともに、2色刷によって視覚的にもわかりやすさを追求しています。

　②小見出しなど見出しは多めに入れ、記述の仕方も理解しやすいよう工夫してあります。

　③右の欄外に、法律用語の説明や法律豆知識、注記などのほか、判例の内容説明、考え方・解答のポイント、文献案内など役立つ情報を満載しています。

　以上のような特色をいかしつつ、全体的な知識と具体的な応用力が身につき、新司法試験はじめ学部試験や国家試験の準備にも役立つ内容になっています。法科大学院世代、ビジュアル世代の読者に喜んでいただける新しいタイプの演習書を兼ねたテキストとして迎えられることと願っています。

シリーズ編集者
小林　秀之

はしがき

　本書は、新論点講義シリーズの担保物権法および民事執行法のテキストである。担保物権法は、わが国の民法典では「第二編　物権」の後半部分を占め、伝統的にも物権法の一分野と考えられてきたが、債権の担保であるだけに債権法との関連も密接である。このように、債権回収を実現するには、民法全体の総合的理解が要求されるうえに、その実行方法を定めた民事執行法や倒産法の手続的理解まで必要である。更に、債権回収まで視野に入れれば、民事執行法の理解は絶対に不可欠である。今後は、債権回収法という法典を超えた新しい法領域の形成のために本書のような担保物権法と民事執行法を統合したテキストが必要になってこよう。

　担保物権法は民法の中では最も修得が困難な科目として敬遠されがちであったが、実務では最も重要な法知識であり、民事執行法も含めた立体的な学習が必要であるという意味では、学びがいのある科目である。

　本書では、担保物権法および民事執行法のテキストとして、次のような特色を有している。

　第一に、従来の担保物権の教科書は、手続法との関連が必ずしも十分に説明されておらず、実際の手続が分からない平板な説明になっていた。そこで、手続法との関連を重視し、手続法との関係について独立の講を設けたほか（第0講・第18講など）、随所に手続的な説明を入れた。手続法の知識が全くなくてもわかるように、手続法を右欄の注やまとめでもわかりやすく説明した。しかも、独立に最後の5講で民事執行の流れと民事執行法の構造を解説してある。

　第二に　債権回収法という視点から、担保物権法と同時に民事執行法の基礎を説明し、実体法と手続法を立体的に学べるように工夫してある。担保物権法の手続法的説明を通じて、民事執行法のポイントが理解できたところで、最後の5講で民事執行法全体の解説を読めば、両者を統合的にマスターできる。債権回収は、実体と手続の両面を理解していなければできないという観点からは、本書のような構成は実践的であるだけでなく、民事執行法を担保物権法の延長で学べるという意味では、一石三鳥（？）である。

　今後は、法典の編成にとらわれず、新しい法体系を創造していく学問的動きが加速されるだろうが、「債権回収法」という新しい法体系樹立への起爆剤となり、民法改正作業にあたっても必要な視点であることを提示しようとしている。

　第三に、本書は基本的には債権回収法のテキストになるよう考案されているが、あくまで担保物権法を軸として民事執行法も同時にマスターできることを目指している。そのため、判例・学説の叙述についてはなるべく客観的に行うとともに、ケース・スタディの形で具体的に検討する場を設け、通説・判例にそった解答の骨子を示すことにより、初心者でも重要論点を理解して答案が書けるように工夫した。現在、法科大学院で行われているケース中心の教育方法の教材としても利用できよう。

　本書がなるにあたり、編集・出版にわたり大変お世話になった弘文堂編集部の北川陽子さんに感謝したい。

　　　平成20年　例年より早い桜を眺めつつ

小林秀之・山本浩美

〔文献略語表〕

民録	大審院民事判決録	判タ	判例タイムズ
民集	大審院・最高裁判所民事判例集	ジュリ	ジュリスト
新聞	法律新聞	法セ	法学セミナー
判時	判例時報	金法	金融法務事情

伊藤	伊藤眞『破産法・民事再生法』（有斐閣・平19）
上原＝長谷部＝山本	上原敏夫＝長谷部由起子＝山本和彦『民事執行・保全法（第2版補訂）』（有斐閣・平19）
内田	内田貴『民法Ⅲ（第3版）債権総論・担保物権』（東京大学出版会・平17）
浦野・要点	浦野雄幸『要点民事執行法（新訂版）』（商事法務研究会・平3）
浦野編・基本法コンメ	浦野雄幸編『基本法コンメンタール民事執行法（第5版）』（日本評論社・平17）
遠藤＝野村＝大内	遠藤功＝野村秀敏＝大内義三『テキストブック民事執行・保全法』（法律文化社・平19）
遠藤ほか	遠藤浩ほか編『民法（3）担保物権［第4版増補版］』（有斐閣・平15）
近江	近江幸治『担保物権（第2版補訂）』（成文堂・平19）
川井	川井健『民法概論（第2版）』（有斐閣・平17）
Q&A債権譲渡	法務省民事局参事官室・第四課編・Q&A債権譲渡特例法（改訂版・商事法務研究会・平10）
小林	小林秀之『［新版］破産から民法がみえる』（日本評論社・平15）
小林＝角	小林秀之＝角紀代恵『手続法から見た民法』（弘文堂・平5）
小林＝齋藤	小林秀之＝齋藤善人『破産法』（弘文堂・平19）
裁判所職員	裁判所職員総合研修所監修『民事執行実務講義案（改訂版）』（司法協会・平18）
裁判所職員・執行文	裁判所職員総合研修所監修『執行文（改訂版）』（司法協会・平17）
篠塚＝川井	篠塚昭次＝川井健編『講義物権法・担保物権法』（青林書院・昭57）
鈴木	鈴木禄弥『物権法講義（5訂版）』（創文社・平19）
高木	高木多喜男『担保物権（第4版）』（有斐閣・平17）
高木ほか	高木多喜男ほか『民法講義3担保物権（改訂版）』（有斐閣・昭55）
高橋	高橋眞『担保物権』（成文堂・平19）
田山	田山輝明『通説物権・担保物権法（第3版）』（三省堂・平17）
道垣内	道垣内弘人『担保物権（第3版）』（有斐閣・平20）
中野	中野貞一郎『民事執行法（増補新訂5版）』（青林書院・平18）
平野	平野裕之『民法総合3担保物権法』（信山社・平19）
福永	福永有利『民事執行法・民事保全法』（有斐閣・平19）
不服申立の実務	茨城県弁護士会編『民事訴訟・執行・保全・破産における不服申立の実務』（ぎょうせい・平19）
星野	星野英一『民法概論Ⅱ（物権・担保物権）［合本再訂］』（良書普及会・平6）
槇	槇悌次『担保物権法』（有斐閣・昭56）
松村	松村和徳『民事執行・保全法概論』（成文堂・平20）
森井ほか	森井英雄ほか『債権譲渡特例法の実務』（新訂第2版・商事法務研究会・平14）
柚木＝高木	柚木馨＝高木多喜男『担保物権法（第3版）』（有斐閣・昭57）
我妻	我妻栄『新訂担保物権法』（岩波書店・昭43）
和田	和田吉弘『基礎からわかる民事執行法・民事保全法』（弘文堂・平18）

担保法の判例①	担保法の判例Ⅰ［ジュリスト増刊］（有斐閣・平6）
担保法の判例②	担保法の判例Ⅱ［ジュリスト増刊］（有斐閣・平6）
担保法理	担保法理の現状と課題［別冊NBL31号］（商事法務研究会・平7）
判例百選①	民法判例百選Ⅰ総則・物権［第5版・別冊ジュリスト159号］（有斐閣・平13）
判例百選②	民法判例百選Ⅱ債権［第5版・別冊ジュリスト160号］（有斐閣・平13）
判例百選①［新法対応］	民法判例百選Ⅰ総則・物権［第5版新法対応補正版・別冊ジュリスト175号］（有斐閣・平17）

〔凡例〕

- ♥ 定義
- ♦ 補充説明・補注
- ★ 引用文献・出典
- ▲ 判例
- ♣ 応用その他
- ➡ 参照

新・論点講義シリーズ……5

担保物権法・民事執行法

CONTENTS

第0講 ❷
担保物権入門
[1] 概説 ……………………………………… 2
- ●担保物権と担保の意義
- ●担保物権の種類
- ●担保物権の効力
- ●担保物権の性質

[2] 抵当権と一般債権の比較 ………………… 5
- ●抵当権の実際的利点
- ●一般債権の実現
- ●抵当権のメリット1──優先弁済権（優先弁済的効力）
- ●抵当権のメリット2──債務名義の要否
- ●抵当権のメリット3──破産手続における別除権性

[3] まとめ …………………………………… 8

第1講 ❿
留置権の意義と要件・効果
[1] 概説 ……………………………………… 10
- ●留置権の意義
- ●留置権の成立
- ●留置権の効力
- ●留置権の消滅

[2] 論点のクローズアップ …………………… 16
- ●占有が不法行為によって始まった場合の留置権

[3] ケース・スタディ ………………………… 18
[4] まとめ──民事執行・倒産での取扱い … 20

第2講 ㉑
留置権と牽連性
[1] 概説 ……………………………………… 21
- ●債権と物との牽連性の意義
- ●債権が物自体から生じた場合
- ●物の返還請求権と同一の法律関係または同一の生活関係から生じた債権

[2] 論点のクローズアップ …………………… 22
- ●不動産の二重売買における留置権
- ●留置権の及ぶ目的物の範囲

[3] ケース・スタディ ………………………… 25
[4] まとめ …………………………………… 26

第3講 ㉗
先取特権の意義と種類
[1] 概説 ……………………………………… 27
- ●先取特権の意義
- ●先取特権の種類
- ●一般先取特権（4種類）
- ●動産先取特権（8種類）
- ●不動産先取特権（3種類）

[2] 論点のクローズアップ …………………… 34
- ●建物賃貸の先取特権の目的物

[3] ケース・スタディ ………………………… 35
[4] まとめ …………………………………… 37

目次 V

第4講 38
先取特権の性質と効力
[1] 概説 …… 38
◉先取特権の法的性質
◉公示の原則から見た先取特権の性質
◉先取特権の効力
[2] 論点のクローズアップ …… 42
◉特別先取特権における物上代位の意義
◉動産売買先取特権に基づく物上代位権と請負代金債権
◉物上代位における差押えの意義
◉動産売買の先取特権者が、物上代位の目的債権が譲渡され、第三者に対する対抗要件が具備された後においても、目的債権を差し押さえて物上代位権を行使できるか
[3] ケース・スタディ …… 48
[4] まとめ …… 49

第5講 (51)
質権の意義と動産質
[1] 概説 …… 51
◉質権の意義
◉動産質の設定
◉動産質権の対抗要件
◉動産質権の目的物
◉動産質の効力
◉動産質の侵害
◉動産質権者の義務
◉流質契約の禁止
[2] 論点のクローズアップ …… 55
◉転質
[3] ケース・スタディ …… 57
[4] まとめ …… 58

第6講 (59)
不動産質と質物の返還
[1] 概説 …… 59
◉不動産質の設定
◉不動産質の効力
◉不動産質の消滅
[2] 論点のクローズアップ …… 62
◉質物の返還による質権の効力
[3] ケース・スタディ …… 63
[4] まとめ …… 64

第7講 (65)
債権質
[1] 概説 …… 65
◉債権質の設定
◉債権質の効力
◉債権質の消滅
[2] 論点のクローズアップ …… 69
◉質権者を特定しない承諾の有効性
[3] ケース・スタディ …… 70
[4] まとめ――債権質の実行方法 …… 71

新・論点講義シリーズ……5
担保物権法・民事執行法

第8講 抵当権の意義と成立 …72
[1] 概説 …… 72
- ●抵当権の意義と性質
- ●抵当権に関する原則
- ●抵当権の設定
- ●抵当権の消滅

[2] 論点のクローズアップ …… 76
- ●抵当権の付従性
- ●抵当権の登記の流用

[3] ケース・スタディ …… 78
[4] まとめ …… 79

第9講 抵当権の目的物の範囲 …81
[1] 概説 …… 81
- ●目的物の範囲
- ●付加物（付加一体物）
- ●抵当不動産より生ずる果実

[2] 論点のクローズアップ …… 84
- ●抵当権設定後の従物
- ●分離物

[3] ケース・スタディ …… 87
[4] まとめ …… 87

第10講 抵当権の侵害 …89
[1] 概説 …… 89
- ●抵当権侵害の意義
- ●抵当権に基づく物権的請求権

[2] 論点のクローズアップ …… 92
- ●抵当権の侵害に基づく損害賠償請求権
- ●増担保請求と期限の利益の喪失

[3] ケース・スタディ …… 93
[4] まとめ …… 95

第11講 抵当権の物上代位 …97
[1] 概説 …… 97
- ●物上代位の客体
- ●物上代位権行使の要件

[2] 論点のクローズアップ …… 99
- ●抵当不動産の賃貸に基づく賃料に対する物上代位権と平成15年改正
- ●抵当不動産の賃借人が取得すべき転貸賃料債権に対する物上代位権
- ●賃料債権を差し押さえられた後における賃借人による相殺
- ●抵当不動産の火災保険金請求権に設定された質権と物上代位権との優劣
- ●抵当権の物上代位の目的債権が他に譲渡された後における差押え
- ●他の債権者による債権差押事件への配当要求

[3] まとめ …… 109

第12講
代価弁済・抵当権消滅請求 … 110

[1] 概説 … 110
- 抵当権と第三取得者の関係
- 代価弁済
- 抵当権消滅請求

[2] 論点のクローズアップ … 112
- 滌除から抵当権消滅請求への改正

[3] まとめ … 116

第13講
抵当権の消滅 … 118

[1] 概説 … 118
- 物権に共通の消滅原因
- 担保物権に共通の消滅原因
- 抵当権に特有の消滅原因
- 被担保債権が消滅していたのに債権譲渡され、債務者が異議をとどめないで承諾した場合の抵当権の復活

[2] 論点のクローズアップ … 121
- 消滅時効による抵当権の消滅
- 第三者が被担保債権を消滅させるための弁済額

[3] ケース・スタディ … 122

[4] まとめ──抵当権登記との関係 … 124

第14講
短期賃貸借保護の廃止と明渡猶予・同意登記 … 125

[1] 概説 … 125
- 短期賃貸借保護の廃止
- 明渡猶予制度の創設

[2] 論点のクローズアップ … 130
- 抵当権者の同意を得た賃貸借登記

[3] ケース・スタディ … 132

[4] まとめ … 133

第15講
法定地上権・一括競売 … 135

[1] 概説 … 135
- 法定地上権の立法趣旨
- 法定地上権の成立要件
- 一括競売の拡大

[2] 論点のクローズアップ … 141
- 更地に抵当権を設定した後に土地所有者が建物を築造した場合の法定地上権の成否
- 共有土地上の建物を所有する者が土地の共有持分に抵当権を設定した場合

[3] ケース・スタディ … 143

[4] まとめ … 145

新・論点講義シリーズ……5
担保物権法・民事執行法

第16講　⑭
法定地上権の成立要件・内容
[1] 概説 …………………… 147
- ●法定地上権の成立要件と所有者・登記
- ●法定地上権の内容
- ●法定地上権の対抗要件
- ●建物のために土地賃借権が設定されている場合

[2] 論点のクローズアップ …………… 151
- ●抵当権設定当時建物と土地は同一所有者に帰属していたが、建物の所有名義が前主の名義のまま土地に抵当権が設定された場合

[3] ケース・スタディ ……………… 152
[4] まとめ …………………… 154

第17講　⑮
抵当権の処分
[1] 概説 …………………… 155
- ●抵当権の処分の意義
- ●抵当権の譲渡
- ●抵当権の放棄
- ●抵当権の順位の譲渡
- ●抵当権の順位の放棄
- ●抵当権の順位の変更
- ●転抵当権（転抵当）

[2] 論点のクローズアップ …………… 161
- ●転抵当の法的構成

[3] ケース・スタディ ……………… 162
[4] まとめ …………………… 163

第18講　⑯
抵当権の実行
[1] 概説 …………………… 164
- ●抵当権者の地位
- ●抵当権の実行（担保不動産競売）
- ●担保不動産競売手続
- ●担保不動産収益執行

[2] 論点のクローズアップ …………… 174
- ●配当受領債権者に対する抵当権者からの不当利得返還請求権

[3] ケース・スタディ ……………… 175
[4] まとめ──実行以外の抵当権の効力 177

第19講　⑰
共同抵当
[1] 概説 …………………… 179
- ●共同抵当の意義
- ●共同抵当権の設定と公示
- ●異時配当

[2] 論点のクローズアップ …………… 182
- ●共同抵当権の目的物となっている複数の不動産がすべて同一の物上保証人の所有に属する場合の異時配当における代位
- ●共同抵当において物上保証人所有の抵当不動産が先に実行されて（または物上保証人が共同抵当権者に弁済して）債務者に対し求償権を取得した場合

[3] ケース・スタディ ……………… 184
[4] まとめ …………………… 186

第20講
根抵当 ⓫187
[1] 概説 ……………………………… 187
- ●根抵当権の立法化
- ●根抵当権の設定
- ●根抵当権による優先弁済の範囲
- ●根抵当権の内容の変更
- ●根抵当権の確定
- ●元本確定後の極度額減額請求権と根抵当権消滅請求権

[2] 論点のクローズアップ ……… 195
- ●極度額を越えた被担保債権を有する根抵当権者が優先弁済を受けられる範囲
- ●被担保債権を「信用金庫取引による債権」として設定された根抵当権と保証債権
- ●極度額変更の登記
- ●被担保債権の差押え・質入れの根抵当権に及ぼす効果

[3] ケース・スタディ ……………… 199
[4] まとめ ……………………………… 200

第21講
仮登記担保の設定と効力 ⓫202
[1] 概説 ……………………………… 202
- ●仮登記担保の出現と仮登記担保法
- ●仮登記担保権の設定
- ●仮登記担保権の効力の及ぶ範囲

[2] 論点のクローズアップ ……… 205
- ●仮登記担保権と用益権
- ●仮登記担保権設定者の受戻権
- ●根仮登記担保権
- ●消滅

[3] まとめ ……………………………… 208

第22講
仮登記担保権の実行 ⓫210
[1] 概説 ……………………………… 210
- ●仮登記担保権の私的実行
- ●競売手続と優先弁済受領権
- ●倒産手続と仮登記担保権

[2] 論点のクローズアップ ……… 215
- ●仮登記担保法5条1項の通知義務

[3] ケース・スタディ ……………… 217
[4] まとめ ……………………………… 218

第23講
譲渡担保の性質と実行 ⓫220
[1] 概説 ……………………………… 220
- ●譲渡担保の性質
- ●買戻特約付売買契約として締結された契約と譲渡担保契約
- ●譲渡担保権の設定
- ●譲渡担保権の効力
- ●譲渡担保権の実行
- ●譲渡担保権者と第三者との関係
- ●譲渡担保権設定者と第三者との関係
- ●受戻権

[2] 論点のクローズアップ ……… 231
- ●譲渡担保権の法的構成
- ●譲渡担保権設定者から不法占有者に対する返還請求の可否
- ●譲渡担保権設定者の一般債権者と譲渡担保権者
- ●弁済期後における譲渡担保権者による目的不動産の処分と受戻しの可否
- ●被担保債権の弁済期後に譲渡担保権者の債権者が目的不動産を差し押さえた場合における設定者による第三者異議の訴え

[3] ケース・スタディ ……………… 238
[4] まとめ ……………………………… 240

新・論点講義シリーズ……5
担保物権法・民事執行法

第24講 ㉔㊷ 集合動産譲渡担保と債権譲渡担保
[1] 概説 …………………… 242
◉集合動産譲渡担保の性質
◉債権譲渡担保の性質
◉停止条件型の集合債権譲渡担保契約の対抗要件と否認
[2] 論点のクローズアップ …………………… 251
◉集合動産譲渡担保と動産売買先取特権
[3] ケース・スタディ …………………… 254
[4] まとめ …………………… 256

第25講 ㉕㊲ 所有権留保
[1] 概説 …………………… 257
◉所有権留保の性質
◉所有権留保の設定
◉所有権留保の効力
◉所有権留保と譲渡担保との関係
[2] 論点のクローズアップ …………………… 263
◉所有権留保のなされている自動車の転売
[3] ケース・スタディ …………………… 264
[4] まとめ …………………… 266

第26講 ㉖㊸ 強制執行法総論
[1] はじめに …………………… 268
◉民事執行法の制定
◉執行機関
[2] 強制執行の機能とその内容 …………………… 269
◉債務名義
◉執行文
◉執行開始の要件
◉強制執行の不許の裁判、強制執行の停止・取消し
◉執行処分に対する不服申立て
◉執行当事者の承継

第27講 ㉘

不動産に対する強制執行

[1] はじめに ……………………… 283
- ●対象財産と管轄執行裁判所
- ●申立書、添付書類
- ●申立ての取下げ

[2] 不動産の強制競売開始決定と差押えの効力 ……………………… 285
- ●開始決定と差押宣言
- ●差押えの効力(手続相対効)
- ●目的不動産の使用・収益権
- ●地代等の代払いの許可

[3] 債権者の競合 ……………………… 287
- ●二重開始決定とその効力
- ●配当要求とその手続

[4] 売却条件と物件明細書 ……………………… 289
- ●売却条件とその内容
- ●現況調査・評価と売却基準価額
- ●物件明細書とその備置き
- ●内覧制度

[5] 不動産の売却と売却許否の手続 ……… 293
- ●売却の前提条件(剰余主義)
- ●売却の方法とその手続
- ●次順位買受けの申出
- ●売却決定期日と売却不許可事由
- ●売却許否の決定と執行抗告
- ●買受人(最高価買受申出人)のための保全処分

[6] 代金の納付とその効果 ……………………… 297
- ●代金の納付とその方法
- ●引渡命令

[7] 配当等の手続 ……………………… 298
- ●売却代金の分配手続
- ●配当等の実施

[8] もう一つの不動産執行 ……………………… 300
- ●強制管理

第28講 ㉚

動産執行・船舶執行

[1] 動産執行 ……………………… 302
- ●動産執行の申立てと対象財産
- ●差押えの方法と事件の併合
- ●差押禁止動産とその範囲の変更
- ●売却と配当等の手続の特色

[2] 船舶執行 ……………………… 310
- ●船舶、航空機、自動車、建設機械執行の位置づけ
- ●船舶執行の対象船舶と執行裁判所
- ●船舶国籍証書等の取上げ、引渡し
- ●保証提供による差押えの解放と航行許可
- ●船舶執行における売却手続と配当等

第29講 ㉞

債権執行

[1] 債権執行 ……………………… 314
- ●債権執行の申立てと差押命令
- ●差押命令の効力
- ●差押禁止債権とその範囲の変更
- ●債権者の競合
- ●差押債権の取立ておよび換価
- ●配当等の実施手続

新・論点講義シリーズ……5
担保物権法・民事執行法

第30講 非金銭執行
[1] 不動産の引渡し・明渡しの執行 …… 327
- はじめに
- 執行の方法
- 目的外動産の処理
- 明渡しの催告
[2] 動産の引渡執行 …… 329
[3] 代替執行 …… 330
[4] 間接強制 …… 331
[5] 意思表示義務の執行 …… 332

第31講 動産競売・債権に対する担保権の実行・留置権による競売等
[1] 動産競売 …… 333
- 動産競売の開始
- 動産の差押え
- 動産の売却手続
- 配当要求
- 弁済・配当の手続
[2] 債権に対する担保権の実行 …… 337
- はじめに
- 申立て
- 実行手続
- 動産売買先取特権の物上代位権の行使としての転売代金債権に対する差押え
[3] 留置権による競売 …… 341
- 留置権による競売の性質
- 留置権による競売の手続
[4] 形式的競売とその手続 …… 342
- 形式的競売の内容
- 競売手続の準用(競売の例による)
[5] 財産開示手続 …… 343
- 財産開示手続

付録 債権回収法のすすめ(事例問題による)
ケース1 …… 346
- 非典型担保の担保的構成
- 譲渡担保についての規定
- 譲渡担保設定者の破産
- 民事執行との比較
ケース2 …… 351
- 否認権の一元的構成から二元的構成へ
- 不動産などの相当価格による売却
- 同時交換的行為
- 取消しや否認の範囲

事項索引 …… 356
判例索引 …… 361

新 論点講義シリーズ 5

担保物権法・民事執行法

第0講 担保物権入門

[1] 概説

●担保物権と担保の意義

1 担保物権の意義

一定の財産について、そこから優先的に自己の債権を回収できる権利が、担保物権である（道垣内・3）。債務者が債務を任意に履行しないため債権者がその債権の満足を得られないときは、債権者は債権の効力に基づいて、最終的には、債務者の一般財産（責任財産）に対して強制執行をなし、これによって満足を受けうる（民事執行法に従い、債務者所有の不動産や動産等を入札・競売などによって第三者に売却し、その売却代金を弁済・配当することによって債権者の債権を満足させる）。しかし、現実には、債務者が債務を任意に履行をしない場合の多くは、債務者の資産状態が悪化したときであり、債務者の一般財産をもってしては、債務者の総債権者には満足を与えることができないことが通常である。このような場合、債務者の（積極）財産の総額は総債務額を下回り、しかも、各債権者は債権額の割合に応じて平等の弁済を受けることしかできないのが原則であるから、債権者は債権の効力にのみ依存することは危険となる（自己の債権全額の弁済は受けられなくなる可能性が高い）。このような危険を回避するため、債権者は債権を取得する際に債権の履行確保のために担保物権を設定させたり、あるいは、法律が特定の債権を保護するためにこのような担保物権の成立を認める（高木・1参照）。

担保物権は、金銭の貸借（消費貸借契約）に際して設定されるのが通常である（または債権者と債務者の間に継続的取引がある場合）。現代では、企業が設備資金や運転資金を確保するために行われる企業金融や、消費者の家計の補助のためになされる消費者金融などさまざまな分野で金銭の貸借がなされており、担保物権は今日の経済社会で重要な機能を有している。

2 担保の意義

民法は、債権の担保のための制度として、人的担保制度と物的担保制度を設けている。人的担保とは、同一債権のために複数の者に債務を負わせる方法の担保であり、これによって複数の者の一般財産が債務の引当てになる。債権総則に規定された保証債務（446条以下）や連帯債務（432条以下）などが人的担保の典型である。これに対して、債務者または第三者（物上保証人）の財産を直

♥ **保証債務**
保証人が、主債務者の債務につき、付従的ではあるが同一内容の給付を約束する債務のこと。債務者以外の財産も強制執行の対象としうる制度として、保証がある（道垣内・2）。

♥ **連帯債務**
数人の債務者が、同一内容の給付について、各自が独立に全部の給付をなすべき債務を負担し、そのうちの一人の給付があれば他の債務者も債務を免れる多数当事者の債務のこと。

接に債権の担保にあてる方法を物的担保という。この物的担保の中心をなすのが、民法第二編「物権」の第7章以下に規定されている担保物権である。

これに加え、特別法や判例法により認められる担保物権も存在している。

●担保物権の種類

1 典型担保と非典型担保

民法典その他の法律により担保としての機能を果たすべき権利として創設された担保物権を、典型担保という。留置権（➡第1講・第2講）、先取特権（➡第3講・第4講）、質権（➡第5講～第7講）および抵当権（➡第8講～第20講）の4種類がある。これに対し、民法典に担保としての機能を果たすべき権利として創設された制度ではないが、実質的に担保的機能を営むところから担保制度として利用される担保手段を非典型担保（変則担保）という。非典型担保として挙げられるのは、仮登記担保（➡第21講・第22講）、譲渡担保（➡第23講・第24講）、所有権留保（➡第25講）などである。仮登記担保は、従来、判例・学説によって認められた担保方法であったが、昭和53年に「仮登記担保契約に関する法律」が制定され、法典上の根拠を与えられた。また、**相殺予約**、**代理受領**、**振込指定**なども担保としての機能を果たす。このほか、多数の債権者が共同で融資するときなどにおいては、代表者または第三者が総債権者のために担保権を保有することが便利な場合がある。より一般的に、信託の仕組みを利用したセキュリティ・トラスト（担保権を被担保債権と切り離して信託財産とする信託）を認めるべきことが説かれている（道垣内・9）。これは、平成18年改正の信託法で立法化された（同法3条1号、2号）。

2 法定担保物権と約定担保物権

法律が特に保護しようとする債権について、法律上当然に生ずる担保物権を法定担保物権という。留置権と先取特権は、法定担保物権である。これに対し、当事者の約定（合意）に基づいて設定される担保物権を約定担保物権という。質権、抵当権、仮登記担保、譲渡担保や所有権留保などが約定担保物権である。非典型担保はすべて約定担保となる（道垣内・7）。

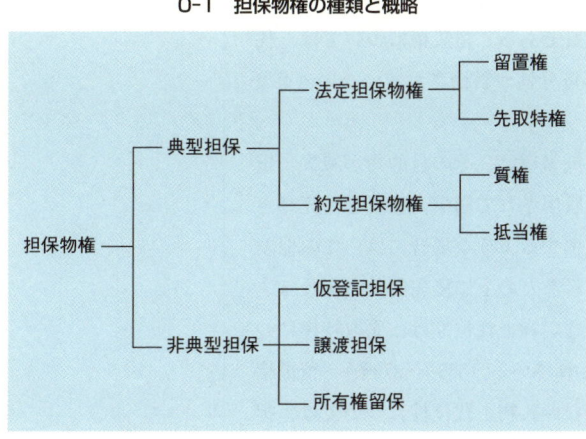

0-1　担保物権の種類と概略

♥**担保物権は物権の一種**
担保物権が物権の一種であることは、権利実現のために、直接に目的物に対して優先弁済権の実現を図ることができる点、すなわち債務者ないし設定者の給付行為を必要としない点に現れている（高橋・8）。

♥**非典型担保**
競売手続には時間も費用もかかる。そこで債権者としては、簡易な手続で実行できる担保手段を得たいと考えることになる。すなわち、債務者の不履行があるときは、目的物の所有権など特定の権利を自分に直接帰属させ、その利得によって被担保債権の回収を図ることのできる手段である（道垣内・5）。
非典型担保は、所有権留保を除き、歴史的には債権者が暴利を得るための手段として発達してきたといわれる（道垣内・5）。

♥**相殺予約**
相互に債権債務を有する者の間で、当事者の一方に資力の危険を示す一定の事由が生じた場合等に、他方当事者が直ちに相殺の意思表示をして債権を対当額で消滅させることができる旨を、あらかじめなす合意をいう。

♥**代理受領**
債権者Aが、債務者Bに金銭の貸付をするにつき、BがCの債務者（第三債務者）Cに対して有する債権の弁済受領の委任を受け、その貸付金の弁済に充当する、という法的手段のこと。
たとえば、代理受領は、銀行（債権者）Aが融資先Bに対して融資を行うにつき、Bがその債権者Cに対して有する債権の弁済受領の委任をBからAが受け、AがBに対して有する融資金の弁済に充当できるとする方法によって行われる。債権者Aは、BのCに対する債権の受領権を有することによって、自己のBに対する融資金の債権が担保されることになる。したがって、BのCに対する債権をAに譲渡ないし質入れすることと実質的には変わらないから、代理受領は、債権担保のための一手段ということになる。代理受領は、具体的には、BがCに対して有する特定債権につき、その請求と弁済の受領方をAに委任し、AとBが連署したうえでCに承諾を求め、その承諾を受けるという方法で行われる（近江・353）。
近時実務で用いられている代理受領においては、第三債務者の承諾を得るのが通例であるが、この承諾の法的性格が極めて曖昧である（加藤雅信「判批」判例百選①[新法対応]210以下）。

♥**振込指定**
銀行Aが、融資先であるBのCに対して有する債権の支払方法を、A銀行のB名義口座に振り込むことを指定し、それによって振り込まれた金銭を、AはBに対する融資債権と相殺するという方法をいう（近江・356）。

●担保物権の効力

担保物権はいくつかの効力を有している。

(1) **優先弁済的効力**　担保の目的物を裁判所・執行官が売却し、それによって得られた売却代金の中から担保権者が他の債権者に優先して（債権者平等原則を排除して）弁済・配当を得られる効力である。

(2) **留置的効力**　担保の目的物を債権者が占有し、債務者から弁済があるまでは、その物の返還を拒絶できることにより、債務者からの弁済を間接的に強制・促進させる効力である。

(3) **収益的効力**　債権者が、担保の目的物から生ずる果実を自己の債権の弁済にあてることのできる効力である。

担保物権の効力としては、以上の３つが挙げられることが多い。その他に、債務の弁済がない場合に、担保に供されていた物を債権者に帰属させ、またはすでに債権者に帰属していた物を債務者の受戻権の喪失により確定的に債権者に帰属させる効力として**所有権取得的効力**が挙げられることもある。

●担保物権の性質

(1) **付従性**　担保物権の発生には被担保債権の存在を必要とし（成立における付従性）、また、被担保債権が消滅すれば担保物権も消滅する（消滅における付従性）という性質を担保物権の付従性という。担保物権は債権を担保するための権利であるから、債権のないところには担保物権は存在できないことによって導かれる性質である。

(2) **随伴性**　担保物権は、その被担保債権が譲渡されればそれに伴って移転する（担保についての占有や登記の移転が必要な場合がある）。このような性質を担保物権の**随伴性**という。

(3) **不可分性**　担保物権はいずれも、被担保債権の全部の弁済があるまで、目的物の全部の上にその効力を及ぼす。このような性質を担保物権の不可分性という。すなわち、被担保債権の一部が弁済されても、担保目的物の一部が担保物権の負担から解放されるわけではなく、担保物権者は依然として、担保目的物の全体に対して支配をなしうるという性質である。留置権については、代担保提供による留置権の消滅が認められ、不可分性が貫徹されていない（道垣内・8）。

(4) **物上代位性**　先取特権、質権および抵当権は、その目的物が滅失・損傷して保険金・損害賠償請求権などに変じ、収用されて補償金に変じ、売却されて代金に変じ、あるいは賃貸されて賃料を生ずるような場合には、この保険金・損害賠償請求権・補償金・代金または賃料などの上に優先的効力を及ぼす。このような性質を担保物権の物上代位性という。物上代位性は、先取特権について規定され（304条）、質権・抵当権に準用されている（350条・372条）。留置権には優先弁済的効力がないため物上代位性はない。物上代位性については、担保物権の共通の性質というほどのものではないとの指摘がある（道垣内・8）。

国や地方公共団体に対する請負代金債権のように、譲渡・質入れが禁じられている債権を担保とするために、代理受領・振込指定という方法が用いられる（高橋・309）。

◆**所有権取得的効力**
山野目章夫「担保物権法入門」法セ496-92以下（平8）は、所有権取得的効力を中心とする担保として、仮登記担保・譲渡担保・所有権留保を挙げている。

♥**付従性と確定前の根抵当権**
確定前の根抵当権においては、付従性はない（道垣内・8）。

◆**随伴性のとらえ方**
もっとも、この随伴性を、移転における附従性ととらえる考え方もある（山野目・前掲論文92）。

♥**随伴性と確定前の根抵当権**
確定前の根抵当権については、随伴性は否定されている（道垣内・9）。

[2] 抵当権と一般債権の比較

●抵当権の実際的利点

　ある程度多額の金銭を他人に貸す場合、債権者は、債務者の所有する土地・建物に抵当権を設定させることが多い。むしろ、銀行などの金融機関は、債務者が抵当権を設定しうる土地・建物等を有していない場合には、金銭を貸してくれない。抵当権は、債権者が債務者または第三者（物上保証人）から債務の担保に供された物を、その債務者または第三者の使用収益にまかせたままにしておき、その後に債務が弁済されない場合にその目的物の売却代金から優先的弁済を受けられる担保物権である（369条）。それでは、どうして、債権者は抵当権の設定を望むのであろうか。抵当権等の物的担保の付けられていない通常の債権を一般債権というが、この一般債権と比較して、債権に抵当権等の物的担保が付いていた方が、債権者にとって種々のメリットがあるからである。

　以下では、担保物権の典型であり、利用されることの多い抵当権が付いている債権と一般債権とを比較して、債権者が抵当権を設定させるメリットを検討する。これにより、担保物権を取得する者のメリットが明らかになる。

●一般債権の実現

　債権者が債務者に金銭を貸す場合に関心をよせざるをえないのは、その貸した金銭（および利息等）が金銭消費貸借契約に従って債務者から弁済されるか否かである。一般取引上、債務者はその借り受けた金銭を債権者に任意に弁済することが通常であるが、債務者が任意に弁済しない場合、債権者は面倒なことになる。債権者はその債務者に対して貸金返還請求をすることはできるが、自力救済は原則的に禁止されている。したがって、<u>一般債権者</u>は、裁判所に貸金返還請求訴訟を提起し、それに勝訴し、その確定した<u>給付判決</u>を債務名義として、債務者の財産を<u>差押え</u>、換価（競売・入札等）し、その売却代金から弁済・配当を受けて満足するというのが、民法・民事訴訟法・民事執行法の建て前である。その反面、債務者は、自己の負担している債務について人的無限責任を負っているから、原則としてその全財産（一般財産・責任財産）をもって自己の債務を弁済しなければならないというのが法の建て前である。しかし、このような方法で債権者が満足するためには、そもそも換価・満足するために差し押さえるべき財産を債務者が十分に有していることが前提となる。債務者が任意にその債務を弁済しない場合、一般債権者の債権が満足を受けられるか否かは、債務者が十分な財産（資力）を有しているか否かということになる。すなわち、債権者が債務者に金銭を貸す場合、債務者が十分な財産を有していない場合には安心して貸すことができないということになる。

　しかし、債権者は、金銭を貸す時に仮に債務者に十分な財産があったとしても必ずしも安心はできない。なぜならば、債務の弁済期になって債務者が財産を失って（例えば、財産を譲渡し、その代金を浪費等して）、資力が乏しくなり、

◆**物的担保への依存からの脱却**
信用供与にあたって、過度に物的担保に依存するのではなく、企業の信用力、あるいは融資対象となるプロジェクトの収益力の評価を重んじた融資の重要性も説かれる。このときには、借主企業の財務状況を監視し続けること、また、他に優先的な債権者が出現しないことが重要となり、財務制限条項、ネガティブ・プレッジ条項といわれるものが発達してくる（道垣内・4）。

♥**一般債権者**
特定の物的担保をもつ債権者に対して、それ以外の通常の債権者をいう。

♥**給付判決**
給付訴訟において原告が主張する給付請求権の存在が裁判所に認められ、給付が命じられたときの判決のこと。

♥**差押え**
金銭執行または担保権実行の最初の段階の執行処分として、執行機関が特定の財産に対する債務者の事実上・法律上の処分を禁止すること。

♦**財産の隠匿**
財産の隠匿や執行妨害に対して、平成15年改正により財産開示制度が新設されたが、今後を見守る必要がある（道垣内・2）。

または債権者が債務者の財産を捕捉できなくなっている（債務者による財産の隠匿）可能性があるからである。

また、弁済期に債務者に十分と思われる（積極）財産があっても、必ずしも債権者は安心ができない。なぜならば、その債務者に対して他に債権者が存在する可能性があるからである。ある債務者に対して複数の債権者がいて、その債務者の財産に強制執行や破産執行がなされる場合、債権者平等の原則により、一般債権者はその債権額に比例して平等弁済を受けるしかない。このため、他の債権者が配当要求をしてくると、一般債権者1人当たりの配当額は減少することになり、一般債権者は、その債権の十分な満足を受けられなくなる可能性がある。

このように、一般債権の場合、その債権が満足を受けることができるか否かは、債務者の財産の有無や他の債権者の債権額の多寡または債務者の弁済意思に基づくことになって不安定な要素が多く、必ずしも金銭債権が実現（弁済・配当）されるとは限らない。

●抵当権のメリット1——優先弁済権（優先弁済的効力）

債権者が債務者と金銭消費貸借契約を締結する時に、債務者（または物上保証人）の所有する土地または建物について抵当権設定契約を締結し、その対抗要件として登記簿に抵当権設定登記をしておくと、一般債権者と比べて債権者（抵当権者）にいくつかのメリットがある。例えば、債務者が土地を所有しているので、もし、弁済期に債務者が任意に債務を弁済しない場合には、その土地を対象として強制執行手続をして自己の債権の満足を得られると考えて金銭を貸した一般債権者は、債務者が弁済期までにその土地を第三者に売却して土地所有権の移転登記をしてしまうと、その土地は債務者の責任財産（一般財産）に属しなくなるから、その土地に対して強制執行することはできなくなる。したがって、債権者はその債権の満足を受けられなくなる可能性がある。

これに対し、債務者の土地に抵当権を設定し、抵当権設定登記をしていた場合には、債務者がその土地を第三者に譲渡し、所有権移転登記をしても、債権者（抵当権者）は、その第三者の所有物となった土地に対して民事執行法に基づき抵当権実行手続を行ってその土地を売却し、その売却代金から弁済・配当を受けることができる（抵当権の追及力）。また、債務者の財産（例えば、土地）に強制執行手続・破産手続が行われ、その債務者の財産を換価した代金等から一般債権者が弁済・配当を受ける場合に、他に一般債権者が配当要求してくれば、それら多数の一般債権者の間では各自の債権額に按分比例して平等弁済を受けられるにすぎないから、他に一般債権者の数が多ければ多いほど、あるいは他の一般債権者の債権額が多ければ多いほど、一般債権者1人当たりの配当額は減少してしまう。これに対し、債務者の土地に抵当権の設定を受け、その設定登記をしていた債権者（抵当権者）は、他に一般債権者が存在しても、その土地の売却代金については、他の一般債権者をさしおいて、まずその債権額の弁済を受けることができるのに対し（優先弁済権）、一般債権者は、その売却

◆一般財産の保全・債権者代位権と詐害行為取消権
債務者の一般財産の保全の方法として、債権者代位権と詐害行為取消権があるが、債務者の財産を増殖させることはできない（道垣内・2）。

♥債権者平等の原則
債権者平等の原則は、近世法が確立した原則である。その結果、1つの債権が成立した時には債務者の一般財産が十分にこれを担保しえた場合でも、その後に債権は無制限に成立することができ、しかもそのすべてが平等の立場で債務者の一般財産による担保を要求するために、債権はその後に成立する他の債権によってその経済的価値を奪われるおそれがある（我妻・2参照）。

♥配当要求
差押債権者ではない債権者が執行機関に対して差押物の売却代金または差押金銭からの弁済・配当を求める執行法上の申立てのこと。競売開始決定に係る差押えの効力が生ずると、裁判所書記官は、物件明細書の作成までに要する期間を考慮して、配当要求の終期を定め、かつ公告する。

◆抵当権実行手続
抵当権実行手続には、担保不動産競売のほかに、担保不動産収益執行がある（民執180）。

◆優先弁済権
抵当権の中心的効力は、他の債権者に優先して目的物の代金から弁済を受けられる優先的支配力である。抵当権プラス被担保債権が優先弁済受領権を構成するが、優先弁済権という表現が一般化している（高木・91以下）。

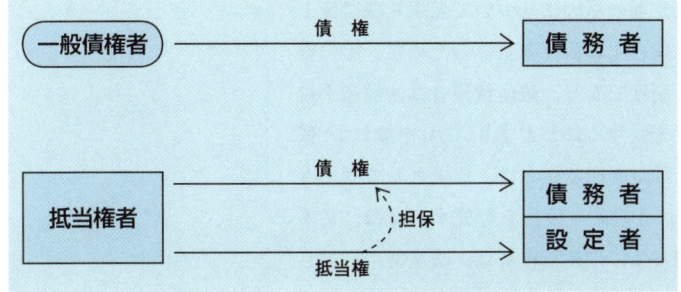

0-2 一般債権と抵当権

代金に残余があった場合にはじめて、その残余からその債権額に按分比例した平等弁済を受けることしかできないとする劣後的立場に立たされている。

このように、債務者からの任意弁済がない場合でも、抵当権の設定を受けた債権者は、一般債権者と比べるとその債権の満足を受けられる可能性が高いというメリットを有している。

● 抵当権のメリット2──債務名義の要否

債務者が任意弁済しない場合、自力救済は原則的に禁止されているから、債権者は、執行文の付された債務名義の正本に基づいて実施される強制執行手続を利用しなければならない（民執25条）。債務名義とは、強制執行により実現されるべき給付請求権の存在とその内容を明らかにし、それを基本として強制執行することを法律が容認した文書である（浦野雄幸・条解民事執行法（商事法務研究会・昭60）102）。具体的には、給付義務を宣言している確定した給付判決、仮執行宣言付給付判決、仮執行宣言付支払督促、執行証書、和解調書、調停調書または認諾調書その他がある（民執22条参照）。債権者は、原則として、裁判所書記官または公証人からこの債務名義に執行文の付与を受けて、執行機関に対し強制競売を申し立てることになる。

一般債権者が債務者の財産に対して強制執行する場合には、確定した給付判決を典型とするこれらの債務名義が必要である（公証人による執行証書が作成されていた場合を別として、一般に債務名義を取得するには、時間や費用等がかかる）。これに対し、抵当権者がその抵当権の実行をするためにはこれらの債務名義は必ずしも必要ではなく、抵当権に関する登記事項証明書等があれば足りるので、抵当権者の方が簡易・迅速・低廉にその被担保債権の実現を図ることができる。

● 抵当権のメリット3──破産手続における別除権性

抵当権のメリットは、通常の場合よりも破産などの倒産の場合により発揮される。一般債権者は、破産手続開始決定と同時に定められて決定後直ちに公告される債権届出期間内に、その債権および額などを裁判所に届け出しなければならない（破31条・32条・111条）。一般債権は、破産債権として裁判所に届け出ることによって、破産手続上、形式的に破産債権として扱われることとなる。破

♥仮執行宣言付給付判決
仮執行宣言とは、判決が未確定であるにもかかわらず、それに確定判決と同一の執行力を付与する旨を宣言する裁判をいう。給付判決に仮執行宣言がなされると、判決が未確定であっても執行力を生じる。

♥仮執行宣言付支払督促
金銭その他の代替物の一定数量の給付請求権に関して、債務者がその債務を争わない場合に、通常の判決手続よりも簡易迅速に債権者に債務名義を取得させる手続であって、裁判所書記官によって進められる。債権者は、債務者に対する支払督促送達から2週間を経過した後、支払督促に仮執行宣言を求める申立てをすることができる。

♥執行証書
公証人がその権限に基づき作成した公正証書のうち、一定額の金銭の支払いまたは一定の数量の代替物もしくは有価証券の給付を目的とする請求について作成されたものであって、債務者が直ちに強制執行に服する旨の陳述の記載のあるものを執行証書という。

♥和解調書
民事訴訟の期日において当事者双方による和解の陳述があれば、裁判所はその要件を審査し、有効と認めれば書記官にその旨およびその内容を調書に記載させる。この記載のある調書が和解調書である。和解調書の記載が和解関与者の具体的な給付義務を記載したものであれば、執行力を生じ債務名義となる。

♥調停調書
調停において当事者間に合意が成立し、これを調書に記載したときは、調停が成立したものとし、その記載は、裁判上の和解と同一の効力を有する（民調16条）。また、家事調停調書の記載について、家事審判法21条参照。

♥認諾調書
請求の認諾とは、原告の定立した訴訟上の請求を被告が認める陳述をいう。口頭弁論等で認諾の陳述がなされれば、裁判所は、その要件を具備するか否かを調査し、その要件が満たされていると判断すれば書記官にその調書への記載を命じる。この記載のなされた調書が認諾調書である。

♥執行文の付与
債権者が債務者に対し、その債務名義により強制執行をすることができる旨を債務名義の末尾に付記する方法によって行う。執行文の付与は、裁判所書記官または公証人が行う。執行機関は、執行文の付された債務名義の正本の提出があったときは、その債務名義の執行力の現存については、これが存在するものとして執行手続を進めれば足りるとされている。

産手続によって満足を受けることのできる債権を破産債権といい、破産債権は破産者に対し原則として破産手続開始決定前の原因に基づいて発生した財産上の請求権である（破2条5項）。破産は、競合する債権者全体のために、その総債権の公平・平等な実現を図ろうとする制度であり、破産債権者は、破産手続による破産財団からの共同的比例的満足を受けるにとどまり、これを離れて、個別的に破産債権を行使してその独占的な満足を図ることは、原則として禁止される（破100条）。すなわち、破産債権者がその破産債権を行使するには、必ず破産手続によらなければならず、したがって、破産債権者は、破産財団に対し訴えを提起したり、強制執行を申し立てたりすることも許されない（伊藤・163以下）。

ところで、債務者（破産者）は、そもそも支払不能または債務超過などの破産原因がなければ破産手続開始決定はなされないので、破産者は一般に財産状態が破綻しているといえる。そして、そのような前提にたち、破産開始後に破産管財人が破産財団に属する財産として現実に掌握することによって範囲の画されている破産財団（現実財団）は、第三者の取戻権の行使、破産債権者の別除権や相殺権の行使および管財人の財団債権の弁済によって減少し、次第に破産債権者の満足（配当）に供しうる破産財団（配当財団）が形成される（伊藤・170以下）。したがって、後述のように、一般債権者である破産債権者が、破産手続によって配当を受けられる額はごくわずかなのが一般である。

ところが、抵当権、質権、特別先取特権のように特定財産に対して優先弁済権を有する担保物権は、別除権（破2条9項）として破産手続によらずに行使でき、優先的に回収できる。このように、債務者が破産した場合でも、抵当権者等は破産手続上の制約を受けることなく、その本来の方法で個別的な権利が実行できる点でも、一般債権と比べてメリットがあるといえよう（一般先取特権は優先的破産債権として優遇される〔破98条〕）。

[3] まとめ

担保物権ないし担保という概念はわかりにくいが、担保の典型的代表である抵当権と担保の付けられていない一般債権とを比較すると、その有するメリットが浮かびあがってくる。抵当権は、優先弁済的効力を有し、債務名義なしでその換価手続（抵当権実行手続）の開始を申し立てることができるし、また、債務者に破産手続が開始されても別除権として破産手続による制約を受けずに優先的に回収できるメリットを有している。

もっとも、抵当権を設定する際に、その抵当不動産の価額の評価を誤ったり、あるいは予想以上に抵当不動産の価額が下落したりすると、その被担保債権額の全額は回収できなくなるという危険性は残る。また、民事執行法に基づく抵当権の実行手続では、抵当不動産を必ずしも高額には売却できなかったり、売却までに時間がかかったりする難点もある。

このほか、競売手続の直前かそれ以後に、暴力団員またはその関係者が競売

♥**支払不能**
債務者が弁済能力の欠乏のために即時に弁済すべき債務を一般的かつ継続的に弁済することができない客観的状態のこと（破15条）。

♥**債務超過**
債務者がその財産をもって債務を完済することができないこと、すなわち債務の評価額の総計が財産の評価額の総計を超過している状態（破16条）。

♥**取戻権**
特定の財産が債務者に属せず、したがって破産財団に属しないことに基づいて、第三者が破産財団からこれを取り戻す権利（破62条以下）。

♥**破産法上の相殺権**
破産債権者が、破産財団に属する債権である自己の債務とその破産債権とを破産手続によらないで相殺する権利（破67条以下）。

◆**破産の場合における別除権の行使**
別除権は破産手続によらず行使できる（破産65条1項）。すなわち、担保物権本来の権利実行方法によることになる。具体的には、担保目的物が動産や不動産の場合には、民事執行法に基づく担保権実行としての競売の方法をとり（民執180条以下）、目的物が債権のときには、債権についての担保権の実行の方法（民執193条）をとることもできる。また、担保権者が執行手続以外の方法で目的物を換価する権限を有するときには、それによることもできる（小林=齋藤・135）。

不動産を占拠するというような執行妨害・占有妨害がなされることもある。このような事態が、平成8年、平成10年と平成15年の民事執行法の一部改正に影響を与えている。

第1講 留置権の意義と要件・効果

[1] 概説

●留置権の意義

1 留置権の意義とその社会的作用

(1) 留置権は、他人の物の占有者がその物に関して生じた債権を有している場合に、その債権の弁済を受けるまでその物を留置できる権利である（295条）。留置とは、物の引渡請求を受けてもそれを拒絶して、占有を継続することである。留置権は、留置権者（債権者）が留置権の成立している物の返還を求めようとする債務者（または所有者）を間接に強制して債務の弁済を担保する作用を営む。

(2) 留置権は、法定担保物権である。留置権は、当事者が合意により設定する物権ではない。すなわち、留置権は、法定の要件を満たせば法律上当然に生ずる担保物権であり、公平の原則に立脚している。

留置権と類似した制度として、双務契約において相手方が履行をなすまで自己の債務の履行を拒める同時履行の抗弁権がある（533条）。留置権は、物と債権との牽連関係を問題とするのに対して、同時履行の抗弁権は、双務契約から生ずる両債務についての履行上の牽連性を問題としており、両者はその履行拒絶の基礎を異にする（近江・18）。両者の比較については、ケース2参照。

2 留置権の法律的性質

(1) 留置権は、他人の物の占有者が、その物の引渡しを拒絶することを本体的効力とする独立した物権である。それゆえ、留置権者たる債権者は、その債権の弁済を受けるまでは、何人に対してもその物の引渡しを拒絶して占有を継

◆留置権の趣旨
　留置権を認める趣旨として、取引の迅速化・活発化が挙げられることもある（道垣内・12）。

◆同時履行の抗弁権
　例えば、売買契約においては、売主は買主から代金の提供があるまで目的物の引渡しを拒絶することができる。逆に、買主は売主から目的物の提供があるまで代金の支払いを拒絶することができる。この同時履行の抗弁権も、公平の原則に立脚している（我妻・20）。
　現在の判例・通説は、同時履行の抗弁権を双務契約上の様々な債務間、さらには厳密には双務契約上のものではない2つの債務間に拡大しており、かつ、その中には債務が物の引渡しを内容とするものではないために、留置権ではカバーできないものが含まれている（道垣内・13）。

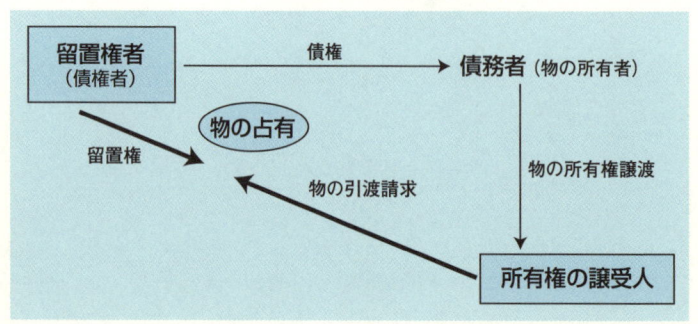

1-1　譲受人からの引渡請求

続することができる。留置権者に対して、債務者自身がその物の引渡しを請求した場合に、留置権者がその引渡しを拒絶できるのは当然である。さらに、その留置権の成立している物を所有者から譲り受けて所有権を取得した譲受人が引渡しを請求してきた場合にも、留置権は物権であるから、同様に引渡しを拒絶することができる。

また、留置権は、債務者以外の者の所有物の上にも成立する。例えば、賃借人・受寄者などが自分の名で修繕を依頼したときなどにも、その物を占有している修繕代金債権者は、その物の上に留置権を取得するから、修繕代金債務者ではない所有者に対しても留置権を対抗でき、その物の引渡しを拒絶することができる。

留置権は、動産だけではなく、不動産の上にも成立する。この場合、他の不動産物権とは異なって、対抗要件として登記を必要とはしない（留置権は、不登法3条の登記することができる権利に掲げられていない）。留置権は、留置権者たる債権者の占有中にある目的物と特殊の関係にある債権の担保を目的とし、かつ占有の喪失とともに消滅するから、登記を必要としなくても必ずしも不動産物権公示の理想を乱すものではない（我妻・25以下）。

♥**債務者所有以外の物に限られない**
留置権の成立しうる「他人の物」とは、債務者所有の物には限られない。295条の起草趣旨においても債務者所有の物に限らないという説明がされ、通説も債務者所有の物に限らないとしている（高橋・14）。

♥**受寄者**
当事者の一方が相手方のために物を保管する契約を寄託契約という（657条以下）。その物の保管（寄託）を引き受けた者を受寄者という。

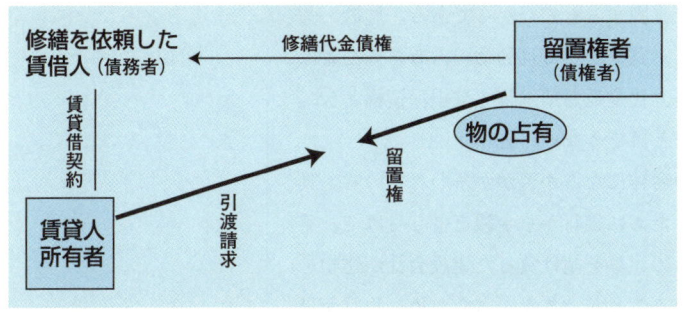

1-2　債務者以外の者からの引渡請求

(2)　留置権は、留置を効力の本体とする担保物権として、次のような担保物権の性質を有する。留置権は債権に付従する（付従性）。**債権とともに目的物の占有も移転すれば、留置権もその債権に随伴する（随伴性）**。留置権者たる債権者は、その債権の全部の弁済を受けるまでは目的物の全部を留置することができる（不可分性〔296条〕）。**しかし、他の担保物権と異なり、他の債権者に優先する効力は有しない**。このため、留置権による競売は、担保権実行としての競売ではなく、換価のための競売である**形式的競売**（民執195条）で、換価金の上に留置権が存在することになる。長く弁済を受けられないことにより留置物の価値の下落が生じるのを防ぐため（留置の負担から免れるため）、民事執行法で換価権だけが認められている。

◆**留置権の随伴性と目的物の占有移転**
留置権の被担保債権だけが譲渡されて留置権の目的物の占有が移転しなかった場合には、留置権の成立・存続要件を欠くから留置権は消滅し、債務者はその返還請求ができる（近江・16以下）。
留置権にも随伴性があるので、被担保債権が譲渡されれば、債権の譲受人（新債権者）が留置権者になる（目的物の占有も新債権者に移転される必要がある）と解されるのが一般的である（これに対し、留置権の随伴性を否定し、新債権者と債務者との間において、新たに留置権の成否を判断すべきとする反対説もある。道垣内・39）。

◆**形式的競売**
留置権による競売は、優先弁済権がないため担保権実行としての競売ではなく、換価のための競売（形式的競売）として位置づけられている。

◆**商事留置権（商521条）**
商行為から生じた債権を担保するための商事留置権では、被担保債権と物との牽連性は要求されていないので、たまたま債務者の所有する物を取引上保管していたという場合でもよい（内田・506）。
民法典に定める留置権は、ローマ法における「悪意の抗弁権」に由来し、公平の理念が根本にあるのに対して、商法典における留置権は、中世イタリアの商事慣習法に由来するものであって、商人間の安全確実な取引関係を確保することに目的を有している（道垣内・12）。

●留置権の成立

留置権は、法定の要件を満たせば、当事者間の契約がなくても法律上当然に生ずる。**留置権**は、「他人の物の占有者」が、「その物に関して生じた債権を有する」場合に成立する。しかし、その占有が「不法行為によって始まった場合」

第1講　留置権の意義と要件・効果

には、留置権は成立しない。また、その債権が弁済期になければ、留置権は成立しない（295条）。留置権が発生しないとする特約は有効とするのが通説である（道垣内・15以下）。

　留置権については、物と債権との牽連関係がよく問題となる。「その物に関して生じた債権」（物と債権との牽連関係）とは、債権が目的物自体から生じたものであること、または債権が物の返還請求権と同一の法律関係ないし同一の生活関係から生じたものであるとするのが通説である（我妻・28以下）。その物自体から生じた債権とは、その物に費やした費用の償還請求権や、その物から受けた損害の賠償を請求する債権である。その物に加えた費用の償還請求権とは、例えば、占有者の費用償還請求権（196条）や賃借人の費用償還請求権（608条）などである。また、その物によって受ける損害の賠償請求権とは、例えば、寄託物から生じた損害に対する受寄者の損害賠償請求権（661条）の場合である（→第2講）。

　占有が「不法行為によって始まった場合」には、留置権は成立しない（295条2項）。例えば、窃盗犯がその盗品に必要費を加えても留置権は成立しない（所有者ないし占有者から返還請求された場合、窃盗犯は留置権を主張してその物の引渡しを拒絶することはできない）。このような場合に留置権が成立しないとすることは、留置権制度が公平の原則に立脚するものだからである。詐欺・強迫を働くことによって売買契約を締結し、買主として目的物の占有を得た者は、売主によって売買契約が取り消された後、代金返還請求権を被担保債権として売買目的物について留置権を行使することはできない（道垣内・24）。

　なお、不動産が商事留置権（商521条）の客体になるか否かが争われている。具体的には、土地所有者が建物を建築するために銀行から金銭を借り受けて、そのために当該土地に抵当権を設定し、その建築を請け負った建設会社が建物を完成したが、土地所有者が銀行に返済することができなかったため、銀行が抵当権を実行した場合に、建設会社は、自己の請負代金債権が弁済されるまで、その土地について商法521条を根拠とした商事留置権を主張できるか。

　請負業者に商法521条を根拠とした商事留置権を認めれば、土地所有者が破産する前は、請負業者が、事実上、最優先で弁済を受けることになる。「担保・執行法制の見直しに関する要綱中間試案」では、商法521条の定める商事留置権については、不動産は目的物とならない旨が示されていたが、結局、改正法に盛り込まれなかった。請負業者を保護するための方策についての意見がまとまらなかったからである。商法521条の文言では、「債務者所有ノ物」とされているから、不動産も含むと解するのが素直である（道垣内・18以下〔債務者の破産手続の場合には、建設機械抵当法15条を類推適用し、抵当権が優先する〕）。この問題につき、商事留置権の成立を肯定する説や不動産を商事留置権の客体から除外する説などが対立しているが、下級審判例は、不動産を商事留置権の客体から除外するものが多い（近江・20、49〔建物に対する権利者に過ぎない請負人が土地に対する過分な優先権をもつことは、留置権の性質からは疑問であり、不動産については商事留置権は成立しない〕）。

◆商事留置権と建物建築の請負業者
　商事留置権（商521条）には牽連性が不要とされているため、建物建築の請負業者が、工事代金の回収を図ろうとして、建物の敷地につき商事留置権が成立していると主張するケースがバブル経済崩壊後に数多く登場したが、裁判実務は必ずしも統一的でなく、学説上も種々の見解が主張された（関武志「留置権の現代的意義」民法の争点（平19）132、133）。

●留置権の効力

1 留置権者の留置する権利

（1）**留置する権利の内容と効力** 留置権者は、目的物を**善良な管理者の注意**をもって占有して留置でき、その物の保存に必要な使用はすることができる。

留置権はすべての人に対して行使することができる。目的物の所有者や譲受人はもとより、民事執行における買受人に対しても、債務の弁済があるまでは引渡しを拒むことができ、また、民事訴訟で留置権の成立が認められれば、**引換給付判決**となる（大判昭和2年6月29日新聞2730-6）。295条1項の「弁済を受けるまで」という文言を、事実上、「相手方がその債務の履行を提供するまでは」（533条参照）と読み替えている（道垣内・32）。

（2）**目的物を留置することに関連する権利義務** 留置権者は、留置物の果実を収取し、これによって優先弁済を受ける権利を有する（297条1項）。この場合の果実には、天然果実および法定果実を含む。本来であれば、留置権者に使用等の利益・収得した果実を帰属させるべきではなく、これらの利得は不当利得（703条）として所有者に返還しなければならないところであるが、297条1項に基づき、留置権はその利得を被担保債権の弁済に充当することができる。果実は少額であることに鑑み、簡易な処理を認めた（道垣内・36）。留置権者が目的物を賃貸することが許される場合、または所有者の同意を得た場合に、その賃貸に基づく賃借料を収受して、自己の債権の優先弁済にあてることができる。留置物から収取した果実による弁済は、まず、利息に充当し、次いで元本に充当することを要する（297条2項）。

留置権者は、留置物の**保存行為**の範囲内においてこれを使用することができる（298条2項ただし書）。留置権者は、留置物について加えた**必要費**や**有益費**を所有者から償還させることができる。必要費に関しては、その支出した金額を償還させることができる（299条1項）。しかし、有益費には制限があり、その価格の増加が現存する場合に限り、所有者の選択に従って、その支出した金額または増加額に限って償還請求することができるにすぎない。また、この有益費の償還請求については、裁判所は、その所有者の請求により相当の期限を許与することができる（299条2項）。299条2項につき、有益費投下は必要不可欠なものではないから、現存している価値増加額以上を支払わせるのは所有者に酷であり（逆に、それも支払わせないと、所有者に不当に利得させることになる）、さらに、留置権者としては支出額を回収できればそれで満足すべきであるから、いずれかを支払わせることにした（道垣内・33）。

2 留置権者の義務

留置権者は、善良な管理者の注意をもって目的物を占有することを要する（298条1項）。留置権者は、所有者の承諾を得ないで留置物を使用したり、賃貸したり、またはその留置物を担保に供したりすることはできない（298条2項）。ただし、留置物の保存に必要な使用は妨げない。もし、留置権者が298条1項・2項の規定に違反したときは、所有者は、留置権の消滅を請求することができ

♥**善良な管理者の注意**
　物または事務を管理する場合に、その職業または地位にある人として普通に要求される程度の注意をいう。

▲**引換給付判決**
　大判昭和2年6月29日は、留置権が成立している目的物について、原告が引渡請求をし、これに対して、留置権者たる被告が留置権を主張した場合、原告からの請求を棄却するのではなく、引換給付判決をすべきと判示する。

♥**目的物の占有を侵奪された場合**
　目的物の占有を侵奪された場合、留置権自体に基づく物権的請求権はなく、占有訴権だけが認められる（道垣内・35）。

♥**保存行為**
　財産の滅失・損壊を防ぎ、その現状を維持するための事実的行為や法律的行為をいう。

♥**必要費**
　物を保存または管理するために必要な費用をいう。

♥**有益費**
　物の改良・利用のために支出する費用をいう。

る（298条3項）。

　Yが、Aに対する建物の建築請負残代金債権に関し、同建物につき留置権を有し、その建物の不動産競売が開始されるよりも前に、Aからその使用等について包括的な承諾を受けていた場合、Yは、不動産競売によりその建物を買い受けたXに対し、その建物の使用およびその競売開始後に第三者に対してした賃貸を対抗することができるかが問題となった事案がある。最高裁は、留置物の所有権が譲渡等により第三者に移転した場合において、それにつき対抗要件を具備するよりも前に留置権者が298条2項所定の留置物の使用または賃貸についての承諾を受けていたときには、留置権者はその承諾の効果を新所有者に対し対抗することができ、新所有者は留置権者の使用等を理由に同条3項による留置権の消滅請求をすることはできないとした（最判平成9年7月3日民集51-6-2500）。

　298条2項は、留置物の使用等の承諾をなしうる主体について、「債務者」と規定しているが、これについて、多くの学説は、留置物の所有者が債務者であるという通常の場合を想定して規定したものであり、所有者と債務者が異なるときには、使用等の承諾を与えうるのは所有者だけであると解している（通説、我妻・45）。もっとも、債務者または所有者と解すべきものとする説が有力に主張されている（近江・36。また、道垣内・34）。

　この留置権の消滅請求権は形成権であるとする説と（高橋・30）、代担保の提供による留置権の消滅請求権は、形成権ではなく、留置権者の承諾が必要であるとする説がある（道垣内・40）。消滅請求前に留置権者が費やした費用について別に留置権が成立する（通説・判例）。

　留置権の目的物が動産であるときには、留置権者は、これを善良な管理者の注意をもって占有すべきであり、債務者の承諾なしに、自ら使用したり、他人に賃貸したりすることはできない。しかし、その物の保存に必要な使用はできる。これに対し、留置権の目的物が不動産である場合には、許される使用の範囲をめぐって争いがある。例えば、賃貸借契約の継続中に費やした屋根の修理費（必要費）の償還請求権に基づいて、賃借人が賃貸借契約終了後にその借家を留置する場合に、従前通り居住を継続しうるか否かが問題となる。判例は、居住することは保存に必要な使用である（298条2項ただし書の「保存行為」にあたる）という理由で、留置権の内容としてこれを認めた（大判昭和10年5月13日民集14-876）。

　また、宅地の上に住宅を建設している借地人が敷地の地盛りをした費用（有益費）の償還請求権に基づいて、借地関係終了後に、地上の建物を第三者に賃貸することが、必要な使用の範囲を越えるか否かが問題となる。判例は、そのような第三者への賃貸は、必要な範囲を越えているので許されないとする（大判昭和10年12月24日新聞3939-17、我妻・38以下）。

　さらに、借家人が賃貸借契約の終了した際に敷金の返還請求権を保全するために、その家屋につき留置権を主張できるか否かが問題となる。判例は、賃借人の家屋明渡債務が賃貸人の敷金返還債務に対し先履行の関係に立つと解すべ

◆**債務者の承諾と新所有者**
留置権者がいったん「債務者の承諾」を受けていれば、その後、留置物の所有権が譲渡などにより第三者に移転した場合にも、留置権者は、その承諾の効果を新所有者に対抗できる（判例、道垣内・34〔そう解さないと、占有継続している留置権者が突然に義務違反とされるおそれがあるから〕）。

◆**形成権**
権利者の一方的な意思表示で一定の法律関係を変動させることのできる権利をいう。取消権や解除権などがその例。

◆**通説・判例**
留置権者が義務違反をしても、所有者が消滅の請求をしないときには、留置権は消滅せず存続するから、留置権者がその間に費やした費用（必要費・有益費）の償還請求権についてさらに留置権が成立する（最判昭和33年1月17日民集12-1-55）。

♠**「保存行為」についての参考判例**
木造帆船の売買契約が解除された後に、その買主が解除前に支出していた修繕費の償還請求権に基づいて留置権を行使する場合に、従前の通り運送業務に従事させて遠距離を航行させ運賃収益を得ることが留置権の内容となるか否かが問題となった事案がある。判例は航行の危険性等からみて、留置権者に許された留置物の保存に必要な限度を逸脱した不法のものであるとして、留置権消滅請求を認容している（最判昭和30年3月4日民集9-3-229）。

き場合にあっては、敷金返還請求権をもって家屋につき留置権を取得する余地はないとして、その留置権の成立を否定する（最判昭和49年9月2日民集28-6-1152）。

●留置権の消滅

1 留置権に特殊な消滅原因

留置権者が留置物の占有を喪失すると留置権は消滅する（302条）。留置権は、物の留置を本体とする権利だからである（我妻・46）。もっとも、留置権者が、留置物を第三者に賃貸または質入をした場合、留置権者は、留置物の直接占有を失うが、間接占有（代理人による占有）をしているから、占有を喪失しているわけではなく、留置権は消滅しない。留置権者が、所有者の承諾なしに賃貸または質入をしたときでも留置権はただちには消滅せず、所有者が消滅の意思表示をしてはじめて消滅する（298条3項）。

債務者または所有者は、留置権者に債権額相当の担保を供して（代担保の提供）、留置権を消滅させることができる（301条）。留置権によって担保される債権の額は、目的物の価格に比べるとわずかな場合が多いので、このような場合には、債権額に相当する担保を提供して留置権を消滅させうるとすることが公平と考えられたためである。債務者が、物的担保または人的担保を提供して留置権の消滅を請求したが、留置権者がこれに応じない場合には、債務者はまずその承諾判決を得て、その後に消滅を請求することができるにすぎない（通説、近江・38）。

破産手続が開始された場合、商法上の留置権は、特別先取特権とみなされて別除権（破産66条1項）となるが、民法の留置権は、破産財団に対してはその効力を失う（破産66条3項）。民事留置権については、実際上特別の先取特権と競合することが多いが、物の留置によって債務の弁済を間接に強制する機能があるので、破産においてこの機能を否定することには旧法下で立法論として批判があった（山木戸克己・破産法（青林書院・昭49）161）。現行破産法も民事留置権失効の考え方を維持している（伊藤・324注24）。

なお、民事再生において、再生手続が開始しても民事留置権の留置的効力は残るとする見解が多い。

2 留置権の消滅時効

留置権者が物を留置していても、それによって被担保債権そのものを行使しているとはいえないから、債権の不行使という状態は存在する。したがって、留置権の行使は債権の消滅時効の進行を妨げない（300条）とされ、留置権者（債権者）が物を留置していても被担保債権の消滅時効は進行する。ただし、留置権者に対する債務者または所有者からの引渡請求訴訟において、留置権者が留置権の主張をした場合には、裁判上の催告（153条）として訴訟係属中は時効中断の効力を有し、訴訟の終結後6カ月内に訴えの提起その他の強力な手段をとることによってこの中断の効力を維持できる（最判昭和38年10月30日民集17-9-1252、我妻・47）。ただし、学説は、被担保債権の存在が裁判の中で確認された

♥**敷金**

敷金とは、不動産、特に家屋の賃貸借契約を締結する際に、賃料その他賃貸借契約上発生しうる債務を担保する目的で賃借人から賃貸人に交付される金銭であって停止条件付返還債務を伴うものである。その金銭は、賃貸借契約が終了する場合に、賃借人に債務不履行がない限り賃借人に返還されることになる。

◆**代担保の提供**

提供する担保は物的担保・人的担保を問わない（内田・507）。

債務者と所有者とが異なる場合、所有者も、代担保の提供による留置権消滅請求をすることができる（道垣内・39、高橋・30）。

♥**承諾に代わる判決**

代担保の成立のためには、留置権者の承諾が必要である。相当の担保を供したにもかかわらず留置権者が承諾をしない場合には、承諾に代わる判決（414条2項ただし書）を得て担保を成立させて後、消滅を請求することができる（高橋・30）。

◆**時効中断効説**

四宮和夫＝能見善久・民法総則（第6版・弘文堂・平14）411。判例も、最判昭和38年は、最判昭和44年11月27日民集23-11-2251によって事実上変更され、学説の立場と同じになっていると評価されている（四宮和夫・民法総則（第4版・弘文堂・昭61）316以下）。

場合には、そもそも「裁判上の請求」があったものとして時効中断効まで認めるべきとする説が多い。

[2] 論点のクローズアップ

●占有が不法行為によって始まった場合の留置権

1 問題点

占有が「不法行為によって始まった場合」には、留置権は成立しない（295条2項）。判例は、この趣旨を拡張して、もともと正当に開始された占有がその後の占有継続中に不法なものとなった場合にも、その継続中に生じた債権については留置権は成立しないとしている。それでは、賃貸人が賃貸借契約を解除した後に、賃借人が建物につき有益費を支出した場合に、有益費償還請求権を被担保債権として留置権は成立するであろうか。

♥**不法行為の意義**
　占有の開始における「不法行為」は、709条の不法行為と異ならない（道垣内・25、高橋・19以下）。

2 議論

A：[留置権否定説]　判例は、これと類似の事案につき、295条2項を類推適用して、留置権の主張を否定した（最判昭和46年7月16日民集25-5-749）。295条2項は、占有が不法行為によって始まった場合には、留置権の成立を否定する旨を規定している。不法行為によらずに占有が始まり、その後、その占有の権限がなくなり、それを知りつつ占有していて、その物に関して生じた債権を有するに至った場合にも、判例は、一貫して295条2項の類推適用を認め、留置権の成立を否定している。多数説もこれを支持する（道垣内・25以下。川井・243は、本説に立ちつつ信義則による調整を図る）。

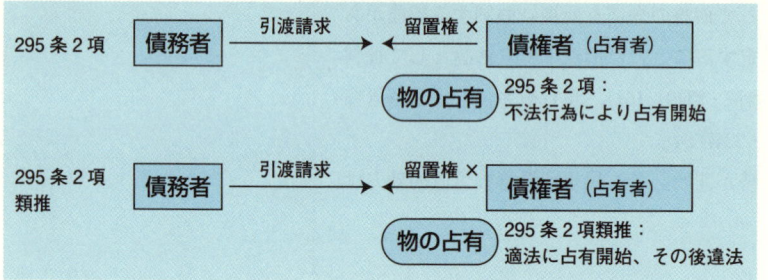

1-3　295条類推適用

B：[留置権肯定説]　これに対し、判例のように留置権を否定するのは、196条2項ただし書の存在を無視することになるとして、留置権の成立を肯定する見解も有力である。悪意の占有者も、有益費償還請求権を有するから留置権も主張できるが、裁判所は債務者からの請求があれば、相当の期限を許与することができる（196条2項ただし書）。この有益費償還義務に期限の許与が与えられれば、有益費償還義務は弁済期にはないから、悪意の占有者はその有益費償還請求権につき留置権を主張できなくなる構造になっている。ところが、占有する本権のないことにつき悪意である占有者にまで295条2項を類推適用して留置権の成立を否定してしまうと、196条2項ただし書の適用される余地がなくな

♥**悪意の占有者**
　占有を正当化する本権がないことを知り、または本権の有無について疑いを有する者は、悪意の占有者である。

ってしまうとして、判例を批判する（四宮和夫「判批」法協90-6-87（昭48））。肯定説は、無権原占有開始型で出費時悪意の場合、295条2項によって留置権は排除されるが、民法の起草者は、295条2項において「始まった」に重点を置き、しかも、故意の場合を考えていたとする。すなわち、留置権（債権的留置権）に関するドイツ民法273条2項ただし書（「目的物を故意になされた不法行為によって取得した場合には、この限りでない」）と同じ趣旨であったが、判例は、この起草者の考えを二重に拡大したとして、判例を批判する（四宮・前掲論文87）。そして、判例のように出費時悪意なら権原喪失型の場合にも留置権を失うとするのは、196条2項ただし書の存在を無視することになるとする。この規定は、悪意の占有者は裁判所による期限の許与があってはじめて留置権を失う趣旨と解されるところ、前述のように判例のような見解をとると、196条2項ただし書の適用の余地がなくなってしまうからである。肯定説は、むしろ、このような場合に、295条2項よりも196条による方が妥当であるとする。なぜなら、295条2項によれば、占有者が悪意であれば常に留置権を排除することになるのに対し、196条によれば、たとえ占有者が悪意であっても、占有の違法性の強弱、出費額、出費についての回復者の承諾の有無などを裁判所が考慮しながら、留置権の成否を決することができるからであるとしている（四宮・前掲論文87以下）。

　しかし、民法の起草過程からは295条2項と196条2項とは独立の制度であり、留置権の成否はもっぱら295条2項で決せられるとの反論もある（道垣内・27）。

　C：[折衷説]　B説によりつつも、占有者に特に不信行為がある場合にのみ295条2項を適用し、その場合のみ留置権の成立を否定すべきとする折衷説もある（我妻・36、近江・31）。

3 留意点

　判例が、善意・有過失の事案で295条2項を類推適用したものとして、他に、次のような事件がある。国がX所有の土地を買収し（自作農創設特別措置法に基づく）、国がそれをAに売り渡し、さらに、その土地をYが買い受けて占有していた。Xは、Yに対し、国によるその土地の買収・売渡処分が無効であると主張して、所有権に基づく土地返還請求訴訟を提起した。その後、Yは、その占有する土地に有益費（地盛工事・下水工事・水道引込工事の費用）を支出した。Yがこの有益費を支出した当時、その土地の買収・売渡処分が無効に帰するかもしれないことを疑わなかったことに過失があったとする（事案では、結局、当該農地の買収・売渡処分は、買収計画取消判決の確定により遡及的に失効した）。この場合、Xからの土地返還請求訴訟に対し、Yは、その支出した有益費の償還請求権に基づいて留置権の主張をすることができるか否かが問題となった。判例は、295条2項を類推適用し、その有益費償還請求権に基づき土地について留置権を主張することはできないとした（最判昭和51年6月17日民集30-6-616）。

◆**最判昭和51年6月17日に対する批判**
　295条2項と709条の「不法行為」を同じ意味に解すれば、善意・過失占有者の留置権を否定することになる。しかし、両者は制度の趣旨が異なることから形式的に同一と考えるべきでなく、実質的な判断によるべきである。実質的な利益衡量からすると、善意・過失占有者、さらに悪意でも不信性の弱い場合には留置権を肯定すべきであるとされる（高崎尚志「判批」判例百選①[新法対応]172、173）。

[3] ケース・スタディ

> **ケース……1 ❖ 占有が途中から無権原になった場合の留置権**
>
> 建物所有者AがBにその建物を賃貸中、Bの賃料不払いによりAはその賃貸借契約を解除したが、その後もBが占有を継続して修繕費をかけた場合に、Bはその修繕費の償還請求権を被担保債権としてその建物につき留置権を主張できるか。

◆賃貸借解除後の有益費支出に基づく留置権の成否

賃貸借解除に基づく建物明渡請求	解除後の有益費支出に基づく留置権
A →	← B

　民法295条2項は、占有が不法行為によって始まった場合には留置権は成立しない旨を規定している。不法行為によって占有を取得した者にまで、公平の原則に基づく留置権を認めてその債権を特別に保護すべき理由はないからである。ところが、本ケースの場合、Bは賃貸借契約に基づいて適法に建物の占有を始めていたと考えられるので（Bは途中から無権原占有になったにすぎない）、この民法295条2項は適用にはならないものと考えて、Bに留置権を認めることがその文理にかなうと解する余地もある。また、民法196条ただし書は、占有権限のないことについて悪意である占有者が支出した有益費償還請求権については償還につき裁判所の期限許与ができる旨を規定するので（もし、その償還につき債務者に期限許与が与えられると留置権は成立しない）、民法196条2項ただし書との整合性を考えて悪意の占有者に対しても有益費については期限許与がない限り、また、修繕費のような必要費の償還請求権については、常に（必要費については有益費と異なり期限許与がない）、留置権の成立を認めてもよいとする見解もある。

　しかし、賃貸借契約が解除されて、自己に占有すべき権利のないことを知りながら他人の物の占有をするのは不法であるから、民法295条2項を類推適用して、Bには留置権を認めるべきではない（判例同旨）。Bが明渡しを遅滞している間に建物に費用をかければ、適法に明渡しを拒絶できるのは公平とはいえないからである。このように解すると、民法196条2項の存在意義がなくなるとして、民法295条2項の類推適用に反対する説もある。しかし、民法の起草過程からすると、民法196条2項は留置権の成否に関する規定ではなく単に弁済期を定めるものにすぎず、民法295条2項と民法196条2項とは独立の制度であるから、民法196条2項との整合性は考慮する必要はないと考える。

　以上のように考えるので、原則として、Bは留置権を主張できないと解する。

> **ケース……2**
>
> 留置権と同時履行の抗弁権との相違点を述べなさい。

留置権（民295条）と同時履行の抗弁権（民533条）は、ともに公平の原則に基づいている。しかし、同時履行の抗弁権が債権契約たる双務契約の効力として、相手方からの請求に対してなす抗弁をその内容としているのに対し、留置権は物権として物の直接支配を内容として有している。その結果として、同時履行の抗弁権は、双務契約の相手方に対してのみ行使できるのに対して、留置権は何人に対しても主張できる点で相違する。また、同時履行の抗弁権によって拒絶できる給付には制限はないが、留置権によって拒絶できる給付は物の引渡しに限られる。さらに、同時履行の抗弁権によって保護される債権は原則として同一の双務契約によって発生したものに限られるが、留置権によって保護される債権はその発生原因を問わない点で相違する。この他にも、留置権の場合は代担保が供与されると消滅する（民301条）が、同時履行の抗弁権の場合にはそのような規定は存在しない点でも相違している。

　なお、留置権と同時履行の抗弁権は、それぞれの要件を満たしていれば、ともに成立すると考えるのが通説である。例えば、売買契約がなされて、買主が代金未払いで売主に対して目的物の引渡しを請求した場合、売主がその目的物の引渡しを拒絶できる法的根拠としては、留置権と同時履行の抗弁権の2つが認められている。しかし、近年では、これに反対する見解も示されている。例えば、同じ機能をもつ両権利がある場合、物権は契約上の権利の裏に埋没していると考えるべきであるから、<u>同時履行の抗弁権のみ</u>によって引渡しを拒絶できるとの見解がある。

> **ケース……3❖被担保債権の消滅時効**
>
> 　留置権者が留置権を主張して引渡しを拒絶している物について、その被担保債権の債務者またはその物の所有者が引渡しを求めて訴訟提起したとき、被告たる留置権者が被担保債権の存在およびそれに基づく留置権を主張した場合、被担保債権の消滅時効は中断するか。

　留置権の行使は債権の消滅時効の進行を妨げない旨が規定されている（民300条）。債権者たる留置権者が物の留置をしているとしても、その被担保債権そのものを行使しているとはいえず、債権不行使の状態は継続している。したがって、留置権者が物を留置しているだけでは、被担保債権の消滅時効は進行する。

　しかし、その物の引渡請求訴訟が提起され、留置権者が留置権の基礎となる被担保債権の存在を裁判上で主張した場合は、それとは異なる。このような主張があれば、裁判所は、その存否を確かめてそれが存在すれば引換給付判決をしなければならない。したがって、このような場合、そのような主張は、訴訟上で抗弁として債権の存在が主張された場合の1例とみて、裁判上の催告として、訴訟の係属中は中断の効力を有し、訴訟の終結後6カ月内に訴えの提起その他の強力な手段をとることによってこの中断の効力を維持することができると解する立場もある（判例同旨）。

◆留置権と同時履行の抗弁権はともに成立するか

　留置権と同時履行の抗弁権は両立しうると解するのが通説である（道垣内・13）。これに対し、契約関係から発生する両債務間に広く同時履行の抗弁権を肯定した上で、留置権はそのような抗弁権が成立しない場合にのみ成立が認められるとする説もある（清水元・留置権概念の再構成（一粒社・平10）155以下、関武司・留置権の研究（信山社出版・平13）665以下）。または、そのような抗弁権が成立する場合にも、観念的には留置権が成立するが、両者を特別法と一般法の関係にあるものととらえ、留置権が排除されるとする見解もある（槇・36。また、鈴木・432以下）。

　しかし、留置権と同時履行の抗弁権の成立領域を厳格に区分する諸説はかなり複雑であり、実用的な境界線が引けていないとの批判がある（道垣内・14）。そして、契約当事者間では同時履行の抗弁権が優先するとする説に対しては、請求権競合論一般の問題として、契約当事者間においては物権的請求権が排除されるという法条競合説をとらない限り、通説が妥当であるとされる（道垣内・14）。

しかし、債権の存在が判決で明らかにされた以上、それが、抗弁としてであるにせよ、裁判上で権利主張をしているから、「裁判上の請求」に準じて本来の時効中断の効力を認めるべきである。

[4] まとめ——民事執行・倒産での取扱い

留置権は、その目的物の価値を支配する権利ではなく、その結果、被担保債権について優先弁済を受ける権利を有しない。このため、競売しても換価金の上に留置権が成立するだけであるが、他の債権者に対する関係でも、留置的効力は尊重され、この留置的効力により、かなり強力な担保作用を果たしうることとなっている（高木・13）。それは、留置権の民事執行法上の取扱いにあらわれている。具体的には、債務者所有の不動産が強制執行の対象となり、強制競売がなされて買受人がその不動産の所有権を取得した場合でも、留置権が買受人に引き受けさせられることからも明らかとなる。

不動産上の負担については、民事執行上、消除主義と引受主義の対立があるが、不動産に存する留置権（留置権は成立時を問わない）には、引受主義がとられ、買受人が被担保債権を弁済する責に任ずるものとされている（民執59条4項）。したがって、その弁済があるまで、留置権者は留置権を対抗でき、留置権に実質的に優先弁済権を与えたのと同一の結果になっている（近江・33）。不動産に留置権が成立している場合、競売代金の配当手続において留置権者に優先弁済を受けさせることはできないので、競売によっても留置権は消滅しないとせざるをえず、その結果、留置権者が、事実上、最先順位の優先弁済を受けうることになる。また、動産執行の目的物たる動産に留置権が成立している場合、留置権者は、被担保債権の弁済があるまで引渡しを拒むことができるから、他の債権者は、被担保債権を弁済してからでないと、事実上、差押えができないことになる（道垣内・37）。

これに対して、破産法上は、民事の留置権はすべて効力を失うものとされている（破66条3項）。破産管財人は無条件に目的物の引渡しを受けることになる（小林＝斎藤・138以下）。破産は破産債務者の財産の清算手続であり、したがって優先弁済的効力のない留置権は効力を認めることができない。これに対して、会社更生手続や民事再生手続においては、清算が行われないので、そのまま存続する（道垣内・41）。肝腎の破産のときに全く効力がなくなる点については、立法論的に疑問も提起されている。なお、民事再生でも、再生手続が開始した場合に民事留置権の留置的効力は残るとする見解が多い。また、会社更生法では、民事留置権はそのまま存続するが、優先弁済権がないため更生担保権にはならない（会更2条10項参照）。

♥**被担保債権の存在を主張したときは「請求」**
300条とは別に、債権者からの目的物の引渡しを拒絶するにあたって被担保債権の存在を主張したときは、147条1号の時効中断事由としての「請求」があると認めてよい（道垣内・32）。

♥**留置権に基づく形式的競売**
留置権者が目的物について形式的競売（民執195条）を実行すると、その目的物の所有者と被担保債権の債務者が別人である場合、留置権者は自らの担保権を失うことになる（道垣内・38）。

♥**消除主義**
担保物権や用益権など不動産上の負担をすべて消滅させて買受人に引き受けさせない主義（民執59条参照）。

♥**引受主義**
差押に対抗できる不動産上の負担を買受人が引き受けるものとする主義。

◆**民事留置権の破産法上の取扱いに対する疑問**
小林・90以下。

第2講 留置権と牽連性

[1] 概説

●債権と物との牽連性の意義

　295条1項は、他人の物の占有者が「その物に関して生じた債権」を有するときに留置権を取得する旨を規定する。この留置権の成立要件は、一般に、債権と物との牽連性（被担保債権と留置目的物の牽連関係）として検討されている。この債権と物との牽連性について、通説は、①「その物自体から生じた債権」、②「物の返還請求権と同一の法律関係または同一の生活関係から生じた債権」の2つの場合に、その牽連性を認めて留置権が成立するとする（例えば、我妻・28以下。この2基準は、交錯することがある、高木・23、26）。もっとも、具体的事例にこの基準をあてはめても、はたしてこの基準が満たされているか否かは直ちには判断できないことも多い。結局、具体的な判断は、留置権という制度の存在理由である公平の原則と、留置権を引渡拒絶を内容とする物権とした民法の態度とを標準として行うしかないとされる（我妻・28以下）。

●債権が物自体から生じた場合

　債権が物自体から生じた場合、債権とその物は牽連性を有し、留置権の成立が認められる。債権が物自体から生じた場合とは、その物に加えた費用の償還請求権や、その物によって受ける損害の賠償請求権である。

1 その物に加えた費用の償還請求権

　他人の物の占有者が、その物に必要費や有益費を投じて費用償還請求権を取得した場合、債権が物自体から生じたとされる（高木・23）。占有者の費用償還請求権（196条）または賃借人の費用償還請求権（608条）について留置権が生ずることについては、争いはなく、実際例も多い（我妻・29）。

2 その物によって受けた損害の賠償請求権

　物の瑕疵から損害賠償請求権が発生した場合、債権が物自体から生じたとされる（高木・23）。具体的には、物の受寄者が寄託物の性質または瑕疵から生じた損害の賠償を、寄託者に対し請求できる場合（661条）に、その物に関して生じた債権として留置権を取得する例が挙げられる（我妻・30以下）。

◆通説の基準の不明確性
　不明確性の原因として、従来の学説が第三者との間の公平もこの要件の中で図ろうとしていたことにあると指摘するのは、道垣内・20。また、牽連関係の内容を明確化できていないとする旨の批判は、高木ほか・20[曽田厚]。

◆牽連性についての異説
　このような通説のとる債権と物との牽連性についての基準とは、異なった基準も提唱されている。例えば、物の価値の全部または一部が債権に変容している場合と、物の反価値（損害）が債権に変容している場合に、債権と物との牽連性を認める基準が提唱されている（道垣内・20以下）。

♥第三者所有の物
　通説は、債務者以外の第三者所有の物でも留置権が成立することを認める（道垣内・17以下）。

◉物の返還請求権と同一の法律関係または同一の生活関係から生じた債権

　物の返還請求権（引渡請求権）と同一の法律関係または同一の生活関係から生じた債権の場合にも、債権と物との牽連性が認められ、留置権が成立する。例えば、売買契約から発生した物の引渡義務と代金債権は、同一の法律関係から物の引渡義務と債権が発生した場合である。また、物の修繕契約から発生した物の返還義務と修繕代金債権は、同一の法律関係から物の返還義務と債権が発生した場合であるとされ、留置権の成立が認められる。

　他人の物を占有する者の債権とその物を返還請求する権利とが同一の生活関係から生ずる例としては、2人の者が互いに傘を取り違えて持ち帰ったときに、相手方の占有する物の返還を受けるまで自己の占有する物の相手方への返還を拒絶できる留置権が取得される場合が挙げられる（我妻・32、高木・23。この例の場合に留置権を認めるのは常識に反するとするのは、鈴木・421）。

[2] 論点のクローズアップ

◉不動産の二重売買における留置権

①問題点

　Aが、ある不動産をYとXの2人に売却したとする。このような不動産の二重売買において、第一の買主Yがその不動産の占有をしていたところ、第二の買主XのためにAからその不動産の所有権移転登記がなされた。XがYに対し、不動産の所有権に基づく明渡請求をしてきた場合、Yは、Aに対する不動産売買契約の債務不履行に基づく損害賠償請求権をもってその不動産につき留置権を主張することが許されるか。YがAに対して有する損害賠償請求権とYの不動産の占有との間に牽連性があるか否かが問題となる。

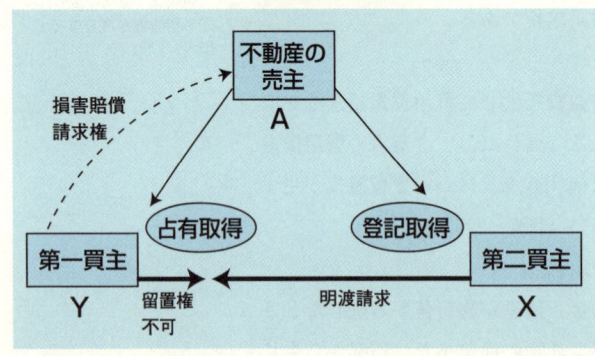

2-1　不動産の二重売買

②議論

　A：[肯定説]　これについて、占有を有する第一の買主であるYに留置権の成立を肯定する見解がある。目的物返還義務と損害賠償請求権が、ともに売主の第二買主に対する処分行為の結果として生じたものであり、両者は同一の法

律関係より発生し、牽連関係も存在するから、実質上公平の要請にそうためである（柚木馨「判批」民商42-3-76以下（昭35））。

B：[人的範囲説]　占有を有する第一の買主Yは、売主Aに対しては、損害賠償請求権を取得しその不動産を目的物として留置権を取得するが、留置権成立時に、AはYに対し土地の引渡請求権を有していないのであり、このような場合、Yは、先に登記を取得した第二の買主Xの所有権に基づく引渡請求権に対してはその留置権を主張できないとする（留置権の人的効力の範囲の問題としてとらえる）見解もある（道垣内・29）。

C：[否定説]　判例は、このような事案において、第一の買主Yは留置権を主張することは許されないとした（最判昭43年11月21日民集22-12-2765［事案は、家屋明渡請求事件］）。その理由は、買主Yが主張する債権はその物自体を目的とする債権がその態様を変じたものであり、このような債権はその物に関し生じた債権とはいえないからであるとする。学説は、判例と同様に留置権の成立を否定するのが多数説である（近江・26など）。その理由は、損害賠償請求権は目的物の返還を請求する者以外の者に対するものであって、返還請求権者としては自らに対して直接主張されえない債権でもって目的物の返還を拒否されなければならない理由はないからである（高木ほか・21［曽田厚］）。また、留置権は、物の引渡拒絶により債務の履行を間接的に強制する制度であり、したがって、その成立の始めから、被担保債権の債務者と留置権による引渡拒絶の相手方が別人であるときにまでその成立範囲を拡大することは、第三者の負担（留置権を消滅させるためには第三者弁済が必要となる）により、債権者を保護しようとするものであり、留置権制度の本来の趣旨を逸脱するとされる（高木・24）。

3 留意点

Aが、Bのためにその不動産に譲渡担保権（売渡担保の事案）を設定したところ、Bは、契約に違反してその不動産を第三者Cに譲渡した結果、CがAに対してその不動産の明渡しを求めた事件がある。この場合、譲渡担保権設定者Aは、譲渡担保権者Bによる不動産の返還義務不履行に基づく損害賠償請求権を根拠として、Cに対し留置権を主張できないとするのが判例である（最判昭和34年9月3日民集13-11-1357、通説）。

◆最判昭和43年11月21日に対する批判
「物に関して生じた」についての判例の解決の仕方やこの解釈について2基準を提示する従来の通説は、カズイスティッシュであると批判されている。判例や多数説が損害賠償請求権の牽連性を否定する理由は、対抗問題において、登記等の対抗要件を欠くために第三者に対して権利取得を主張することのできない占有者が留置権を行使できるとすると177条の実質的基礎を奪い、事実上の敗者復活を許すことになるという点である（清水元「判批」判例百選①［新法対応］170、171）。

◆留置権と物権変動との調和
留置権が二重譲渡など物権変動に関わる場合には、物権変動全体との調和も考えるべきである。177条の「第三者」の解釈とも絡め、第二買主にも、売主に代わって第一買主に賠償させるというルートがあってもよいとして、判例法理に再検討を加える立場もある（吉田邦彦「判批」判例百選①（4版・平8）166以下）。

◆譲渡担保権
債権者の債務者に対する債権を担保するために、ある財産権を債務者（または第三者）から債権者に移転し、もし、債務者が債務を弁済すればその財産権の返還を受けられるが、その弁済をしない場合には、その財産権の返還を受けられなくなるという形式をとる担保権を、譲渡担保権という（➡第23講）。

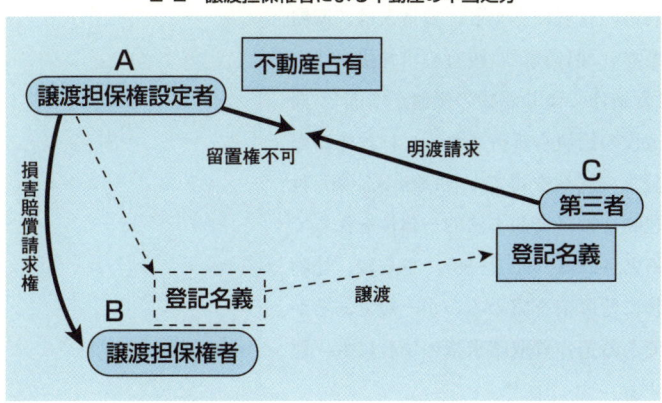

2-2　譲渡担保権者による不動産の不当処分

また、AがBにある物を売却したが、BがAにその代金を支払わないうちに、Bがその物をCに転売したため、CがAにその物の引渡請求をしてきた場合、AはBに対する代金債権を被担保債権としてCに対し留置権を主張して引渡しを拒絶できるかも問題となる。判例は、このような場合に、留置権が物権であることを理由としてAに留置権を認めている（最判昭和47年11月16日民集26-9-1619、近江・24）。

●留置権の及ぶ目的物の範囲

1 問題点

　貸主Xと借主Yとの間で家屋賃貸借契約が締結されていたが、その賃貸借が終了したので、借主Yが、その家屋に付加されていた造作について造作買取請求権（借地借家33条・旧借家5条）を行使しその造作の売買の効力が生じたとする。この場合、貸主Xからの家屋明渡請求に対し、借主Yは、その造作の代金債権がその家屋に関して生じた債権であるとし、Xからその造作代金の支払われないことを理由として、家屋について留置権を主張し、家屋の明渡しを拒絶することができるか。造作そのものに留置権が生ずることは問題ないが、さらにその家屋にまで留置権が及ぶか否かが問題となる。

2 議論

　A：[否定説]　判例は、同様の事案において、家屋の賃貸借終了時における造作買取請求権に基づく造作代金債権は、その造作に関して生じた債権であるにとどまり、その家屋に関して生じた債権であるとはいえないとして、家屋についての留置権の成立を認めなかった（大判昭和6年1月17日民集10-6。これは、旧借家法5条に基づく造作買取請求権に関するものである。最判昭和29年1月14日民集8-1-16も同旨）。

　この判例を支持して留置権の成立を否定する学説は、少数説である。少数説の挙げる理由は、従物に関する債権で主物たる建物全体の明渡しを拒絶できるとすると公平を失することや、建物の構成部分ではない造作の代金債権のために建物全体の留置を認めることは、かえって信義に反すること（船越隆司・担保物権法〔第3版・尚学社・平16〕33）などである。

　B：[肯定説]　判例に反対し、留置権の成立を認めるのが通説ないし多数説である。その理由は、留置権を否定する判例の見解に立つと、賃借人は、家屋から造作を分離して家屋を退去することとなり、旧借家法（現行の借地借家法）が造作買取請求権を認めた趣旨（付加された造作により建物の価値が増加し、同時に建物に付加されることによってその造作の価値も維持される）に反するからである（高木・25）。また、造作は「賃貸人の同意を得て」（借地借家33条）付加された建物の価値増加物である以上、建物との経済的・法的一体性を保っているから留置権の成立を認めるべきであるとされる（近江・28）。さらに、建物についての有益費償還請求権に関して建物に留置権を認めるのが一般であるから、その有益費償還請求権と同一の趣旨である造作買取請求権の場合にも、建物について留置権を認めるべきであるとする。

♥**造作**
建物に付加された物件で、賃借人の所有に属し、かつ建物の使用に客観的便益を与えるものをいい、賃借人がその建物を特殊の目的に使用するため、特に付加した設備のようなものを含まない（旧借家法5条に関する判例の要旨）。

♥**造作買取請求権**
建物の賃貸人の同意を得て建物に付加した畳、建具その他の造作がある場合には、建物の賃貸人は、建物の賃貸借が期間の満了または解約の申入れによって終了するときに、建物の賃貸人に対し、その造作を時価で買い取るべきことを請求できる権利のこと。形成権である。

▲**留置権の成立を否定する判例**
最判昭和29年7月22日民集8-7-1425は、旧借家法5条により造作の買取を請求した家屋の賃借人はその代金の不払いを理由としてその家屋を留置し、またはその代金の提供がないことを理由として同時履行の抗弁によりその家屋の明渡しを拒むことはできないと判示する。

♥**従物**
物の所有者がその物の常用に供するため自己の所有に属する他の物をもってこれに附属させたとき、その附属させた物を従物という。従物は、主物の処分に随うものとされている（87条）。

[3] ケース・スタディ

ケース……1 ❖ 造作買取請求権と留置権

建物の賃貸借契約が終了し、賃借人が賃貸人に造作買取請求権（借地借家法33条）を行使して造作代金債権を取得した場合、賃借人は賃貸人からの建物明渡請求に対しその債権を被担保債権として建物全体について留置権を主張できるか。

♥ 賃借人の造作買取請求権に基づいて建物全体を留置できるか

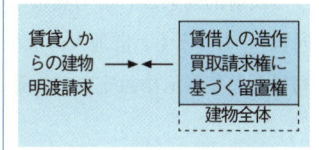

賃貸人からの建物明渡請求 → ← 賃借人の造作買取請求権に基づく留置権
建物全体

　建物（家屋）の賃貸借契約の終了に基づいて賃貸人が賃借人にその建物の明渡請求をしてきた場合、造作買取請求権を行使して造作代金債権を取得した賃借人がその造作を越えて建物について留置権を主張し、建物の明渡しを拒むことができるか否かについて、判例は、造作買取請求権（旧借家法5条）に基づく造作代金債権は造作に関して生じた債権であって、建物との間には牽連性がないとして留置権の成立を認めなかった。

　このような立場にたつと、賃借人はその造作を建物から分離して退去することになる。しかし、それでは、造作の付加によって建物の価値が増加し、また、造作も建物に付加することで造作の価値も増加することからその価値を損なうことのないように、その分離を防止するために造作買取請求権を認めた趣旨に反することになる（建物からその造作を分離すると造作の価値が激減する）。このような事態を避けて建物と造作の経済的一体性を保持するために、賃借人には留置権が認められるべきである。また、建物についての有益費償還請求権に関しては建物に留置権を認めるのが一般であるから、有益費償還請求権と同一の趣旨である造作買取請求権の場合にも、建物について留置権を認めることが、有益費償還請求権の場合との整合性を保持することができて妥当であると解される。なお、建物賃借人の建物の留置に基づく使用利益は、不当利得としてその賃貸人に返還すべきである。

ケース……2 ❖ 建物買取請求権と留置権

借地権の存続期間が満了した際に、借地人たる建物所有者が建物買取請求権（借地借家法13条1項）を行使した場合、借地権設定者からの土地明渡請求に対し借地人はその土地について留置権を行使できるか。

◆ 借地借家法13条1項
　借地権の存続期間が満了した場合において、契約の更新がないときは、借地権者は、借地権設定者に対し、建物その他借地権者が権原により土地に附属させた物を時価で買い取るべきことを請求することができる。この建物買取請求権は形成権である。

　借地人（建物の所有者）が借地権設定者に対して建物買取請求権を行使すると、建物買取請求権は形成権であるから、その建物について売買契約が成立したのと同様の効果を生じ、借地人は借地権設定者に対してその建物の代金債権を取得する。この借地人の代金債権はその建物に関して生じた債権であるから

建物に留置権を生ずるが、さらにその敷地たる借地の明渡しについても留置権を行使することができるかが問題となる。

　もし、借地権の存続期間が満了し、建物買取請求権を行使した借地人が、借地権設定者に対してその敷地を明け渡さなければならないとすると、建物についての留置権は有名無実化してしまう。したがって、借地人が、建物を留置しうる反射的効果として当然にその敷地の明渡しも拒絶できると解される（判例同旨）。もっとも、借地人の敷地利用に基づく使用利益（地代に相当）は、不当利得として借地権設定者に返還しなければならない。

[4] まとめ

　債権と物との牽連性についての通説は、債権がその物自体から生じたものである場合と、債権が物の返還請求権と同一の法律関係または同一の生活関係から生じたものである場合に牽連性が認められると解している。ただ、その成立要件が具体的な場合について直ちにあてはまるか否かの判断は困難であり、結局、留置権制度の存在理由たる公平の原則と引渡拒絶の意義から判断されなければならず（近江・22）、実例に即して牽連性の内容を確認していく作業が求められることになる。そして、牽連性に関して判例が二重売買などでしばしば用いる「物自体を目的とする債権」（ないし「その態様を変じた債権」）は「その物に関して生じた債権」ではない、との説示は単なる言葉の使い分けにすぎない（荒木新五「判批」担保法の判例②141以下）場合もある。

　しかし、判例の流れをみる限り、留置権の成立が認められた事案は、いずれも被担保債権が物の返還請求権と同一の法律関係（契約もしくは契約解除）において、かつこれと対峙する形で発生した場合であり、被担保債権を支払ってはじめて物を支配できる関係に立ち、対抗問題は認められないという点で共通している。これに対し、留置権の成立が否定された事案は、いずれも物の占有者と物の返還請求権者との間に物権の衝突が認められ、かつ占有者の権利が物の返還請求権者に対抗できない場合であって、物の占有を通じて先方に履行を強制するという関係が成り立たないケースである。この意味で、判例の主流はおおむね一貫した立場をとっていると評されている（河野玄逸「判批」担保法の判例②131以下）。

♥公平の原則基準
　この基準に照らしても牽連関係の成否が一義的に判断できるものではなく、個々の場合ごとに、留置権を認めることが公平にかなうか否かの実質的判断を行い、公平にかなうと判断された場合に「牽連関係にあり」としているにすぎないと批判されている（道垣内・20）。また、牽連性の判断は、公平性を直接に左右すべく機能し、牽連性の要件を判断する中で種々の考慮が施されてきたことについて、関武志「留置権の現代的意義」民法の争点（平19）132以下。

第 3 講 先取特権の意義と種類

[1] 概説

●先取特権の意義

　先取特権は、法律に定める特殊の債権を有する者が、債務者の総財産（一般先取特権の場合）、特定の動産（動産先取特権の場合）または特定の不動産（不動産先取特権の場合）につき、他の債権者に優先してその債権の弁済を受けることができる法定担保物権である（303条以下）。

　先取特権制度が認められたのは、特殊の債権は、他の債権者と平等の立場で弁済させるべきものではなく（債権者平等の原則の排除）、特に優先して弁済させるべき客観的な理由があることに基づいている。先取特権の中心的な存在理由は、先取特権の種類に応じていくつか挙げられている。例えば、共益費用の先取特権や不動産工事の先取特権は、公平の原則がその理由とされる。雇用関係の先取特権は、使用人の賃金保護という社会的考慮を主眼とする。また、不動産賃貸の先取特権は、賃貸借契約における当事者の意思の推測に立脚する。

●先取特権の種類

　民法の認める先取特権は、一般先取特権（306条）と特別先取特権（311条・325条）の2種に大別される。一般先取特権が債務者の総財産を目的としているのに対し、特別先取特権は債務者の特定の財産を目的としている点で相違する。また、特別先取特権は、債務者の特定の動産を目的とするもの（動産先取特権）と、債務者の特定の不動産を目的とするもの（不動産先取特権）とに分けられる。

　一般先取特権に属するものは、
　　①各債権者のための共益費用の先取特権
　　②雇用関係の先取特権
　　③債務者等の葬式費用の先取特権
　　④債務者等の生活に必要な日用品供給に関する先取特権
の4種である。
　特別先取特権のうち、動産先取特権に属するものは、
　　①不動産賃貸による賃借人の債務につき、賃借人の動産の上に存在するもの
　　②旅館宿泊における宿泊客の手荷物の上に存在するもの

◆先取特権の種類の増加
　先取特権は、近年もさらに増加を続けている。公示のない担保権の存在は、第三者に不測の損害を与えるおそれがあるが、公示のある担保権を有していなくても、保護されるべき債権者は、やはり存在するのであって、また、社会の複雑化に伴い、その種類も増加せざるをえない。問題は、現行法において先取特権を与えられている債権者が、現代社会において真に保護されるべき債権者かを再検討することである（道垣内・44）。

◆債権者平等の原則の排除
　債務者の一般財産に対する債権の効力は、債権成立の時の前後や、債権の種類を問わず、平等であるとする原則を債権者平等の原則という。債権者平等の原則が担保物権法で説明される実質的な理由は、担保物権をもっている債権者は優先弁済権を有しており、そこでは債権者平等の原則が破られるといいたいからであろう（小林・36）。

◆先取特権の存在理由
　1つの制度が他の理由をもあわせて有することも少なくないことには留意する必要がある（我妻・49以下）。

◆先取特権の種類

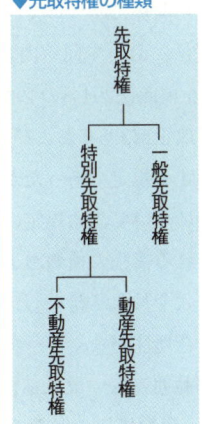

```
                  ┌─ 一般先取特権
         先取特権 ─┤
                  │              ┌─ 動産先取特権
                  └─ 特別先取特権─┤
                                 └─ 不動産先取特権
```

③運送賃につき運送人の手に存する荷物の上に存在するもの
　④動産の保存費につきその動産の上に存在するもの
　⑤動産の代価につきその動産の上に存在するもの
　⑥種苗・肥料の代価につき土地より生じた果実の上に存在するもの
　⑦農業労務者の賃金につき果実の上に存在するもの
　⑧工業労務者の賃金につき製作物の上に存在するもの
の8種である（311条）。

　特別先取特権のうち、不動産先取特権に属するものは、
　①不動産の保存費の先取特権
　②不動産の工事費の先取特権
　③不動産の売買代価の先取特権
の3種である（325条）。

● 一般先取特権（4種類）

1 各債権者の共益費用の先取特権(306条1号)

　各債権者の共益費用の先取特権は、各債権者の共同の利益のためにした、債務者の財産の**保存・清算**または**配当**に関する費用の請求権を被担保債権とする（307条1項）。これらの行為をした債権者の費用支出により全債権者が弁済を得たのであり、他の債権者に優先してその費用につき弁済させることが公平に適するとの趣旨から、この先取特権が認められている。したがって、これらの行為が総債権者の中の一部の債権者にとってだけ利益となるときは、その行為をした債権者は、その利益を受けた債権者に対してだけ一般先取特権の優先権を主張できることとなる（307条2項）。

2 雇用関係の先取特権(306条2号)

　(1) **総説**　平成15年改正前308条に規定されていた「雇人給料」の先取特権は、平成15年改正により、その被担保債権の種類および範囲が拡大されることによって、会社の使用人の先取特権について規定していた改正前商法295条における「(会社)ト使用人トノ間ノ雇傭関係ニ基キ生ジタル債権」と同様の内容とされた。308条のもとでは、雇用関係の先取特権は、給料その他債務者と使用人との間の雇用関係に基づいて生じた債権について存在することとされた。一般法である民法において同一内容が設けられたことに伴い、改正前商法295条は削られ、改正前商法294条の2が、現行の295条となった（改正する法律附則18条）。

　平成15年改正前308条および改正前商法295条は、いずれも労働債権に係る先取特権に関する規定であったが、先取特権による保護が与えられる債権の種類および範囲について、両規定の内容が一致していなかった（先取特権による保護が与えられる債権の種類および範囲について、改正前308条は、「雇人カ受クヘキ最後ノ六個月間ノ給料」としていた）。このような両規定の不一致については必ずしも合理性がなく不一致を解消することが望ましく、また、先取特権の種類および範囲の広い改正前商法295条のもとで格別支障が生じていないことが考慮され、労働債権の保護の強化を図るために308条の規定の内容は、**改正前**

♥**保存**
財産の事実上の保存行為やその他債務者の財産の現状を維持すること。

♥**清算**
債務者の財産の換価、債権の取立て、債務の支払い、財産目録の調整などをすること。

♥**配当**
債権を調査して配当表を作り、配当を実現すること。

◆**雇用関係の先取特権と登記**
　一般先取特権についても登記が可能であるとするのが多数説であるが、雇用関係の先取特権について登記するには多くの障害があり、実際上は、その登記は不可能であるから、現実には、雇用関係の先取特権は、一般債権者に優先する効力しかない（角紀代恵「先取特権の現代的意義」民法の争点(平19)135以下）。

♥**雇用関係に基づいて生じた債権**
「雇用関係に基づいて生じた債権」の代表例は、給料・退職金である（道垣内・48）。

◆**退職金**
　最高裁は、給料の後払いの性格を有すると認定された退職金債権について、最後の6カ月間の給料相当額について先取特権の成立を認めている（最判昭和44年9月2日民集23-9-1641）。今後は、給料の後払いの性格を有する退職金債権はすべて先取特権になる。
　また、退職後の年金債権のように、使用人たる資格を失ってから取得する権利であっても、雇用関係に基づいて発生した債権であれば被担保債権となる（道垣内・49）。

商法295条の規定と同内容とされた(『要綱中間試案補足説明』第1　主として担保法制に関する事項　2　先取特権　(1)　雇人給料の先取特権(民法308条関係))。先取特権による保護の範囲について、平成15年改正では、民法の規定を商法、有限会社法なみに合わせるという改正がなされ、使用者がどのような法形態であっても、未払いの給料債権全額につき先取特権で保護されるようになった(第156回国会衆議院法務委員会議録23号(平15・6・10)2頁1段目以下[上原敏夫参考人発言]参照)。また、改正前308条の「雇人」が、改正前商法295条における「使用人」と同内容とされることによって、改正後308条の先取特権による保護が与えられる債権の主体の範囲が拡大された(『要綱中間試案補足説明』第1　主として担保法制に関する事項　2　先取特権　(1)　雇人給料の先取特権(民法308条関係))。

(2)　**保護される主体の範囲の拡大**　労働債権の先取特権による保護については、平成15年改正前308条と改正商法295条が規定していたが、その内容には差異があった。改正前商法295条は、株式会社と使用人との間の雇傭関係に基づき生じたる債権と定められているのに対して、改正前308条は、雇人が受くべき給料と定められていた。先取特権による保護を受ける労働債権の主体は、民法の規定にいう「雇人」については、雇用契約に基づいて労務を提供する者に限定されるというのが伝統的な理解であったのに対し、商法の規定にいう「雇傭関係」にある「使用人」については、委任、請負等の契約に基づいて労務を提供する者も含まれるという、より広い解釈が一般的であった(谷口園恵ほか「担保物権及び民事執行制度の改善のための民法等の一部を改正する法律の解説(2)」NBL770-40(平15))。

改正前308条の「雇人」は雇用契約に基づくということに、非常に狭く限定的に解されていたが、308条は、使用人あるいは雇用関係という一般的な呼び方をすることによってその実質に着目したものであって、法形式あるいは名称にかかわらず、実質的な雇用関係にあってその労務提供の対価として受ける者であるとして広く保護の対象とされる(第156回国会衆議院法務委員会議録22号(平15・6・6)23頁2段目[房村精一政府参考人発言]参照)。改正前308条における先取特権の保護の対象になるのは、雇用契約に基づく給料債権に限られていたので、手間請従事者については、その保護を及ぼすということは解釈上無理であった。これに対し、308条は、その契約の形式ではなく、実態として債務者に対して労務を提供して生活を営んでいる者であるか否かという点に着目した判断が可能である(第156回国会衆議院法務委員会議録22号(平15・6・6)22頁3段目[房村発言]参照)。民法と商法の差異に対して保護を拡大する方向で解消し、その改正の結果、手間請負などの請負的就労者が債務者に対して労務を提供して生活を営んでいる者であれば308条の適用を受けることになって保護が図られる(第156回国会参議院法務委員会議録24号(平15・7・22)24頁1段目以下[森山真弓国務大臣発言]参照)。雇用契約を結んでいる者が自宅で会社に労務を提供するということもありうるから、単に在宅であるということだけで雇用関係が否定されるということはない。実質的に雇用関係にあり、支払われているものがその労務提供の対価であるということであれば当然、先取特権の保護の対象に入る

◆**給料債権以外の債権**
今回の改正によって民法でも給料債権に限らず、より広く、使用人との間の雇用関係に基づき生じた債権が先取特権によって保護される。

◆**給料債権と倒産手続**
会社更生手続では、未払給料債権等は、手続開始前の6か月分について共益債権とされ、保護される(会更130条)。民事再生手続においては、一般優先債権として扱われ、共益債権と同様に処遇される。破産手続開始前3か月間に生じた給料債権等は財団債権として保護される(破149条)。

♥**使用人**
使用人とは、広く雇用関係によって労務を供給する者を指す。労働法上の労働者・継続的労務提供者に限られない。これには、家事使用人も、パートタイマーも含む。また、請負契約や委任契約に基づく債権を有する者であっても、継続的な関係が構築されていれば、使用人に該当する場合もあろう(道垣内・48)。

（第156回国会衆議院法務委員会議録22号（平15・6・6）23頁4段目［房村発言］参照）。例えば、パートタイマー、アルバイトも雇用関係に立って、一般先取特権を行使しうるし、また、雇用関係があれば、顧問弁護士や嘱託医も一般先取特権者となりうる（道垣内弘人ほか・新しい担保・執行制度（補訂版・有斐閣・平16）24以下［道垣内弘人］）。

(3) **給料債権以外の債権**　308条では、給料債権以外の債権も先取特権によって保護されるようになり、雇用関係に基づき生じた債権すべてが保護される。

改正前308条における先取特権の保護の対象になるのは、雇用契約に基づく給料債権に限るというのが解釈であったが、改正により、その契約の形式ではなく、実態として債務者に対して労務を提供して生活を営んでいる者であるか否かという点に着目した判断が可能となったことは前述したが、さらに、保護の範囲も、そのような雇用関係から生じた債権全般に及ぶということになって、保護される債権の種類が拡大された（第156回国会衆議院法務委員会議録22号（平15・6・6）22頁3段目［房村発言］参照。社内預金が、雇用関係に基づいて生じた債権に当たるか否かが問題となるが、社内預金の返還請求権について、任意性が認められる限り、貯蓄にすぎず、被担保債権にならないとするのは、道垣内・48）。

308条は、基本的に改正前商法295条の解釈と同じであり、雇用関係に基づき生じた債権すべてが含まれるから、給与等は当然に入り、退職金も入り、また、身元保証金も入る。このような意味で、商法と同じように、雇用関係に基づいたものを広く保護の対象とする（第156回国会衆議院法務委員会議録22号（平15・6・6）22頁4段目［房村発言］参照）。

(4) **保護される範囲に対する限定の撤廃**　先取特権によって保護される債権の範囲について、改正前308条が最後の6ヵ月間という限定をしていたのに対して、商法ではこのような期間の限定なく広く認められていた。しかし、債務者の企業形態によって保護の範囲にこのような差異があるのは合理的でないので、労働債権の保護の趣旨から、民法の狭い先取特権の範囲が商法の広い範囲に一致させられた。これにより、先取特権によって保護される債権の範囲は、最後の6ヵ月間という限定なく広く認められる（第156回国会参議院法務委員会議録24号（平15・7・22）3頁2段目以下、20頁2段目以下［房村発言］参照）。

3 葬式費用の先取特権（306条3号）

葬式費用の先取特権は、債務者のためにされた葬式の費用、または債務者が**扶養**すべき親族のためにした葬式の費用の請求権につき存在する（いずれも相当な額に限る）。この309条の葬式費用の先取特権は、貧者でも葬式を営むことができるようにしようとする公益上の要請に基づく（我妻・77）。葬式費用について先取特権による優先弁済的効力が認められることによって、葬儀社などが、その葬式に関する債権の回収について心配することなく、物品やサービスの提供ができるようにするという趣旨である（道垣内・50参照）。309条1項の「債務者」とは死亡者のことであり、債権者は遺産全体について先取特権を有することになる。しかし、死亡者の財産がほとんどないときには先取特権も無意味となり、同条の趣旨を達成できないため、同条2項で、葬式を営んだ扶養義務者

◆**給料債権以外の債権を保護するに至った理由**
労働債権の先取特権による保護については、改正前308条と改正前商法295条が規定していたが、その内容には差異があった。改正前商法295条は、株式会社の使用人の債権、労働債権を保護する規定であったが、その保護の範囲は、会社と使用人との間の雇傭関係に基づき生じたる債権と定められていた。これに対して、改正前308条による先取特権による保護は、雇人が受くべき「給料」と定められていた。これらの規定の相違の結果、商法では、給料債権以外の、例えば身元保証金の返還というような債権も含まれるので、商法の方がその範囲が広くなっていた。しかし、債務者の企業形態によって保護の範囲にこのような差異があるのは合理的でない。そのため、民法の狭い先取特権の範囲を商法の広い範囲に一致させたのが、今回の308条の改正である（第156回国会参議院法務委員会議録24号（平15・7・22）3頁2段目以下、20頁2段目以下［房村精一政府参考人発言］参照）。

法人の使用人と、そうでない者（家事使用人等）との間でのアンバランスが著しく、雇人給料の先取特権の被担保債権も、限定されており、この点にもアンバランスがあった（道垣内・47）。このアンバランスの解消策として、民法上の先取特権の被担保債権を拡大すべきであるという意見が、改正により採用された（道垣内・48）。

♥**扶養義務**
法律上一定の親族の間に認められる生活の保障の義務をいう。

◆**葬式費用・日用品供給の先取特権の存在意義**
葬式費用の先取特権や日用品供給の先取特権は、その存在意義自体に疑問が呈されている（角紀代恵「先取特権の現代的意義」民法の争点（平19）135〔葬式費用については生活保護18条や老福27条がその機能を担い、また、日用品については、現在、現金払いがほとんどであるため〕）。

を債務者としている（道垣内・50）。法事・石碑建立の費用は間接の費用であるから、葬式費用には含まれない（高橋・39）。

4 日用品供給の先取特権(306条4号)

日用品供給の先取特権は、債務者またはその扶養すべき同居の親族およびその家事使用人の生活に必要な最後の6カ月間の飲食料品および燃料および電気の代金請求権を被担保債権とする（310条）。日用品供給の先取特権による保障が、最後の6か月間に限定されているのは、あまりに多くの額について優先権を認めると、他の債権者に不測の損害を与えるからである（道垣内・51）。家事使用人とは、家に同居している家事使用人をいう（道垣内・51参照）。その「扶養すべき同居の親族」に、内縁の妻が含まれるか否かが問題となる。内縁の夫は、内縁の妻を扶助する義務があり、通説は内縁の妻を含むとしている（高木・46）。日用品等の供給を受けてその代金債務を負担する債務者が法人である場合には、この先取特権は成立しないとするのが判例である。

この日用品供給の先取特権は、生活必需品の供給者が資力の乏しい者に対しても安心して供給ができるようにするために先取特権を与え、債務者自身の生活を保障しようとする社会政策的考慮に基づくものである（道垣内・51、遠藤ほか・38［平田春二］）。

●動産先取特権（8種類）

1 不動産賃貸の先取特権(311条1号)

不動産の賃貸人は、賃料その他賃貸借関係から生じた賃借人に対する債権を被担保債権とし、賃借人の動産を目的物として先取特権を有する（312条以下）。その被担保債権には、不動産の賃料債権のほか、賃借人が賃借目的物を毀損したときの損害賠償請求権など、不動産賃貸借関係より生ずる賃貸人の債権のすべてを含むのが原則である。ただし、2つの例外がある。

①賃借人の財産の総清算（破産、相続の限定承認、法人の解散など）の場合には、その被担保債権は、賃料債権その他が前期・当期・次期のものに限定され、損害賠償請求権は前期・当期に生じた額に限定される（315条）。

②賃貸人が敷金を受け取っていた場合には、その敷金によって弁済を受けることができない債権の部分のみを被担保債権として、この先取特権が生じる（316条）。

不動産賃貸の先取特権は、いずれも賃借人の動産を目的物とするのが原則である（ただし、例外として、314条・319条）。不動産の賃貸人がこれらの賃借人の動産を債権の引当てとして期待するから、その期待を保護しようとする趣旨（当事者の意思の推測）に基づいて、この先取特権が認められている（この他に、公平の原則や住宅政策的な配慮を指摘するのは、我妻・49以下）。

土地賃貸借における先取特権の目的物は、賃借地に備え付けた動産、賃借地の利用のためにする建物に備え付けた動産、賃借地の利用に供した動産および賃借人の占有にあるその土地の果実である（313条1項）。

◆**生活保護法18条と葬祭**
生活保護法18条は、一定の場合に都道府県・市町村が葬祭を営む者に対して扶助を与えることを定め、同法76条2項は、扶助のための保護費に関して死者の遺留品につき優先権を認めている（老福27条も同旨の規定）。

▲**法人の日用品供給の先取特権**
最判昭和46年10月21日民集25-7-969は、有限会社に対する水道料金債権に日用品供給の先取特権が認められるか否かが問題となった事案で、310条の法意に照らせば、債務者は自然人に限られ、法人はその債務者には含まれないと判示する。

◆**動産先取特権の現実的機能**
動産先取特権のうち、現実に機能しているのは、動産先取特権だけであることについて、角紀代恵「先取特権の現代的意義」民法の争点(平19)135、136。

♥**限定承認**
相続人が、被相続人の債務および遺贈につき、相続によって得た財産を限度とする責任を負うことを留保して行う相続の承認のこと(922条以下)。

♥**解散**
法人が積極的活動を継続できないことが確定し、財産関係を整理する範囲において、整理の終了するまで、存続しうるだけの状態となること。

♥**敷金**
賃借人が賃料の支払その他賃貸借契約上の債務を担保する目的で賃貸人に交付される金銭をいう。賃借人に債務不履行のあるときは、当然にその弁済に充当されてその残額が、また、債務不履行がなければその全額が返還されるという停止条件付返還債務を伴う金銭の授受である。

♥**果実**
元物から生ずる収益である。果実には、天然果実と法定果実がある。物の用法に従って収取する産出物を天然果実という。物の使用の対価として受け取るべき金銭その他の物を法定果実という(88条)。

また、建物賃貸借における先取特権の目的物は、賃借人が建物に備え付けた動産である（313条2項）。その「備え付け」の意味について、その建物の常用に供するためこれに存置された動産に限らず、賃借人が賃貸借の結果、ある時間継続して存置するためその建物内に持ち込んだ動産（金銭、有価証券、宝石をも含む）であれば足りるとして、広く考えるのが判例である（大判大正3年7月4日民録20-587）。

　不動産賃貸の先取特権は、以上のような賃借人の動産を目的物とするが、次のような2つの例外がある。不動産賃貸の先取特権は、その<u>賃借権の譲渡</u>または<u>転貸</u>がなされた場合にはその賃借権の譲受人または転借人の動産も目的物となる（314条。これに対して、賃貸人の保護に厚すぎ、譲受人等に対して酷に過ぎるとの批判は、高橋・42）。それと同様の場合に、賃借権の譲渡人または転貸人が、譲受人または転借人から受け取るべき金額も、<u>不動産賃貸の先取特権</u>の目的物となる。また、不動産賃貸の先取特権には、即時取得の規定（192条）が準用される（319条）。不動産賃貸の先取特権については、319条により192条以下の即時取得の規定が準用されているので、債務者以外の動産についても先取特権が成立することになるが、その成立要件である善意・無過失の判定時期について議論がなされている。通説は、当事者の意思推定を根拠に、備え付けの時とする（平野・365）。

2 旅館宿泊の先取特権（311条2号）

　旅館宿泊の先取特権は、宿泊客が負担すべき宿泊料及び飲食料の請求権を被担保債権として、その旅館にある手荷物を目的物として成立する（317条）。旅館宿泊の先取特権は、その宿泊客の手荷物に対して自己の債権の引当てにしようとする担保取得の意思を保護するために、認められている。この旅館宿泊の先取特権には、即時取得の規定の準用がある。

3 運輸の先取特権（311条3号）

　<u>運送人</u>は、その旅客または荷物の運送賃および付随の費用についての請求権を被担保債権とし、運送人の所持内に存する債務者の荷物を目的物として、先取特権を取得する（318条）。

4 動産保存の先取特権（311条4号）

　動産の保存費、および、動産に関する権利を保存、追認または実行させるために費やした費用について請求権を有する者は、その請求権を被担保債権とし、その動産を目的物として先取特権を取得する（320条）。動産の保存費とは、動産自体の物質的価値を維持するために支出した費用の償還請求権である。その例としては修繕費用が挙げられる。動産に関する権利の保存とは、例えば、債務者の所有物が第三者によって<u>時効取得</u>されようとするのを中断することが挙げられる。動産に関する権利の追認とは、動産の占有者Aがその動産を時効取得することを妨げるために、債務者Bがその所有権を有していることを、債権者Cが承認させる例が挙げられる（19条、122条以下や116条の「追認」とは異なる）。

　動産保存の先取特権は、債権者がその動産の保存費等を支出したことにより、動産が現在の状態で債務者の財産を構成し、他の債権者も現在の状態の価値で

◆**動産先取特権と即時取得**
　不動産賃貸の先取特権、旅館宿泊の先取特権および運輸の先取特権は、債権者の期待の保護をその趣旨としているから、319条により即時取得の規定が準用されている。債権者が、通常、担保として期待するような物は先取特権の目的物としなければならないからこれを準用する。それ以外の動産先取特権は債権者の期待の保護を目的とするものではないから、即時取得の規定が準用されていない（道垣内・56）。

♥**賃借権の譲渡**
　賃借人とその譲受人との契約で、賃借人の権利義務をすべて譲受人に移転させること。

♥**転貸**
　賃借物を第三者に貸すこと。賃借権の譲渡にあっては、賃借人はその譲渡以後、賃貸人との関係を離脱して譲受人が賃貸人との関係に入る旨が約定されるのに対し、転貸の場合には、転貸がなされても従来の賃貸人・賃借人間の賃貸借関係はそのまま維持される点で相違する。

◆**不動産賃貸の先取特権における即時取得の準用**
　賃借人が他人の物を不動産に備え付けた場合、例えば月賦で買ったためまだ売主に所有権が留保されている家具を借家に備え付けた場合、その備え付けの当時に賃借人が他人の物（家具）を賃借人の所有物であると善意・無過失で信じた場合には、その他人の物（家具）もこの先取特権の目的物となる（我妻・82参照）。

◆**運送人**
　運送を業とする者であることを要しない。「運送賃」とは、運送の対価そのものをいう。「目的物」には、旅客自身が携帯する手荷物は含まれない。運送の先取特権は、運送人の期待を保護する趣旨である。運送の先取特権にも、即時取得の規定の準用がある（319条）。

◆**公吏保証金の削除**
　旧311条4号および旧320条は、公務員の職務上の過失によって生じた債権については、公務員が納入した身元保証金の上に先取特権が存するものと規定していた。しかし、現在では、国家賠償法が制定され、公務員の過失により損害を被った私人に対しては、その公務員が帰属する国または公共団体等が賠償責任を負担するものとされており、しかも、判例・通説によれば公務員個人が直接賠償責任を負担することはないとされている。したがって、損害を被った私人が保証金について先取特権を行使して優先権を主張する事態は起こりえない。これらの理由その他により、旧311条4号および旧320条は実効性を喪失しているものとして、平成16年の改正により削除された（吉田＝筒井・125以下）。

♥**時効取得**
　他人の物を一定期間継続して占有する者にその所有権を与え、また所有権以外の財産権を一定期間継続して事実上行使する者にその権利を与える制度を取得時効制度という（162条以下）。取得時効によって権利を取得することを時効取得という。

弁済を受けられるようになったのであるから、費用を支出した債権者に優先権を与えるのが公平であるという趣旨に基づく（道垣内・56）。

5 動産売買の先取特権(311条5号)

動産の売主は、その動産の売買代価およびその利息の請求権を被担保債権とし、その動産を目的物として先取特権を取得する（321条）。その目的物は、まだ代金を支払わない買主に所有権を移転した場合の売買目的物である。売主の売り渡した動産が買主の一般財産を増加させ、それによって買主の総債権者が共同の利益を得たのであるから、売主の代金債権について、買主の一般財産の一部となったその動産を担保の目的とすることが公平の原則に適合するとされて先取特権が認められた（ひいては、信用取引としての動産売買の安全の保障）。現実には、動産売主は、格別の担保を取得しないまま、引渡義務を先履行することが多く、実務上、動産売買の先取特権はすべての動産先取特権のうち最も重要な意味を有している（道垣内・57、高橋・43）。

6 種苗・肥料供給の先取特権(311条6号)

種苗または肥料の代価およびその利息についての請求権を有する者は、その請求権を被担保債権とし、種苗または肥料を用いた後1年以内にこれを用いた土地から生じた果実（収穫物）を目的物として先取特権を取得する。また、蚕種または蚕の飼養に供した桑葉の代価およびその利息についての請求権を有する者は、その請求権を被担保債権とし、蚕種または桑葉から生じた物を目的物として先取特権を取得する（322条）。この立法理由は、供給者による一定の供給が貢献することで生産物が生じたのであるから、生産物の換価代金については、供給者に優先権を与えることが公平の原則に適合するという点にある。

7 農業労務の先取特権(311条7号)

農業の労務者については最後の1年間の賃金についての請求権を被担保債権とし、その労務によって生じた果実を目的物として先取特権が生じる（323条）。この立法理由は、労務者の労務が貢献して果実が得られたのであるから、果実の換価代金については労務者を優先させることが公平の観念に合致することと、賃金保護による労務者の生活の保障という社会政策的な考慮である。

8 工業労務の先取特権(311条8号)

工業の労務の先取特権は、その労務に従事する者の最後の3か月間の賃金に関し、その労務によって生じた製作物について生じる（311条8号・324条）。この先取特権の立法理由は、工業の労務者の労務が貢献して製作物が得られたのであるから、製作物の換価代金についてはその労務者を優先させることが公平の観念に合致することと、賃金保護による労務者の生活の保障という社会政策的な考慮である。

● 不動産先取特権（3種類）

1 不動産保存の先取特権

不動産自体の保存費用、または不動産に関する権利の保存・追認もしくは実行のために要した費用の請求権を有する者は、その請求権を被担保債権とし、そ

◆ 動産保存の先取特権の存在理由
同時に、その立法理由として、債務者の一般財産を構成する動産の保存を促すという法政策も挙げられることがある。

◆ 動産売買の先取特権の成立
動産売買の先取特権の成立は、動産の引渡の有無にかかわらないとされる（我妻・85）。しかし、動産の売主は、動産を引き渡す前ならば、留置権または同時履行の抗弁権によってその代金債権を確保しうる場合が多いであろうから、この先取特権が実益を発揮するのは、代金未受領のまま、買主に動産を引き渡した場合である。

◆ 種苗・肥料供給の先取特権の立法理由
種苗・肥料供給の先取特権の立法理由として、農業経営における資金の欠乏の救済または農業振興という政策的な目的も指摘される（なお、農業動産信用法上の先取特権については、同4条以下）。

♥ 農業の労務者
天然果実たる農業生産物を産出するための労務を提供する者をいう。

♥ 工業の労務者
農業生産物以外の動産を生産するための労務を提供する者をいう。土木建設（不動産工事）に従事する建設労務者は、工業労務者には含まれない。なお、農業と工業との場合で被担保債権の範囲に差異をつけた根拠は、立法当時の賃金の支払の慣習（農業の場合は毎年1、2回。工業の場合は毎月1、2回）に基づいている（川井・清水編・逐条民法特別法講座Ⅵ担保物権Ⅰ（ぎょうせい・平4）619）。

◆ 労務者
労務者は、雇用関係に基づいて、一般の先取特権（308条）をも取得することがある。

◆ 不動産先取特権の機能
不動産先取特権は、その行使のための要件があまりに厳格なため、現実にはほとんど機能していない（内田・513）。

の不動産を目的物として先取特権を取得する（326条）。立法理由は、動産保存の先取特権と同じく公平の原則である。不動産を目的とする先取特権は、370条の準用によって、付加一体物にもその効力が及ぶ（道垣内・61）。

2 不動産工事の先取特権

工事の設計、施工または監理をする者は、その債務者の不動産に関してなした工事費用についての請求権を被担保債権とし、その不動産を目的物として先取特権を取得する（327条）。この先取特権は工事によって生じた不動産の価額の増加が現存する場合に限り、そして、その増加額についてのみ存在する。増加額の存否および数額は、配当の時に、裁判所の選任する鑑定人に評価させて定める（338条2項）。この先取特権は、工事を始める前に、工事費用の予算額を登記する必要がある（338条1項）。不動産工事の先取特権は、工事着手後に登記をしても先取特権は効力を有しないとするのが、通説・判例である（道垣内・60）。立法理由は、工事によりその不動産の価値が増加したか、不動産が完成したのであるから、価値増加分の換価代金については、その者に優先権を認めることが公平に適するからである。

不動産保存の先取特権と不動産工事の先取特権に関して、337条、338条および340条における「その効力を保存す」の意義については、効力要件説と対抗要件説との対立があるが、対抗要件説が通説である（田山・335以下。また、高木・56以下）。その意義について、効力要件説は、不動産保存の先取特権を規定した337条等が既登記抵当権に優先する点で対抗要件主義の例外をなすものであり、また、338条1項但書の文理を理由として、効力要件であると理解する（道垣内・59）。しかし、これらの規定が、登記を対抗要件とする一般理論の例外とみるほどの実質的な理由はなく（我妻・98）、対抗要件と解するのが通説である。

3 不動産売買の先取特権

不動産の売主は、不動産の売買代価およびその利息についての請求権を被担保債権とし、不動産を目的物として先取特権を取得する。その売買契約と同時に、未払いの代価または利息に関して登記しておく必要がある（340条）。立法理由は、動産売買先取特権と同様に、公平の原則にある。

[2] 論点のクローズアップ

●建物賃貸の先取特権の目的物

1 問題点

不動産賃貸の先取特権は、原則として賃借人の動産を目的とする（312条）。建物の賃貸人の先取特権は、賃借人がその建物に備え付けた動産の上に存在する（313条2項）。建物に備え付けた動産とは、どの範囲にまで及ぶかが問題となる。

2 議論

A：[最狭義説] 建物に備え付けた動産とは、87条に規定された「常用に供するため」建物に付属させた動産（従物）をいうとする説がある。この説によ

◆**不動産先取特権の登記と強制管理**
他の者によって担保不動産収益執行手続または強制管理手続が開始された場合、不動産先取特権の登記があっても、当然には配当を受けることができない（道垣内・75）。

♥**保存と工事**
不動産の先取特権における「保存」と「工事」の区別に関し、「工事」とは積極的に価値の増加をもたらすもの、「保存」とは価値の維持ないし回復をもたらすものである（高橋・46）。

♥**工事**
新築・増築・改築をいう。

◆**不動産売買の先取特権の存在意義**
不動産の売主は、抵当権等の約定担保権によって売買代金を担保することができるし、また、移転登記について同時履行の抗弁権を主張することによって代金債権を確保することができるから、不動産売買の先取特権によって代金債権の保護を図る必要はない（角紀代恵「先取特権の現代的意義」民法の争点（平19）135、136）。

ると、具体的には、畳・建具のようなものだけが、その動産の範囲ということになる。

B：［中間説］ 建物に備え付けた動産とは、建物の利用に関して常置された動産をいうとする。この説によると、具体的には、畳・建具のほかに家具・調度・機械・器具・営業用什器などが、その動産の範囲ということになる。この中間説が通説である（例えば、我妻・80以下、近江・45以下）。その理由としては、この制度の中心的な立法理由が当事者の意思の推測であることを挙げる（我妻・80以下、道垣内・53）。

C：［最広義説］ 313条2項にいう建物に備え付けた動産とは、賃借人が賃貸借の結果、ある時間継続して存置するためその建物内に持ち込んだ動産であれば足りる（建物の常用に供するためこれに存置される動産であることを要しない）とする（大判大正3年7月4日民録20-587。学説としては、星野・201、内田・511以下）。近時は、この説が多い（道垣内・53）。この説によると、具体的には、建物の賃貸人の先取特権は、金銭、有価証券、賃借人の家族の一身の使用に供する懐中時計・宝石類その他全く建物の利用に供する目的なくまたこれに常置されない物の上にも存在することになる（上記大判大正3年）。そして、建物の賃借人が、賃借人としてその建物内にある時間継続して存置するため持ち込んだ動産は賃貸借の結果、建物内に存在するに至ったもので、賃借人はこの存置のため建物を利用するものであるから、これにつき賃貸人に先取特権を付するのが適当であるとしたのが、313条2項の根拠であるとその理由を説明している。

判例のとる最広義説に対しては、その目的物が建物を利用できたことの代償を認めようとする趣旨が含まれるとしても、そのように広く解することの十分な理由とはならないとの批判がある（我妻・80以下、柚木＝高木・61）。また、判例のように広くすべての持込動産の上に先取特権を認めることは他の債権者を害するとも批判されている（柚木＝高木・61、近江・45）。

3 留意点

不動産賃貸の先取特権が「賃借人」の動産の上にのみ存在するという原則に対しては、前述のように2つの例外がある。すなわち、賃借権の譲渡または転貸の場合においては、賃貸人の先取特権は、賃借権の譲受人または転借人の動産ならびに譲渡人または転貸人が受くべき金銭の上に及ぶとされる（314条）。また、即時取得に関する192条ないし195条が、不動産賃貸の先取特権に準用されている（319条）。

[3] ケース・スタディ

ケース……1 ❖ 不動産賃貸の先取特権

甲は、その所有する建物を賃貸借契約に基づき乙に賃貸し、乙はその建物に居住していた。乙は、有価証券・宝石類を建物に持ち込んで保管

していた。その後、乙は甲に対して建物の賃借料の支払をしなかった。この乙の所有する有価証券・宝石類の動産競売手続において、甲は、乙に対して有する未受領の賃料債権に関する先取特権を主張できるか。

不動産賃貸の先取特権は、賃借人の動産を目的とする（民312条）。建物の賃貸人の先取特権は、賃借人がその建物に備え付けた動産の上に存在する（民313条2項）。したがって、乙が、甲から賃借している建物に持ち込んだ有価証券・宝石類が、この建物に備え付けた動産であると解すれば、甲は、それにつき賃料債権を被担保債権として不動産賃貸の先取特権に基づいて優先弁済権を主張できることになる。しかし、その動産の範囲については議論がある。

民法313条2項にいう建物に備え付けた動産とは、賃借人が賃貸借の結果、ある時間継続して存置するため建物内に持ち込んだ動産であれば足りるとする説がある。この説によると、具体的には、建物の賃貸人の先取特権は、金銭、有価証券、賃借人の家族の一身の使用に供する懐中時計・宝石類そのほか全く建物の利用に供する目的なくまたこれに常置されない物の上にも存在することができることになる。このような説に立つのは判例であり、この説によれば、本ケースの甲は、乙の有価証券・宝石類について不動産賃貸の先取特権が及ぶとして優先弁済権を主張することができる。しかし、そのように広く解する十分な理由はないし、そのように広くすべての持込動産の上に先取特権を認めることは他の債権者を害する欠点がある。

建物に備え付けた動産とは、建物の利用に関して常置された動産をいうと解するべきであり、具体的には、畳・建具のほかに家具・調度・機械・器具・営業用什器などが、その動産の範囲に含まれると解される。なぜならば、不動産賃貸の先取特権制度の中心的な立法理由は当事者の意思の推測にあるからである。このように考えると、建物の利用に関して常置された動産とはいえない有価証券・宝石類は、不動産賃貸の先取特権の目的物には含まれないと考えられる。したがって、競売手続において、甲は優先弁済権を主張できないと解する。

★ケース1は、大判大正3年7月4日民録20-587をもとにした。

ケース……2 ❖ 法人と日用品供給先取特権

有料の水道水の供給者X（例えば、市町村の水道局）が、ある法人Yに対して有する水道料金債権について、Xに日用品供給の先取特権（民306条4号・310条）が成立すると主張できるか。

飲食料品・燃料および電気の供給に関する日用品は、債務者等の日常生活に不可欠であるから、これらを掛け売りした商人の売掛債権を他の一般債権に先んじて保護するのが民法310条の趣旨であるとして債権者保護に重点をおく立場では、債務者が法人であるか否かに関係なく先取特権による保護を与えることになろう。

しかし、民法306条4号・310条の法意は、一般の先取特権を与えることによって、多くの債務を負っている者あるいは資力の乏しい者に日常生活上必要不可欠な飲食料品および燃料および電気の入手を可能にし、生活を保護することにあり、このような法意ならびに民法310条の文言に照らせば、同条の債務者は自然人に限られ、法人は含まれないと解される。もし、法人が含まれるとすると、法人に対する日用品供給の先取特権の範囲の限定が著しく困難となり、一般債権者を不当に害するに至るからである。そして、このような解釈は、法人の規模・経営態様等のいかんを問わず、個人会社であっても同様である（判例同旨）。

　以上のように考えるので、結論として、Xには日用品供給の先取特権は成立しないと解する。

★ケース2は、最判昭和46年10月21日民集25- 7 -969をもとにした。

[4] まとめ

　先取特権は、特殊の債権を有する者が、債務者の総財産、特定の動産または特定の不動産につき、他の債権者に優先してその債権の弁済を受けることができる法定担保物権である。先取特権制度が認められたのは、特殊の債権は債権者平等の原則を排除して、公平の原則、社会政策的考慮または当事者の意思の推測などから特に優先して弁済すべき理由があるからである。先取特権には、一般先取特権と特別先取特権があり、特別先取特権には、動産先取特権と不動産先取特権とがある。一般先取特権が認められる債権は4種類、動産先取特権が認められる債権は8種類、そして、不動産先取特権が認められる債権は3種類である。

　破産法で別除権性を認められるのは、債務者の特定財産上に成立する担保物権に限られる。債務者の総財産から優先的に弁済をうける性質をもつものは別除権とされない。特別先取特権は、特定財産の上に成立するものであるから別除権とされる。これに対し、債務者の一般財産を対象とする担保物権である一般先取特権は、別除権とされない。一般先取特権を別除権とすると、その無限定性のゆえに、総財産を唯一の引当てとする一般債権者の利益を侵害することになるため、破産法はこれを別除権という形での優先権を認めていない。一般先取特権は、優先的破産債権とされるにとどまる（小林＝齋藤・138）。

　先取特権は、留置権と同じく法定担保物権であり、一定の債権者が法律上当然に取得する権利であって、当事者が合意により設定する権利ではない。債務者の総財産を担保目的物とする一般先取特権については、格別の対抗要件は不要であるし、動産先取特権についても成立する範囲では原則として対抗要件は不要である。これに対し、特に、不動産工事の先取特権は、工事をはじめる前に、その費用の予算額を登記する必要性があるため、ほとんど機能していない。建築業者が先取特権を登記することは、顧客の債務不履行を予想していることになるから、顧客の機嫌を害するおそれを生じるからである（道垣内・60）。

第4講 先取特権の性質と効力

[1] 概説

●先取特権の法的性質

① 優先弁済権

　先取特権は、法定された特殊の債権を有する者が、債務者の財産から優先的弁済を受けることを中心的効力とする権利である。先取特権は、法定の要件を満たせば、当然に生ずる（法定担保物権）。先取特権者は、目的物について**担保権の実行競売を申し立て**、または他の者が申し立てた強制競売手続ないし担保権実行競売手続において、目的物の換価代金から優先的弁済を受けることができる（303条）。特別先取特権である動産先取特権と不動産先取特権は、その目的が一定の物に特定するが、一般先取特権は、債務者の総財産を目的とする点で相違する。先取特権は、債務者以外の者の所有物の上には成立しないのが原則である（319条の即時取得による成立は、一種の公信の原則）。

　先取特権の目的物たる動産が第三者に引き渡されたときは、先取特権の効力は及ばなくなる。先取特権者は、債務者によるその譲渡・引渡しを阻止する権利をもたない。ただし、先取特権が不動産の上に成立し、それについて登記があるときは、不動産が何人の所有に帰しても先取特権は消滅しない。

② その他の担保物権性――物上代位性

　先取特権は、他物権であり、また、債権に付従する。さらに、先取特権は、債権に対する随伴性や不可分性を有している（305条・296条）。

　特に、先取特権には、物上代位性がある（304条）。すなわち、先取特権は、その目的物の売却、賃貸、滅失または損傷によって債務者が受けるべき金銭その他の物に対しても、行使することができる（304条1項）。もっとも、一般先取特権は、特定の目的物ではなく、債務者の総財産の上に成立するから物上代位の観念をいれる余地がない（304条は、動産先取特権と不動産先取特権にのみ適用）。登記のなされた不動産先取特権や抵当権には追及効があるから、その目的不動産が第三者に売却されたとしても、不動産先取特権または抵当権本来の効力によって優先弁済を受けうる。したがって、このような追及効のある不動産先取特権や抵当権について「売却」による物上代位を認める必要はない（多数説）。これに対し、追及効のある担保物権であっても、物上代位権を否定する積極的根拠はなく、また、担保権者が売却代金への物上代位権の行使を希望する

◆**担保権の実行競売の申立て**
　民執法181条以下の手続による。強制競売手続と異なって、執行力のある債務名義の正本を提出しなくても、その開始を申し立てることができる。

のであればそれを否定する必要もないとして、物上代位権の行使を肯定する有力説もある（近江・58以下）。目的物の賃貸による賃料に対する物上代位権は、動産先取特権および不動産先取特権の両者に適用がある（近江・60）。目的物の滅失または損傷による保険金・損害賠償請求権などは、動産先取特権および不動産先取特権の両者に適用がある。公法的な収用・使用・買収などは、この滅失・損傷に含まれる（土地収用法104条、農地法52条3項等）。

　物上代位権は、先取特権の目的物の売却、賃貸、滅失または損傷を原因として債務者に生ずる「請求権」の上に効力を及ぼすのであって、現実の金銭の上に直接効力を及ぼすのではない。物上代位権が行使されるためには、請求権が支払いによって消滅することなく、特定性を維持しなければならない（我妻・61）。このため、第三者から債務者に対して支払われてしまう前に、先取特権者は、その請求権を差し押さえる必要がある。近年では、「差押え」の必要性について、このような代償物の特定性を維持するためという理由に加えて、差押えにより第三債務者に対する処分の禁止・弁済の制限という形で、優先性を公示・保全する意味があるとする二面説も有力である（近江・64以下）。近時の判例の見解は、二面説に近い。

　なお、抵当権に基づく物上代位権の場合については、最近、最高裁は、抵当権者が物上代位権を行使するためには第三債務者による払渡しまたは引渡しの前に差押えをすることを要するとした304条1項ただし書（372条に基づく準用）の趣旨目的は、主として、二重弁済を強いられる危険から第三債務者を保護するという点にあると判示し、その差押えの意義について先取特権の場合とは異なった理解をしている（最判平成10年1月30日民集52-1-1）。

◉**公示の原則から見た先取特権の性質**

　一般先取特権者は、その客体となる債務者の総財産の中の動産について一般債権者に優先するだけでなく、不動産についても、登記なしに一般債権者に優先する。また、特別先取特権である動産先取特権は、先取特権者がその目的物を占有するか否かにかかわらず、一般債権者に優先する。

◉**先取特権の効力**

1 **先取特権の順位**

　先取特権の中心的効力は、債務者の財産につき他の債権者に先立って自己の債権に弁済を受けられることである（303条）。その優先弁済を受けるには、先取特権者が自ら先取特権を実行して優先弁済を受ける方法と、他の債権者が先取特権の目的物について執行した場合に、その配当手続内で優先弁済を受ける方法がある。この場合、同一の目的物の上に数個の先取特権が同時に存在したり、あるいは先取特権と他の担保物権が同時に存在することがある。これらの先取特権や担保物権の優先劣後関係が民法に規定されている。

2 **先取特権相互間の順位**

(1) 一般先取特権相互間　　共益費用・雇用関係・葬式費用・日用品供給の

◆**賃貸による賃料についての反対説**
　債権者の通常の期待を越えることを根拠として、目的物が賃貸された場合の賃料に対する物上代位権を否定する説もある。道垣内・62以下。

♥**土地収用法104条**
　「先取特権、質権若しくは抵当権の目的物が収用され、又は使用された場合に於いては、これらの権利は、その目的物の収用又は使用に因って債務者が受けるべき補償金等又は替地に対しても行うことができる。但し、その払渡又は引渡前に差押をしなければならない」

◆**順位についての公示の原則の例外**
　不動産の保存費の先取特権と不動産の工事費の先取特権は、その登記をすることにより、既登記の抵当権に優先する（339条）。

先取特権の順序である（329条1項）。

(2) **一般先取特権と特別先取特権との間**　特別先取特権（動産先取特権・不動産先取特権）は、一般先取特権に優先する（329条2項）。ただし、共益費用の先取特権は、その利益を受けた総債権者に対して優先する（329条2項ただし書）。

(3) **動産先取特権の相互間**　動産先取特権の相互間の順位は、第1順位、第2順位および第3順位の順序で優先する（330条1項）。その第1順位は、不動産賃貸・旅館宿泊・運輸の先取特権である。第2順位は、動産保存の先取特権である（同一の動産について数人の保存者があるときは、保存の時の前後を基準とし、後の者が前の者に優先する。前の保存者は、後の保存者の保存行為によって利益を受けるからである）。第3順位は、動産売買・種苗肥料供給・農業労務・工業労務の先取特権である。

ただし、第1順位の先取特権者が、債権取得の当時に、第2順位または第3順位の先取特権のあることを知っていたときは、これに対しては優先しない（330条2項）。また、第1順位者のために物を保存した者に対しても、第1順位者は優先しない（330条2項）。

このほか、農業上の果実については、第1順位が農業の労務者、第2順位が種苗または肥料の供給者、第3順位が土地の賃貸人である（330条3項）。

(4) **不動産先取特権の相互間**　不動産先取特権の順位は、不動産保存の先取特権、不動産工事の先取特権、そして、不動産売買の先取特権の順である（331条1項）。同一の不動産について逐次の売買があったとき、売主の相互間の順位は売買の時の前後による（331条2項）。すなわち、先の売主の方が優先する。

(5) **同一順位の先取特権**　同一目的物の上に、同一順位の先取特権が競合する場合は、各その債権額の割合に応じて弁済を受ける（332条）。

3 先取特権と留置権・質権との関係

(1) **留置権との関係**　民事執行法は、留置権について**引受主義**をとり、先取特権については**消除主義**をとっている。この結果、留置権との関係では、留置権が事実上、先取特権に優先する（道垣内・37、74）。

(2) **動産質権と先取特権との優劣**　動産質権は、動産先取特権の第1順位のものと同じ順位に立つ（334条）。質権は、目的物から優先弁済を受けることを期待して設定される担保権であり、その期待を保護すべきことは第1順位の先取特権と同様だからである（道垣内・74）。

(3) **不動産質権と先取特権との優劣**　不動産質権には、抵当権の規定が準用される（361条）。したがって、不動産質権と先取特権が競合する場合についても、抵当権と先取特権とが競合する場合と同一に取り扱う（我妻・92）。

4 抵当権と先取特権との優劣

(1) **抵当権と不動産先取特権**　同一の不動産に、抵当権と不動産保存の先取特権または不動産工事の先取特権が存在するとき、不動産保存の先取特権または不動産工事の先取特権に適法な登記がなされている場合は、常に、これら不動産先取特権が抵当権に優先する（339条）。同一の不動産に、抵当権と不動

♥**引受主義と消除主義との比較**
　引受主義とは、差押えに対抗できる不動産上の負担を買受人に引き受けさせる主義である。これに対し、消除主義は、不動産上の負担を売却によって消滅せしめ、買受人に負担のない完全な所有権を取得させる主義である。消除主義では、不動産上の負担が消滅するから不動産の買受価格はその分高くなり、逆に引受主義ではその分価格は安くなる。
　大部分の担保物権は、売却の円滑化・買受人の負担を考慮して消除主義をとる。

産売買の先取特権が存在する場合には、一般原則通り、登記の前後による。

（2）**抵当権と一般先取特権**　同一の不動産に、抵当権と一般先取特権が存在するとき、抵当権に登記がなされていない場合には、一般先取特権が登記されていなくても、一般先取特権の方が優先する。抵当権と一般先取特権の両者に登記がある場合には、一般原則通り、登記の前後による。

5 動産先取特権に基づく競売の申立て・物上代位権行使

（1）**総説**　動産を目的とする担保権の実行としての競売（動産競売）は、債権者が執行官に対し当該動産を提出した場合または債権者が執行官に対し当該動産の占有者が差押を承諾することを証する文書を提出した場合に開始する（民執190条1項1号2号）。また、平成15年改正では、これらの場合以外にも、動産競売が開始される場合を追加した。すなわち、担保権の存在を証する文書を提出した債権者の申立てにより執行裁判所が当該担保権についての動産競売の開始を許可した決定書の謄本を債権者が執行官に提出し、かつ、民執法123条2項の規定（民執192条に基づく準用）による捜索に先立ってまたはこれと同時に動産競売開始許可決定が債務者に送達された場合にも、動産競売が開始されることになった（民執190条1項3号。ただし、執行裁判所は、当該動産が民執123条2項に規定する場所または容器にない場合は、当該担保権についての動産競売の開始を許可することができない。民執190条2項ただし書）。

（2）**平成15年改正の趣旨**　平成15年改正前民執法190条は、動産売買先取特権者等の債権者による目的動産の占有を予定していない担保権については、債務者の協力が得られない限り、事実上その担保権の実行をすることができないという問題点があった。このため、平成15年改正では、目的動産の任意提出等がない場合であっても、執行裁判所の許可がされることにより動産競売を開始することができることとし、その場合には執行官が目的動産の捜索を行うことができる（民執190条・192条・123条2項）こととしている（谷口園恵ほか「担保物権及び民事執行制度の改善のための民法等の一部を改正する法律の概要」金法1682-31、38（平15））。改正前の動産担保権の実行においては、執行官が債務者の住居、事務所等を捜索し目的動産を発見して競売をすることはできなかったが、改正により、主として、動産売買先取特権の実行を念頭において、執行裁判所が許可した場合には、執行官は債務者の占有する場所を捜索し、目的物を発見して競売に付することができるようになった（畑一郎「担保・執行法制の見直しと執行官事務」判タ1123-4、12（平15））。

（3）**動産売買先取特権に基づく物上代位権行使として、債権を目的とする担保権実行による転売代金債権の差押え**　動産の売主は、買主に対する代金債権につき先取特権を有し、その動産の転売代金等から優先弁済を受けることができる。この先取特権に基づく物上代位は、債権を目的とする担保権の実行として民執法193条1項後段に基づいてその転売代金債権を差し押さえることによって行う（前澤功「動産売買先取特権」山崎亘・山田俊雄編・民事執行法（青林書院・平13）319以下）。動産先取特権を有する債権者は、担保権の存在を証する文書を提出して裁判所から競売開始の許可決定を得て、執行官に対し差押えの申

♥**転売代金債権からの回収の困難性**
　平成15年改正前においては、債権者が動産売買先取特権を行使しようとしても、目的動産が債務者の手もとにある間は債務者が債権者に対し目的動産を差し出したり、差押承諾文書を交付することはないので、事実上、動産売買先取特権を実行することができず、目的動産が転売された後に転売代金債権に物上代位できるのみであった。転売代金債権に対する物上代位権の行使については、差押えを必要とするが、性質上その証明が厳格に解されていたため、必ずしも機動的に差押をすることができず、債務者が破産宣告を受ければ、破産管財人との取立て競争となり、転売代金債権から必ず回収しうるものではなかった（畑・前掲論文12）。

立てをすることになる。執行官は、その場所において目的物を捜索できる（道垣内・73）。

　転売代金債権を物上代位権の行使として差し押さえる場合、その申立てにあたっては、担保権の存在を証する文書を提出する必要がある（民執193条1項）。動産売買先取特権に基づく物上代位をするための実体的な要件として、担保権の存在および被担保債権の存在と、債権者から債務者に売却された動産が第三債務者に転売された事実を証明する必要がある。担保権の存在は、複数の文書を総合して担保権の存在が高度の蓋然性をもって証明される文書であればよいとするのが実務の立場であり、具体的には、売買基本契約書・個別契約書、発注書、納品書・受領書、請求書または第三債務者作成の確認書を提出することになる（内山宙「東京地裁執行部における動産売買先取特権に基づく物上代位事件の取扱い」金法1632-18、19以下（平14））。動産売買先取特権に基づく物上代位により債権差押命令が発令された後の手続進行は、債務名義に基づく債権差押命令の場合と同様である。第三債務者に対する差押命令の送達によって差押えの効力が生じ（民執145条）、債務者に送達後1週間を経過すれば取立権が発生する（民執155条）。

　動産売買先取特権に基づく物上代位としての債権差押命令申立事件では、担保権の存在に関する証明が必要であって疎明では足りないこと（民執193条1項）、差押命令は、債務者を審尋せずに発令され（民執193条2項・145条2項）、破産の場合でも別除権とされて他の一般債権者に優先する強い効力を有し、一般債権者が知らないうちに執行が完了してしまい、それに対する不服申立手段がないことに留意すべきである（小川・前掲論文61）。

　民執法に基づく担保権実行の手続では、一般に債権者は被担保債権の存在を証明する必要がなく、債務者が民執法145条5項・182条に基づき執行抗告で主張すべき事由であるが、動産売買先取特権の成立要件として動産売買代金債権の存在が必要であるから、結局、動産売買先取特権が存在することの証明として動産売買代金の存在を債権者が証明する必要がある。弁済期到来の証明は不要とするのが優勢である（前澤・前掲論文325参照［同論文は必要説に立つ］）。

[2] 論点のクローズアップ

●特別先取特権における物上代位の意義

1 問題点

　先取特権は、その目的物の売却、賃貸、滅失または損傷によって債務者が受け取るべき金銭その他の物に対してもこれを行うことができる。ただし、先取特権者は、その払渡しまたは引渡前に差押えをなすことが必要である（304条）。これが先取特権の物上代位性（物上代位権）である。先取特権、質権および抵当権は、目的物が滅失・損傷して保険金請求権や損害賠償請求権などに変じ、収用されて補償金請求権に変じ、売却されて代金請求権に変じ、または賃貸さ

◆担保権の存在を証する文書
　先取特権の実現として債権を実現しようとする場合に必要な民執法193条1項の「担保権の存在を証する文書」については、具体的に条文では、その文書を特定して列記されていない。仮にその文書を特定して列記すると、それ以外の文書では足りないというような、むしろ厳格な運用になるのではないかということが懸念されて、「担保権の存在を証する文書」という形で抽象的に規定されている。例えば、1つの文書では証明、疎明として十分でないとしても、複数の文書を総合的に判断するというような裁判官の自由心証に任されている（第156回国会衆議院法務委員会議録23号（平15・6・10）8頁1段目［上原敏夫参考人発言］参照）。

◆動産ごとに書き分ける必要と動産の同一性の証明が必要
　動産売買先取特権は、個々の動産に発生するので、請求債権等目録および差押債権目録については動産ごとに書き分け、各動産の売買代金をそれぞれ記載し、請求債権等と差押債権との対応関係を明確にする必要があり、合計額をまとめて記載するのは不十分である。債権者・債務者間の売買契約、特に売買代金額の合意、売買代金の支払期の到来している事実、転売事実、および債権者・債務者間で売買された動産と債務者・第三債務者間で転売された事実(動産の同一性)の証明が必要である（小川理佳「動産売買先取特権による債権差押命令申立ての留意点」金法1647-60以下(平14)）。

♥目的物につき設定した物権の対価
　「目的物につき設定した物権の対価」（304条2項）とは、地上権・永小作権・地役権設定の対価であり（質権・抵当権の設定には「対価」はない）、動産先取特権においては問題になりえない（道垣内・63）。

◆物上代位権
　物上代位権は、担保物権の本質的特性であって、差押えによって初めて生ずるというものではなく、差押えはその権利行使の要件にすぎない（近江・58）。
　物上代位権の行使は、払渡しまたは引渡しの請求権を目的として行われるため、民訴法は、債権を目的とした担保権の実行と同様な手続によって物上代位権を行使できるものとした（民執193条1項後段・2項）。物上代位権の行使は、債務者の有する払渡しまたは引渡しの請求権に対する裁判所の差押命令により開始される（民執143条準用）。担保物権者がその差押えの申立てをするには、担保権の存在を証する文書の提出が必要である（民執193条1項後段）。

て賃料請求権を生ずるような場合には、この保険金請求権、損害賠償請求権、補償金請求権、代金請求権または賃料請求権など（価値変形物・価値代表物・代償物）の上に効力を及ぼす（304条）。これを担保物権の物上代位性という（留置権を除く）。これは、担保物権がその担保目的物に代わるものの上に効力を及ぼす趣旨である。先取特権、質権および抵当権は、目的物の交換価値を支配し、これをもって優先弁済にあてる権利である。そのため、目的物が何らかの理由で変形したときは、担保物権が変形物の上に効力を及ぼすとするのが担保物権の物上代位性である。

したがって、一般先取特権については、物上代位性は問題とはならない。一般先取特権は、債務者の総財産を目的としているから、債務者の取得した目的物の売買代金請求権等は当然に一般先取特権の範囲に含まれ、原則として物上代位によって効力が及ぶと考える必要はないからである（道垣内・62）。先取特権で物上代位が問題となるのは、特別先取特権（動産先取特権と不動産先取特権）だけである。もっとも、物上代位制度の意義をどのように理解するかについては対立がある。

2 議論

A：[特権説]　担保物権者を保護するために法が認めた特権的効力が物上代位であるとするもので、従来の判例の立場であるとされた（大連判大正12年4月7日民集2-209［火災保険金請求権に対する抵当権に基づく物上代位に関する事案］）。担保物権は本来その目的物の滅失によって消滅してしまい、債務者が受くべき金銭については当然に代位するものではないが、民法は特に304条1項の規定を設けて担保物権者を保護しようとしたとする。

B：[価値権説]　担保物権は価値権なので目的物が変形した代位物にも特定されている限り及ぶとするもので、従来の通説である。担保物権はその目的物の交換価値を把握してそれを優先弁済に充てる権利であるから、目的物が何らかの理由でその交換価値を具体化したときは、担保物権がその上に効力を及ぼすことは当然であるとする（我妻・290以下）。

3 留意点

この物上代位制度の意義の理解についての対立は、次の物上代位の差押えの意義や時期をめぐって顕在化し、動産売買先取特権と並んで、抵当権の物上代位に関しても問題となる。なお、最近では、判例が物上代位における差押えの意義について折衷的な立場をとったこともあって、物上代位の意義についても、このA説とB説を折衷する見解も示されている（➡次の●物上代位における差押えの意義における二面性説）。

●動産売買先取特権に基づく物上代位権と請負代金債権

1 問題点

売主からある動産を買い受けた買主（請負人）が、その動産について材料や労力等を用いて仕事を完成することによって注文者に対して取得した請負代金債権を対象として、売主が動産売買先取特権に基づく物上代位権を行使できる

◆賃料債権への物上代位
　不動産賃貸の先取特権・旅館宿泊の先取特権・運輸の先取特権が、目的物の売却・滅失・損傷の場合にについて物上代位が認められる理由は、その代償物について債権者の優先権を認めることが、債権者の通常の期待を保護するという制度趣旨に合致するからである。しかし、これらの先取特権の目的物が賃貸された場合における賃料債権に対する物上代位は認めるべきでない。これらの先取特権は、目的物の所在場所について制限があり、ある動産が賃貸されて一定の場所から搬出されると、目的物たる性質を失うことになるから、この場合にまで物上代位を認めることは、債権者の通常の期待を超えるからである（道垣内・62以下）。

▲大連判大正12年4月7日
　差押債権者は、たとえ抵当権者より劣位にある優先権者または普通債権者であって、これに対し第三債務者が未だ払渡しをしない場合であっても、転付命令が効力を生じた後には、差押債権者に移転して債務者に存しない債権に対し、抵当権者が、他人のなしたその差押えを利用し、もしくは自ら差押えをなしてその優先権を行うことができる理由はないとする。

かが問題となる。請負代金は、売主の売却した動産のほか、仕事の完成に必要な一切の労務材料等に対する報酬を含んでいるからである。

[2] 議論

A：[原則否定説（折衷説）] 最高裁は、請負工事に用いられた動産の売主は、原則として、買主たる請負人が注文者に対して有する請負代金債権に対し動産売買の先取特権に基づいて物上代位権を行使することはできないが、特段の事情がある場合には、物上代位権を行使することができるとした（最決平成10年12月18日民集52-9-2024）。最高裁は、動産の買主がこれを用いて請負工事を行ったことによって取得する請負代金債権は、仕事の完成のために用いられた材料や労力等に対する対価をすべて包含するものであるから、当然にはその一部がその動産の転売による代金債権に相当するものではないとする。したがって、請負工事に用いられた動産の売主は、原則として、請負人が注文者に対して有する請負代金債権に対して動産売買の先取特権に基づく物上代位権を行使することはできないとする。しかし、請負代金全体に占める当該動産の価額の割合や請負契約における請負人の債務の内容等に照らして請負代金債権の全部または一部をその動産の転売による代金債権と同視するに足りる特段の事情がある場合には、その部分の請負代金債権に対してその物上代位権を行使できるとしている。

この最高裁決定は、原則的否定説を述べ（岡孝「判批」ジュリ1153-115、116（平11））、例外的に、動産の売主が、買主（請負人）の注文者に対する請負代金債権を対象として動産売買先取特権に基づく物上代位権を行使できる場合を、特段の事情がある場合に限定し、また、物上代位権の及ぶ範囲を、転売代金債権と同視できる部分の請負代金債権に限定している。最高裁決定は、動産の売主が請負代金債権を対象として動産売買先取特権に基づく物上代位権を行使できる特段の事情として、請負代金全体に占める当該動産の価額の割合や請負契約における請負人の債務の内容等に照らして請負代金債権の全部または一部をその動産の転売による代金債権と同視するに足りる場合に限定している。

これに対して、学説には、目的物がどの程度まで加工されているか、もしそれが債務者の手許に残っていれば先取特権の対象物として差押えを許す程度のものかによって、請負代金債権に対する物上代位権の行使を認めるか否かを判断するという見解（動産同一性説）がある（吉田光碩「動産売買先取特権による物上代位の及ぶ範囲」判タ655-49、52（昭63））。

B：[肯定説] 学説には、最高裁決定が述べたような限定を示すことなく、売主による物上代位権を認める見解もある。例えば、請負代金には実質的に材料代金が含まれているから、請負人の報酬請求権の上に物上代位権を行使できるとすることが公平を旨とするこの制度の趣旨に適するとの主張がある（我妻・61、松坂・244。制作物供給契約に関し、原則として、債権全額について動産売買先取特権を認めてよいとするのは、道垣内・57）。また、先取特権の効力は目的物の価値代表物を含むものの上に及ぶものであって、それ以外のものがその中に含まれているか否かを問わないと解さなければ物上代位の効力は著しく減殺される

▲最決平成10年12月18日
　かつて、大判は、請負代金は仕事の完成に必要な一切の労務材料等に対する報酬を含むものであって、材料費だけを含んでいるものではないとして、物上代位を否定した（大判大正2年7月5日民録19-609）。

　大判大正2年7月5日は否定説に立ったが、最決平成10年12月18日は、請負人の物上代位を原則として否定した（近江幸治「判批」判例百選①[新法対応]176）。

◆折衷説
　折衷説は、原則的として否定説に立つが、2説に分かれる。すなわち、動産同一性説と請負代金債権の全部または一部が転売代金債権と同視しうるか否かを基準とする説である。最決平成10年12月18日は、この後者の立場に立つ（近江幸治「判批」判例百選①[新法対応]176、177）。

から、先取特権は報酬金の上に及ぶと主張されている（柚木＝高木・46、菅野佳夫「判批」判タ999-85（平11））。

●物上代位における差押えの意義

1 問題点

先取特権は、目的物の売却・賃貸・滅失・損傷により債務者が受ける金銭その他の物に対してもその効力を及ぼすことができる物上代位性を有している（304条）。先取特権者が物上代位権を行使するためには、債務者が受け取るべき金銭その他のものの払渡しまたは引渡し前に差押え（304条）をしなければならない。すなわち、先取特権者は、第三債務者が債務者にその価値変形物を払い渡しまたは引き渡す前に、その債務者の有している請求権を差し押さえなければならない。しかし、なぜ「差押え」が必要なのかについては、理論的な対立がある（304条の差押えの趣旨は、先取特権の場合と抵当権の場合とで異なる。内田・517）。

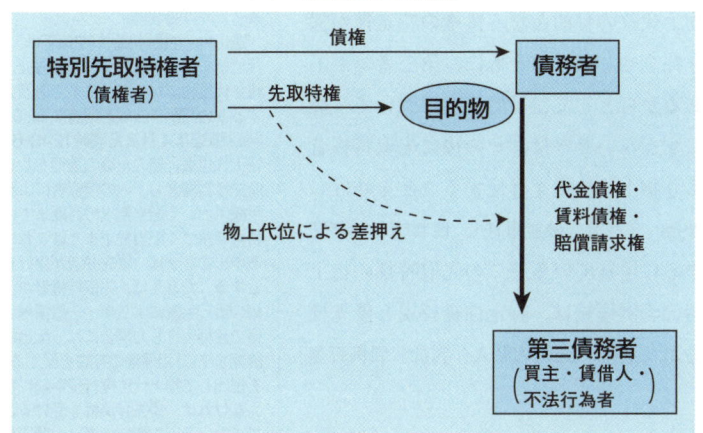

4-1　物上代位による差押

[図：特別先取特権者（債権者）→債権→債務者、先取特権→目的物、物上代位による差押え→第三債務者（買主・賃借人・不法行為者）、代金債権・賃料債権・賠償請求権]

2 議論

A：[優先権保全説] 従来の判例は、物上代位権の意義について特権説の立場に立ち、担保物権は元来その目的物の消滅によって当然に消滅するはずであるが、その目的物の価値変形物に対して担保物権者が物上代位権を行使できるとするのは、担保物権者を保護するための特則であり、担保物権者がその優先権を保全するために自ら差押えをすべきことは法文上明白であるとした（前記大連判大正12年4月7日、大決昭和5年9月23日民集9-918）。従来、この優先権保全説が判例の立場といわれてきたが、前者の判決は差押えだけでなく転付命令まで先になされていた事案であり、後者の判決は債権譲渡が第三者になされていた事案であって、いずれも債務者の帰属を離れている。その意味では、従来の判例は、近時最高裁で問題となったような差押えだけの場合には射程は及ばないものであった。

B：[特定性維持説] 物上代位権の意義について価値権説の立場に立ち、物上代位における差押は、代位目的物の特定性を維持しようとする趣旨であると

♥**物上代位権の行使**

他の債権者による差押えのない目的債権に対する物上代位は、先取特権者自らが、執行裁判所に「担保権の存在を証する文書」を提出し（民執193条1項）、それにより執行裁判所が差押命令を発することによって開始する（民執193条2項・143条）。これが304条1項ただし書の「差押え」に該当する。これにより開始された手続で、先取特権者は優先弁済を受ける。この差押えは、先取特権に基づいて優先弁済を受ける手続であるから、被担保債権の弁済期が到来していることが必要である（道垣内・65以下）。

♥**動産売買先取特権に基づく転売代金債権への物上代位権行使による差押え**

動産売買先取特権に基づく転売代金債権への物上代位権行使の場合に必要となる「担保権の存在を証する文書」（民執193条1項）について、提出された文書がこれに該当する文書であるか否かは、具体的事案における裁判官の自由な心証に委ねられ、複数の文書による総合的な認定によることもできるとする見解（名古屋高決昭和62年6月23日判時1244-89）と、提出された各別の文書それ自体から、債務名義とバランスを失しない程度に高度の蓋然性をもって担保権の存在が証明されるものでなければならないとする見解（東京高決昭和60年10月8日判時1173-67）がある（林屋礼二編・民事執行法（改訂第2版・平8・青林書院）339[生熊長幸]）。

♥**抵当権の物上代位権行使における差押えの趣旨目的**

最近、最高裁は、抵当権の物上代位の目的となる債権（抵当不動産の賃貸による賃料債権）がすでに譲渡されその対抗要件も備えられた後に、抵当権者が物上代位権を行使して差し押さえた賃料債権の支払いを抵当不動産の賃借人に求めた事案において、抵当権者が物上代位権を行使するには払渡しまたは引渡しの前に差押をすることを要するとした趣旨目的として、二重弁済の危険からの第三債務者の保護という点を強調した（最判平成10年1月30日民集52-1-1）。

♥**差押え前の債権譲渡・転付命令**

物上代位のための差押えがされる前に、債権が譲渡され、第三者に対する対抗要件が備えられた場合、あるいは転付命令が第三債務者に送達された場合には、もはや物上代位権を行使することはできない。これは、債務者に対する「払渡し・引渡し」の問題でなく、譲渡や転付命令によって、債権が債務者に帰属していないかれである（高橋・53）。

する（柚木＝高木・270）。担保物権の目的物が売買、賃貸、滅失または損傷により代金請求権や賠償請求権等に変形した場合、担保物権の支配する交換価値の範囲を特定するため、第三債務者が債務者に払渡し・引渡しをする前に、その価値変形物の請求権を差し押さえる必要がある。もし、差押えがなく債務者に価値変形物が払渡し・引渡しをされてしまうと、価値変形物は債務者の一般財産に混入してしまって特定性を消失し、物権の目的たる適格を失う。特定性を失わせないために、差押えが必要なのであるから、先取特権者が自らその差押えをする必要はなく、他の一般債権者が差し押さえた場合でも特定性は維持され、したがって、先取特権者は物上代位権を行使できるとする説で、従来は通説であった。

C：［二面性説］　304条に規定された物上代位における差押えは、担保目的物の変形した代償物が債務者の一般財産を構成する前に特定させるという意義とともに、担保目的物が変形した債権・請求権等が第三債務者によって処分・弁済されることを禁止・制限するという形でその優先性を保全するという実際的機能があるとする（近江・64以下）。また、最近の判例も、先取特権者が物上代位権を行使するための差押えにより、物上代位の目的となる債権の特定性が保持され、これにより物上代位権の効力を保全せしめるとともに、第三者等が不測の損害を被ることを防止するためであるからとして、目的債権について一般債権者が差押えまたは仮差押えをしたにすぎないときは、その後に先取特権者が目的債権に対し差押えをなすことにより物上代位権を行使することを妨げられないと判示（最判昭和59年2月2日民集38-3-431［破産事件］、最判昭和60年7月19日民集39-5-1326［民事執行事件］）するに至っている。この先取特権の物上代位における差押えの意義につき、近時の判例理論は、特定性維持説と優先権保全説を融合してしまっているとも評されている（道垣内弘人「判批」判例百選①172以下）。

3 留意点

物上代位権は公示があって初めて第三者に対して主張することができる（差押えは第三者に対する対抗要件である）と考えると、第三者が先に目的債権を差し押さえてしまえば、その後に物上代位権者は、それを差し押さえて物上代位権を行使することはできない。これに対し、物上代位の差押えに対抗要件的な意味を与えない場合には、先に差押えをした第三者が出現した後も物上代位権者は物上代位権を行使できることになる。

動産先取特権はそもそも公示のない担保物権であり、差押えによる公示を物上代位だからといって要求する必要はない。また、平等主義を基調とするわが国では、担保権者が優先権を主張して割り込んでくることは当然一般債権者としては予想すべきであり、民事執行法もそれを前提としている以上、物上代位の差押えに対抗要件的な意味を与えない後説のほうが妥当だろう（小林秀之「判批」担保法の判例②160以下）。ただし、担保権者としては、差押えないし配当要求の手続をとらなければ物上代位できないことに留意すべきである。

なお、最判平成10年は、抵当権者はその物上代位の目的債権を第三債務者が

◆**特定性維持説**
従来の通説は、前提として、先取特権を含め、担保は目的物の交換価値を支配する権利であり、売却等によって生じる請求権は、目的物の価値が現実化したものであるから、それに対して担保権者の権利が及ぶのは当たり前であり、物上代位は当然の制度であるとしていた。そして、特定性維持のために「差押え」が要求されているとした（道垣内・65参照）。

◆**判例の評価**
この先取特権に関する最判昭和59年と最判昭和60年は、債権譲渡の前に物上代位の差押えをすることを要求しているが、抵当権に基づく賃料への物上代位に関する最判平成10年1月30日民集52-1-1は、抵当権に基づく物上代位を先行する債権譲渡よりも優先させ、その根拠として、抵当権が登記によって公示されていることを挙げた。すなわち、最判の立場では、304条の差押えの趣旨が、抵当権の場合と先取特権の場合とで異なることになる（内田・517）。

▲**近時の判例理論**
道垣内・左掲「判批」172以下は、「物上代位権を保全する」とは、実体法上、担保権が代位物に対してどこまで追及力を有するかの問題であると指摘する。なお、最判昭和62年4月2日判時1248-61は、物上代位権行使のための差押をしない動産先取特権者も、他の債権者による執行手続において配当要求の終期までに先取特権に基づく配当要求またはこれに準ずる申出をなせば、優先弁済が受けられるとする。たとえば、先取特権者が、担保権の実行手続によらず、一般債権者の資格で差押えをした場合には、配当要求の終期までに「担保権の存在を証する文書」を提出して物上代位権行使手続に切り換えなければ、優先弁済権を受けることができないし、先取特権者は、既に差押えがなされている場合でも、これと同様の手続で目的債権を二重に差し押さえればもちろん、配当要求の終期までに「文書により先取特権を有することを証明」し、配当要求を行うことによっても、権利行使は可能であると解すべきである（道垣内・66）。

最判昭和60年7月19日は、動産売買先取特権に基づく物上代位権行使で差押えが要求される理由として、(a)特定性を保持し、それにより物上代位権を保全すること、および、(b)第三債務者や第三者に不測の損害が生じるのを防止することを挙げている。本判決のいう「保全」は、「代位物の特定性が失われ、物上代位権が行使できなくなる事態に至るのを防止すること」を意味しており、優先権保全説にいう「保全」とは異なる。優先権保全説にいう「保全」は、むしろ(b)の方である。逆に、(a)は、特定性維持説が主張するところである。この意味で、本判決は、特定性維持説と優先権保全説を融合させてしまっている（道垣内弘人「判批」判例百選①[新法対応]174、175）。

他に譲渡し、その債権譲受人が第三者に対する対抗要件を備えた後であっても、自らその目的債権を差し押さえて物上代位権を行使できるとしている（最判平成10年1月30日民集52-1-1）。そして、同最判は、抵当権者が物上代位権を行使するためには第三債務者による払渡しまたは引渡しの前に差押えをすることを要するとした304条1項但書（372条に基づく準用）の趣旨目的は、主として、二重弁済を強いられる危険から第三債務者を保護するという点にあると判示し、差押えの意義について先取特権の場合とは異なった理解をしている。

この最判平成10年は、物上代位権についての一般論を展開し、第三債務者保護説を採用して物上代位権の要件とされている「差押え」を正当化し、債権譲渡がなされて対抗要件が備わっても、なお、抵当権者は賃料に物上代位できるという結論を導いた。最判平成10年2月10日判時1628-3が、これと同旨を判示し、最判平成10年3月26日民集52-2-483が、一般債権者による差押えと物上代位の優劣が争われた事案で、差押えと抵当権設定登記の先後を基準に判断する旨を判示し、同様な立場に立つことを明らかにした（内田・414）。

●動産売買の先取特権者が、物上代位の目的債権が譲渡され、第三者に対する対抗要件が具備された後においても、目的債権を差し押さえて物上代位権を行使できるか

1 問題点

①A社は、B社に対して商品を売渡し、B社は、Yに対してその商品を転売した（このBの売買代金債権のことを「本件転売代金債権」）。②B社は、平成14年3月1日、東京地裁において破産宣告を受け、Cが破産管財人に選任された。③破産管財人Cは、平成15年1月28日、破産裁判所の許可を得て、Xに対し、本件転売代金債権を譲渡し、平成15年2月4日、Yに対し、内容証明郵便により、上記債権譲渡の通知をした。④A社は、東京地裁に対し、動産売買の先取特権に基づく物上代位権の行使として、本件転売代金債権について差押命令の申立てをしたところ、同裁判所は、平成15年4月30日、本件転売代金債権の差押命令を発し、同命令は平成15年5月1日にYに送達された。⑤以上のような事実関係において、Yは、本件転売代金債権の支払い義務をA社とXのどちらに負担するか。

2 議論

民法304条1項ただし書は、先取特権者が物上代位権を行使するには払渡しまたは引渡しの前に差押えをすることを要する旨を規定している。しかし、この規定は、抵当権とは異なり公示方法が存在しない動産売買の先取特権については、物上代位の目的債権の譲受人等の第三者の利益を保護する趣旨を含むとするのが判例である（最判平成17年2月22日民集59-2-314）。そうすると、動産売買の先取特権者は、物上代位の目的債権が譲渡され、第三者に対する対抗要件が備えられた後においては、目的債権を差し押さえて物上代位権を行使することはできない。

以上のような判例の立場に立つと、A社は、Xが本件転売代金債権を譲り受

◆最判の整合性に対する批判
　最判平成14年3月12日民集56-3-555は、物上代位による差押えを民執法159条3項にいう差押えと同視して、転付命令の第三債務者への送達までに物上代位による差押えをしていなければ、転付命令が優先すると判示した。この判断は、物上代位による差押えを第三債務者の二重弁済を防ぐための一種の「通知」と位置づける第三債務者保護説と必ずしも整合的ではなく、むしろ、差押えを優先権保全の手続と位置づける伝統的な判例理論と親和的であると批判されている（内田・415）。

けて第三者に対する対抗要件を備えた後に、動産売買の先取特権に基づく物上代位権を行使して、本件転売代金債権を差し押さえたというのであるから、Yは、Xに対し、本件転売代金債権について支払義務を負うことになる。

この判例の立場は、動産売買の先取特権者が、物上代位の目的債権が譲渡され、第三者に対する対抗要件が具備された後においても、目的債権を差し押さえて物上代位権を行使できるか否かという問題につき、初めて正面から判断を示して行使できないとした最高裁判例である（志田原信三「判批」法曹時報58-6-157・171（平18））。

304条1項ただし書の「払渡し」に、動産売買先取特権に基づく物上代位の目的債権の譲渡が含まれることになり、抵当権に基づく物上代位の場合と反対の結論になった。その違いの根拠は、公示方法の存否に求められたが、動産先取特権はもともと公示がないにもかかわらず法定担保物権として一般債権者に優先する地位が認められているのであるから、物上代位の場合においてのみそれを問題にすることに対して疑問が示されている（中山知己「判批」法教301・80・81（2005）。銀法646・50）。

3 留意点

「払渡し又は引渡し」の意味に関して、かつての議論は、質権・抵当権について認められる物上代位と、先取特権の物上代位とを、同一の性格を有するものととらえ、両者を区別せずにこの問題を論じていた。しかし、物上代位の目的となる代償物についての検討から明らかなように、先取特権において物上代位権が認められるのは、当該先取特権の趣旨に照らし、個々の代償物にまで債権者の優先権を認めるのが妥当だからである（債権者の通常の期待の保護・債権者間の公平）。約定担保物権における物上代位権の存在理由とは異なる。さらに、約定担保物権は、第三者対抗力を有するにあたって公示が具備されているのに対し、先取特権は本来的に公示を欠く物権である。前者では物上代位の局面でも公示の存在を考慮する必要があるのに対して、後者ではその考慮は生じない（道垣内・63以下）。判例も、目的債権が第三者に譲渡された場合には物上代位権を否定しており、約定担保物権が先取特権かによって、物上代位権の成否を区別する方向にある（道垣内・64以下）。

[3] ケース・スタディ

ケース………1❖動産売買先取特権と物上代位

AがBに対して動産を売却して引き渡し（代金未払い）、BはCにその動産を転売して引き渡したが、これも代金未払いであった。Bの一般債権者Dが、BのCに対する転売代金債権を差し押さえた。この場合、Aは、Bに対する動産売買先取特権に基づく物上代位権に基づき、BがCに対して有するその動産の売買代金請求権に対して優先権を主張するこ

とができるか。Bが破産手続開始決定を受けて破産管財人が選任された場合はどうか。

結論として、Aは、BのCに対する転売代金債権を物上代位権の行使による差押えによって優先権を主張することができると解する（判例同旨）。物上代位の対象である債権の特定性を保持し、それにより物上代位権の効力を保全させるとともに、他面第三者が不測の損害を被ることを防止するのが、物上代位における差押えの意義（趣旨）である。

したがって、一般債権者がその債権について差押命令を取得したにとどまる場合には、先取特権者の物上代位権の行使を否定すべき理由はない。そして、債務者が破産した場合も、破産者の所有財産に対する管理処分権能が剥奪されて破産管財人にその権能が帰属し、破産債権者による権利の個別的な行使が禁止されるだけであるから、債務者の破産は一般債権者による差押えの場合と区別すべき理由はない。その結果、一般債権者による差押えがあってもBの破産手続開始決定があっても、Aは、物上代位権の行使による優先権を主張することができると考えられる。

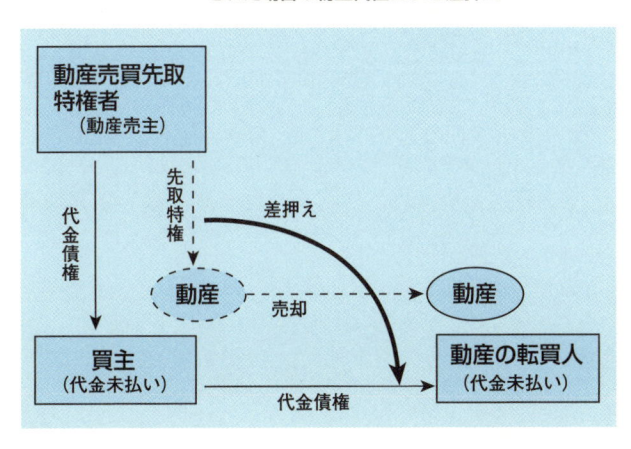

4-2 動産売買先取特権の目的物が転売された場合の物上代位による差押え

♥**破産手続開始決定**
破産原因その他の破産の要件が具備すると認めるときは、裁判所は決定で破産手続開始をする（破15条以下）。この決定によって一般執行としての破産手続が開始する。破産手続開始決定によって破産財団が成立し、破産財団に属する財産について破産者は管理処分権を喪失し、管理処分権は破産管財人に専属することになる。

♦**債権差押後の手続**
債権差押えの後、手続がスムーズに進行すると、債務者への差押命令の送達後1週間の経過によって、差押債権者は第三債務者から被差押債権の取立てを行うことができることになる。あるいは、この取立ての方法の他に、差押債権者は、被差押債権が金銭債権であるときには、転付命令の制度の利用も認められる。
転付命令の制度とは、差押債権者の申立てに基づいて、被差押債権を支払いに代えて券面額で代物弁済的に当該差押債権者に移転させることによって、券面額について当該差押債権者の執行債権等が弁済されたものと扱う制度である。

♥**破産管財人**
破産手続開始決定と同時に裁判所により選任され、破産財団の管理処分権を有しており、裁判所の監督のもとに、破産財団を占有・管理しかつその維持・実現および増殖をはかり、他方、破産債権の確定に加わり、また破産財団の換価および配当を実施するなど、破産手続の遂行にあたる（破74条以下）。

★ケース1は、最判昭和59年2月2日民集38-3-431をモデルにした。同事件については、小林秀之「動産売買先取特権の物上代位と債務者の破産宣告」ジュリ826-98（昭59）、同ほか「債務者の破産宣告と動産売買先取特権の物上代位」判タ529-60（昭59）参照。

♣**同時履行の抗弁権を補完する機能**
わが国の取引界においては、動産売買についても1～2カ月後の支払や手形決済などによる信用取引が通常であるため、同時履行の抗弁権による売買代金の確保はほとんど機能せず、動産売買先取特権がそれを補完する機能を営んでいることに留意する必要がある（小林秀之「判批」民事執行法判例百選218以下（平6））。

[4] まとめ

先取特権は、特殊の債権を有する者が、債務者の総財産、特定の動産または特定の不動産につき、他の債権者に優先してその債権の弁済を受けることができる法定担保物権である。先取特権には、優先弁済的効力があり、また、付従性、物上代位性（特別先取特権のみ）、不可分性や随伴性がある。

先取特権の分野には、従来あまり注目されるべき論点は少なかったが、動産売買先取特権をめぐってその行使方法や物上代位権との関係について近時重要な判例が相次いで出たこともあって、注目を集めている。判例は、従来、物上

代位制度の理解について特権説に立ち、物上代位における差押えの意義に関して優先権保全説に立っており、担保物権者が自ら先に差し押さえなければならないとすると解されていた（前記大連判大正12年4月7日および大決昭和5年9月23日で、いずれも目的債権が債務者の帰属を離れ、民法304条の「払渡し」と同視できた事案で物上代位を否定しており、近時の判例とは矛盾しない）。近時の判例は、その代償物たる債権を先に一般債権者が差し押さえた場合であっても、先取特権者は差押えまたは配当要求の方法により物上代位権の行使ができると判示している。学説もかつては価値権説＝特定性維持説の立場から判例に批判的であったが、近時の判例に対しては好意的であり、両者は歩み寄っている。

判例は、動産売買先取特権に基づく物上代位における差押えの意義について、債権の特定性を保持して物上代位権を保全し、第三者に対する不測の損害を防止するためという立場をとっていたが、さらに、最近の判例は、抵当権に基づく物上代位における差押えの意義について、二重弁済の危険からの第三債務者の保護という立場を明らかにし、物上代位の基礎となっている担保物権の種類により、物上代位における差押えの意義を別異に構成している。

♣**注目を集めている動産売買先取特権**

動産売買先取特権は、従来あまり利用されることのない権利であるといわれてきたが、近時における動産売買商品の大型化・高額化に伴い、特に買主倒産という事態に直面した際の約定担保権を有しない売主の売買代金債権確保の手段として、にわかに脚光を浴びることとなった（野村秀敏「判批」民事執行法判例百選214以下（平6））。

譲渡担保や所有権留保などの約定担保が利用されず、動産売買先取特権が利用される理由として、(1)現実の取引において、さまざまな法的障害や法技術的制約のために譲渡担保や所有権留保を利用できないこと、(2)所有権留保になじまない商品が圧倒的に多いこと、(3)契約当初において担保を要求しにくいこと、(4)買主との間の経済的力関係によって担保を要求できないこと等が挙げられている（尾崎三芳「先取特権の課題」担保法理250以下）。

第5講 質権の意義と動産質

[1] 概説

●質権の意義

　質権とは、債権者が債務者（または第三者）からその債権の担保として受け取った物を占有し、債務が弁済されない場合にはその物の換価代金から他の債権者に先立って優先弁済を受けることのできる権利である（342条）。質権を有する債権者は、被担保債権が弁済されるまでは、その物を留置することができ、その留置的作用によって債務の弁済を間接的に強制することができる。質権は、当事者間の契約（質権設定契約）によって生ずる約定担保物権である。

　抵当権も、質権と同様に、約定担保物権である。しかし、質権の場合には、その目的物の占有が質権設定者から移転して質権者が占有を取得するのに対し、抵当権の場合には、その目的物を抵当権設定者が引き続き占有する点で異なっている。質権は、株券・手形・社債・国債などの有価証券や無体財産権も目的として設定できる（権利質・債権質）が、権利質では、留置的作用はほとんど機能しない。

　質権は物権である。しかし、動産質の場合、質権者がその目的物の占有を失うと、それを占有している第三者に対し、質権に基づいて返還請求することはできなくなる。この場合、占有回収の訴えの要件を満たしていれば、占有回収の訴えによって質物の占有を回収できることがあるにすぎない（353条）。動産質権の対抗要件は質物の継続占有である（352条）が、その占有には占有改定を含まない（345条）。

　質権は、担保物権でありその被担保債権に関して付従性や随伴性を有する。また、質権は、不可分性（350条・296条）、物上代位性を有する（350条・304条）。

●動産質の設定

1 動産質の設定契約

　質権設定契約の当事者は、債権者と質権設定者である。質権を取得する者（質権者）は、債権者に限られる。質権設定者は、債務者または第三者（物上保証人）である。物上保証人は、債務者が債務を履行しない場合には、自己が質権者に提供した質物の所有権を喪失することがあるにすぎず、債務を負担するものではない。物上保証人が、債務者が債務を弁済しないことによりその所有し

♥抵当権
　抵当権とは、債務者または第三者が占有を移転しないで債務の担保に供した不動産について、他の債権者に先立って自己の債権の弁済を受ける権利である（369条）。

♥占有改定
　占有権の譲渡人が、現実の引渡しをなさずに、譲受人の占有代理人として占有を続ける場合の引渡しのこと（183条）。

♥物上保証人
　他人の債務のために自己所有の財産を担保に供することを物上保証といい、その財産を供した者を物上保証人という。債務は負わないが責任のみを負担する者である（近江・88）。

ている質物の所有権を喪失したり、または債務者の債務を弁済（**第三者の弁済**）した場合には、その物上保証人は債務者に対して求償権を行使できることになる（351条）。

5-1　物上保証人

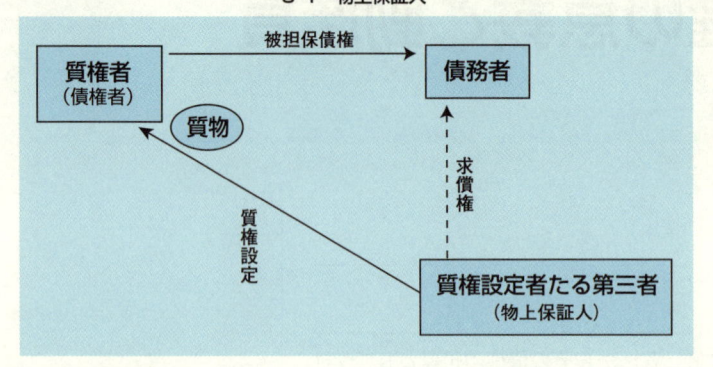

```
┌─────────────────────────────────────────┐
│   ┌─────────┐    被担保債権    ┌─────────┐ │
│   │ 質権者  │ ───────────────→ │ 債務者  │ │
│   │(債権者) │                  │         │ │
│   └─────────┘  質物            └─────────┘ │
│        ↖                            ↑     │
│          ↖  質                      ┊     │
│            ↖ 権                    求     │
│              ↖ 設                  償     │
│                ↖ 定                権     │
│                  ↖                  ┊     │
│                  ┌──────────────────────┐ │
│                  │ 質権設定者たる第三者 │ │
│                  │    (物上保証人)      │ │
│                  └──────────────────────┘ │
└─────────────────────────────────────────┘
```

2 質物の処分権限

質権設定契約は、処分契約であり、したがって、質権設定者は、質権の目的物について処分権限を有している必要がある。もっとも、**即時取得**の規定（192条）によって、処分権限のない者から質権が即時取得されることがある。この場合、その質権の目的物の所有者は、その所有物の上に質権の負担を負うことになる（質権の負担の付いた所有権）。

3 質権設定契約の要物契約性

質権設定契約は、**要物契約**であるから（通説）、質権設定契約は、質権者（債権者）と質権設定者との質権設定契約だけでは足りず、質権設定者が質権者（債権者）にその目的物を引き渡すことによって初めて効力を生ずる。この引渡しは、現実の引渡し、**簡易引渡し**および指図による引渡しを含む。しかし、占有改定は、その引渡しには含まれない（345条）。質権設定契約が要物契約とされている理由は、質権の留置的作用を確保するためである（高木・63）。通説は、質権者が目的物の占有を継続することを質権の存続要件と解している。

なお、質権設定後に、質権者がその質物を質権設定者に自発的に返還した場合の質権の効力については、第6講【2】論点のクローズアップ参照。

● 動産質権の対抗要件

1 質物の継続占有

質権者が質物を継続して占有することが質権の第三者への対抗要件である（352条）。この352条の「第三者」には、債務者および質権設定者を含まない。したがって、債務者または質権設定者が、その質物の占有を有するときは、質権者は質権に基づいてその質物の返還を求めることができる（高木・63）。動産・債権譲渡特例法に基づく登記は、所有権移転についてのみ認められ、動産質権の設定については認められていない（道垣内・82）。

2 質物の回復方法

質権者が質物の占有を失うと、第三者への対抗力を失う。したがって、質権

♥**第三者の弁済**
債務者は弁済をなすべき者であるが、その他に、第三者も弁済をすることができる。第三者の弁済とは、第三者が、他人（債務者）の債務の弁済として弁済することである（474条）。民法は、第三者も弁済することができるという原則をとっている。

♥**即時取得**
占有を信頼して動産物権の取得を目的とする取引をして引渡しを受けた者は、占有者に実質的な権利がなかった場合にも、その物権を取得できること。
質権設定者が所有する動産または不動産であれば動産の目的物となりうるが、所有者以外の者が、自らを所有者と偽って質権を設定した場合でも、192条の適用、または94条2項の適用・類推適用により、債権者が質権を取得することがある（道垣内・85）。

♦**要物契約性についての異説**
質権設定契約における目的物引渡しは、その契約成立要件（または質権設定契約自体の効力発生要件）ではなく、合意のみで質権設定契約は成立し、質権そのものの効力発生が目的物の引渡しにかからしめられたとする（道垣内・81以下、内田・489）。

♦**簡易引渡し**
譲受人自身がすでに目的物を所持する場合（例えば、受寄者や賃借人等）には、占有権譲渡の意思表示だけで、譲受人は占有権を取得する（182条2項）。

者は、第三者に対して質権に基づく質物の返還請求権（物権的請求権）を行使することはできなくなる。この場合、質権者は、その占有を失った質物については、占有回収の訴えによって質物の占有を回復（200条）できる場合があるにすぎない。質権者が、詐取または遺失によって質物の占有を失ったときは、この占有回収の訴えの要件を満たさないので、占有回収の訴えによって質物の占有を回復することもできない（所有者の有する所有権に基づく返還請求権の代位行使の可能性はある）。

●動産質権の目的物

質権の目的物は、占有を移転できる物でなければならない（要物契約性からの要請）。そのため、譲渡性のない動産（343条）を除いて、一般に、動産は動産質権の対象物になる。譲渡性のない動産は、換価できず、換価代金を（優先的に）弁済・配当するということができないので、質権を設定することはできない。また、登録による抵当権設定が可能な登録された自動車（自動車抵当2条・20条）、航空機（航空機抵当23条）、建設機械（建設機械抵当25条）などを対象に質権を設定することは禁止されている。

♣**差押禁止動産**
民執法上の差押禁止動産（同131条）は、譲渡性のない動産に当たらず、質権の目的となる。差押禁止動産は、強制執行の際に債務者の生活上または公益的な理由から差し押さえてはならないとされているだけであり、処分が禁止されているわけではないからである（近江・15）。

●動産質の効力

1 動産質の効力の及ぶ目的物

質権設定契約で質権の目的物と定められ、引き渡された動産に対して質権の効力が及ぶ。また、その動産の付合物にもその効力が及ぶ。質権の目的物が主物として従物を伴う場合、従物も質権者への引渡しがあれば（要物契約性からの要請）、その従物にも質権の効力が及ぶ（87条2項）。天然果実についても質権の効力が及び、質権者は天然果実を収取しその換価代金から優先弁済を受けることができる（350条による297条の準用）。また、質権者が、質物の所有者の承諾を得て賃貸した場合には、その法定果実である賃料についても、質権の効力が及ぶことになる（350条による297条の準用）。さらに、質権にも物上代位性がある（350条による304条の準用）。動産質権・不動産質権の物上代位に関し、「債務者」を「所有者」と読み替える（道垣内・87）。

2 質権による被担保債権の範囲

質権によって担保される債権は、金銭債権に限られず、どのような債権でもよい。また、質権の被担保債権は、質権設定時に現存する債権である必要はない。将来発生する債権を被担保債権とすることもできる。さらに、将来において発生し、また消滅する不特定で多数の債権を被担保債権とする質権（根質）も設定することができる。動産質権では、後順位担保権者・設定者の保護を図る必要がないので、包括根質権も許されるし、極度額の定めは不要である（道垣内・86）。

質権による被担保債権の範囲は、質権者（債権者）の有する元本・利息・違約金・質権実行の費用・質物保存の費用・債務不履行による損害賠償および質物の隠れた瑕疵によって生じた損害賠償についての請求権である（346条）。動

♥**主物と従物**
従物に対して、従物の附属させられている物を主物という。主物の利用を継続的に助けるためにそれに附属させられた物を従物という。従物は主物の処分に従う（87条）。

♥**天然果実**
物の用法に従って収取する産出物のこと（88条1項）。

♥**法定果実**
「物の使用の対価」として受ける金銭その他の物を法定果実という（88条2項）。不動産を他人に利用させた場合に受ける地代・家賃などである。

♣**被担保債権の範囲**
質権の被担保債権の範囲は、抵当権の被担保債権の範囲と比べると、相当に広い。これは、質権者が目的物を占有するため、後順位担保権者が生ずることはほとんどなく、また、質物が第三者に譲渡されることも少ないため、質物の全価値を質権者に把握させてもよいとする理由からである（近江・91）。

第5講 質権の意義と動産質 53

産質権に関する「質権の実行の費用」とは、簡易な弁済充当（354条）をする際の費用のことである（道垣内・88）。ただし、質権設定契約の当事者の特約により、これらの範囲を変更することができる（346条ただし書）。この場合、質権者は、その特約の公示方法は存在しないから特約の公示なくして第三者に対抗できる（高木・66）。

③ 質権の担保的効力

質権の担保的効力としては、留置的効力と優先弁済的効力の2つがある。質権者（債権者）は、債務者から被担保債権の弁済を受けるまでは質物を留置（占有の継続）することができる（留置的効力〔347条〕）。この効力は、例えば、質物の譲受人が所有権に基づく返還請求をする場合にはこれを拒否しうるということであり、あるいは先取特権者が競売しようとする場合に、配当に参加して優先弁済を受けるのではなく、引渡しを拒否して留置しうるということである（近江・91）。質権者に対して、質物の所有者からその返還請求がなされ、質権の留置的効力が認められた場合、引換給付判決ではなく、原告敗訴（請求棄却）の判決がなされる（大判大正9年3月29日民録26-411）。同じく留置的効力といっても、この点で引換給付判決のなされる留置権の場合と異なる。先順位の質権者（355条）または一定の先取特権者（334条）は、動産質権者に優先するので、動産質権者はこれらの者に対して留置的効力を主張することはできない（347条ただし書）。

質権は、留置権と共通の性質を有しており、留置権における果実収取権（297条）、留置物の管理・使用（298条）、費用償還請求権（299条）、留置権と債権の消滅時効との関係（300条）に関する規定が、質権にも準用されている（350条）。

質権者は、質権の目的物の売却代金から自己の債権について、他の債権者に優先して弁済を受けることができる（優先弁済的効力）。質権者が質権を実行して優先弁済を受けるためには、その債務者が履行遅滞に陥っていることが必要である。また、質権者の被担保債権が金銭債権でない場合には、それが金銭債権に変化している必要がある。質権の優先弁済的効力を実現するためにはいくつかの方法がある。まず、第一に、質権者は、自ら民事執行法に基づき（民執190条・192条）、質物についての競売を申し立て、その売得金から優先弁済を受けることができる。第二に、他の債権者が、その質物を目的物として動産執行または動産競売の申立てをしたときは、質権者はその手続内で配当要求をし、その売得金から優先弁済を受けることができる（民執133条・192条）。

なお、質権者の有する質物には、同時に他の担保物権がいくつか存在している場合がある。同一の質物の上に数個の質権が存在している場合には、その質権の設定の前後によって順位が定まる（355条）。

●動産質の侵害

質権設定者または債務者が質物を不当に占有する場合、質権者は質権に基づいて質物の返還請求権（物権的請求権）を行使できる。第三者がその質物を占有する場合、質権者は、質物の占有を奪われたときは占有回収の訴えを利用し

◆留置権との差異
留置権では、優先弁済権がないため、抗弁権的性格の引換給付判決にとどまる（近江・92）。

◆動産質の実行
民執法190条は、動産を目的とする担保権の実行としての競売は債権者が執行官に対し、動産の提出をしたとき、動産の占有者が差押えを承諾することを証する文書を提出、または、動産競売の開始許可決定書の謄本を執行官に提出等したときに限り、開始する旨を規定する。

♣倒産法上の地位
質権者は、質権設定者が破産したとき、破産手続上の別除権を有する（破2条9項）。民事再生手続上も別除権となる（民再53条1項）。質権設定者について会社更生手続が開始すると、質権者は更生担保権者となる（会更2条10項）。

◆簡易弁済充当（354条）
弁済のないとき、正当な理由がある場合に限って、鑑定人の評価に従って質物をもって直ちに弁済に充てることを裁判所に請求できる（簡易弁済充当）。動産質の質権者が簡易弁済充当をする場合、あらかじめ「債務者」にその旨を通知しなければならない（354条。なお、非訟事件手続法83条ノ2）。その法文では「債務者」となっているが、質物の所有者にも通知の必要があるとするのは、道垣内・99。

うる（353条）が、質権に基づく返還請求をすることはできない。動産質権の目的物を詐取されたとき、遺失したとき、または目的物が侵奪の事実を知らない第三者の手に入ったときは、返還請求できない（道垣内・90）。質物に対して不法行為の要件（709条以下）を満たす侵害がなされれば、質権者は不法行為に基づく損害賠償を請求することができる。

◆期限の利益の喪失
　質権設定者である債務者が質物を滅失または損傷等をしたときは、債務者は期限の利益を失う（137条2号）。

◉動産質権者の義務

　質権者は、善良な管理者の注意をもって質物を占有すべき義務を負う（350条・298条1項）。質権者は、質権設定者の承諾なくして質物の使用・賃貸をすることはできない（350条・298条2項）。質権者が、以上の義務に反すると、質権設定者はその質権者に対して質権の消滅を請求することができる（350条・298条3項）。また、被担保債権の弁済などによって質権が消滅した場合、質権者は質物を質権設定者に返還しなければならない。

◉流質契約の禁止

　349条は、質権設定時またはそれ以降でも弁済期到来前になした契約で、質権者に弁済として質物の所有権を取得させるとか、法律に定めた方法によらないで、質物を処分させるとかの取り決めをしても無効であるとしている。これを流質契約の禁止という。質権設定者側、特に債務者は、融資を得ようとする弱い立場にあるから、債務に比べてかなり高価な物件について、債務不履行時に直ちに所有権を失うなどの不利な契約をすることがありうる。そこで、設定者側保護のため、このような規定を置いた（道垣内・101）。通説は、動産の場合には動産譲渡担保が、また、不動産の場合には買戻しや不動産譲渡担保が、それぞれ流質契約の禁止規定を事実上脱法しうることから、流質契約を一律に無効とすべきではなく、個々の流質契約につき暴利性があれば90条で無効とすべきであるとしている（近江・93）。流質契約は349条によって禁止されているが、目的物について質権を設定するのではなく、買戻しや譲渡担保といった権利移転型担保を利用すれば、流質契約の禁止法理を実質的に脱法することができる（近江・93）。

◆流質契約禁止の理由
　債権者による暴利行為を排除するために、流質契約はローマ法以来一貫して禁止されてきた。特に、農民による土地の担保流しへの対処のために、349条が規定されている。しかし、契約自由の原則からすれば流質契約も有効とされてよく、また、仮に流質契約が暴利行為となるような場合には、90条違反として無効とされれば足りるし、さらに、買戻制度によれば349条は骨抜きになることなどから、349条の廃止論が強く説かれている（近江・93）。

[2] 論点のクローズアップ

◉転質

1 問題点

　質権者が質物を第三者にさらに質入れすることを転質という。質権者は、この転質によって、被担保債権の弁済期前に金銭を入手できることになる。転質には、質権者が自己の責任をもってその質物を転質する責任転質（348条）と質権設定者の承諾を得てする承諾転質とがある。質権者が質権設定者の承諾を得てその質物に質権を設定することを承諾転質という。質権設定者の承諾を得ず

♥承諾転質
　質権設定者の承諾を得て質物をさらに質入れする行為である。この場合においては、転質権者の質権は原質権者の原質権とは全く独立の存在を有する。承諾転質を認める根拠を、350条による298条2項の反対解釈に求める説と当然に認める説とがある（田山・347）。
　実務上は、今日では責任転質はあまりなく、承諾転質が行われているといわれている（内田・497）。

になされる責任転質の法的構成をめぐって議論がある。

5-2　責任転質

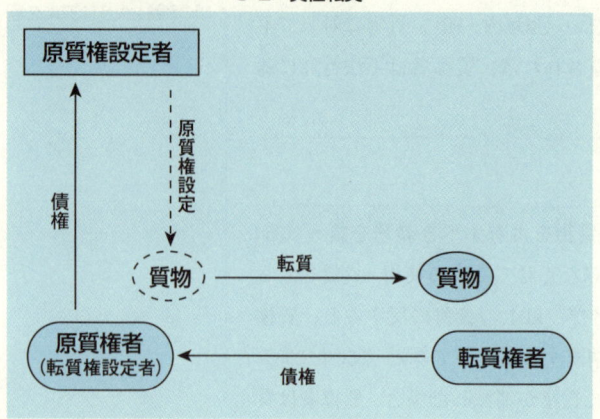

[図：原質権設定者・原質権者（転質権設定者）・転質権者の関係を示す図。原質権設定者から原質権者へ債権、原質権設定者から質物へ原質権設定（点線）、質物から転質権者の質物へ転質、転質権者から原質権者へ債権]

2 議論

A：［債権・質権共同質入れ説］　責任転質は質物だけではなく被担保債権にも同時に質権を設定するものとする。質物の留置によって、原質権からの弁済も期待している当事者の意思に最も多くの場合において適合し、かつ最も平明な構成をもって当事者の利害を調節しうると主張するが、少数説である（柚木＝高木・114、近江・96以下）。共同質入れ説の構成（債権の質入れによって、その付従性により質権が質入れされるわけではない）によると、原質権が転質権を拘束することを承認しやすいとされる。すなわち、転質権の成立範囲は、原質権によって制限されることになり、また、原質権の債権は転質権によって拘束されることになる（近江・96以下）。

B：［質物再度質入れ説（質物質入れ説）］　質物上に新たに質権を設定すると構成する質物再度質入れ説が通説である（原質権によって把握されている担保価値が質入れされる）。その理由は、348条の文理解釈である。350条による298条2項の準用により当然に承諾転質は認められることになるが、348条はそれとは別に質権設定者の承諾がなくても転質（責任転質）ができると規定しているからである（高木・70、我妻・149以下。判例も、この立場に立つ）。

A説（債権・質権共同質入れ説）に対しては、債権は債務者の承諾なしにこれを質入れすることができ、被担保債権が質入れされるときはそれを担保する質権もまたその債権質の目的となることは、質権の随伴性からいって当然であるから、348条は何ら独立の意味をもたなくなる（我妻・148）とか、「質物について、転質をする」との法文の文言に反するとの批判がある（道垣内・96）。

3 留意点

責任転質は、質権者（原質権者・転質権設定者）と転質権者との転質権設定契約によって成立する。転質権設定契約は要物契約であるから、質権者は転質権者にその質物を引き渡さなければならない（344条）。転質権の対抗要件は継続占有である（352条）。また、転質権の設定により、原質権の被担保債権も一定の拘束を受けるので、377条の類推適用または364条の類推適用により、原質

♥**根拠**

すべての学説は、転質権に対する原質権の厳格な拘束を認めているから、この拘束を前提とすれば、共同質入れ説による構成が最も妥当である（近江・97）。

共同質入れ説に立つと、原質権の債権額が転質権の債権額を上回る場合に、原質権の実行ができないことを説明しやすいとされる。例えば、原質権の債権額が100万円、転質権の債権額が80万円の場合、その超過部分20万円について、原質権者は、転質権による拘束を受け、原質権が実行できるか否かが問題となりうるが、共同質入れ説に立つと、原質権は拘束されているので、その実行が禁止されることになる（近江・98）。

◆**質物質入れ説**

通説は、質物質入れ説である（道垣内・96）。質物質入れ説が妥当であるとするのは、道垣内・97。

転質権を実行するには、転質権の被担保債権が到来するだけでなく、原質権の被担保債権の弁済期が到来することが必要である。転質権者は、目的物につき、あくまで原質権者の権利の範囲に制限された権利しか取得していないからである（道垣内・97）。

◆**異説**

質権者は交換価値というより物の占有を取得しており、価値権ではないから、通説の趣旨を活かすのであれば、質権そのものが移転すると見た方が自然とする説もある（内田・499）。

権者は第三債務者（原質権の被担保債権の債務者）に対する通知をするか、またはその承諾を得ることが必要となる（質物再度質入れ説に立った場合の構成）。転質権の被担保債権額は、原質権の被担保債権額の範囲内においてのみ、優先弁済的効力がある。質権者は、転質をしなければ生じなかったであろう不可抗力による損失についても、原質権設定者に対して賠償責任を負う（348条）。転質権者が優先弁済を受ける被担保債権の範囲は、一般の債権と同じ（346条）である。

なお、質権者が質権設定者の承諾を得て、質物をさらに質入れする承諾転質は、原質権とは独立の存在を有し、転質権の被担保債権の弁済期が到来すれば実行できる。原質権設定者が原質権者に弁済した場合、原質権は消滅するが、承諾転質による転質権は消滅しない。承諾転質をした原質権者が原質権設定者に負う責任は、348条に規定された加重責任ではなく、通常の過失責任である。

◆承諾転質と責任転質との相違
　責任転質は、原質権の支配する担保価値を基礎とした質権の設定であるのに対して、承諾転質は、原質権の把握する担保価値には左右されない、原質権とは別個の新たな質権の設定である。承諾転質は、設定者の承諾（298条2項）を前提とするのに対して、責任転質は設定者の承諾は不要である（近江・95）。
　承諾転質は、責任転質と3つの点で異なる。①承諾転質を実行するために、原質権の被担保債権の弁済期は到来している必要はない。②原質権の被担保債権が原質権者に弁済されても、消滅するのは原質権だけであり、転質権は消滅しないから、承諾転質をする際に通知・承諾といった対抗要件具備の必要性の問題は生じない。③承諾転質の場合には348条の適用はない（田山・347以下）。

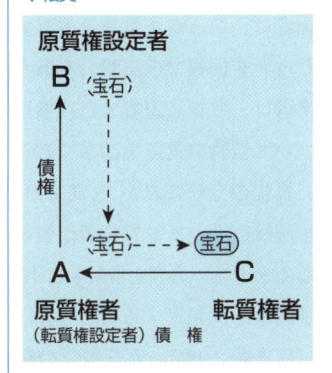

[3] ケース・スタディ

ケース……1✥転質

質権者Aは債務者Bに100万円を貸し付け、その担保としてBから質物（評価額140万円の宝石）の引渡しを受け占有していた。その後、Aは、Cから110万円を借り受ける必要を生じ、その際、Cから担保を提供するように求められた。Aは、Bから引渡しを受けた宝石をCへの担保として質入れしてよいか。

Aは、Bから引渡しを受けた質物をCに転質し、Cから金銭を借り受けることができる。転質には、承諾転質と責任転質がある。質権者Aは、質権設定者Bの承諾を得て、その質物をさらに第三者Cに質入れして金銭を借り受けることができる。この承諾転質の有効性については争いはない。

しかし、質権者Aは、質権設定者Bの承諾がなくても、自己の責任をもってその質物を第三者Cに質入れをし、金銭を借り受けることができる。この責任転質の有効性については議論がある。なぜならば、留置権に関する民法298条は、留置権者が債務者の承諾なくして目的物を担保に供することを禁じているが、質権に関する民法350条がこの民法298条を準用しているので、民法348条の転質に、この責任転質を含むか否かが問題になるからである。しかし、この民法348条は民法298条の特別規定であり、また、民法348条は転質権者の責任を特に重くしていることなどからみて、責任転質は認められると考えられる。この場合、責任転質の法的構成を、債権と質権をともに転質の対象とする考え方（債権・質権共同質入れ説）もあるが、責任転質は質物を再度質入れするものと考えられる。すなわち、質権者Aの占有している質物を第三者Cのために再度質入れするのが責任転質である。このように解することが、民法348条の文理にも合致

◆転質

する。

なお、転質権の被担保債権額は原質権の被担保債権額を超過してはならないことが責任転質の有効要件であると主張されることがある。しかし、転質権の被担保債権額が原質権のそれを超過する場合でも、原質権の被担保債権額の範囲においてのみ転質の優先弁済的効力があると解すれば足りるのであって、有効要件と解する必要はない。

[4] まとめ

　質権とは、債権者が債務者（または第三者）からその債務の担保として受け取った物を占有し、債務が弁済されない場合にはその物の換価代金から他の債権者に先立って優先弁済を受けることができる法定担保物権である。質権設定契約は、要物契約であり（占有改定では足りない。流質契約は禁止される）、質物の継続占有が質権の第三者に対する対抗要件である（不動産質の場合は登記が対抗要件）。質権には、付従性、随伴性、不可分性および物上代位性がある。質権の被担保債権の範囲は、抵当権のそれよりも広い。質権には、優先弁済的効力のほかに、留置的効力があり、また、不動産質には収益的効力がある。質権者は、第三者が質物を占有する場合には、占有者として占有回収の訴えにより占有を回復できる場合もあるが、質権自体に基づく返還請求はできない（質権者は、質権設定者または債務者が質物を不当に占有する場合には、質権に基づいて質物の返還を請求できる）。

　質権の分野において、従来から問題とされてきたのは、転質の問題である。大審院は、かつて、質権者が質権設定者の承諾なしに転質をなすのは横領罪にあたるとした（大判明治44年3月20日刑録17-420）。しかし、その後、質権設定者の承諾なしに転質すること（責任転質）を認めるようになった（大判大正14年7月14日刑集4-484）。責任転質の法的構成に関しては、債権・質権共同質入れ説（少数説）と質物再度質入説（判例・通説）の対立がある（そのほか、質権譲渡説などもあるが省略した）。債権・質権共同質入れ説は、転質によって（原）債権も質入されると解するので、債権についての直接取立て（366条）ができることになる。これに対し、質物再度質入れ説は、転質は（原）債権とは無関係であると構成するから、債権の直接取立てはできない点で相違する。

◆不動産質
　不動産質は、引渡しを効力発生要件とする要物契約であり、その対抗要件は登記(177条、不登3条)である。

第6講 不動産質と質物の返還

[1] 概説

◉不動産質の設定

1 不動産質権設定契約

　不動産質の設定は、登記に関する点を除いては、動産質の設定とおおむね同一である。なお、不動産質には抵当権の規定が一般に準用（361条）される。不動産質権設定契約も要物契約であるから、不動産の引渡しをもって効力発生要件とする（344条の通則による）。そして、その不動産の引渡しは、現実の引渡しに限らず、簡易の引渡しはもちろんのこと、指図による占有移転でもよいが、占有改定では足らない。

　賃貸中の不動産の質入れは、原則として賃貸人の地位の移転の合意を伴うと解するのが適当である（我妻・168）。質権の目的たる不動産が質権設定以前すでに他人に賃貸してあった場合においては、質権設定者たる賃貸人が賃借人に対して質権者のために不動産を占有すべき旨を命じ、賃借人がこれを承諾することによって質権が適法に設定される。この場合、判例は、反対の事情なき限り、その後賃貸借は質権者の間にその効力を生じ質権者がその賃料を収取する権利を取得するものと解している（大判昭和9年6月2日民集13-931、道垣内・91）。

2 不動産質の目的と被担保債権

　不動産質の目的とすることができるのは、土地と建物である。不動産質を設定しうる債権の目的に制限のないことは、動産質の場合と同一であるが、登記をするためには、債権額を定めなければならない（不登95条・83）。不動産質の被担保債権は、現在の確定した債権でなくてもよく、条件付債権または将来の債権のために不動産質を設定できることも、動産質と同一である。

3 不動産質の存続期間

　不動産質の設定に関しては、動産質や債権質に存在しない存続期間の制限がある。すなわち、不動産質の存続期間は10年を超えることができず、もしこれより長い期間を定めたときは10年に短縮される（360条1項）。この期間は更新することができるが、更新の時から10年を超えることは許されない（360条2項）。このように、不動産質の存続期間に制限を定めたのは、不動産の用益権、とりわけ耕作権能を長く所有者以外の者の手に委ねることは不動産の効用を害するおそれがある、とする民法の思想の現れである。つまり、永小作権の存続期間

▼簡易の引渡し
　占有権の譲受人自身またはその占有代理人が、すでに目的物を所持する場合には、占有権譲渡の意思表示だけで、譲受人は占有権を取得し、対抗要件を備える（182条2項）。

▼賃貸中の不動産は指図による占有移転で
　賃貸中の不動産について、その所有者が当該不動産に不動産質権を設定するためには、指図による占有移転をすることにより質権者に占有を取得させることができる（平野・227）。

（278条）や買戻の期間（580条）を制限したのと同一の思想である。

●不動産質の効力

1 被担保債権の範囲と目的物の範囲

不動産質は、その目的たる不動産の収益をなす収益質の性質を有するものであるから、その効力に関しては、動産質と異なる点がある。そして、不動産の上の担保物権という点で抵当権と同様であるから、抵当権の規定が準用（361条）されている。

(1) **被担保債権の範囲**　不動産質の担保する債権の範囲は346条の通則に従うので、おおむね動産質と同様である。ただし、不動産質の場合には、利息はその特約があるときにだけ請求できるものとされており（358条・359条）、さらに、その特約は登記しなければ第三者に対抗することはできないものとされている（不登95条）。その登記のある場合にも、抵当権に関する375条の準用による制限（利息等は最後の2年分のみ）を受けると解される（高木・77）。なお、利息の他にも、違約金、賠償額、債権に付けられた条件などがあるときは、それらの事項を登記すべきであり、346条ただし書の「別段の定め」も登記しなければならない（不登95条）。なお、不動産質にも、不可分性があるから、不動産質の被担保債権が少しでも残っていれば、不動産を全部留置して収益することができる。

(2) **目的物の範囲**　不動産質の効力の及ぶ目的物の範囲は、抵当権の規定（370条）の準用（361条）によって定まるとするのが通説である。不動産質の効力はその目的物の収益権も包含するから（356条）、不動産質権者は、みずから天然果実を収取しまたは第三者に収益させて法定果実を収取することができる。これらの点において、不動産質は動産質と異なっている。なお、不動産質についても、物上代位性が認められる（350条・304条）。

2 目的物を使用収益する権利

(1) **用益権の内容**　不動産質権者は、設定行為で別段の定め（登記を要する、不登95条）をしない限り、目的不動産をその用法に従って使用収益することができる（356条・359条）。不動産質権者が、みずからそれを使用収益してもよいし、あるいはその質権の存続期間内において、第三者に賃貸することも制限物権を設定することもできる（道垣内・91）。不動産質の目的物の使用収益による利得は、設定行為で別段の定め（登記を要する、不登95条）をしない限り、利息に相当するものとみられるので（358条・359条）、動産質権者が果実を収取する場合のように金額を計算して利息に充当する必要はない（350条・297条）。

不動産質権者は、設定行為に別段の定めのない限り、不動産の使用収益権（356条）を有する反面、不動産の管理費用等を負担し（357条）、また被担保債権の利息請求はできない（358条）とされていたが、平成15年改正により、担保不動産収益執行の開始がなされた場合、不動産質権者は、不動産の使用収益権（356条）を失うこととされた（359条）。第1順位に抵当権、第2順位に質権が存在する場合には、質権者の留置権能は、第1順位の抵当権者に対抗できない

♥収益質
　債権者が目的物の収益から優先弁済を受けること（収益的効力）のできる質権。質権のうち不動産質がこれに属する。

◆質権の実行の費用と不動産質
　不動産質の場合も、原則として346条は適用されるが、「質権の実行の費用」は、不動産質の実行が必ず競売によることから問題にならない（道垣内・88以下）。

♥違約金
　債務不履行の場合に債務者が債権者に支払うものとあらかじめ定めた金銭。

◆不動産質と果実収取権
　不動産質について規定する350条は、果実収取権について規定する297条を準用しているが、不動産質権者には、原則として目的物の使用収益権が認められているから（356条）、297条の準用はない（道垣内・99）。

◆不動産質の効力

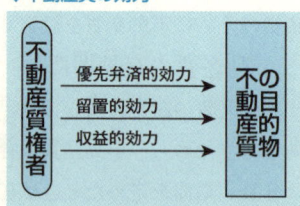

不動産質権者 →優先弁済的効力／留置的効力／収益的効力→ 不動産質の目的物

ので（347条ただし書）、抵当権者による担保不動産収益執行の開始により、第2順位の質権者は留置権能を失う（359条）。しかし、これは、不動産登記の第1順位に不動産質権があり、第2順位に抵当権があって、その抵当権者の申立てにより担保不動産収益執行が開始された場合に、第1順位の不動産質権の使用収益権が、改正後359条によって、使用収益権がなくなることを意味しない。第1順位の不動産質権者は、質物について留置権を有するから、第2順位の抵当権者の申立てに基づく担保不動産収益執行が開始しても、質権者はその留置権を管理人に対して対抗できるからである（道垣内弘人ほか・新しい担保・執行制度（補訂版・有斐閣・平16）47以下［道垣内弘人］）。

(2) <u>留置的作用</u>　不動産質も、動産質の場合と同様に要物契約でありその目的物の引渡しを効力発生要件としており、留置的効力を有している（347条）。不動産質は、登記をもって対抗要件とするから、占有の喪失とともに第三者に対する対抗力を失ってしまう動産質とは異なる。不動産質権者が目的物の占有を失ったときは、質権を理由としてその不動産の明渡請求をすることができる。ただし、不動産質についての登記がなければ留置的効力も第三者に対抗することはできない（最判昭和31年8月30日裁判民集23-31）。

(3) <u>不動産質権者の目的物管理義務</u>　不動産質の使用収益権に関連し、不動産質権者は、原則として、不動産の管理費用を支払い、租税・農業会費などを負担しなければならない（357条）。また、不動産質権者は、その被担保債権の利息を請求することはできない（358条）。これは目的不動産の使用収益によって得られる純益は、被担保債権の利息に相当するのが普通だという経済観念に立脚するものである。

(4) <u>担保不動産収益執行と不動産質の使用収益権・管理費用負担との関係（359条）</u>　平成15年改正前は、不動産質権者は、別段の特約がない限り、不動産の使用収益権を有する反面、管理費用等の負担を課され、被担保債権の利息を請求できなかった（356条ないし359条）。その趣旨は、使用収益により取得する純益（収益から管理費用を控除した額）は、利息額に相当するのが通常であるという経済観念に立脚するものであった。しかし、平成15年改正後は、担保不動産収益執行が開始すると、執行裁判所の選任した管理人が不動産を使用収益しつつ管理費用等を負担することになり、前述した立法趣旨が妥当しないことになる。そこで、359条では、担保不動産収益執行の開始後は、不動産質権者は、不動産の使用収益をすることができない一方、管理費用等の負担を免れ、被担保債権の利息を請求できる（359条による356条ないし358条の適用除外）とされている（谷口園恵ほか「担保物権及び民事執行制度の改善のための民法等の一部を改正する法律の解説(4)」NBL772-44、46以下（平15））。

3 優先弁済を受ける権利

不動産質には抵当権の規定が準用されるから（361条）、不動産質に基づき競売申立てをすることができる。また、<u>不動産質の場合には、動産質のような簡易な換価方法</u>（354条）は認められない。さらに、数個の不動産質が競合するときおよび抵当権と競合するときは、優先権の順序は、登記の前後により（361

♥簡易な換価方法
　動産質権者は、その競売の申立てによる質権の実行のほかに、正当な理由のある場合に限り、鑑定人の評価に従い質物をもって直ちに弁済にあてることを裁判所に請求することができ、その許可があれば、質権者は評価額と債権額との差額を設定者に返還して質物の所有者となることができる（354条）。

条・373条1項)、また、不動産質が先取特権と競合するときは、抵当権と先取特権が競合する場合と同一に取り扱われることとなる。

なお、流質契約の禁止は、質権の通則（349条）によって、不動産質についてもあてはまる。抵当権については抵当直流の特約を認めることが判例・通説であるが、不動産質に類推すべきではないとされている。

● 不動産質の消滅

不動産質の消滅と動産質の消滅とで相違するのは、不動産質には抵当権の規定が準用されるので（361条）、代価弁済（378条）および不動産質権消滅請求（379条以下）もその消滅原因となる点である。

♥ 抵当直流
　設定行為または債務の弁済期前の契約をもって抵当権者に弁済として目的物の所有権を取得させることを約定すること（流抵当の契約）。

◆ 不動産質の消滅原因
　不動産質は、物権や担保物権に共通の原因で消滅する

♥ 代価弁済
　不動産質の目的不動産につき所有権などを買い受けた第三者が、不動産質権者の請求に応じて、代価を弁済したときは、不動産質はその第三者のために消滅する。

[2] 論点のクローズアップ

● 質物の返還による質権の効力

1 問題点

質権設定契約は、要物契約であり、質権設定者が質権者にその目的物を引渡すことによって効力を生じる。それでは、質権設定契約がなされ、質物の引渡しがなされた後に、質権者が任意に質物を質権設定者に返還した場合、質権は消滅するだろうか。この問題は、従来は主に動産質について議論されてきたが、不動産質も含めて検討されるべき問題である。

2 議論

A：[質権消滅説]　質権設定における占有改定の禁止の立法理由が質権の留置的効力の確保をすることにあると解する以上、質権者が自らこの留置的効力を放棄するときは、質権はこれによって消滅することになるとする説がある（我妻・131、柚木＝高木・101、近江・90）。この説は、質権設定契約の要物契約性の意義を留置的作用に求め、その留置的作用は質権の本質的効力であると解することに基づいている（高木・63）。このようにして、質権者が質物の占有を継続することが質権の効力の存続要件であるとしている。

B：[無影響・対抗力消滅説]　判例は、質権者が質物を質権設定者に返還しても、不動産質の目的物の返還の場合には質権の効力には影響はなく、また、動産質の目的物を返還してもその対抗力が消滅するにすぎず、質権は消滅しないと解している（大判大正5年12月25日民録22-2509［動産質に関しては傍論］）。この説は、質権設定における要物契約性の立法理由は公示作用にあり、留置的作用は優先弁済的作用を促進する補助策にすぎないとしている。また、不動産質はその登記をもって対抗要件としているから、不動産質権者による目的物の占有は、動産質の場合と異なって、公示的機能をもたないため、不動産質においては、設定後に目的物を返還しても、質権の効力自体に何ら影響がないとして、この判例の理論づけを試みる見解もある（遠藤ほか・93［高島平蔵］）。

C：[質権消滅・返還請求権説]　合意のみで質権設定契約は成立し、質権者

◆ 動産質の占有の意義
　槙・88は、動産質の場合は目的物を返還しても対抗要件を失うにすぎないとし、同・101は、不動産質の場合は、留置的効力や収益的効力が著しくその重要性を失ってきているとともに、合理的な公示手段が配慮されているから、抵当権に接近させても差し支えないとする（目的物を設定者に返還しても不動産質は消滅しない）。

は質権設定者に対する目的物の引渡請求権を有するに至り、そして、質権そのものの効力発生は目的物の引渡しにかかるという説に立つことを前提にして、質権者は目的物の占有喪失によりその質権者独自の権利・義務を失うが、質権設定契約に基づき設定者にその目的物の返還を請求できるとする（道垣内・83以下［目的物引渡しを質権の効力発生要件ととらえる立場］）。

3 留意点

　質権者が質物を任意に質権設定者に返還した場合に質権が消滅するか否かの問題は、質権者の質物の占有による留置的効力が、質権にとってどれだけ本質的かの問題であるが、質物の占有による留置的効力が質権にとって本質的か否かを判断する要素として、不動産質権設定者が目的物を使用・収益できることや（359条・356条）、債権者が目的物の占有をしない譲渡担保・各種動産抵当制度の存在が指摘される（川井・282、294［動産の場合は対抗力を喪失するだけで、不動産の場合は質権は消滅はしない］）。

[3] ケース・スタディ

> **ケース………1 ❖ 不動産質と目的物の返還**
>
> 　甲は、乙から3000万円を借り受け、その貸金債権を担保するために甲所有の土地に質権を設定した。そして、その土地について乙のために質権設定登記がなされ、土地の占有も乙に引き渡されたが、その後、乙は甲に土地の占有を返還した。甲が債務の履行を遅滞したので、乙は土地についての質権を実行しようとしたのに対し、甲は、乙の土地についての占有喪失を根拠として質権は消滅したと主張する。乙の質権実行は認められるか。

　不動産質は、債権者と質権設定者との契約により設定される（約定担保物権）。不動産質の設定は、債権者への目的物の引渡しによりその効力を生じる（民344条）が、対抗要件は登記である。本ケースでは、質権の目的物である土地の引渡も質権設定登記もなされているので、質権は有効に成立したといえるが、その後に質権者がその目的物たる土地の占有を質権設定者に返還したので、不動産質が消滅するか否かが問題となる。

　質権設定契約の要物契約性の意義を留置的作用に求め、その留置的作用は質権の本質的効力であると解する説は、質権者が目的物の占有を質権設定者に返還した場合、質権は消滅するとしている。この説に従えば、乙の質権は消滅しているから、乙は質権を実行できないことになる。

　しかし、不動産質権者がその目的物を質権設定者に返還しても、質権の効力には影響がなく、不動産質は存続しているものと考えられる（判例同旨）。質権設定契約を要物契約とした立法理由は、目的物の占有によって質権を公示する

ためである。動産質の場合（民352条）と異なり、不動産質では、質権者による質物の継続占有は対抗要件とされてはおらず、その対抗要件は登記であって、占有に公示的機能は期待されていないから、占有がなくなっても不動産質の公示には影響がない。したがって、占有がなくなっても、質権に対して本質的な影響を与えないと考えられる。また、不動産質の場合、特約をすれば質権設定者による使用・収益も認められている（359条・356条）から、不動産質権者の占有は重視されておらず、占有がなくても不動産質の本質に反するとはいえない。

結論として、質権は消滅していないので乙はその質権を実行できる。

[4] まとめ

　不動産質の設定は、登記に関する点を除いて、動産質の設定とおおむね同一である。不動産質は、不動産の引渡しをもってその効力発生要件とする要物契約であり、占有改定は、その引渡には当たらずその要件を満たさない。不動産質は、不動産物権であるから、対抗要件は登記である（177条）。不動産質の存続期間には制限（設定時または更新時から10年間）がある。被担保債権の目的には、原則として制限はないが、登記をするためには、債権額を定める必要がある（不登95条・83条参照）。不動産質は、留置的効力・優先弁済的効力のほかに収益的効力があるが、目的物管理義務を負担しなければならず、また、利息については特約がある場合にのみ請求することができ、その特約は登記しなければ第三者に対抗することはできない。

　不動産質には、抵当権の規定が一般に準用（361条）される。不動産質にも、物上代位性があるが、不動産質権者は、その効力として、質権設定者の承諾なしに、自由に目的物を賃貸することができ、賃貸した場合には、物上代位による差押えを要することなく、自ら賃料を収取できる。第三者が目的物を不法に占有する場合には、不動産質権者は、質権自体に基づいてその返還請求（明渡請求）をなしうる（動産質の場合は、それ自体に基づくのではなく占有回収の訴えによる）。不動産質には抵当権の規定が一般に準用されるから、不動産質に基づいて担保不動産競売を申し立てることができ、また、代価弁済・不動産質権消滅請求も不動産質の消滅原因となる。

　不動産質権者は、「担保権の登記に関する登記事項証明書」を執行裁判所に提出して、目的不動産の競売を開始することができる（民執181条1項3号）。また、他の債権者がその不動産を競売するとき、登記された質権を有する債権者は債権の届出をしないでも配当を受けうる（民執87条1項4号）。

第7講
債権質

[1] 概説

●債権質の設定

1 債権質権設定契約

　債権を目的とする質権を**債権質**という。債権質の設定も、債権者と債務者または物上保証人の間の設定契約によって行われる。この点は、動産質と異なることはないが、要物契約性は問題がある。平成15年改正前363条によれば、指名債権を質権の目的とする場合においても、その債権につき債権証書があるときは、当該債権証書の交付を質権設定の効力発生要件としていたが、平成15年改正により、指名債権の証書の交付は、質権設定の効力発生要件とされなくなった（363条）。

　債権質にも343条の準用がある（362条2項）から、譲渡することのできない債権を債権質の目的とすることはできないが、債権は、譲渡性を有するのが原則である（466条1項本文）から、債権は質権の目的となりうることを原則とする。質権者が債務者である債権も質入れすることができる。銀行が、自行に預金している者に融資をする際、その預金債権を質にとることが行われる（道垣内・106以下）。

　債権者の特定している債権、すなわち**指名債権**のうち、記名社債、記名国債、指図禁止手形、指図禁止小切手などに表章される債権は、必ず債権証書を作成し、その交付がなければ債権の成立・移転が認められない。これらは、平成15年改正後においても、平成15年改正前363条と同様に債権証書の交付を質権設定の効力発生要件とする（山野目章夫「要綱の概要－主として担保法制に関する事項」金法1667-6、7（平15））。

　これに対して、**指名債権**（その譲渡に証書の交付を要しないものに限る）をもって質権の目的とする場合においては、その証書の交付は、質権設定の効力発生要件ではない（363条）。なお、指名債権質の対抗要件については、364条に、また、法人が指名債権を目的として質権を設定した場合の第三者対抗要件については、動産および債権の譲渡の対抗要件に関する民法等の特例等に関する法律に、それぞれ規定されている。

　かつては、指名債権を質権の目的とする場合において、その債権につき債権証書があるときは、当該債権証書の交付が質権設定の効力発生要件とされてい

♥**指名債権**
特定人を債権者とする債権。

た。これは、質権の目的となる権利に何らかの有形物を伴うときは、これを質権者に交付させて質権設定契約の要物性を貫こうとする趣旨であった（我妻・181）。

しかし、債権証書の交付を質権設定における効力発生要件であるとすると、質権を設定するに際して現に債権証書が存在していた場合には、その所在が不明であることや、設定者がこれを隠匿したこと等の理由によって当該債権証書が質権者に交付されなかったときでも、質権設定契約の効力が生じないとされるおそれがある（『要綱中間試案補足説明』第1 主として担保法制に関する事項 3 質権）。また、何が当該債権の債権証書に該当するかが必ずしも明確ではない場合もある。このため、指名債権についての質権設定契約の効力が生ずるか否かについては、当事者において予測困難な危険を負担する場合がある。さらに、指名債権質の対抗要件は、指図債権等を質権の目的とする場合とは異なり、第三債務者への通知または第三債務者の承諾であるから（364条1項）、債権証書の交付を効力発生要件としても、その交付により質権設定者が質入債権を行使することを禁ずることはできず、また、その交付が質権を公示する機能を果たさないことから、その交付を効力発生要件とすることには積極的な意味がない。これらの理由から、指名債権（その譲渡に証書の交付を要しないものに限る）をもって質権の目的とする場合においては、債権証書の交付が効力発生要件とされなくなった（『要綱中間試案補足説明』第1 主として担保法制に関する事項 3 質権）。

2 債権質の対抗要件

債権質の設定に関して重要なのは、対抗要件であるが、目的たる債権の種類によって方法を異にする。

指名債権の質権設定の対抗要件は、指名債権の譲渡と同様に（467条）、質権の設定を第三債務者（質入れされる債権の債務者）に通知するかまたは第三債務者が質入れを承諾することである（364条1項）。例えば、甲の乙に対する100万円の貸金債権を、甲が丙から融資を得た80万円の債務のために質入れする場合には、質権設定者である甲から、第三債務者乙に対して、丙に質入れした旨の通知をするか、または乙の承諾を得ることがその対抗要件となる。債権を質入れしても、債権そのものの帰属に変更（譲渡）を生ずるのではない（債権者がその有している債権を質入れしても、依然として債権者のままである）が、そ

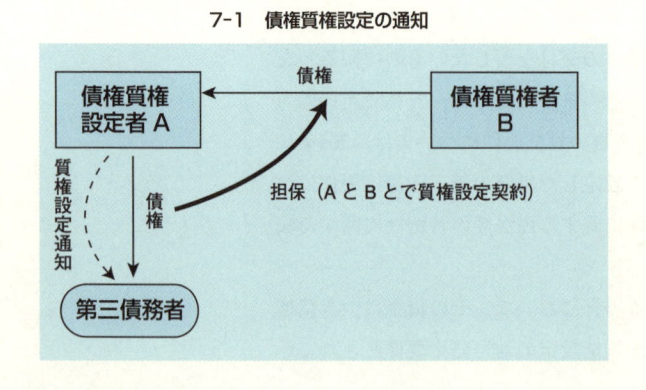

◆債権証書に該当するかについての裁判例
　例えば、不動産賃貸契約書が保証金返還請求権の証書を兼ねており、その保証金返還請求権に関する部分を分離・交付することはできないから、質権者がその保証金返還請求権について質権の設定を受けるにあたり当該賃貸借契約書の交付を受けることができないことはやむをえないことを理由として、その交付を受けていなくても、債権証書がない場合に準じて、質権設定の効力を認めたのは、大阪地判平成8年3月29日判タ919-169。これに対して、敷金返還請求権に対する質権設定について賃貸借契約書の原本が債権証書に当たるとして、その交付のなかった債権質の効力を否定した事例は、神戸地判平成8年9月4日判タ936-223。
　平成15年改正が、原則として、証書の交付を債権質権の効力発生要件とすることを廃止したのは、賃貸借契約における契約書が、敷金返還請求権の債権証書に該当するかについての下級審判決が分かれ、実務が混乱したなどの理由による（道垣内・105）。

7-1 債権質権設定の通知

の債権の有する交換価値が第三者（債権質権者である丙）の支配に帰属し、その債務者（乙）はこの把握された交換価値を破壊しないように拘束を受けるのであり、公示の方法としては、これを譲渡と同一に取り扱うのが適当だというのがその立法理由である。したがって、その通知・承諾の形式および効力は、指名債権の譲渡におけるのと同様に取り扱うべきである（以下に挙げる判例はいずれもこの前提に立つ）。すなわち、364条に定めた指名債権の質権設定の通知は質権設定者（質入れされた債権の債権者）から第三債務者に対してこれをなす（大判大正11年6月17日民集1-322。通説）。また、承諾は第三債務者から質権設定者または質権者のいずれかに対してこれをなす。

通知は、常に、通知のあった時における状態で質入債権を拘束する（468条2項参照。大判大正7年12月25日民録24-2433）。これに対し、承諾は、債権譲渡の場合と同様に取り扱うべきものであるから、異議をとどめないでなされたときは、抗弁権を伴わない債権として質権の拘束に服する（468条1項参照）と解すべきである（大判昭和18年3月31日新聞4844-4）。指名債権に対する質権の設定は、その通知または承諾に、確定日付のある証書（民施5条参照）をもってするのでなければ、第三債務者以外の第三者に対抗することはできないと解すべきである（大判大正8年8月25日民録25-1513）。

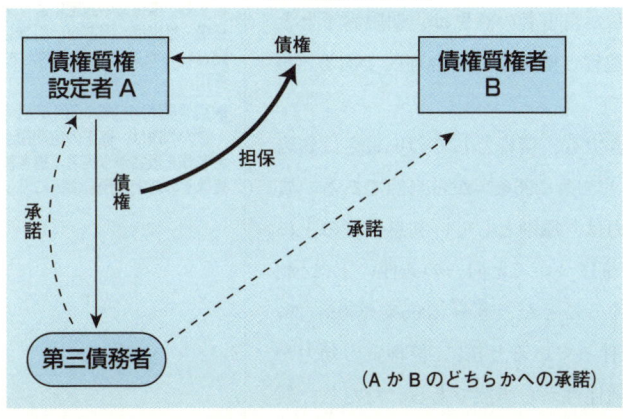

7-2 債権質権設定の承諾

（AかBのどちらかへの承諾）

記名社債の質入れの対抗要件は、社債の譲渡に関する規定（会688条）に従い、会社の帳簿（社債原簿）に質権の設定を記入することである。無記名社債は、動産として（86条3項）、動産質の規定に従うこととなる。

指図債権の質入れ（365条）は、その証書（指図証券）に質権設定の記載をしてこれを質権者に交付することを効力発生要件かつ対抗要件と解すべきである。

3 債権質を設定することのできる債権

債権質の目的とすることができる債権は、譲渡することができる債権である必要がある。債権は原則として譲渡しうるものである（466条1項参照）が、法律が処分を禁止し、または担保に供することを禁じている債権もある。そのような債権は、債権質の目的とすることはできない。例えば、扶養を受ける権利は処分を禁じられた債権の例であり（881条参照）、恩給を受ける権利は、譲渡だけでなく担保の目的とすることも禁じられた債権（恩給11条1項本文）の例であ

♥**確定日付**
証書についてその作成された日に関する完全な証拠力があると法律上認められた日付のこと。公正証書や内容証明郵便が、このためによく利用される。

♥**社債**
公衆から資金調達ができるように、多数の部分に分割された会社の債務に対する債権であって、原則としてこれについて債券が発行される。

♥**扶養**
扶養義務とは、法律上一定の親族の間に認められる生活保障の義務をいう。扶養は、扶養を必要とする者に対して扶養の余裕のある者から与えられるが、その程度や方法等に関しては当事者の協議または家庭裁判所によって定められる。

♥**恩給**
国の公務員であった者またはその遺族の生活を保障するため、公務員関係の消滅後本人またはその遺族に支給される年金または一時金のこと。

る。

　債務者の承諾を得てのみ譲渡することのできる債権としては、賃借権（612条）があり、賃貸人の承諾を得てのみ質権の目的とすることができる。譲渡禁止の特約ある債権を質権の目的となした場合において、その特約はこれをもって善意の質権者に対抗することはできない（466条2項、大判大正13年6月12日民集3-272）。

●債権質の効力

1 債権質の担保する債権の範囲

　債権質の担保する債権の範囲は、346条によってその範囲が定まるのであって、理論的には、動産質の場合と異ならない。債権質の実行のための債権の取立ての費用なども、346条の「質権実行の費用」の中に含まれる。

2 効力の及ぶ目的（質入債権）の範囲

　債権質の効力は、質入れされた債権の元本の全部とこれに伴う利息債権および人的・物的の担保のすべてに及ぶ。質入債権が利息その他の態様に変更を加えられても（その変更には質権者の承諾を要する場合があることは別として）、同一性を失わない限り、質権の効力には影響がない。これに関連して問題となるのは、定期預金債権である。定期預金の弁済期は政策的立場から一律に限定されているものであるから、これを質入れした当事者の意思は、期限満了とともに書替え継続して質権の効力を維持する趣旨と解するのが合理的である（最判昭和40年10月7日民集19-7-1705）。

　被担保債権額が質入債権額より小さいときでも、債権としての拘束力は質入債権の全部に及ぶことは、質権の不可分性（350条・296条）から当然である。質入債権が利息付きであるときは、質権の効力は、原則として、利息債権の上に及ぶ（87条2項）。そして、質権者は、元本債権についてと同一の条件の下に、利息を直接に取り立てて優先的に弁済に充当することができる（366条・350条・297条）。質入債権が保証債務または担保物権を伴っているときに、債権質の効力がこれらの上に及ぶことは、これらのものの随伴性から当然である。ただし、質権・抵当権の上に質権の効力が及ぶ場合には、目的物の引渡しまたは登記をもって、それぞれ効力発生要件または対抗要件とするものと解される（近江・333）。

3 債権質の質入債権に及ぼす拘束力

　債権が質入れされた場合、これによって質権設定者と第三債務者がどのような拘束を受けるかに関し、民法には規定がない。しかし、質権は、その目的たる債権について、その支配する交換価値を破壊する行為をなすことを禁ずる力があることは、債権の差押えの場合と同じと解すべきである。したがって、481条1項を類推し、質入債権の債権者および債務者のなす、その債権の取立て・弁済・免除・相殺・更改その他質入債権を消滅・変更させる一切の行為は、これを質権者に対抗することはできない（通説、大判大正5年9月5日民録22-1670〔相殺に関する事案〕）。

◆債権質の目的債権が保証債務で担保されているとき
　債権質の目的債権が保証債務で担保されているときは、質権の効力はその保証債務に及び、かつ、そのことについて対抗要件を備える必要はない。保証債務の随伴性の帰結とされる（道垣内・109〔目的債権が質権・抵当権で担保されていたときも、債権質の設定によりその効力が質権・抵当権に及ぶが、引渡しまたは登記といった対抗要件を満たす必要がある〕）。

▲最判昭和40年10月7日
　この判決は、従来の定期預金債権の預金名義を仮名から実名に書き替えても質権はその新定期預金債権に及ぶとした。

4 優先弁済を受ける権利

債権質の実行については、債権の直接取立て（366条1項）がある。質権者は、自分の名において、質入債権の目的物を（第三債務者から）自分に引き渡すべきことを請求できる。そして、特に、質入債権が金銭債権であるときは、質権者は、取り立てた金銭を自己の被担保債権の弁済に充当することができる。したがって、質権者は、被担保債権額に対応する部分に限って取り立てることができるものとされる（366条2項）。なお、質入債権の弁済期が被担保債権の弁済期より前に到来したときは、質権者は、第三債務者に対して、弁済金額を供託（494条〜498条参照）させることができる。なお、債権質についても流質契約禁止の規定（349条）が適用される。

5 債権質権者の転質権（348条）

債権質権者も348条による転質権を有する。その性質・要件などについては、動産質の場合と同様である。質権設定者の処分承諾書を付けて債券や株券を担保にとった担保権者は、これを自分の債務の担保に利用することができる（承諾転質）。なお、記名の証券に白紙委任状が添付されているときは、処分を承諾したものとみる慣習があるといってよいとする説が有力である。

◉ 債権質の消滅

債権質は、その被担保債権の消滅によって消滅する。

[2] 論点のクローズアップ

◉ 質権者を特定しない承諾の有効性

1 問題点

債権に質権が設定された場合に、債務者の承諾が確定日付のある証書（467条）をもってなされたが、債権質権者が特定していないことがある。例えば、ある者が債権者としてある債務者に対して債権を取得する際に、その債権の（将来における）質入れの承諾をあらかじめ得て確定日付のある証書を作成しておき、その後、実際に第三者に対してその債権を質入れするという場合、あらかじめその承諾が確定日付をもってなされたという段階では債権質権者が特定していないので、このような承諾の有効性が問題になる。

2 議論

　A：[有効説]　364条が質権設定につき対抗要件として第三債務者の承諾を必要とした趣旨は、第三債務者の保護を目的とするものであるから、確定日付のある承諾書の中で、第三債務者が担保差入先を特定せずに承諾したからには、その承諾も有効であるとする下級審判決がある（東京地判昭和54年8月15日判時951-76）。また、債権譲渡がなされる場合に第三債務者があらかじめなす承諾は、債権の譲受人を特定しない場合にも、第三債務者に対する対抗要件となるとする有効説がある。その理由は、第三債務者に対する対抗要件は、専ら第三債務

♥供託
弁済者が弁済の目的物を債権者のために供託所に寄託して債務を免れる制度のこと。

◆債権質の競合
一個の債権を目的とする数個の債権質が競合するときは、その優先弁済の順位は対抗要件の前後による。なお、質権の目的となっている債権であっても、他の一般債権者はそれを差し押さえることはできる。

★東京地裁判決を支持するのは、岡孝「判批」判時975-149以下（昭55）。

者を保護する目的のものであり、第三債務者があらかじめ放棄することさえ、これを無効とすべき理由はないからであるとする（我妻栄・新訂債権総論（岩波書店・昭41）533 ［債権譲渡に関して］）。

B：［無効説］　承諾は、質権設定の事実を了知したことを表示する第三債務者の行為であるから、自己の負担する債務について他に質権を設定することを承認するというだけで、はたして何びとに対する質権の設定を承認するのか明らかでないような場合には、質権設定の承諾があったとはいえないとする（林良平編・注釈民法⑧（有斐閣・昭40）350 ［林良平］）。最高裁（最判昭和58年6月30日民集37-5-835）も、このような承諾を無効とした。同判決は、この承諾の意義に関して、第三債務者が当該質権の目的債権を取引の対象としようとする第三者からその債権の帰属関係等の事情を問われたときには、質権設定の有無および質権者が誰であるかを告知でき、これにより第三者に適宜な措置を講じさせ、その者が不当に不利益を被るのを防止しようとするものであるとした。したがって、第三者に対する関係で対抗要件となりうる第三債務者に対する通知またはその承諾は、具体的に特定された者に対する質権設定についての通知または承諾であることを要するものとしている。

③留意点

債権質の設定または債権譲渡に関してあらかじめなされた債務者の承諾（467条）が、債権質権者または債権の譲受人について不特定であったという場合に、有効か否かを判断する際に必要になるのは、467条の対抗要件の機能をどのように理解するかである。債務者の保護に求めるか、あるいは、債権の帰属等に関するインフォメーション・センターとしての役割を債務者に割り当てて債権の公示的な機能を果たさせようとするかのいずれを強調するかによって、結論が異なってくる。

[3] ケース・スタディ

ケース……1❖債権譲渡と債権質の優劣

Aは、賃貸人Bに対して有する500万円の敷金返還請求権をXに譲渡し、昭和51年10月22日到達の内容証明郵便によってBにその譲渡通知をした。これに対し、Yは、Aに対する貸付金の担保として、Aの敷金返還請求権につき質権の設定を受けた。そして、Yは、賃貸人BはAが債務の担保としてその敷金返還請求権を他に担保に差し入れることを承諾する旨（Yのために質権設定を承諾する趣旨ではなく、担保差入先が特定していない）の記載のある確定日付のある承諾書（公証人による昭和51年9月10日付け）を有していた。この場合、Bに対する敷金返還請求権について、債権の譲受人Xと債権質権者Yとはどちらが優先するか。

本ケースは、Aの有する敷金返還請求権がXに譲渡され、また、その同一の

◆譲受人の特定
同様に、債権譲渡の譲受人が特定していることは、対抗要件としての効力のためには必要でないとするのは、於保不二雄・債権総論（新版・有斐閣・昭47）310 ［債権譲渡に関して］。

★最高裁判例に賛成するのは、松嶋英機「判批」担保法の判例①291。また、松井宏興「判批」法時53-9-149以下(昭56)。

敷金返還請求権についてYに質権が設定されているので、債権が二重譲渡された場合と同様に、XとYは、その同一の敷金返還請求権について対抗関係に立つものと考えられる。債務者以外の第三者に対する債権譲渡の対抗要件（民467条2項）や債権質権設定の場合の対抗要件（民364条・467条2項）は、債務者に対する通知または債務者の承諾が確定日付ある証書をもってなされていることである。本ケースのXへの敷金返還請求権の譲渡と、その敷金返還請求権に対するYのための質権設定には、それぞれ債務者に対する通知と債務者の承諾が確定日付のある証書をもってなされている。しかし、その敷金返還請求権に関して、債務者Bが担保に差し入れることを承諾する旨の記載のある確定日付のある承諾書は、担保差入先が特定していないので、このような承諾がはたして有効か否かが問題となる。

　民法364条、467条の規定する指名債権質の対抗要件制度は、第三債務者が質権設定の事実を認識し、かつ、第三債務者によって第三者に表示されうることを前提として成立しているものである。そして、第三債務者が、当該質権の目的債権を取引の対象としようとする第三者からその債権の帰属関係等の事情を問われたときには、質権設定の有無および質権者が誰であるかを公示することができ、これにより第三者に適宜な措置を講じさせ、その者が不当に不利益を被るのを防止しようとするものである。したがって、第三者に対する関係での対抗要件となる第三債務者に対する通知または承諾は、具体的に特定された者に対する質権設定についての通知または承諾であることを要する（判例同旨）。

　本ケースのYの有している確定日付のある承諾書は、単に抽象的に、債権者が債務の担保として敷金返還請求権を他に差し入れることを、債務者が承諾する旨の記載があるにすぎず、Yのために質権を設定することを承諾する趣旨でその承諾書を作成したものではないから無効である。したがって、YはXに対抗することができないから、Xが敷金返還請求権について優先する。

[4] まとめ──債権質の実行方法

　債権質権者は、その目的債権が金銭債権の場合、被担保債権の額に対応する部分に限り、それを直接取り立て、自己の被担保債権に充当することができる（366条）。これは、直接取立てによる方が債権質権者は手間と費用を節約できるメリットがあるし、不動産を質権の目的としたような場合とは異なり、金銭債権が取り立てられたときはその額が明確なので、質権設定者の不利になることもないからである（道垣内・114）。この債権質権者の直接取立権は、その目的債権を他の債権者が差し押さえたときも影響を受けず、第三債務者は差押債権者に弁済をしても質権者に対抗できないと解されている（我妻・91）。そのため、民執法154条は、配当要求できる債権者の中に質権者を含めていない（道垣内・115）。このように債権質権者は直接取立権を有しており、また、保証債務の随伴性・担保物権の随伴性の結果、債権質権者は債権質の効力の及んでいる保証債務の履行を請求することや担保物権の実行をすることもできる。

★ケース1は、最判昭和58年6月30日民集37-5-835をもとにした。

第8講 抵当権の意義と成立

[1] 概説

●抵当権の意義と性質

　抵当権とは、債権者が債務者または第三者（物上保証人）が占有を移転しないで債務の担保に供した目的物につき、他の債権者に先立って自己の債権の弁済を受けることができる権利である（369条）。抵当権は、抵当権者と抵当権設定者（債務者または物上保証人）との間の抵当権設定契約によって成立する。質権と同様に約定担保物権である。抵当目的物の占有は、抵当権設定者のもとにとどめたままにして、抵当権設定者から抵当権者にはその占有は移転しない。この点で、質権とは異なる。抵当権設定者は、従前通りに目的物の使用収益権を有し、抵当権者は、目的物の交換価値を支配する（抵当権はその担保する債権につき不履行があったときはその後に生じた抵当不動産の果実について収益権を取得する。371条）。

　抵当権設定者に対して他に債権者がいる場合でも、抵当権者は、抵当権の登記を経由しておけば、抵当目的物の売却代金について、他の債権者に優先して自己の債権の弁済を受ける権利を有する（優先弁済権）。債務者に履行遅滞がある場合、抵当権者は、執行機関に対して抵当権の実行（担保不動産競売）を申し立てることができ（競売申立権）、この不動産競売手続により抵当目的物を換価することができる（換価権）。また、平成15年改正により、抵当権はその担保する債権につき不履行があったときはその後に生じた抵当不動産の果実に及ぶものとされ（371条）、不動産から生ずる収益を被担保債権の弁済に充てる方法による不動産担保権の実行（担保不動産収益執行）の方法（民執180条）も利用できるようになった。

　抵当権を設定することのできる目的物は、不動産（369条1項）と、地上権・永小作権（同条2項）である。地上権・永小作権の上にも抵当権を設定することができるが、実際の例はほとんどない。

　抵当権には、不可分性、物上代位性、付従性や随伴性はあるが、抵当権設定者には催告の抗弁権・検索の抗弁権は認められない。

♥**債務者からの依頼は不要**
　物上保証人は、債務者から依頼されることは要件でなく、債務者の知らない間に第三者が自己の不動産に抵当権を設定することもできる（平野・29）。

♣**抵当権実行の申立て**
　被担保債務が履行されない場合、抵当権者はその抵当権の実行をすることができる。具体的には、抵当権者は、不動産所在地の地方裁判所に競売の申立てをすることになる。競売の申立書には、当事者、担保権および被担保債権、目的財産等を記載しなければならず、登記事項証明書や公課証明書等を添付しなければならない。

♥**地上権**
　家屋を築造し、トンネル・溝渠・架橋などを建設し、植林をするなどの目的で、他人の土地を使用できる用益物権（265条以下）。

♥**永小作権**
　他人の土地を使用して、耕作または牧畜をする用益物権（270条以下）。

◆**抵当権の随伴性**
　抵当権の被担保債権が譲渡されても、抵当権は消滅せず、譲渡を受けて新たに債権者となった者にその抵当権も移転する（随伴性）。ただし、抵当権移転の付記登記が必要である（不登規3条5号）。

●抵当権に関する原則

1 公示の原則

公示の原則は、近代の物権法において一般的な原則とされている。公示の手段としては登記制度（または登録制度）が利用されている。抵当権の公示の原則とは、抵当権の存在は、登記（または登録）によって公示しなければならないという原則である。ただし、抵当権の登記は対抗要件である（抵当権の成立要件ではない）。

2 特定の原則

抵当権の特定の原則とは、抵当権は一個または数個の特定かつ現存する目的物の上にだけ成立することができるという原則である。わが民法は、この特定の原則を遵守している。

これは、逆に見れば、債務者の全財産の上に成立する一般抵当権や特定の債権を保護するために特定の財産の上に法律上当然成立する法定抵当権という制度の排斥を意味する（我妻・216）。

3 順位確定の原則

順位確定の原則は、2つの意味で用いられる。

第一に、順位確定の原則は、抵当権の順位は登記の前後によって決定され、先に登記された抵当権は後に登記される抵当権よりも後順位にされることはないとする原則を意味する。具体的には、抵当権実行手続における抵当目的物の売却代金は、先に登記された抵当権者にまず最初に配当され、その売却代金に残金があれば、後に登記された抵当権者（後順位抵当権者）に対してその残金が配当されることになる（各被担保債権の総額に比して、売却代金が十分でないときに、この抵当権の順位に意義が生まれる）。この意味における順位確定の原則は、わが国の民法も採用している（373条1項）。

第二に、順位確定の原則は、抵当権に1度あたえられた順位はたとえその先順位の抵当権が消滅しても、その順位は上昇しないとする原則という意味で用いられる（先順位抵当権が消滅しても、後順位抵当権の順位は上昇しない）。この原則をドイツ民法は採用しているが、わが国の民法は、この第二の意味の順位確定の原則を採用していない。逆に、わが国の民法では、例えば、1番抵当権が被担保債権の弁済等によって消滅すれば、それまでの2番抵当権は1番抵当権に、また、3番抵当権は2番抵当権にそれぞれ順位が上昇する（順位上昇の原則・順位昇進の原則）。

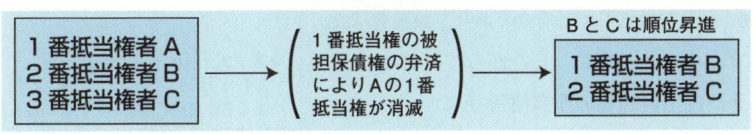

8-1 順位昇進の原則

| 1番抵当権者 A
2番抵当権者 B
3番抵当権者 C | → | 1番抵当権の被担保債権の弁済によりAの1番抵当権が消滅 | → | BとCは順位昇進
1番抵当権者 B
2番抵当権者 C |

◆ 特定の原則

一般抵当権（債務者の全財産を目的物とする抵当権）や法定抵当権（特定の債権を保護するために特定の財産の上に法律上当然に成立する抵当権）の制度を採用しないという意味も有している。

◆ 抵当権の流通性と資金調達方法

かつて日本の抵当制度は、保全抵当（特定当事者間の融資関係を媒介することを目的とする性質の抵当）から投資抵当（抵当権のみが証券に化体して流通性を高められ、金融市場で投資の対象として流通する抵当）へ進展すべきであるとの主張もなされた（たとえば、我妻栄・近代法における債権の優越的地位（有斐閣・昭28）87以下）。しかし、資本主義が典型的に発達したイギリス・フランスにおいては、保全抵当から投資抵当への進展は見られない。また、日本の経済状況において、被担保債権と独立した抵当権の流通が真に求められているかについて、現在でかなり批判や疑問が呈されている（高木・99、近江・116）。現在では、（抵当権付きの）債権の流通が需要を伸ばしており、セキュタリゼーションが進展している（道垣内・120）。また、抵当証券の手法によらなくても、担保付債権を証券化することによって広く投資者に分売することは、最近、企業の資金調達方法として急速に重要性を高めている（道垣内・120）。

◆ 剰余主義による制限

執行裁判所は、不動産の買受可能価額で手続費用および差押債権者に優先する債権を弁済して剰余を生ずる見込みがないときは、その旨を差押債権者に通知しなければならない（民執63条1項）。差押債権者が手続の続行を望む場合には、その通知から1週間以内、剰余の見込みがあることを証明するか、手続費用と優先債権の合計額を超える額で自ら買い受ける旨の申出をして、その申出額に相当する保証を提供する必要がある。差押債権者が、このような行為をしない場合には、その競売手続は取り消されるのが原則である（民執63条2項）。これを無剰余換価の禁止の原則ないし剰余主義という。この制度は、無益な換価を防止するとともに、優先債権者による換価時期の選択権を保証する趣旨である。なお、平成16年の改正で、不動産の売却を容易にするため、買受可能価額が手続費用と優先債権の合計額を下回る場合であっても、手続費用の見込額を超えていれば、優先債権者（買受可能価額では自己の債権の全額弁済を受けられない者に限る）の同意を得て、競売手続を続行できる（民執63条2項ただし書）こととされた（上原＝長谷部＝山本・113以下［山本和彦］）。

◆ 第二の意味の順位確定の原則

これを認めるためには、ドイツ民法のように、①被担保債権がなくても抵当権が存立すること（抵当権の独立性）を認め、また、②抵当目的物の所有者（設定者）がみずから自分の所有物の上に抵当権を有すること（所有者抵当権）を認める必要がある。しかし、わが国の民法は、この2つを認めていない。

第8講 抵当権の意義と成立

●抵当権の設定

1 抵当権設定契約

(1) **諾成契約・無方式の契約**　抵当権は、当事者間の契約（抵当権設定契約）によって設定される（369条1項）。抵当権設定契約は、**諾成契約**であり、目的物の占有を移転する必要はない。わが国の民法は、物権変動に関して意思主義をとっており、抵当権も当事者の合意によって成立する。抵当権設定登記は対抗要件にすぎない。なお、抵当権を設定した者は、登記をする義務を負う。登記すべき事項（不登88条）は、「債権額」や「債務者」であり、また、その定めがあるときには、「利息に関する定め」なども登記できる。

(2) **当事者**　抵当権設定契約の当事者は、債権者（抵当権者）と債務者または第三者である。抵当権を取得する者、すなわち抵当権者は被担保債権の債権者に限られる。これに対し、抵当権設定者は、債務者に限られない。債務者でない第三者でも債務を担保するために抵当権を設定することができ、このような第三者を物上保証人という。物上保証人は、抵当権者（債権者）の抵当権の実行によって抵当目的物（自己所有の不動産）の所有権等を失う場合もあるが、物上保証人は抵当権者（債権者）に対して債務を負担しているわけではない。抵当権が実行され、物上保証人が抵当目的物の所有権等を失った場合には、債務者に対して求償権を行使することができる（372条による351条の準用。この場合、保証債務の求償権に関する規定に従う）。

8-2　物上保証人

```
          抵当権設定者
             Z
         （物上保証人）
        ↗       ⇠
       抵当権      ⇡
抵当権者  ↓       求償権
  X    担保     （抵当権が実行されて
         ↓      物上保証人が所有権
        被担保    を喪失した場合など）
         債権     ⇡
          ↘      Y 債務者
```

(3) **処分権限**　抵当権設定契約は**物権契約**であり、処分契約であるから、抵当権を設定しようとする者にはその目的物を処分する権限（所有権等）または権能（代理権・管理権等）がなければならない（抵当権設定契約の設定者に処分権限がない場合、抵当権を設定する義務を負う契約としては有効であり、設定者は設定契約の債務不履行責任を負うとするのは、道垣内・122）。したがって、抵当権設定契約により抵当権を設定した者にその**抵当目的物の所有権等がなかったという場合**には、抵当権は成立しない（なお、地上権や永小作権にも抵当権が設定できることは前述した）。例えば、登記簿上の所有名義人から、善意・無過失で抵当権の設定を受けても、その所有名義人が所有者でない場合には、抵当権は

♥**諾成契約**
　当事者の意思表示の合致だけで効力を生ずる契約をいう。要物契約に対する語である。契約自由の原則の下では諾成契約が原則である。

◆**抵当権者と信託法**
　抵当権者は、被担保債権の債権者に限られるが、信託法を利用すれば、事実上、抵当権者は、被担保債権の債権者に限定されなくなる。抵当権者が抵当権を実行して回収した金額が、被担保債権の弁済に充当されるというスキームができあがっていれば、抵当権を債権者以外の者に帰属させても問題ない。そして、そのスキームは、信託を通して実現が可能と考えるべきであり（信託3条1号、2号）、したがって、抵当権を被担保債権から分離して信託受託者に帰属させることは有効であるとする見解も主張されている（道垣内・125）。

♥**物権契約**
　物権の設定、移転または消滅を直接に目的とする契約。

◆**大決大正4年10月23日民録21-1755**
　ある者が自己の所有していない他人所有の物を抵当目的物として抵当権設定契約を締結し、その後に、その抵当権設定者が目的物の所有権を取得するに至れば、あらためて抵当権設定契約を締結することなく、直ちに抵当権が成立するとした。

無効であり抵当権を取得することはできない（大判明治32年11月13日民録5-10-40）。

2 抵当権の目的物

　抵当権は帳簿による公示方法（具体的には、登記簿・登録簿）を備えるものについてだけ設定することができる。民法典は、不動産と地上権・永小作権についてのみ抵当権の設定を認めている（369条）。もっとも、**特別法**により、抵当権を設定できる目的物の範囲は拡大している。

3 被担保債権

　(1) **被担保債権の内容**　抵当権によって担保することができる債権は、金銭債権であることが一般的である。しかし、非金銭債権であっても、債務不履行によって金銭債権である損害賠償請求権になるから、非金銭債権も抵当権の被担保債権とすることができる（ただし、不登88条により非金銭債権でも債権額の記載が必要）。

　抵当権者は、利息・遅延損害金を請求する権利を有するときは、原則として、その満期となった最後の2年分についてのみ、その抵当権を行使することができる（375条1項）。利息とは、元本弁済期までに発生する元本利用の対価である。重利の特約について登記が認められず、2年分の利息は単利計算による（高橋・146）。通常は、遅延損害金のほうが高率であるから、第三者は遅延損害金2年分を覚悟しておけばよいことになる（道垣内・160）。

　(2) **一部抵当**　一個の債権の一部についてだけを被担保債権として抵当権を設定することができる。例えば、100万円の貸金債権のうちの80万円だけについて抵当権を設定することができる。その場合、原則として、最後の80万円を担保するものであり、債務者からの20万円までの任意弁済は抵当権に影響しない（我妻・244）。これは、一部抵当と呼ばれている。

　(3) **被担保債権の数と抵当権**　ある債権者が1人の債務者に対して数個の債権を有している場合、それら数個の債権を被担保債権として1つの抵当権を設定することができる（最判昭和33年5月9日民集12-7-989、高木・111）。また、ある債権者が数人の債務者に対して有する数個の債権を被担保債権として1つの抵当権を設定することもできる（道垣内・124〔登記実務〕）。

◉抵当権の消滅

　抵当権は、物権共通の消滅原因、担保物権共通の消滅原因によって消滅するほか、特有の消滅原因として、代価弁済や抵当権消滅請求制度または特別規定の適用（396条ないし397条）がある。

　被担保債権が消滅したにもかかわらず、抵当権登記が抹消されず、抵当権の存在を信じて第三者がこの抵当権を譲り受けた場合、登記に公信力がない以上、第三者は抵当権を取得することはできない。これに反し、抵当権が消滅した場合、その抹消登記がされなければ、消滅をもって第三者に対抗することはできない（近江・127）。例えば、抵当権付債権が転々譲渡される間に、1人の抵当権者が抵当権を放棄しても、登記が抹消されない以上、譲受人は抵当権を取得す

♥**共有持分権と組合財産**
　共有持分権に抵当権を設定することもできる。しかし、組合財産のように合有財産上の持分権については、組合財産維持の必要から、組合員全員の同意を得ても処分することができない、したがって抵当権の設定もできないと解されている（高橋・103）。

◆**特別法の抵当権**
　工場抵当法などの各種の財団抵当制度や、農業動産信用法などの各種の動産抵当制度がある。

♥**抵当権の利息**
　抵当権の利息に関しては、満期となった最後の2年分という制限（375条1項）があるが、その起算日については争いがある。配当日または配当表作成日から遡って2年分とする説と、利息の弁済期が到来した時と解する説がある（近江・155）。
　満期となった最後の2年分の起算点は、配当期日から遡って2年間である（道垣内・160）。

◆**優先弁済権と物上保証人等**
　抵当権の優先弁済権は、利息その他の定期金について一定の制限をかけているが、物上保証人は、設定者として提供した不動産の価値によって被担保債権を担保すべき責めを負担しており、また、第三取得者は設定者の有する負担をそのまま承継するのであるから、いずれの場合も抵当権者は利息等の全額を回収できるとするのが通説である（これに対し、道垣内・159以下は第三取得者に関して否定）。

♥**元利均等払債務**
　住宅ローンを典型とする元利均等払債務の場合、元利金合計額を被担保債権額として登記することができ、そのときは全額について優先弁済を受けうるとするのが判例・通説である（道垣内・160）。

◆**数人の債権者のための一個の抵当権**
　数人の債権者が独立に数個の債権を有している場合に、一個の抵当権を設定することを認めないのが登記実務である（高木・111、道垣内・124）。

◆**同順位の抵当権**
　債務者に対して複数の金融機関が共同で融資を行うような場合等には、同順位の抵当権が複数存在することもある（不登19条3項）。

る（我妻・421）。

[2] 論点のクローズアップ

◉抵当権の付従性

1 問題点

　金銭消費貸借契約の際に金銭が交付され、消費貸借による貸金返還請求権を被担保債権として抵当権設定契約がなされたが、消費貸借契約が無効であったという場合、金銭を交付した者は、不当利得返還請求権として、交付した金銭の返還を請求できる。この場合、無効主張の<u>時期的制限</u>はあるとしても、設定してあった抵当権は不当利得返還請求権を被担保債権として有効に成立しているか否かが問題となる。例えば、Ｘ労働金庫が、会員ではないＹに対して金銭を貸し付けて、Ｙ所有の不動産にＸのために抵当権を設定して登記を経由したが、Ｙが債務の弁済をしなかったので、抵当権が実行され、Ｚが不動産の買受人（競落人）となったとする。ところが、Ｙが、金銭消費貸借契約は員外貸付だから無効であり、付従性により<u>抵当権も無効</u>であると主張して、Ｚに対する所有権移転登記の抹消を求めた場合、この請求は認められるか否かが問題となる（最判昭和44年7月4日民集23-8-1347）。

◆無効主張の時期
　代金納付による不動産取得の効果を認める民執法182条・184条があるから、Ｙは原則として買受人Ｚが競売手続で代金納付をする前までに争う必要がある。

2 議論

　Ａ：[信義則説]　結論的には、抵当権の実行を認め、債務者（抵当権設定者）からの抵当権無効の主張を認めないのが上記判例である。最判昭和44年は、その金銭消費貸借契約が無効であっても債務者は労働金庫に対して貸付金相当額の不当利得返還義務を負っているから、その抵当権設定の趣旨からして労働金庫の無効な員外貸付の債務者がその債務を弁済せずに貸付の無効を主張して抵当権ないしその実行の無効を主張することは、信義則上許されないとした（これと同旨、近江・123、道垣内・126）。

　Ｂ：[同一性説]　付従性の原則は、金銭の授受がないため被担保債権が成立しない場合についての議論であって、金銭が授受されたが消費貸借契約が無効である場合は別個に考察すべきであるとする。すなわち、いったん授受された

★同一性説
　星野英一「判批」法協84-4-570以下（昭42）［農業協同組合による員外貸付が無効とされた事案］。同旨、高木・112［経済的実質的には同一性がある］。

8-3　貸金返還請求権と不当利得返還請求権

（貸金返還請求権）

抵当権者（債権者）──貸金債権→債務権兼設定者
　　　　　　　　　↑担保する
　　　　　　　　　抵当権

（不当利得返還請求権）

抵当権者（債権者）──不当利得債権→債務権兼設定者
　　　　　　　　　↑担保するか？
　　　　　　抵当権は存在するか？

金銭の返還請求権は、法的根拠が消費貸借であろうと不当利得であろうと経済的な意味は異ならず、債務者または抵当権設定者にその名目いかんによって利益を与える必要はない。それゆえ、債権の発生原因である金銭消費貸借が無効になった場合でも、不当利得返還請求権を担保すると考えてよいと主張する（内田・392）。

B説（同一性説）は、理論的にはA説よりも明快であるが、B説に対しては、貸付債権と不当利得返還請求権とは、経済的実質的同一性があるといっても、元本額・利息の利率・弁済期などからして直ちに同一性があると考えることは困難であると指摘されている（近江・122以下）。

3 留意点

担保不動産競売の効力を定めた民執法184条が存在するために、無効主張は代金納付前までという時期的な制限がある。それを別としても、債務者からの抵当権ないしその実行手続の無効の主張を認めず、買受人（競落人）に対する所有権移転登記の抹消登記請求を結論的に否定するのが、判例・通説であるが、上記のように理論構成に対立がある。

●抵当権の登記の流用

1 問題点

抵当権の被担保債権が弁済によって消滅した場合、この登記は抹消されるべきであるが、不動産所有者が別に新たな抵当権を設定する場合に、その登記を流用できるか。例えば、BがAから1000万円を借りて、AのためにB所有の土地に抵当権（前の抵当権）を設定したが、その後、Bが元利を完済したとする。この場合、その抵当権の被担保債権は消滅したから、付従性によって抵当権も消滅するので、抵当権の登記も抹消されるべきである。しかし、新たにBがAから前と同一の条件で1000万円を借りてそのB所有の土地に抵当権（後の抵当権）を設定する場合、前の抵当権の登記を抹消しないまま、AB間で後の抵当権の登記として有効とする旨（登記の流用）の合意をした場合、その登記は有効か否かが問題になる。無効登記の流用は、登記費用を節約し、また、旧抵当権が確保していた優先順位を新抵当権に及ぼすために行われる（道垣内・133）。

2 議論

A：[全面的無効説] このような登記の流用を認めると、物権変動の過程が正しく公示されなくなることを理由として、全面的に無効とする少数説がある（香川保一・改訂担保（金融財政事情研究会・昭39）156）。

B：[全面的有効説] これに対し、中間省略登記など必ずしも真実に合致しない登記が認められる場合もあるし、このような抵当権の登記の流用を認めても、抵当権の登記やその金額の範囲に属する債権が存在する以上、その抵当権の効力を認めても何ら差し支えないとして、全面的に有効とする少数説もある（末弘厳太郎・判民昭和6年90事件）。

C：[制限的有効説] しかし、現在の多数説は、その不動産に利害関係を有するに至った第三者の利益やその第三者の登場の時期を考慮して、登記の流用

♣民執法184条
不動産競売において買受人が代金を納付したことにより買受人に不動産が移転した場合には、競売の実体的要件とされる抵当権の不存在、無効や、被担保債権の弁済、相殺等による抵当権の消滅の事由があっても、買受人の不動産の取得には影響を受けない。債務者（所有者）が抵当権の不存在や消滅を主張するには、手続的には、買受人が代金を納付するまでにしなければならないことが原則である。

◆消滅に関する付従性
抵当権の被担保債権が消滅すると抵当権もまた消滅することを、抵当権の消滅に関する付従性という。ここで、注意すべきことは、抵当権の被担保債権の一部が消滅したときは、抵当権の担保の範囲もまたその限度で当然に縮減することである。例えば、被担保債権100万円のうち50万円が弁済されたときは、以後抵当権は50万円の担保枠として存続する。これは、抵当権設定登記の債権の変更登記をしなくとも、抵当権付債権の譲受人に対して対抗力をもつ（大判大正9年1月29日民録26-89、近江・124以下）。

◆登記の流用
弁済により抹消すべき抵当権設定登記を新たな融資に流用することは、現在では実務上行われていないようである（平野・29）。

◆物権変動の過程の公示
不動産物権の得喪および変更は、登記法の定めるところに従って登記しなければならない。不動産登記法は、個々の不動産を正確に表示し、その物権変動の過程と物権変動の態様とを如実に登記することを理想としている（不登18条）。

を制限的に有効とする立場である（例えば、高木・118以下）。この制限的有効説に立った場合、①その不動産に利害関係を有する第三者が登場しない場合には、その流用登記は有効として扱われる。②前の抵当権の設定登記後に、後順位抵当権の設定登記がなされたり、その不動産の所有権移転登記がなされたりして、第三者が登場した後に、前の抵当権が弁済により消滅したのにその抵当権の登記を流用しようとする合意は無効である。③抵当権の被担保債権が消滅して前の抵当権が消滅したのに抵当権登記をそのままにしておいたところ第三者が登場し、その後に登記の流用がなされた場合には、前の抵当権の当事者は後の抵当権のために前の抵当権の登記を流用することはできず、無効である。なぜならば、第三者はその抹消されていない前の抵当権の登記が無効であることを知って、それを前提にしてその不動産に利害関係を取得するに至った可能性があるからである（近江・126）。④前の抵当権の登記を後の抵当権のために流用した後に、その不動産に利害関係を有する第三者が登場するに至った場合には、第三者は後の抵当権と流用登記を前提にして利害関係を有するに至ったものであるから、流用登記は有効として扱われる（大判昭和11年1月14日民集15-89）。判例は、必ずしも明確ではないが、制限的有効説とほぼ同様の立場に立つ（これにつき、高木・117）。

[3] ケース・スタディ

> **ケース………1 ❖ 抵当権の設定時期**
>
> 甲は、自己所有の建物に乙のために抵当権を設定して乙から3000万円を借り受けた。この場合、甲が乙から現実に金銭の交付を受けたのは、抵当権設定登記をした後、数日を経てからであったとき、その抵当権は有効か。

　本ケースでは、金銭消費貸借における金銭の授受に先立って抵当権が設定されているので、その抵当権の有効性が問題となる。消費貸借契約は要物契約であるから、金銭の授受がなされて初めて有効となる（民587条）。したがって、まだ金銭の授受がない以上、金銭消費貸借は有効には成立していないから、抵当権の付従性に基づき抵当権も無効であると考える余地もある。
　しかし、そのような考え方はあまりに形式的にすぎて妥当ではない。抵当権の付従性は、抵当権実行の時に債権と抵当権がともに存在すべきことを内容とするにすぎず、抵当権の被担保債権が特定している以上、抵当権がその設定契約とともに効力を生ずると考えても何ら不都合はないから、この場合の抵当権は有効であると考えられる。また、一般には、不動産を抵当目的物として金銭消費貸借契約を締結する場合、借用証書を作成した後に抵当権設定登記をし、その後で金銭の授受をすることが多い。したがって、もし、貸金返還請求権の発

生前に設定された抵当権を無効であるとすると、現実の金融取引は著しく阻害されるから、このような抵当権は有効であると解される（判例も結論同旨）。あるいは、抵当権の設定と金銭の授受が数日離れている程度であれば、それは一連の行為として同時になされたものと観察することもできる。

> ♠抵当権を有効とする判例
> 大判大正2年5月8日民録19-312は、金銭の授受が数カ月離れていても、将来発生すべき債権を担保するものとして抵当権を有効とした。

> **ケース……2 ❖ 被担保債権の無効**
>
> 甲は、自己所有の建物に乙のために抵当権を設定して乙から3000万円を借り受けた。そして、乙から金銭が交付されて甲はそれを自己の事業の資金として利用し、抵当権設定登記もなされていた。乙は、甲が消費貸借契約に基づく金銭を返済しないので、抵当権の実行を申し立て、不動産競売手続が開始された。しかし、乙は労働金庫であって、甲はその会員ではなく、したがって、金銭の貸付は員外貸付けとして無効であったという場合に、甲は競売手続において抵当権の無効を主張できるか。

本ケースは、抵当権の設定が労働金庫の員外貸付と絡んだ場合の問題である。労働金庫の員外貸付は法令により無効とされている。したがって、その貸金返還請求権を被担保債権として設定された抵当権もその付従性に基づいて無効であるから、甲が貸金債務を履行しない場合であっても、乙がその無効である抵当権を実行することはできないと考える余地もある。

しかし、貸付行為が無効であるとしても、甲は、借入金相当の金員を不当利得として乙に返済すべき義務を負っているから、結局、乙に対して債務のあることに変わりはない。そして、この場合の抵当権は、その設定の趣旨からして、経済的には債権者たる乙の有する債権の担保たる意義を有するものとみられるから、甲は債務を弁済しないで、貸付けの無効を理由として抵当権ないしその実行手続の無効を主張することは、信義則上許されない（判例同旨）。したがって、乙は、抵当権を実行できると解される。また、当事者の意思からしても、抵当権設定契約は、消費貸借契約が無効である場合には、不当利得返還請求権を担保する趣旨であったと解して、同様の結論に達することができる。

[4] まとめ

抵当権とは、債権者が債務者または第三者（物上保証人）が占有を移転しないで債務の担保に供した目的物につき、他の債権者に先立って自己の債権の弁済を受けることができる権利である（369条）。約定担保物権である抵当権の設定契約は、諾成・無方式の契約である。抵当権には、順位昇進の原則が採用されており、また、特定の原則が遵守され、一般抵当権・法定抵当権は排斥される。抵当権の設定者には、その目的物の処分権（所有権等や代理権・管理権等）が必要である。抵当権は、登記簿・登録簿等の帳簿による公示方法を備えるものについてだけ設定することができる。抵当権の被担保債権は、非金銭債権に

限らず、また、被担保債権の一部についてのみ設定することができる。抵当権の消滅原因としては、付従性のほか、代価弁済や抵当権消滅請求などがある。債務者が被担保債務を履行すれば、それにより被担保債権が消滅し、付従性により抵当権も消滅するが、債務不履行の場合、抵当権者は、裁判所に担保不動産競売を申し立てて、その手続において弁済・配当を受けることになる。抵当権の設定に関して特に議論があるのは、金銭消費貸借契約に基づく貸金返還請求権を担保するため抵当権を設定したが、金銭消費貸借契約が無効であった場合である。たとえ不当利得返還請求権になっているとしても、抵当権が担保していることをどのように理論構成するかである。

　抵当権は、債権者（抵当権者）と、債務者または第三者との抵当権設定契約により設定されるが、抵当権の設定は、その登記をしなければ第三者に対抗することはできない（177条）。登記のない抵当権は、一般債権者その他の第三者に対抗することはできないから、他に債権者がいる場合には抵当目的物の売却代金から優先弁済を受けることはできない。

　また、民事執行法は、不動産担保権の実行の要件として、担保権の登記に関する登記事項証明書を要求しているので（民執181条）、未登記抵当権の実行は、実際上きわめて困難である。

第9講 抵当権の目的物の範囲

[1] 概説

●目的物の範囲

　抵当権の設定できる目的物として、土地・建物や地上権または永小作権がある。370条は、抵当目的物が土地である場合、その上に存する建物には土地に設定された抵当権の効力が及ばないことを規定しているが、これはわが国では建物を土地とは独立した不動産として取り扱っているためである（我妻・258）。そして、370条は、抵当権はその目的たる不動産に付加して一体となっている物（付加物ないし付加一体物）にも及ぶ旨を規定する。もっとも、370条ただし書は、設定行為に別段の定めのある場合と、詐害行為取消権（424条）によって取り消すことができる場合には、抵当権が及ばない旨を規定している。このほか、抵当権の効力が及ぶ目的物の範囲として、抵当不動産の従物や果実なども問題となる。

●付加物（付加一体物）

1 370条の意義

　不動産の付加物は、付加の時期を問うことなく抵当権の効力が及ぶ。370条の付加物には、付合物（242条）を含み、従物（87条）をも含むとするのが通説（多数説）である。実際的にも抵当権設定後の従物である建具に抵当権が及ばないのは不都合であるが、学説上議論がある（➡詳細は、[2]論点のクローズアップ●抵当権設定後の従物）。抵当不動産につき抵当権の対抗要件が具備されていれば、付加一体物については、別個に対抗要件を具備しなくても、抵当権の効力が及んでいることを第三者に対抗できるとするのが通説である（道垣内・140）。

　(1) **建物の付加物**　雨戸あるいは建物入口の戸扉その他建物の内外を遮断する建具類のごときは、いったん建物に備え付けられれば建物の一部を構成するに至るから、これを建物から取り外しが容易であるか否かにかかわらず、付合が生じ独立の動産たる性質を失うものであり、建物に抵当権が設定された後に備え付けられた雨戸あるいは戸扉は当然その抵当権の目的となる（大判昭和5年12月18日民集9-1147。これらの雨戸・戸扉などは、建物の付合物の適例である。我妻・263）。大判昭和5年12月18日は、付加一体物には従物は含まれないとしたが、含むとする包摂説（付加一体物＝付合物＋従物）が通説である（斎藤和

♥**未完成の建物と抵当権**
　未完成の建物について抵当権設定契約が締結された場合、登記実務は、未完成時に締結された設定契約の効力を否定し、建物となった時点であらためて設定契約をすることを要求（建物完成時以降の日付の契約書の提出を要求）する（道垣内・123）。

♥**詐害行為取消権**
　債権者が債務者から自己の債権の十分な弁済を受けるようにするために、債務者の一般財産を不当に減少させる債務者の法律行為を訴訟によって取り消すことのできる権利。

◆**抵当権の効力が及ぶとは**
　抵当権の効力が及ぶということは、それを換価して、優先弁済を受けることができ、また、その物を分離しようとする者がいれば、これを阻止したり（物権的請求権）、場合によっては損害賠償を求めたりできる、ということを意味する（内田・394）。すなわち、一定範囲の目的物に対して抵当権の効力が及ぶとは、抵当権が実行されるとき競売の対象となるという意味と、その侵害について抵当権者が一定の請求をなしうるという意味がある（道垣内・136）。

♥**付合物と従物**
　370条に言う「付加物」は、付合物、すなわち構成部分を指すとなると、従物は独立して権利の対象となる動産であるから、付合物には従物は含まれないことになる（構成部分・従物峻別説）。そこで、抵当不動産の構成部分となっていない独立の動産については、不動産に対する抵当権の設定が「主物の処分」に当たるものとして、87条2項の規定に基づき、抵当権の効力が及ぶと理解する。判例も、この立場である（近江・131以下）。

♥**不動産の付合**
　付合するとは、それまで独立に所有権の対象となっていた物が不動産に附着して独立性を失い、社会経済上不動産そのものと見られるようになることをいう。

♥**付加物・従物と第三者異議の訴え**
　付加物・従物についてのみ、抵当権者に劣後する債権者が競売を申し立てた場合には、抵当権者は、第三者異議の訴えによって執行を排除することができる（高橋・193以下）。

夫「判批」判例百選①［新法対応］180以下）。主たる建物に設定された抵当権は、設定行為に別段の定めがない限り、原則として抵当権設定後その建物の付属建物として同一用紙に登記されたものに及ぶ（大決昭和9年3月8日民集13-241）。

(2) **土地の付加物**　建物は独立の不動産であるから、土地に抵当権が設定された場合でも、その上の建物は付加物とはならない（370条）。また、立木法の適用される立木は、独立の不動産とされるから（立木法2条）、土地に抵当権が設定されてもその上の立木は付加物とはならない。逆に、山林を抵当権の目的とした場合、その地上に生立する樹木であって立木法の適用を受けないものである以上、特に、これを除外する旨の意思表示をしない限り抵当権は単に地盤のみにとどまらずこれと一体をなす樹木にも及ぶことになる（大判大正14年10月26日民集4-517）。

第三者が、立木法の適用されない立木を付加したときは、抵当権の効力が及ぶのが原則であるが、242条ただし書（動産が権原によって附属させられた物である場合）が適用される例外的な場合には抵当権の効力は及ばない。

宅地に対する抵当権の効力は、抵当権設定当時その宅地の従物であった石灯籠と庭石（取り外しのできる庭石等は従物）にも及び、その抵当権の設定登記による対抗力はその従物についても生ずる（最判昭和44年3月28日民集23-3-699）。

2 抵当権の効力が及ばない場合

(1) **370条ただし書**　当事者が抵当権設定契約をする際に、付加物に抵当権の効力が及ばないとする旨の別段の定めをしたときには、抵当権の効力は及ばない。この別段の定めは、登記をしないと第三者に対抗することはできない（不登88条1項）。例えば、山林の所有者が自己所有の山林の立木を除外して地盤（土地）だけに抵当権を設定する場合などである。

また、詐害行為取消権の規定（424条）により債権者が債務者の行為を取り消すことができる場合には、その抵当目的物に付加された物に対して抵当権の効力は及ばない。詐害行為取消権の対象は法律行為であるのに対し、抵当目的物に物を付加させることは事実行為であるから、424条は直接には適用にならない。それが370条ただし書が必要とされた理由である。例えば、負債の多い抵当権設定者が高額な動産を抵当目的物に付加させることによって、その抵当権者だけの利益をはかって他の一般債権者の利益を害するというような、424条に類似した状況の場合が本条ただし書に該当するとされている。

(2) **242条ただし書**　不動産の付合を規定した242条本文の規定により、不動産所有者がその物の所有権を取得したときは、不動産の付加物について規定した370条により抵当権がその物に及ぶ。しかし、例えば、地上権者が目的地に竹木を栽植または家屋の賃借人がその家屋に建て増しをした場合のように、もし、付合物が他人の権原によって付合されて独立の存在を有するものであるときは、他人がその所有権を有するから、その物をもって抵当権の及ぶべき範囲に属するものとすることはできない（大判大正6年4月12日民録23-695。この判決に賛同するのは、我妻・264、新版注釈民法⑨113［山崎寛］）。

♥**立木法**
樹木の集団（立木）を登記して、その地盤である土地から離れた独立の不動産とし、その所有権の移転または抵当権の設定を可能とした法律である。

●抵当不動産より生ずる果実

　平成15年改正により、抵当権はその担保する債権に付いて不履行があったときはその後に生じた抵当不動産の果実に及ぶこととされた（371条）。平成元年の最高裁判決（最判平成元年10月27日民集43-9-1070）が、抵当権に基づく物上代位で賃料債権を差し押さえて優先弁済を受けられることを認め、抵当権の効力が賃料等の法定果実にも及ぶとしたので、これを明確にしたのが改正された371条である（第156回国会衆議院法務委員会議録25号（平15・6・13）25頁4段目［房村精一政府参考人発言］参照）。

　平成15年改正前371条は、抵当権の効力が抵当不動産の付加一体物にも及ぶという370条を受けて、抵当権の効力がその抵当不動産の差押後の天然果実に及ぶということを明らかにしている条文であった。これに対し、371条は、抵当権の効力が天然果実のみならず法定果実にも及ぶということを明らかにするような条文にしている。これは、抵当権の効力が法定果実（いわゆる賃料が典型である）に及ぶか否かについては、抵当権の性質に絡んで説の対立があったためである。抵当権が非占有担保性を持っているということから、抵当物件の使用収益の対価である賃料に対して抵当権を行使することは許されないという説も有力に主張されていたが、物上代位により抵当権の効力が法定果実にも及ぶということが判例上明らかにされた。このため、平成15年改正にあたっては、天然果実のみならず法定果実にも抵当権が及ぶということを条文上も明確にするため、その双方を含む形での条文に変更された（第156回国会衆議院法務委員会議録22号（平15・6・6）22頁3段目［房村発言］参照）。すなわち、改正前371条の規定は、抵当権の効力が抵当不動産の競売開始による差押後の天然果実に及ぶという規律であると解されてきたが、平成15年改正において、担保不動産収益執行制度の創設にあたっては、抵当権の効力が担保不動産収益執行の開始後の天然果実および法定果実に及ぶという規律を実体法上明確にしておく必要があると考えられたため、371条は、「不履行があったときは、その後に生じた抵当不動産の果実に及ぶ」という表現に改められた（谷口園恵ほか「担保物権及び民事執行制度の改善のための民法等の一部を改正する法律の解説（4）」NBL772-44、46（平15））。

　371条は、果実に対する抵当権実行が被担保債権の履行遅滞後に可能となることを規定するにとどまり、抵当権者は、民執法の規定に従って担保不動産収益執行の開始による差押をした場合に、同法の規定する範囲で、果実からの優先弁済を受けることができるのであって、そのような手続を経ることなく当然に被担保債権の履行遅滞後の果実を取得できるわけではない（谷口ほか・前掲論文46）。抵当権設定者が被担保債権の履行遅滞後、担保不動産収益執行の開始前に受領した賃料につき、抵当権者が抵当権設定者に対して不当利得返還請求をすることができるわけではないし、賃借人が抵当権設定者に賃料を支払うことが抵当権侵害になるわけではない（谷口ほか・前掲論文46注（4）0、座談会「新しい担保・執行法制と金融実務上の留意点」金法1682-76、87以下（平15）［道垣内弘人発

◆371条改正で抵当権の性質は変わらない
　立法担当者は、抵当権の効力が法定果実である賃料債権等にも及び、物上代位でそれを差し押さえて弁済を受けることが可能であるという従来から判例によって確認された抵当権の性質を前提として新しい制度を作ったから、これによって抵当権の本質が変わったということはないとする。第156回国会衆議院法務委員会議録22号（平15・6・6）21頁1段目［房村精一政府参考人発言］参照。

◆抵当権が法定果実等に及ぶことの実体法上の根拠の明記
　平成15年改正後371条は、被担保債権の債務不履行時から、果実に抵当権が及ぶものと規定し、これによって、抵当権の価値権性・非占有担保性との関係で収益執行の可否につき生ずる疑念に対して、実体法上の根拠を明記したものである（松岡久和「担保・執行法改正の概要と問題点（上）」金法1687-18、20（平15））。

[2] 論点のクローズアップ

◉抵当権設定後の従物

1 問題点

抵当権設定後の抵当不動産の従物にも抵当権の効力が及ぶか否かが、理論構成も含めて争われている（抵当権設定時の従物に及ぶことは争いがないが、理論構成は異なる）。

2 議論

判例は、抵当権設定時にすでに従物であった物について、従物は主物の処分に従うとする87条2項を根拠にして、動産である従物にも不動産に設定された抵当権の効力が及ぶことを肯定する（大連判大正8年3月15日民録25-473）。また、判例は、抵当権設定時にその宅地の上に存する石灯籠、宅地から取り外しのできる庭石を従物として抵当権の効力が及ぶとした（前掲最判昭和44年3月28日）。そして、従物が動産である場合について、主物たる抵当不動産についての抵当権設定登記をもって、「民法370条により」従物についても対抗力を有するとしている（前掲最判昭和44年3月28日）。もっとも、従物（附属建物）が不動産であって、主物とは独立に登記がなされている場合には、従物についても抵当権設定登記が必要とされる（高木・126）。

抵当権設定時にすでに従物であった物、および抵当権設定後に従物となった物には抵当権の効力が及ぶとするのが通説であるが、その理由づけは異なる。

A：[370条説] 370条の付加物がフランス法に沿革を有することを根拠に、370条の独自の沿革（87条および242条とは別異）から抵当権設定の前後を問わず従物を含むと解する説である（我妻・259、270）。そして、付加して一体となるとは、経済的一体性を意味するものとして、従物を「付加物」に含めるのが現在の通説である（内田・397。道垣内・137以下も同旨）。

B：[87条2項説] 87条2項の趣旨は、主物・従物間の経済的結合に基づき両者の法律的運命を共通にさせようとするものであり、従物が主物の処分に従うというのは抵当権の効力がその設定時に存した従物に及ぶという意味のみならず、それ以後抵当権の実行時までに附属させられたすべての従物が主物とともに買受人の手に帰することを意味するとする（柚木=高木・254以下）。A説（370条説）に対しては、フランス法（フランス法は従物の概念を知らない）とは物の概念を異にするわが民法（わが民法はドイツ法にならい従物の概念を認めている）の解釈としてこのような見解をとることはできないと批判する（柚木=高木・247以下）。

これに対して、A説の側からは、87条2項を根拠とする限りは設定後に附属させられた従物には抵当権の効力は及ばないことになるとの反論がある（我妻・258）。

♥**付合物と従物**

付合物とは、不動産に従として付合した物（242条）であるが、その場合、従として付合した物は、付合によって独立の存在を失い、不動産の所有権に吸収される。したがって、付合物は、370条の付加物に当然に含まれ、しかも付合の時期の前後を問わないで、抵当権の効力が及ぶ。もっとも、付加物（370条）とは、付合物（242条）だけでなく、従物（87条）を含むとする見解（経済的一体性説）と、付加物（370条）には付合物（242条）は含むが、従物（87条）は含まない（ただし、従物には87条2項により抵当権の効力が及ぶ）とする見解（構成部分説）とに分かれる（近江・130）。

◆**付加物と従物**

現在の通説は、抵当不動産に附属させられた時期が抵当権設定の前であるか後であるかを問わず、従物を370条の付加物（付加一体物）に含め、従物にも抵当権の効力が及ぶと解している。しかし、主物から独立した物として「従物」の概念が定着しているから、370条における付加物に「従物」が含まれるという解釈論は、文理的にすっきりしないとの批判がある（生熊長幸「抵当権の及ぶ範囲」民法の争点（平19）137、138）。

◆**付加物と対抗要件**

抵当不動産につき抵当権の対抗要件が具備されていれば、付加物については、別個に対抗要件を具備しなくとも、抵当権の及んでいることを第三者に対抗できる（通説、道垣内・140）。

♥**抵当権設定後の従物**

抵当権設定後の従物に抵当権の効力が及ぶという結論に異論はない。条文によるその根拠付けとしては、370条による学説が通説である（平野・30）。

♥**設定後実行までの間に付加された従物**

抵当権設定後の従物についても抵当権の効力を及ぼす法的根拠として、370条を挙げる見解もあるが、近江・134は、87条2項を根拠とする。フランス法とは物概念が異なる日本民法では、370条の付加物は付合物（構成部分）だけを意味し、独立の物である従物は、これに含まれない。しかし、87条2項にいう「処分」は、抵当権設定後実行までのことを指し、したがって、従物が主物の処分に従うとは、抵当権の効力が設定後実行までの間に付加された従物に及ぶことを意味するとする。

3 留意点

このような混乱が生じた原因は、87条と370条の不整合にある。87条の従物概念はドイツ法に由来しているのに対し、370条の付加物概念はフランス法に由来しているというように、沿革が異なるにもかかわらず、わが国の民法では両者の調整がなされていない点にある。

従たる権利も従物に準ずる。主たる権利（土地・建物の所有権）に設定された抵当権は、従たる権利に及ぶ。最も問題となるのは、建物に抵当権が設定された場合に、その敷地の利用権に対して、建物に設定された抵当権の効力が及ぶか否かである。

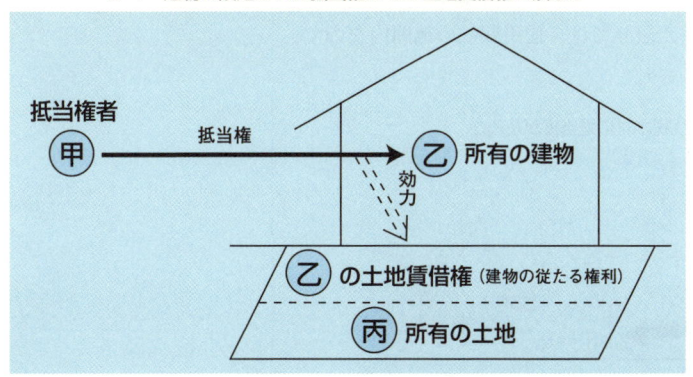

9-1　建物に設定された抵当権はその土地賃借権に及ぶか

建物について設定された抵当権は、その敷地上の利用権（地上権・賃借権）に及ぶし、土地について設定された抵当権は、その地役権にも効力を及ぼす。

建物に設定された抵当権の効力は、その敷地利用権たる地上権または賃借権に及ぶと解するのが通説・判例（最判昭和40年5月4日民集19-4-811）である。学説は、その理由として、敷地利用権を、主たる権利である建物（所有権）の従たる権利（87条2項の類推適用）であるからとしている（我妻・273以下、高木・127［土地について設定された抵当権は、地役権に効力を及ぼす］、近江・135）。もっとも、この最判昭和40年は、87条2項の類推適用によるのか370条の類推適用によるのかを明らかにしていない。

敷地利用権に対して建物に設定された抵当権の効力が及んでいることについて格別の対抗要件は不要である（道垣内・140）。なお、地上権と賃借権とは譲渡性の上で相違があり、買受人は、地上権であれば地主に対抗できるが、賃借権の場合には地主の承諾（または借地借家法19条1項に基づく裁判所の許可）を得なければならないことになる（加藤一郎「判批」法協83-2-86、91（昭41）、道垣内・140）。

抵当建物について競売開始決定があると、敷地上の地上権にも差押の効力が生じ、競落により建物所有権を取得すると同時に地上権もその買受人に移転するとされている（大判明治37年2月5日民録10-79）。同様に、建物について競売がなされると、競売による建物の買受人は敷地上の賃借権（大判明治33年10月5日民録6-9-21）も取得する。

◆沿革が異なることが混乱の理由
　従物にも主物上の抵当権の効力が及ぶか否かの問題は、87条2項がドイツ法系の従物を前提とした規定であるのに対して、370条はフランス法系の付加物を前提とする規定であって、独仏混交というわが国独特の法継受史の混乱が見られる（斉藤和夫「判批」判例百選（5版・平13）180［なお、同「判批」は370条説に立つ］）。

♥従たる権利
　他の権利の効力を担保または増大させるために付随させられる権利。

▲最判昭和40年5月4日
　抵当権は従たる権利にも及ぶから、判旨は正当である。鈴木禄弥「判批」民商54-1-60、64（昭41）。

◆最判は87条2項と370条のどちらによったのか明らかでないとの指摘
　高津環「判批」曹時17-8-80、82（昭40）、道垣内・140。これに対し、同最判が従たる権利ととらえた論理は通説に従ったとする説もある。横悌次「判批」判時422-78（判評85-12）、79（昭40）。

●分離物

1 問題点

　付加物、従物または果実が抵当不動産から分離された場合、その分離物に抵当権の効力が及ぶか否かが問題となる（この問題は「抵当権の侵害」の問題としても扱われる）。具体的には、抵当権の設定された山林から伐採された木材や、抵当権の設定された建物が崩壊した後の木材に抵当権の効力が及ぶか否かという形で論じられる。前者は、伐採されてまだその山林に存在している木材の搬出を禁止できるかという問題と、すでにその山林から搬出されてしまった木材をもとの場所に戻すべきことを請求できるかという2つの問題を含む（抵当権設定者が通常の山林の用法として伐採した限りでは、使用収益の範囲内なので、いずれも問題にならない）。

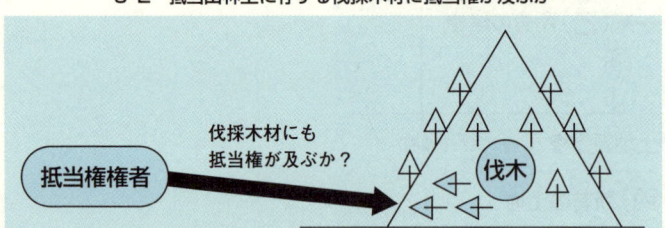

9-2　抵当山林上に存する伐採木材に抵当権が及ぶか

2 議論1――木材が抵当山林上に存在する場合

　A：[搬出基準説]　伐採木材が抵当山林の上に存在する間は、たとえそれが第三者に売却されても、抵当権の**公示の衣装**に包まれているとして抵当権をもってこれに対抗できるとする（我妻・268以下）。

　B：[物上代位説]　伐採された木材や崩壊した建物は、債務者が第三者から受け取るべき金銭その他の物に比較して、目的物の価値を代表する度合いがさらに強いのであるから、304条の**もちろん解釈**として抵当権の効力はこの動産に及ぶとする（柚木＝高木・268）。

　C：[付加物説]　抵当山林の上に存在する限りは抵当権の効力が及ぶとし、その理由として、分離物が取引観念上不動産と一体的関係にあれば、付加物の要件を満たしているので、それは、370条の付加物であるとする（川井・341）。

　D：[即時取得基準説]　伐採木材が山林上に存在する間に第三者に売却された場合は、占有改定が即時取得の要件を満たすか否かの問題として処理する立場である（星野・252）。

3 議論2――木材が抵当山林から搬出されてしまった場合

　A：伐採木材が抵当山林から搬出されても抵当権は消滅しないが、抵当権の登記の効力は及ばないから第三者に対する対抗力を失い、木材が第三者の所有に帰するときは、抵当権は消滅するとする（我妻・269）。

　B：304条のもちろん解釈として抵当権の効力は木材に及ぶが、第三者に処分する前に差し押さえるという物上代位の要件（304条1項ただし書）を満たしていなければならないとする（柚木＝高木・268）。

◆公示の衣装
　伐採木材は動産になっているが、土地上にある限り土地の登記の公示力が及ぶという意味である。

♥もちろん解釈
　規定されていない事項について、法規が「より強い理由で」適用されると解釈する法の解釈方法のことをいう。

♥差押えの要否と判例の立場
　抵当権の効力が及んでいる付加物が、抵当不動産から分離されて付加物の状態でなくなった場合、それに抵当権の効力が及ぶかという問題について、判例は、当初、抵当権者が抵当権の実行に着手して競売が開始されたときは、その差押えの効力によってそれ以後の伐採・搬出は禁止されるものとした。しかし、その後に判例は、差押えの効力によるのではなく、抵当権自体に基づく搬出禁止（物権的請求権による妨害排除・予防の請求）を認めるに至った（近江・137）。

C：木材が抵当権設定者の所有に属している限りは抵当山林外に搬出されても抵当権の効力は及ぶが、第三者が即時取得した場合には抵当権の効力は及ばないとする（星野・252、内田・444［元の場所に戻せとの請求］、高木・132）。

◆C説の根拠づけ
　工場抵当の事案で、工場から搬出された動産を、即時取得されない限り、工場に戻すことを第三者に認めた判例があり（最判昭57年3月12日民集36-3-349）、この論理を一般の抵当権についても認めてもよいとしている（内田・444）。

[3] ケース・スタディ

ケース………1 ❖ 抵当山林の伐採木材への抵当権の効力

　Xが所有する土地は山林であったが、Xは土地にYのために抵当権を設定して3000万円を借り受け、抵当権設定登記をした（山林については立木法に基づく登記はなされておらず、明認方法もない）。その後、Xが勝手に山林を不当に大量に伐採し、伐採木材がまだ山林に存在している場合、Yは木材の搬出を阻止できるか。また、伐採木材が山林から搬出されてしまったときに、Yは、木材の返還を請求できるか。

　本ケースの立木は、立木法に基づく登記も明認方法もなされていないので、その生育している土地の一部であると考えられる。したがって、その立木にも、土地の構成部分として土地の所有権が及んでおり、土地に抵当権が設定されたのであるから、Yの抵当権は立木にも及んでいる。

　したがって、土地の抵当権が実行されて抵当目的物が差し押さえられた後に、Xによる不当伐採がなされた場合には、YはXの伐採木材の搬出を禁止することができ、また、搬出されてしまった伐採木材に対しても、第三者の即時取得が成立しない限り、抵当権者は追及することができる。

　また、抵当権が実行される前に立木が伐採されまたは搬出された場合、その木材について第三者が即時取得するまでは抵当権者は追及できるとする立場がある。この他、物上代位（民304条）の問題とし、あるいは付加物（民370条）の問題として考え、抵当権の効力が及ぶとする立場もある。しかし、抵当権は分離物たる木材にも及ぶが、抵当権の登記による対抗力は木材が山林に存在している間に限って存続すると考えられる。そして、もし、木材が山林から搬出された場合には抵当権はその対抗力を失い、その状態で第三者に譲渡されれば抵当権者は追及できなくなると解すべきである。

[4] まとめ

　抵当権の目的物の範囲としては、目的不動産の付加物（370条）、抵当不動産から生じる果実（371条）や抵当不動産からの分離物（典型的には、抵当山林からの伐木）が問題となる。この際、付加物と付合物（242条）または従物（87条。特に抵当権設定の後の従物）との相互関係が問題となる（さらに、従たる権利）。
　抵当権は従物の付加の時期を問わず従物にも及ぶというのが、現在の通説で

あるが、従物が高額の場合には疑問も生じうる。例えば、近時の判例（最判平成2年4月19日判時1354-80）で、ガソリンスタンド用店舗建物（時価50万円）の抵当権が、従物である地下タンク（時価234万円）に及ぶとされたが、はたして妥当だろうか。ガソリンスタンドを担保化する手法として賛成する見解もあるが（内田・396）、このようなはるかに高額な従物が、当然に抵当権の目的物となることを予想していない場合が多い、と指摘されている（近江・134）。

▲従物が高額な場合の近時の判例
　Yが、ガソリンスタンド用店舗建物を所有し、建物の地下に近接してY所有の地下タンクが設置されて建物内の設備と一部管によってつながり、また、建物には洗車機や計量機が設置されており、Y所有のこれらの諸設備が附属されてこの建物はガソリンスタンドとして使用され、経済的に一体をなしている事案に関して最判がある。Yが、このガソリンスタンド用店舗建物に抵当権を設定・登記して、Xから金銭を借り受けた場合に、Xの抵当権の効力が、これらの諸設備に及んでいるか否かが問題となった。この事案の諸設備は、店舗建物に附属してガソリンスタンドとして使用され、経済的に一体をなしているというのであるから、その店舗建物を主物とする従物であるということができるとされた。
　従物が抵当目的物に比して高額である場合、抵当権設定後の従物については、そのような特約がなくても、通常は設定当事者に反対の意思があるものとして、抵当権の効力は及ばないとする反対説が有力である（瀬川信久「抵当権と従物」新版・民法判例演習②（有斐閣・昭57）233）。

第10講 抵当権の侵害

[1] 概説

◉抵当権侵害の意義

　抵当権は、その目的物の交換価値から優先弁済を受けることを内容とする担保物権である（我妻・382）。抵当権は物権であるから、抵当権者は、この内容を侵害するすべての人に対して、その排除を請求する物権的請求権を有する。また、その侵害が不法行為（709条以下）の要件を満たしていれば、抵当権者は、損害賠償請求権を取得する（我妻・382参照）。

　抵当権の侵害を生ずるとは、抵当目的物の交換価値が減少し、そのために抵当目的物の売却代金から被担保債権の満足を得られない状態を生じさせることをいう。具体的には、抵当山林の不当な伐採がなされた場合、抵当家屋が取り壊された場合、または抵当不動産の付加物や従物が不当に分離された場合などが、抵当権の侵害として問題とされる（我妻・383。さらに、抵当不動産の不法占有も問題となる）。特に、抵当山林を不法に伐採した者がその伐木をその山林外に搬出してしまった場合に、抵当権者が抵当権に基づきその伐木の返還請求をしうるか否かが問題とされる（➡第9講の【2】論点のクローズアップ）。

　これに対し、抵当目的物をその経済的用途に従って用益することは抵当権の侵害にはならない（我妻・383）。抵当権設定者が抵当目的物を第三者に用益させることは、抵当権の侵害とはならない（我妻・383）。すでに用益権の設定されている不動産に抵当権を設定する場合、抵当権者はその用益権の負担があるものとしてその不動産の交換価値を評価し、抵当権を設定したのであるから、用益権の存在は抵当権を侵害するものではない。さらに、抵当権設定登記後に、抵当権設定者が抵当目的物に用益権を設定しても、用益権は抵当権を侵害するものではない。このような場合は、原則として、先に設定登記された抵当権の方がその後に登記（対抗力の具備）された用益権に優先するから、抵当権が実行されて抵当目的物が売却されれば用益権は消滅してしまう。したがって、用益権は原則として抵当権を侵害するものではない（高木・161参照）。

　最判平成11年は、第三者が抵当不動産を不法占有することにより、競売手続の進行が害され適正な価額よりも売却価額が下落するおそれがあるなど、抵当不動産の交換価値の実現が妨げられ抵当権者の優先弁済請求権の行使が困難となるような状態があるときは、抵当権に対する侵害であるとした。そして、抵

♥売却代金
　不動産競売手続において買受人が売却代金を納付すると、その納付された代金等について、各債権者のために弁済・配当手続が行われることになる（民執188条・84条）。

◆抵当権実行による用益権の消滅
　民執188条により民執59条が準用されている。用益権が引受けになるか否かは、民執59条2項等に規定する者等に対抗できるか否かによる。対抗できる者であるときは、その用益権を買受人が引き受けることになる。民執59条2項等に規定する権利等、すなわち、①先取特権、②使用および収益しない旨の定めのある質権、③抵当権、④仮差押、⑤差押債権、⑥担保仮登記権、⑦滞納処分による差押債権は、すべて登記を対抗要件としているので、当該登記の時と用益権の対抗要件具備の時との先後によって決せられる。これら①から⑦のすべての権利に対抗することができる用益権は引受けとなり、いずれかに対抗できないものは効力を失う（裁判所職員総合研修所監修・民事執行実務講義案(改訂版・司法協会・平18)103）。

当権者がその請求権を保全する必要があるときは、423条の法意に従い、所有者の不法占有者に対する妨害排除請求権を債権者代位権により代位行使することができるとした（最判平成11年11月24日民集53-8-1899）。最判平成11年は、抵当不動産の所有者は、抵当権に対する侵害が生じないよう抵当不動産を適切に維持管理することが予定されており、したがって、そのような状態があるときは、抵当権の効力として、抵当権者は、抵当不動産の所有者に対し、その有する権利を適切に行使するなどしてそのような状態を是正し抵当不動産を適切に維持または保存するよう求める請求権を有するとする。このようにして、最判平成11年は、抵当権者がその請求権を保全する必要があるときは、423条の法意に従い侵害是正請求権に基づき、所有者の不法占有者に対する妨害排除請求権を代位行使することができるとした。なお、最判平成11年は、傍論として、第三者が抵当不動産を不法占有することにより抵当不動産の交換価値の実現が妨げられ、抵当権者の優先弁済請求権の行使が困難となるような状態があるときは、抵当権に基づく妨害排除請求として、抵当権者がその状態の排除を求めることもできるとしている。

　抵当不動産に濫用的短期賃貸借等に基づいて占有をしている者がいる場合には、それによって抵当不動産の買受希望者は減少し、抵当不動産の**売却価額は下落**するから、そのような占有を抵当権に対する侵害と評価して、抵当権に基づく妨害排除請求を認めるべきであるとする批判があったが、このような考え方が、この最判平成11年により採用された。かつて、最判平成3年は、抵当権は非占有担保であるから目的物件の占有関係に対して干渉しうる余地はないとして、抵当権者からの明渡請求を否定していたので（最判平成3年3月22日民集45-3-268）、最判平成11年は大きな判例変更をしたことになる（座談会「抵当権者による不法占有者の排除」ジュリ1174-2（平12）[安永正昭発言]）。しかし、この最判平成11年は、最判平成3年の抵当権の侵害に対する考え方から大変換を図った理由について、特に述べるところはない。また、最判平成11年は、従来ほとんど議論されることのなかった侵害是正請求権という考え方を持ち出して不法占有者に対する明渡請求を認めているが、その侵害是正請求権の実質は、抵当権の侵害に基づいて抵当権者に直接に発生する妨害排除請求権にすぎず、**迂遠な構成**であると批判されている。

　最判平成11年は、抵当不動産に不法占有者のいることが抵当権の侵害にあたり、抵当権者はその侵害を是正するように抵当不動産の所有者に請求できるとした。理論構成としては、侵害是正請求権を被保全債権として、所有者が不法占有者に対して有する妨害排除請求権を代位行使できるとするもので、被保全債権がいわゆる特定債権であることから、**転用型の債権者代位権**の構成をとっている。

　最判平成3年の結果、最判平成11年の第一審判決まで、下級審判決では抵当権者から抵当不動産の不法占有者に対して物上請求や代位請求を認めるものはなくなった。これに対し、学説の多くは、最判平成3年の考え方では、抵当不動産を執行妨害目的で占有する者に対して有効に対処することができず、現実

♥**債権者代位権（423条）**
　債権者が、自己の債権を保全するためにその債務者に属する権利を行うことができる権利を債権者代位権という。

◆**売却価額は下落**
　生熊長幸「抵当権者による明渡請求と『占有』」銀行法務21No.571-11（平12）。また、現実には、不法占有者の存在する抵当不動産について買受人は現れにくく、不法占有は、抵当権の実行を妨害するものとなっていた（道垣内・182）。これに対して、最判平成11年は、第三者占有により、抵当不動産を換価する権利、いわゆる換価権が侵害された場合が抵当権侵害に当たると理解するのが適切であるとの指摘がある。伊藤進「判批」判時1706-185、186（平12）。

◆**明渡しを請求できる抵当権者**
　占有者の存在によって、自らが得られる配当額が減少する抵当権者のみが明渡しを請求できるとの指摘は、道垣内・183。

◆**迂遠な構成**
　松岡久和「抵当目的不動産の不法占有者に対する債権者代位権による明渡請求（下）」NBL683-37、38（平12）。

◆**転用型の債権者代位権**
　佐久間弘道「代位請求・物上請求の構成による抵当権者の明渡請求」銀行法務21No.572-20、21（平12）。最判平成11年は、債権者代位権の被保全債権が金銭債権以外の権利であり、また、その無資力要件も考慮されていないから、転用型の債権者代位権である（松岡・前掲論文37）。

から乖離していると批判していたため、今回の最判平成11年は高く評価されている。また、抵当不動産における用益権の設定が濫用的であり、それに伴う占有が執行妨害目的であっても、最判平成3年を前提とすれば、抵当権者は、占有移転禁止や明渡断行の仮処分は請求できないと解されるが、最判平成11年では、抵当権者による明渡請求権の認められる場合が肯定されたので、これを被保全権利として、執行官保管の占有移転禁止仮処分や明渡断行の仮処分を肯定する見解が増えつつある（福永有利「平成11年大法廷判決から派生する手続問題」銀行法務21No.572-28、33以下（平12））。

　この最判平成11年は、所有者以外の第三者が抵当不動産を不法占有することにより、抵当不動産の交換価値の実現が妨げられ、抵当権者の優先弁済請求権の行使が困難となるような状態があるときは、抵当権者は、その不法占有者に対し、抵当権に基づく妨害排除請求ができるとするものであった（傍論）。その後、最判平成17年は、抵当権設定登記後に抵当不動産の所有者から占有権原の設定を受けてこれを占有する者、すなわち、不法占有者ではなく正当な占有権原をする者に対しても、抵当権に基づく妨害排除請求権を認めるに至った（賃貸借契約または転貸借契約により正当な占有権原を有しているが、抵当権実行としての競売手続を妨害する目的が認められ、その占有により抵当不動産の交換価値の実現が妨げられて抵当権者の優先弁済請求権の行使が困難となるような状態がある場合に限定）。その理由として、抵当不動産の所有者は、抵当不動産を使用または収益するに当たり、抵当不動産を適切に維持管理することが予定されており、抵当権の実行としての競売手続を妨害するような占有権原を設定できないことを挙げる（最判平17・3・10民集59-2-356。学説も、この判例にほぼ賛成、道垣内・182）。しかも、抵当権に基づく妨害排除請求権の行使に当たり、抵当不動産の所有者において抵当権に対する侵害が生じないように抵当不動産を適切に維持管理することが期待できない場合には、抵当権者は、占有者に対し、直接自己への抵当不動産の明渡しを求めることができるとした。

　占有者に対するこのような抵当権に基づく妨害排除請求権に関して、その要件・効果は不明確な点も多く（道垣内・182）、判旨にいう「維持管理」を明確化する必要があろう。

●抵当権に基づく物権的請求権

１ 抵当山林の不当伐採
　山林が抵当目的物となっているときにその山林の立木が債務者または第三者によって不当に伐採される場合、抵当権者はそのすでに伐採された木材の搬出の禁止を請求し、かつ伐採の禁止を請求できる（我妻・384）。抵当権者の抵当山林に対する交換価値支配権は、立木にも及んでおり、立木を抵当山林から分離・搬出することは交換価値支配権を侵害（売却代金の低下の可能性）するからである。抵当不動産の損傷または一部の分離・搬出により、抵当不動産の価値が減少し、被担保債権の完済を受けることができなくなることを物権的請求権行使の要件とする学説もあるが、抵当権は抵当不動産全体に及ぶ権利であるから、

◆最判平成11年を高く評価
生熊長幸「判批」銀行法務No.572-11、13、15（平12）。その結論の具体的妥当性は現実の執行妨害を考えれば肯定できるとしても、理論構成は、今後の議論によってさらに検討される必要がある。
　最高裁は、最判平成11年により、妨害排除請求権を抵当権者が代位行使することを認め、傍論ながら、抵当権に基づく妨害排除請求として、抵当権者が不法占有状態の排除を求めることも許されるとの立場を経て、平成17年3月10日の最判により、具体的事案において抵当権に基づく妨害排除請求を認めた（道垣内・182）。
　判例は、抵当不動産所有者が不法占有者に対して有する妨害排除請求権を抵当権者が代位行使することと、抵当権に基づく妨害排除請求権を抵当権者が行使することの双方を認めるが、後者を本則と考えるべきである（道垣内・183）。代位請求も認めることに対しては、本来の物権的請求権が認められれば不要とする見解が多く、疑問を呈する論者も多い（松岡久和「判批」判例百選①[新法対応]178、179）。

不要とするのが通説である（道垣内・181）。

② 有害な登記

抵当権者は、抵当権の存在または行使に事実上障害となるものに対して、その排除を請求できる。抵当権者は、抵当権にとって事実上障害となる登記の抹消請求ができる。例えば、後順位抵当権者は、弁済により消滅した先順位の抵当権登記の抹消を請求できる（大判大正 8 年10月 8 日民録25-1859、我妻栄＝有泉享補訂・新訂物権法（岩波書店・昭58）143）。

[2] 論点のクローズアップ

●抵当権の侵害に基づく損害賠償請求権

① 問題点

抵当権者は、抵当目的物を侵害されても、残りの抵当目的物の価額がその被担保債権額を十分に充たしている場合には、損害はないから不法行為は成立しない（我妻・386、高木・166）。しかし、侵害を受けていない残りの抵当目的物の価額をいつの時点で算定できるのかに絡んで、抵当権実行前でも、不法行為に基づく損害賠償請求権を行使できるかが問題となる。抵当権を実行して売却を実施（担保不動産競売手続における入札など）してみないと、残りの抵当目的物の価額を算定することはできず、その価額が被担保債権額を十分に充たしているか否かを判断できない可能性があるからである。

② 議論

A：〔肯定説〕 抵当権実行前でも損害賠償請求権の行使を認めるのが判例・多数説である。判例（大判昭和 7 年 5 月27日民集11-1289）は、抵当権実行があったときはその時に損害額を算定し、また、抵当権実行前のときには損害賠償請求権行使時に損害額を算定するものとして、抵当権実行前でも損害賠償請求権の行使を認めている。学説は、抵当権の侵害を理由として損害賠償請求をなしうる時期について、抵当権の実行以前においても損害額の算定が可能なときは、一般原則に従って、不法行為が行われた後は損害賠償請求ができるとしている（我妻・386）。

B：〔否定説〕 少数説は、抵当権実行前の損害賠償請求を否定する。損害の有無およびその額は、抵当権を実行した結果において弁済不足額が確定して初めて確定するものであるから、損害算定の時期もこの時点によるべきであり、抵当権実行以前におけるある時点が標準となるべきではないとする。このように解しても、抵当権が侵害された時からその行使の時までの抵当権者の地位は、抵当権侵害者に対する目的物所有者の損害賠償請求権に対する物上代位や、侵害者に対する妨害排除請求権または債務者の期限喪失という方法があるから、その間における抵当権者の保護において欠けるところはないとしている（柚木＝高木・289〔柚木説〕）。

A説（肯定説）に対しては、抵当権侵害の後に現実に競売が行われる時まで

◆**抵当権の実行手続**

抵当権の登記のされている登記事項証明書等を執行裁判所に提出して、その開始を申し立てることになる（担保不動産競売または担保不動産収益執行）。また、抵当不動産に対して、他の担保権者が担保権の実行手続を申し立てまたは一般債権者の不動産執行の申立てによって開始された手続においても、抵当権者は優先弁済を受けられる。

♥**売却**

不動産競売における売却方法としては、期間入札、期日入札や競り売りなどがある（民執188条・64条）。

♥**所有者と抵当権者**

第三者が抵当不動産の価値を損傷させ、抵当権者が被担保債権の満足を得られなくなった場合であっても、目的物所有者のみが不法行為者に対して損害賠償請求権を有し、抵当権者はそれに物上代位できるのみとするのが近時の多数説である（道垣内・184）。

抵当権者は、独自には損害賠償請求権を取得せず、所有者の第三者に対する損害賠償請求権に対して物上代位権を取得するに過ぎないと解しないと、「損傷」部分の代償物について物上代位の手続を設けた意味がなくなるからである（近江・181）。

◆**肯定説の別の根拠**

抵当権の実行を待っていては、抵当権者が損害を回復できない状況も出てくるとして、肯定説に立つ見解もある（近江・182、高橋・194以下。肯定説のほうが、抵当権者の保護に厚いとするのは、高木・166）。

に生ずる価格の変動により、現実の損害額と取得した賠償額が異なることになって不都合であるとの批判がなされている（鈴木・207）。これに対し、A説（肯定説）からは、抵当権実行後の現実の損害額とのずれは、配当の段階での調整が可能である、との反論がなされている（高木・166）。

B説（否定説）に対しては、損害賠償請求時における損傷前の状態での目的物価額と残存物の価額の評価から、抵当権者の損害額は算定できる（高木・166）との批判がなされている。

●増担保請求と期限の利益の喪失

債務者（または設定者）の行為により担保が損傷、減少したときは、債務者の故意・過失を問わず（多数説）、期限の利益を喪失し（137条2号）、債権者は直ちに抵当権の実行をすることができる。

抵当権の目的物に対する侵害がなされ、その目的物の客観的価値が減少し、被担保債権を担保するのに十分ではなくなった場合に追加される担保を増担保というが、このような場合に抵当権を実行するのではなく、増担保請求権を抵当権者が行使できるか否かが問題となる。

債務者が担保を滅失・損傷・減少させたときは、抵当権者は増担保請求ができると解されている（道垣内・187、鈴木・253）。これに対し、債務者以外の者による侵害の場合には、増担保請求権は発生しない（鈴木・253）。

なお、実際の契約では、債務者の行為によらない担保滅失等の場合にも、抵当権者は増担保請求ができるとする特約のなされることが多い（道垣内・187、近江・176以下）。

◆少数説
　期限の利益の喪失を招来する担保の損傷・減少につき債務者の故意・過失を要件としない多数説に対し、債務者の責めに帰すべき事由を要件とするのは、我妻・386以下。

[3] ケース・スタディ

ケース……1 ❖ 抵当権侵害に基づく損害賠償請求

債権者Xは、債務者Yに2000万円を貸し付けた際に、Y所有の建物に抵当権の設定を受けてその登記をした。ところが、第三者Zがその建物を損傷させたという場合、XはZに対してどのような請求ができるか

抵当権も民法709条で保護される「権利」であるから、それが侵害されて不法行為の要件が満たされれば、抵当権者は不法行為者に対して損害賠償請求をすることができる。しかし、どのような場合に抵当権者に損害があったといえるか、また、Zに対する損害賠償請求権と物上代位の制度等との関係はどうなるかという問題がある。

抵当権の侵害に基づく損害賠償請求権が発生するには、抵当権の侵害により抵当目的物の交換価値が減少してその被担保債権の弁済額が減少することを必

要とする。Zが故意・過失によって建物を損傷させ、その結果、建物の交換価値が減少してXの弁済額が減少した場合にはXに損害が生じているといえるから、XはZに対して不法行為に基づく損害賠償請求をすることができる。もっとも、抵当権の侵害による損害に関し、損害の有無および額は抵当権を実行した結果初めて確定するものであるから、損害算定の時期もその時点によるべきであって、抵当権の実行後にのみ損害賠償請求権を行使できるとする説もある。しかし、抵当権の実行前であっても損害額の算定は必ずしも不可能ではないし（判例同旨）、可能なときは、一般原則に従って、不法行為が行われた後は損害賠償請求ができると考えても支障がないので、抵当権の実行前であっても損害賠償請求ができると解される。もし、抵当権の実行がされるまでは損害賠償請求ができないとすると、抵当権者に回復できない状況の生じる可能性がある。

▲判例
大判昭和7年5月27日民集11-1289。

なお、第三者Zによる建物の損傷がその故意・過失で行われたときには、その建物の所有者であるYもZに対して不法行為に基づく損害賠償請求権を取得するから、Zに対する抵当権者Xの損害賠償請求権とYの損害賠償請求権との関係が問題となる。第三者が抵当目的物を損傷した場合、所有者のみが損害賠償請求権を取得し、抵当権者はこれに物上代位できるだけであるとする説がある。その理由として、物上代位は、第三者の不法行為による担保目的物の損傷の場合に備えた抵当権者保護の制度であるし、抵当権者にも損害賠償請求権を認めると法律関係が複雑になることが挙げられている。したがって、この説に立つと、抵当権者Xは直接にはZに対して損害賠償請求はできず、YのZに対する損害賠償請求権を物上代位権に基づいて差し押さえるべきことになる。しかし、XとYの両者に、Zに対する損害賠償請求権を認めるべきである。なぜならば、物上代位権の行使は容易ではないし、抵当権者に損害が生じた以上、独自の損害賠償請求権を認めた方が、その被害の救済に適するからである。

ケース……2 ◆抵当権侵害に対する救済手段

Yは、山林を所有して林業を営み、定期的にその山林の一部の樹木を伐採して売却していたが、その事業資金としてXから5000万円を借り受ける金銭消費貸借契約・抵当権設定契約を締結して金銭の交付を受け、山林にXのために抵当権設定登記を経由した。ところが、その後、Yは、通常の範囲を超えて大量の樹木を山林から伐採して第三者に売却した結果、木材は搬出されてしまってその行方は知れない。この場合、Xは、Yに対してどのような権利を主張できるか。

抵当権が設定されても、抵当不動産の占有は抵当権設定者のもとにとどめられ、設定者の使用・収益を認めるものであるから、設定者が通常の範囲内でその抵当不動産の使用・収益することは抵当権者との間で何ら問題を生じない。しかし、その使用・収益が通常の範囲を越える場合には、問題を生じる。

本ケースの場合、Yは通常の範囲を越えて大量の樹木をその山林から伐採し

ているから、それによって、抵当不動産の交換価値が減少して被担保債権の弁済額が減少しているならば、XはYに対して不法行為に基づく損害賠償請求をすることができる（債務不履行を根拠とする説もある）。この場合、Xの損害賠償請求権の行使は、Xの抵当権実行後であることを要しない。なぜならば、必ずしもその損害額算定は不可能ではないからである。

また、債務者が担保を滅失させ、損傷させ、または減少したときは（債務者の故意・過失を問わない）、被担保債権の期限の利益が喪失するから（民137条2号）、Xは、金銭消費貸借契約上の弁済期限の到来を待つことなく直ちにYに対して被担保債権の弁済を請求することができ、履行がなければ抵当権を実行できることになる。

さらに、債務者が不法行為法上の責任を負う場合には、抵当権者は損害賠償請求をせずに、増担保の請求ができるか否かも問題となる。増担保請求の場合は、抵当権設定者がその損害を賠償するのに比べてより多くの不利益を強いられるものではないし、また、長期間にわたって信用の授受を継続する当事者間においては、抵当権を実行してその信用関係を破壊するよりも、増担保によって金銭消費貸借関係を存続することが有利とされる場合が多いからである（一般には、増担保の特約がなされていることも多い）。債務者が担保を滅失・損傷・減少させたときは、抵当権者は増担保請求ができると解される。Xからの増担保請求に応じてYが増担保をした場合には、Yは期限の利益を喪失しないから、Xは直ちには被担保債権の弁済を請求することはできないと解される。

[4] まとめ

抵当権の侵害の問題は、複数の権利に関係する。第一に、物権たる抵当権に基づく物権的請求権である。第二に、抵当権の侵害が不法行為の要件を満たす場合の損害賠償請求権である。第三に、債務者が抵当目的物を損傷等をさせた場合の、期限の利益の喪失と増担保請求権である。さらに、その理論構成は明らかではない部分が多いものの、最判平成11年は、第三者が抵当不動産を不法占有することにより、競売手続の進行が害され適正な価額よりも売却価額が下落するおそれがあるなど、抵当不動産の交換価値の実現が妨げられ抵当権者の優先弁済請求権の行使が困難となるような状態があるときは、抵当権に対する侵害であるとし、抵当権者がその請求権を保全する必要があるときは、423条の法意に従い、所有者の不法占有者に対する妨害排除請求権を代位行使することができるとした（最判平成11年11月24日民集53-8-1899）。この他にも、事実上抵当権の行使に障害となりうる有害な登記の抹消登記を請求する権利も問題となることがある。これらの抵当権の侵害が問題とされる場合には、所有権等の場合とは異なった抵当権の特殊性（目的物の占有権がないことや交換価値支配権であること）が考慮される必要がある。

抵当権に基づく競売に関して、民法上の制度・権利の濫用と並んで大きな問題となっているのは、権利上は抵当権者や買受人に対抗できない者（いわゆる

▲最判平成17年3月10日民集59-2-356
抵当権設定登記後に抵当不動産の所有者から占有権原の設定を受けてこれを占有する者についても、その占有権原の設定に抵当権の実行としての競売手続を妨害する目的が認められ、その占有により抵当不動産の交換価値の実現が妨げられて抵当権者の優先弁済請求権の行使が困難となるような状態があるときは、抵当権者は、当該占有者に対し、抵当権に基づく妨害排除請求として、上記状態の排除を求めることができる。なぜなら、抵当不動産の所有者は、抵当不動産を使用または収益するに当たり、抵当不動産を適切に維持管理することが予定されており、抵当権の実行としての競売手続を妨害するような占有権原を設定することは許されないからである。

また、抵当権に基づく妨害排除請求権の行使に当たり、抵当不動産の所有者において抵当権に対する侵害が生じないように抵当不動産を適切に維持管理することが期待できない場合には、抵当権者は、占有者に対し、直接自己への抵当不動産の明渡しを求めることができる。

占有屋）が、債務者などの指示によりまたは自ら対象不動産を不法に占有することによる執行妨害である（久保淳一「金融実務への影響と留意点」金法1667-22、27（平15））。

　執行妨害は、執行妨害者が目的とする利益という観点からすると、立退料取得型、利用利益収受型および転売差益収受型の３つに類型化できる。立退料取得型は、占有を排除しようとする権利者の側に立退料の支払いをするように持ちかけることで、理由のないもしくは不正な多額の利益を収受しようとする形態である。利用利益収受型は、執行手続を遅延させることにより、差押えから買受けまでの期間を長期化させ、その間に執行妨害者が目的物件を自由に利用できる状況を利用して、物件を第三者に転貸しあるいは自己の配下の者に利用させることによって、利用利益を直接・間接に収受しようとする形態である。転売差益収受型は、競売差押前あるいは競売手続中に、不法な占有をしかけ、買受人が現れない状況を作り出し、そのため適正な買受けがなされないとの不安を抱いた債権者の心理につけ込んで、安価に任意売却させて物件を取得し、妨害的占有者がその物件から退出して高額に転売することにより差益を収受しようとする形態である（座談会「新担保・執行法の成果と今後の課題」NBL766-28、29以下（平15）[古賀政治発言]）。

◆**手口によって４分類される執行妨害**
　執行妨害を手口によって分類すると４つの類型に分かれる。第一は、占有関係を不明確にし、法的手続をとることを困難にする行為である。例えば、占有者の入れ替えをし、もしくは多人数の外国人を寝泊まりさせる等により、占有関係を不明確にして法的手続をとることを困難にする占有者不明状況作出型である。第二は、産業廃棄物を投棄しもしくは大量の目的外動産を残置することにより、その除去に多額の費用がかかるというところにつけ込んで立退料の支払いや任意売却を持ちかけようとする執行費用増加型である。第三は、区分所有登記の利用もしくは件外物件を第三者名義で登記することによる件外物件による妨害行為である。第四は、目的物件を損壊する損壊型である（左掲座談会29以下[古賀発言]）。

第11講
抵当権の物上代位

[1] 概説

◉物上代位の客体

①総説

　物上代位の性質については、先取特権の場合について第4講で詳しく説明した。法文上は、先取特権の物上代位の規定（304条）が抵当権にも準用されている（372条）。抵当権に基づく物上代位権は、そのまま準用すると抵当目的物の売却代金・賃料にも物上代位権の存在が認められることになり、従来は、抵当権の追及力と物上代位権の併存を是認するのが多数説であった。しかし、最近は、追及力がある場合には物上代位を認める必要がないとする反対説が多数である。

　抵当権者が抵当目的物の価値代表物としてその上に権利を行使することができる範囲は、304条に規定されているが、この304条を抵当権に準用する場合に「債務者」の意義については、格別の考慮が必要である。「債務者」には、自己所有不動産に抵当権を設定した債務者や物上保証人だけでなく、抵当不動産の第三取得者を含む（例えば、近江・141）。したがって、<u>抵当権に準用された304条にいう「債務者」は、むしろ抵当不動産の所有者と解することになる</u>（判例）。これを支持するのは、我妻・285、遠藤ほか・141［森島昭夫］）。

②価値代表物

　抵当権に基づく物上代位権の目的（304条）として問題になるのは、抵当目的物の売却代金、賃料、滅失または損傷によって受け取るべき金銭等および特別法上の価値代表物である。

　(1) <u>売却代金</u>　抵当目的物の所有者がそれを第三者に売却したことによって取得した売却代金請求権が、抵当権に基づく物上代位権の目的となるか否かが問題となる。登記された抵当権には追及力があるから、抵当目的物が売却されてもその売却代金に対して、必ずしも物上代位権を行使する必要性はない。この問題につき、従来は物上代位権を肯定する説が多数説（近江・142）であったが、近時は、それを否定するのが多数説である（道垣内・145。否定説に立つのは、内田・403）。否定説は、378条の代価弁済の制度は、売却代金債権への物上代位を認めると、複数の抵当権者が存在する場合に不都合であることを考慮して、物上代位を否定する趣旨で規定されたとみるべきであるとし、378条を物上代位否

◆**代替的物上代位と付加的物上代位**

　抵当権における物上代位には2種類がある。抵当権が及んでいた物の代わりとして得られたものに対する物上代位（代替的物上代位）と、抵当権の効力の及んでいるものに対する抵当権実行手続としての物上代位（付加的物上代位）である。被担保債権について不履行があった後には抵当権の効力が果実に及ぶことを定めた371条に対応して、法定果実である抵当不動産の賃料債権に対する物上代位権の行使が認められるのが、付加的物上代位の場合である。これに対し、代替的物上代位は、抵当不動産の代償物に対して、抵当権者が優先弁済権の行使を認められている場合である。例えば、抵当権の目的物が第三者の不法行為により滅失・損傷した場合に、その目的物の所有者が取得する損害賠償請求権について抵当権者の優先弁済権が及ぶ場合である（道垣内・143以下。なお、同様の分類につき、学説により微妙に異なることに関して、道垣内・144注67）。

　代替的物上代位（代償的物上代位）と付加的物上代位（派生的物上代位）の違いは、①代位物が担保不動産の代償といえるか否か、②物上代位が競売と両立しないか否か、③弁済期前の物上代位を認めるか否かにある（新井剛「抵当権の物上代位・収益・執行」民法の争点（平19）141）。

▲**判例**

　大判明治40年3月12日民録13-265は、372条により準用された304条にいう債務者とは、抵当権の場合、抵当権の目的たる不動産上の権利者を指すとする。

♥**買主が抵当債務を引き受けた場合**

　抵当不動産の買主が抵当債務を引き受けることとして、不動産価格から抵当債務を控除した額で売買がされた場合には、抵当権者にその売買代金への代位を認めることは適当でないから、売買代金については物上代位を認めるべきでない（高橋・130）。

定の根拠とする（道垣内・145以下）。

(2) **賃料・用益物権の対価**　抵当目的物の所有者がそれを第三者に賃貸して賃料請求権を取得したり、または抵当目的物の上に有償で地上権や永小作権を設定した場合に取得する地代・小作料請求権が、抵当権に基づく物上代位権の目的となるか否かが問題となる。従来の通説は、304条の文言通りにそれを肯定していたが、最高裁も、賃料請求権に関して肯定した（最判平成元年10月27日民集43-9-1070）。

物権設定の対価とは、抵当権設定者が抵当不動産の上に地上権または永小作権を設定した場合の対価（地代・永小作料）である（高橋・133）。

(3) **目的物の滅失・損傷により受くべき金銭等**　抵当目的物が第三者の不法行為により滅失・損傷したことにより、抵当目的物の所有者がその第三者に対して有する損害賠償請求権のみならず、抵当目的物の所有者がその抵当目的物に保険をかけていた場合に取得する保険金請求権も、抵当権に基づく物上代位の目的となるとするのが**多数説**である。その理由としては、保険金請求権が目的物の価値代表物（価値変形物）であることや、民法の立法担当者もこれを肯定する意思であったことが挙げられている。保険金請求権の物上代位性を肯定するのが、判例の立場でもある（大判明治40年3月12日民録13-265）。これに対し、保険金請求権は、抵当目的物の滅失・損傷によって当然に生ずるものではなく、保険契約に基づく保険料支払いの対価として生ずるものであるから物上代位の目的とならないとする反対説もある。

(4) **特別法上の価値代表物**　抵当目的物たる土地が収用・買収される場合に、その土地所有者に交付される補償金・清算金に対して、抵当権者が抵当権を行使できる旨を定めている例として、土地収用法104条や**土地区画整理法112条**がある。これらは、(3)で述べた目的物の滅失・損傷等により受くべき金銭等に属する（高木・146）。特別法の趣旨から、物上代位権は通常の場合よりも強力であるとするのが、**判例**である。

●物上代位権行使の要件

1 総説

第4講で前述したように、抵当権者が物上代位権を行使するためには、抵当目的物の所有者に対して第三者からその抵当目的物の価値代表物を払渡しまたは引渡しされる前に、差押えをしなければならない。この「差押え」の意義・目的については、議論がある。差押えは、抵当目的物の所有者の有している請求権を特定するために必要であるとする説（特定性維持説）と、物上代位権は特別に認められた権利であるからその権利を保全するために差押えが必要であるとする説（優先権保全説）に分かれていた。しかし、最近、最高裁は、その差押えの趣旨目的として、二重弁済の危険からの第三債務者の保護という点を強調した（最判平成10年1月30日民集52-1-1）。

2 他の債権者（差押債権者・債権譲受人等）との関係

大審院は、物上代位における差押えの目的を優先権の保全にあるとし、他の

◆**平成15年改正以前における賃料債権に対する抵当権者による物上代位権行使**
　平成15年改正以前は、賃料債権については抵当権者が物上代位権を行使できるかに関して議論があり、判例は肯定説をとっていた。しかし、否定説は、差押えまでは換価価値のみを把握するのが抵当権の性質であるとして、民法304条にもかかわらず否定していた。平成15年改正後は、抵当権の性質を根拠として賃料債権に対する物上代位を否定することはできない（道垣内・147以下）。

◆**多数説**
　例えば、我妻・283、高木・146、道垣内・148以下、中馬義直「保険金請求権への物上代位と保険金請求権上の質権との優劣」争点①（昭60）164。

◆**土地区画整理法と判例**
　最判昭和58年12月8日民集37-10-1517は、土地区画整理法112条が、抵当権者から申出がない限り、清算金を必ず供託しなければならないとして、宅地所有者が直接清算金の支払を請求できないとしている以上、譲渡や転付命令を受けた第三者も清算金の支払いを請求できない（物上代位が優先する）と判示する。
　特別法の物上代位の性質から、同判決に賛成する評釈として、小林秀之「判批」街づくり・国づくり判例百選（平元）98。

◆**代替的物上代位と弁済期の到来**
　代替的物上代位は、抵当不動産の全部または一部の滅失に際して問題になるものであるから、抵当不動産の所有者等に対して抵当権侵害に基づく損害賠償請求を行うときに準じて、被担保債権の弁済期の到来は不要であると解すべきである（道垣内・155）。

債権者が先に差し押さえて転付命令の効力が生じているときは、弁済の効力を生じるとして（民執160条参照）、その後の抵当権者による物上代位権行使を否定した（大連判大正12年4月7日民集2-209）。しかし、その後、最高裁は、債権について一般債権者の差押えと抵当権者の物上代位権に基づく差押えが競合した場合には、両債権の優劣は一般債権者の申立てによる差押命令の第三債務者への送達と抵当権設定登記の先後によって決せられるとし、抵当権登記が先であれば抵当権者が配当を受けうることを認めている（最判平成10年3月26日民集52-2-483）。また、後述のように、最高裁は、目的債権が譲渡された後にも、債権譲渡は「払渡し又は引渡し」に該当せず、抵当権登記の公示性を認めて抵当権者の物上代位権に基づく差押えを認める。最判平成10年1月30日民集52-1-1）。これに対して、学説には、抵当権登記ではなく、先に抵当権者による差押えのなされるべきことを強調して判例に反対する説もある。

3 保険金請求権上の物上代位権と質権との優劣

抵当権の目的物である建物の火災保険金請求権に質権が設定された場合、保険金請求権について設定を受けた質権（質権者）と保険金請求権に対する抵当権に基づく物上代位（抵当権者）のどちらが優先するかが問題となる。抵当権に基づく物上代位権による差押えの時と、質権設定の第三者に対する対抗要件（確定日付）を具備した時との前後によるとする下級審判決がある（福岡高宮崎支判昭和32年8月30日下民集8-8-1619、近江・144）。しかし、学説としては、抵当権の対抗要件たる登記の日付と質権の第三者対抗要件たる確定日付との早い方を優先させる説が通説である（田川士郎「判批」担保法の判例①139以下）。

[2] 論点のクローズアップ

◉抵当不動産の賃貸に基づく賃料に対する物上代位権と平成15年改正

法定果実である抵当不動産の賃料債権は、収益執行より簡易なものとして、当該債権を差押え、そこから優先弁済を受ける手続も、用意されている。すなわち、賃料債権に対する物上代位権の行使手続である（道垣内・144）。抵当権に関して規定された372条によって準用された304条では、物上代位の目的物として賃料が挙げられているので、当然、抵当不動産の賃料に対しても抵当権に基づく物上代位権が及ぶと考えることもできる。しかし、抵当権は、その目的物の使用・収益を抵当権設定者にとどめておくことを本質とするから、抵当権設定後に設定者がその抵当不動産を第三者に賃貸することも自由というべきであり、抵当権者がこれに干渉することはできないともいえそうである。抵当権者がその抵当不動産の賃料に物上代位権を行使できるとすると、この点で問題を生じるが、この問題は、最判平成元年10月27日（民集43-9-1070）とこれを前提にした後述する平成15年改正の限度で解決された。

判例は、抵当不動産が賃貸された場合においては、賃料は法定果実であって372条、304条の規定の趣旨に従い、抵当不動産の賃料にも抵当権者が物上代位

❤転付命令
差押債権者から転付命令の申立てがあった場合に、他に競合する債権者がいないときは、執行裁判所は、支払いに代えて、被差押債権を券面額で差押債権者に転付する命令を発する。転付命令が確定すると、差し押さえられていた債権は、法律上当然に、債務者から転付債権者に移転する。

◆最判平成10年3月26日
最判平成10年3月26日のような考え方をとると、一般債権者が自己の債権額に満つるまで賃料債権を将来にわたり包括的に差し押さえた場合、その後に他の債権者がその賃貸不動産につき抵当権の設定を受けても、一般債権者が債権の満足を受けるまでは賃料債権につき物上代位をすることはできない（生熊長幸「判批」判例百選①[新法対応]186、187[抵当権者が一般債権者として債務名義を取得して二重差押えにより配当を受けることは可能]）。

◆抵当権と動産売買先取特権との差異
判例（最判昭和59年2月2日民集38-3-431、最判昭和60年7月19日民集39-5-1326）は、動産売買先取特権に基づく物上代位権の行使に関し、目的債権について一般債権者が差押えをしてもその後に動産売買先取特権者が物上代位権を行使できる旨を判示し、その物上代位権の行使における差押えの趣旨目的として、「特定性の維持」、「物上代位権の保全」ならびに「第三者等の不測の損害の防止」を挙げていた。
これに対して、新しい判例は、抵当権に基づく物上代位権の行使における差押えの趣旨目的を「二重弁済からの第三債務者の保護」に求めたので、判例は、差押えの根拠となる物上代位権が、動産売買先取特権に基づくか抵当権に基づくかで、その差押えの趣旨目的を異別に理解していることになる。

11-1　賃料に対する物上代位

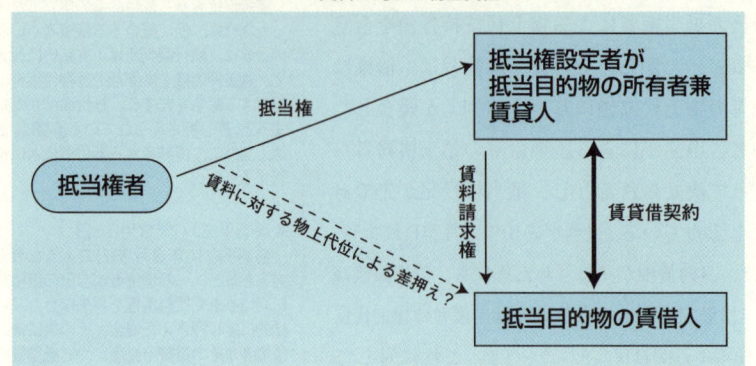

することを認めている（最判平成元年10月27日民集43-9-1070［供託された賃料の還付請求権が問題となった事案］）。学説も、賃貸による対価の収受は交換価値のなし崩し的実現をも意味するものであるから、賃料については、物上代位の規定が適用されると主張した（我妻・275）。また、同様に、抵当目的物の賃料等も、目的物の価値の一部の代表物とみられるとして、304条の適用を肯定する見解もあった（柚木＝高木・266）。従来の通説は、このように、抵当不動産の賃料に対する物上代位を304条に基づいて肯定していた（高木・142参照）。立法担当者も、法定果実については372条によって304条がそのまま準用されるし、304条の文理からも、賃料債権に対する物上代位を肯定できるとの説明をしている。別の観点からではあるが、事実上、賃借権の存在によって抵当目的物の価格が下落することや、目的物を売却せずに賃料から弁済を受けることが抵当権者にとって有利であることも根拠として挙げることができよう（鎌田薫「判批」私法判例リマークス1991⊥31以下）。

　平成15年改正前371条は、抵当権の効力が抵当不動産の付加一体物にも及ぶという370条を受けて、抵当権の効力がその抵当不動産の差押え後の天然果実に及ぶということを明らかにしている条文であった。これに対し、現行の371条は、抵当権の効力が天然果実のみならず法定果実にも及ぶということを明らかにするような条文にしている。これは、抵当権の効力が法定果実（いわゆる賃料が典型である）に及ぶか否かについては、抵当権の性質に絡んで説の対立があったためである。抵当権が非占有担保性を持っているということから、抵当物件の使用収益の対価である賃料に対して抵当権を行使することは許されないという説も有力に主張されていたが、物上代位により抵当権の効力が法定果実にも及ぶということが判例上明らかにされた。このため、平成15年改正にあたっては、天然果実のみならず法定果実にも抵当権が及ぶということを条文上も明確にするため、その双方を含む形での条文に変更された（第156回国会衆議院法務委員会議録22号（平15・6・6）22頁3段目［房村精一政府参考人発言］参照）。

　すなわち、平成15年改正前371条の規定は、抵当権の効力が抵当不動産の競売開始による差押え後の天然果実に及ぶという規律であると解されてきたが、平成15年改正において、担保不動産収益執行制度の創設にあたっては、抵当権の効力が担保不動産収益執行の開始後の天然果実および法定果実に及ぶという規

♥異論
　賃料は、目的物の価値に代わるもの（代償的価値）でなく、目的物から派生する価値（派生的価値）である。したがって、賃料に対して抵当権者が権利を行使することができる根拠については、売買代金や目的物滅失の場合における保険金と同じ説明をすることは困難である（高橋・130）。

◆改正前371条1項の果実
　法定果実は、改正前371条1項の果実には含まれないとするのが、かつての通説であった（法定果実に対しては物上代位権行使が可能だから）。しかし、改正前371条1項の趣旨は、抵当権にあっては、その実行に着手するまでは、目的物の使用収益権能は目的物所有者の下に留められるべきであるということだから、同規定の適用に際しては、天然果実か法定果実かによって区別されるべきではないとして、改正前371条1項の果実には法定果実も含まれるとする説が多数説となっている（角紀代恵「判批」判例百選①［新法対応］182以下）。

♥改正前371条の改正
　改正前371条が、果実については抵当不動産の差押え等、実行段階において初めて抵当権の効力が及ぶものとしており、抵当不動産の賃料に対する物上代位も、同様に実行段階以後に認めるものとするのが多数説であったところ、平成元年の最高裁判決がこのような時間的限定をすることなく賃料に対する物上代位を認め、以後、これが定着したことを受けて、371条が規定された（高橋・129）。

♥抵当権の価値権性・非占有担保性と収益執行
　371条は、被担保債権の債務不履行時から、果実に抵当権が及ぶものと規定し、これによって、抵当権の価値権性・非占有担保性との関係で収益執行の可否につき生じる疑念に対して、実体法上の根拠を明記したものである（松岡久和「担保・執行法改正の概要と問題点（上）」金法1687-18、20（平15））。

律を実体法上明確にしておく必要があると考えられたため、371条は、「不履行があったときは、その後に生じた抵当不動産の果実に及ぶ」という表現に改められた（谷口園恵ほか「担保物権及び民事執行制度の改善のための民法等の一部を改正する法律の解説(4)」NBL772-44, 46（平15））。

　371条は、果実に対する抵当権実行が被担保債権の履行遅滞後に可能となることを規定するにとどまり、抵当権者は、民執法の規定に従って担保不動産収益執行の開始による差押えをした場合に、同法の規定する範囲で、果実からの優先弁済を受けることができる（谷口ほか・前掲論文46）。抵当権設定者が被担保債権の履行遅滞後、担保不動産収益執行の開始前に受領した賃料につき、抵当権者が抵当権設定者に対して不当利得返還請求をすることができるわけではないし、賃借人が抵当権設定者に賃料を支払うことが抵当権侵害になるわけではない（谷口ほか・前掲論文46注（40）、座談会「新しい担保・執行法制と金融実務上の留意点」金法1682-76, 87以下（平15）［道垣内弘人発言］）。抵当権者の果実に対する優先権は、担保不動産収益執行または物上代位によって行使されなければならない。そのいずれかの方法をとらない限り、所有者が抵当不動産の使用収益権を依然として有する（道垣内・147）。

　賃料債権を典型とする法定果実に対して抵当権者が物上代位することが判例上認められているのに、新たに担保不動産収益執行による優先弁済を認めたのは、物上代位にはいくつかの不都合な点があるからである。物上代位の不都合な点は、第一に、管理費用も含めて一切の収益（賃料債権）を物上代位権者たる抵当権者が把握してしまい、所有者のもとには何も残らない結果として物件の管理が疎かになる。第二に、不動産上の負担の順が、賃借権の後に抵当権となっていて売却がなされた場合に、売却の事実が直ちに物上代位の手続に反映される保証がないため、買受人と物上代位権者との間で賃料債権の取り合いが生ずるおそれがある。第三に、賃料債権に対する差押えを行った者の順序で満足を受けるとすれば、<u>本来の抵当権の順位を乱す</u>ことになる。第四に、どのような賃借人がいるのかの把握が必ずしも容易ではない（例えば、マンスリー・マンションまたはウィークリー・マンションなど賃借人の入れ替わりが頻繁な物件等については、頻繁に交代する第三債務者への債権に対していちいち執行を行うことは実質上不可能であるため、このような場合には物上代位は機能しない（山川＝山田編著・前掲書50）。第五に、賃料債権の差押後に、抵当権者と所有者との摩擦から賃借人が出ていってしまうことがある（野村秀敏「抵当権に基づく収益管理制度の構想／独立型」NBL737-8以下（平14））。このほか、物上代位では、契約違反の利用を行う賃借人を契約解除によって追い出すことも、また、空き室を補充して賃料債権を成立させることも、抵当権者にはできないという限界がある（松岡・前掲論文19）。

●抵当不動産の賃借人が取得すべき転貸賃料債権に対する物上代位権

1 問題点

　理論的には、抵当不動産の賃借人は、被担保債権の履行について抵当不動産

◆**本来の抵当権の順位を乱す**
　物上代位によって賃料等への執行がなされる場合は債権執行の手続によって行われるため、他の担保権者が配当要求等を行う期間が極めて限られているから、複数の抵当権者がある場合においても、その順位に従った適切な配当がなされないという不都合がある（山川一陽＝山田治男編著・改正担保法・執行法のすべて（中央経済社・平15）50）。

▲**賃料債権に対する物上代位**
　賃料債権に対する物上代位権の行使としての差押えがあった後に、賃貸借契約が終了し、明渡しがされたとき、敷金の限度で賃料債権が消滅するから、その部分は差押えが効果を有しなくなるというのが判例（最判平成14年3月28日民集56-3-689）である（敷金の性格に対する一般的理解と賃借人の保護のためにも、判旨は妥当である。道垣内・148）。

をもって物的責任を負担するものではないから、抵当権者は、抵当不動産の賃借人が取得すべき転貸賃料債権に対して物上代位権を行使することはできないと考えられる。しかし、仮に、その物上代位権行使を認めると、正常な取引に成立した抵当不動産の転貸借関係における転貸人の利益を不当に害することになるが、実際上、転貸賃料債権に対する物上代位権行使が問題となる事例では、正常な賃貸借は稀であるから、保護しなくてよいとも考えられる。

2 議論

A：[原則否定説] 最高裁は、最近、抵当不動産の賃借人が取得すべき転貸賃料債権について、原則として抵当権者が物上代位権を行使することはできないとした。建物に根抵当権の設定を受けた抵当権者が、物上代位権の行使として、その建物を賃借してこれを他に転貸している賃借人（転貸人）の転借人に対する転貸賃料債権につき差押命令を得たが、最決平成12年は、抵当権者は抵当不動産の賃借人を所有者と同視することを相当とする場合を除き、その賃借人が取得すべき転貸賃料債権について物上代位権を行使することはできないとした（最決平成12年4月14日民集54-4-1552）。最決平成12年は、372条によって抵当権に準用される304条1項に規定する「債務者」には、原則として、抵当不動産の賃借人（転貸人）は含まれないとする。その理由として、所有者は被担保債権の履行について抵当不動産をもって物的責任を負担するものであるのに対し、抵当不動産の賃借人は、このような責任を負担するものではなく、自己に属する債権を被担保債権の弁済に供されるべき立場にはないとする。また、同項の文言に照らしても、これを「債務者」に含めることはできないとする。さらに、もし、転貸賃料債権を物上代位の目的とすることができるとすると、正常な取引により成立した抵当不動産の転貸借関係における賃借人（転貸人）の利益を不当に害することにもなるとする。もっとも、所有者の取得すべき賃料を減少させ、または抵当権の行使を妨げるために、法人格を濫用し、または賃貸借を仮装したうえで、転貸借関係を作出したものであるなど、抵当不動産の賃借人を所有者と同視することを相当とする場合には、その賃借人が取得すべき転貸賃料債権に対して抵当権に基づく物上代位権を行使することを認めている。

最決平成12年は、抵当不動産の賃借人が取得すべき転貸賃料債権について原則として抵当権者が物上代位権を行使できないとする理由として、304条1項の文理解釈、抵当不動産の賃借人は被担保債権の履行について抵当不動産をもって物的責任を負担するものではないこと、また、仮に、転貸賃料債権を物上代位の目的とすることができるとすると、正常な取引により成立した抵当不動産の転貸借関係における賃借人（転貸人）の利益を不当に害することになることを挙げる。

この最決平成12年以前は、転貸料への物上代位の肯否について、限定的肯定説をとる東京地裁・高裁と否定説をとる大阪地裁・高裁が対立していた。

最決平成12年のとる原則否定説は、物上代位権を行使する抵当権者に転貸借が濫用的・仮装的であることの立証責任を負わせる点でその妥当性に問題があ

◆下級審の対立
荒木新五「判批」銀行法務21No.577-42（平12）。転貸料への物上代位を原則的に肯定するのが、執行実務・裁判例の趨勢であったと指摘されている。清原泰司「判批」銀行法務21No.577-44、45（平12）。

るが、その立証の困難は、かなりの程度克服可能であるとして、最決平成12年を支持する見解がある。また、抵当権者の賃料債権取得は「余禄」であるから、抵当権者の賃料債権に対する物上代位権を絶対的な優位性を有するものと扱うことは不当であり、賃借人の利益を犠牲にしてまで転貸料債権に対する物上代位を認める実務上の必要性は乏しいのに対し、否定説には理論的な難点がなく、実際上の処理としても適切妥当であるとして、最決平成12年を支持する見解もある。このほか、転貸料収入の中には賃借人が投じた管理費用等に当たる部分も含まれており、抵当権者がこのような価値を奪うことは、当事者の通常の意思や抵当権の制度目的からも根拠づけられないとして、物上代位権の行使を否定する見解もある（高橋眞「判批」私法判例リマークス1994㊤28、30以下）。

 B：［原則肯定説］　最決平成12年に反対し、物上代位権の行使を肯定する見解もある。最決平成12年は、転貸料への物上代位権行使について原則否定説をとった理由の１つとして、仮に転貸賃料債権を物上代位の目的とすることができるとすると、正常な取引により成立した抵当不動産の転貸借関係における賃借人（転貸人）の利益を不当に害することになるとする。しかし、転貸料への物上代位権行使が問題となる事例では、保護に値する正常な賃貸借こそ稀であるから、最決平成12年は物上代位権行使が問題となる転貸の実態を理解していないとの批判がなされ、原則肯定説を主張する見解もある。また、原則否定説によれば、抵当権者が特段の事情の存在を立証しなければならず、また、執行裁判所がその存否を判断しなければならない点に難点があると批判されている。

3 留意点

　原則否定説と原則肯定説との相違点は、実際上は証明責任である。原則否定説によれば、抵当不動産の賃貸借契約が正常でなく、抵当権行使を妨げる目的等で締結されている場合、そのことについて抵当権者が証明責任を果たさないと転貸料債権に対して物上代位権を行使できないのに対して、原則肯定説によれば、抵当権者はそれについて立証せずに、物上代位権を行使できる。

●賃料債権を差し押さえられた後における賃借人による相殺

　抵当権者が物上代位権を行使して賃料債権の差押えをした後は、抵当不動産の賃借人は、抵当権設定登記の後に賃貸人に対して取得した債権を自働債権とする賃料債権との相殺をもって、抵当権者に対抗することはできないとするのが最判である（最判平成13年３月13日民集55-２-363）。その理由として、物上代位権の行使としての差押えがされる前においては、賃借人のする相殺は何ら制限されるものではないが、前述の差押えがされた後においては、抵当権の効力が物上代位の目的となった賃料債権にも及び、また、物上代位により抵当権の効力が賃料債権に及ぶことは抵当権設定登記により公示されているとみることができるから、抵当権設定登記の後に取得した賃貸人に対する債権と物上代位の目的となった賃料債権とを相殺することに対する賃借人の期待を、物上代位権の行使により賃料債権に及んでいる抵当権の効力に優先させる理由はないとしている。そして、最判は、このような見解によれば、抵当不動産の賃借人が

◆立証の困難はかなりの程度克服可能
　佐久間弘道「判批」銀行法務21No.577-46（平12）。原則否定説に立つのは、同「抵当権者の転貸料債権に対する物上代位」銀行法務21No.522-16（平8）。

◆最決平成12年を支持
　荒木新五「抵当権に基づく転貸料債権に対する物上代位」銀行法務21No.567-78、82（平11）。

◆原則肯定説
　清原泰司「判批」銀行法務21No.577-44、45（平12）。

◆原則否定説の難点
　清原泰司「判批」金融商事判例1077-53、58（平11）。

賃貸人に対して有する債権と賃料債権とを対当額で相殺する旨を賃借人・賃貸人両名があらかじめ合意していた場合においても、賃借人が前述の賃貸人に対する債権を抵当権設定登記の後に取得したものであるときは、物上代位権の行使としての差押えがされた後に発生する賃料債権については、物上代位をした抵当権者に対して相殺合意の効力を対抗できないとしている。

学説には、抵当権に基づく物上代位としての差押えと相殺の優劣は、この最判のとおり、抵当権設定登記の時点と第三債務者が自働債権を取得した時点との先後により決すべきであるとする見解もある（前澤功「判批」銀行法務21No.590-55、58（平13））。

しかし、登記時基準説を採用した最判を批判する学説が多い（例えば、清水俊彦「判批」判夕1066-76（平13））。この最判に反対する理由として挙げられるのは、第三債務者に対しては、抵当権の物上代位権の公示は物上代位権に基づく差押えと解すべきであるとする（清原泰司「判批」銀行法務21No.592-76、79（平13））。同様に、不動産本体に抵当権設定登記がされたからといって賃料まで抵当権の対抗力が及ぶことが公示されているわけではないとして、この最判が不動産登記の「公示」の意味について独自の見解を採用していると批判されている（鳥谷部茂「判批」金法1607-7（平13）。また、山野目章夫「抵当権の賃料への物上代位と賃借人による相殺（上）」NBL713-6、8（平13））。さらに抵当権設定登記が先になされているだけで、賃借人が抱く相殺についての期待より、抵当権者の利益を優先させる理由はないとして、最判の具体的妥当性が批判されている（荒木新五「判批」判夕1068-86、88（平13））。

●抵当不動産の火災保険金請求権に設定された質権と物上代位権との優劣

1 問題点

抵当権の目的物である建物の火災保険金請求権に質権が設定された場合、その保険金請求権についての質権と、その保険金請求権に対する抵当権に基づく物上代位権のどちらが優先するかが問題となる。

2 議論

A：［差押時基準説］ 保険金請求権に対する質権と保険金請求権に対する物上代位権による差押えをした抵当権がある場合、その優先順位は抵当権に基づく物上代位権による差押えの時と、質権設定の第三者に対する対抗要件（確定日付）を具備した時との前後によるとする説がある。

B：［登記時基準説］ 保険金請求権に対する物上代位権の公示方法としては抵当権の登記で十分であるとし、両者の優先順位は、抵当権の登記の時と質権の第三者に対する対抗要件を備えた時との前後によって定めるべきものとする。差押えの意味を代位目的物の特定性の維持にもとめ、そして、抵当権の公示（登記）が、物上代位権の公示そのものになるとして、この説に立つ見解もある（柚木＝高木・274）。学説では、この抵当権の対抗要件たる登記の日付と質権の第三者対抗要件たる確定日付との早い方を優先させるとする説が通説である。

なお、この他に、確定日付と保険事故発生時の先後関係を基準とする説や、常

♥ **賃料と登記**
目的物の滅失等によって生じた保険金・補償金のように目的物の価値に代わる代償的価値は、目的物の価値変形物というとらえ方が可能であるため、目的物に関する権利の公示（抵当権の設定登記）が、その代償的価値についても意味を有すると考えうる余地があるが、当初から債権として発生し、しかも抵当不動産自体と異なり、差押えを受けない限り処分することが自由な賃料のような派生的価値においては、当然に登記に意味が認められることにはならない（高橋・136）。

◆ **差押時基準説**
福岡高宮崎支判昭和32年8月30日下民集8-8-1619以下、西島梅治「物上代位と保険金請求権上の質権との優劣」商法の争点（2版）260以下（昭58）。

◆ **登記時基準説**
鹿児島地判昭和32年1月25日下民集8-1-114。田川士郎「判批」担保法の判例①139以下。

◆ **確定日付と事故発生時の先後基準説**
鴻常夫「保険金債権に対する抵当権の物上代位と保険金請求権上の質権との関係について」ジュリ141-30(昭32)。

に質権が優先するとする説もある。

　抵当権の登記の日付と質権の第三者対抗要件たる確定日付の先後によって優劣を決定しようとするＢ説（登記時基準説＝通説）に対しては批判がある。抵当権の公示をもって物上代位権も公示するとみることは取引の安全を害し、また、抵当目的物が保険金債権に変形したときにまで、抵当権の登記だけで代位物についての優先弁済権の公示方法とするには十分ではないと批判されている（西島・前掲論文261）。

③ 留意点

　家屋に抵当権を設定する場合、通常、抵当権者は抵当権設定者に火災保険を掛けさせ、契約の中で保険金請求権の上に質権を設定させることが一般的に行われており、これにより、抵当権者は、物上代位権によらなくても、質権者として保険金請求権の上に優先権を有することも多い。特に、家屋の購入資金の借り入れのために抵当権を設定する場合には、この方法が一般化している（近江・145）。

●抵当権の物上代位の目的債権が他に譲渡された後における差押え

① 問題点

　抵当権者が物上代位権を行使するためには第三債務者による払渡しまたは引渡しの前に差押えをする必要がある（372条に基づく304条１項ただし書の準用）。それでは、抵当権者は、第三債務者がその物上代位の目的債権を他に譲渡し、その債権譲受人が第三者に対する対抗要件を備えた後であっても、自らその目的債権を差し押さえて物上代位権を行使できるか。この問題を考える際に、304条１項が、抵当権者に「差押え」を要求した趣旨目的は何か、304条１項が要求する「払渡しまたは引渡し」に債権譲渡が該当するか、また、抵当権設定登記の公示性なども検討する必要がある。

② 議論

　Ａ：[肯定説]　最判平成10年は、抵当権者はその物上代位の目的債権が他に譲渡され、その債権譲受人が第三者に対する対抗要件を備えた後であっても、自らその目的債権を差し押さえて物上代位権を行使できるとしている（最判平成10年１月30日民集52-１-１）。最判平成10年は、抵当権者が物上代位権を行使するためには第三債務者による払渡しまたは引渡しの前に差押えをすることを要するとした304条１項ただし書（372条に基づく準用）の趣旨目的は、主として、二重弁済を強いられる危険から第三債務者を保護するという点にあるとした。そして、物上代位の目的債権が他に譲渡されて第三者に対する対抗要件が備えられた後においても、抵当権者は自ら目的債権を差し押さえて物上代位権を行使できるとしている。最判平成10年は、抵当権の効力は物上代位の目的となる債権にも及ぶから、その債権の債務者（第三債務者）は、その債権の債権者である抵当不動産の所有者（抵当権設定者）に弁済をしても弁済による目的債権の消滅の効果を抵当権者に対抗できないという不安定な地位に置かれる可能性があるとする。そのため、差押えを物上代位権行使の要件とし、第三債務者は、

◆質権優先説
森島昭夫＝宇佐見大司「物上代位と差押」法セ370-106（昭60）。

差押命令の送達を受ける前には抵当権設定者に弁済をすれば足り、その弁済による目的債権消滅の効果を抵当権者にも対抗することができることにして、二重弁済を強いられる危険から第三債務者を保護することにしたと理解する。そして、このような304条１項の趣旨目的に照らすと、同項の「払渡しまたは引渡し」には債権譲渡は含まれず、抵当権者は、物上代位の目的債権が譲渡され第三者に対する対抗要件が備えられた後においても、自ら目的債権を差し押さえて物上代位権を行使できるとする。その理由として、第一に、304条１項の「払渡しまたは引渡し」という言葉は当然には債権譲渡を含まず、物上代位の目的債権が譲渡されたことから必然的に抵当権の効力がその目的債権に及ばなくなると解すべきではないとする。第二に、物上代位の目的債権が譲渡された後に抵当権者が物上代位権に基づき目的債権の差押えをした場合において、第三債務者は、差押命令の送達を受ける前に債権譲受人に弁済した債権についてはその消滅を抵当権者に対抗することができ、弁済をしていない債権についてはこれを供託すれば免責されるのであるから、抵当権者に目的債権の譲渡後における物上代位権の行使を認めても第三債務者の利益を害することはないとする。第三の理由として、抵当権の効力が物上代位の目的債権についても及ぶことは抵当権設定登記により公示されているとみうるとする。第四に、対抗要件を備えた債権譲渡が物上代位に優先するものと解するならば、抵当権設定者は、抵当権者からの差押えの前に債権譲渡をすることによって容易に物上代位権の行使を免れることができるが、このことは抵当権者の利益を不当に害するものとする。

　この最判平成10年は、従来の判例を変更し、分かれていた下級審の判断を統一し、物上代位権行使の優先を認めたものである（升田純「判批」金法1524-44、47（平10））。学説には、304条の沿革・立法者意思を理由として、この最判と同様に、304条における差押えの意義について、第三債務者の保護に求める見解がある。304条１項の淵源であるボアソナード民法草案1638条の沿革と物上代位制度の比較をし、304条本文は担保金融促進のために担保権者を保護するものであるのに対し、同条ただし書は、担保権者に対して代位目的物の直接支払義務を負うことになる第三債務者の二重弁済の危険を防止するためにあるとして、この判例に賛成する学説がある。また、ボアソナードによれば先取特権は「物を代表する価額」へ当然に「移転」するとしているから、物上代位における差押えの目的は第三債務者の保護にあり、担保財産はもともと債務者（所有者）の一般財産には入っていなかったし、抵当権のように登記による公示がある場合は当然に差押えがあったとすることも可能であるとしていた。

　最判平成10年と同様に、債権譲渡は「払渡し」には当たらず、抵当権に基づく物上代位権は抵当権設定登記により公示された担保権であり、その権利行使に際しては差押えを必要とする手続要件（対抗要件ではない）が定められているが、目的債権の譲受人に対しても追及効があるから、債権譲受人を執行債務者とする差押えが許されるとする説がある（小林昭彦「判批」金法1456-6、10（平8））。また、債権譲渡は、「払渡し」に該当せず、物上代位における差押え

◆判例に賛成する学説
　清原泰司「判批」判時1643-216、219（平10）。ボアソナードによれば、物上代位権の付与に伴い保護しなければならない者は、他の債権者（第三者）ではなく、第三債務者である。なぜなら、第三債務者には二重弁済の危険が存するからである。物上代位権発生後に第三債務者が債務者のほうに弁済することは非債弁済となる。清原泰司「抵当権の物上代位に基づく差押えの意義」銀行法務21No.567-31、32（平11）。
　これに対し、304条の沿革を理由とすることに対する批判は、道垣内・151。また、二重弁済の危険を前提とする第三債務者保護説に対しては、抵当権者が物上代位権を行使するまでは第三者は自己の債権者に弁済すればよく、二重弁済の危険はないとする批判がなされている（高橋・134）。

◆登記があれば差押えと同様の効果
　奥田昌道ほか編・民法学③（有斐閣・昭51）115［谷口安平］。このほか、第三債務者保護説は、吉野衛「物上代位に関する基礎的考察（上）」金融法務968-7（昭56）。もっとも、ボアソナード草案によれば、差押（opposition）の意義は、第三債務者の保護にあったが、立法担当者の梅謙次郎は、差押えの意義に関し、第三債務者の保護については一切ふれていないと指摘されている（野間宏「判批」曹時50-6-143、151（平10））。

の意義は、第三債務者のみとの関係で必要になるとする説がある（村田利喜弥「判批」銀行法務21No.533-4、11（平9）、秦光昭「判批」金法1455-4、5（平8））。

最判平成10年は、物上代位権について、いわば差押えを条件として、抵当権設定登記の対抗力が認められていることになる。差押えにより物上代位権を「保全」するという表現も、差押えを条件として登記の対抗力が認められることの表現とみれば分かりやすいとされる（野間宏「判批」曹時50-6-143、176（平10））。

B：[否定説]　最判平成10年に対しては、その差押えの趣旨目的につき第三債務者保護説をとったことに対し、抵当権者は実行手続なくして賃料を受領する権限を有していないため、もともと第三債務者は不安定な地位にないと批判されている（高橋眞「判批」平成10年度重判解説68、70。本件判決に反対するのは、古積健三郎「判批」法教判例セレクト1998-15）。また、最判平成10年は、物上代位の目的債権に抵当権の物上代位の効力が及んでいることが抵当権設定登記によって公示されているとするが、467条・364条、民執法145条では、債権の帰属を第三者に対抗するためには、通常、第三債務者に直接知らしめるというシステムになっているから、判例の考え方には無理があると批判される（道垣内弘人「判批」民法の基本判例［第2版］84、87（平11））。さらに、抵当権設定登記によって物上代位権が公示されているのであれば、なぜ「払渡しまたは引渡し」によって、物上代位権の行使としての差押えができなくなるのかが明らかではない。このほか、債権譲渡がなされると、物上代位した担保権は実体法上追及できないとの批判もある（北秀昭「抵当権者の賃料債権に対する物上代位」ジュリ1099-124）。

物上代位権行使のための差押えの意義について、最判平成10年は、第三債務者保護説をとったが、かつての通説は特定性維持説（我妻・288、柚木＝高木・271）であった。しかし、第三者保護説・優先権保全説（債務者の一般財産への混入の防止、梅謙次郎・民法要義巻之二物権篇291）や、優先権の保全と特定性の維持の二つにあるとする説もあった。これに対して、最判平成10年は、第三債務者保護説に立った。

3 留意点

抵当権の物上代位の目的となる債権が譲渡されて対抗要件が備えられた後においては、その債権に対し抵当権者は物上代位権を行使できないとするのが、かつての判例（大決昭和5年9月23日民集9-918、大判昭和17年3月23日法学11-12-100）であったが、前掲最判平成10年は、これを変更した（この問題について分かれていた下級審の判断を統一した）。先取特権者は、その物上代位権の目的債権が譲渡された後は、もはや物上代位権を行使できないとするのが最判の考え方（最判昭和59年2月2日民集38-3-431、最判昭和60年7月19日民集39-5-1326）であったから、最判平成10年は、先取特権と抵当権とでその取扱いを異にした。

その後、最高裁は、次のように述べて、債権について一般債権者の差押えと抵当権者の物上代位権に基づく差押えが競合した場合には、両者の優劣は一般債権者の申立てによる差押命令の第三債務者への送達と抵当権設定登記の先後

♥賃料と抵当権設定登記
　賃料等の派生的価値については、抵当権設定登記による優先権の公示は否定されるべきであり、債権譲渡通知と物上代位による差押えの前後によって優劣を決めるべきである（高橋・140）。

◆明らかではないとの批判
　道垣内・前掲「判批」87。債権譲渡は、304条1項ただし書にいう「払渡し」にあたるとも批判される。道垣内弘人「判批」銀行法務21No.522-9（平8）。
　同様に、債権譲渡がなされると、その債権は抵当不動産の所有者には属さないから、物上代位権による差押えをしても効力を生じないと批判されている。鎌田薫「物上代位と差押」分析と展開民法Ⅰ（第2版増補版・弘文堂・平12）267、274。

◆第三者の保護と特定性の維持の二つ
　立法者の梅謙次郎博士は、他の債権者を保護するため、代位目的物の特定性維持が必要であるとし、その手段が「差押え」であると解していた。それは今日の優先権保全説と特定性維持説の両説を接合した二面説の見解であり、立法当初は定説といってもよいものであったと指摘されている。清原泰司「抵当権の物上代位に基づく差押えの意義」銀行法務21No.567-31、33（平11）。

◆差押えと第三債務者の保護・第三者の保護
　抵当権者が、物上代位権の存在を第三債務者に知らせるとともに、その行使の意思を明確に表示する以前に、第三債務者が物上代位の目的債権について弁済等をしたときには、それにより物上代位権の対象は消滅し、物上代位権は行使できなくなる。物上代位権は、物上代位権者による目的債権の差押え以前は浮動的権利であり、差押えによって効力を保全される。目的債権の債務者の立場からいえば、払渡しまたは引渡しの段階にまで至れば、自ら得た利益を、その後の物上代位権行使によって覆されることはないという保護を受ける（道垣内・150以下）。

◆先取特権と抵当権における差押えの意義の相違
　動産売買先取特権における物上代位においては、最高裁は差押えの意義を債権譲受人も含めた第三者の保護と位置づけていたが、前掲最判平成10年は、第三債務者の保護に差押えの意義があるとしている点が特徴的である（古積健三郎「判批」私法判例リマークス1999⟨下⟩26、29）。

によって決せられるとした。一般債権者による債権の差押えの処分禁止効は差押命令の第三債務者への送達によって生ずるものであり、他方、抵当権者が抵当権を第三者に対抗するには抵当権設定登記を経由することが必要であるから、債権について一般債権者の差押えと抵当権者の物上代位権に基づく差押えが競合した場合には、両者の優劣は一般債権者の申立てによる差押命令の第三債務者への送達と抵当権設定登記の先後によって決せられ、差押命令の第三債務者への送達が抵当権者の抵当権設定登記より先であれば、抵当権者は配当を受けることができないとした（最判平成10年3月26日民集52-2-483）。

●他の債権者による債権差押事件への配当要求

抵当権に基づき物上代位権を行使する債権者は、他の債権者による債権差押事件に配当要求をすることによって優先弁済を受けることはできない、とするのが最判である（最判平成13年10月25日民集55-6-975）。その理由として、372条において準用する304条1項ただし書の「差押え」に配当要求を含むものと解することはできないとし、また、民執法154条および同法193条1項は抵当権に基づき物上代位権を行使する債権者が配当要求をすることを予定してないからであるとしている（この最判の結論に賛成するのは、我妻学「判批」リマークス2003㊤134、坂田宏「判批」民商127-2-96（平14）。また、判旨賛成、佐藤歳二「判批」判時1794-182（判評525-20）（平14））。

学説上は、抵当権に基づき物上代位権を行使する債権者が、他の債権者による債権差押事件に配当要求することを肯定する説と否定する説が対立している。

配当要求を否定する理由として、304条の「差押え」の文理解釈等を挙げる学説がある（天野勝介「物上代位権の行使(1)」金法1509-6、7（平10））。また、304条に加えて、民執法154条に反することを理由に挙げる見解もある（鈴木忠一＝三ケ月章編集・注解民事執行法⑤（第一法規出版・昭60）169［田中康久］、香川保一監修・注釈民事執行法⑥（金融財政事情研究会・平7）421［富越和厚］。また、民執154条1項を根拠として、香川保一監修・注釈民事執行法⑧（金融財政事情研究会・平7）251［三村量一＝大澤晃］（先取特権に基づく場合は認める））。

これに対して、抵当権に基づき物上代位権を行使する債権者からの配当要求を認める学説がある。その理由は、配当要求を差押えと同視するからである（加藤一郎・林良平編集代表・担保法大系①（金融財政事情研究会・昭59）368［清原泰司］）。また、先取特権の物上代位権について配当要求を認めることとのバランスや、配当要求を認めてもすでに先行の差押命令があるから第三債務者に二重弁済の危険が生じないこと等を理由として、配当要求を肯定している（片岡宏一郎「（根）抵当権者による物上代位権の行使に基づく配当要求の可否」金法1629-4（平13））。

♠ **最判平成14年3月28日民集56-3-689**
敷金が授受された賃貸借契約に係る賃料債権につき抵当権者が物上代位権を行使してこれを差し押さえた場合においても、その賃貸借契約が終了し、目的物が明け渡されたときは、賃料債権は、敷金の充当によりその限度で消滅する、とするのが最判である（最判平14年3月28日民集56-3-689）。学説は、この最判についていくつかの理論上の疑問点を指摘するが、判旨の結論に賛成するものが多い（下村信江「判批」リマークス2003㊤22、荒木新五「判批」判タ1099-81（平14）、高橋眞「判批」金法1656-6（平14）、岬野悌介「判批」法の支配128-99（平15）、吉岡伸一「判批」金法1669-40（平15））。

♦ **物上代位に関して抵当権と先取特権とは別異**
他の債権者が目的債権を差し押さえているときにも、抵当権者は配当要求によって優先弁済権を行使することはできず、自ら差し押さえて物上代位権を行使しなければならないとするのが判例である。民執193条2項により準用される同154条1項は、抵当権者による配当要求を予定していないからであり、先取特権に基づく物上代位の場合とは別異に考えるべきである（道垣内・156）。

[3] まとめ

　抵当目的物の売却代金については物上代位権は及ばない（近時の多数説）が、抵当目的物の賃料請求権に対しては物上代位権が及ぶとするのが、判例であった（現在は、371条による）。そして、抵当目的物を対象とした保険契約に基づく保険金請求権について物上代位権が及ぶとするのが通説・判例である。

　次に問題となるのは、物上代位権行使のための要件とされている差押である。判例は、従来、その差押えの意義に関して、特権説（優先権保全説）に立つと解されており、これに対し、通説は価値権説（特定性維持説）に立っていた。そのため、判例は、抵当権者自身が代位物を差し押さえなければならないとするのに対し、通説は、その必要はないと解していた。しかし、その後、判例は、動産売買先取特権に基づく物上代位権の行使に関し、目的債権について一般債権者が差押えをしてもその後に先取特権者が物上代位権を行使できる旨を判示し、その物上代位権の行使に差押えが要求される根拠を、「特定性の維持」、「物上代位権の保全」ならびに「第三者等の不測の損害の防止」を挙げるに至っており、特定性維持説と優先権保全説を融合させていると評されていた（道垣内・判例百選①173）。学説においても、抵当権に基づく物上代位権行使の差押えの意義に関して、目的債権に対する請求権について特定性維持と優先権保全という２つの意味があるとする見解（二面性説）も主張されるに至っていた（近江・64以下）。

　しかし、最近、最高裁は、抵当権の物上代位の目的となる債権（抵当不動産の賃貸による賃料債権）がすでに譲渡されその対抗要件も備えられた後において、抵当権者が物上代位権を行使して差し押さえた賃料債権の支払いを抵当不動産の賃借人に求めた事案において、抵当権者が物上代位権を行使するには払渡しまたは引渡しの前に差押えをすることを要するとした趣旨目的として、二重弁済の危険からの第三債務者の保護という点を強調した（最判平成10年１月30日民集52-１-１）。

　賃料債権に対する物上代位が問題となっているのは、抵当権設定者が自ら賃料債権を取得することなく、第三者に対して賃料債権を譲渡している場合が多いからである。このような第三者は、必ずしも抵当権設定者の傀儡である場合に限らず、抵当権者に劣後する債権者が自己の債権を抵当権者よりも優先して回収しようとして、抵当権設定者に対して賃料債権の譲渡を求め、その合意のもとに、賃料債権の譲渡を受けている場合もある（滝澤孝臣「判批」銀行法務21No.567-43、46以下（平11））。

◆物上代位権行使に関する判例の整理

　抵当権に基づく物上代位権行使に関する最判平成元年以降の判例法理を整理すると、以下のようになる。①抵当権設定登記により、抵当権者の潜在的な物上代位権が公示される。②物上代位権の具体化のためには、抵当権者自身による差押えが必要である。③この差押えの趣旨は、主として第三債務者の保護にある。④賃料への物上代位の差押えは、履行遅滞を要件とする（実務）。以上につき新井剛「抵当権の物上代位・収益・執行」民法の争点（平19）141、142参照。

第12講
代価弁済・抵当権消滅請求

[1] 概説

●抵当権と第三取得者の関係

　不動産の所有者（抵当債務者または物上保証人）が、その不動産に抵当権を設定しても不動産の処分権に制限は受けない。したがって、不動産に抵当権を設定した所有者は、その不動産を占有して使用収益することもできるし、第三者にその不動産（所有権）を譲渡したり、また、その不動産に地上権などの用益物権や賃借権を設定することもできる。抵当不動産につき所有権または用益物権を取得した者を第三取得者という。もし、抵当権の被担保債権の債務者が、その被担保債権の弁済をして被担保債権を消滅させれば、付従性によって抵当権も消滅する。したがって、抵当不動産の第三取得者は、被担保債権が弁済されて抵当権が消滅すれば、従来通りにその不動産の所有権または用益物権を維持できることになる。

　しかし、もし、被担保債権の債務者がその弁済をせずに履行遅滞となる場合には、その抵当不動産の第三取得者は、抵当権の実行によって影響を受ける。例えば、抵当権が実行（担保不動産競売）され、抵当不動産が売却されると、その不動産所有権を取得していた第三取得者はその不動産の所有権を失う（一般には、担保不動産競売手続における入札で適法な最高価の買受申出人となった者が、スムーズに行けば後に売却許可決定を受けて買受人となり、代金納付をしてその所有権を取得する）。また、同様に、抵当権設定登記後に設定された地上権等の用益物権も、抵当権の実行による売却によって消滅する（競売手続で代金納付して不動産所有権を取得した買受人は、用益物権の負担のない所有権を取得する）。

　このように抵当不動産の第三取得者がその不動産の所有権（または用益物権）を維持できるか否かは、被担保債権の債務者が弁済するか否かにかかっている（売買の目的である不動産の上にあった抵当権が実行されて、その買主が所有権を失ったときは、買主は契約の解除をすることができる（567条1項）。また、買主が費用を支出してその所有権を保存したときは、売主に対してその費用の償還を請求することができる（同条2項））。そこで、民法は、抵当不動産の第三取得者が抵当権の負担から解放されるための手段を設けた。それが、代価弁済と抵当権消滅請求の制度である。

◆抵当不動産の第三取得者による処分
　抵当権が設定された不動産の第三取得者は、所有者として自ら抵当不動産を使用できるし、さらに売却できるし、また賃貸や地上権・永小作権の設定のほか抵当権・質権の設定もできる（道垣内・161）。

◆所有権の取得時期
　民執法188条によって準用された民執法79条は、買受人は代金を納付した時に不動産を取得すると規定している。

◆売却の効果
　民執法188条によって準用された民執法59条1項は、不動産の上に存する先取特権、使用収益をしない旨の定めのある質権ならびに抵当権は売却により消滅すると規定する。そして、同条2項は、前項の規定により消滅する権利を有する者、差押債権者または仮差押債権者に対抗することができない不動産に係る権利の取得は売却によりその効力を失うと規定する。

●代価弁済

1 意義

　抵当不動産につき所有権または地上権を買い受けた第三者が、抵当権者の請求に応じてその代価を弁済したときは、抵当権はその第三者のために消滅する（378条）。このように、抵当不動産につき所有権または地上権を取得した第三取得者が、抵当権者から請求された代価（売買価格）を、抵当権を消滅させることを目的として抵当権者に弁済することを代価弁済という（第三取得者が、不動産の売買価格または地上権の設定の代価を売主・地上権設定者ではなく抵当権者に支払う）。

　抵当権者が第三取得者から受け取る代価は、必ずしも被担保債権の全額ではない。抵当権実行による売却価額は、場合によっては時価よりも安くなったりするし、また、抵当不動産の値上がりの可能性はないと考える抵当権者が、実際に行われた不動産所有者と第三取得者との売買価格で満足するときには、第三取得者がそれを抵当権者に支払って抵当権を消滅させようとするのが代価弁済の制度である（我妻・371参照）。代価弁済は、債権者（抵当権者）の意思によって行われるものであるから、抵当権者に対する圧迫とはならない。

12-1　代価弁済

♥**抵当権者の請求**
　代価弁済では、代価が抵当権者の請求に応じて支払われたものでなければならない。第三取得者が目的不動産の時価に相当する金員を任意に抵当権者に弁済したときは、第三者による一部弁済であり、全部が弁済されるまでは、抵当権者はなおその権利を行使することができる（高橋・199）。

　もっとも、代価弁済は、本来は売主に対して支払うべき売買代金額を当該抵当権者に支払うという制度であるから、機能するのが売買契約時に限定され、また、当該抵当権者の有する抵当権だけが消滅することになり、複数の担保権が存在するときにはうまく働かない制度である（道垣内・165）。不動産の売買代価が、抵当権の被担保債権額を下回る場合には、抵当権者が代価弁済の請求をすることは通常はないし、また、代価が被担保債権額を上回る場合には、第三取得者にとって代価弁済に応じる実益はない。したがって、代価弁済の制度はあまり存在意義はなく、利用されることは少ないといわれている。

2 要件

　代価弁済の要件は、第一に、抵当不動産について所有権または地上権を買い受けた第三取得者がいることである。この地上権の売買とは、地上権設定の対価として定期の地代を支払う場合ではなく、地上権を設定した最初に全期間に対する対価を支払う場合である。永小作権では、このようなことがないので、代

価弁済の制度は適用されない（我妻・373）。その他の要件は、抵当権者が第三取得者に対して売買代価の弁済を請求することと、第三取得者がこれに応じてその売買代価の弁済をすることである。代価弁済における代価の支払いは、抵当債務の弁済ではなく、あくまで所有権または地上権の対価である（高橋・199）。

3 効果

代価弁済の中心的な効果は、抵当権がその第三取得者のために消滅することである。地上権者が代価弁済したときは、抵当権そのものは消滅しないが、抵当権は地上権に対抗することができなくなる（抵当権が実行された場合に、その土地の所有権を取得した買受人が地上権の負担を引き受ける）。代価弁済により、抵当権は当該第三取得者との関係で消滅（相対的消滅）する（高橋・200）。

代価弁済をした第三取得者は、その抵当権者に支払った範囲で、その所有権または地上権の売主に対する売買代金債務を免れる。また、被担保債権の債務者は、第三取得者が抵当権者に支払った範囲でその抵当権者に対する債務を免れる。そして、被担保債権の債務者の残余債務は、抵当権を伴わない債務として残存する。

◉抵当権消滅請求

抵当不動産の第三取得者による抵当権消滅請求の制度が、平成15年改正により設けられたが、これは従前の滌除制度（平成15年改正前378条以下）という名称をわかりやすく改め、滌除制度における不都合をなくすために改善した制度である。抵当権が実行されないことによる不動産の塩漬け・不動産の流通の阻害という問題を解消するために、抵当権消滅請求制度が新設され、これによる流通を促進する機能が期待される（道垣内・167）。

抵当不動産につき所有権を取得した第三者（第三取得者）は抵当権消滅請求（383条の規定により同条3号の代価または金額を抵当権者に提供して抵当権の消滅を請求することをいう）をすることができる（379条）。主たる債務者、保証人およびその承継人は、抵当権消滅請求をすることができない（380条）。また、停止条件付第三取得者は、条件の成否未定の間は抵当権消滅請求をすることができない（381条）。第三取得者は抵当権の実行としての競売による差押えの効力発生前に抵当権消滅請求をしなければならない（382条）。

[2] 論点のクローズアップ

◉滌除から抵当権消滅請求への改正

1 改正の趣旨

(1) **滌除制度の問題点**　平成15年改正前378条の滌除制度は、抵当権の設定された不動産を取得した者が、抵当権者に対して一定の金額を示して、その金額で抵当権の消滅を求めるものであった。抵当権者がそれを承諾すると、第三取得者は、その金額を支払って抵当権を消滅させて、抵当権の負担のない物件

♥抵当権者が複数存在する場合と代価弁済
　抵当権者が複数存在する場合において、その一部の抵当権者との関係でのみ代価弁済が行われたときは、残りの抵当権者との関係では抵当権は消滅しない（高橋・200）。

♥平成15年改正前381条の削除
　平成15年改正前381条に定められた抵当権実行通知義務は廃止され、同条は削除された。

を入手できた。一方、抵当権者は、その金額に不満があって承諾できない場合、滌除制度のもとでは、申出の額より抵当権者が1割高い額で買受けするという前提で競売の申立て（増価競売の申立て）をしなければならず、もしそれをしなければ承諾したものとみなされるという仕組みになっていた。さらに、その前提として、抵当権者は、抵当権を実行する場合には滌除権を持っている者に対してあらかじめ抵当権実行通知をしなければならず、しかも通知をして1カ月たたないと競売できないという負担があった。このため、抵当権者が抵当権を実行しようとする場合、これらの負担があってすぐに実行はできなかった。この抵当権実行通知をすると、実行までの1カ月間にいろいろな妨害工作をされるおそれがあった。そのほか、第三取得者から滌除の申出があると、それに対して抵当権者みずから買受義務を負った競売の申立てをするかどうかを判断しなければならないという負担があった。このようなことから、増価買受義務を伴った滌除制度は、抵当権者にとって非常に負担になっていた。また、このような負担があるため、抵当権者は、相当低い額での滌除の申出にも応ぜざるをえないという指摘がされていた。これらの理由により、平成15年改正では、以上のような不都合を解消するために見直しがなされ、また、名称についても、滌除というのは難解なので、抵当権消滅請求という制度の実質を反映した平易な名称に改められた（第156回国会衆議院法務委員会議録22号（平15・6・6）21頁2段目［房村精一政府参考人発言］参照）。

◆抵当権消滅請求という名称
「抵当権消滅請求」という名称について、谷口園恵ほか「担保物権及び民事執行制度の改善のための民法等の一部を改正する法律の解説(2)」NBL770-40、43(平15)。

改正前の滌除制度（平成15年改正前378条以下）では、滌除の申立てがあると抵当権者は増価競売の申立て（平成15年改正前384条以下）をして保証金を納付しなければならず、そして、他に買受人がいない場合には抵当権者みずからその買受けをしなばならないとされていたため、抵当権者にとってこれらの負担が非常に重かった。このため、第三取得者は、市場価格よりも相当程度低い額で抵当権者に滌除の申出をした。この額があまりに低ければ、抵当権者は増価競売の申立てをするしかないが、多少低い場合には、低いとは思いつつも、増価競売にかかわる負担が重いので、滌除の申出を受けざるをえなかった。その結果、抵当権者は、相当低い額で妥協せざるをえないという弊害が生じていると指摘されていた（第156回国会衆議院法務委員会議録25号（平15・6・13）3頁2段目以下［房村発言］参照）。

◆増価競売に対する批判
例えば、抵当不動産の第三取得者と所有者が結託して廉価で抵当権者に滌除の申出を行い、その際、増価競売に伴い抵当権者が負担している増価買受義務の弱みにつけ込む「抵当権外し」が横行していると強く批判されていた。穂刈俊彦「債権管理および事業再生実務における対応」金法1682-115・122(平15)。

(2) **抵当権消滅請求制度の趣旨**　　批判はあるものの、滌除制度は、抵当権の負担のついた物件を取得した者が、その抵当権の負担を消滅させることができる手段であり、この制度によって抵当権を消滅させることが結局は物件の流通を促進する利点があるので、滌除制度に伴う抵当権者の負担の重い部分を見直して、抵当権を消滅する制度そのものは、基本的に残された。滌除制度を改めた抵当権消滅請求制度のもとでも、第三取得者が基本的に自分の申し出た額でその抵当権の負担を消滅する方法は依然として残されている（第156回国会衆議院法務委員会議録25号（平15・6・13）3頁3段目以下［房村発言］参照）。

抵当権消滅請求制度は、後順位抵当権者を排除できるので任意売却を円滑に進めることができるとともに、値上がりを待っていて抵当権を実行しようとし

ない抵当権者に対して抵当権消滅請求による競売義務を負担させて抵当権を実行させることによって、塩漬けになっていた不動産を流動化させるという機能が期待できる（座談会「新しい担保・執行法制と金融実務上の留意点」金法1682-76、79、1段目以下（平15）［道垣内弘人発言］、道垣内・167）。

例えば、抵当権設定者と抵当権者が第三者への抵当不動産の任意売却に合意しているにもかかわらず、後順位抵当権者がいわゆる「ゴネ得」ベースで登記の抹消を拒んでいるため売却がスムーズに行われないという場合に、滌除制度を改善することによって活用できるということで、滌除制度は抵当権消滅制度に形を変えて残された（前掲座談会77、［中村廉平発言］、同78、1段目以下［菅原胞治発言］。また、穂刈・前掲論文122）。

2 請求権者

抵当不動産につき地上権または永小作権を取得した第三者は、抵当権消滅請求をすることができず、抵当不動産につき所有権を取得した第三者に限り、抵当権消滅請求をすることができる。旧規定の滌除制度では、抵当不動産につき地上権または永小作権を取得した第三者も、滌除制度を利用できた。抵当権消滅請求制度から、地上権者や永小作権者が除外された理由は、地上権者や永小作権者による滌除がほとんど利用されなかったからである。また、仮に残すと、所有者の知らない間に、地上権または永小作権を取得した者が滌除の申立てをしたのに対抗して、抵当権者が競売の申立てをすると、本来所有者が債務を適切に払っているのに競売されてしまうというおそれが生じる。このほか、平成15年改正において、滌除制度を合理化して抵当権消滅制度として存置した理由の中には、被担保債権が物件の価額を超過している物件について流動化しにくいので抵当権消滅制度に基づいて抵当権の負担をなくして流動化を促進させる目的もあったが、これは永小作権者あるいは地上権者に抵当権消滅請求権を認めても達せられないので、そのようなことを総合考量して、所有権者のみに限定された（第156回国会衆議院法務委員会議録22号（平15・6・6）21頁3段目［房村発言］参照、谷口ほか・前掲論文43）。

3 抵当権消滅請求とその承諾

抵当不動産の第三取得者が、その抵当権を消滅させようと欲するときは登記をなした各債権者に3つの書面を送達する必要がある（383条）。その書面とは、第一に、取得の原因、年月日、譲渡人および取得者の氏名、住所、抵当不動産の性質、所在、代価その他取得者の負担を記載した書面（同条1号）である。第二に、抵当不動産に関する登記事項証明書（同条2号）である。第三に、債権者が2ヵ月内に抵当権を実行して競売の申立てをしないときは、第三取得者は、1号に掲げた代価または特に指定した金額を債権の順位に従って弁済または供託する旨を記載した書面（同条3号）である。

登記をしたすべての債権者が第三取得者の提供した代価または金額を承諾しかつ第三取得者がその承諾を得た代価もしくは金額を払渡しまたはこれを供託したときは抵当権は消滅する（386条。改正規定では、第三取得者が代価を支払うか供託した時点で抵当権が消滅するものとして、その消滅時点を明記した。松岡・前掲

◆**抵当権消滅請求制度が有用となりうる場合**
滌除制度を改めた抵当権消滅請求制度が有用となりうる場合として、都市再開発の一環としてある土地を取得する必要性が高い場合、区分所有建物の建替えに反対する区分所有者に対して売渡請求を行った場合、または借地人から建物買取請求がなされた場合が挙げられている（松岡久和「担保・執行法改正の概要と問題点（上）」金法1687-18、22以下（平15））。

◆**抵当権消滅請求の機能**
抵当権消滅請求制度は、抵当不動産の価額が被担保債権を下回り諸種の事情から抵当権者が競売の申立てをすることができず、抵当不動産の流通が阻害されているとき、その流通を図る機能等を果たす（沖野眞已「根抵当権とその被担保債権との関係」民法の争点（平19）159）。

◆**第三取得者は本登記が必要**
第三取得者が抵当権消滅請求をするためには、取得した権利について本登記を経由していることが必要であり、仮登記では足りない（高橋・205）。

◆**承諾したものとみなされる場合**
383条の書面の送付を受けた債権者は、一定の場合には、第三取得者が同条の規定により提供した同条3号の代価または金額を承諾したものとみなされる（384条）。

論文23）。

4 競売の申立てと手続の取消し

抵当権消滅請求を受けた抵当権者が、これに対して競売を申し立てる場合には、被担保債権の弁済期が未到来であっても、競売を申し立てることができる。この場合には、申立書に抵当権消滅請求を受けたことを記載する必要がある（小池一利=水谷里枝=荒谷謙介「抵当権消滅請求」金法1680-54（平15））。抵当権消滅請求の書面の送付を受けた抵当権者が、それに対して担保不動産競売の申立てをするときは、その書面の送付後2カ月以内に債務者および抵当不動産の譲渡人にこれを通知しなければならない（385条）。

抵当権者のうちの1名が抵当権消滅請求に対して競売を申し立てたところ、民執法188条において準用する同法63条3項（買受可能価額以上の価額の買受けの申出がないときにおける取消し）または同法68条の3（売却の見込みのない場合における手続の取消し）等により、競売手続が取り消された場合、抵当権消滅請求に対する承諾擬制は働かない（384条4号かっこ書）。抵当権消滅請求が奏功するかは全抵当権者との関係で問題となるから、抵当権消滅請求に対して、適法な競売申立てがあった場合、これによって抵当権消滅請求の効力は失われる。抵当権消滅請求に対し、競売の申立てをしたところ、競売手続が384条4号かっこ書の事由により取り消された場合でも、抵当権消滅請求の効力は失われるので、実行抵当権者において、競売手続取消後に抵当権消滅請求に対して、抵当権消滅の効力を生じさせることはできないし、他方、抵当権消滅請求権者においても、改めて抵当権消滅請求を行う場合には、再び抵当権消滅請求を全抵当権者に対してする必要がある（小池一利=水谷里枝=荒谷謙介「抵当権消滅請求」金法1680-54以下（平15）。また、前掲座談会81、3段目［中村廉平発言］、同81、3段目以下［道垣内弘人発言］）。

5 申立ての取下げ

平成15年改正では、増価競売制度を廃止し、また、抵当権者が競売申立てをするのに保証金の提供は不要となったため、抵当権者が競売申立てをすることが容易となったから、競売申立てを取り下げるのに他の抵当権者等の承諾を要しないこととなった。抵当権者が競売申立てを取り下げるのに他の抵当権者の同意を必要とすることは、制度として例外的なものであるし、増価競売の請求をした債権者が担保不動産競売の申立てをしない場合には、増価競売の請求は、他の債権者の承諾を要せずしてその効力を失うため、取下げに他の債権者の同意を要するという趣旨自体が徹底していないことも理由とされて、取下げに他の債権者の承諾を要しないこととされた（谷口ほか・前掲論文45）。

6 通知義務・滌除権行使期間および増価競売義務の廃止

平成15年改正により、抵当権者が抵当権実行手続を開始するにあたっての第三取得者への抵当権実行通知義務（平成15年改正前381条）をなくし、また、抵当権者が第三取得者の申出額の1割増しで買い受けなければならないとする増価競売義務の規定（平成15年改正前384条2項）も削除することによって、抵当権者の負担は軽減された。これにより、不当に安い申出額で抵当権の抹消をねらう

♥ **被担保債権についての債務不履行**
抵当権消滅請求の申出額に納得できない有登記債権者は、担保権の実行としての競売を申し立てることができる。これは、抵当権者の対抗策であり、この申立てにあたっては、被担保債権についての債務不履行は要件にならない（道垣内・169）。

◆ **通知を必要とする趣旨**
通知を必要とする趣旨は、抵当権が実行されることにより、第三取得者が所有権を失うと、譲渡人は第三取得者から売主の担保責任を問われることになる（567条）ので、これを避けるため譲渡人が自ら弁済して抵当権を消滅させる機会を与え、また、債務者も抵当権の実行により債務が消滅した場合には、第三取得者から求償請求を受ける可能性があるので、債務者にも弁済の機会を与えるためである（遠藤ほか・190［宇佐見大司］）。

◆ **承諾擬制が働かない場合**
競売手続が、買受けの申出がない等の理由により取り消され、承諾擬制が働かない場合には（384条4号かっこ書）、抵当権は消滅せず、第三取得者が抵当権の負担付きのまま抵当不動産を所有する状態が継続することになる（沖野眞已「根抵当権とその被担保債権との関係」民法の争点（平19）159、161）。

妨害行為を防ぐことができる（第156回国会衆議院法務委員会議録23号（平15・6・10）2頁1段目以下［上原敏夫参考人発言］参照）。

　従来、抵当権実行通知が必要なために、競売手続の開始が遅延することに加えて、通知後差押直前に執行妨害目的で占有を取得する者が出現するなど、執行妨害を招きやすかった。仮にこの通知を廃止しても、第三取得者は、登記簿を確認することにより抵当権の存在を知り、不動産の取得後いつでも抵当権消滅請求の申出をすることができるから、抵当権消滅請求権行使の機会は十分にあるといえ、抵当権消滅請求の機会を保障するためにこの通知が不可欠ではないと考えられた。そこで、改正法は、通知義務と1カ月間の滌除権行使期間の制限も撤廃した（谷口ほか・前掲論文44）。

7 改正点のまとめ

　滌除制度が抵当権消滅請求制度に改称されるにあたって個々に改正された点は、抵当権消滅請求権者の限定、抵当権実行通知義務の廃止、抵当権消滅請求をすることができる時期、待機期間の伸長、増価買受義務の廃止および増価競売の申立ての取下げにおける他の債権者の承諾を要しないものとすることである。

(1) **抵当権消滅請求権者の限定**　抵当不動産につき地上権または永小作権を取得した第三者は、抵当権消滅請求をすることができず、抵当不動産につき所有権を取得した第三者に限り、抵当権消滅請求をすることができるものとされた（旧規定の滌除制度では、抵当不動産につき地上権または永小作権を取得した第三者も、滌除制度を利用できた）。

(2) **抵当権消滅請求をすることができる時期**　抵当不動産の第三取得者が、抵当権消滅請求をすることができる時期は、抵当権の実行としての競売による差押の効力発生前に限定された（滌除制度では、第三取得者は抵当権者からの抵当権実行通知後1カ月以内は滌除の申出ができた）。

(3) **競売申立てが可能な期間の伸長**　抵当権者が第三取得者から抵当権消滅請求を受けた後「2カ月」以内に競売の申立てをしないときは第三取得者の提供額を承諾したものとみなされることとなった（滌除制度では、第三取得者から滌除についての平成15年改正前383条の書面が送付された後1カ月内に抵当権者が増価競売を請求しないときは、第三取得者の提供を承諾したものとみなされていた）。

[3] まとめ

　抵当不動産の第三取得者の地位は、浮動的である。抵当不動産の第三取得者は、単に抵当権が存在しているだけならば、その所有権を取得し、これを占有し使用・収益できるし、また、債務者が債務の本旨に従って債務の履行をすれば債務は消滅し、その抵当権も消滅するから（抵当権の付従性）、問題を生じない。しかし、債務の履行がなされず抵当権が実行されると、第三取得者は、その不動産所有権を喪失するから、第三取得者の地位は、浮動的であり不安定で

ある。

　仮に、抵当不動産の時価（売買代金）が抵当債務と同額以上の場合には、抵当権者、抵当債務者（所有者）と第三取得者（買受けしようとする者）が協議をし、第三取得者が抵当不動産の売買代金から抵当債務を抵当権者に弁済し、その残額を抵当債務者（所有者）に支払い、抵当権の登記を抹消して第三取得者に所有権移転登記をする。例えば、抵当債務が2000万円で、抵当不動産の売買代金が3000万円であれば、第三取得者は、2000万円を抵当権者に弁済し、残金1000万円を抵当債務者（所有者）に支払うことにより、抵当権の負担のない不動産の所有権を取得できることになる。しかし、抵当債務の弁済期が到来していない場合には、第三取得者は、抵当不動産の売買代金から抵当債務額を控除した額を抵当債務者（所有者）に支払い、その代わり、抵当債務は、少なくとも売買契約の当事者間では第三取得者が引き受けて、抵当不動産の所有権を取得することとする場合が多い。抵当権の負担の付いた不動産でも、このように抵当不動産の時価（売買代金）が抵当債務と同額以上の場合には、三当事者間協議によって円滑に取引がなされることが実務的には多い。

　これに対して、抵当不動産の第三取得者は、抵当不動産の時価（売買代金）が抵当債務と同額以上でない場合に、上に述べたような取引をすることはできず、したがって、売買代金全額を抵当債務者（所有者）に支払ったうえで抵当権付きの不動産所有権を取得すると、前述のような所有権喪失というリスクを負担することになるから、そのような取引は控えられる可能性が高まる。このため、民法は、抵当不動産の取引を円滑にしようとして、代価弁済と廃止された滌除（これに伴う増価競売）という制度を設けていた。

　しかし、前述したように、代価弁済はあまり利用されることはなく、その存在意義は少ない。これに対して、滌除はかなり利用されていたが、抵当権者が滌除権者の申出額を承諾できないのであれば、抵当権者は増価競売の手段によらなければならなかった。しかし、その競売手続において、滌除権者からの申出額の1割以上の価額で売却できないときは、抵当権者はそれを自ら増価額で買い受けなければならないし、増価競売の申立てをするにあたっては、その保証を提供（民執旧186条）しなければならなかったため、滌除制度は抵当権者に対して著しい負担をかけ、不当な圧迫となっていた。このため、滌除制度は問題点が改善されて「抵当権消滅請求」制度と改められ、また、増価競売制度は廃止された。

第13講 抵当権の消滅

[1] 概説

●物権に共通の消滅原因

　抵当権は、物権に共通の消滅原因、担保物権に共通の消滅原因および抵当権に特有の消滅原因によって消滅する。抵当権は、物権であるから、物権に共通の消滅原因によって消滅する。例えば、抵当権の目的物が滅失した場合には、抵当権も消滅する。ただし、物上代位権の成立する場合がある。また、抵当権の成立している目的物の所有権とその抵当権が同一人に帰して混同を生じた場合には、抵当権は消滅する（179条）。ただし、その抵当権が第三者の権利の目的となっている場合には、例外的に抵当権は消滅しない（同条1項ただし書）。

●担保物権に共通の消滅原因

1 被担保債権の消滅

　抵当権は、特定の債権を担保するための担保物権であるから、その被担保債権が弁済等によって消滅すれば、抵当権もそれに付従して消滅する。例えば、抵当権の被担保債権が消滅時効や免除等によって消滅すれば、抵当権もそれに付従して消滅することになる。なお、債権の消滅による抵当権の消滅は、登記の抹消をまたずに絶対的効力を生ずる（我妻・421）。すなわち、被担保債権の消滅による抵当権の消滅は、抵当権の抹消登記なくして第三者（その消滅した抵当権につき転抵当の設定を受けた者など）に対抗できる（道垣内・227）。

　債権の消滅による抵当権の消滅は、登記の抹消をまたずに絶対的に効力を生ずるが、抵当権だけの消滅、例えば、抵当権者の放棄による消滅は、登記をしなければ第三者に対抗することはできない（我妻・421）。

2 抵当権の目的物の競売

　抵当権の設定された不動産に対して、一般債権者が強制競売を申し立てて競売（不動産執行）された場合や、抵当権者等の担保権者による担保権実行としての競売（担保不動産競売）が申し立てられて競売された場合には、抵当権は消滅する（代金納付をして不動産の所有権を取得した買受人は、抵当権等の負担を引き受けない）。

♥**建物の移築・崩壊と抵当権**
　移築の場合につき、判例は、当該建物は解体時に滅失したことになり、抵当権も消滅すると解している。抵当不動産たる木造建物が崩壊して木材となった場合についても、抵当権は消滅し、抵当権者は木材について抵当権の効力を主張できないとするのが判例である（道垣内・226）。また、建物の合体があった場合、判例は、旧建物上の抵当権は新建物の持分権上に存続するとする（道垣内・227）。

♥**同時履行の関係に立たない**
　被担保債権の弁済と抵当権設定登記の抹消とは、同時履行の関係に立たず、被担保債権の弁済が先になされるべきであるとするのが判例である（道垣内・227）。

♥**消滅時効**
　権利の不行使という事実状態とその一定の期間の継続とを要件として権利が消滅する制度のこと（166条以下）。

♥**免除**
　債権者が債務者に対する意思表示によって債務を無償で消滅させる行為のこと（519条）。

♥**強制競売による消滅**
　不動産の上に存する先取特権、使用および収益をしない旨の定めのある質権ならびに抵当権は、強制競売手続における売却により消滅する（民執59条1項）。

●抵当権に特有の消滅原因

1 抵当権に特有の消滅原因

抵当権に特有の消滅原因として、代価弁済や抵当権消滅請求がある（➡第12講）。この他に、抵当権の時効消滅（396条）、目的物の時効取得（397条）および目的たる地上権・永小作権の放棄による消滅（398条）がある。

2 抵当権の消滅時効

396条は、抵当権は債務者および抵当権設定者に対してはその担保する債権と同時でなければ消滅しない旨を定めている。

それでは、抵当不動産の第三取得者は、抵当権の消滅時効を主張できるであろうか。これを肯定するのが判例（大判昭和15年11月26日民集19-2100）・通説（我妻・422）である（396条の反対解釈として、被担保債権と離れて20年の消滅時効にかかるとするが、これに対して、抵当権者が抵当権の消滅時効の進行を中断することが困難であることを理由に反対するのは、道垣内・230）。なお、抵当権の被担保債権が消滅時効によって消滅すれば、付従性により抵当権も消滅する。抵当権の被担保債権が消滅時効にかかると、抵当不動産の第三取得者も消滅時効を援用し、抵当権の消滅を主張することができる（最判昭和48年12月14日民集27-11-1586、我妻・422、髙木・287）（➡詳細は、【2】論点のクローズアップ）。

3 取得時効による抵当権の消滅

債務者または抵当権設定者ではない者が、抵当不動産について取得時効に必要な条件を具備した占有をなしたときは抵当権は消滅する（397条）。取得時効の完成によってある物の所有権を取得すると、時効取得は原始取得であるから、その反射として従前の所有者はその所有権を喪失し、またそれまで所有権の負担となっていた抵当権等も消滅するのが本来のはずである。しかし、抵当不動産の取得時効による抵当権の消滅を、自ら義務や責任を負っている抵当債務者や抵当権設定者にまで及ぼすことは不合理であると考えられて、この両者は除外された（例えば、遠藤ほか・245［白羽祐三］）。本条の意義は、抵当不動産に対する取得時効の完成によって抵当権が消滅することにあるわけではなく、被担保債権の債務者と抵当権設定者は、抵当権消滅の効果を享受できないとして除外する点にある。

397条の具体的効果としては、例えば、物上保証人が抵当権を設定し、その被担保債権の債務者がその抵当不動産を時効取得しても、抵当権は消滅しないことである（近江・257）。また、他に真実の所有者がいる不動産について、所有者ではなかったのに抵当権を設定した債務者または物上保証人がそれを時効取得しても抵当権は消滅しない。このような場合には、抵当権つきの不動産所有権を取得するにすぎない（髙木・287）。

債務者または抵当権設定者ではない者が、抵当不動産について取得時効に必要な条件を具備した占有をなしたときは抵当権は消滅する（397条）。典型的には、第三者が抵当不動産を時効取得すると、抵当権は消滅する（近江・257、髙木・287）。それでは、抵当不動産の第三取得者が、その取得時効に必要な条件

♥**代価弁済**
抵当不動産の所有権またはその上の地上権を買い受けた者が、抵当権者の請求に応じて、買受代金をこれに支払って自分に対する抵当権の負担を免れること。

♥**抵当権消滅請求**
抵当不動産につき所有権を取得した第三者は抵当権消滅請求（383条の規定により同条3号の代価または金額を抵当権者に提供して抵当権の消滅を請求することをいう）をすることができる（379条）。抵当権消滅請求制度は、後順位抵当権者を排除できるので任意売却を円滑に進めることができる。同時に、値上がりをまっていて抵当権を実行しようとしない抵当権者に対して抵当権消滅請求による競売義務を負担させて抵当権を実行させることによって、塩漬けになっていた不動産を流動化させる機能を期待できる。

▲**大判昭和15年11月26日**
抵当権は、後順位抵当権者、抵当物件の第三取得者に対しては被担保債権と離れ、167条2項により20年の消滅時効により単独に消滅する。

♥**時効の援用**
時効の援用とは、時効によって利益を受ける者が時効の利益を受けようとすることである。判例は、時効の援用をできる者に関して、時効によって直接に権利を取得しまたは義務を免れる者に限定している。

▲**最判昭和48年12月14日**
抵当権が設定され、かつその登記の存する不動産の譲渡を受けた第三取得者は、抵当権の被担保債権が消滅すれば抵当権の消滅を主張しうる関係にあるから、抵当債権の消滅により直接利益を受ける者にあたる。

を具備した占有をなした場合、抵当権の負担のない所有権を取得できるか。かつて、判例は、抵当不動産の第三取得者には397条の適用はないとして、第三取得者による抵当権消滅の主張を認めなかった（大判昭和15年8月12日民集19-1338）。しかし、その後、判例は、自らに所有権があると過失なく信じて占有を開始したときには、抵当権の存在について悪意であっても10年間の占有による取得時効に基づく抵当権の消滅を認めている（最判昭和43年12月24日民集22-13-3366）。また、最近は、第三取得者には397条が適用されて抵当権の消滅を主張できるとする説（396条は債務者または物上保証人だけの場合に適用）の方がむしろ有力であるといわれている（遠藤ほか・246［白羽祐三］）。これに対して、第三取得者は、抵当権の負担を覚悟すべき立場にあって物上保証人に準じて扱ってよいとし、抵当権消滅の主張を認めないとする説もある（近江・258、川井・416。第三取得者は抵当権の消滅を主張できない。槙・246）。

なお、抵当不動産を時効取得した者は、その登記がなくても抵当権者に対して所有権の取得を主張することができる。取得時効により抵当不動産の所有権を取得した者と抵当権者との関係は、従来の所有者との関係と同様に、時効の当事者の関係にあり、177条の第三者に該当しないからである（大判大正9年7月16日民録26-1108、通説）。

4 地上権・永小作権・賃借権の放棄・合意解約

地上権または永小作権の上に抵当権を設定した場合に、地上権者または永小作権者が権利を放棄しても、これをもって抵当権者に対抗することはできない（398条）。したがって、地上権または永小作権が放棄されても、抵当権者は、なお地上権または永小作権が存在するものとして競売することができる。権利の放棄も、これによって第三者の権利を害する場合には許されないのであるから、398条の規定は、むしろ当然の規定である（我妻・424）。

地上権または賃借権が存在する土地の上の建物に抵当権が設定された場合も、同様に解され、地上権・賃借権の放棄または合意解約をもって抵当権者に対抗できない。

> ● 被担保債権が消滅していたのに債権譲渡され、債務者が異議をとどめないで承諾した場合の抵当権の復活

468条1項は、債務者が異議をとどめないで債権譲渡の承諾をしたときは、譲渡人に対抗することができる事由があってもこれをもって譲受人に対抗することができない旨を規定している。そこで、ある不動産に抵当権の設定登記がなされた後にその不動産が第三取得者に譲渡され、その後、抵当権の被担保債権が弁済されて消滅したとする。そして、その抵当権の抹消登記がなされないうちに被担保債権が譲渡され、その債権譲渡に対して被担保債権の債務者が異議をとどめないで承諾した場合、抵当不動産を取得していた第三取得者に対する関係においても、抵当権が復活するか否かが問題となる。

判例は、債務者が異議をとどめないで債権譲渡を承諾しても、抵当不動産の第三取得者に対する関係において、被担保債権の弁済によって消滅した抵当権

▲396条と397条
通説は、396条と397条を別々の規定と理解する。すなわち、抵当権の消滅時効について規定するのが396条（167条2項）であるとする。そして、397条は、抵当不動産が時効取得されたことにより、その抵当権が消滅することを規定していると理解する（平野・185）。

の効力が復活することはないとしている（最判平成4年11月6日判時1454-85）。この判決は、抵当不動産の所有者のうち、被担保債権の弁済前の第三取得者について扱った最初の最高裁判決であり、このような第三取得者は、弁済による被担保債権の消滅を原因とする抵当権の消滅を譲受人に対して対抗することができるとの見解を示したものである（角紀代恵「判批」判時1476-191以下（平6））。この判決は通説の説くところと符合すると評されている（石田・前掲「判批」82）が、抵当権の効力が復活しないことについての理由がほとんど述べられていないと批判されている（角・前掲「判批」195）。

なお、譲渡について異議なき承諾のあった債権について、債務者に対する関係では、弁済その他の事由で債権とともに消滅した抵当権も復活するが、第三者に不測の損害を与えることはできないので後順位抵当権者に対する関係では復活しないというのが判例である（大決昭和8年8月18日民集12-2105）。

[2] 論点のクローズアップ

◉消滅時効による抵当権の消滅

1 問題点

396条は、抵当権は債務者および抵当権設定者に対してはその担保する債権と同時でなければ時効によって消滅しない旨を規定している。抵当権の被担保債権が時効消滅すれば、その付従性によって抵当権も消滅するのが一般であるが、債務者および抵当権設定者に関してはこのように被担保債権が時効消滅しない限り、抵当権だけが被担保債権とは別個独立に時効消滅することはない。それでは、抵当権の負担の付いた不動産を取得した第三取得者に、396条は適用されるか。

2 議論

A：抵当不動産の第三取得者には、396条の適用はなく、被担保債権と離れて抵当権の消滅時効（167条2項により20年間）を肯定するのが、通説である（判例同旨、前記大判昭和15年11月26日）。抵当権の消滅時効は、抵当権を実行できる時、すなわち債権の弁済期より進行すると解されている（基本法コンメンタール物権（第5版新条文対照補訂版・平17）310［槇悌次=近江幸治補訂］）。

B：396条は抵当不動産の所有権が債務者・物上保証人に属している場合の規定であり、397条は抵当不動産が第三取得者に帰属するに至った場合の規定であるとするのが、近時の有力説である。396条からは後順位抵当権者や抵当不動産の第三取得者に対しては独立に時効によって消滅するとの結論がでるものではなく、抵当権が被担保債権と独立に消滅するのは397条の規定する場合だけであるとする（来栖三郎・判民昭和15年度76事件・117事件、星野・293）。また、抵当権者が抵当権の消滅時効の進行を中断することが困難であることに鑑みると、A説は妥当でなく、被担保債権と離れた抵当権の時効消滅については397条だけが適用される（取得時効に必要な条件を具備する占有による消滅）とする説もあ

★最判平成4年に賛成する学説
石田喜久夫「判批」平成4年度重要判例解説80以下。

▲大決昭和8年8月18日
我妻栄・新訂債権総論（岩波書店・昭39）539も同旨。
後順位抵当権者のような第三者の利益を、債務者の一存で侵害することは許されるべきではないから、第三者に対する関係では抵当権は当然には復活しない（米倉明「判批」判例百選②（2版・昭57）78以下）。

♥162条2項の適用を否定
抵当権が債権担保のための権利であることを考慮すると、抵当権が被担保債権から独立して単なる不行使によって消滅することは合理的でないとして、162条2項の適用を否定するのは、高橋・273。

♥結論に大差ない
抵当不動産について第三取得者が生じた場合、判例・通説は、第三取得者に対しては396条の適用はなく（397条の適用もなく）、原則に戻って、抵当権は独立して20年の消滅時効にかかる（167条2項）とする（167条2項適用説）が、第三取得者は、被担保債権の時効消滅を援用できるので、結論的に大差ないと指摘されている（近江・257）。

♥397条
債務者または抵当権設定者でない者が抵当不動産について取得時効に必要な要件を具備する占有をしたときは、抵当権は、これによって消滅する（397条）。

る（道垣内・230）。

●第三者が被担保債権を消滅させるための弁済額

1 問題点

抵当権が実行（担保不動産競売）されるとき、抵当権者の受ける優先弁済額は制限を受ける。その被担保債権の元本額は、実際の元本額ではなく登記された元本の額に制限されるし、利息・遅延損害金についても、「満期となった最後の2年分」に制限を受ける（375条）。利息について利率が登記されていても、当事者間で延滞されている利息総額については第三者が登記から推測することはできず、予想外に多額になっていることもありうるので、これを2年分に制限することによって第三者の利益と調和させようとするのが、立法趣旨である（我妻・248）。問題となるのは、抵当不動産の第三取得者（または後順位抵当権者）が、抵当権（または先順位抵当権）を消滅させるためには、抵当権者に対してどれだけ弁済する必要があるかである。

2 議論

A：[全額弁済説] 判例は、抵当不動産の第三取得者は抵当権設定者の地位を承継するものであるから、元本ならびに利息・定期金および損害金の全額を弁済しなければ、抵当権者に対して抵当権消滅を理由とする登記の抹消登記請求をすることはできないとしている（大判大正4年9月15日民録21-1469）。通説も、これを支持している（我妻・249以下）。理由として、第三取得者は被担保債権全額の負担を伴うものとして不動産を取得していることが挙げられている（柚木＝高木・277）。また、第三取得者は、残余価値を期待するといっても、抵当権という負担を引き受けることを前提としての残余価値を期待するにすぎず、自己の負担する抵当権については物上保証人と同じである（500条でも第三取得者は法定代位弁済権者とされている）ことが挙げられる（近江・155）。

B：[制限説] 第三取得者（または後順位抵当権者）は、登記に記載された先順位抵当権者の被担保債権額を信頼して、目的物の余剰価値を取得した者であるから、登記された元本額、および2年分に制限された利息・遅延損害金を支払えば、抵当権を消滅させることができるとする説もある（道垣内・228以下）。

[3] ケース・スタディ

ケース……1 ❖ 抵当権の存在と取得時効

甲は土地を所有の意思をもって平穏、公然に占有を開始し、10年以上にわたって占有を継続している。そして、甲はその土地の占有の開始において自己に所有権があるものと信じ、かつ、そのように信じるにつき過失がなかった（甲が土地の占有を開始したと主張する時点においてはすでに第三者のために抵当権の設定登記が存在していた）。この場合、甲

は、その土地登記簿上の所有名義人である乙に対して、時効取得を根拠としてその土地の所有権移転登記請求ができるか。

　甲が、ある土地について10年間所有の意思をもって平穏かつ公然に占有を継続し、その占有開始時に自己に所有権があるものと信じ、かつ、そのように信じるにつき過失がなかったのであれば、その土地を時効取得できる（民162条2項）。しかし、甲がその土地の占有を開始したと主張する時点においてはすでに抵当権の設定登記が存在していたのであるから、それにより、甲は、将来、第三者にその土地が移転されて所有権を喪失する可能性を当然予期できたはずである。したがって、甲は、善意・無過失で土地の占有を開始したとはいえないとされるおそれがある。しかし、民法162条2項にいう占有者の善意・無過失とは、自己に所有権があるものと信じ、かつ、そのように信じるにつき過失がないことをいい、占有の目的物件に対し抵当権が設定されていること、さらには、その設定登記も経由されていることを知り、または、不注意により知らなかったような場合でも、ここにいう善意・無過失の占有なのである（判例同旨）。

　以上のように考えるので、甲の占有していた土地の登記簿に抵当権設定登記があったとしても、甲はその土地について取得時効の要件を満たしているから、甲の乙に対する所有権移転登記請求は認められると解される。

★ケース1は、最判昭和43年12月24日民集22-13-3366をもとにした。

ケース………2 ❖ 異議をとどめない承諾と抵当権の復活

　Yは、Aに対する債務を担保するためにY所有の土地に抵当権を設定してその設定登記を経由し、その後、その土地をXに売却して所有権移転登記を経由した。Xは、YのAに対する債務の残額すべてを代位弁済した。ところが、その翌日、Aは、Yに対する債権をZに譲渡したところ、Yはそれに異議をとどめないで承諾をしたので、その抵当権設定登記には、債権譲渡を原因とする権利移転の付記登記が経由された。そこでXは、YとZに対してその土地の所有権確認と抵当権の抹消登記手続を求めて訴訟提起をした。Xの請求は、認められるか。

　本ケースでは、抵当権によって担保された債権が譲渡され、債務者が異議をとどめない承諾をした場合、譲受人に対して債権の消滅を主張できない結果、付従性によって消滅したはずの抵当権が復活するのかが問題になる。この問題につき、抵当権の復活を全面的に否定する見解や全面的に復活を認める見解がある。また、物上保証の場合や後順位担保権者がいる場合のように、第三者に関係があれば、抵当権の取得・復活を認めないとする説もある。

　本ケースの土地に対する抵当権は、Xが被担保債権であるAの債権を代位弁済したことによって消滅している。したがって、Zが、その後にAから債権の譲渡を受け、債務者であるYが異議をとどめないで債権譲渡を承諾しても、こ

れによって、YがZに対して債権の消滅を主張できなくなるのは別として、抵当不動産の第三取得者であるXに対する関係においても、被担保債権の弁済によって消滅した土地の抵当権の効力が復活することはないと解される（判例同旨）。債務者による異議をとどめない承諾がなされる前に、抵当権消滅という既得権を得ている第三者が、異議をとどめない承諾には自ら関与していないのに既得権を害される理由はないからである。

結論として、Xの請求は認められると解される。

★ケース2は、前掲最判平成4年11月6日をもとにした。

[4] まとめ──抵当権登記との関係

抵当権の被担保債務が弁済等により消滅すれば、付従性により抵当権も消滅する。したがって、抵当権の登記が経由されていたならば、抵当権の登記も抹消されるべきことになる。この場合、被担保債務の弁済と抵当権抹消登記手続が、同時履行の関係（533条）に立つか否かが問題となる。この問題につき、判例は、被担保債務の弁済と抵当権抹消登記手続とは、債務の弁済が先履行の関係にあり、同時履行の関係に立たないとしている（最判昭和57年1月19日判時1032-55）。これに対して、抵当権抹消登記手続とその被担保債権の弁済との関係について、実務慣行や仮登記担保権における仮登記抹消との比較から同時履行の関係に立つとする説もある。すなわち、不動産売買の同時履行は、通常代金支払が司法書士への所有権移転登記手続の委任との引換えにおいて行われており、抵当権抹消手続も実務上はこのように行われていることが多いから、その慣行を重視して同時履行を是認した方が現実的であるとする。また、判例は、仮登記担保権については弁済と仮登記抹消とは同時履行の関係としており、抵当権抹消をこれと区別する理由はないとして、抵当権抹消登記手続について同時履行の関係を肯定すべきであるとされている（水本浩・債権各論（上）（一粒社・昭54）22以下）。このほか、抵当債務者が残債務の弁済と引換えに抵当権の登記抹消を求め、あるいは弁済による債務消滅を理由として登記抹消を求めたときに、残債務の存在と額が認定されれば、その弁済を条件として登記抹消を命ずる判決をすべきとする説もある（内田貴「判批」判時1052（判評285）-187、189（昭57））。

第14講 短期賃貸借保護の廃止と明渡猶予・同意登記

[1] 概 説

●短期賃貸借保護の廃止

1 短期賃貸借保護の廃止の理由

　平成15年改正前395条に規定された**短期賃貸借の保護の制度**は、賃借権の保護として十分ではなく不合理な点があり、また、執行妨害のための手段として利用されていたので、平成15年改正により廃止された。旧制度のもとでは、短期賃借権が抵当権者や買受人に対抗できるとはされつつも、競売開始決定から競落の日までの間に短期賃貸借の期間が満了すると、その時点で対抗できなくなって明渡しをしなければならないし、また、敷金も引き継がれなくなるが、これでは偶然的な事情に左右される保護しか与えられない。また、短期賃貸借が執行妨害の手段として濫用されている点が考慮されて、短期賃貸借保護の制度は廃止された（第156回国会衆議院法務委員会議録25号（平15・6・13）16頁4段目以下、17頁4段目、18頁2段目以下［房村精一政府参考人発言］参照）。

　短期賃貸借制度は執行妨害目的で利用されたほかに、建物の賃借人の保護として短期賃貸借制度では不合理な面があった。短期賃貸借制度は、抵当権者に本来は対抗できないものを短期間に限定して保護しようとするものであった。そのため、必ずしも賃借人が建物を長期間にわたって使用することは想定していなかったから、例えば5年というような期間の賃借権設定が行われても、全く保護されなかった。また、3年内の短期の賃貸借の場合には、この3年の期間の満了が競売手続の途中、すなわち競売開始決定がされてから売却されるまでの間にその賃貸借の期間が満了すると、その段階では賃貸借契約の更新は認められないので、全く保護を受けず買受人に対抗できないことになった。このように非常に偶然的な事情で保護されるか否かが左右されるので、相当数がそのような期間満了によって保護の範囲外になってしまっていた。したがって、このような場合には、競売手続による売却によって、直ちに明渡しをしなければならないし、敷金についても従前の貸主に請求するしかなかった。以上のように、短期賃貸借制度が濫用され、また、賃借人にとって必ずしも合理的な制度でないことから、短期賃貸借保護の制度は廃止された（第156回国会参議院法務委員会会議録24号（平15・7・22）5頁1段目以下［房村精一政府参考人発言］参照）。

　短期賃貸借制度の濫用としては、通常のマンション等に勝手に入り込まれて

◆**短期賃貸借制度**
　602条に定めた期間を超えない賃貸借は、抵当権の登記後に登記したものでも、抵当権に対抗しうるとし、対抗問題の一般原則では劣後する賃借権を、一定の要件のもとで抵当権から保護する制度が、短期賃貸借制度であった。

◆**短期賃貸借制度に対する批判**
　短期賃貸借制度は濫用され、抵当権者に対する大きな脅威となっているとする批判や、当該賃貸借が安定した期間の保護を必要とする種類のものであるときは、短期の保護では十分でないとする批判があった（道垣内・172以下）。

短期賃貸借が仮装される、または高額の敷金が仮装されるということが指摘されていた（第156回国会衆議院法務委員会議録25号（平15・6・13）29頁1段目［房村発言］参照））。さらに、短期賃貸借の制度のもとでは、短期賃貸借で一応形として保護されているものの、実質は濫用的なもので本来保護すべきでないものがかなり放置されているという疑念があった（第156回国会衆議院法務委員会議録23号（平15・6・10）9頁2段目［上原敏夫参考人発言］参照）。すなわち、短期賃貸借制度では、異常に高額な敷金の設定、賃料全額の前払いもしくは譲渡転貸自由の特約がなされ、または占有の実態がないというような濫用事例においては引受けをしないという扱いを裁判所は民事執行でしていたが、裁判所が積極的に明らかに濫用と認定できるものに限っても2割近くあるということは、相当数の短期賃貸借が濫用されていると推測された（第156回国会参議院法務委員会議録24号（平15・7・22）8頁1段目以下［房村発言］参照）。従前の短期賃貸借制度のもとでは、実体を欠いている賃借権については、抵当権実行時に職権により登記を抹消するという執行実務が確立されていた。単純に占有のない賃貸借だけでなく、抵当権を妨害する目的の賃貸借であると判断されたときも、「保護されるべき賃借権が存在しない」との処理がなされていた。この実務は、詐害的な目的での建物占有を「賃借権に基づく占有」と認めないものである（道垣内・173）。

　平成15年改正においては、短期賃貸借制度を廃止する代わりに、明渡猶予期間を一律に認める制度（395条）と、抵当権者の同意を得て賃貸借の登記をすれば抵当権者に対抗しうるという制度（387条）を創設して、賃借権者の保護を図ろうとした（第156回国会参議院法務委員会議録24号（平15・7・22）5頁1段目以下［房村発言］参照）。抵当不動産の所有者の賃貸権限を実効化するために、明渡猶予期間の制度と抵当権登記後の賃借権についての抵当権者の同意の制度によって調整をしている（道垣内・171以下）。

◆執行妨害目的の短期賃貸借の手口
　執行妨害目的の短期賃貸借は、非常に高額な敷金の設定、賃料全額の前払い、または譲渡、賃貸もしくは転貸の特約がなされているというように、通常のものに比べて異常な条件が付けられている方法でなされており、手口がますます巧妙化しているため、正常な短期賃貸借と排除すべき異常なものを区別するのが難しく、また、短期賃貸借制度の問題を解決しないと執行妨害を減少させるのは困難であるみられた（第156回国会参議院法務委員会議録24号（平15・7・22）5頁1段目以下［房村発言］参照）。

●明渡猶予制度の創設

1 総説

　抵当権に対抗できない賃借権でも、明渡猶予期間を確保して居住の保護を図る制度が、抵当権と居住権あるいは利用権の調整ということから、平成15年改正により新設された（第156回国会衆議院法務委員会議録25号（平15・6・13）29頁2段目［房村発言］参照）。建物の買受人からの明渡請求に対する賃借人のための猶予期間の制度のもとでは、抵当権者に対抗することができない賃貸借により抵当権の目的たる建物を使用収益する者であって、競売手続の開始前より使用収益する者または強制管理もしくは担保不動産収益執行の管理人が競売手続の開始後にした賃貸借により使用収益する者は、その建物の競売の場合において、買受人の買受けのときより6カ月を経過するまではその建物を買受人に引き渡すことを要しない（395条1項）。同条項は、買受人の買受けのときより後にその建物の使用をしたことの対価につき、買受人が建物使用者に対し相当の期間を定めてその1カ月分以上の支払いを催告し、その相当の期間内に履行のない場

合には適用されない（395条2項）。

土地の賃借人については、その占有を短期間保護する実益に乏しいことから、明渡猶予の対象とされていない（谷口園恵ほか「担保物権及び民事執行制度の改善のための民法等の一部を改正する法律の解説（3）」NBL771-52、55（平15））。

2 占有の要件

明渡猶予制度の対象となるのは、競売手続の開始前からの占有者（395条1項1号）、または強制管理もしくは担保不動産収益執行の管理人が競売手続の開始後にした賃貸借に基づく占有者（同条1項2号）であることを要する。

競売手続の開始前からの占有者は、賃借期間の定めの有無・長短や、競売手続の開始後に賃借期間が満了したか否かにかかわらず、一律に明渡猶予を受ける。したがって、競売による差押えから売却までの間に賃貸借の更新時期を迎えた場合や、建物賃貸借で3年を超える期間を定めた場合のように、平成15年改正前の短期賃貸借制度のもとでは一切保護が与えられなかった場合も含め、抵当権者に対抗することができない賃貸借に基づき抵当建物を占有する者に、確実に一定の保護が与えられる。

競売手続の開始後に占有を取得した者については、そのすべてを明渡猶予の対象とすることは、この制度が執行妨害目的で濫用されるおそれが高まるため、相当でないと考えられるが、その占有が強制管理または担保不動産収益執行の管理人との間の賃貸借に基づくものである場合は、執行妨害目的で濫用されるおそれはないし、この場合にも明渡猶予を受けられるものとすることが強制管理等の手続における賃借人確保にも資すると考えられることから、この場合に限り明渡猶予の対象とされている。

建物の賃借人であっても、建物の競売による売却による所有権移転の時点（代金納付がされたとき）において現実に抵当建物の使用または収益をしていない者は、この制度による保護を与える必要がないので、対象から除外されている。従来の競売実務上、非正常の賃貸借として短期賃貸借制度による保護が否定されていた事例のうち、建物の占有の実態が存在しないという類型のものについては、この要件を充足しないため、明渡猶予の対象とならない。また、明渡猶予制度の適用にあたっても権利濫用法理が妥当することから、執行妨害目的で建物を占有する者について、権利濫用と認められる場合には明渡猶予を受けることができない。無権原での占有者や、使用貸借に基づく占有者は、特別な保護を与える社会的必要性が低いと考えられて、明渡猶予の対象とされていない（以上、谷口ほか・前掲論文55以下）。

3 6カ月の明渡猶予期間

当初の政府原案では、抵当権設定後の賃貸借の賃借人に競落後「3カ月」の猶予期間が設けられていたが、衆議院法務委員会の審議中に修正案が提出・可決され、猶予期間は「6カ月」となった。政府原案では、抵当権設定後の賃貸借の賃借人に買受後3カ月の猶予期間が設けられていたが、この「3カ月」の趣旨は、買受後に明渡しを求められる賃借人にとっては従来の生活の本拠あるいは営業の本拠を移さなければならないが、転居先を探して引越をするのに一

◆ **土地の賃借人は明渡猶予の対象とはされていない**
解釈論としては、土地賃借人にもバランスから明渡猶予を認めることもありえないではない（小林・260）。もっとも、実際上、抵当土地に賃借人が存在する例はそれほど多くないようである（道垣内弘人ほか・新しい担保・執行制度（補訂版・有斐閣・平16）55〔道垣内弘人〕）。

♥ **明渡猶予と使用賃借**
明渡猶予に関し、賃借権に基づいて使用・収益をする者に限るのは、無権原での占有者や使用貸借による占有者は、特別な保護を与える社会的必要性が乏しいという理由で、明渡猶予は認められていない（高橋・180）。

◆ **賃貸借契約の更新**
抵当権実行のための差押え後、買受人による買受け前に、賃貸借契約の更新があった場合も、入居者らは、買受け時から6カ月間の明渡しの猶予を受けることになる（道垣内ほか・前掲58以下〔道垣内〕）。

定期間の余裕を与えるべきで、その期間は3カ月程度で足りると考えられた。逆にこの猶予期間が余りに長すぎると、買受人はみずから買受物件を利用できないから、買受希望者が減少しあるいは売却価格が低下することが懸念されたため「3カ月」とされていた（第156回国会衆議院法務委員会議録25号（平15・6・13）2頁2段目以下［房村発言］参照）。

しかし、年寄りや片親の場合には転居先を見つけるのが大変であることと、定期借地借家の場合の6カ月前の通知（借地借家38条4項参照）にそろえるということ、および6カ月という程度であれば、競売物件を買い受けようとする側の意欲減退により円滑な売却が阻害されるというような問題は生じないと考えられたために、国会の審議過程で、猶予期間は「6カ月」となった（第156回国会衆議院法務委員会議録25号（平15・6・13）2頁3段目［山花郁夫衆議院議員発言］参照）。

4 執行妨害目的の賃借権・信義則上否認すべき賃借権と明渡猶予期間

妨害的、詐害的な態様の賃貸借により競売手続開始前から賃借人が建物使用をしている場合に、6カ月の明渡猶予期間が認められるか否かは検討を要する論点である（座談会「執行妨害をめぐる諸問題」NBL766-28、33以下（平15）［山野目章夫発言］）。

賃借権の設定を受けて目的建物を占有し、買受人等に対し立退料を要求し、または威力等を示して買受希望者に買受けを躊躇させて自ら安価で落札するなどの不正な利益を取得することを目的とするいわゆる執行妨害目的の賃借権について、明渡猶予制度を適用することは明らかに制度の趣旨に反するから、執行妨害目的の賃借権には明渡猶予制度は適用されない（畑一郎「担保・執行法制の見直しと執行官事務」判タ1123-4、6以下（平15））。

5 効果

395条の明渡猶予期間の趣旨は、明渡しを猶予する期間にすぎず、賃貸借契約が継続しているということではない。建物を使用している者は、建物について賃借権その他の占有権原を有することにはならない。その間、占有者は明渡猶予制度により無償で建物を使用することができることになるわけではないので、建物所有者たる買受人に対して、建物の使用の対価ということで賃料相当額を不当利得として返還すべき義務を負担する（第156回国会参議院法務委員会議録24号（平15・7・22）6頁2段目以下参照［山花郁夫衆議院議員発言］、谷口ほか・前掲論文55、道垣内・174）。

明渡猶予期間中の占有者は、建物につき賃借権その他の占有権原を有するものではなく、期間の満了までその明渡しをしないことが許されるにとどまる。したがって買受人に引き受けられた賃貸借に基づく占有者とは異なり、買受人に対して建物の修繕を求めたり、債務不履行責任を追及することはできない（谷口ほか・前掲論文55）。元賃借人が投じた必要費・有益費等の償還請求権は、608条ではなく196条による（松岡久和「担保・執行法改正の概要と問題点（下）」金法1688-19、23（平15））。

♥詐害目的の賃貸借
　詐害目的の賃貸借は実行段階で排除されるという実務は、平成15年改正後も維持される。詐害的な目的による建物占有は、「賃借権に基づく占有」と認めないものであるから、そのような占有者に対して395条1項に基づく明渡猶予期間を与える必要はないからである（道垣内ほか・前掲書56［道垣内］）。

◆196条以下の適用
　606条以下の適用はなく、196条以下の適用があるから、明渡猶予期間内の有益費の支出を買受人に求めることがある。これに対しては、295条2項により留置権の成立は否定されるが、買受け後に発生したことについて物件明細書には記載されないから、有益費支出の形を装って買受人に立退料の支払請求のなされるおそれがある（座談会「執行妨害をめぐる諸問題」NBL766-28、34（平15）［志賀剛一発言］）。

短期賃貸借は廃止された結果、買受人に引き継がれないので、賃借人は、原則どおり敷金を当初の賃貸人、すなわち敷金を払った相手に直接返還請求することになる（第156回国会衆議院法務委員会議録22号（平15・6・6）9頁1段目［房村発言］参照）。

　なお、明渡猶予期間中の買受人と賃借人との法律関係をいかに解するとしても、転借人は、賃借人に適用される明渡猶予制度を援用または代位行使して、代金納付後6カ月間の明渡猶予を受けることになる（畑・前掲論文9）。

6 買受人による相当の期間を定めた支払いの催告

　明渡猶予期間の制度が適用される場合であっても、建物使用者は、建物所有者である買受人に対して建物の使用の対価として賃料相当額の不当利得返還義務を負担する。建物使用者が、明渡猶予期間中の使用の対価を買受人から支払請求をされても支払わないような場合には、6カ月の期間が満了するまで建物の使用を認めるとすると建物所有者の権利を不当に害することになる。そこで、買受人が建物使用者に対して相当の期間を定め、1カ月分以上の使用の対価の支払いを催告したにもかかわらずその期間内に建物使用者がその支払いをしない場合には、その期間の経過後は、建物の買受人は、建物使用者に対して建物の引渡しを求めることができるとしたのが、395条2項の趣旨である（第156回国会衆議院法務委員会議録25号（平15・6・13）2頁3段目以下［山花発言］、同24号（平15・7・22）6頁2段目以下［山花発言］参照）。

7 不動産引渡命令の申立期間は9カ月

　代金を納付して目的不動産の所有権を取得した者のための簡易な「債務名義」としての不動産引渡命令を規定した民執法83条も、明渡猶予期間の制度の新設に伴い、同条2項が改正され、不動産引渡命令の申立期間は「9カ月」に延長された。

　不動産引渡命令の制度は、代金を納付した買受人の申立てにより、裁判所が債務者または不動産の占有者に対し、不動産を買受人に引き渡すべき旨を命ずることができるとする制度である（民執83条1項）。代金納付をして不動産所有権を取得した買受人は、自己に占有を対抗できない占有者に対して所有権に基づいてその引渡を請求できるが、占有者が任意に引渡に応ずるとは限らない。買受人が、このような引渡に応じない占有者に対して不動産の引渡しを求めて訴訟提起しなければならない負担があるとすると、競売において不動産の買受希望者が減少または売却価額が低下するおそれが生じる。不動産引渡命令の制度は、このようなおそれを避けるために、買受人が引渡請求訴訟を提起しなくても、簡易に引渡の執行を求めることを認める制度である。

　平成15年改正前民執法83条2項は、競売不動産の買受人が代金納付をした日から6カ月間は引渡命令の申立てをすることを認めていた。しかし、395条1項に定めた建物明渡の猶予期間は6カ月間であるから、あわせて引渡命令の申立てのできる期間を延長しないと、同項の明渡猶予の規定が適用される場合には、買受人は、明渡猶予期間が満了した後も建物明渡をしない占有者に対して、引渡命令の手続によって簡易に明渡の実現を求めるということができなくなり、

♥395条2項と6カ月
　紛争が生じて訴訟が決着する前に6カ月間が経過する可能性が高いから、395条2項は、現実には機能しにくいであろうと指摘されている（道垣内ほか・前掲書62［道垣内］）。

わざわざ建物明渡請求訴訟を提起しなければならないというおそれが生じる。そのため、6カ月の明渡猶予期間を定めた395条1項が新設されたことに伴い、同条項に規定された建物使用者が占有している建物の買受人が引渡命令の申立てをする期間を3カ月間延長して、代金納付の日から「9カ月」とされている（第156回国会衆議院法務委員会議録25号（平15・6・13）3頁1段目以下［山花発言］参照）。すなわち、買受人は、代金を納付した日から6カ月（買受けのときに民法395条1項に規定する建物使用者が占有していた建物の買受人にあっては、9カ月）を経過したときは、不動産引渡命令の申立てをすることができない（民執83条2項）。

[2] 論点のクローズアップ

●抵当権者の同意を得た賃貸借登記

1 総説

平成15年の改正により、抵当権者の同意を得て登記した賃貸借の対抗力の制度が創設された。登記した賃貸借は、その登記前に登記した抵当権を有するすべての者が同意し、かつ、その同意の登記があるときは、これをもってその同意をした抵当権者に対抗することができる(387条1項)。抵当権者が前項の同意をするにはその抵当権を目的とする権利を有する者その他抵当権者の同意によって不利益を受けるべき者の承諾を得ることを要する(387条2項)。賃借権の設定の登記を申請する場合においては、申請書に借賃を記載し、もし賃借権の移転を許したときもしくは敷金があるときは記載する必要がある（不登81条）。

2 趣旨

抵当権の登記がなされた後にその抵当不動産に設定された賃貸借契約は、抵当権に劣後するので、抵当不動産が担保不動産競売に付されて売却されると消滅するのが原則である。しかし、抵当権設定後に抵当不動産に設定された賃貸借契約が抵当権にすべて対抗できないとすると抵当不動産の利用が妨げられるので、抵当権と利用権の調整ということから、従来は、短期賃貸借制度（平成15年改正前395条）が設けられて一定の賃貸借は抵当権登記のなされた後に成立しても、限定的に保護されていた。しかし、短期賃貸借制度は、不合理な点があり、また執行妨害のために濫用されていたため、平成15年改正で廃止され、抵当権者の同意を得て登記した賃貸借の対抗力の制度と明渡猶予期間の制度が新設された。

同意を得た対抗力のある賃貸借の制度では、賃借権の保護される期間は契約で設定した期間が全面的に保護可能になるし、また抵当権者側にとっても、賃貸用物件の賃料収入から被担保債権の返済を受けることを予想しうるため、賃借権に同意を与えて優良な賃借人を確保することにメリットを感じるので、同意を得た対抗力のある賃貸借の制度が積極的に利用されると期待できる（第156回国会衆議院法務委員会議録25号（平15・6・13）17頁1段目［房村発言］参照）。こ

の新制度により、例えば、主に賃貸を目的とする建物を、融資を受けて建築するというようなことが容易になると期待される（第156回国会衆議院法務委員会議録23号（平15・6・10）2頁1段目以下［上原発言］参照）。

抵当権者の同意により賃貸借に対抗力を与える制度は、建物明渡猶予制度と異なって、建物と土地のいずれについても適用される（谷口ほか・前掲論文57）。

3 要件

抵当権者の同意により賃貸借に対抗力を与える制度において、抵当権を有する者のすべての同意を要することとしたのは、法律関係が複雑化することを避けるためである。同意とは、賃借人に対してなされる意思表示であり、各抵当権者の行う単独行為である（道垣内・177）。

抵当権者の同意により賃貸借に対抗力を与える制度は、抵当権を目的とする権利を有する者など、抵当権者の同意により不利益を受けるべき者がある場合には、その者の承諾があることが必要である（387条2項）。これは、抵当権の順位変更に関する374条1項ただし書と同旨の規定である。この規定により承諾を得ることを要する者の例としては、転抵当権者のほか、抵当権の被担保債権の差押債権者ないし質権者がある（谷口ほか・前掲論文57）。

4 登記

抵当権者の同意により賃貸借に対抗力を与える制度は、賃借権設定について登記がされていることが必要である。借地借家法上の対抗要件（借地借家法10条・31条）を備えただけでは、この制度の適用を受けることはできない。なぜなら、抵当権者の同意により賃貸借に対抗力を与える制度は、抵当権と賃借権との優先関係に変動を生じさせるものであるから、同意があったことおよび同意の対象となった賃借権の内容を公示する必要があること、賃借権設定登記を要するものとすることにより、対抗力が与えられる賃借権の内容が明確になって関係者の予測可能性が高まり、利用しやすい制度となること、また、仮に賃借権設定登記を要しないものとすると、賃借権の内容についての紛争を招くうえ、その権利内容を仮装する執行妨害に濫用されるおそれが考慮されたからである（谷口ほか・前掲論文57）。

抵当権者の同意の登記により賃貸借に対抗力を与える制度のもとにおいては、敷金が、新たに賃借権登記における登記事項とされた（不登81条4号）。この改正は、賃貸人の敷金返還義務は目的不動産の所有権の移転に伴い当然に新所有者に承継されると解されていることから、敷金の有無および額は目的不動産の新所有者にとって一般に重要性の高いものとなっていること、また、抵当権者の同意により賃貸借に対抗力を与える制度の創設に伴い、買受人の引受けとなる賃借権の内容を明確にし、高額の敷金差入れの仮装等の執行妨害を排除するためには、敷金を登記事項とする必要があることを考慮したものである（谷口ほか・前掲論文57以下）。

5 効果

抵当権者の同意によって賃貸借に対抗力を与える制度においては、このような同意が得られた賃貸借については、買受人に引き受けられ、敷金の返還債務

◆新制度の利用
　新制度のもとでは、抵当権者からすれば予測可能な範囲で賃借権に同意を与えることが可能となり、予測していない賃借権設定により不測の損害を被ることを防ぐことができ、他方、同意を得た賃借人の方は競売が実行されても安心して賃借権を主張することができる（第156回国会参議院法務委員会議録24号（平15・7・22）7頁3段目以下［房村発言］参照、谷口ほか・前掲論文57）。

◆抵当権設定者の関与は不要・賃借人の承諾は不要
　抵当権者の同意は、抵当権者と賃借人との間の関係を変動させるにとどまり、抵当権設定者の権利義務を変動させるものではないから、抵当権設定者の関与は必要でない。また、この同意は、抵当権設定後の賃貸借を抵当権者に対抗することができるものとする抵当権者の意思表示であり、相手方（賃借人）に不利益を与えるものではないので、その承諾を要しないとされる（谷口ほか・前掲論文57）。

♥登記が必要
　登記が必要であり、借地借家法上の対抗要件では足りない。賃借権の主な内容を含めて登記がされることが、権利関係の明確化・安定化のために必要だと考えられたためである（道垣内・176）。

◆抵当権者の同意の登記
　抵当権者の同意は登記する必要があり、「○番賃借権の先順位抵当権に優先する同意の登記」という独立の登記がなされることになる。賃借人と抵当権者すべての共同申請により行われる独立した主登記である。抵当権設定者兼賃貸人は、この登記申請の当事者としては関与しない（道垣内ほか・前掲書68）。

◆敷金の登記
　抵当権者の同意による賃貸借対抗力付与の制度が創設されたことに伴い、敷金があるときは、賃借権登記に際して、敷金がある旨を登記しなければならないとされた（不登81条4号）。賃貸人が変更する場合、敷金は新賃貸人に承継されるから、その内容を明確にする必要があるためである（近江・203）。
　敷金の登記がなされることによって、高額な敷金がある旨を仮装するといった執行妨害を防止しうる（道垣内・176）。

も承継されることになる（第156回国会衆議院法務委員会議録25号（平15・6・13）19頁4段目以下［森山真弓国務大臣発言］参照）。

[3] ケース・スタディ

> **ケース……1** ❖ **短期賃貸借保護の廃止と一括競売**
>
> 　X銀行に対して自己所有土地に抵当権を設定して事業ローン1億円を借りていたYは、その後、所有土地上に建物を建築した。ところが、ローンの返済に行き詰まったYは、Xの抵当権実行に対する対抗策として、建物をZに譲渡し、Zとの間で短期賃借権にあたる5年間（民602条2号）の借地契約を設定した。X銀行としては、Zの短期賃借権を排除して、土地および建物を一括して競売し、直ちに抵当権を実行したいがどのようにすればよいか。
>
> 　仮に、Zが建物賃借人にすぎず（建物はY所有のまま）、YZ間の建物賃貸借期間が3年間（民602条3号により短期賃貸借にあたる）だった場合と比較してどうか。

1 短期賃貸借の保護の廃止

　平成15年の改正は、抵当土地上の借地人に対しては、抵当権に後れる場合には賃貸借期間の長短を問わず、抵当権に対抗できる短期賃貸借の保護を否定した。ただし、387条により抵当権者の事前の同意等により土地賃借人に対して保護が与えられる可能性があることには留意する必要がある。

　従来は、抵当権設定に後れる5年以下の土地賃借権（602条2号の短期賃借権に該当）は、改正前395条と借地借家法との関係を分け、賃借人との関係では借地期間は30年となるが（借地借家法3条）、競売の買受人との関係では改正前395条により5年以下の賃貸借期間内で対抗できた。しかし、平成15年の改正により、抵当権設定後のすべての土地賃借権は抵当権者に対抗できないから、一括競売の対象になることになった。

2 一括競売の拡大（次講参照）

　平成15年改正前389条が、抵当権設定後に抵当権設定者が抵当土地上に建物を築造したときは、抵当権者は抵当権設定者所有の建物も抵当土地と一緒に競売できるという一括競売権を認めていた。しかし、実務では執行妨害の一方法として、抵当土地上に第三者が建物を築造する「件外建物」が目立つようになってきた。「件外建物」は、所有者が抵当権設定者と異なるために、従来の改正前389条では、一括競売の対象にならず、競売は抵当土地に対してしか申し立てられなかった。そして、抵当土地の競落後に、買受人が建物収去土地明渡請求訴訟を建物所有者に対して提起するしかなかった。しかし、その手間や費用を慮って土地の競売価格は下落するし、建物の社会的効用も失われるというマイナスがあった。

平成15年の改正では、389条1項により、抵当権者は抵当権設定後に築造された建物を抵当権設定者所有か否かにかかわらず（つまり、第三者所有の建物であっても）、一括競売できる。競売代金は、抵当権者が優先権を主張できるのは土地代金についてのみであり、建物代金は第三者所有であれば第三者に帰属する。抵当土地の競売価格の下落を防ぎ、建物の毀滅を防げるという社会的効用はあるが、第三者は自己の望まない建物所有権の消滅という不利益を被るわけであり、その手続保障には配慮する必要があろう。

次に、389条2項は、建物所有者が土地抵当権者に対抗できる権利を有する場合には一括競売できないと規定する。このため、本項の反対解釈として、建物所有者が土地抵当権者に対抗できる権利を有しない場合は、一括競売できることになり、短期賃貸借の保護の廃止との関係で、一括競売できる範囲が飛躍的に拡大したことには留意する必要がある。

3 本件へのあてはめ

借地契約は、借地借家法により30年以下の借地契約を結んでもすべて30年間の借地契約とされてしまうため（同法3条）、そもそも5年間の借地契約がそのままの期間有効で短期賃借権になれるかという問題がある。一応、従来は民法旧395条との関係では短期賃借権として5年間という期間の定めは有効と解されていたが、借地借家法との関係では借地契約として5年間では無効である。むしろ、5年間という借地契約自体、まさに濫用的短期賃貸借なのではないかという疑念を生じさせる。

その意味では、平成15年の改正により、Zの短期賃借権は認められないことになり、しかもX銀行がZ所有の建物も合わせて一括競売できることは、現実に合致しているとさえいえよう（本ケース前段の場合）。ただ、Zが建物賃借人の場合には、同様に短期賃貸借としての保護はなくなり、抵当権者（買受人）に対抗できないが、買受人に所有権が移転したときから6カ月の明渡猶予が認められる（本ケース後段の場合）。そうであるとすれば、バランス上、本ケース前段の場合において一括売却される建物を所有していた借地人Zに対しても、解釈論として同様に6カ月間の明渡猶予を認める余地もあるように思われる。

[4] まとめ

不動産の価値権と利用権との調和を図った平成15年改正前395条は、抵当権設定後の賃貸借であっても、短期のもので対抗要件を有するものであれば、抵当権者（買受人）に対抗しうるとしていた（短期賃貸借の保護）。抵当不動産に、この短期賃貸借が付着していると、その不動産の価値は下落し、おおむね30％程度の減価は予定しなければならないとされていた（上北武男「執行実務上短期賃貸借として認められるための条件」銀行法務21No. 511-53（平7））。

このような短期賃貸借の保護による抵当不動産の価値下落を利用して、執行妨害が生じていたため、平成15年の改正で短期賃貸借保護の廃止という思い切った立法的改正がなされた。他方、抵当不動産が貸ビルやアパートの場合には、

正常型の建物賃貸借も相当数存在しているわけで、そのような正常型の建物賃貸借を一定範囲で保護するため、6カ月間の明渡猶予制度や抵当権者の同意の登記による賃貸借の保護の制度が、同時に創設された。

第15講 法定地上権・一括競売

[1] 概説

●法定地上権の立法趣旨

　土地およびその上に存する建物が同一の所有者に属する場合において、その土地または建物に抵当権が設定され、その実行により所有者を異にするに至ったときは、その建物について地上権が設定したものとみなされる（388条）。例えば、甲が土地とその上の建物とを所有する場合に、土地に抵当権を設定し、その後に抵当権が実行（担保不動産競売）されて土地の所有権を取得した買受人乙は、建物のために地上権の制限を受けることとなる。また、土地・建物を所有する甲が建物に抵当権を設定し、その後に建物を目的とする抵当権が実行されて建物を買い受けた買受人乙は、建物のために土地について地上権を取得することになる。このように、抵当権実行の結果として当然に生ずる地上権を法定地上権という。

　最判は、学説に従い、法定地上権の存在理由を建物所有者と抵当権者の合理的意思および建物保護という公益的要請に求めている（最判平成9年2月14日民集51-2-375）。最判は、土地と地上建物を別個の不動産とし、かつ、原則として土地の所有者が自己のために借地権を設定することを認めないわが国の法制上、同一所有者に属する土地または地上建物に設定された抵当権が実行されて、土地と地上建物の所有者を異にするに至った場合、建物所有者が当該土地の占有権原を有しないことになるとすれば、これは、建物の所有者やその抵当権者の合理的意思に反する結果になるとする。すなわち、このような場合に、建物所有者が当該土地の占有権原を有しないことになるとすれば、土地が競売によって売却されても、土地の買受人に対して土地の使用権を有しているものとする建物の所有者や土地の使用権があるものとして建物について担保価値を把握しているものとする抵当権者の合理的意思に反する結果となる。そこで、388条は、その合理的意思の推定に立って、このような場合には、抵当権設定者は競売の場合につき地上権（法定地上権）を設定したものとみなしており、その結果、建物を保護するという公益的要請にも合致することになるとしている。最判は、このように学説とほぼ同様、建物所有者と抵当権者の合理的意思の推定と建物保護の2つを法定地上権の制度趣旨としている。

　それでは、抵当権設定当事者間で、抵当権が実行されても法定地上権が成立

◆**法定地上権に関する現代語化**
　法定地上権に関する現代語化にあたり、「土地又は建物につき抵当権が設定され」という文言になった。したがって、ここにいう「又は」とは、いずれかに抵当権が設定されれば、それで要件が充足されるということを意味しており、双方について抵当権が設定されても、この要件を満たすことになる（道垣内・219）。

♣**抵当権実行による買受人**
　不動産競売における差押不動産の売却方法としては、期間入札、期日入札や競り売り等がある。これらの売却方法が実施されて、最高価の買受けを申し出た者が執行裁判所からの売却許可決定を受けて買受人となるのが原則である。買受人が代金納付期限までに代金を納付すると、目的不動産の所有権を取得することとなる（民執188条・79条）。

◆**法定地上権の存在理由**
　判例とほぼ同旨、我妻・349、高木・189以下、鈴木・262以下。

しないとする旨の特約をした場合に、その特約の有効性はどうなるか。この問題につき、判例は、抵当権者と抵当権設定者との特約によって法定地上権の成立を排除することはできないとしている（大判明治41年5月11日民録14-677）。通説も、判例と同様、法定地上権は強行規定であるとする。もっとも、法定地上権を取得するはずの者が、法定地上権を排除する特約をした当事者である場合、例えば、土地とその上の建物が同一の所有者に属し、その者が土地に抵当権を設定し、その抵当権が実行された場合には、建物所有者は法定地上権を取得するはずであるが、建物所有者は特約によって法定地上権を放棄していたと考えられるから、法定地上権は成立しないとする説もある。同様に、抵当権実行による不動産の買受人が、法定地上権を排除する特約をした抵当権設定当事者である場合には、特約の当事者であることを理由として、法定地上権は成立しないとしている（高木・191）。

♠大判明治41年5月11日
　同判決は、公益上の理由に基づき法が地上権の設定を強制するものだから当事者間の合意で法定地上権を排除できないとする。

● **法定地上権の成立要件**

　法定地上権の成立要件は、①抵当権設定時に土地の上に建物が存在していること、②抵当権設定時に土地とその上の建物が同一の所有者に属していること、③担保不動産競売の結果、土地とその上の建物の所有権が異なる所有者に属することになったことである。

♥複数の抵当権が設定
　法定地上権の成立要件は、複数の抵当権が設定されている場合には、最先順位の抵当権設定時を基準にして判断される（道垣内・211、高橋・160）。

1 抵当権設定時における建物の存在

　抵当権が実行されて法定地上権の成立が認められるためには、（土地または建物に）抵当権を設定した時に建物がすでにその土地の上に存在していなければならない（土地と建物の同時存在が必要であるが、建物は後に再築されてもよい）。その上に建物の存在していない土地（更地）は、その上に建物の存在している場合の土地よりも、一般取引上、価格が高く評価される。したがって、抵当権者が抵当土地を更地として担保価値を高く評価した場合、その後になってその更地の上に建物を築造しても法定地上権が成立すると仮定すると、その抵当土地は法定地上権の負担による制限を受けて価格が下落し、抵当権者は不測の損害を受けることになってしまう。このような事態を回避するために、法定地上権の成立要件として、抵当権設定時における建物の存在の要件が必要とされている。

　建物の存在していない更地に抵当権を設定し、その後、更地の上に建物が建設された場合には、抵当権が実行されても建物のためには法定地上権は成立しないとするのが、判例（大判大正4年7月1日民録21-1313［388条の文理と平成15年改正前389条の規定との対照による］）、通説（我妻・352）である（➡詳細は、**[2]** 論点のクローズアップ）。

　また、更地を目的物として1番抵当権が設定された後に、その更地の上に建物が建築され、ついでその土地を目的として2番抵当権が設定された場合に、2番抵当権者の抵当権実行の申立てによりその土地が競売されたとき、その建物のためにその土地の上に法定地上権が成立するか否かが問題となる。判例は、この場合に、法定地上権は成立しないとする（最判昭和47年11月2日判時690-42。通

◆更地抵当権の法定地上権不成立
　この判例法理は確定しており、また、更地であるか否かによる土地の担保価値の差がきわめて大きいことを考慮し、判例法理に依拠している抵当取引を尊重せざるをえないとするのは、高木・205以下。

説も同旨、高木・206以下）。

　更地を目的物として抵当権が設定された場合において、抵当権設定者と抵当権者との間で、将来その土地に建物を建築したときは地上権を設定したものとみなすという合意がなされた場合に、その土地を競売によって取得した買受人は、その取得した土地に地上権の負担による制限を受けるか否かが問題となる。判例は、この場合に、買受人に対してはその効力を生じないから、建物を建築した抵当権設定者または建物の転得者がこれによって地上権を取得すべき理由はないとし、地上権の成立を認めない（大判大正7年12月6日民録24-2302）。同様に、通説も、388条・389条の文理を理由などとして、地上権の成立を認めない。

　抵当権設定時に建物が存在し、その後滅失して建物が再築された場合、旧建物を基準とした法定地上権が成立するとするのが、通説・判例（大判昭和10年8月10日民集14-1549）である。旧借地法では、建物が堅固か否かにより借地権の存続期間が異なったため、再築により建物が非堅固から堅固に変わった場合、いずれを基準にするかは重要な争点であった（内田・422）。もっとも、新建物を基準として担保評価がなされ、抵当権者自らが競落した場合は、新建物を基準とする法定地上権が成立する（最判昭和52年10月11日民集31-6-785）。

　最判平成9年は、所有者が土地およびその地上建物に共同抵当権を設定した後、その建物が取り壊され、その土地上に新たに建物が建築された場合には、特段の事情のない限り、新建物のために法定地上権は成立しないとしたが、その前提として、法定地上権の制度趣旨を建物所有者とその抵当権者の合理的意思および建物保護という公益の要請に求めている（最判平成9年2月14日民集51-2-375）。最判は、所有者が土地および地上建物に共同抵当権を設定した後、その建物が取り壊され、その土地上に新たに建物が建築された場合には、新建物の所有者が土地の所有者と同一であり、かつ、新建物が建築された時点での土地の抵当権者が新建物について土地の抵当権と同順位の共同抵当権の設定を受けたときなど特段の事情のない限り、新建物のために法定地上権は成立しないとする。なぜなら、土地および地上建物に共同抵当権が設定された場合、抵当権者は土地および建物全体の担保価値を把握しているから、抵当権の設定された建物が存続する限りは当該建物のために法定地上権が成立することを許容するが、建物が取り壊されたときは土地について法定地上権の制約のない更地としての担保価値を把握しようとするのが、抵当権設定当事者の合理的意思であるからとする。そして、抵当権が設定されない新建物のために法定地上権の成立を認めるとすれば、抵当権者は、当初は土地全体の価値を把握していたのに、その担保価値が法定地上権の価額相当の価値だけ減少した土地の価値に限定されることになって、不測の損害を被る結果になり、抵当権設定当事者の合理的な意思に反するからであるとする。なお、このように解すると、建物を保護するという公益的要請に反する結果となることもありうるが、抵当権設定当事者の合理的意思に反してまでもその公益的要請を重視すべきであるとはいえないとしている。

♠大判大正7年12月6日
　私人間の合意で競売の効力を左右することはできないからである。（同旨、近江・186以下）。
　最高裁は、抵当権者による事前の建築承認があったとしても388条の適用は認められないとする判断を重ねている（高橋・161）。

◆最判平成9年2月14日による判例変更
　土地・建物の共同抵当の設定の場合（実際には多い）、その後に同建物が取り壊され、新建物が築造されたときに、（土地のみの抵当となって）388条の法定地上権が成立するか否かについて議論があったが、本判決は、従来の判例を変更して原則的に法定地上権の成立を否定したものである（吉田邦彦「判批」判例百選①[新法対応]190）。

この最判平成9年は、大審院判例を変更して実務の決着をつけたものである。従来は、土地・建物の共同抵当において、建物が取り壊され、新建物が再築されたときでも法定地上権は成立し（旧建物上の法定地上権が承継される）、その際、第三者が新建物を再築した場合でもよいとするのが、一般的な理解として定着してきた（近江幸司「判批」平成9年度重判解説64、65）。

　しかし、法定地上権の成立が認められるとすると、抵当権者は底地部分の価値からしか優先弁済を受けることができなくなる。そこで、もともと共同抵当権者は土地および建物の全体の担保価値を把握していたことを理由に、原則として再築建物のために法定地上権の成立を認めるべきではないという考え方（全体価値考慮説）が有力となり、最判平成9年は全体価値考慮説を最高裁として採用したものである（生熊長幸「判批」法学教室セレクト'97-18）。

　最判平成9年は、共同抵当権が設定されている土地上の建物が滅失・再築された場合において、全体価値考慮説に立って、法定地上権は原則として成立しないことを明示した。同判決は、大判昭和13年5月25日（民集17-1100）を判例変更したが、最判平成9年は、共同抵当権における建物の滅失・再築の事案に限定されており、土地のみに抵当権が設定された後に同地上の建物が滅失・再築された事案に関する大判昭和10年8月10日（民集14-1549）は判例変更されていない（佐藤岩昭「共同抵当権の目的である建物の再築と法定地上権の成否」法教239-24、27以下（平12））。その後、最判平成9年6月5日（民集51-5-2116）、最判平成10年7月3日（判時1652-68）も、全体価値考慮説を採用したので、多数説であった全体価値考慮が通説化するであろうといわれている（佐藤・前掲論文29）。

◆大審院判例の変更
西尾信一「判批」銀行法務21No.536-64、66（平9）、廣田民生「判批」判夕978-54、55（平10）。判旨に賛成、半田吉信「判批」判時1609-182（判評464-20）（平9）、山田誠一「判旨」金法1492-40（平9）。これに対し、理由づけには疑問を呈するのは、角紀代恵「判批」法教206-98（平9）。

2 土地・建物の同一人帰属

　法定地上権が成立するためには、抵当権設定当時、土地とその上の建物が同一の所有者に属していたことが必要である（土地・建物の同一人帰属）。土地と建物の所有者が異なっている場合には、建物のために賃借権・地上権等の約定の土地利用権が設定されているのが通常である。このように土地と建物の所有者が異なっている場合に、建物について抵当権を設定すれば、その抵当権は建物の従たる権利である土地賃借権・地上権等に及ぶから、その建物についての抵当権が実行されて建物所有権を取得した買受人は、土地賃借権・地上権等も取得する。したがって、法律上、約定利用権の設定が可能である場合には、あ

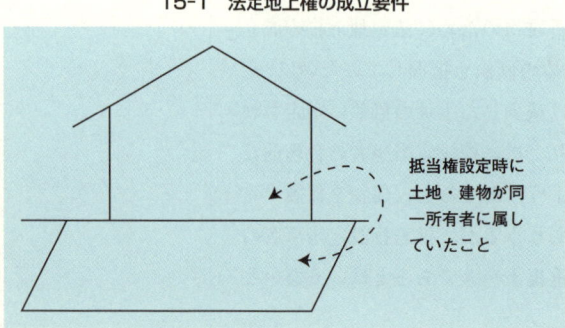

15-1　法定地上権の成立要件

抵当権設定時に土地・建物が同一所有者に属していたこと

えて法定地上権の成立を認める必要はない。

　また、土地と建物の所有者が異なっている場合に、土地について抵当権が設定され、その抵当権が実行されて土地所有権を取得した買受人と、その建物を所有する土地賃借人・地上権者との関係は、土地賃借権・地上権が対抗力を有しているか否かの問題として処理されることになるので、法定地上権を成立させる必要はない。

　法定地上権の成立要件の1つとして、抵当権設定時に土地およびその地上の建物が同一所有者に帰属していることが挙げられる。それでは、その土地の所有者と建物の所有者との間に、夫婦関係または親子関係があった場合でも、抵当権実行後に法定地上権は成立しないのであろうか。具体的には、土地をAが所有し、その土地につき抵当権を設定したが、その設定時、その地上には、Aの子であるBが所有する建物とAの夫であるCが所有する建物が存在していた場合に、土地の抵当権が実行されて土地所有権を取得した買受人は、その土地にB所有建物とC所有建物のための法定地上権による負担を受けなければならないかが、問題となる。判例は、この問題につき、法定地上権の成立を認めていない。その理由として、土地と建物が別個の所有者に属する場合には、たとえその間に親子・夫婦の関係があっても、土地の利用権を設定することが可能なのであるから、その間の土地利用に関する法律関係にしたがって、競売後の土地所有者と建物所有者との間の法律関係も決せられるべきものであり、このような場合にまで、地上権を設定したものとみなすべきものではないとしている（最判昭和51年10月8日判時834-57）。同様に、通説も法定地上権の成立を認めていない。

　ところで、土地または建物が共有されている場合には複雑な問題を生じる。例えば、土地がA・Bの共有で、Aがその上に建物を所有し、Aの土地の持分権に抵当権が設定された後に抵当権が実行されて、CがそのAの土地の持分権の買受人になったとき、判例によれば、完全な土地所有者でないと地上権は設定できないから、法定地上権は成立しない（最判昭和29年12月23日民集8-12-2235［Cが後に土地の単独所有者になってAに明渡しを求めた事案］）。また、土地がA・Bの共有で、Aがその上に建物を所有してその建物に抵当権を設定していたところ、抵当権が実行されてCが建物の買受人となった場合も、法定地上権の成立を認めないのが、学説である（➡詳細は、【2】論点のクローズアップ）。

　これに対し、Aが土地を所有し、その上の建物がA・Bの共有であったときに、Aが土地に抵当権を設定しそれが実行された場合には、Aは完全な土地所有者であり地上権を設定できるから、建物共有者全員のために法定地上権が成立する（最判昭和46年12月21日民集25-9-1610）。Aが土地を所有し、その上の建物がA・Bの共有であったときに、Aがその建物の持分権に抵当権を設定していて抵当権が実行された場合には、法定地上権が成立し、Aの持分権の買受人CとBで法定地上権を準共有すると解するのが学説である（近江・193、我妻・362）。

　なお、Aが土地とその上の建物を所有し、土地につきBのために所有権移転

♣土地賃借権に関する判例
　建物について抵当権を設定した場合の土地賃借権に関して、最判昭和40年5月4日民集19-4-811は、建物を所有するために必要な敷地の賃借権は、その建物所有権に付随し、これと一体となって1つの財産的価値を形成しているから、建物の抵当権がその敷地の賃借権にも及ぶとする。

♥共有における持分権
　同一物の上に成立する他の所有権によって制限された所有権のこと（249条以下）。

♠最判昭和46年12月21日
　従来、通説の認めるところを肯認した判例である（千種秀夫「判批」法曹時報24-3-196、199〔昭47〕）。学説も、この判例を一般に支持する（近江・193。判旨に賛成、篠塚昭次「判批」民商法67-3-391〔昭47〕、川井・93。判旨の結論に賛成、北村一郎「判批」法協91-5-150〔昭49〕）。

♥準共有
　数人が共同して、所有権以外の財産権を有する場合には、その法律関係は、共有に類似する。このような所有権以外の財産権の共有を準共有という（264条）。

の仮登記をした後に、建物に抵当権を設定し、抵当権が実行されてCが買い受け、その後Bが土地についての仮登記を本登記にした場合は、Cは法定地上権を取得するが、Bには対抗できない（近江・194）。

●一括競売の拡大

1 総説

抵当権設定の後に抵当地に建物が築造されたときは、抵当権者は土地とともにその建物を競売することができる（389条1項）。ただし、その優先権は、土地の代価についてのみ行うことができ（389条1項ただし書）、建物の代金部分は、建物所有者に配当等がなされる（第156回国会衆議院法務委員会議録25号（平15・6・13）4頁1段目［房村発言］参照）。土地の抵当権者による一括競売は、その建物の所有者が抵当地を占有するにつき抵当権者に対抗することができる権利を有する場合には、行うことができない（389条2項）。

一括競売を定めていた平成15年改正前389条1項は、抵当権設定の後「その設定者」が抵当地に建物を築造したときに抵当権者がその建物と抵当地を一括して競売することを認めていたが、平成15年改正により、「抵当権設定者以外の者」がその建物を築造した場合であっても、一括競売が可能とされるようになった。平成15年改正は、一括競売の対象を、抵当権設定後に抵当土地に建物が築造されたが、建物の所有者が抵当土地の占有権原を抵当権者に対抗できるかたちで有していない全体に拡大した。一括競売をした場合でも、優先弁済権の及ぶ範囲は、更地として競売されたときの当該土地の価格分である。当該建物は、あくまで占有権原のない建物として評価されなければならない（道垣内・157）。

2 設定者による築造

土地に抵当権が設定された後「その設定者」が抵当地に建物を築造した場合、仮にその土地にだけ抵当権の効力が及んで土地しか競売の対象にならないとすると、土地の買受人は建物の所有権は取得していないので、その建物が占有権原のないものであるとしても訴訟により収去を求めなければならないという負担が存在する。このためそのような抵当地の競売に買受希望者が集まらないか、もしくは売却価額が非常に低下する。このような結果を避けるため、建物も一緒に競売すれば買受人が建物の所有権を取得するので、買受人が建物をそのまま利用することもできるし、また、訴訟等に関わる負担なしに建物を取り壊すことができる。このような理由から、土地の抵当権者による抵当地と建物の一括競売が認められる（第156回国会衆議院法務委員会議録25号（平15・6・13）3頁4段目［房村発言］参照。また、柚木馨＝高木多喜男編・新版注釈民法⑨（有斐閣・平10）593以下［生熊長幸］）。

3 設定者以外による築造

また、土地の「抵当権設定者以外の者」が建物を築造したものの、その建物の占有権原を有していないため不法に土地を占有している者がある場合、その不法占有者は土地が売却されればその買受人から建物の収去土地明渡請求を受

♥第三者所有建物
一括競売の規定に関する平成15年改正前は、第三者によって築造された建物については、一括競売が認められない文言になっていたが、第三者所有建物が抵当土地上に存在するために抵当権の実行が妨げられる場合が多く、その対策が求められていた（道垣内・157）。

けることになるから、この場合にも一括競売ができるようにすれば買受人にとっても便利である。他方、建物の所有者も建物を収去せずにその売却代金の配当を受けられることになるため、平成15年一部改正により、抵当権設定者以外の者が建物を築造した場合にも、抵当権者が一括競売をすることが認められるようになった（第156回国会衆議院法務委員会議録25号（平15・6・13）3頁4段目以下［房村発言］参照）。抵当土地上に築造された建物が登記されていない場合であっても、一括競売をすることができる（第156回国会衆議院法務委員会議録25号（平15・6・13）4頁2段目［房村発言］参照）。

　仮に、第三者が建物を築造した場合に抵当権者が一括競売をできないとすると、抵当目的土地上に件外建物を築造する形での執行妨害がなされ、抵当権者の担保価値把握が害されるおそれが生じる。これに対し、一括競売権を認めれば買受人は建物所有権をも取得できるから、収去請求を行う必要がなく土地と合わせて引渡命令で簡便に占有を取得でき、まだ利用できる建物を取り壊すという社会的損失も回避される。抵当権者は競売が容易になるし、期待どおりの債権回収ができる。一方建物所有者は、そもそも土地抵当権の競売によって早晩建物収去を余儀なくされることを抵当権の登記によって覚悟すべきであり、その負担を負うことなく建物売却代金を取得できるので、特段の不利益とならない（松岡久和「担保・執行法改正の概要と問題点（上）」金法1687-18、24（平15））。

◆一括競売の適用範囲拡大の理由
　更地価格を担保把握したはずの抵当権者に対して、執行妨害として更地上にバラックが建てられる例などが頻発したこともあって、建物築造者が誰であるかを問わずに一括競売を認めるべきではないかとの指摘もなされていた。道垣内弘人ほか・新しい担保・執行制度（有斐閣・平15）75［小林明彦］）。

4 効果

　抵当権者が、抵当地とその上に築造された建物を一括競売した場合、抵当権者の優先権は土地の代価についてのみ行うことができ（389条1項）、建物の代金部分は建物所有者等に配当等がなされる。

　一括競売の対象となった建物に賃借人がいた場合に、その賃借権は買受人の引受けとなるか否かが問題となるが、建物について消除されるべき抵当権等がない限り、建物賃借権は消除の対象とならず、買受人の引受けとなる（道垣内弘人ほか・新しい担保・執行制度（補訂版・有斐閣・平16）78以下［小林明彦］）。

[2] 論点のクローズアップ

●更地に抵当権を設定した後に土地所有者が建物を築造した場合の法定地上権の成否

1 問題点

　更地の所有者甲が、更地の上に債権者のために抵当権を設定・登記し、その後に甲が更地の上に建物を建設したとする。その土地の抵当権が実行されて土地所有権を取得した買受人乙は、法定地上権の負担を受けるか否かが問題となる。

2 議論

　A：［否定説］　判例は、更地に抵当権が設定された後に土地所有者によって築造された建物には法定地上権の成立を認めていない（大判大正4年7月1日民

録21-1313）。その理由は、土地の抵当権者が更地に抵当権の設定を受けた時に何らの負担もないと思って抵当権の目的としたのに、その後、土地所有者の一方的な行為により、抵当権の目的物に物権の負担を受ける結果となるのであれば、意外の損失を被るからであるとした。

　学説でも、判例に賛成するのが通説である（我妻・352以下）。その理由は、地上権の制限を受ける土地とそうでない更地とでは担保価値が著しく懸絶するから、更地として評価して設定した抵当権が後に地上権によって制限されるものとすることは、用益権による不当な圧迫になるからである。

　B：[肯定説]　更地に抵当権が設定された後に建設された建物にも法定地上権の成立を認める少数説がある。その理由は、抵当権の設定は目的物の使用・収益を設定者に認めるものであるから、更地の所有者が更地に抵当権を設定した後でも自由に更地上に建物を建設できるし、むしろ、抵当地の利用価値を増大できて望ましいとする。また、法定地上権制度は建物保護という社会的見地に立つものであるから、更地上への建物の建設の場合にも法定地上権による保護を与えて建物の存続を図り抵当地の利用価値の維持に努めるべきであるとしている。さらに、更地の抵当権取得者も、その後の建物の建設によって法定地上権の負担を受けることを当然に予期すべきであるとされている（柚木＝高木・364以下）。

　このほかに、更地に抵当権が設定された後に建物が建築されたときは、抵当権者は土地と建物とを一括競売（389条）するべきであるとし、そうしない限り法定地上権が成立すると主張する有力説もある。

●共有土地上の建物を所有する者が土地の共有持分に抵当権を設定した場合

1 問題点

　甲と乙の共有土地上に、建物を単独所有する甲が、土地の共有持分に抵当権を設定したところ、持分権が競売されて第三者丙が買い受けた場合に、建物所有者甲は土地の上に法定地上権を取得するか。建物所有者が、土地の共有持分権に抵当権を設定しているので、その限度では、法定地上権の成立要件（土地・建物の同一人帰属）を満たしているとも考えられるからである。

15-2　土地の共有者がその上に建物を単独所有

甲の単独所有
甲と乙の共有　→　甲が持分権に抵当権設定　丙がそれを取得

2 議論

　A：[否定説]　建物を所有していない土地の共有持分権者にとっては、自己

♥一括競売を根拠とすることに対する批判
　更地に抵当権が設定された後に建物が築造されたときは、抵当権者は土地と建物とを一括競売すべきであるとする説もあるが、建物付の土地を競売させる負担を抵当権者に負わせることになり、妥当でない（道垣内・213）。

の関与しない抵当権設定によって、従前の利用関係が地上権に転化することは甚だ不利であるとして、法定地上権は成立せず、**従前からの利用権が存続する**（丙との関係で法定地上権が成立し、従来からの甲乙間の約定利用権とが混在するとすれば、法律関係が複雑となって妥当でない）と解する学説がある。判例も、土地の完全な所有者でないと地上権は設定できず、そして、もし、法定地上権が成立するとすれば、建物を所有していない方の土地の共有持分権者の意思にかかわらずその者の持分が無視されてしまうとして、法定地上権の成立を否定する（最判昭和29年12月23日民集 8-12-2235、近江・192）。

　B：〔肯定説〕　共有関係では別個独立の利用権を設定することはできないことを理由として、法定地上権の成立を認める（我妻・360）。

3 留意点

　ある土地をA・Bが共有して、その上に建物を単独所有するAが建物の方に抵当権を設定（Bが法定地上権の成立を容認していたとされる事案）してそれが実行され、その建物をCが取得した事案では、判例は、Cの建物のために法定地上権の成立を認めた。判例は、土地が共有である場合に、共有者の1人の所有にかかる地上建物が競落されるに至っても、共有土地の上に法定地上権の発生は原則として認められないが、それは他の土地共有者の意思に基づかないでその共有者の土地に対する持分に基づく使用収益権を害することができないことによるものであるから、他の共有者がこのような事態をあらかじめ容認していたような場合においては、そのような原則は妥当しないとして、C所有の建物のために法定地上権の成立を認めた（最判昭和44年11月4日民集23-11-1968）。

15-3　土地共有で単独所有建物に抵当権を設定した場合

建物所有権を取得した買受人　C
A 所有
抵当権設定
法定地上権の成否
A　B　共有

[3] ケース・スタディ

ケース……1 ❖ 更地抵当権設定後の建物建設

　Xは、Yに対して2000万円を貸し付けた際にY所有の土地（更地）に抵当権の設定を受け、設定登記を経由した。その後、Yが同地上に建物を建設して保存登記をした。Xは、Yが貸金返還債務の弁済をしないの

◆**約定利用権説**
　高木・198は、従前からの約定利用権の存続で足りるとし、柚木=高木・354以下も同旨であるが、甲乙間の従来の約定利用権が地上権であったならば、丙のために法定地上権の成立を認めてもよいとする。

◆**法定地上権が成立する場合には物件明細書に記載**
　裁判所書記官は、所定の売却条件を記載した物件明細書を作成しなければならない（民執62条1項）。そして、売却実施日の1週間前までに、その写しを執行裁判所において一般の閲覧に供するか、またはインターネットを利用する方法によってその内容の提供を受けることができるような措置をとる必要がある（民執62条2項、民執規則31条1項2号）。買受人が引き受けなければならない負担等をあらかじめ買受希望者に開示し、正しい情報に従った適切な買受申出の判断を可能にする趣旨である。しかし、権利関係についての物件明細書における判断は一応の判断にすぎず、実体法上の効力はない。したがって、買受人が、記載のない賃借権等の権利を主張される可能性は残り、物件明細書の記載を信頼した買受人は保護されない（上原=長谷部=山本・115〔山本和彦〕）。

第15講　法定地上権・一括競売　**143**

でその土地の抵当権を実行（担保不動産競売）し、その結果、Zが土地を買い受けて土地所有者となり、所有権移転登記がなされた。Zが土地所有権に基づき、Yに対して建物収去土地明渡を請求した場合、Yは法定地上権の成立を主張できるか。

　本ケースでは、法定地上権の成立要件として、土地に抵当権を設定した当時において同地上に建物の存したことを要するか否かが問題となる。すなわち、更地上への抵当権設定後に建設された建物のために法定地上権が成立するか否かが問題となる。
　これにつき、更地に抵当権が設定された後に建設された建物にも法定地上権の成立を認める少数説がある。もともと抵当権の設定はその目的物の使用・収益をその設定者に認めるものであるから、更地の所有者がその土地に抵当権を設定した後でも、その地上に建物を建設することは設定者による土地の使用・収益の一環といえ、当然できると考える余地があるし、むしろ、それこそ抵当地の利用価値を増大できて国民経済上望ましいともいえる。また、法定地上権制度は建物保護という社会的見地に立つものであるから、更地上への建物の建設の場合にも法定地上権による保護を与えて建物の存続を図り抵当地の利用価値の維持に努めることが法定地上権制度の趣旨にかなうともいえる。さらに、法定地上権の成立を回避するには、民法389条を利用し、建物と土地を一括競売するという手段も存在しているからである（もっとも、代金の割付を行うには、法定地上権の成否によって金額が大きく異なってくる）。
　しかし、法定地上権の成立は否定されるべきである。なぜならば、地上権の制限を受ける土地とそうでない更地とではその担保価値が著しく相違し、地上権の制限を受ける土地の評価はかなり低くなり、抵当権者が不測の損害を被る可能性があるからである。すなわち、法定地上権が成立するものとすると、その土地の抵当権が実行されて入札等によって売却される場合、より高価な買受けの申出を期待することができず、結局、抵当権者への配当額が低減する可能性がある。このような事態を回避するため、更地に抵当権が設定された場合には、法定地上権の成立を認めるべきではない。また、不動産の所有者がその不動産に抵当権を設定した後に他人のために用益権を設定しても、原則としてことごとく抵当権によって覆滅されるのであるから、土地所有者がみずから建物を建設した場合にだけ法定地上権によって抵当権に対抗できるとするのは権衡を失すると考えられる。同時に、買受人の保護にも反しよう。
　以上のように考えると、結論として、Yは法定地上権の成立を主張することはできないと解される（判例同旨）。

ケース……2❖共有と法定地上権

　AとBが共有している土地の上に、Aが建物を単独所有していた。そして、その土地のAの持分権に抵当権が設定され、抵当権が実行されて

♥一括競売
　土地に抵当権が設定された後に抵当地に建物が築造されたときは、抵当権者は土地とともにこれを競売することができる（389条）。これを一括競売という。

Aの持分権をCが買い受けた。この場合、Aが単独所有する建物のために法定地上権が成立するか。

　法定地上権の成立要件として、建物または土地に抵当権を設定する時にその建物と土地が同一の所有者に帰属している必要がある。なぜならば、土地とその上の建物の所有者が相違する場合は、その土地について建物のために地上権・賃借権等が存在しているから、格別の配慮をする必要がないのに対し、土地と建物の所有者が同一の場合には、抵当権実行による買受人のためにあらかじめ建物のための地上権・賃借権等の用益権を設定することができないので、格別の配慮を必要としたのが法定地上権制度だからである。また、建物の存続を図るという国民経済上の必要からも、このような制度が必要といえよう。

　本ケースは、土地の共有持分と建物の単独所有権を有するAがその土地の共有持分について抵当権を設定している場合であるから、Aに関しては法定地上権の成立要件を具備しているともいえそうである。しかし、逆に、Bの有する土地の共有持分については、A所有の建物のために何らかの約定利用権が成立している可能性があり、法定地上権の成立の必要性を欠いていたものとも考えられる。

　結論として、本ケースでは、法定地上権は成立しないと解される。なぜならば、民法388条により地上権を設定したとみなすべき事由が、単に土地共有者の1人だけについて発生したとしても、そのために他の土地共有者の意思にかかわらずその者の持分権までが無視されるべきいわれはないからである（判例同旨）。Bとしては、自己の関知しないAの有する土地の共有持分への抵当権設定によって、それまでのAB間の従前の利用関係が地上権に転化してしまうことは著しく不利益である。したがって、AとBによって共有されている土地の上に、建物所有者Aのために法定地上権が設定されたと解するべきではない。なお、Bとの関係では従来からの約定利用権が継続し、Cとの関係では法定地上権が成立することによって、この2つが混在すると考える余地もあるが、それでは法律関係が複雑となって妥当ではないと解される。

★ケース2は、最判昭和29年12月23日民集8-12-2235をもとにした。

[4] まとめ

　法定地上権で特に問題となるのは、その成立要件である。その成立要件は、基本的に3つである。第一に、抵当権設定当時に土地の上に建物が存在すること、第二に、抵当権設定当時に土地と建物が同一の所有者に属すること、そして、第三に、土地または建物に抵当権が設定されて実行されたことである（さらに、抵当権実行により所有者を異にするに至ることも法定地上権の要件であるが、これについては問題は少ない）。

　第一の要件である抵当権設定当時に土地の上に建物が存在することに関しては、更地に抵当権が設定された後に建物が建設された場合、存在していた建物

♥法定地上権と物件明細書
　民事執行手続では、成立する法定地上権の概要が物件明細書に記載されるから、買受人は、これによって法定地上権の成否を判断することができるが、それは単なる参考資料にすぎず、記載と実体関係が異なるときは実体関係が優先する（高橋・161）。

が再築された場合、建物が建築中の土地に抵当権が設定された場合や土地への抵当権設定時に建物は存在していたがその保存登記がなかった場合などに問題が生じる。

　第二の要件である抵当権設定当時に土地と建物が同一の所有者に属することに関しては、具体的には、次のような場合が問題となる。土地や建物が共有されている場合、親子間または夫婦間など近親間で土地とその上の建物を所有している場合、抵当権設定時には土地と建物の所有者は異なっていたが、不動産競売時にはその所有者が同一になっていた場合である。逆に抵当権設定時には土地・建物は同一の所有者に属していたが、後に所有者が相違するに至った場合である。土地・建物の実体的な所有者は同一人であるが、その登記が一致していない場合、土地または建物への１番抵当権設定時には別人に属していたがその２番抵当権設定時には同一の所有者に属していた場合なども問題となる。

　第三の要件である土地または建物に抵当権が設定されて実行されたことに関しては問題は少ないが、土地および建物の双方に抵当権が設定された場合でも法定地上権が成立しうる。

第16講 法定地上権の成立要件・内容

[1] 概説

◉法定地上権の成立要件と所有者・登記

　法定地上権の成立要件（388条）は、土地または建物に抵当権を設定した時に土地の上に建物が存在し、土地と建物の所有権が同一人に帰属しており、土地または建物に対する抵当権の実行により、土地所有者と建物所有者が異なるに至ったことである。以下では、法定地上権の成立が問題となる具体的事例を検討する。

1 抵当権設定当時は土地・建物の所有者が別人であった場合

　抵当権設定当時には土地・建物の所有者は別人であったが、その後に建物または土地が譲渡され、抵当権実行時には土地・建物が同一人の所有に帰していた場合に法定地上権が成立するか否かが問題となる。

　例えば、A所有の土地上にその借地権者Bが建物を所有し、Bがその建物に抵当権を設定していたが、その後に、Bがその土地所有権を取得し、建物の抵当権が実行されて、Cが建物を買い受けて所有者となった場合であっても、抵当権設定時において土地および建物の所有者が各別である以上、法定地上権は成立しない（最判昭和44年2月14日民集23-2-357）。この最判昭和44年は、従来の判例・多数説に従ったものである（奈良次郎「判批」曹時22-8-135、137（昭45）。判旨に賛成、川井367）。判例に賛成する学説は、抵当権設定時に建物に存した約定利用権に建物上の抵当権の効力が及んでいて約定利用権が存続するのであり、混同法理の例外によって混同は生じず、法定地上権は成立しないとする。

　これに対して、反対説は、建物所有者が建物を抵当に入れたのだから、建物所有者がその後に土地を取得した場合には法定地上権が発生することが抵当建物の敷地の所有権を取得する者の合理的な意思とみるべきものとして、法定地上権の成立を認める（我妻・357）。

2 土地と建物が抵当権設定時には同一所有者に属していた場合

　土地と建物が抵当権設定時には同一所有者に属しており、その後一方が他に譲渡され、別個の所有となった場合に抵当権が実行されたとき、法定地上権が成立するか否かが問題となる。

　例えば、Aが土地とその上の建物を所有し、土地に抵当権が設定された後に建物の所有権がBに譲渡され、土地の抵当権が実行されてCがその土地所有権

◆混同法理の例外により法定地上権は不成立
　高木・193。建物について抵当権が設定された場合についても、いったん、建物抵当権の対象となった借地権が、混同によって消滅するというのは、抵当権者を害することになるから、混同による消滅ということは認められない。高木多喜男「判批」民商62-1-49、54（昭45）。

を取得した場合、建物所有者Bには法定地上権が成立する。また、Aが土地とその上の建物を所有し、建物に抵当権が設定された後に土地の所有権がBに譲渡され、建物の抵当権が実行されてCが建物所有権を取得した場合、建物所有者Cに法定地上権が成立する（通説・判例）。これらの場合、抵当権設定時には抵当権者・抵当権設定者ともに法定地上権の成立を予期しているはずだから、法定地上権の成立を認めるべきである（近江・196以下）。

3 実体的には建物および土地の所有権を取得しているが登記を伴わない場合

実体的には、土地とその上の建物が同一の所有者に帰属していたが、建物が未登記や前主の名義のままになっていたときに土地に抵当権が設定された場合、土地の抵当権の実行により法定地上権は成立する（最判昭和48年9月18日民集27-8-1066）。学説も、同様に、土地抵当権者による法定地上権の予期や建物保護を理由に法定地上権の成立を認めるのが多数説である（新版注釈民法⑨553［生熊長幸］）。借地借家法（旧建物保護法）は借地権を対抗するために建物登記を要求しており、そのため、未登記や他人名義の場合には登記が決定的な意味をもつため借地権を対抗できないのに対して、法定地上権の制度は建物所有権を対抗する問題というよりは建物が存在したか否かの問題であり、法文上も登記や対抗ということは要件とされていないことが理由とされる（山田卓生「判批」判時743-124（判評186-2）（昭49））。また、地上建物について対抗力ある所有権を有する場合にも、対抗力のない所有権を有するにすぎない場合にも、敷地利用権設定不能という状態に変わりはなく、両者を特に別異に扱うべき理由はないとされる（川口冨男「判批」曹時26-10-158、164（昭49））。これに対して、法定地上権が成立するためには、土地および建物が同一所有者に属することについて抵当権設定当時に抵当権者に対して対抗できる場合でなければならないとし、土地所有者（抵当権設定者）が、建物を未登記のままで譲り受けたときは地上権を取得しないとする取得登記必要説もある。

また、最高裁は、この最判昭和48年を引用して、土地とその上の建物が実体的に同一の所有者に帰属していたが、その土地が前主の名義のままになっていて建物に抵当権が設定された場合も、その実行により法定地上権が成立すると判示している（最判昭和53年9月29日民集32-6-1210）。多数説も成立を肯定する。

4 土地を目的とする先順位の甲抵当権と後順位の乙抵当権が設定された後、競売前に消滅していた甲抵当権ではなく、最先順位の抵当権である乙抵当権の設定時において同一所有者要件が充足している場合

土地を目的とする先順位の甲抵当権と後順位の乙抵当権が設定された後、甲抵当権が設定契約の解除により消滅し、その後、乙抵当権の実行により土地と地上建物の所有者を異にするに至った。すなわち、当該土地と建物が、甲抵当権の設定時には同一の所有者に属していなかったが、乙抵当権の設定時に同一の所有者に属していた。そして、競売前に消滅していた甲抵当権ではなく、競売により消滅する最先順位の抵当権である乙抵当権の設定時において同一所有

▲**最判昭和48年9月18日**
　所有者がその取得登記を経由しているか否かにかかわらず、建物が存立している以上これを保護することが社会経済上の要請にそうし、土地につき所有権を取得しようとする者は、現実に土地を見て地上建物の存在を了知しこれを前提として評価するのが通例だから、建物所有者は対抗ある所有権を取得している必要はない。

◆**建物の登記と法定地上権の成否**
　鮫島眞男「法定地上権」法曹会雑誌15-8-1、12以下（昭12）（建物新築の場合は、登記なくして何人に対しても建物所有権を対抗できるから、その登記がなくても地上権を取得する）。

者要件が充足していて、抵当権実行により建物所有者と土地所有者を異にするに至った場合に、法定地上権は成立するか。

民法388条は、土地およびその上に存する建物が同一の所有者に属する場合において、その土地または建物につき抵当権が設定され、その抵当権の実行により所有者を異にするに至ったときに法定地上権が設定されたものとみなす旨を定めている。この場合、競売前に消滅していた甲抵当権ではなく、競売により消滅する最先順位の抵当権である乙抵当権の設定時において同一所有者要件が充足していることを法定地上権の成立要件としているとするのが判例である（最判平成19年7月6日金商1271-33）。そして、同一所有者要件の充足性の判断は、2番抵当権（乙抵当権）の設定時を基準とすべきであり、この時点では、本件建物の所有者がその敷地である本件土地を所有しているとすれば、法定地上権の要件を充足しているとした。

判例は、その理由として、甲抵当権が消滅した後に行われる競売によって、法定地上権が成立することを認めても、乙抵当権者に不測の損害を与えないからであるとした。乙抵当権者の抵当権設定時における認識としては、仮に、甲抵当権が存続したままの状態で目的土地が競売されたとすれば、法定地上権は成立しない結果となる（判例）と予測していたとしても、抵当権は、被担保債権の担保という目的の存する限度でのみ存続が予定されているから、甲抵当権が被担保債権の弁済、設定契約の解除等により消滅しうることは抵当権の性質上当然のことである。したがって、乙抵当権者としては、そのことを予測したうえ、その場合における順位上昇の利益と法定地上権成立の不利益とを考慮して担保余力を把握すべきものであったとしている（なお、この最判平19年の事案は、問題となった建物が共有されていた。土地に対する乙抵当権の設定時に、建物の共有者の一人が土地を単独で所有していた事案）。

◉法定地上権の内容

抵当権の実行により法定地上権が成立したという場合、法定地上権は、法律の規定によって成立するという点に特徴があるにとどまり、その内容は当事者間の地上権設定契約に基づいて成立する地上権（265条以下）と基本的に同じである。

1 法定地上権の成立時期

法定地上権は、抵当権が実行されて抵当目的物（土地または建物）の所有権が買受人に移転したときに成立する（通説）。その時から建物のための土地利用権が必要になるからである。抵当権が実行されて買受人に抵当目的物の所有権が移転する時期は、買受人が裁判所に代金を納付した時である（民執188条・79条）。

2 法定地上権の存続期間

法定地上権の存続期間は、当事者間の協議によって定められる。この場合、借地借家法3条・22条ないし24条の適用がある。当事者間の協議が調わないときには、借地借家法3条に基づき30年となる（高木・211）。

♥借地借家法22条
存続期間を50年以上として借地権を設定する場合の定期借地権について規定する。

3 法定地上権の及ぶ土地の範囲

　建物所有者が取得する法定地上権の及ぶ土地の範囲は必ずしもその建物の敷地のみに限定されるものではなく、建物として利用するのに必要な限度においては敷地以外に及ぶものであり、厳格な意味の敷地に限るのではない（大判大正9年5月5日民録26-1005、我妻・368）。

4 法定地上権の地代

　法定地上権の地代は、当事者の協議によって定まればそれによる（大判明治43年3月23日民録16-233）。しかし、その協議が成立しない場合には、裁判所に請求して定めてもらうことになる（388条ただし書）。裁判所が地代を決定する場合には、法定地上権設定当時の諸般の事情を斟酌してこれを定める（大判大正11年6月28日民集1-359）。法定地上権の成立以後から判決時までに事情が変更した場合には、事情変更の前後に分けて、それぞれについて決定すべきである（大判昭和16年5月15日民集20-596）。裁判所の決定する地代は、判決時から生ずるのではなく、法定地上権成立の時に遡り、法定地上権成立以後から生ずるとされている（大判大正5年9月20日民録22-1813）。

● 法定地上権の対抗要件

1 法定地上権成立後の地上権者と第三者との対抗関係

　法定地上権が成立した場合の法定地上権の対抗要件は一般理論に従う（我妻・367）。法定地上権成立後の地上権者は、第三者に対しては地上権または建物の登記（借地借家法10条）をもって対抗要件とする。もっとも、法定地上権が成立した時の建物所有者（法定地上権者）は、その土地所有者（地上権を設定した土地の所有者およびその土地の買受人）に対しては対抗要件を要せず（大判明治39年3月19日民録12-391）、法定地上権を土地所有者に主張することができる。

2 法定地上権成立前における土地についての権利取得者との関係

　Aが土地とその上の建物を所有し、同建物に抵当権を設定したが、設定前に土地について権利を取得していて対抗要件を具備している者Bに対しては、建物の抵当権実行による買受人Cは対抗することはできない（高木・213）。

　Aが土地とその上の建物を所有し、同建物に抵当権を設定したが、設定登記後に土地について権利の対抗要件を具備した者B（土地の譲受人・地上権の設定を受けた者）に対しては、建物の抵当権実行による買受人Cは法定地上権を対抗することができる（高木・213［建物抵当権設定登記が法定地上権の成立を予告しているため］）。

● 建物のために土地賃借権が設定されている場合

　土地の上に建物があってその土地と建物の所有者が異なり、その建物のために土地所有者と建物所有者との間で土地賃貸借契約が締結されているときに、建物に抵当権が設定された場合、抵当権は土地賃借権にまで及ぶ。このように建物に設定された抵当権は敷地利用権たる土地賃借権に及ぶとするのが多数説である。その理由は、第一に、建物に設定された抵当権の効力が土地賃借権に

◆賃借権の譲渡性
　賃借人は、賃貸人の承諾がなければ、賃借権を譲渡することはできない（612条1項）。この規定に反して賃借人が賃貸人の承諾なく第三者に賃借物の使用・収益をさせたときは、賃貸人は契約の解除をすることができる（同条2項）。
　建物に抵当権が設定された場合、この賃借権の譲渡性の問題が出てくることには留意する必要がある。

及ばないとすると、抵当権の実行により建物所有権を取得した買受人にはその土地の利用権がなく、それでは建物を収去しなければならなくなってしまい建物の保護がはかれないから社会経済上不利益となることが挙げられる。第二に、借地上に存する建物について抵当権を設定する当事者の意思としても、土地賃借権に抵当権の効力が及ぶと考えているのが通常だからである。判例も、土地賃借人がその土地上に所有する建物について抵当権を設定した場合には、原則として抵当権の効力は土地の賃借権に及ぶとしている（最判昭和40年5月4日民集19巻4-811）。

その理論的根拠を何に求めるかについては、建物に抵当権を設定した場合、敷地の賃借権は建物所有権の従たる権利である（近江・135）から土地の賃借権にも抵当権の効力が及ぶ（87条2項類推適用）とする（柚木＝高木・258以下）のが一般である（そのことにつき格別の対抗要件は不要である、道垣内・140）。

[2] 論点のクローズアップ

> ●抵当権設定当時建物と土地は同一所有者に帰属していたが、建物の所有名義が前主の名義のまま土地に抵当権が設定された場合

1 問題点

土地と建物の所有権を実体的には甲が有していたが、その建物の登記名義は甲にはなっていない（建物の所有者名義は前主のままであって、甲にはまだ所有権移転登記がなされていない）という場合に、甲がその土地に抵当権を設定し、その設定登記を経由したとする。この場合、その土地の抵当権が実行（担保不動産競売）されて土地所有権を取得した買受人は、法定地上権の負担を受けることになるか。

2 議論

A：［成立否定説］　実体的には、建物と土地の同一人帰属という法定地上権の成立要件を満たしているが、登記上は、建物と土地が別人に帰属しているとみられる場合について、抵当権者および買受人は、登記簿上は法定地上権の成立を予想できない状態にあるし、また、甲に法定地上権の成立を否定してもそれは甲自身が建物の所有権移転登記を懈怠したのであるから、法定地上権の成立を否定されるという不利益を被ってもやむをえないとする立場である（鈴木禄弥・借地法㊤（改訂版・青林書院・昭55）255）。

B：［成立肯定説］　土地に抵当権を取得しようとする者は、その土地の現況調査をするのが通例であり（現地主義）、その建物と土地が同一所有者に属することがわかるであろうから、甲には法定地上権が成立すると考えるのが通説である（近江・197、高木・202、川井・374。判例も同旨、最判昭和48年9月18日民集27-8-1066）。すなわち、土地に抵当権を取得しようとする者は、その上に建物があれば、その建物のための約定利用権を対抗されることが予想されるので、その内容を調査しようとするのが通常であり、その結果、真実の権利関係を知る

ことができたはずであるから、法定地上権の成立を認めてよいとされている（道垣内・215）。また、地上建物が存することは、土地の現状を見ることにより了知しうるところであり、抵当権者は何らかの利用権を覚悟しているのであり、法定地上権の成立を認めたとしても、抵当権者および買受人に不測の損害を与えるものではないとされる（柚木＝高木・361以下）。

③ 留意点

この問題点とは逆に、実体的には土地および建物の所有者であるAが、その建物に抵当権を設定したが、その土地の所有者名義は、前主Cのままであって、Aの名義ではなかったという場合に、抵当権実行によりその建物の所有権を取得した買受人Bに法定地上権は成立するかという問題もある。この場合にも、法定地上権が成立するとするのが判例（最判昭和53年9月29日民集32-6-1210）、通説（近江・197、高木・202以下［建物に抵当権を設定した者も抵当権の設定を受けた者もともに法定地上権の成立を期待・予測しているから］）である。

[3] ケース・スタディ

> **ケース……1 ❖ 賃借権と法定地上権の成否**
>
> Xの所有する土地の上にYが建物を所有し、Yはその土地の賃借権を有し対抗要件も具備していた。そして、Yが建物についてZのために抵当権を設定した後（登記済み）、Yが土地の所有権を取得した。その後、Zが建物に設定された抵当権を実行したところ、Wが建物を買い受けて所有者となり、所有権移転登記を経由したとする。このW所有の建物の土地利用関係はどうなるか。

法定地上権（民388条）の成立要件として、土地または建物に抵当権を設定した時にその土地と建物が同一人に帰属している必要がある（土地・建物の同一人帰属）。抵当権の設定時に土地と建物が別人に帰属している場合には、それらの土地・建物が競売時までに同一人に帰属することになったとしても、法定地上権は成立しない。本ケースのように、建物に抵当権を設定した建物所有者がその土地利用権として土地の賃借権を有している場合には、抵当権が実行されて建物の所有権を取得した買受人はその土地の賃借権を取得することになる。土地の賃借権は建物所有権の従たる権利であり、建物所有権と法律的運命をともにすると考えられるからである（民87条2項の類推適用）。したがって、買受人は、土地の賃借権を取得するのであって、法定地上権を成立させる必要性はない。

もっとも、本ケースのように建物所有者Yがその土地の所有権を取得したとき、Yの土地賃借権はどうなるかが問題となる。土地の賃借人が土地の所有権を取得したのであるから、混同によって土地賃借権は消滅し、かつ、土地と建

物を同一人が所有しているのであるから、法定地上権が成立すると解する見解もある。しかし、このYの土地賃借権にはZの抵当権が及んでいると考えられるから、混同法理の例外（民179条1項ただし書の類推適用）として混同は生じず、土地の賃借権が存続すると解される。したがって、この建物の抵当権の実行によって建物所有権を取得した買受人Wは、敷地の利用権として土地賃借権を取得すると考えられる（ただし、民612条、借地借家20条1項）。もし、たまたま土地と建物が同一所有者に帰属することとなったために、突如として地上権がWのために成立すると解するのは妥当ではないと思われる。判例も、このような場合に、法定地上権の成立を否定している。

> **ケース……… 2 ❖ 登記の不一致と法定地上権の成否**
>
> Xは、土地を所有しその旨の登記がなされていた。その土地上には建物があり、Xは、前所有者から建物所有権の譲渡を受けたが、建物所有権の移転登記は受けず、前所有者の名義のままになっていた。そして、Xは、土地にYのための抵当権を設定し、それが実行されて、Zが買い受け所有権移転登記が経由された。この場合、XはZに対して法定地上権の成立を主張できるか。

　法定地上権の成立要件として、その抵当権設定当時、建物とその土地の所有権が同一人に属していることが必要である。本ケースのXは、Yのために抵当権を設定した当時、その建物と土地の所有権を有していたが、建物の所有者名義がXにはなっていないので、法定地上権が成立するか否かが問題となる。

　法定地上権（民388条）の根拠は、建物の収去による社会経済上の不利益を防止することのほか、抵当権設定者の建物のための土地利用権存続の意思と抵当権者によるそのことの予期にある。Xは、所有する建物につき所有権移転登記を済ませていないが、建物につき登記がなされているか、所有者が取得登記を経由しているか否かにかかわらず、建物が存立している以上これを保護するこ

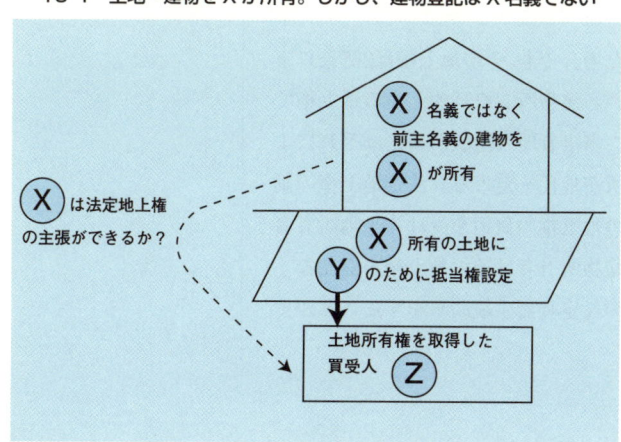

16-1　土地・建物をXが所有。しかし、建物登記はX名義でない

とが社会経済上の要請にそうのであり、これは抵当権設定者の意思に反するものではない。また、土地につき抵当権を取得しようとする者も、現実に土地を見て地上建物の存在を了知しこれを前提として評価するのが通例であり、買受人は抵当権者と同視すべきものであるから、建物につき登記がされているか、所有者が取得登記を経由しているか否かにかかわらず、法定地上権の成立を認めるのが法の趣旨に合致する。このように法定地上権制度は、存立している建物を保護することに意義があるから、建物所有者は、法定地上権を取得するにあたり、対抗力ある所有権を取得している必要はない（判例同旨）。

結論として、XはZに対して法定地上権の成立を主張できると解する。

★ケース２は、最判昭和48年９月18日民集27-8-1066をもとにした。

[4] まとめ

法定地上権の制度は、抵当権設定者と抵当権者の意思の合理的推測と、抵当権実行による敷地利用権の喪失に伴う建物の取り壊しという社会経済上の不利益を回避するという公益的な理由の２つから根拠づけられる。法定地上権が成立するためには、抵当権設定当時に土地の上に建物が存在すること、抵当権設定時に土地とその上の建物が同一の所有者に帰属していること、土地または建物の一方または双方に抵当権が設定されたこと、そして、抵当権が実行されて土地と建物の所有者が相違するに至ったことである。

この法定地上権の成立要件については、多数の判例で問題とされてきた。更地に抵当権が設定された後に建物が建築された場合、土地抵当権者が建物建築を承認していた場合、建物建築中の土地に抵当権を設定した場合、土地に抵当権を設定した時に存した建物が再築・改築された場合、または土地・建物に共同抵当権が設定された後に建物が再築された場合等に、抵当権実行により法定地上権が成立するか等の複雑・困難な問題を生じる。このほか、土地または建物が共有関係にあってそのいずれかに抵当権が設定された場合、親子・夫婦間で所有名義が異別になっている土地・建物に抵当権が設定された場合、および土地または建物の所有権移転登記が経由されない間に所有権登記のある方の土地または建物に抵当権が設定された場合等に、抵当権の実行により法定地上権が成立するか否かも問題となる。

法定地上権制度によって地上権が成立した場合でも、その地上権は265条以下に規定された地上権と基本的には変わらない。建物所有を目的とする地上権であれば、借地借家法も適用される。地代は、当事者間の協議が調えばそれにより、調わなければ当事者の請求により裁判所が地代を定める。法定地上権の制度により地上権を取得した建物所有者とその地上権の負担を受ける土地所有者とは法定地上権成立の当事者となるから、建物所有者はその地上権を登記なくして土地所有者に対抗でき、また、地上権の設定登記手続請求をすることができる。

第17講 抵当権の処分

[1] 概説

◉抵当権の処分の意義

376条1項は、転抵当の他に、抵当権者が同一の債務者に対する他の債権者のために、抵当権もしくは抵当権の順位を譲り渡しまたはこれを放棄することができる旨を規定している。それらは、具体的には、抵当権の譲渡、抵当権の放棄、抵当権の順位の譲渡および抵当権の順位の放棄という4種類の形態である。また、抵当権の順位の変更（374条）が、昭和46年の改正で新たに追加された。これらと転抵当をあわせて抵当権の処分という。転抵当は、抵当権者の投下資本の流動化の要請に応えるものであり、その他の抵当権の処分は抵当権設定者の資金調達促進の要請に応えるものである（内田・450）。

以下では、同一債務者に対して、1番抵当権者A（被担保債権額1000万円）、2番抵当権者B（同2000万円）、3番抵当権者C（同3000万円）および一般債権者D（債権額3000万円）がいて、抵当権の実行により抵当目的物が売却されて5000万円を配当できることになった場合（以下、「前例」という）を考える（道垣内・155以下の事例を修正した）。

17-1 「前例」

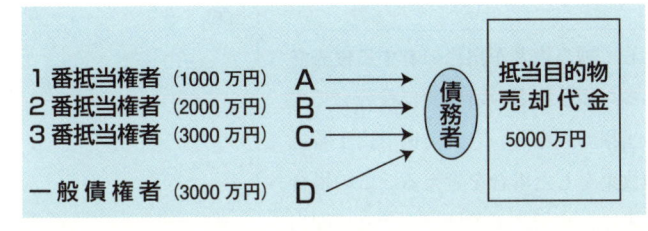

1番抵当権者（1000万円）A →
2番抵当権者（2000万円）B →
3番抵当権者（3000万円）C →
一般債権者（3000万円）D →
債務者
抵当目的物売却代金 5000万円

◉抵当権の譲渡

抵当権を有していない特定の債権者に対して抵当権者が抵当権を与え、その限度において抵当権を喪失することを抵当権の譲渡という。例えば、前例で、1番抵当権者Aが一般債権者Dに対して抵当権の譲渡をした場合を考える。前例では、本来、売却代金5000万円は、1番抵当権者Aに1000万円、2番抵当権者Bに2000万円、3番抵当権者Cに2000万円が配当されるはずであった。その抵当権の譲渡がなければ、売却代金5000万円のうちの1000万円は、まず、1番抵

♥抵当権の実行開始
抵当権者が抵当権の実行をするには、民執法181条に規定された文書等を執行裁判所に提出して、担保不動産競売の申立てをしなければならない。詳細は、第19講で説明する。

♥売却
不動産の売却方法としては、期間入札、期日入札や競り売り等がある。売却の実施は執行官が行う（民執188条・64条）。

◆債務者の同一性
譲渡者である抵当権者の債務者と、譲受人である無担保債権者の債務者が同一人であることを要するか否かが問題となる。通説は、物上保証人・第三取得者に対して債権を有する者に対しても抵当権を譲渡しうると解している（柚木＝高木・301以下）。

♥売却代金
各債権者への分配に供される金銭は、原則的には買受人が納付した代金であるが、民執法80条1項や同法63条2項の場合も例外的に分配に供される。これについては、同法188条・86条等。

当権者Aに配当されるはずであるが、1番抵当権者Aはその抵当権を一般債権者Dに譲渡しているから、Aに配当されるべき1000万円は、まずDに配当される。残りの売却代金である4000万円は、2番抵当権者Bに2000万円が配当され、3番抵当権者Cに2000万円が配当される。BとCへの配当額には、影響を及ぼさない。もし、仮に、一般債権者Dの債権額が700万円であって、それに1番抵当権者Aが抵当権の譲渡をしたとすると、売却代金5000万円のうち、Aの配当にあてられるべきであった1000万円は、まず、Dに700万円、Aに300万円が配当される。そして、残りの4000万円がBとCに配当され、結局、この場合も、BとCの配当には影響を及ぼさない。

17-2 本来の配当額

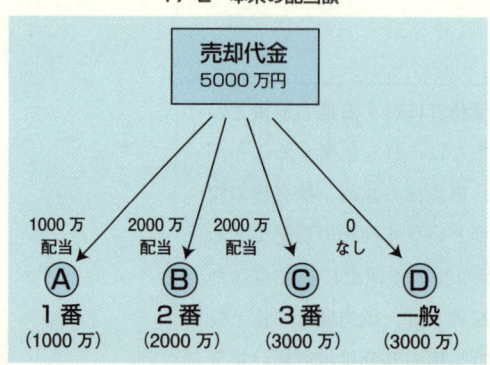

```
        売却代金
        5000万円
     ／   ｜    ｜   ＼
1000万  2000万  2000万   0
 配当    配当    配当   なし
  Ⓐ     Ⓑ     Ⓒ     Ⓓ
 1番    2番    3番    一般
(1000万)(2000万)(3000万)(3000万)
```

　抵当権の譲渡は、抵当権の譲渡人とその譲受人との間の契約で行われる。債務者、抵当権設定者（物上保証人）および他の抵当権者の同意を必要としない。抵当権の譲渡の対抗要件は、その抵当権の登記に付記登記をすることである。また、抵当権の譲渡につき、抵当権者から債務者への通知または債務者からの承諾がないと、債務者、保証人、抵当権設定者およびその承継人に対抗することはできない（377条1項）。

◉**抵当権の放棄**

　抵当権を有していない特定の債権者に対して抵当権者が自己の有する優先弁済権を主張せず、本来配当されるべきであった額を両者の債権額に按分して平等に配当させる結果を生じさせる行為を抵当権の放棄という。前例で、1番抵当権者Aが一般債権者Dに対して抵当権の放棄をした場合を考える。この場合、売却代金5000万円のうちの1000万円は、本来は、まず、1番抵当権者Aに配当されるべきであった。しかし、Dに対してその抵当権の放棄がなされているから、その1000万円は、A（被担保債権額1000万円）とD（債権額3000万円）の債権額を案分して（1対3）、Aに250万円（1000万円の4分の1）、Dに750万円（1000万円の4分の3）が配当されることになる。残りの売却代金は、本来通り、Bに2000万円、Cに2000万円が配当されることになる。このように、抵当権の放棄は、その当事者とはなっていないBとCには、影響を及ぼさない。

　抵当権の放棄の契約やその対抗要件に関しては、前述した抵当権の譲渡の場合に準ずる。

◆**配当**
　配当の順位は、配当期日においてすべての債権者間に合意が成立した場合を除き、民法、商法その他の法律の定めるところによる（民執188条・85条2項）。
　配当の第1順位は、共益費用たる執行費用、第2順位は、第三取得者が支出した必要費または有益費の償還請求権（391条）、第3順位は、登記した不動産保存の先取特権または不動産工事の先取特権によって担保される債権、第4順位は、公租・公課の法定納期限等以前に登記した抵当権等によって担保される債権である。そして、第5順位は、公租・公課、第6順位は、公租・公課の法定納期限等の経過後に登記した抵当権等によって担保される債権、第7順位は、未登記の一般先取特権によって担保される債権、第8順位は、優先権のない債権である（裁判所職員総合研修所監修・民事執行実務講義案[改訂版]（司法協会・平18）266以下）。

◆**競売権**
　抵当権の譲渡をした譲渡人が、競売権を有するか否かについては争いがある（高木・231）。なお、抵当権の譲受人が競売の申立てをするには、抵当権の譲渡人と譲受人の両者の被担保債権の弁済期の到来したことが必要である（高木・231）。抵当権の譲渡・放棄の受益者が抵当権を実行するには、自己の債権の弁済期の到来だけでなく、処分者の債権の弁済期到来を必要とする。処分者の抵当権を実行するのだからである（道垣内・196）。

● 抵当権の順位の譲渡

　抵当権者が特定の後順位抵当権者に対し自己の有する抵当権の限度において後順位抵当権者に対する優先弁済権を認めることを抵当権の順位の譲渡という。前例で、1番抵当権者Aが3番抵当権者Cに対して抵当権の順位の譲渡をした場合を考える。この抵当権の順位の譲渡がなければ、本来、売却代金5000万円は、Aに1000万円、Bに2000万円、そして、Cに2000万円が配当されるはずであった。しかし、Aがその抵当権の順位をCに譲渡すると、Aに配当されるべきであった1000万円は、まず、Cに配当される。そして、残りの配当金4000万円のうち2000万円はBに配当される。さらに、残りの配当金のうちの2000万円はCに配当されることになる。結局、Cは、もともと自己が配当を受けることのできたこの2000万円に加えて、Aからその抵当権の順位の譲渡を受けた配当分である1000万円も配当を受けることができ、あわせて3000万円の配当を受けられることになる。

　抵当権の順位の譲渡に関する契約やその対抗要件については、前述した抵当権の譲渡の場合に準ずる。

● 抵当権の順位の放棄

　抵当権者が、特定の後順位抵当権者との間で自己の優先弁済権を主張せず、両者の支配している抵当目的物の交換価値から両者が債権額に按分比例して平等な配当を受けることとする抵当権者の行為を抵当権の順位の放棄という。前例では、本来、売却代金5000万円は、1番抵当権者Aに1000万円、2番抵当権者Bに2000万円、3番抵当権者Cに2000万円が配当されるはずである。この場合に、1番抵当権者Aが3番抵当権者Cに抵当権の順位の放棄をした場合を考える。AからCに抵当権の順位の放棄があると、本来はこのAとCに配当されるべきであった合算額3000万円を、A（被担保債権額1000万円）とC（被担保債権額3000万円）の両者にその債権額に按分比例（1対3）して平等に配当することになる。したがって、Aには750万円（3000万円の4分の1）、Cには2250万円（3000万円の4分の3）が配当されることになる。Bには、本来どおり2000万円が配当され、影響を受けない。

　抵当権の順位の放棄に関する契約とその対抗要件は、前述した抵当権の譲渡の場合に準ずる。

● 抵当権の順位の変更

　同一の抵当不動産に対する複数の抵当権者間で、抵当権の順位を変更することができる（374条1項）。抵当権の順位の変更とは、同一の不動産を目的物として複数の抵当権が存在する場合に、関係を有する抵当権者間で、被担保債権とは切り離してその抵当権の順位を変更することである。この抵当権の順位の変更が立法化される以前は、抵当権の順位の変更と同様の結果をもたらすために、順位の譲渡を何度も行わなければならないという複雑で煩瑣な手続を必要とす

◆順位の譲渡をなしうる相手方
　後順位抵当権者に限らず、後順位の先取特権者または質権者に対しても、抵当権の順位の譲渡をなしうる（柚木＝高木・308）。

♥抵当権の順位の譲渡の効力
　抵当権の順位の譲渡がなされた場合、被担保債権と切り離されて絶対的に抵当権が移転するわけではなく（絶対的効力説の否定）、抵当権の帰属は譲渡前と変わらず、配当の優先関係が変わるだけであるとする相対的効力説が通説である（高橋・221〔絶対的効力説では377条2項の説明が困難〕）。

る場合も生じ、ややもすればその手続を誤るおそれもあった。そこで、このような事態を避けるために、抵当権の順位の変更が立法化された。抵当権の順位を変更する場合、抵当権の順位の変更によって影響を受ける抵当権者全員の合意を必要とする。また、利害関係を有する者がいるときはその承諾を得る必要がある（374条1項ただし書）。抵当権の順位の変更は、その登記（順位変更登記）が効力発生要件とされている（374条2項）。順位変更の合意がなされても、その登記がなされなければ、順位の変更は効力を生じない。

◆順位の変更
　順位の変更は、被担保債権より完全に切り離され、順位の絶対的変更である（柚木＝高木・310、近江・219）。例えば、同一不動産についてBが1000万円の1番抵当、Cが1500万円の2番抵当、そして、Dが3000万円の3番抵当を有するという場合に、B・C・Dという順位をD・C・BまたはD・B・Cという順位に変更するために373条2項を利用することができる。この場合には利害関係を有しているB・C・D三者の合意が必要である（遠藤ほか・204［白羽祐三］）。

●転抵当権（転抵当）

1 転抵当の意義

　抵当権者がその抵当権をもって他の債権の担保にすることを転抵当という（376条1項）。例えば、抵当権者甲の抵当権設定者乙に対する2000万円の貸金債権を被担保債権として、乙所有の土地（時価3000万円）に抵当権を有し登記している場合を例とする（利息や費用等の問題は省略する）。この後、甲が丙から1800万円を借り受ける必要が生じて、そのため丙から担保を提供するように要求された場合、甲は乙所有の土地に設定を受けている抵当権に、その丙の1800万円の貸金債権を被担保債権として転抵当を設定することができる。もし、甲が丙にその1800万円を弁済しない場合には、転抵当権者丙は、その転抵当権を実行することができる（実行するには、甲の乙に対して有する債権の弁済期の到来も必要である）。乙所有の土地の転抵当権が実行されて、その土地が売却され3000万円が配当に当てられたとすると、本来は、甲が2000万円を被担保債権として抵当権を有しているので、転抵当が設定されていなかったのであれば、その配当原資3000万円のうち2000万円は、甲に弁済・配当がなされるはずであった。しかし、甲は丙の貸金債権1800万円を被担保債権として転抵当を設定している。したがって、本来は甲に弁済・配当されるべきであった2000万円のうち、1800万円はまず転抵当権者丙に弁済・配当される。そして、残りの200万円が原抵当権者甲に弁済・配当されることになる。

17-3　転抵当

2 転抵当権の設定契約

　抵当権者甲が抵当権設定者乙の所有する抵当不動産に抵当権を有している場合、転抵当権は、抵当権者（転抵当権設定者）甲と転抵当権者丙との間の転抵当権設定契約によって設定される（もとの抵当権設定者乙や後順位抵当権者などの承諾は必要ではない）。この転抵当権によって転抵当権者丙の有する債権が担保されることになる。この転抵当権者丙の転抵当権によって担保される債権は、転抵当権設定者甲を債務者とする場合に限られず、第三者丁を債務者とする場合もある（我妻・393以下）。

　転抵当権の被担保債権額が、もとの抵当権（原抵当権）の被担保債権額を超過していても転抵当権を設定することができる。かつては、これが超過しないことが転抵当権の要件として説明されることも多かった。しかし、転抵当権の被担保債権額が原抵当権の被担保債権額を超過している場合、その超過した部分は、転抵当権によっては担保されていないだけである。また、同様に、転抵当権の被担保債権の弁済期は、原抵当権の被担保債権の弁済期以前に到来しなければならないという必要性もない。

3 転抵当権の対抗要件

　転抵当権の設定は、不動産物権変動の1つであるから、対抗要件として登記を必要とする（177条）。この転抵当権の登記は、原抵当権の登記の上に、転抵当権を設定した旨の付記登記をすることによってなされる。原抵当権者が、複数の債権者に対して複数の転抵当権を設定した場合、それら複数の転抵当権間の優劣は、付記登記の前後による（376条）。

　転抵当権の設定は、転抵当権設定者（原抵当権者）から、原抵当権の債務者にその通知をするか、債務者の承諾を得なければ、これをもって原抵当権の債務者、保証人、抵当権設定者およびその承継人に対抗することはできない（377条1項）。転抵当権は、原抵当権の被担保債権によっては担保されていないが、本来、その原抵当権の被担保債権が、弁済その他によって消滅すると、その被担保債権に対する抵当権の付従性によって原抵当権が消滅してしまい、結局、転抵当権も消滅することとなる。したがって、原抵当権の被担保債権はその原抵当権の存立の基礎をなしているということができ、転抵当権の維持・存立のためには間接的にその原抵当権の被担保債権に拘束力を及ぼす必要があるから、このような対抗要件が必要とされた（我妻・393参照）。

　なお、転抵当権の設定につき、原抵当権者からその債務者への通知または債務者の承諾があれば、対抗要件としてその保証人、抵当権設定者およびその承継人に対して通知をしまたはそれらからの承諾を得る必要はない。これら債務者以外の者が原抵当権者に弁済するときは、まず、債務者に債務の存在を確かめてからするのが通常であるため、債務者への通知または債務者からの承諾があれば、これらの者に対しても対抗要件として足りるとされている。

　転抵当権の設定につき、原抵当権の被担保債権の債務者に対する通知または承諾を必要とした根拠は、転抵当権の基礎となった原抵当権がその被担保債権の弁済その他によって消滅することを防止することにあるから、通知または承

◆転抵当権の被担保債権の弁済期
　かつては、原抵当権の被担保債権の弁済期と同時かそれ以前である必要があるとされていた。

♥転質と転抵当
　転質の場合には、原質権の存続期間内という制限（348条）があるが、転抵当についてはこのような制限はない（高橋・211）。

諾は、確定日付ある証書によることを必要としない。また、原抵当権の被担保債権の債務者に対する通知または承諾があれば、転抵当権設定についての付記登記がなくても、原抵当権の被担保債権の債務者、保証人、抵当権設定者およびその承継人に対して対抗することができる（我妻・393）。

4 転抵当権の効果

(1) 転抵当権者は、民事執行に基づく抵当不動産の売却代金から、原抵当権の被担保債権額を最大限度として、自己の被担保債権について優先弁済を受けることができる。転抵当権が設定されていなければ原抵当権者に優先的に弁済・配当されるべきであった被担保債権額の中から、まず転抵当権の被担保債権を全額弁済してまだ余剰のあるときに初めて、その余剰部分が原抵当権者に弁済・配当されることになる。

(2) 転抵当権者が転抵当権を実行するためには、その被担保債権の弁済期が到来したことを要するのは当然であるが、原抵当権の被担保債権の弁済期も到来したことを必要とする。

転抵当権が設定された場合に、その原抵当権の被担保債権額が転抵当権の被担保債権額を超過していて、原抵当権者も抵当不動産の売却代金から弁済を受けうるとき、原抵当権者も競売の申立てができるかが問題となる。

判例は、このように原抵当権の被担保債権額が転抵当の被担保債権額を超過している場合、原抵当権者による競売の申立てを認める。これに対して、学説には、原抵当権者による競売の申立てを認めることは、原抵当権者に対する弁済を封ずる377条2項の趣旨と矛盾し（柚木＝高木・298）、また、転抵当権者の利益を害しうるとして（川井・395）、原抵当権者に競売権を認めることはできないとする否定説もある（近江・214）。

(3) 転抵当権設定者（原抵当権者）が、転抵当権を設定したことを原抵当権の被担保債権の債務者に通知するかまたはその承諾を得れば、その債務者等は、転抵当権者の承諾なくしてなした弁済をもって転抵当権者に対抗することはできない（377条2項）。原抵当権の被担保債権の債務者が、転抵当権者の承諾を得て原抵当権者に弁済すれば、原抵当権の被担保債権が消滅し、付従性によって原抵当権が消滅し、そして、結局、転抵当権も消滅することになる。逆に、転抵当権者の承諾を得ずに債務者が原抵当権者に弁済した場合には、転抵当権に対する関係では、原抵当権は消滅せず、転抵当権者はなおその転抵当権を実行してその被担保債権につき優先弁済を受けることができる。

(4) 転抵当権は、原抵当権の上に成立するものであるから、原抵当権者は原抵当権を消滅させてはならない拘束（義務）を受ける。原抵当権者は、原抵当権の放棄をしてはならず、その被担保債権の取立て、相殺ないし免除をすることはできない（近江・213、道垣内・191）。

▲判例は超過している場合に原抵当権者による競売の申立てを認める
大決昭和7年8月29日民集11-1729。基本的に、判例に賛成するのは、福永有利「判批」判タ367-14（昭53）、新版注釈民法⑨359［山崎寛］。

◆否定説
近江・214［転抵当権者の担保を害すべき危険が多いから］
我妻・394は、限定的肯定説に立ち、原則的に、競売の申立てを否定し、原抵当権・転抵当権がともに競売の要件を満たした場合に、原抵当権による競売申立てを認める。

[2] 論点のクローズアップ

●転抵当の法的構成

1 問題点

　転抵当権は、原抵当権者と転抵当権者との間に締結される転抵当権設定契約によって設定される。転抵当権の設定を第三者に対抗するには登記することを要し（177条）、その方法は付記登記による（376条2項）。転抵当権の設定をもって、原抵当権の被担保債権の債務者・保証人等に対抗するには、債権譲渡に関する467条の規定に従い、原抵当権の被担保債権の債務者にこれを通知またはその債務者がこれを承諾することを必要とする（377条1項）。このような転抵当を法的にどのように構成するかにつき、転質と同様に議論がある。

2 議論

　A：[抵当権再度設定説]　抵当権を担保にすることは、抵当目的物を再度抵当に入れることであるとする説がある（我妻・390、川井・393）。これが多数説の立場である。この説では、転抵当は抵当権の被担保債権とは独立した処分であるとされる。転抵当権は、あくまで目的物の交換価値を把握するものであり、原抵当権の被担保債権を直接に権利の目的とするものではないから、転抵当権者は、原抵当権の被担保債権の債務者から直接に取立てをすることはできない（高橋・210）。

　B：[債権・抵当権共同質入れ説]　抵当権をその被担保債権と共同に質入れする行為が転抵当であるとする説がある（柚木＝高木・294）。転抵当については権利質の場合（364条）と同様の対抗要件が規定（377条）されているが、これは債権・抵当権共同質入説によって最もよく理解できることがその理由とされている（柚木＝高木・294。債権・抵当権共同質入れ説によれば、原抵当権者の競売権を認めないが、それは377条2項の趣旨に合致するとする、同・298）。また、当事者間の期待ないし実務界の要請からいっても、転抵当権者による原抵当権設定者からの直接取立て（366条1項）を認めるべきことから、債権・抵当権共同質入れ説に立つ見解もある（近江・212）。

　転抵当権者による原抵当権の債務者（第三債務者）に対する直接取立て（366条1項）を認めるべきであるが、A説ではこれが不可能であるとして、A説に対して批判がなされている（近江・212）。

　B説に対しては、抵当権付きの債権が質入されうること（債権質）、および、これに伴って抵当権もまた質権に服するに至ること（**抵当権の随伴性**）は当然であって、特に転抵当として規定することは必要ないはずである、との批判がなされている（鈴木・271）。

　C：[抵当権担保設定説]　A説をより単純化しつつ376条に忠実に、抵当権に他の債権のために担保権を設定したと解するもので、近時の有力説である（道垣内・188以下、内田・453）。

3 留意点

◆B説で377条が不要の理由
　抵当権の被担保債権を質入すれば、抵当権の随伴性によってその抵当権にも質権の効力が及ぶことになるからである。

転抵当の法的構成についての説の対立も、実際問題の処理には大差がない（高木・224、鈴木・272）。ただ、債権・抵当権共同質入説では、被担保債権も質権の対象となっているので、転抵当権者は原抵当権の債務者に対して債権の直接取立て（366条1項）が可能であるが、他説によると、その直接取立てができないという点で相違する（柚木=高木・295以下、高木・224注）。

[3] ケース・スタディ

> **ケース………1◆転抵当権と直接取立て**
>
> 抵当権者 X は、その債務者かつ抵当権設定者 Y に対して3000万円の抵当権付債権を有していた（Y 所有建物に抵当権設定登記を経由した）。そして、X が Z から2000万を借り入れる際に、Y 所有建物に設定されていた抵当権に関し、Z の X に対する2000万円の債権を担保するための転抵当の設定契約を締結し、対抗要件を満たした。この場合、X と Z の有している債権の弁済期がともに到来したとき、転抵当権者 Z は、原抵当権の債務者 Y から直接に取立てをすることができるか。

本ケースでは、X と Z との間で転抵当の設定契約が締結されているが、転抵当の法的構成については争いがある。この問題につき、抵当権を被担保債権と共同に質入する行為が転抵当であるとする説（債権・抵当権共同質入説）がある。転抵当については権利質（民364条）の場合と同様の対抗要件が規定（民377条）されているが、これは債権・抵当権共同質入説によって最もよく理解できることがその理由とされている。この説によると、転抵当により、原抵当権の被担保債権も転抵当権者に対して質入されていると考えるから、転抵当権者は原抵当権の債務者からそれを直接に取り立てうる（民366条1項）ことになる。

しかし、抵当権の付いている債権も、債権として一般に質入れをすることができること（債権質）、および、その債権の質入に伴って抵当権もまた質権に服するに至ること（抵当権の随伴性）は当然であって、特にこのことを転抵当としてわざわざ規定すること（民376条1項前段）は必要ないはずであるから、質権・抵当権共同質入説は妥当ではない。376条の文言や377条の存在意義を考えるならば、転抵当とは抵当目的物を再度抵当に入れる（抵当権再度設定説）ないし他の債権のために担保を設定した（抵当権担保設定説）と解すべきである。

結局、転抵当とは、抵当目的物を再度抵当に入れることないし担保を設定することであって、原抵当権の被担保債権とは独立になされる処分行為である。したがって、転抵当権者 Z は、原抵当権の被担保債権を債務者 Y から直接に取り立てることはできないと解される。

[4] まとめ

　転抵当、抵当権の譲渡、抵当権の放棄、抵当権の順位の譲渡、抵当権の順位の放棄および抵当権の順位の変更を総称して抵当権の処分という（高木・223）。転抵当は、抵当権者にとっては被担保債権の弁済期到来前における投下資本の流動化に役立つ。また、転抵当以外の抵当権の処分は、密接な関係を有する多数の債権者の間で、把握した担保価値を交換・流用することを目的とする制度であり、担保価値の利用に弾力性を与えて多数の債権者間の複雑な利害の調整を図ることに役立つ（我妻・388以下）。抵当権の順位の変更（374条）は、抵当権を被担保債権から完全に切り離して、その順位を変更することであり、絶対的効力を生じるものである。この規定（374条）がない場合、抵当権の処分の規定を利用して抵当権の順位の絶対的変更がなされたのと同様の結果を生じさせるためには複雑で煩瑣な手続を必要とし、またその手続を誤れば企図した結果を得られないこととなったので、昭和46年の一部改正により、関係者全員の合意があれば、企図した結果を容易に達成しうることとなった。

　抵当権者は、抵当権の被担保債権を譲渡または質入により処分することができ、そうした場合は抵当権の随伴性により、抵当権もともに処分されることになる。そして、抵当権移転の付記登記がなされれば、これについて第三者に対抗できることになる。このような抵当権付債権の譲渡または質入と転抵当とは、ともに担保手段として共通した面を有しているので、原抵当権者がそれらの二重の処分をした場合に、どちらが優先するのかが問題となる場面もある（松本恒雄「転担保論の最近の動向」担保法理222以下）。

第18講 抵当権の実行

[1] 概説

◉抵当権者の地位

① 優先弁済効と自己換価権

　抵当権の実際的なメリットは、優先弁済権と自己換価権にある。すなわち、債務者が弁済期までにその被担保債権の弁済をしない場合に、抵当権者はその目的物である不動産の競売を申し立て、担保不動産競売手続の中で不動産の売却代金から優先弁済を受けることができる。また、他の一般債権者の申立てに基づいて不動産執行が行われる場合や他の担保権者の申立てに基づく担保不動産競売が行われる場合の配当手続において、抵当権者は優先弁済効により、優先的な配当を受けることができる。

　また、担保不動産収益執行手続が平成15年改正により新設されたので、抵当権者は、その選択により、不動産を売却せずに不動産の賃料等から長期的に被担保債権の回収をすることができるようになった（第156回国会衆議院法務委員会議録23号（平15・6・10）2頁1段目以下［上原敏夫参考人発言］参照）。不動産から生ずる収益を被担保債権の弁済に充てる方法による不動産担保権の実行を担保不動産収益執行という（民執180条2号）。担保不動産収益執行については、不動産の強制管理の規定（民執第2章第2節第1款第3目）が準用される。抵当権に基づく担保不動産収益執行は、賃貸物件として優良なものがあって相当の賃料収入が見込まれる場合には、抵当権者としても、その賃料収入から優先弁済を受けることによって債権の満足が得られれば十分であり、これにより抵当権者が満足を得られれば、債務者、所有者としても所有権を失わずにすむということから新設された制度である（第156回国会衆議院法務委員会議録25号（平15・6・13）26頁4段目［房村精一政府参考人発言］参照）。

② 一般債権者としての立場

　抵当権者は、抵当権を有しているとともにその被担保債権の一般債権者としての立場で、権利行使（強制執行の申立てや配当要求）を行うことができる。

　(1) 抵当権者がその債務者の一般財産に対して強制執行することに関しては、一定の制限が課されている。抵当権を実行せずに債務者の一般財産に対し債務名義に基づいて強制執行の申立てをすることについては、394条の制限がある。抵当権者は、抵当不動産の代価では弁済を受けることができなかった債権の部

◆換価権
　担保権実行の根拠となるのは、実体法上認められている担保目的物およびその収益を換価処分する担保権者の権能（換価権）である。この点が、債務名義の執行力をその根拠とする強制執行との大きな相違である（上原=長谷部=山本・213〔山本和彦〕）。

分についてのみ債務者の他の財産から弁済を受けることができるにすぎない（不足額の原則：394条1項）。

　抵当権者が抵当権を実行しないまま債務者の一般財産に対して強制執行の申立てをした場合、その債務者の一般債権者は、抵当不動産の売却代金では弁済を受けることができなかった債権についてだけ抵当権者が一般財産に強制執行するように394条1項に基づいて異議を申し立てることができる（大判大正15年10月26日民集5-741、通説）。仮に、抵当権者が抵当権を実行しないまま債務者の一般財産に対して強制執行の申立てができて、抵当不動産以外の債務者の財産について支払いを受けることができるとすると、債務者の総財産をもって総債権を完済するのに足りない場合においても抵当権者が先に抵当不動産以外の債務者の財産について一般債権者と競合してその債権金額の割合をもって弁済を受けた後に、その不足部分について抵当不動産から優先弁済を受けられることとなってしまい、抵当権者にはきわめて利益になる。その反面、一般債権者は不利益を被る結果となるので、このような事態を回避して一般債権者を保護しようとするのが、394条1項の趣旨である。

　しかし、このような場合に、一般債権者が抵当権者を相手方として申し立てることのできる異議の内容・方法がどのようなものであるかは明らかではない。この異議について、一般債権者は、配当に当たって供託すべきことを請求できるにとどまるとする説がある（我妻・301、新版注釈民法⑨638［生熊長幸］）。また、この一般債権者の有する異議権の性質は、第三者異議の訴え（民執38条）であるとする説もある（柚木＝高木・374）。

　(2)　抵当権者が抵当権を実行する前に、債務者に対する他の一般債権者が債務者の一般財産に対して強制執行手続を開始させて配当がなされる場合には、394条1項は適用されず、抵当権者はその被担保債権の全額につき配当に加入することができる（394条2項本文）。ただし、他の一般債権者は、抵当権者に対して、抵当権者に配当される金額を供託すべき旨を請求することができる（394条2項）。供託の後、抵当権の実行などによって抵当権者の残債権額が明らかになった時点で、抵当権者は、残債権額の債権を有する一般債権者として、他の一般債権者とともに、供託金から債権額に応じて配当を受けることになる（道垣内・199）。

●抵当権の実行（担保不動産競売）

1 抵当権実行開始（担保不動産競売の申立て）の要件

　抵当権実行の開始（担保不動産競売の申立て）をするためには、抵当権の存在を証する文書等の提出や、被担保債権の弁済期の到来が必要である。この担保不動産競売手続は、民事執行法に基づいて行われる。

2 抵当権の存在を証する文書等の提出

　民執法181条1項は、不動産を目的とする担保権の実行としての競売は担保権の存在を証する確定判決、担保権の存在を証する公証人が作成した公正証書の謄本や担保権の登記に関する登記事項証明書等が提出されたときに限り、開始

◆394条1項の趣旨
　前掲大判大正15年10月26日、柚木＝高木・373以下。なお、394条は、一般債権者の利益を保護しようとする規定であるから、債務者の一般財産を対象として強制執行の申立てをしようとする抵当権者（債権者）に対して「債務者」が異議を唱えることはできないと解されている。我妻・301。

♥第三者異議の訴え
　強制執行の目的物が債務者以外の第三者の所有に属する等その目的について自己の権利が害される場合には、その第三者（所有者等）は、その強制執行の不許を求めるために、第三者異議の訴えを提起することができる。

♥確定判決
　判決は、当事者が通常の不服申立手段によってそれを争うことができなくなれば、その判決は、その訴訟内では取り消される機会がなくなる。このような状態になることを判決の確定という。

♥公正証書
　公証人が法律行為その他私権に関する事実について作成した証書のこと。

第18講　抵当権の実行　165

する旨を規定する。実務上、抵当権実行としての担保不動産競売の申立ては、抵当権の登記に関する登記事項証明書の提出によってなされることがほとんどである。

抵当権者が担保不動産競売の申立てをするには、競売手続上このような抵当権の存在を証する文書とともに、担保不動産競売の申立書、不動産に関する登記事項証明書、公課証明書や執行費用の予納金を、目的不動産の所在地を管轄する地方裁判所へ提出する必要がある。

③ 被担保債権の弁済期の到来

抵当権実行としての不動産競売の申立てをするには、抵当権の被担保債権の弁済期が到来（履行遅滞）していなければならない（我妻・328、柚木=高木・323、浦野・要点236以下）。これは、抵当権者が積極的に証明すべき事項ではなく、その相手方が執行異議で争う必要がある（道垣内・196）。

④ 不動産競売開始決定に対する執行異議

抵当権者が、上記のような抵当権の存在を証する文書、担保不動産競売の申立書や所要の添付書類等を提出して担保不動産競売の申立てをした場合、執行裁判所は、その申立ての適否について審査し、適法な申立てであれば、担保不動産競売開始決定をする。

もっとも、担保不動産競売の申立てに手続上の瑕疵がある場合、例えば、担保不動産競売申立書の必要的添付文書である抵当権の存在を証する文書等が欠如などしている場合、その瑕疵にあたる事由を主張する利益を有する者は執行異議（民執11条）を申し立てることができる。

また、その担保不動産競売の申立てに実体上の瑕疵（抵当権の不成立、無効や消滅）がある場合も、債務者または所有者等は、その執行異議の中で実体上の事由を主張することができる（民執182条）。債務名義に基づいて行われる不動産執行とは異なって、抵当権の場合、抵当権の存在が手続開始前に確定されていないので、執行異議によって実体上の事由を争えるルートが設けられている。

●担保不動産競売手続

① 担保不動産競売開始決定

抵当権者による担保不動産競売の申立てを受けた執行裁判所が、その申立てを適法と認めたときは、担保不動産競売開始決定をし、その中で不動産を差し押さえる旨が宣言される（民執188条・45条1項）。担保不動産競売開始決定がなされると、執行裁判所の書記官は管轄登記所に対し、その開始決定にかかる差押えの登記の嘱託をし、登記官が嘱託に基づいて差押えの登記をする。そして、担保不動産競売開始決定の正本が債務者および所有者に送達される（田中康久・新民事執行法の解説（増補改訂版・金融財政事情研究会・昭55）408）。この担保不動産競売開始決定の正本が所有者に送達されると（差押えの登記のなされる方が早い時には登記の時に）、差押えの効力が生じる（民執188条・46条）。

② 不動産の換価手続

裁判所書記官が配当要求の終期を定めた場合には、その裁判所書記官は担保

◆ **抵当権に基づく担保不動産競売**
この申立てをするには、抵当権の存在を証する確定判決（抵当権存在の確認請求の勝訴判決、抵当権設定登記請求や抵当権回復登記請求の勝訴判決、抵当権不存在確認請求や抵当権抹消登記請求の敗訴判決等）、抵当権の存在を証する公証人が作成した公正証書の謄本または抵当権の登記がされている登記事項証明書等を提出しなければならない。抵当証券の所持人が担保不動産競売の申立てをするには、抵当証券を提出しなければならない（民執181条2項）。

◆ **不動産競売の申立書**
債権者、債務者、担保権、被担保債権、請求債権や目的不動産の表示等を記載する（民執規170条）。

◆ **申立手数料と費用の予納**
不動産競売の申立てをするには、申立手数料および費用の予納が必要となる。申立手数料は、申立権1個につき4000円である（民訴費3条1項別表第一の11のイ）。また、申立てをするときは、申立人は、手続に必要な費用として執行裁判所の定める金額を予納しなければならない（民執14条1項）。競売の手続に必要な費用としては、現況調査、評価、売却の手数料および裁判の送達、通知、催告に要する費用等がある。そのうち郵便物の料金に充当するための費用は、郵便切手で予納することができ（民訴費13条）、それ以外は現金で納付する。例えば、東京地裁では、申立人の請求債権額が3000万円の場合、予納金は100万円である。

◆ **執行異議**
担保権の実行においては、申立ての要件として、債務名義を要せず、かつ、実体上抵当権または被担保債権の存在の立証を要しないで、単に抵当権の存在を証する一定の文書（判決、公正証書、登記事項証明書等）の提出により競売手続が開始される。そのため、手続の続行を抵当権実行の実体上の要件の存在（抵当権および被担保債権の存在）にかからしめ、債務者または所有者等に、簡易な不服申立てである執行異議の申立てによって実体上の要件の不存在を争うことが（買受人が代金を納付する時まで）認められた。

♥ **正本**
法律に規定のある場合に、権限のある者によって原本に基づき作成される謄本の一種を正本という。

♥ **配当要求**
配当要求は、債権の原因および額を記載した書面でしなければならない。配当要求できる資格は、原則として執行力のある債務名義の正本を有する債権者や、給料債権等実体上一般の先取特権により優先権のあることを一定の文書（民執181条1項）によってその権利の存在を証明した一般先取特権者等である（民執188条・51条）。

18-1　抵当権実行の大略

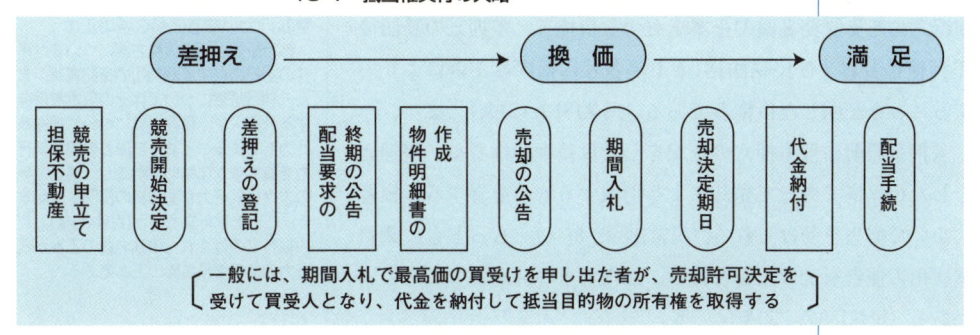

```
          差押え              →        換　価         →        満　足

┌担┐ ┌競┐ ┌差┐ ┌終配┐ ┌作物┐ ┌売┐ ┌期┐ ┌売┐ ┌代┐ ┌配┐
│保競│ │売│ │押│ │期当│ │成件│ │却│ │間│ │却│ │金│ │当│
│不売│ │開│ │え│ │の要│ │　明│ │の│ │入│ │決│ │納│ │手│
│動の│ │始│ │の│ │公求│ │　細│ │公│ │札│ │定│ │付│ │続│
│産申│ │決│ │登│ │告の│ │　書│ │告│ │　│ │期│ │　│ │　│
│　立│ │定│ │記│ │　　│ │　の│ │　│ │　│ │日│ │　│ │　│
│　て│ │　│ │　│ │　　│ │　　│ │　│ │　│ │　│ │　│ │　│
└──┘ └─┘ └─┘ └──┘ └──┘ └─┘ └─┘ └─┘ └─┘ └─┘
```

〔一般には、期間入札で最高価の買受けを申し出た者が、売却許可決定を受けて買受人となり、代金を納付して抵当目的物の所有権を取得する〕

　不動産競売開始決定がなされた旨と配当要求の終期を公告しなければならず、差押えの登記前に登記されている仮差押債権者や一定の担保権者に対してその債権の届出の催告がなされる（民執188条・49条）。また、執行裁判所は、不動産の形状、占有関係等の調査をするために執行官に対して現況調査を命じ（民執188条・57条）、執行官は必要事項を記載した現況調査報告書を所定の期日までに執行裁判所に提出しなければならない。そして、執行裁判所は、評価人（一般には、不動産鑑定士）を選任し、不動産の評価を命じなければならず（民執188条・58条）、その評価人は、評価書を所定の期日までに執行裁判所に提出しなければならない。執行裁判所は、この評価人の評価に基づいて不動産の売却基準価額を定めなければならない（民執60条）。売却の額の基準となるべき価額を売却基準価額という（民執60条1項）。この売却基準価額を2割下回る価額（買受可能価額）以上でなければ、買受申出ができない（民執60条3項）。なお、無剰余措置については買受可能価額が基準とされる。従来の最低売却価額の制度は、売却を困難にさせ、また遅延させる原因になっているとの批判を受け、平成16年の改正で廃止され、これに代わったのが、売却基準価額と買受可能価額の制度である。

　裁判所書記官は、不動産の売却の方法（期間入札、期日入札または競り売り）を定め、売却の日時および場所を定めて執行官に売却を実施させる（一般には、期間入札による）。この場合、書記官は、売却すべき不動産の表示、売却基準価額ならびに売却の日時および場所を公告しなければならない（民執188条・64条）。期間入札の場合には、入札期間は1週間以上1月以内、開札期日は入札期間の満了後1週間以内の日を定めなければならない。期間入札の方法は、入札書を入れて封をし、開札期日を記載した封筒を執行官に差し出す方法または書留郵便により執行官に送付する方法によらなければならない。その後に開札期日が開かれ、入札者の中で最高価買受申出人と認められた者が、売却決定期日で売却不許可事由がない限り売却許可決定を受け、買受人（田中・前掲書202）となる。買受人が裁判所書記官の定める期限までに代金を納付すると、代金納付時に不動産の所有権等を取得することとなる（民執188条・79条）。

③売却代金の弁済・配当

　買受人が代金を納付するとその売却代金等を各債権者に弁済・配当することになる。担保不動産競売手続においては、差押えの当時の不動産所有者に対す

◆物件明細書
　裁判所書記官は、所定の売却条件を記載した物件明細書を作成しなければならない（民執62条1項）。そして、売却実施日の1週間前までに、その写しを執行裁判所において一般の閲覧に供するか、またはインターネットを利用する方法によってその内容の提供を受けることができるような措置をとる必要がある（民執62条2項、民執規則31条1項2号）。買受人が引き受けなければならない負担等をあらかじめ買受希望者に開示し、正しい情報に従った適切な買受申出の判断を可能にする趣旨である。しかし、権利関係についての物件明細書における判断は一応の判断にすぎず、実体法上の効力はない。したがって、買受人が、記載のない賃借権等の権利を主張される可能性は残り、物件明細書の記載を信頼した買受人は保護されない（上原＝長谷部＝山本・115〔山本和彦〕）。

◆買受けの申出における保証の提供
　執行裁判所の預金口座に、原則として売却基準価額の10分の2を振り込んだ旨の金融機関発行の証明書等を提出する必要もある（民執188条・66条・民執規則39条・40条）。

る債権者は配当要求ができる（民執188条・51条）。この配当要求をすることができる債権者は、執行力のある債務名義の正本を有する債権者、差押えの登記後に登記された仮差押債権者および民執法181条1項各号に掲げる文書により一般先取特権を有することを証明した債権者である（民執181条・51条）。また、一定の差押債権者、差押登記前に仮差押えの登記をした仮差押債権者や、差押えの登記前に登記をした担保権であって売却により消滅するものを有する債権者は、配当要求をしないで配当を受けられる（民執188条・87条）。もっとも、裁判所書記官から債権届出の催告を受けた場合には、配当要求の終期までにその届出をすべき義務がある（民執188条・50条）。

買受人から代金の納付がなされると、執行裁判所は、債権者が1人である場合または債権者が2人以上であって売却代金で各債権者の債権および執行費用の全部を弁済することができる場合には、売却代金の交付計算書を作成して、債権者に弁済金を交付することになる（弁済金交付手続。民執188条・84条）。

このような弁済金交付手続の場合を除き、執行裁判所は、配当表に基づいて配当を実施しなければならない。代金が納付された日から1月以内に配当期日が定められ、各債権者に対して債権の元本、利息その他の附帯債権および執行費用の額を記載した計算書の提出が催告されるとともに、各債権者、債務者および所有者は配当期日に呼び出されることになる。配当表の作成は書記官の権限とされている（民執188条・85条5項）。

配当期日では配当表に記載されている各債権者の債権または配当の額について、債務者、所有者および債権者から配当異議の申出のない部分は配当表に従って配当するが、異議の申出があるときはその部分についての配当の実施は留保される。そして、原則として異議の申出をした者が、それから1週間以内に配当異議の訴えを提起したことを証明し、または債務名義を有する債権者に対する所有者からの配当異議の申出にあっては請求異議の訴えを提起し、それに伴って執行停止の裁判の正本を提出したときは、その異議の申出に係る配当額は供託される。逆に、その証明、提出がないときには、配当異議の申出は取り下げたものとみなして、留保されていた配当額を債権者に交付する（田中・前掲書446）。

● 担保不動産収益執行

1 概説

（1）**性質**　民法371条は、債務不履行後には果実に抵当権の効力が及ぶことを意味し、民事執行法において、抵当権の実行方法として、抵当不動産を管理し、その収益から被担保債権を回収すること、すなわち、担保不動産収益執行が認められていることの実体法的な基礎づけとなっている。民法371条にいう「果実」には、天然果実と法定果実の双方が当然に含まれる（道垣内・142以下）。不動産から生ずる収益を被担保債権の弁済に充てる方法による不動産担保権の実行を担保不動産収益執行という（民執180条2号）。担保不動産収益執行については、不動産の強制管理の規定（民執第2章第2節第1款第3目）が準用される

♥ 執行力のある債務名義の正本
　執行証書以外の債務名義については事件の記録の存する裁判所の書記官が、また、執行証書についてはその原本を保存する公証人が、債務名義について現在執行力を有することおよび誰との間で執行力を有するかについて調査し、債務名義の末尾に執行力がある旨の証明を付記する。これを執行文という（民執26条）。この執行文の付された債務名義の正本が執行力のある債務名義の正本である。

◆ 配当の順位
　配当の第1順位は、共益費用たる執行費用、第2順位は、第三取得者が支出した必要費または有益費の償還請求権（391条）、第3順位は、登記された不動産保存の先取特権または不動産工事の先取特権によって担保される債権、第4順位は、公租・公課の法定納期限等以前に登記した抵当権等によって担保される債権である。そして、第5順位には、公租・公課、第6順位は、公租・公課の法定納期限等の経過後に登記した抵当権等によって担保される債権、第7順位は、未登記の一般先取特権によって担保される債権、第8順位は、優先権のない債権である（裁判所職員・266以下）。

（民執188条）。

担保不動産収益執行と担保不動産競売との関係については、強制管理と強制競売との関係と同様、別個独立の手続とされ（民執180条）、その手続については、強制管理の規定を準用することとしつつ（民執188条）、物上代位等の賃料債権差押えの手続との競合が生じた場合に債権差押手続を管理手続に吸収するための調整規定（民執93条の4）を設けるなど、強制管理の規定にいくつかの改正を加えている（谷口園恵ほか「担保物権及び民事執行制度の改善のための民法等の一部を改正する法律の概要」金法1682-31、33以下（平15））。

(2) <u>対象不動産の範囲と収益執行の目的となる収益</u>　不動産（登記することができない土地の定着物を除き、民執43条2項の規定により不動産とみなされるものを含む）を目的とする担保権は、担保不動産収益執行の方法により実行することができる（民執180条）。

収益執行の目的となる収益（民執93条）は、後に収穫すべき天然果実およびすでに弁済期が到来し、または後に弁済期が到来すべき法定果実である（民執188条による準用）。

強制管理について、すでに収益した天然果実に差押えの処分禁止効が及ぶとする改正前の規律を維持すると、担保不動産収益執行においては、未収穫の天然果実や未払いの法定果実（弁済期の到来の有無を問わない）については差押えの処分禁止効が及ぶが、差押時に収穫済みの天然果実については差押えの処分禁止効が及ばないから、強制管理と担保不動産収益執行とでは、差押えによる処分禁止効の範囲が異なり、二重開始決定をした際の処理が著しく複雑になるという問題を生ずる。そこで、改正規定では、両手続における処分禁止効の範囲を同一にするため、平成15年改正前民執法93条2項の規定から、「既に収穫した天然果実」を削り、「後に収穫すべき天然果実及び既に弁済期が到来し、又は後に弁済期が到来すべき法定果実」に強制管理等による差押えの処分禁止効が及ぶこととした（谷口園恵ほか「担保物権及び民事執行制度の改善のための民法等の一部を改正する法律の解説(4)」NBL722-44、48（平15）〔改正後も、債務名義を有する一般債権者は、債務者がすでに収穫した天然果実に対して動産執行の申立てをすることができる〕）。

② 手続の開始

(1) <u>申立て</u>　抵当権者は、担保不動産収益執行の執行機関である執行裁判所（不動産所在地を管轄する地方裁判所）に対して（民執188条・44条）、担保不動産収益執行の申立て（民執2条）を行う。収益執行の申立ては、文書によることを要し、申立書には、債権者・債務者・所有者、担保権、被担保債権、および請求債権を記載し、目的不動産の登記事項証明書、公課証明書等を添付する必要がある。収益執行の申立てには、債務名義を要しないが、担保権の存在を証する次のような文書の提出を必要とする。

その文書とは、①担保権の存在を証する確定判決、家事審判法15条の審判、もしくはこれらと同一の効力を有するものの謄本（民執181条1項1号）、②担保権の存在を証する公証人の作成した公正証書の謄本（同項2号）、③担保権の登記

◆担保不動産収益執行に関する準用規定
担保不動産収益執行については、民法44条（執行裁判所）が準用される（民執188条）。担保不動産収益執行については、不動産の強制管理の規定（民執第2章第2節第1款第3目）が準用される（民執188条）。担保不動産収益執行については、担保権実行についての強制執行の総則規定である、民執法38条（第三者異議の訴え）、41条（債務者が死亡した場合の執行の続行）および42条（執行費用の負担）が準用される（民執194条）。

（仮登記を除く）に関する登記事項証明書（同項3号）、または、④一般先取特権にあっては、その存在を証する文書（同項4号）、である。

抵当証券の所持人が、収益執行の申立てをするには、抵当証券を提出しなければならない（民執181条2項）。

担保権について承継があった後に収益執行の申立てをする場合には、相続その他の一般承継にあってはその承継を証する文書を、その他の承継にあってはその承継を証する裁判の謄本その他の公文書を提出しなければならない（民執181条3項）。

従来の強制管理では、担保権者であっても債務名義がないと強制管理の申立てをすることができず、また、その手続の中では担保権者として優先弁済を受けることができなかったが、収益執行では、担保権者も担保権者の資格で申立てをすることができ、かつ順位に応じて優先弁済を受けうることとなった（山川一陽=山田治男編著・改正担保法・執行法のすべて（中央経済社・平15）49、52）。

(2) **差押え**　担保不動産収益執行は、申立てによって行われ（民執2条）、執行裁判所が収益執行の申立てが要件を満たしているか否かを審査して、満たしていなければ申立てを却下し、申立てが相当であると認められた場合には、担保不動産収益執行の開始を決定する（民執188条・93条）。その開始決定において、執行裁判所は、債権者のために不動産を差し押さえる旨を宣言し、債務者および不動産の所有者に対して収益の処分を禁止することを命じる。また、債務者および所有者が賃貸料などの不動産にかかわる収益（給付請求権）を有している場合には、その給付をすべき賃借人（給付義務者）に対して、それ以降は収益等の給付の目的物を管理人に給付すべき旨を命じる（民執188条・93条1項）。

開始決定は、債務者および所有者に加え、給付義務者に送達される（民執188条・93条3項）。給付義務者に対する開始決定の効力は、開始決定が当該給付義務者に送達されたときに生じる（民執188条・93条4項）。

裁判所書記官は、開始決定の送達に際し、申立てにおいて提出された民執法181条1項から3項までの文書の目録および1項4号の文書の写しを相手方に送付しなければならない（民執181条4項）。平成15年改正前には、給付義務者に対する送達については明文規定がなかったが、民執法93条3項において、債務者および給付義務者に対し開始決定を送達すべきことを明示的に規定した（谷口ほか・前掲論文48注(46)[平成15年改正前民執法93条3項は、同一内容のまま、改正後の民執法93条4項に繰り下げられた]）。

開始決定がなされると、裁判書記官は、直ちにその開始決定にかかる差押えの登記を嘱託し、差押えの登記がされたときは、登記官はその登記事項証明書の謄本を執行裁判所に送付する（111条・48条）。

(3) **物上代位との関係**　担保不動産収益執行と担保不動産競売との関係については、強制管理と強制競売との関係と同様、別個独立の手続とし（民執180条）、その手続については、強制管理の規定を準用することとしつつ（民執188条）、物上代位等の賃料債権差押えの手続との競合が生じた場合に債権差押手続を管理手続に吸収するための調整規定（民執93条の4）を設けるなど、強制管理

◆**管理費用の扱い**
強制管理と同様に、担保不動産収益執行にかかる管理費用は、申立債権者が先に予納金を積んで後に収益の中から優先的に配当を受ける（座談会「新しい担保・執行法制と金融実務上の留意点」金法1682-76、85、2段目以下（平15）[荒木新五発言]）。

◆**不動産自体の処分は可能**
収益執行手続が開始されても、抵当権設定者は不動産自体を処分することは妨げられない（天野稔・新しい担保・執行法制の実務Q＆A（経済法令研究会・平15）31）。

の規定にいくつかの改正を加えている（谷口ほか・前掲論文33以下）。

　収益執行において給付命令が給付義務者に送達された時点で、すでに賃料債権が第三者に譲渡されて対抗要件が具備されていた場合でも、最判平成10年1月30日（民集52-1-1）の趣旨に照らして、抵当権者の申立てにかかる収益執行の管理人は取立権を行使できる（古賀政治編著・ケースでわかる新担保・執行法制（金融財政事情研究会・平15）125以下〔穂刈俊彦〕）。

　民執法93条の4の規律が収益執行にも準用されるため、収益執行が物上代位に優先するから、収益執行が先行していれば、原則として物上代位による賃料等の差押えは許されない（松岡久和「担保・執行法改正の概要と問題点（上）」金法1687-18、21（平15））。

　(4)　開始決定に対する不服申立て　担保不動産収益執行の開始決定に対する執行抗告の申立てにおいては、債務者または不動産所有者は、担保権の不存在または消滅を理由とすることができる（民執182条）。

　担保不動産収益執行の開始文書（民執181条）、開始決定に対する不服申立事由（民執182条）、および執行停止文書（民執183条）について、担保不動産競売についてと同様の規律が適用される（谷口ほか・前掲論文47以下）。

　担保不動産収益執行では、開始文書の確実性が確定判決等の債務名義より劣ることを考慮して、開始決定に対する不服申立てにおいて担保権の不存在等を理由とすることができるが、開始決定に対する不服申立ての方法は、執行抗告（民執188条・93条5項）である（谷口ほか・前掲論文48注(4)(5)）。

　(5)　手続の停止　収益執行の手続は、担保権のないことを証する確定判決（確定判決と同一の効力を有するものを含む）の謄本が提出されたときは停止しなければならない（民執183条）。また、民執法181条1項1号に掲げる裁判もしくはこれと同一の効力を有するものを取り消し、もしくはその効力がないことを宣言し、または同項3号に掲げる登記を抹消すべき旨を命ずる確定判決の謄本が提出されたときは、収益執行の手続は、停止しなければならない。同様に、担保権の実行をしない旨、その実行の申立てを取り下げる旨または債権者が担保権によって担保される債権の弁済を受け、もしくはその債権の弁済の猶予をした旨を記載した裁判上の和解の調書その他の公文書の謄本が提出されたときも、収益執行は停止しなければならない。

③ 管理手続

　(1)　管理人の地位　執行裁判所は、担保不動産収益執行の開始決定と同時に管理人を選任する（民執188条・94条1項）。管理人となるべき者の資格は特に制限がないが、従来の強制管理では、弁護士または執行官の選任される例が多かった。信託会社、銀行その他の法人も管理人となることができるし（民執188条・94条2項）、複数の管理人をおくことも可能である（民執188条・95条3項）。

　管理人が選任されたときは、その氏名または名称が差押債権者、債務者、所有者および第三者に通知され、また管理人にはその選任を証する文書が交付される。

　管理人は、債権者や所有者の代理人としてではなく、自己の名において管理

◆給付金義務者に対する陳述の催告
　執行裁判所が、先行する物上代位の差押債権者を把握するために、裁判所書記官は、給付義務者に対して、開始決定の送達の日から2週間以内に、給付請求権に対する差押命令の存否その他の事項について陳述すべき旨を催告する（民執188条・93条の3）。

◆管理人の報酬・解任・任務終了
　管理人は、収益執行のため必要な費用の前払および執行裁判所の定める報酬を受けることができる（民執188条・101条1項）。
　重要な事由があるときは、執行裁判所は、利害関係を有する者の申立てにより、または職権で、管理人を解任することができる。この場合においては、その管理人を審尋しなければならない（民執188条・102条）。
　管理人の任務が終了した場合においては、管理人またはその承継人は、遅滞なく、執行裁判所に計算の報告をしなければならない（民執188条・103条）。

◆管理人が数人あるとき
　管理人が数人あるときは、共同してその職務を行う。ただし、執行裁判所の許可を受けて、職務を分掌することができる（民執188条・95条3項）。管理人が数人あるときは、第三者の意思表示は、その1人に対してすれば足りる（民執188条・95条4項）。

をする。管理人の権能は、裁判所からの委託によるものであり、管理人は裁判所の指揮監督に服するものであるから、管理人は執行裁判所の補助機関である。

管理人は、執行裁判所が監督する（民執188条・99条）。管理人は、善良な管理者の注意をもってその職務を行わなければならない（民執188条・100条1項）。

(2) 管理人の権能・責任　管理人は、執行裁判所の与える具体的な指揮や行動基準に従って行動しなければならず、それに反するようなとき、あるいは不適任であることが判明したときなどには解任されることになる（解任されたときは通知される）。

管理人の主な職務内容は、担保不動産収益執行の開始決定がされた不動産について管理をし、収益の収取を行うことである（民執188条・95条1項2項）。管理人は、不動産について、所有者の占有を解いて自らこれを占有することができる（民執188条・96条1項）。管理人は、前項の場合において、閉鎖した戸を開く必要があると認めるときは、執行官に対し援助を求めることができる（民執188条・96条2項）。

執行裁判所の定める期間ごとに管理人は配当に充てるべき金額を計算して配当等を実施する（民執188条・107条1項）。管理人が配当額を計算し、債権者が協議をして調えば、管理人が配当を実施し（民執188条・107条3項）、協議が調わなければ、執行裁判所が配当等の手続を実施する（民執188条・109条）。

(3) 管理人による不動産の占有および所有者の保護　担保不動産収益執行の管理人は、不動産の管理・収益収取活動の一環として賃借人を探して新たに賃貸借契約を締結することができる。もっとも、担保不動産競売が先行している不動産について担保不動産収益執行が開始され、管理人が新たに賃貸借契約をしても、その賃貸借は担保不動産競売における買受人に対抗することができない（民執188条・59条2項。ただし、建物使用者には民395条による明渡猶予期間）。

所有者の居住する建物について収益執行の開始決定がされた場合において、所有者が他に居住すべき場所を得ることができないときは、執行裁判所は、申立てにより、所有者およびその者と生計を一にする同居の親族（婚姻または縁組の届出をしていないが所有者と事実上夫婦または養親子と同様の関係にある者を含む）の居住に必要な限度において、期間を定めて、その建物の使用を許可することができる（民執188条・97条1項）。

4 配当等の手続

(1) 配当要求：配当を受けるべき債権者　収益執行で配当等を受けるべき債権者は、①配当期間満了までに強制管理の申立てをした者または一般先取特権に基づいて収益執行の申立てをした者、②最初の強制管理または収益執行の開始決定の差押登記前に登記された担保権に基づいて収益執行の申立てをした者、③仮差押の執行として強制管理の申立てをした者、④配当要求した者（以上は、民執188条・107条4項）、⑤交付要求した者（国税徴収82条1項）、⑥収益執行に先立って抵当権に基づく賃料債権に対する物上代位等によって債権差押命令を得ている者（民執188条・93条の4第3項）である（古賀政治編著・ケースでわかる新担保・執行法制（金融財政事情研究会・平15）111［穂刈俊彦］）。

♥管理人の責任
　管理人が善管注意を怠ったときは、その利害関係を有する者に対し、連帯して損害を賠償する責めに任ずる（民執188条・100条2項）。

♥担保不動産収益執行の活用
　担保不動産収益執行は、収益からの債権回収という本来の目的のほかに、管理人に抵当不動産を管理占有させて、担保価値減少行為や不法占有を事実上、防止・排除し、また、抵当権設定者に代わって共益費の支払請求をすることなどにも活用できる（前掲座談会84、3段目以下［中村廉平発言］）。

◆新たな賃貸借契約の締結
　担保不動産収益執行の管理人は、不動産の管理・収益収取活動の一環として新たに賃借人を探して新たに賃貸借契約を締結することができる。管理人は、602条に定める期間を超えて不動産を賃貸するには、所有者の同意を得なければならない（民執188条・95条2項）。

◆収益執行により所有者の生活が著しく困窮するとき
　収益執行により所有者の生活が著しく困窮することとなるときは、執行裁判所は、申立てにより、管理人に対し、収益またはその換価代金からその困窮の程度に応じ必要な金銭または収益を所有者に分与すべき旨を命ずることができる（民執188条・98条1項）。

♥不動産所有者と賃借人
　抵当権に後れる賃借権に基づく賃借人は、担保不動産収益執行の開始後も賃借を継続できるが、管理人は、不動産所有者の占有には介入できる。不動産所有者が当該不動産を使用していると、収益が発生せず、管理人に収益収取権を与えた趣旨に反するからである（道垣内・223）。

♥既に開始されている手続との関係
　抵当権者が配当を受けるためには、強制管理手続・担保不動産収益執行手続が既に開始されていても、重ねて担保不動産収益執行手続の申立てをなし、当該不動産について担保不動産収益執行の二重開始決定（民執93条の2）を受けなければならない（道垣内・224）。

執行裁判所に対し、配当要求することができるのは、執行力のある債務名義の正本を有する債権者および民執法181条1項各号に掲げる文書により一般先取特権を有することを証明した債権者である（民執188条・105条）。

担保不動産収益執行で担保権者が優先弁済を受けるとしたとき、担保不動産収益執行の開始決定にかかる差押登記の前に登記がされた担保権（先取特権、質権、抵当権）を有する債権者でも自動的に配当手続において配当を受けられる者とはされず、そのうち担保不動産収益執行の申立てを自ら能動的にした債権者か、または物上代位などの手続をとっていた者等のみが配当等を受けることができる（穂刈俊彦「債権管理および事業再生実務における対応」金法1682-115、120以下（平15））。

担保不動産競売手続であれば、登記済抵当権者等に対して裁判所から**債権届出の催告**（民執188条・49条2項）がなされるのに対して、担保不動産収益執行では、登記済抵当権者に対して裁判所から債権届出の催告等の通知が来るわけではない。したがって、先順位抵当権者が知らない間に後順位抵当権者が担保不動産収益執行によって債権回収をしていたという事態が生ずる可能性がある（穂刈・前掲論文121）。

(2) 配当等の手続　執行裁判所の定める期間ごとに管理人は配当に充てるべき金額を計算して配当等を実施する（民執188条・107条1項）。配当等に充てるべき金銭は、収益から諸費用（物件の管理維持費用、管理人報酬、租税など）を差し引いた残余である（民執188条・106条1項）。

債権者が1人である場合または債権者が2人以上であって配当等に充てるべき金銭で各債権者の債権および執行費用の全部を弁済することができる場合には、管理人は、債権者に弁済金を交付し、剰余金を所有者に交付する（民執188条・107条2項）。前項に規定された弁済金交付手続をする場合を除き、配当等に充てるべき金銭の配当について債権者間に**協議**が調ったときは、管理人は、その協議に従い配当を実施する（民執188条・107条3項）。

(3) 配当の順位　配当を受けるべき債権者間の優劣は、実体法上の解釈問題となる（民執188条・111条・85条）。配当を受けるべき債権者のうち、開始決定を得たかまたは物上代位を先行していた先順位抵当権者が最優先で配当を受ける。開始決定を得たかまたは物上代位を先行していた先順位抵当権者が同順位で複数ある場合は、債権額で按分して配当する。先順位抵当権者の被担保債権が完済されるまでは、開始決定を得たかまたは物上代位を先行していた後順位抵当権者への弁済は行われない。以上の優先弁済権を有する債権者の被担保債権が完済されるまでは、一般債権者への配当は行われない（古賀編著・前掲書112以下〔穂刈〕）。

配当手続では、先順位抵当権者への弁済が完了するまでは、後順位抵当権者への配当は行われない。管理費用が過大なために配当等に充てるべき金銭を生ずる見込みがないときには手続が取消になる。担保不動産競売における売却基準価額のような客観的な処分見込額を収益執行では定めることはできないし、将来収益も明確に把握できないので、収益執行が後順位抵当権者による申立て

◆**物上代位の手続で債権差押命令を得ていた債権者**
物上代位の手続において給付義務者に対する債権差押命令を得ていた債権者は、担保不動産収益執行において、改めて二重開始決定または配当要求をすることなく、当然に担保不動産収益執行で配当等を受けるべき債権者になる（民執188条・93条の4第3項）。

◆**収益執行では債権届出の催告はなされない**
収益執行では、それにより先順位の担保権が消除されるわけではなく、また、従来の強制管理の手続は配当までに3カ月ないし6カ月がかかるため、その期間内に先順位の担保権者が収益執行の申立てをして配当にあずかることは困難でないとの理由から、競売におけるような債権届出の催告（民執49条2項）のような制度は設けられなかった（山川＝山田編著・前掲書58以下）。

◆**協議が調わないとき**
民執法107条3項の協議が調わないときは、管理人は、その事情を執行裁判所に届け出なければならない（民執188条・107条5項）。執行裁判所は、107条5項の規定による届出があった場合には直ちに、104条1項または108条の規定による届出があった場合には供託の事由が消滅したときに、配当等の手続を実施しなければならない（民執188条・109条）。

◆**収益執行の二重開始決定における優劣**
後順位抵当権者が先順位抵当権者に先立って収益執行の申立てを行って開始決定を得た後に、追って先順位抵当権者が収益執行の二重開始決定を得た場合には、実体法に従って、先順位抵当権者の被担保債権が完全に弁済されるまで、最初に開始決定を受けた後順位抵当権者への配当は行われない（古賀編著・前掲書108〔穂刈〕）。

であることを理由として取り消されることはない（古賀編著・前掲書107以下［穂刈］）。

配当等の手続の中で徴収される租税債権については、抵当権の設定登記日が租税の法定納期限等よりも以前になされている場合には、抵当権が優先する（国税徴収16条、国税徴収基本通達16条関係3、地方税14条の10）。この場合、抵当権に劣後する租税債権は、一般債権よりは優先される（国税徴収8条）。

5 手続の終了・取消し

担保不動産収益執行が終了する主な原因は、債権の全額弁済による取消し（民執188条・110条）、目的不動産の滅失による取消し（民執188条・111条・53条）、無配当見込みによる取消し（民執188条・106条2項）、担保不動産競売による抵当権消滅（民執188条・59条1項）、取下げなどである。

収益執行が進行した後に担保不動産競売による売却が行われても、担保不動産収益執行が当然に消除されるわけではないから、担保不動産収益執行の取消決定がなされることになる（小林明彦「担保不動産収益執行制度の位置付けと概要」銀行法務21No.624-26、30（平15））。

◆収益執行では無剰余取消しはない
収益執行では、先順位の担保権者がいてもその者が手続に参加するとは限らず、収益自体の予測が困難であるから、無剰余取消しに関する規定（民執63条）は設けられなかった（山川=山田編著・前掲書59）。担保不動産競売と異なって、担保不動産収益執行においては、その執行によりどれだけの額が得られるか明確でないことのほか、剰余の有無をどの期間で判断するかが一律に定まらないという問題があるからである（道垣内弘人ほか・新しい担保・執行制度（補訂版・有斐閣・平16）43［道垣内弘人］）。

[2] 論点のクローズアップ

●配当受領債権者に対する抵当権者からの不当利得返還請求権

1 問題点

実体的には債権者ではなく配当を受領する権利のない者が、何らかの理由で配当表（民執85条）に掲げられ配当を受けるとされている（または優先権がないのに優先権があるとされている）場合、他の債権者や債務者は、配当期日において配当異議の申出（民執89条）をし、さらに配当異議の訴え（民執90条）を提起することによって、その者を配当から排除するというのが本来の手続である。ところが、担保不動産競売手続事件の配当期日において配当異議の申出を受けなかった場合であっても、債権または優先権を有しないにもかかわらず配当を

18-2 抵当権者からの不当利得返還請求権の可否

抵当目的物の売却代金
　├─ 配当なし ──→ 配当を受領できなかった抵当権
　└─ 配当済 ──→ 配当を受領したが、後に権利のないことが判明した者

　　　←―― 不当利得返還請求権の可否 ――→

受けた債権者に対して、その者が配当を受けたことによって自己が配当を受けることができなかった抵当権者は、その金銭相当額の金員について不当利得として返還請求することができるか否かが問題となる。

2 議論

A：[否定説] 手続上配当異議の申出をし、その主張を訴えによって完結することが認められている債権者が、それを主張することなく配当の実施が行われた場合には、その配当金の受領は、法律上の原因なくして利得されたものではないので、配当手続が終わった以降、不当利得返還請求することはできない（ただし、配当手続に関与することができなかった債権者には権利行使の機会がなかったので、不当利得の返還請求を認める）とする（田中・前掲書238以下）。また、不当利得返還請求を認めるとすると配当手続を徒労に終わらせることになるとの根拠も挙げられる。否定説が多数説である（田原睦夫「判批」民事執行法判例百選114（平6））。

B：[肯定説] 抵当権者からの不当利得返還請求を認める少数説がある。最高裁は、他の債権者が債権または優先権を有しないにもかかわらず配当異議の申出を受けなかったため配当を受領してしまった結果、抵当権者の優先弁済権が害された場合、そのような配当表に基づく配当の実施は配当金の帰属を確定するものではなく、その利得に法律上の原因があるとすることはできないとして、抵当権者からの不当利得返還請求を認めた（最判平成3年3月22日民集45-3-322）。なお、この平成3年判決は、優先弁済権を有する担保権者からの不当利得返還請求は認めるが、一般債権者からの不当利得返還請求は認めないとの趣旨である（岸上晴志「判批」担保法の判例①86）。

A説（否定説）に対しては、配当手続の規定には不当利得返還請求権を喪失させるだけの手続保障は欠如しているし、また、配当表に実体的な確定力を認める規定は存在していない、との批判が加えられている。

★肯定説
判例と同様に、不当利得返還請求権の行使を肯定するのは、田原睦夫「不当な配当と債権者の不当利得返還請求」金法1298-15・19以下（平3）、石川明「配当異議と不当利得」金法992-6（昭57）。

[3] ケース・スタディ

ケース………1 ❖ 抵当権者からの不当利得返還請求

抵当権者Xは債務者Aに対する債権を担保するため物上保証人B所有の不動産に根抵当権の設定を受け、その登記を経由した。その後、その不動産に対する先順位抵当権者の申立てにより、担保不動産競売手続がなされた。その際、Yは、Xより先順位の抵当権者であるとされて配当を受けた（配当期日に配当異議の申出はなされなかった）ので、そのためXは1円も配当を受けることはできなかった。ところが、その後、Yの債権は競売手続以前にすでに弁済されて抵当権も消滅していたことが判明した（抵当権の抹消登記がなされなかったので、配当表に加えられ

ていた)。この場合、Xは、Yに対し不当利得返還請求をすることができるか。

　担保不動産競売手続上で配当異議の申出をし、その主張を訴えによって完結することが認められている債権者が、それを主張することなく配当の実施が行われた場合には、配当金の受領は、法律上の原因なくして利得されたものではないので、配当手続が終われば、不当利得返還請求することはできないとする説がある。また、不当利得返還請求を認めるとすると配当手続を徒労に終わらせることになってしまうことを根拠として、抵当権者からの不当利得返還請求権を否定する説もある。しかし、配当手続の規定には、抵当権者からの不当利得返還請求権を喪失させるだけの手続保障が欠如しているし、また、配当表に実体的な確定力を認める規定は存在していないので、不当利得返還請求権を否定する説は妥当ではない。

　抵当権者は、担保不動産競売事件の配当期日において配当異議の申出をしなかった場合であっても、債権または優先権を有しないにもかかわらず配当を受けた債権者に対して、その者が配当を受けたことによって自己が配当を受けることができなかった金銭相当額の金員の返還を請求することができるものと解する。抵当権者は抵当権の効力として抵当不動産の代金から優先弁済を受ける権利を有するのであるから、他の債権者が債権または優先権を有しないにもかかわらず配当を受けたために、優先弁済を受ける権利が害されたときは、債権者は抵当権者の取得すべき財産によって利益を受け、その抵当権者に損失を及ぼしたものである。配当期日において配当異議の申出がされることなく配当表が作成され、配当表に従って配当が実施されても、配当の実施は配当金の帰属を確定するものではなく、その利得に法律上の原因があるとすることはできないからである（判例同旨）。

　以上のように考えるので、結論として、XはYに対して不当利得返還請求ができると解する。

★ケース1は、最判平成3年3月22日民集45-3-322をもとにした。

ケース……2❖抵当権と配当額

　一般債権者Aがその債務者Dに対する1000万円の金銭債権に基づいて債務者Dの所有する土地を差し押さえ、差押登記がなされて、その後にその土地の売却手続が行われた。その差押登記前に、抵当権者Bが債務者Dに対して貸し付けた900万円を被担保債権として、抵当権設定登記がなされていた。また、債務者Dに対して500万円の金銭債権を有していた一般債権者Cは、配当要求の終期までに適法に配当要求した。その配当期日では、その土地の売却代金1200万円が配当されることになった。この場合、その1200万円は、A、BおよびCに対していくらずつ配当されることになるか（利息・費用等は考慮しない）。

　本ケースでは、原則として、民法、商法その他の法律の定めるところに従い、

売却代金1200万円をA、BおよびCにそれぞれ配当すべきこととなる。抵当権者は、債務者（または第三者）が債務の担保に供した不動産について他の債権者に先立って自己の弁済を受ける権利（優先弁済権）を有している（369条）。抵当権者Bは、900万円を被担保債権としてその土地に抵当権を有し、その設定登記をしているが、他のAおよびCは何ら担保権を有していない一般債権者である。したがって、債権者Bは抵当権者として、その優先弁済権に基づき、売却代金の1200万円の中から第一の配当順位で900万円の配当を受ける地位にある。

18-3 配当手続

代金納付買受人から → 指定配当期日の → 配当期日の呼出・通知 → 実施配当期日の ┈┈配当異議┈┈→ 当該金の支払い等に対する配当要求債権者や担保権者・差押債権者 → 訴え配当異議の

それでは、その残余である300万円は、AとCにどのような順位と額で配当されることになるのか。債務者の一般財産に対する債権の効力は、原則として、平等である（債権者平等の原則）。債権成立の時の前後や、債権の種類を問わないのを原則とする。この債権者平等の原則により、一般債権者間では優先劣後の関係にはなく、その債権額に按分比例して、配当することとなる。Aは1000万円、債権者Cは500万円の債権を有しているから、300万円を按分比例すると（A：Cは2：1）、Aには200万円、Cには100万円が配当されることとなる。

[4] まとめ——実行以外の抵当権の効力

抵当権実行以前の段階では、その所有者が目的不動産を使用し、そこから収益をあげ、あるいはそれを処分（所有者の目的物処分により第三取得者が生じた場合には、代価弁済や抵当権消滅請求の問題を生じる）できるから、抵当権の効力によってそれが制限されることは最小限にとどめなければならない。しかし、抵当権者の優先弁済権が侵害される場合には、それに対する救済が抵当権者に与えられるべきであるし（物権的請求権、損害賠償請求権、期限の利益の喪失、増担保請求権や無効登記の抹消請求）、また、目的不動産の所有者等に予測された以上の負担を負わせることがなければ、抵当権者の側にもみずからが有する権利の処分（転抵当など）を認めてもよい。これに対し、抵当権の優先弁済権は、抵当権者みずからの開始した、あるいは他の債権者の開始した目的不動産の競売手続において、売却代金から優先弁済を受けるという方法によって実現されるのが原則である。もっとも、抵当目的物が複数ある場合には特別な取扱いが必要であり（共同抵当権や一括競売）、同一の所有者に属する土地

とその上の建物の一方または双方に抵当権が設定された場合には法定地上権の成否が問題となる（道垣内・161以下、196参照）。

第19講 共同抵当

[1] 概説

◉共同抵当の意義

　同一の債権の担保として数個の不動産の上に設定された抵当権を共同抵当権（共同抵当）という。共同抵当は、複数の不動産の担保価値をひとまとめにして被担保債権を満たす（担保価値の集積）作用を果たす。また、共同抵当は、1つの抵当不動産の滅失、損傷ないし価格の下落などによって被担保債権が十分な弁済を受けることができなくなるリスクを回避（危険の分散）しておく作用も果たす。わが国では、同一の債権の担保のために建物とその敷地に抵当権を設定するなど、共同抵当権の例は多い。

19-1　共同抵当

◉共同抵当権の設定と公示

1 共同抵当権の設定

　共同抵当権は、「同一の債権」の担保として「数個の不動産」の上に設定される抵当権である（392条）。同一の債権とは、発生原因の同一のものをいう。特定の金銭消費貸借契約から生じた貸金債権、特定の売買契約から生じた代金債権などは同一の債権である。数個の「不動産」とは、土地および建物のほか、一個の不動産とみなされる工場財団、鉱業財団、漁業財団などであり、これらのうちの2つ以上のものを共同抵当権の目的とすることができる。また、同様に、地上権や永小作権などについても共同抵当権の目的とすることができる。

　共同抵当権は、追加的に設定することができる。共同抵当でない普通の抵当権に、同一の被担保債権のために他の不動産に抵当権を追加設定することにより、共同抵当となる。

♥工場財団
　工場抵当法によって抵当権の設定を認められる財団のこと。一個または数個の工場を基礎として設定され、工場に属する土地・建物、機械・器具、地上権、賃借権、工業所有権等をもって組成される。

♥鉱業財団
　鉱業抵当法によって抵当権の設定を認められる財団のこと。同一採掘権者に属する鉱業に関するものの全部または一部について設定され、鉱業権・土地・建物・土地使用権・機械・器具・工業所有権等を組成内容とする。

♥漁業財団
　漁業財団抵当法によって抵当権の設定を認められる財団のこと。その組成内容は定置漁業権・区画漁業権・船舶およびその属具・土地・工作物・漁具その他一切の漁業経営施設および工業所有権等である。

2 共同抵当権の公示

共同抵当権は、抵当目的物たるそれぞれの不動産の登記簿に抵当権の設定登記がなされ、これと共同抵当関係に立つ他の不動産が存在する旨が記載される。さらに、その登記を管轄する登記所に共同担保目録（これは対抗要件としての意味をもたない）が備え付けられて、これと共同抵当の目的となっているすべての不動産の権利関係が記載される（不登83条2項）。

3 数個の抵当不動産について同時に抵当権を実行する場合（同時配当）

同一の債権の担保のために数個の不動産の上に抵当権を有している共同抵当権者は、その被担保債権の弁済を受けられなかった場合、どれか1つの抵当不動産に対して抵当権の実行（異時配当）をしてもよいし、同時に全部の抵当不動産に対して抵当権の実行（同時配当）をしてもよい（自由選択権）。共同抵当権者がその抵当権を同時に実行（同時配当）するか、または順次に実行（異時配当）するかによって後順位抵当権者の利害に影響しないように、民法は、同時配当における負担の按分（割付主義）と異時配当における代位という2つの法技術を用いる。

共同抵当権が同時に実行される同時配当の場合、各不動産の価額に応じて債権者の債権の負担を按分する旨が規定されている（392条1項）。同時にその代価を配当すべきときとは、共同抵当の目的たる不動産全部について競売が行われ、それぞれについての売却代金の総額が関係者に配当されるべき場合である。各不動産に別々に競売の申立てがなされた後に事件が併合して進行され、すべての不動産の売却代金が同時に配当されるときも同時配当である（我妻・434）。例えば、債権者Aが債務者Bに対して4000万円の債権を有しており、その債権を担保するためB所有の建物（売却代金2000万円）と土地（売却代金3000万円）に共同抵当権が設定されていたとする（それぞれ1番抵当権）。さらに、その建物に、債権者CがBに対して有する2000万円の債権を被担保債権として2番抵当権を有し、また、その土地に、債権者DがBに対して有する1000万円の債権を被担保債権として2番抵当権を有しているとする。この場合、共同抵当権者Aがその建物と土地について抵当権の実行（担保不動産競売）をし、建物の売却代金2000万円と土地の売却代金3000万円が同時に配当される場合を考える（費用や利息等については考慮しない）。

19-2 同主共同抵当における同時配当

	建物売却代金 2000万円	土地売却代金 3000万円
共同抵当権者 債権額4000万円	割付額 （4000万円の $\frac{2}{5}$） 1600万円の配当	割付額 （4000万円の $\frac{3}{5}$） 2400万円の配当

前述したように、同時配当の場合には各不動産の価額に応じて債権の負担を按分するとされている。負担を按分するとは、被担保債権額を按分して、それぞれの不動産の売却代金からその不動産の負担額をとってこれを共同抵当権者Aに配当することである。したがって、共同抵当権者Aの被担保債権4000万円

◆共同抵当の登記

民法上共同抵当としての扱いを受けることは、抵当権者に有利なわけではないので、抵当権者にとっては、共同抵当の登記をするインセンティブがない。そこで、共同抵当の登記は対抗要件ではないと解されており、後順位抵当権者は、共同抵当であったことを主張してその利益を受けることができる。以上につき、内田・462。

♥根抵当権における共同抵当権の登記

普通抵当権としての共同抵当権においては、共同抵当権である旨の登記がなくても392条が適用され、被担保債権が各不動産に割り付けられることになっていた。これに対して、根抵当権においては、共同抵当権である旨の登記がとくになされた場合に限って、392条・393条が適用され（398条の16）、その登記のないときは、根抵当権者はどちらの不動産についても極度額まで優先権を行使できる（398条の18）とされている（道垣内・253）。

♥配当

不動産競売手続において買受人が執行裁判所に代金を納付すると、執行裁判所は、納付された代金等について、各債権者のために弁済・配当という分配手続を行うことになる（民執188条・87条以下）。

は、建物の売却代金2000万円と土地の売却代金3000万円との割合2対3で、それぞれ建物の売却代金2000万円と土地の売却代金3000万円とから配当を受けることになる。すなわち、その被担保債権4000万円のうちの5分の2である1600万円は建物の売却代金2000万円の中から配当され、その5分の3である2400万円は土地の売却代金3000万円の中から配当される。そして、建物の売却代金の残りの400万円は2番抵当権者Cに配当され、また、土地の売却代金の残りの600万円は2番抵当権者Dに配当されることになる。

● 異時配当

1 意義

共同抵当の目的物になっている数個の不動産のうちのある不動産の代価のみを配当すべきときには、共同抵当権者はその不動産の代価から自己の債権の全部の弁済を受けることができる。この場合、次の順位の抵当権者は392条1項に従い共同抵当権者が他の不動産につき弁済を受けるべき金額を限度として、その抵当権者に代位して抵当権を行うことができる（392条2項）。この代位とは、ある不動産について共同抵当権者の有していた（先順位）抵当権が、その不動産の後順位抵当権者に法律上当然に移転することをいう。このように、共同抵当の目的たる数個の不動産のうちのある一個の売却代金を配当する場合を異時配当という。後順位抵当権者は、先順位の共同抵当権者の有していた抵当権の移転を受け、これにつき抵当権代位の付記登記ができる（393条）。この付記登記は対抗要件であるが、代位権発生前の第三者との関係では、付記登記がなくても当然に対抗できる。法定の代位であること、および付記登記がなくても第三者は代位を予期できるからである（内田・464）。この異時配当の場合、共同抵当権者は、その1つの不動産の売却代金からその被担保債権の全額の配当を受けうるものとされている。

判例理論によると、392条2項は、共同抵当不動産の全部が債務者の所有に属する場合に適用され、または共同抵当不動産の全部が同一の物上保証人の所有に属する場合に適用される（最判平成4年11月6日民集46-8-2625。共同抵当の目的たる各不動産が別々の者に属する異主共同抵当の場合には、392条は適用されない。鈴木・282）（➡詳細は、【2】論点のクローズアップ）。

2 代位

共同抵当となっているある不動産の上の抵当権について異時配当がなされる場合、その次順位抵当権者に限らず、共同抵当権者の後順位抵当権者であれば代位をすることができる（大判大正11年2月13日新聞1969-20、通説）。また、異時配当の場合、後順位の抵当権者に限らず、不動産質権者や不動産上の先取特権者も代位をなしうる。

甲不動産と乙不動産を目的とした共同抵当権（共同抵当権者A）があり、乙不動産にその後順位抵当権者Bがいたとする。乙不動産だけが先に競売されて売却代金が共同抵当権者Aに弁済されたが、Aの被担保債権全額を弁済するには足りなかった（一部弁済）とする。この場合、乙不動産の後順位抵当権者B

▲最判平成4年11月6日
　同判決は、共同抵当の目的たる甲・乙不動産が同一の物上保証人の所有に属する場合において、甲不動産の代価のみを配当するときは、甲不動産の後順位抵当権者は、392条2項後段の規定に基づき、先順位の共同抵当権者に代位して乙不動産に対する抵当権を行使することができるとした。
　共同抵当権の目的不動産が同一物上保証人に属する場合に、共同抵当権者が目的不動産の一部につき抵当権を放棄すると、後順位抵当権者の392条2項後段による代位の利益が害されるおそれがある。最判平成4年11月6日は、その放棄の効力は認めつつ、共同抵当権者は、放棄がなかったならば後順位抵当権者が代位できた限度において、これに優先することができないとの立場を直截に認めた点に意義がある（大塚直「判批」判例百選①［新法対応］194、195）。

▲大判大正11年2月13日
　同判決は、392条2項にいわゆる「次の順位に在る抵当権者」は直近の後順位者のみを指すものではないとした。

は、甲不動産に対して有する共同抵当権者Ａの抵当権を代位行使できるかが問題とされている。ある不動産の代価のみを配当すべき場合、先順位共同抵当権者が債権の全部の弁済を受けたときと一部の弁済を受けたときとを問わず、弁済を受けた額がその不動産の分担額を超過する以上は、その超過部分の範囲内においては他の抵当不動産につき抵当権を消滅させることなく、後順位抵当権者に代位させ抵当権を行わせることができるとするのが判例である（大判大正15年4月8日民集5-575。学説もこれを支持する。柚木＝高木・381。この場合、不登105条2号に基づく代位付記の仮登記により、権利を保全できるだけであることにつき、近江・225）。

[2] 論点のクローズアップ

● 共同抵当権の目的物となっている複数の不動産がすべて同一の物上保証人の所有に属する場合の異時配当における代位

1 問題点

異時配当の場合における後順位抵当権者による代位を規定する392条2項後段は、従来、共同抵当権の目的物たる不動産がすべて債務者の所有に属する場合に適用されると解されてきた。それでは、共同抵当権の目的物たる不動産が、すべて同一の物上保証人の所有に属する場合には、392条2項後段は適用されるだろうか。

2 議論

Ａ：[肯定説] 共同抵当権の目的物たる不動産が、すべて同一の物上保証人の所有に属する場合にも、この392条2項後段（異時配当における後順位抵当権者による代位）の適用を肯定するのが多数説である。最高裁も、肯定説に立つ（最判平成4年11月6日民集46-8-2625）。その理由として、まず、後順位抵当権者は、先順位である共同抵当権者の負担をＡ不動産とＢ不動産の価額に応じて配当すればＡ不動産の担保価値に余剰が生ずることを期待して、抵当権の設定を受けているのが通常であるとする。そして、先順位である共同抵当権者がＡ不動産の代価につき債権の全部の弁済を受けることができるため、後順位抵当権者の期待が害されるときは、債務者が所有する不動産に共同抵当権を設定した場合と同様、392条2項後段に規定する代位により、その期待を保護すべきであるからとしている。

Ｂ：[否定説] これに対し、少数説は、共同抵当権の目的物たるＡ・Ｂ不動産が同一の物上保証人の所有に属する場合にも、それらＡ・Ｂ不動産相互間においては弁済による代位が生ずることを前提とする。そして、物上保証人が代位した自己の不動産上の抵当権は、通常は混同によって消滅するが、後順位抵当権者が存在する場合には、179条ただし書の類推適用により、混同の例外として消滅せず、後順位抵当権者は、物上代位と同様に、物上保証人の法定代位権に物上代位して当該抵当権から優先弁済を受けることができるとする。

◆異主共同抵当
共同抵当の目的たる不動産がそれぞれ債務者の所有と物上保証人の所有というように、所有者が異なる場合には392条2項後段は適用されない。

◆最判平成4年11月6日を支持する評釈
角紀代恵「判批」判タ823-60、高木多喜男「判批」私法判例リマークス1994㊤36、近江幸治「判批」平成4年度重要判例解説47。
なお、この最判平成4年判決は、共同抵当権者がその目的不動産の一部について抵当権を放棄したときに、後順位抵当権者に対しては、残余の不動産につき、割付額の限度でしか優先弁済権を主張できないことを正面から判示した最初の最高裁判決である（大塚直「判批」判例百選①（5版・平13）194）。

◆否定説
古館清吾「共同抵当権の代価の配当」判例先例金融取引法（新訂版・昭63）430。

3 留意点

異時配当における後順位抵当権者による代位を規定した392条2項後段は、法文上に制限はないが、共同抵当権の目的物たる不動産がすべて債務者の所有に属する場合か、または不動産がすべて同一の物上保証人の所有に属する場合に適用されることになる。これに対して、共同抵当権の目的物たる不動産が、債務者の所有と物上保証人の所有に属する場合には、392条の適用だけでは処理しきれない場合を生じる。

●**共同抵当において物上保証人所有の抵当不動産が先に実行されて（または物上保証人が共同抵当権者に弁済して）債務者に対し求償権を取得した場合**

1 問題点

共同抵当権者が、その債務者所有のA不動産と、物上保証人の所有するB不動産の上にそれぞれ1番抵当権を有し、債務者所有のA不動産に第2順位の抵当権者がいたとする。この場合、物上保証人所有のB不動産上の抵当権が先に実行されて（または物上保証人による第三者弁済がなされて）、共同抵当権者の債権が満足されると、物上保証人は債務者に対して求償権を取得し、弁済による代位の規定（500条）により、債務者所有のA不動産上の抵当権（共同抵当権者の有している抵当権）を代位取得する。それでは、その後、債務者所有のA不動産が競売される場合、その物上保証人と、A不動産の第2順位の抵当権者とのどちらが優先するか。

2 議論

A：[物上保証人優先説]　物上保証人の方を優先させる説がある。判例は、共同抵当権者が先に物上保証人所有のB不動産のみについて抵当権を実行したような場合、物上保証人は500条によりその共同抵当権者がA不動産に有した抵当権の全額について代位するものと解する。その理由として、この場合、物上保証人としては、他の共同抵当物件であるA不動産から自己の求償権の満足を得ることを期待していたものというべく、その後にA不動産に第2順位の抵当権が設定されたことによりその期待を失わしめるべきではないからであるとした（最判昭和44年7月3日民集23-8-1297）。学説も、一般にこの判例を支持する（通説、髙木・247）。

B：[同時配当準拠説]　両不動産を同時に競売し、同時配当がなされる場合に準じて考える説がある。債務者所有のA不動産についての共同抵当権者への割付額についてのみ物上保証人は代位しうるにとどまるとする（鈴木禄弥・抵当制度の研究（一粒社・昭43）232以下）。

3 留意点

以上の問題では物上保証人と債務者所有のA不動産上の後順位抵当権者との優劣が争われたが、物上保証人と物上保証人が所有していたB不動産上の後順位抵当権者との優劣も争われている。共同抵当権者が債務者所有のA不動産と物上保証人所有のB不動産に抵当権の設定（それぞれ1番抵当権で共同抵当権）を受けてその旨の登記をし、物上保証人所有のB不動産には後順位抵当権

▲最判昭和44年7月3日
共同抵当権者が、物上保証人所有のB不動産上の1番抵当権を放棄し、物上保証人が債務者に代わって弁済し、共同抵当権者に代位しその債務者所有の不動産について競売した事案である。

者がいた場合に、先にB不動産が競売されたとき、A不動産の競売において物上保証人とその後順位抵当権者のいずれが優先するかが問題となる。この場合、物上保証人所有のB不動産が先に競売されて、その代金から１番抵当権者たる共同抵当権者が弁済を受けたときは、物上保証人は債務者に対して求償権を取得するとともに、弁済による代位の規定（500条）により債務者所有の不動産に１番抵当権を取得することになる。その後、債務者所有のA不動産が競売されて代金が弁済・配当されるとき、物上保証人と、B不動産の後順位抵当権者のどちらが優先するかが問題となった。

　この問題につき、判例は、後順位抵当権者が物上保証人に優先するとする。その理由として、物上保証人所有の不動産が先に競売された場合においては、392条２項後段が後順位抵当権者の保護を図っている趣旨に鑑み、物上保証人に移転した１番抵当権は後順位抵当権者の被担保債権を担保するものとなり、後順位抵当権者は、物上代位をするのと同様に、その順位に従い、物上保証人の取得した１番抵当権から優先して弁済を受けることができるとした（最判昭和53年７月４日民集32-5-785）。最判平成４年11月６日の事案と異なり、物上保証人の法定代位が可能なので、この処理でよいと思われる。

　債務者の所有に属する不動産と物上保証人の所有に属する不動産に共同抵当権が設定され、それぞれの不動産に後順位抵当権者がいた場合には、これら後順位抵当権者間の優劣に関してより複雑な問題を生じる。共同抵当権者が、債務者所有のA不動産と物上保証人所有のB不動産に共同抵当権の設定を受け、それぞれ１番抵当権であり、債務者所有のA不動産には後順位抵当権者Xがおり、物上保証人所有のB不動産には後順位抵当権者Yがいた事案がある。この場合、物上保証人所有のB不動産が先に競売され、その売却代金の交付により１番抵当権者たる共同抵当権者が弁済を受けたときは、物上保証人は債務者に対して求償権を取得するとともに、弁済による代位により債務者所有のA不動産に対する１番抵当権を取得する。そして、物上保証人所有のB不動産の後順位抵当権者Yは、物上保証人に移転したA不動産上の抵当権から、後順位抵当権者Xよりも優先して弁済を受けることになる（最判昭和60年５月23日民集39-4-940）。

◆最判昭和53年の評価
　学説も、一般に、この結論を支持する。例えば、石田喜久夫「判批」判時928-155（昭54）。

◆最判昭和60年５月23日
　この判決は、従来の判例理論からすると当然の結論を導いたにすぎない、と評される（門口正人「判批」曹時38-11-244・251（昭61））。同様に、この判決がそれまでの判例を前提にして、物上保証人所有不動産の後順位抵当権者が債務者所有不動産の後順位抵当権者に優先することを明らかにしたものと指摘されている（内田貴「判批」判例百選①（４版・平8）184以下）。

[3] ケース・スタディ

ケース……1 ❖ 同時配当

　債権者Xは、Yに対して8000万円の債権を有しており、Yはそれを担保するためにY所有のA土地（時価6000万円）とB土地（時価4000万円）の上にそれぞれ１番抵当権を設定し、その旨の登記が経由された。それらの抵当権が実行されてA土地は6000万円、B土地は4000万円でそれぞれ売却され、それらの売却代金が同時配当される場合、Xには、A土地

の売却代金のうちのいくらが配当されるか（費用や利息等は考慮しない）。

　共同抵当とは、同一の債権を担保するために数個の不動産上に設定された抵当権をいう。共同抵当の目的物である数個の不動産の代価を同時配当する場合には、その各不動産の価額に応じてその債権の負担を按分することとされている（民392条1項）。本ケースのA土地およびB土地に設定された抵当権は、Xの有する同一の債権を担保するものであるから共同抵当である。同一の所有者に属する2つの土地の売却代金が同時配当されるのであるから、Xの8000万円の債権に関しては、A土地およびB土地のそれぞれの価額である6000万円と4000万円に応じ、6対4で割付される。したがって、Xの有する8000万円の債権は、A土地の売却代金から4800万円（8000万円の10分の6）、B土地の売却代金から3200万円（8000万円の10分の4）の配当を受けることになる。
　結論として、Xには、A土地の売却代金6000万円からは4800万円が配当されることになる。

> ### ケース……2 ❖ 異時配当と物上保証人・後順位抵当権者の関係
>
> 　債権者AのBに対する債権を担保するため、B所有の不動産と物上保証人C所有の不動産にそれぞれ1番抵当権が設定され（共同抵当の設定）、その登記がなされた。また、C所有の不動産には、債権者XのCに対する債権を担保するために2番抵当権が設定された。物上保証人C所有の不動産が先に競売され、売却代金の弁済によりAのBに対する債権全額が消滅した後に、B所有の不動産が競売されて売却代金が配当される場合、CとXのどちらが優先するか。

　同一の債権の担保として数個の不動産の上に設定された抵当権を共同抵当権という。本ケースの債権者Aは、B所有の不動産とC所有の不動産に共同抵当権を有している共同抵当権者である。共同抵当権者は、どの不動産上の抵当権から実行してもよいし、同時に全部の抵当権を実行してもよいが、Aは、先に物上保証人C所有の不動産の競売をし、その売却代金から自己の債権全額の弁済を受けている。本ケースで問題となっているのは、その後に債務者B所有の不動産が競売されて売却代金が配当される場合、物上保証人Cと、C所有の不動産の後順位抵当権者Xとの関係はどうなるかである。
　結論として、後順位抵当権者Xが、物上保証人Cに優先すると解する。物上保証人Cは自己所有の不動産が競売されたことにより、債務者Bに対して求償権（民372条・351条）を取得するとともに、債務者B所有の不動産に対して共同抵当権者の有する1番抵当権を弁済による代位（民500条・501条）により取得すると解される。そして、物上保証人C所有の不動産が先に競売された場合においては、民法392条2項後段が後順位抵当権者の保護を図っている趣旨に鑑み、

物上保証人Cに移転したB所有不動産上の1番抵当権は、後順位抵当権者Xの被担保債権を担保するものとなり、後順位抵当権者Xは、あたかも、物上保証人Cが代位取得した1番抵当権の上に民法372条・304条1項本文の規定により物上代位をするのと同様に、その順位に従い、物上保証人Cの取得した1番抵当権から優先して弁済を受けることができると考えられるからである（判例同旨）。

[4] まとめ

同一の債権の担保として数個の不動産の上に設定された抵当権を、共同抵当権という。共同抵当権者は、どの不動産上の抵当権から実行してもよいし、同時に全部の抵当権を実行してもよい（自由選択権）。民法は、共同抵当権とその目的たるそれぞれの不動産の上の後順位抵当権との利害の調節を図るために、同時配当における負担の按分（割付主義）と異時配当における代位という巧妙な手段を用意したが、その適用にはすこぶる複雑な問題を生じる（我妻・434）。

同一所有者に属する複数の不動産上の共同抵当権（同主共同抵当）の同時配当の場合には、負担の按分により（392条1項）、そして、同主共同抵当の異時配当の場合には、後順位抵当権者による代位（392条2項）によって処理される（鈴木・280以下）。

これに対し、共同抵当の目的たる各不動産が債務者と物上保証人に属する場合（異主共同抵当）には、392条は適用されない。例えば、A不動産は物上保証人所有、B不動産は債務者所有で、共同抵当権者がそれぞれに1番抵当権を有しているとする。異主共同抵当で同時配当の場合は、債務者所有のB不動産の売却代金がまず共同抵当権者に配当され、債権全額の弁済に不足する場合にのみ、物上保証人所有のA不動産の売却代金から共同抵当権者に配当される（鈴木・282以下）。

◆割付主義

抵当権者が、共同抵当の目的物全部を実行し、同時に代価を配当すべきときは、各不動産の価額に応じて、その債権の負担を按分する。負担を按分するとは、被担保債権額を按分して、それぞれの不動産の競売代価からその不動産の負担額をとってこれを共同抵当権者に交付することである（我妻・439）。

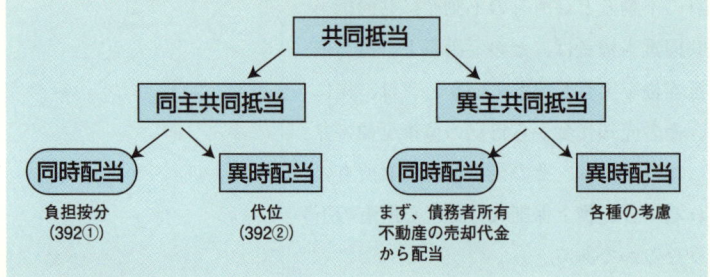

19-3 共同抵当の処理

```
                    共同抵当
                   ／      ＼
            同主共同抵当    異主共同抵当
             ／   ＼         ／    ＼
         同時配当  異時配当  同時配当   異時配当
         負担按分   代位    まず、債務者所有  各種の考慮
         (392①)  (392②)  不動産の売却代金
                          から配当
```

第20講 根抵当

[1] 概説

◉根抵当権の立法化

根抵当権とは、設定行為をもって定めた一定の範囲に属する不特定の債権を極度額の限度において担保するための抵当権をいう（398条の2）。

根抵当（根抵当権）は、それまでわが国の取引界で慣行として行われ、判例・学説で発展してきたものに必要な規整が加えられて、民法典の「第一〇章 抵当権」の中に、「第四節 根抵当」として昭和46年に追加された。

◉根抵当権の設定

根抵当権は、根抵当権者と根抵当権設定者との合意によって設定される。その合意には、被担保債権の範囲、債務者および極度額を定めなければならない。根抵当権設定契約は、諾成契約であり無方式の契約である。

① 根抵当権設定契約の当事者

根抵当権設定契約の当事者は、その合意をして根抵当権を取得する者（根抵当権者）と根抵当権の負担を設定する者（根抵当権設定者）である。

② 根抵当権設定契約で合意すべき内容

(1) 合意すべき事項　根抵当権は、設定行為をもって定めたところにより一定の範囲に属する不特定の債権を極度額の限度において担保するものであるから、根抵当権を設定する合意は、担保される不特定の債権の範囲を限定しなければならない。また、被担保債権の債権者、債務者および極度額もその範囲を決定する基準として合意しておく必要がある。元本を確定する期日（元本確定期日）は、設定行為で定めても定めなくてもよい。

(2) 不特定の債権　根抵当権によって担保される債権は、「不特定の債権」である（398条の2第1項）。「不特定の債権」とは、「一定範囲」に属する債権である限り、そのすべてが被担保債権（極度額を限度として）になるのであり、そのうちのどの債権を担保するといった特定の債権との関係は存しない。したがって、普通抵当権においては、特定の債権のみを担保するから、それが消滅すれば抵当権も消滅するのに対し、根抵当権においては一定範囲に属する債権群に発生・消滅という変化が生じても（たとえ債権が皆無となっても）、そもそも、そのうちの特定の債権を担保するという関係は存しないから、根抵当権には影

◆根抵当権の立法化
　第二次大戦後、包括根抵当権が銀行取引を中心に広く用いられるようになったが、昭和30年の法務省民事局通達が包括根抵当権の有効性を否定し、登記の申請を受け付けなくなって取引界が混乱したことなども理由とされて、昭和46年に民法が改正されて根抵当権が立法化された（道垣内・232）。

♥根抵当権と普通抵当権
　根抵当権は、成立の付従性が否定され、消滅の付従性が否定され、また、元本確定までは随伴性が否定されている点で、普通抵当権と大きく違っている（高橋・241以下）。

◆根抵当権の共有
　最初から、数人の者を根抵当権者として根抵当権が設定された場合や、後発的に、相続・一部譲渡があった場合には、根抵当権の共有（共有根抵当権）が生じる（道垣内・254）。

◆不特定の債権
　根抵当権の特徴を示すために、「不特定」の語を換えて被担保債権の「入替え可能」という語を用いる文献もある。鈴木・287。

響を与えない（柚木=高木・428）。一定範囲に属しているある債権が消滅しても、一定範囲に属する他の債権がその代わりに担保される可能性があるという意味で、担保される債権が不特定ということである。

(3) 被担保債権の範囲　　根抵当権の被担保債権の範囲は、設定契約で設定当事者が定めなければならない。根抵当権の担保すべき不特定の債権の範囲は、債務者との特定の継続的取引契約によって生ずるものその他債務者との一定の種類の取引によって生ずるものに限定して定めなければならない。その特定の継続的取引とは、例えば、当座貸越契約、継続的手形割引などといった、具体的、個別的な継続的取引である。また、一定の種類の取引とは、銀行取引、電気製品取引または鋼材取引などといった、取引界において他から区別する特色のある取引と認められるものであればよい。すなわち、債権発生の原因たる取引の種類によって被担保債権の範囲を限定する。この他に、認められるものとして、「売買取引」「手形貸付取引」「商品供給取引」「保証委託取引」「信用金庫取引」「信用組合取引」などがある。逆に、「商取引」「商社取引」は認められない（柚木=高木・434注4参照）。

この他に、根抵当権の担保すべき不特定の債権の範囲には、特定の原因に基づき債務者との間に継続して生ずる債権、または手形上・小切手上の請求権も包含させることができる。特定の原因に基づき債務者との間に継続して生じる債権とは、例えば、ある工場の工場排水に基づいて生じる損害賠償請求権などである。また、手形上・小切手上の請求権とは、債務者がある者のために振出、裏書ないし保証した手形・小切手が転々流通した結果、根抵当権者が取得することとなった場合の手形・小切手上の請求権（いわゆる回り手形、回り小切手）を指している。このような手形・小切手は、根抵当権者が直接にその債務者から取得したものではないが、根抵当権設定契約で包含させる旨を明示することによって根抵当権の被担保債権の範囲に含めることができる（398条の3第2項）。手形・小切手上の請求権とは、債権者・債務者間で直接に授受された手形・小切手によるものを含まない（道垣内・236）。

なお、以上と異なって、債権者と債務者との間に生ずる一切の債権を担保するという無限定の根抵当権（いわゆる包括根抵当）は認められない。包括根抵当を容認すると、当事者が安易に包括根抵当を利用し、その結果自ずと不必要に多額の極度額を定めてしまい、不合理な経済的支配関係を生ずるおそれがあるため、これを避ける政策的考慮に基づいて包括根抵当は否定された。

(4) 極度額　　根抵当権を設定する際には、設定契約で極度額を定めなければならない。極度額とは、増減変動する不特定の債権を担保する限度額である。極度額は、元本の他に利息および遅延利息も含めた最高限度額を意味する。利息および遅延利息は、抵当目的物の売却代金の配当期日までに発生しているものであって、極度額の範囲内であれば、何年分でも担保される。なお、判例によれば、競売手続において後順位担保権者や一般債権者（差押債権者・配当要求債権者）がおらず、極度額を越えた売却代金があるときでも、根抵当権者の極度額を越えた被担保債権額に充当されるのではなく、根抵当権設定者（目的

♥**当座貸越契約**
当座勘定取引に付随してなされる契約であり、銀行が、当座勘定取引の相手方に対して、一定限度まで当座預金残高を超過して取引先の振り出した手形・小切手の支払いに応ずることを約する契約のこと。

♥**手形割引**
満期未到来の手形を、手形金額から満期までの利息その他の費用を控除した金額を対価として、授受する行為（売買または消費貸借）のこと。

♥**包括根抵当と譲受債権**
民法は包括根抵当を認めず、被担保債権を当事者間の取引より生じた債権に限定する立場をとっているから、譲受債権は被担保債権に入らないのが原則である。しかし、金融界からの強い要請により、回り手形・回り小切手の場合には、例外的に根抵当権の被担保債権とすることができるものとされた（高橋・245）。

♥**手形**
一定の金額の支払いを目的とする一種の有価証券のこと。為替手形と約束手形の2種がある。手形は、その権利の移転・行使に書面を必要とするほか、その成立にも書面を必要とする。

♥**小切手**
振出人が支払人たる銀行にあてて一定金額の支払いを委託する一覧払いの有価証券であって、引受けを禁止されるもののこと。

◆**包括根抵当を禁止した趣旨の逸脱**
大手総合商社などが根抵当権設定を受ける場合には、「売買取引」をはじめ、およそ考えうる限りの、ありとあらゆる種類の取引を掲げるのが通例化していることに対しては、包括根抵当を禁止した趣旨を逸脱するものとして批判されている（荒木新五「根抵当権とその被担保債権との関係」民法の争点(平19)147、148）。

物の所有者）に返還される（最判昭和48年10月4日判時723-42）。

(5) **元本確定期日**　根抵当権の被担保債権の元本確定期日とは、その期日以後に発生した元本債権は担保されないことになる期日である。当事者は、根抵当権の設定契約でこの元本確定期日を定めることができる。ただし、5年以内でなければならない（398条の6）。なお、この元本確定期日を定めておかなくても、法定事由が生じた場合には、元本は確定する（398条の20）。

③根抵当権の公示

根抵当権の設定は登記によって公示される。根抵当権の被担保債権の範囲、極度額および債務者は、必要的記載事項である。根抵当権の設定登記は対抗要件であり、その登記をすれば対抗力を生じる。もっとも、根抵当権の被担保債権の範囲決定基準、元本確定期日の変更、根抵当関係の相続による承継、ならびに、純粋共同根抵当権の成立およびその内容の変更などについての登記は、効力発生要件である（単なる対抗要件ではない）。

●根抵当権による優先弁済の範囲

①元本の確定

根抵当権によって担保される債権の範囲は、増減変動する不特定のものであるが、一定の事由が生ずれば、被担保債権はその時までに存在していた元本債権だけに確定し、その後に発生する元本債権は担保されなくなる（もっとも、極度額の範囲内であれば、配当期日まで発生しつづける利息等は担保される）。これを根抵当権の確定という。

②被担保債権の範囲

根抵当権者は、確定した元本ならびに利息その他の定期金および債務不履行によって生じた損害の賠償の全部について、極度額を限度として抵当権を行使できる（398条の3第1項）。

元本は、確定の効力を生ずる時期に存在したものだけが優先弁済を受けられる。確定の効力を生じた時に存在した元本債権は、その後に任意弁済がなされても、その消滅によって生じた極度額内での空き枠を、新たに生じた元本債権によって埋めることはできない。なお、確定の時に存在する元本とは、現実の債権である必要はなく、将来の債権でも、条件付債権でも、それを生ずる原因たる事実がすでに生じているものであれば足りる。

利息・遅延賠償は、確定の効力を生ずる時に存在するものが極度額の範囲内であれば担保されるのは当然である。そして、確定の効力を生ずる時以後に発生する利息・遅延賠償であっても極度額の範囲内であれば担保される。さらに、元本債権の確定が効力を生じた時に存在していた元本債権が、弁済によって消滅した結果生じた極度額の空き枠の範囲を、利息・遅延賠償の請求権で埋めることができる（我妻・490参照）。

根抵当権の被担保債権額は、極度額を限度とする。その極度額に達するまでは何年分の利息請求権でも担保されるし、また、2年分以下の利息請求権であっても極度額を越えてしまう部分は担保されない（375条の適用はない）。

♠**最判昭和48年10月4日**
同判決は、極度額の定めは**換価権能**の限度としての意味を有するとした。

♥**元本の確定と利息等**
元本が確定しても、375条の適用はなく、元本債権の利息・遅延損害金は極度額まで担保されるので、完全に普通抵当権になったわけではない（道垣内・251）。

3 手形・小切手上の請求権

　回り手形・回り小切手による請求権を、根抵当権の被担保債権の中に包含させる合意をした場合であっても、一定の事実が発生した後は、根抵当権者が取得した回り手形・回り小切手による請求権について根抵当権を行うことはできない。すなわち、債務者が支払停止したとき、または債務者に、破産手続開始、民事再生手続開始、更生手続開始ないし特別清算開始の申立てがあったとき以後に、根抵当権者がその事実について悪意で取得した回り手形・回り小切手上の請求権については、被担保債権とはならない（398条の3第2項）。その理由は、このように債務者の信用状態が悪化した後に（その手形等の経済的・実質的価値が下がったため）、根抵当権者が回り手形・回り小切手を廉価に買い集め、極度額の空き枠を利用して不当な利得をあげ、後順位抵当権者・一般債権者を害することを封じようとするものである。

　また、根抵当の目的物になっている不動産に競売申立てまたは滞納処分による差押えがなされた時以後に、根抵当権者がそれについて悪意で取得した回り手形・回り小切手上の請求権も被担保債権とはならない（398条の3第2項）。その理由は、このように抵当不動産の競売手続等が開始された後に存在する極度額の空き枠に対して、後順位担保権者等が有している期待を、回り手形・回り小切手のように第三者が容易には知ることができない請求権によって奪うことを防止しようとするためである。

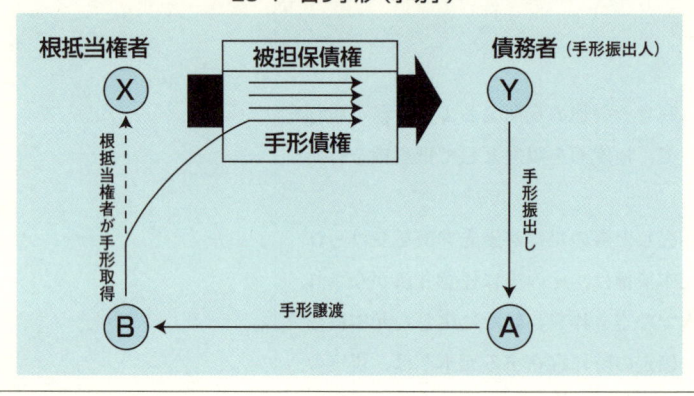

20-1　回り手形（小切手）

● 根抵当権の内容の変更

　根抵当権の被担保債権の範囲は、元本の確定前であれば変更することができる（398条の4第1項）。この被担保債権の変更は、根抵当権者と根抵当権設定者との合意でなされる。物上保証人たる根抵当権設定者と根抵当権者との合意でその被担保債権の範囲が変更される場合でも、債務者の承諾を要しない。また、後順位抵当権者や転根抵当権者等がいる場合でも、その承諾を要しない（398条の4第2項）。この被担保債権の範囲についての変更登記は、元本確定前までにしないと、その変更はなされなかったものとみなされる（398条の4第3項）。変更後における被担保債権の範囲の基準に合致する債権は、変更前に発生していた債権であっても担保される。逆に、変更前の被担保債権の範囲の基準に合致

♥**回り手形**
　根抵当債務者Yが振出した手形がA等を経て根抵当権者Xに帰した場合、Xは、Yに対しいわゆる回り手形上の債権を有することになる。

♥**支払停止**
　弁済能力の欠乏のために即時に弁済すべき債務を一般的かつ継続的に弁済することができない旨を外部に表明する債務者の行為のこと（破15条1項）。

♥**破産**
　ある者の財産状態が破綻して、その総財産をもって総債権者に対する債務を完済することができなくなった状態をいい、また、このような状態の場合に、裁判所が債務者の総財産をもって総債権者に公平な満足を得させることを目的とする手続のこと（破産法参照）。

♥**民事再生手続**
　民事再生手続とは、経済的に窮境にある債権者について、その債権者の多数の同意を得、かつ裁判所の認可を受けた再生計画を定めること等により、当該債務者とその債権者との間の民事上の権利関係を適切に調整し、もって当該債務者の事業または経済生活の再生を図ることを目的とする手続である。

♥**特別清算開始**
　特別清算とは、解散した株式会社の清算の遂行に著しい支障をきたすような事情があるかまたは債務超過の疑いがあるとき、裁判所の命令によって開始される特殊な清算手続をいう（会510条以下参照）。

♥**滞納処分**
　国税徴収法の定める租税債権の強制徴収手続のこと。租税が滞納となった場合に、租税債権の満足を目的としてなされる強制換価手続であって、税務行政庁がみずからの手で執行できる。

♥**転抵当権**
　根抵当権の転抵当とは、根抵当権に担保権を設定すること。

する債権ですでに発生していた債権であっても、変更後の被担保債権の範囲の基準に合致しなくなったものであれば担保されなくなる。

　また、根抵当権の元本確定前であれば、被担保債権の債務者を変更することができる（398条の4第1項）。根抵当権者と根抵当権設定者との合意だけで、債務者を変更できる。根抵当権設定者が債務者でない場合に債務者の変更をするためには、従来の債務者の承諾を要しない。後順位抵当権者等がいる場合でも、その承諾を要せずに債務者の変更をすることができる。債務者の変更も、根抵当権の確定するまでに登記をしなければ効力を生じない（398条の4第3項）。

　さらに、根抵当権者と根抵当権設定者との合意によって、被担保債権の極度額の変更をすることができるが、極度額を拡大するにも縮小するにも利害関係人全員の承諾が必要である（398条の5）。利害関係人とは、極度額の拡大または縮小によって不利益を受ける者である。極度額を拡大する場合の利害関係人としては、後順位抵当権者を最も主要な者とする。極度額を縮小する場合の利害関係人としては、その根抵当権の転抵当権者を最も主要な者とする。極度額の変更も登記をしなければならない（効力発生要件）。

　根抵当権の元本確定期日は、根抵当権の設定契約で定めることもできるし、その後に定めることもできる。また、一度定めた元本確定期日を後に変更することができる。ただし、その期日は、定める場合にも、変更する場合にも、その時から5年以内でなければならない（398条の6第3項）。元本確定期日を根抵当権設定契約後に定めたり、変更ないし廃止する場合には、後順位抵当権者その他の第三者の承諾を必要としない。元本確定期日の設定または変更は、登記しなければならない（効力発生要件）。

●根抵当権の確定

①意義

　根抵当権によって優先弁済を受けうる債権が定まることを、根抵当権の確定（法文上は、元本の確定）という。確定によって、その後に発生する元本は根抵当権によっては担保されないことになる（確定後に発生する利息等は担保されうる）。これは、根抵当権の被担保債権が特定することを意味する。

②根抵当権の確定事由と確定時期

　根抵当権の担保すべき元本が確定するのは、根抵当権者が抵当不動産につき競売もしくは担保不動産収益執行手続または372条において準用する304条の規定による差押えを申し立てたとき（398条の20第1号。ただし競売手続の開始または差押えがあったときに限る。同号ただし書）である。また、根抵当権者が抵当不動産に対し滞納処分による差押えをしたとき（398条の20第2号）、根抵当権者が抵当不動産に対する競売手続の開始もしくは滞納処分による差押えのあったことを知ったときから2週間を経過したとき（398条の20第3号）、または債務者もしくは根抵当権設定者が破産手続開始決定を受けたとき（398条の20第4号）にも元本は確定する。

　なお、平成15年改正前398条の20第1項1号の「取引ノ終了」は、削られた。

♥極度額
　根抵当権によって優先弁済を受けることができる限度額のこと。

♥元本確定期日
　その期日以後に発生した元本債権は根抵当権によっては担保されないことになる期日のこと。

◆元本確定期日の変更
　元本確定期日の変更の登記をする前に、従来の元本確定期日が到来したときは、元本は従来の元本確定期日に確定する（398条の6第4項）。

♥根抵当権の基本的性格の変質
　元本が確定すると、被担保債権が特定されることになる。

平成15年改正前398条の20第1項1号では、「取引ノ終了」が確定事由とされていたが、取引が終了したか否かが明確でなく、この元本確定事由については、外形的、客観的に明確に判断できないという批判がなされていた（何が取引の終了なのかが不明確で曖昧であり、特に取引を中断した後にしばらくして取引再開する場合や、取引の終了に該当するか否かに常に注意を要することなど実務上も問題となることが多かった。三上徹「妨害排除、短期賃貸借、滌除等」金法1618-9、20（平13））。このため、平成15年改正では、無用の紛争をなくすために、根抵当権者による通知によって元本を確定することを認めることにした。

(1) **確定期日の到来**　根抵当権について確定すべき期日を定めた場合には、その期日の到来した時に確定する。

(2) **確定請求**　確定請求には、根抵当権設定者からするものと根抵当権者からするものの2つがある。

確定期日の定めのないとき、根抵当権設定者は、根抵当権設定のときより3年を経過したときは、担保すべき元本の確定を請求することができる。この場合においては、担保すべき元本はその請求のときより2週間を経過したことによって確定する（398条の19第1項第3項）。確定期日の定めのないときは、根抵当権設定者が長期間にわたって根抵当権による拘束を受ける不利益を生ずるので、この不利益を回避するために根抵当権設定者から一方的な意思表示をすることによって元本を確定することが認められている。

また、確定期日の定めのないときは、根抵当権者は、いつでも担保すべき元本の確定を請求することができ、この場合においては、担保すべき元本はその請求のときにおいて確定する（398条の19第2項第3項）。

398条の19第1項では、根抵当権設定者からの元本確定請求は規定されていたが、平成15年改正では、これに加え、根抵当権者からの元本確定請求を認めた。根抵当権に元本の確定期日の定めのないときは、根抵当権者は、いつでも担保すべき元本の確定を請求することができ、この場合においては、担保すべき元本はその請求の時において確定する（398条の19第2項第3項）。

根抵当権の元本の確定前に根抵当権者から債権を取得した者は、その債権につき根抵当権を行うことができない（398条の7第1項）。したがって、債権の流動化や子会社等の整理、清算の場合などで、事業者向け融資債権を譲渡する必要があるときに、根抵当権を含めて譲受人に移転させるためには、担保すべき元本の確定をさせてから行う必要がある。従来、金融実務では、根抵当権設定者へ取引の終了通知の送付を行うとともに、根抵当権の確定登記を行うことになっていた。しかし、この登記が根抵当権設定者との共同申請となっていたから、その協力を得る必要があったため、短期間でスムーズに行うことが非常に難しく、とりわけ多数の債権譲渡は困難であった（吉元利行「ノンバンク実務における対応」金法1682-131、134（平15））。

根抵当権で担保されている債権を根抵当権つきで債権譲渡しようとする場合、元本が確定していないと根抵当権は随伴しないから、このような場合には、元本の確定が根抵当権者にとって必要である。このため、平成15年改正により、根

◆**抵当不動産所有者が債務者である場合の確定請求**
確定期日の合意がない場合、根抵当権設定後3年を経過すると、抵当不動産所有者は元本の確定請求ができるとされているが、抵当不動産所有者が債務者である場合には、この元本確定請求ができないとする説がある。債務者は、被担保債権全額を支払うべき義務を有しているのであり、根抵当権による長期間の拘束が酷とはいえないことをその理由としている（道垣内・248）。

◆**根抵当権者からの確定請求については猶予期間なし**
根抵当権設定者からの元本確定請求については、元本の確定までに2週間の猶予期間が設けられているが、これは元本の確定により不利益を受ける根抵当権設定者にとって元本の確定が不意打ちとなることを避けるためである。これに対し、根抵当権者からの確定請求については、即時に確定させることとしても、確定によって不利益を受ける根抵当権者にとって不意打ちとなる懸念が生じないから、猶予期間は設けられていない（谷口園恵ほか「担保物権及び民事執行制度の改善のための民法等の一部を改正する法律の解説(3)」NBL771-52、59以下（平15））。

◆**不動産競売の申立てによる元本確定の方法**
根抵当権によって担保されている債権を譲渡等するために、窮余の策として、根抵当権の実行としての不動産競売の申立てをした後にその申立てを取り下げるという方法もとられていた。申立てにより競売手続が開始すれば、平成15年改正前398条の20第1項2号に基づき元本確定の効果が生じ、それは差押えの登記により登記簿上明らかとなるからである。しかし、根抵当権の確定のために、根抵当権者にこのような手続的・経済的な負担をかけさせることについての妥当性を疑問視する考え方が強かった（秦光昭「根抵当権確定に関する問題点」銀行法務21 No.624-55、56（平15））。

抵当権者からの意思表示による確定請求が認められた（第156回国会衆議院法務委員会議録25号（平15・6・13）4頁4段目［房村精一政府参考人発言］参照）。根抵当権は、その元本確定前は抵当権の付従性の一種である随伴性が否定されているので、根抵当権と債権を同時に譲渡しようとする場合には元本を確定する必要が生じる。平成15年改正は、根抵当権の元本の確定を根抵当権者の意思によって行うことを認めることによって、根抵当権者が根抵当権で担保されている債権を根抵当権つきで譲渡することにより実質的な債権回収を図りたいとする社会的需要に応えようとしたものである（第156回国会衆議院法務委員会議録25号（平成15・6・13）24頁3段目［房村発言］参照）。根抵当権者の意思表示によって元本を確定させることを認めても、その意思表示は、根抵当権者においてその後に生ずる債権が根抵当権によって担保される利益を放棄することを意味するから、債務者および根抵当権設定者に不利益を与えるという問題はないと考えられた（谷口園恵ほか「担保物権及び民事執行制度の改善のための民法等の一部を改正する法律の解説(3)」NBL771-52、59（平15））。

　根抵当権者の請求による元本確定は、根抵当権者の方からそれ以後の債権は担保を不要とする意思表示をするものであるから設定者に不利益を与えるものではない。そこで、根抵当権者からの一方的意思表示で元本が確定するものとしている。このような事由で通知の事実が明確になれば登記もその事実に基づいてできるということから、根抵当権の確定登記は、根抵当権者のみによる単独申請（不登119条の9）が可能とされている（第156回国会衆議院法務委員会議録25号（平15・6・13）4頁3段目、25頁1段目［房村発言］参照）。元本が確定したことの登記は、権利を第三者に対抗するためのものではなく、根抵当権の元本が確定したという事実を公示するものにすぎない。しかも、この事由により元本が確定したことは、添付資料により客観的に明確にすることが可能であり、それによって、登記内容の真正を客観的に担保することができるから、共同申請でなく単独申請することができる（谷口ほか・前掲論文59）。

　根抵当権者による根抵当権の元本確定請求の制度（398条の19第2項）が新設され、また、根抵当権確定の登記が根抵当権者のみによる単独申請で可能となった（不登93条）ので、債権譲渡の場合などの予定日に、一斉に債権譲渡と短期間での根抵当権の移転登記ができるようになった。これにより、事業者向けの貸付債権の流動化やサービサーへの債権売却がスムーズに行われ、また関係会社の清算なども短期に終了されるものと期待されている（吉元・前掲論文134）。

　(3)　**抵当不動産の競売・収益執行・差押え**　根抵当権者が、抵当不動産につき競売、担保不動産収益執行または**物上代位による差押え**の申立てをしたときは、元本は確定する。ただし、競売手続が現実に開始され、または差押えがなされなければならない（398条の20第1項1号）。根抵当権者自身が競売申立てをしたときとは、その根抵当権に基づく場合に限られない。競売手続開始決定または差押えがあれば、その効力が消滅しても確定の効力は残る（我妻・539）。

　(4)　**抵当不動産に対する滞納処分、競売開始・差押えを知った時または破産手続開始決定**　根抵当権者が抵当不動産に対し、滞納処分による差押えをし

♥**抵当権付債権として譲渡**
　根抵当権者の確定請求があった場合には、被担保債権の元本が確定する。被担保債権の元本が確定する前は被担保債権の譲渡があっても根抵当権は譲受人に移転しないが、抵当権付債権として譲渡することを望む場合があるためである（道垣内・248）。

◆**確定請求の相手方**
　根抵当権者からの確定請求の相手方は、根抵当権設定者（第三取得者がいる場合には第三取得者）である（道垣内弘人ほか・新しい担保・執行制度（補訂版・有斐閣・平16）93）。相手方が行方不明の場合には、公示による意思表示（97条の2）が必要である（道垣内ほか・前掲書93［古賀政治］）。

♥**物上代位による差押**
　民執法193条1項に基づき、担保権の存在を証する文書が提出されたときに限り開始される。

たときに、被担保債権の元本は確定する（398条の20第1項2号）。

また、根抵当権者が抵当不動産に対する競売手続の開始または滞納処分による差押えのあったことを知ったときから2週間を経過したときや（398条の20第1項3号）、債務者または根抵当権設定者が破産手続開始決定を受けたときも元本は確定する（398条の20第1項4号）。もっとも、これらの場合、競売手続の開始もしくは差押えまたは破産手続開始決定の効力が消滅したときは、元本は確定しなかったものとみなされる（398条の20第2項本文）。ただし、元本が確定したものとしてその根抵当権またはこれを目的とする権利を取得した者があるときはこの限りでない（398条の20第2項ただし書）。

(5) 相続　根抵当権者または債務者に相続が開始した場合、相続開始後6カ月内に、相続人の債権または債務を担保する旨の合意が登記されないと、相続開始の時に根抵当権は確定したものとみなされる（398条の8第4項）。

(6) 合併　根抵当権者または債務者に合併があったときに、根抵当権設定者（債務者自身が根抵当権設定者である場合を除く）が確定請求をすると、合併したときに根抵当権が確定したものとみなされる（398条の9第3項第4項）。

3 根抵当権の確定の効果

根抵当権によって担保される債権は不特定であるが、根抵当権が確定すると、根抵当権によって担保される債権は特定する。すなわち、担保される元本債権は、その時に存在したものに限られる。その後に取得した元本債権は担保されない。ただ、確定の時にまだ残っていた極度額の空き枠、およびその後に元本または利息の任意弁済によって生ずる空き枠は、確定後に生ずる利息請求権によって極度額まで充填することができる。

●元本確定後の極度額減額請求権と根抵当権消滅請求権

1 確定後の極度額減額請求権

元本の確定が生じても、根抵当権がすぐに実行され、消滅するとは限らない。抵当不動産所有者その他の利害関係人としては、さらに長期にわたって根抵当権の拘束を受け続けるのは負担となりうる。そこで、この拘束から解放されるための制度として、極度額減額請求権・根抵当権消滅請求権の2つが認められた（道垣内・251）。

根抵当権の確定時に、その被担保債権の合計額が極度額を下回って空き枠を生じている場合、根抵当権設定者は、その請求をする時に存在する被担保債権（すでに生じている利息・遅延利息も含む）とその請求の時から2年間に生ずる利息・遅延利息を加えた額にまで、減額すべきことを根抵当権者に対して請求することができる（398条の21第1項）。この根抵当権設定者による確定後の極度額減額請求権は、形成権であって、その一方的意思表示によって効果を生じる。その減額の意思表示が根抵当権者に到達したときに効果が生ずる。そして、その効果が生ずると、従来の極度額は、効果発生時の債権総額に、その時から2年間に発生すべき利息・遅延利息を加えた額にまで減額されることになる。極度額の減額の効果は、第三者に対しても及ぼし、その登記なしにすべての者に

♥**破産手続開始決定**
破産手続開始のための要件が満たされていると裁判所が判断すれば、破産手続開始決定がなされる（破15条以下）。

♥**合併**
2つ以上の会社が契約によって1つの会社に合同することを合併という。根抵当権者たる法人を吸収合併した法人または、新設合併により設立された法人に、根抵当権が移転する。

◆**根抵当権の債権者の合併と相続**
根抵当権の債権者が合併によって変更する場合は、相続の場合と異なって、根抵当関係の継続が原則となっており、消滅させる側が異議を唱えるシステムになっている。これは、相続の場合よりも、合併のほうが取引関係の継続される例が多いことを理由とする（道垣内・242）。

◆**確定の効果**
根抵当権の元本が確定すると、被担保債権の範囲・債務者の変更はできなくなる。また、被担保債権の譲渡・代位弁済・債務引受・更改・相続・合併については、普通抵当権と同じ処理になる（道垣内・251）。

♥**請求権者**
極度額減額請求権を行使できる抵当権設定者とは、抵当不動産所有者の意味であり、第三取得者も含まれる（道垣内・252）。

♥**形成権**
権利者の一方的意思表示によって法律関係の変動を生じさせることができる権利のこと。

対して主張できる（我妻・547）。

2 確定後の根抵当権消滅請求権

根抵当権の確定後、現存する債務の額が極度額を越えている場合、物上保証人や抵当不動産の第三取得者は、極度額相当額を払渡しまたは供託して根抵当権の消滅を請求することができる（398条の22第1項）。この根抵当権消滅請求権を行使できるのは、物上保証人（他人の債務を担保するためにその根抵当権を設定した者）と、抵当不動産につき所有権、地上権、永小作権ないし対抗要件を具備する賃借権を取得した第三者である。これに対し、根抵当権の被担保債権の債務者、保証人またはその承継人は、根抵当権消滅請求権を行使することはできない（根抵当権を消滅させるためには、現存する全債務を弁済する必要がある）。

♥保証人
　主たる債務者がその債務を履行しない場合に履行の責に任ずることによって、主たる債務を担保する者である。

[2] 論点のクローズアップ

●極度額を越えた被担保債権を有する根抵当権者が優先弁済を受けられる範囲

1 問題点

根抵当権の設定されている抵当不動産が競売されたが、その売却代金額がその極度額を越えているため余剰を生じ、しかもその抵当不動産には後順位担保権者等の第三者が存在しないという場合、根抵当権者は、その極度額を越えている自己の被担保債権の残存元本、利息・損害金についてその余剰から交付を受けることができるか否かが問題となる。

2 議論

　A：[肯定説]　債務者である根抵当権設定者は、元本確定後といえども全債務を弁済しなければ根抵当権を消滅させることができないから、これとパラレルな解釈をすれば、根抵当権によって担保される債権の範囲が極度額を越える場合における競売についても、根抵当権者は全債権について配当を受けることができるとする少数説がある（柚木=高木・436、高木・262注［抵当不動産の所有者が物上保証人・第三取得者の場合は、根抵当権者には極度額のみの配当］、近江・239［確定によって普通抵当権に転化したとすると、375条の解釈と異別に扱うべき理由はない］）。また、根抵当権者が優先弁済を受ける限度額に対する第三者の予測可能性を確保しようとした極度額の趣旨に鑑みると、根抵当権の実行手続において、他に配当を受けるべき債権者が存しないときは、根抵当権者は極度額を越えて配当を受けることができるはずである（道垣内・235）と主張されている。

　B：[否定説]　判例は、根抵当権の極度額を越える被担保債権額の部分については優先弁済権を主張することができないものであるとともに、根抵当権についての極度額の定めは、単に後順位担保権者など第三者に対するその優先弁済権の制約たるにとどまらず、さらに進んで、根抵当権者が根抵当権の目的物件について有する換価権能の限度としての意味を有するとし、極度額を越える部分についての根抵当権者に対する配当を否定している（最判昭和48年10月4日

◆被担保債権が極度額を超える場合

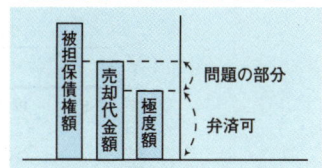

判時723-42［根抵当立法化以前の事案］。判例に賛成するのは、川井・423）。学説の大勢も、判例と同様に否定説であり、競売実務も否定説に基づいて行われている（野村重信「判批」担保法の判例①226以下）。

● 被担保債権を「信用金庫取引による債権」として設定された根抵当権と保証債権

1 問題点

根抵当権者（信用金庫）の債務者に対する被担保債権の範囲が「信用金庫取引による債権」として設定された場合、その信用金庫が第三者を主債務者として根抵当債務者を保証人としている保証債権もその被担保債権の範囲内に含まれるか否かが問題となる。例えば、信用金庫Ｙが根抵当権者かつ債権者であり、Ｘがその根抵当権設定者かつ債務者であって、被担保債権の範囲が「信用金庫取引による債権」とする根抵当権設定契約が締結されていたとする。これとは別に、Ｚ（主債務者）の信用金庫Ｙに対する債務を、Ｘ（保証人）が保証している場合、信用金庫ＹのＸに対する保証債権は、Ｙの有する根抵当権の被担保債権の範囲に含まれるか否かが問題となる。

♥信用金庫
　国民大衆の共同組織による、主として中小企業のための金融機関をいい、信用金庫法により規定される。

20-2　信用金庫取引による債権を被担保債権とする根抵当権は保証債権も担保するか

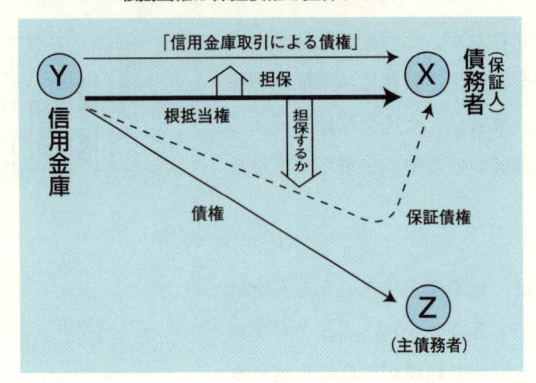

2 議論

Ａ：［肯定説］　最高裁は、被担保債権の範囲が「信用金庫取引による債権」として設定された根抵当権の被担保債権に、信用金庫の根抵当債務者に対する保証債権も含まれるとした（最判平成5年1月19日民集47-1-41）。この最高裁判決以前は、下級審の裁判例は相半ばしており、学説は肯定説が多数であった（石井眞司「判批」担保法の判例①213以下）。また、昭和46年に根抵当立法がなされた当時、立法担当者の解説はすでに「銀行取引による債権」の中には「保証債権」も含まれるとし、登記実務も肯定説により運用されている（生熊長幸「判批」平成5年度重判解説78以下）。

Ｂ：［否定説］　最判平成5年に反対し、398条の2第2項が包括根抵当を許さないとする趣旨に鑑みると疑問であると批判する（荒木新五「判批」判タ817-51以下（平5））。また、保証債権を含むとする肯定説に対しては、銀行取引は与信取引を意味するが、保証は原則として与信取引ではないから銀行取引には含まれないとの指摘もある。なお、問題状況は、信用金庫取引以外の、銀行取引、相

♥与信取引
　一般的には、当事者の一方が相手方に対して貸付けその他の与信行為をすることを約する契約のこと。信用開始契約ともいう。

互銀行取引、信用組合取引等において何ら異なるところはない（荒木・前掲「判批」52）。

A説（肯定説）からは、保証債権は債権者と債務者との「直接の取引」（398条の2第2項）であるし、また、肯定説をとっても包括根抵当として398条の2第2項の趣旨に反するものではないと反論されている（伊藤進「判批」判時1470-183・186以下（平5））。

3 留意点

判例によると、「信用金庫取引による債権」あるいは「銀行取引による債権」と定めた場合には、根抵当権設定当事者の意思や諸事情は問題ではないから、「保証債権」は例外なくこれに含まれることになる（伊藤・前掲「判批」187）。

●極度額変更の登記

1 問題点

極度額の変更は、根抵当権者および根抵当権設定者間の合意ですることができる（債務者は除外されている）が、それには利害関係人の承諾を要する（398条の5）。利害関係人全員の承諾がなければ、極度額の変更は効力を生じない。この極度額変更の登記が、効力発生要件であるか、それとも対抗要件であるか対立がある。

2 議論

A：[効力発生要件説] 極度額変更の登記は、効力発生要件であるとする説がある（通説）。極度額変更についての利害関係人の承諾が得られても、元本確定までに、極度額変更の登記がなされない場合には、従来から登記されていた極度額を基準として根抵当権の効力が定められる。したがって、利害関係人とは、極度額変更の登記をする時の利害関係人である。極度額変更の登記がなされないまま元本が確定した場合には、その確定前に承諾を得られていた利害関係人に対しても特別の効果を認めるべきではないとされる。

B：[対抗要件説] 極度額変更の登記は対抗要件であると解することも可能であるとする説がある（柚木＝高木・443以下）。極度額変更の登記を対抗要件と解すると、配当時に存在するすべての利害関係人の承諾を得ているときは、極度額変更の登記がなされていなくても、変更後の極度額で配当を受けることができることになり、また、利害関係人がないときも変更後の極度額で配当を受けることができることになる。そして、被担保債権の範囲の変更や債務者の変更については、その変更の登記が効力発生要件であるとする旨の明文の規定（398条の4）があるが、極度額の変更の登記についてはそのような明文の規定はないから、民法の一般原則どおり、対抗要件と解することが可能であるとしている（柚木＝高木・444）。

●被担保債権の差押え・質入れの根抵当権に及ぼす効果

1 問題点

根抵当権の元本確定前に根抵当権者より債権を取得した者、すなわち、債権

◆利害関係人
　我妻・498以下。
　もっとも、極度額の変更は元本確定後でもできるから、元本確定前の極度額変更登記が要求されるわけではないとする説もある（道垣内・246）。

♥被担保債権の範囲の変更
　例えば、根抵当権設定契約で定めてあったA取引をB取引に変更し、あるいは、A取引にB取引を追加するとか、さらには、A取引・B取引をA取引だけに減らすこともできる。これは、根抵当権設定当事者間の合意によって行う。根抵当債務者は、その当事者ではない。また、後順位担保権者等の承諾を要しない。

♥債務者の変更
　例えば、債務者甲を乙に変更し、あるいは、甲に乙を追加し、さらには、甲・乙から甲を除外することもできる。

譲渡があった場合の債権の譲受人は、その債権につき根抵当権を行使することはできない（398条の7第1項。根抵当権の随伴性の否定）。根抵当権を行使することができないとは、その債権に基づいて抵当不動産を競売することも優先弁済を受けることもできない趣旨である（我妻・501）。

20-3　根抵当権の被担保債権の差押

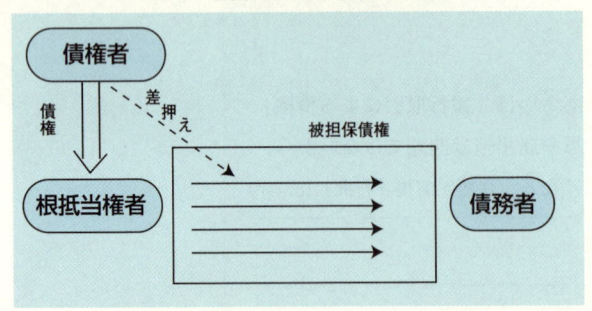

［図：債権者から根抵当権者への「債権」、債権者から被担保債権への「差押え」、根抵当権者から債務者への被担保債権］

これに伴い、元本確定前の根抵当権の被担保債権の範囲に含まれる個々の債権に対して、差押えまたは質入れがあった場合（根抵当権者の債権者が差し押さえた場合または根抵当権者がその被担保債権を質入れした場合）、その効力は根抵当権に及ぶか（差押債権者・質権者は、根抵当権を実行できるか）否かが問題となる。

◆登記実務は、近時、差押えまたは質入れの登記申請を受理している（宮川不可止「根抵当権と実務上の諸問題」担保法理161以下）。

2 議論

A：根抵当の被担保債権の差押え

a：［肯定説］　差押えは、執行債権者のためにする執行機関の一方的処分であり、その効力の内容は目的物の有する担保価値をできるだけ完全に確保しうるように定められるべきであるが、根抵当権だけの差押えをすることは困難であるから、根抵当権の元本確定前の被担保債権に対する差押えの効力は根抵当権に及ぶと解するのが、民事執行法施行後の通説であり（竹下守夫・担保権と民事執行・倒産手続（有斐閣・平2）120）、その差押えの方法は民執法150条による。また、登記実務も、確定前の根抵当権の被担保債権の一部について第三者による差押えの登記の嘱託があった場合、受理して差し支えないとした（昭和55年12月24日民3-7176号民事局長通達（民事月報36-6-142（昭56））。

b：［否定説］　根抵当権は極度額支配であって、確定前の債権に対する随伴性の否定（398条の7）からするならば、差押えの効力は根抵当権には及ばないとする否定説がある（近江・242以下、高木・271）。また、差押えの効力が根抵当権に及んで根抵当権が実行されれば売却代金から根抵当権者として当該債権に対応する部分について配当を受けうると解すると、根抵当権の被担保債権の変更、極度額の変更および確定期日の変更に関して、被担保債権の差押債権者・質権者の承諾を必要とすることになってしまうが、このような事態は民法の予定するところではないとして、差押えの効力は根抵当権に及ばないとする否定説もある（道垣内・238以下）。

B：根抵当の被担保債権の質入れ

a：［肯定説］　確定前の根抵当権の被担保債権の一部が質入れされて、その

◆否定説
元本確定前の債権に対する随伴性を否定した民法に照らして、差押え・質入れの効力は根抵当権に及ばない（高木・271、近江・242以下）。
差押え・質権設定の効力は、根抵当権には及ばない。及ぶと解すると、被担保債権の変更・極度額の変更、確定期日の変更において、すべて被担保債権の差押債権者・質権者の承諾を必要とすることになるが、そのようなことは民法の予定するところでない（道垣内・239以下）。

◆鈴木・291以下は、質権設定があっても確定前ではその質権は根抵当権自体を拘束するものではないが、被担保債権の差押えは根抵当権自体も拘束するから、差押債権者の場合にはその後に根抵当権が確定すれば根抵当権の実行ができるとする。

登記の申請があった場合、登記実務は、質入れの登記を受理して差し支えないとした（昭和55年12月24日民3-7176号民事局長通達（民事月報36-6-142（昭56）））。

　b：[否定説]　根抵当権は極度額支配であって、確定前の債権に対する随伴性の否定（398条の7）からするならば、質入れの効力は根抵当権には及ばないとする否定説もある（近江・242以下、高木・271）。また、質入れの効力が根抵当権に及んで根抵当権が実行されれば売却代金から根抵当権者として当該債権に対応する部分について配当を受けうると解すると、根抵当権の被担保債権の変更、極度額の変更および確定期日の変更に関して、被担保債権の質権者の承諾を必要とすることになってしまうが、このような事態は民法の予定するところではないとして、質入れの効力は根抵当権に及ばないとする否定説もある（道垣内・238以下）。さらに、被担保債権と根抵当権とは、398条の7第1項により別個独立の処分対象とされており、また、質入債権を根抵当権によって担保する方法としては、根抵当権の一部譲渡（398条の13）や転抵当によって同じ経済的目的を達することができるとして、質入れの効力は根抵当権には及ばないとする否定説もある（竹下・前掲書132）。

[3] ケース・スタディ

> **ケース……1　余剰と極度額を超えた弁済**
>
> 　根抵当権の設定されている債務者所有の抵当不動産について競売がなされ、根抵当権の元本が確定して担保される債権の額が、極度額を超えているとする。この場合に、根抵当権者は、不動産に後順位担保権者や配当要求債権者などの第三者が存在せず、売却代金に余剰が生じているとき、極度額を超えて弁済金交付を受けることができるか。

　本ケースのように抵当不動産の売却代金に余剰を生じている場合において、根抵当権者の極度額を越えての弁済金交付を肯定する説がある。債務者である根抵当権設定者は、元本確定後といえども全債務を弁済しなければ根抵当権を消滅させることができないから、これとパラレルに解釈すれば、根抵当権によって担保される債権の範囲が極度額を超える場合における競売についても、根抵当権者は全債務について弁済金交付を受けられるとする。また、根抵当権者が優先弁済を受ける限度額に対する第三者の予測可能性を確保しようとした極度額の趣旨に鑑みると、根抵当権の実行手続において、他に配当を受けるべき債権者が存しないときは、根抵当権者は極度額を超えての弁済金交付を受けることができるとされる。

　しかし、根抵当権者は利息または損害金と元本とを合算した総額が極度額を超えない限り、被担保債権の全部について優先弁済を受けることができるにすぎないと考えられる。根抵当権者は、極度額を超える部分については優先弁済

第20講　根抵当

を主張することができないものであるとともに、根抵当権についての極度額の定めは、単に後順位担保権者など第三者に対する優先弁済権の制約たるにとどまらず、さらに進んで、根抵当権者が根抵当権の目的物件について有する換価権能の限度としての意味を有するものである。その結果、根抵当権者は、後順位担保権者など配当を受けることのできる第三者がなく、売却代金に余剰が生じた場合でも、極度額を超える部分について、当該競売手続においてはその交付を受けることはできないものと解される（判例同旨）。

★ケース１は、前掲最判昭和48年10月４日をもとにした。

ケース………2 ❖ 極度額を超えるか不明なときの根抵当権消滅請求権

物上保証人Ｘは、債権者Ｙの債務者Ａに対する債権を担保するため自己所有の不動産に根抵当権を設定した。現存債務額についてＹとＡとの間に争いがあって、現存債務額が極度額を超えるか否かが不明の場合に、Ｘは、極度額に相当する金額を払渡しまたは供託して根抵当権の消滅を請求する（民398条の22）ことができるか。

本ケースでは、根抵当権消滅請求権の要件としての「債務の額が根抵当権の極度額を超えるとき」（民398条の22）に、債務の額が当事者間で明らかではないときも含まれるか否かが問題となる。

民法398条の22が根抵当権の消滅請求権を認めた趣旨は、根抵当権の被担保債権が極度額以上にあった場合にその被担保債権全額を支払わないと根抵当権を消滅できないとするのは、物上保証人等に過度の負担を強いることになるので、その場合は極度額相当額を払い渡すことによってその負担を免れることを目的としたためである。したがって、債権者と債務者間でその債務が極度額以上に存するか争いのある場合にも、債務が極度額を超えるときに該当するとして、消滅請求できると解することができる。

以上のように考えるので、結論として、Ｘは、現存債務額が極度額を超えるか否かが不明の場合でも、極度額に相当する金額をＹに払渡しまたは供託して根抵当権の消滅を請求することができる。

★ケース２は、東京地判平成２年12月25日判時1387-75をもとにした。

[4] まとめ

根抵当権とは、設定行為をもって定めた一定の範囲に属する不特定の債権を極度額の限度において担保するための抵当権である。根抵当権設定契約では、被担保債権の範囲、債務者および極度額を定めなければならない。根抵当権の被担保債権を「信用金庫取引」として設定された根抵当権者が、その被担保債権の債務者を保証人として取得した保証債権もその根抵当権の被担保債権の範囲に属するか否かについては議論がある。また、元本確定前の根抵当権の被担保債権の範囲に含まれる個々の債権に対して差押えまたは質入れがあった場合、その効力が根抵当権に及ぶかが問題とされている。さらに、根抵当権の設定さ

♥根抵当権の利用
金融実務において、根抵当権が原則として用いられ、普通抵当権が用いられるのは、住宅ローンなどの限られた場面でしかないといわれる（道垣内・233）。

れた不動産の売却価額が、その根抵当権の極度額を超えており、他に債権者がいない場合に、極度額を超えた額の被担保債権を有する根抵当権者が、その売却代金から極度額を超えた弁済金の交付を受けることができるか否かも問題とされている。

　根抵当権によって担保される債権の範囲は、増減変動する不特定のものであるが、一定の事由が生じれば、被担保債権はその時までに存在していた元本だけに確定する（極度額の範囲内であれば、配当期日まで発生しつづける利息等も担保される）。根抵当権の被担保債権の範囲は、元本の確定前であれば変更することができ、また、債務者、元本確定期日も変更することもできる。さらに、極度額も変更できるが、極度額変更登記がその効力発生要件であるか否かが争われている。

　わが国の実社会においては、登記をしない根抵当権の設定（未登記根抵当権）が比較的多いと指摘されている。登記をするために必要な書類、すなわち、根抵当権設定契約証書、登記済証、代理権限証書（委任状など）や印鑑証明書などをそろえて債権者の手元に保存し、債務者が債務を弁済すれば、それらの書類を返還し、もし、債務者が債務を弁済しないときは、それらの書類に基づいて登記をして、目的物件を競売するという方法が存在している。このような方法を、「書類預り」という（小川勝久「根抵当権の登記をめぐる諸問題」ジュリ1062-113以下（平7））。

第21講 仮登記担保の設定と効力

[1] 概説

◉仮登記担保の出現と仮登記担保法

1 仮登記担保の意義

　金銭債務を担保するため、その不履行があるときは債権者に債務者または第三者に属する所有権その他の権利の移転等（通常は不動産所有権の移転）をすることを目的としてなされた代物弁済の予約、停止条件付代物弁済契約その他の契約で、その契約による権利について仮登記または仮登録のできるものを仮登記担保契約という（仮登記担保契約に関する法律1条。同法律を以下、「仮登記担保法」または「本法」という）。このような仮登記担保契約から生じる債権者の権利を仮登記担保権という。仮登記担保契約をすると、仮登記担保権者は、債務者に債務不履行があった場合、担保の目的となっている権利を取得し（または目的物の売却代金から優先弁済を受け）、これによって自己の債権を回収することができる。

21-1　仮登記担保権の権利行使方法

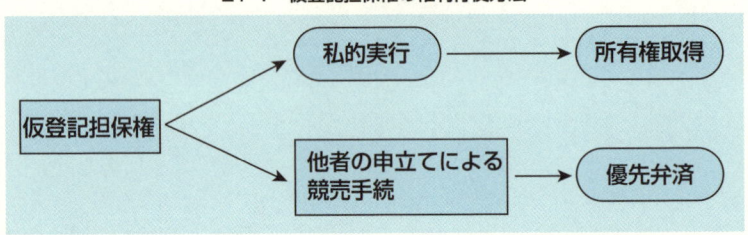

```
                 ┌─ 私的実行 ──────────→ 所有権取得
仮登記担保権 ────┤
                 └─ 他者の申立てによる ─→ 優先弁済
                    競売手続
```

　仮登記担保権は、2つの内容を有し、これによって、その担保目的を実現する。1つは、債務者の債務不履行によって、仮登記担保権者が目的物の所有権を取得する権能（所有権取得権能）である（契約内容によっては、所有権以外の権利も取得するが、典型的には、不動産所有権を取得する）。もう1つは、仮登記担保権者が、民事執行手続（強制執行手続または担保権実行手続）において、被担保債権につき優先弁済を受ける権能である（目的物の売却代金から優先弁済を受ける）。

　仮登記担保権の法的性質については、実際上の問題の解決にほとんど無意味との指摘（高木・306）もあるが、流抵当とする説（吉野衛・新仮登記担保法の解説（金融財政事情研究会・昭53）33）、担保物権とする説（鈴木・347［物的担保権］、

♥**不動産所有権の移転に利用**
　仮登記担保制度が利用されるのは、実際上、ある不動産について将来における所有権移転を契約する場合がほとんどである。動産・その他の権利については、一般には登記制度がないから、債権者の権利を第三者に対抗できず、担保としての実効性に乏しい。不動産所有権以外の権利に関して仮登記・仮登録ができる場合であっても、担保価値・処分の容易性の点から、不動産所有権について仮登記担保制度が利用される（道垣内・265以下）。

♥**権利の移転「等」**
　権利の移転「等」とは、たとえば地上権の「設定」をも含むという趣旨である（高橋・293）。

♥**代物弁済**
　契約により、債務者が本来負担していた給付の代わりに他の給付をして債権を消滅させること（482条）。

◆**仮登記担保**
　将来の所有権移転請求権を保全するために仮登記をしておくので、仮登記担保と呼ばれる（内田・548）。

◆**競売申立権はない**
　仮登記担保権者には自ら民事執行による競売を申し立てる権利はないので、民事執行による場合とは、他の担保権者や一般債権者が申し立てた競売に便乗する形になる（内田・549）。

高木・306)、所有権取得機能を本来的属性とし、競売の場合に優先弁済権能に代わる特殊な担保権とする説（石田喜久夫「仮登記担保の法的性質」民事研修300-22、30（昭57））や、物権を取得しうる債権的権利とする債権説（道垣内・271）がある。

2 仮登記担保法の沿革

　仮登記担保は、抵当権のような面倒な執行手続によらなくても私的に実行でき、かつ目的物をマル取りできるというメリットがあったため（後述3）、戦後盛んに利用されるようになった。当初は、担保契約が代物弁済予約や売買予約といった形式をとっているので、「代物弁済」または「売買」の法理によって権利の内容が定められていた。しかし、契約の目的が債権の担保にあり、「代物弁済」または「売買」の形式を借用するものにすぎないことが自覚されて担保として構成されるようになり、判例も、昭和42年の最高裁判決（最判昭和42年11月16日民集21-9-2430）を嚆矢として、担保的構成を援用するようになった。そして、昭和49年の最高裁大法廷判決（最大判昭和49年10月23日民集28-7-1473）が、それまでに形成されてきた仮登記担保に関する判例法理を集大成した。

3 仮登記担保の作用

　仮登記担保は、不動産を目的物としてなされるのが通常である。ところで、不動産を担保とする典型的な担保には、抵当権制度があるが、取引界では、従来は仮登記担保が広く利用されていた。その理由は、仮登記担保によれば、仮登記担保権者（債権者）の有する債権額がその目的物価額を下回る場合であっても仮登記担保権者はその清算金を仮登記担保権設定者に支払うことなく（差額マル取り）、目的物の所有権を取得できるという利点があったからである（抵当権の場合にも抵当直流の特約により目的物の所有権取得が可能であるが、登記方法がないので第三者に対抗できない欠点がある）。また、抵当権の実行（担保不動産競売手続）は、時間と経費がかかるし、その不動産の時価の通りには競売（売却）できないことが多いのに対して、仮登記担保では、所有権取得という簡易な私的実行が可能という利点がある。さらに、平成15年改正前においては、抵当権には短期賃貸借（改正前395条）、第三取得者による滌除（改正前378条）といった抵当権の価値を減殺する制度が存在しているのに対して、仮登記担保によればそれらの制度を回避できるという利点があったからである。

　しかし、学説・判例が、仮登記担保を担保権として構成するようになり、仮登記担保権者は、その実行により目的物の所有権を取得できても、設定者に対して目的物価額と債権額の差額（清算金）を返還しなければならない（清算義務・差額マル取り禁止）とする清算法理が確立したため、仮登記担保権者が清算金の支払いもせず目的物の所有権を取得できるという利点は消滅した。不動産競売を経ることなく、私的に実行できるという利点だけが残っている。

　仮登記担保法は、学説・判例によって確立された上記の法理を明文化したものである。最高裁判決は、仮登記担保権の内容・効力を逐次明らかにしていったが、明確でない点もあったため、立法的に問題を解決すべく仮登記担保法が制定された。仮登記担保法は、概ねそれまでの判例法理を承継しているが、いくつかの修正部分がある。

♥**債権説**
　仮登記担保法は、一定の契約につき、その効力の一部を改変するものであり、新たな物権を創設するものではなく、そして、仮登記名義人は、将来、物権を取得するという債権的権利を有するに過ぎず、仮登記担保権という独自の物権を有するものではないとする（道垣内・271）。
　これに対して、次のような説もある。仮登記担保権者は、目的物の所有権の取得を第一次的な目的とするのではなく、目的物の交換価値を（実行以前においても）物権的に把握している（所有権の取得は交換価値実現の手段）。したがって、仮登記担保権は、その機能上、担保物権のひとつとして扱われる（高橋・290以下）。

♥**予約**
　ある契約（本契約）を将来成立させることを約する契約のこと。予約の当事者の一方が予約完結の意思表示をした場合に、相手方の承諾なしに直ちに本契約が成立する（556条）。

♥**抵当直流の特約**
　抵当権の被担保債権の弁済期到来前になされる当事者間の合意により、弁済に代えて目的不動産を抵当権者に帰属させ、または抵当権者が任意の方法で換価しうるとする旨の特約をいう。

●仮登記担保権の設定

1 仮登記担保契約

仮登記担保権は、仮登記担保契約によって設定される。仮登記担保契約は、債権者と設定者（債務者または物上保証人）との間の契約（諾成契約・不要式契約）によって行われる。

仮登記担保契約の内容については、仮登記担保法1条が定めている。仮登記担保契約は、「金銭債務」を担保することを目的とする契約であることを要する。したがって、「特定物債権」を担保することを目的とする契約は、仮登記担保契約ではない（多数説）。また、仮登記担保契約は、担保目的でなされたものであることを要する。本法は、代物弁済予約・停止条件付代物弁済契約を例示的に挙げているが、債務者に債務不履行があるときに、所有権その他の権利の移転・設定（例えば、賃借権の設定）が内容となっている契約であればよい（例えば、売買予約・贈与予約・賃借権設定契約）。

仮登記担保契約の目的物は、仮登記または仮登録のできるものであることを要する。それには、地上権・永小作権・地役権・賃借権・採石権（不登3条参照）等がある。もっとも、仮登記担保契約は、土地または建物を目的物としてなされるのが通常であり、本法も、2条以下は、これについて定め、その他のものについては2条以下を準用する（同20条）。仮登記担保は、代物弁済予約・売買予約を借用ないし転用して担保目的を実現するものである（担保型）。しかし、仮登記または仮登録の本来の目的からこのような契約をすることもある（本来型）。本法は、前者の担保目的の実現についてのみ適用される。本法は、担保型と本来型の識別基準について特別の配慮をしていないが、現実には、代物弁済予約は担保型が通常であるから、その仮登記が本来型であると主張する側に、本来型であることの証明責任がある。

2 仮登記担保権の公示と効力

仮登記担保権の公示方法は、仮登記または仮登録である。仮登記・仮登録によって債権者の権利の存在が公示されることになるが、被担保債権等、担保としての内容については公示がされず、また担保目的ではない権利の仮登記との区別がつかないという問題がある（道垣内・272、髙橋・293以下）。他の債権者が、仮登記担保権の目的物について強制競売手続ないし担保権実行手続をとったとき、仮登記担保権者にその仮登記（仮登録）があれば、その順位で他の債権者に優先して、自己の被担保債権について弁済を受けることができる（本法13条・20条）。これに対して、仮登記担保権者が、仮登記担保権の目的物上の権利を取得することによって担保目的を実現するときは、仮登記は、その仮登記本来の効力（順位保全効）を発揮することにより、仮登記担保権者は、たとえその目的物に第三取得者があっても、その目的物上の権利を自己に取得できる（典型的には、その目的物である不動産の所有権を取得する）。

♥不要式契約
　方式を必要としない契約のこと。これに対し、一定の方式を必要とする契約を要式契約という。

◆特定物債権を担保するものでもよいとする少数説
　仮登記担保契約の被担保債権については、抵当権における被担保債権が特定物引渡請求権等でもよいとされていることとの均衡を図るために、特定物に関する債権を担保するものであっても、その不履行による損害賠償請求権を担保するものであるから、仮登記担保契約の被担保債権と認めてよいとする説もある。道垣内・270。

♥証明責任
　訴訟上一定の事実の存否が確定されないときに、不利な法律判断を受ける当事者の一方の危険または不利益のこと。

◆所有権移転請求権保全仮登記の記載
　抵当権設定登記とは異なり、所有権移転請求権保全の仮登記には、担保される債権（債権額・利息・極度額等）についての記載はなされない。

♥順位保全効
　仮登記をなした場合においては、本登記の順位は仮登記の順位によることとなる（不登106条）。この順位保全効が仮登記の効力の本体である。

●仮госう記担保権の効力の及ぶ範囲

1 仮登記担保権の目的物の範囲

(1) **付加物・従物**　仮登記担保権の目的物の範囲は、その設定契約で定められるが、付加物・従物については、抵当権についての規定（370条）が類推適用される（→第9講）。仮登記担保における目的物の範囲については、370条が類推適用されるとするのが通説である（高橋・294。これに対して、道垣内・273）。

(2) **物上代位**　仮登記担保権も、目的物の価値を優先的に支配する権利であるから、物上代位性を有し、304条の規定が類推適用されると解する説が多数である（星野・332、高木ほか・302［半田正夫］、高木・310、田山・448。これに対し、確定的な物権を取得していないことを理由として否定するのは、道垣内・273）。

2 被担保債権の範囲

仮登記担保権者が、目的物の所有権を自己に取得する方法によって仮登記担保権を実行する場合には、清算期間経過時に存する債権、また、債務者・物上保証人が負担すべき費用で債権者が代わって負担したものを被担保債権とする（本法2条1項2項）。これらは、清算金額を算定する際に、目的物価額から差し引く債権額に含められ、このような形で、被担保債権として回収されることになる。

[2] 論点のクローズアップ

●仮登記担保権と用益権

1 用益権

仮登記担保権も、抵当権と同じく、目的物の占有は設定者にとどめられるのが通常であり、かつ、目的物の所有権は仮登記担保権の私的実行が行われるまでは設定者に属するから、設定者は目的物について自由に用益権を設定することができる。

(1) **仮登記前の用益権**　仮登記前に設定され、対抗要件を取得している用益権に対しては、仮登記担保権者が私的実行で所有権を取得し、仮登記に基づく本登記をしたとしても、仮登記担保権者による所有権取得は用益権に劣後する。したがって、用益権は存続することとなる。

(2) **仮登記後の用益権**　仮登記担保権者の目的物に対する仮登記後に対抗要件を具備した用益権は、仮登記担保権者の私的実行によって仮登記に基づく本登記がなされると、仮登記担保権者の取得した所有権に対抗することはできない。したがって、その用益権は消滅することとなる。

2 法定賃借権

同一所有者に属する土地または建物に仮登記担保権が設定され、それが実行されて、土地とその上の建物の所有者が異なることとなった場合に、建物のために何らかの土地利用権が生ずるか否かが問題となる。

▼**第三者による目的物の侵害**
仮登記担保の目的物が第三者によって侵害された場合、仮登記担保も目的物の価値を優先的に把握する権利であることを理由に、所有者が有する損害賠償請求権に対して仮登記権利者が物上代位権を行使することを認める（民法304条の類推適用）のが多数説である（これに対して、道垣内・273）。

◆**他の債権者による手続での優先弁済の範囲**
他の債権者による強制競売手続または担保権実行手続内で、仮登記担保権者が優先弁済を受けるときには、利息・損害金については、最後の2年分についてのみ担保される（本法13条2項・19条）。仮登記担保権者が優先弁済を受ける範囲は、抵当権に関する民375条と同じである（本法13条2項・3項）。すなわち、利息その他の定期金・遅延損害金のうち最後の2年分に限られる。担保仮登記については、利息・遅延損害金の割合についての公示はなされないが、競売手続における売却金の分配という点では、仮登記担保権者に対して抵当権者と同一の制限を課すことが公平と考えられたためである（道垣内・288）。

▼**被担保債権の譲渡**
仮登記担保の被担保債権が譲渡された場合、仮登記担保に係る権利も債権譲受人に移転する。債権担保目的である以上、当然とされ、このとき移転の付記登記がなされる（道垣内・274）。

▼**設定後の賃借権**
仮登記担保権の設定後になされた賃借権についても、抵当権に関する民395条の明渡猶予期間が類推適用される（道垣内・291、高橋・305）。

土地・建物が同一所有者に属し土地の側に仮登記担保権が設定された場合、あらかじめ、仮登記担保権者が実行によって土地所有権を取得した場合にそなえて、土地所有権取得を停止条件として建物のために用益権を設定することは論理的には可能であるが、現実には、土地の仮登記担保権者が設定者のために、このような条件付用益権設定契約に合意することはあまり期待できない。また、仮にそうしても、建物所有者が自己所有の土地に、用益権の仮登記をして、その保全をすることはできない。そこで、本法10条は、抵当権における民法388条（法定地上権）類似の規定を置いた。もっとも、地上権ではなく、賃借権を取得するものとしている。

♥**本法10条と民388条**
　仮登記担保権の先順位抵当権が実行され、その結果として仮登記担保に係る権利が消滅するときは本法10条の問題ではなく、民388条が適用される。これに対して、後順位抵当権が実行されたときは、本法10条の適用がある（道垣内・291以下）。

21-2　土地・建物が同一人に属しており土地に仮登記担保権が設定された場合の法定賃借権

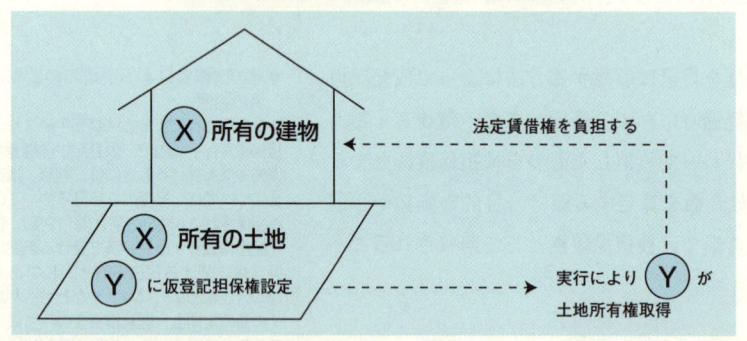

Ⓧ所有の建物　……法定賃借権を負担する
Ⓧ所有の土地　Ⓨに仮登記担保権設定　→　実行によりⓎが土地所有権取得

これに対し、建物の側に仮登記担保権が設定された場合には、あらかじめ、仮登記担保権者による建物所有権取得を停止条件として土地に対する用益権設定契約が可能であるだけでなく、現実には、土地所有者たる債務者に対して融資をする債権者は、設定者（土地所有者・債務者）の合意を得ることは容易であり、また、賃借権保全の仮登記をすることも可能である。したがって、土地の側に仮登記担保権が設定された場合とは異なり、法定賃借権を成立させる必要性はない。

●仮登記担保権設定者の受戻権

1 総説

　債務者に金銭債務の不履行があったため、仮登記担保権者が仮登記担保権の実行通知をし、目的物所有権を取得したとしても、仮登記担保権設定者（債務者または物上保証人）は、自己が清算金の支払を受けるまでは、仮登記担保権者にその債権等の額を提供して、所有権を取り戻すことができる（本法11条）。この権利を受戻権という。受戻権は、判例法の時期から認められていた。本法は、受戻権につき明文の規定を置き、また、受戻権存続の終期（これにつき判例法では明確でなかった）を法定した。受戻権（本法11条）を行使する際の金銭支払いは、いったん債権の全部が消滅してからのものであるから、債務の弁済ではない。債務者等には、当該不動産の所有権を回復できることに特別な利益があることが多いので、受戻権が認められている（道垣内・281）。

2 受戻権者

受戻権を有するのは、仮登記担保権の設定者（債務者または物上保証人）である。仮登記担保権の目的物の第三取得者には受戻権はないので、債務者または物上保証人に代位して受戻権を行使することになる。

3 受戻権の行使

受戻権は形成権であり、仮登記担保権設定者から仮登記担保権者に対する意思表示によって行うが、受戻権は**要物行為**であり、債権等の額（元本・利息・遅延利息の全額等）を仮登記担保権者に提供することが必要である。

♥**要物行為**
当事者の意思表示の合致のほかに、目的物の引渡しその他の給付を効力発生の要件とする契約をいう。

4 行使期間

仮登記担保権設定者は、その受戻権を、仮登記担保権者から清算金支払の債務が弁済されるまでは行使することができる（本法11条）。仮登記担保の場合、清算期間内は債務は消滅しないという前提で構成されているので、債務者は約定の弁済期が過ぎても清算期間内は弁済ができる。清算期間経過前は、債務者が債務を支払って仮登記に係る権利を消滅させることができるのは当然であり、また、仮登記担保権者が本登記を行い、さらに第三者に目的物を処分したとしても、それら本登記経由・処分は無効である（道垣内・277）。仮登記担保の場合、受戻権は、清算期間経過後から清算金の支払までの間に認められることになる（近江・290）。仮登記担保権者から清算金が弁済される場合に限らず、供託または相殺により清算金請求権が消滅した場合にも、受戻権は消滅する。また、清算期間が経過して5年を経過すると受戻権は消滅する（本法11条ただし書）。

♥**清算期間経過後の受戻権**
受戻権に関して、提供するべきものが債務の弁済ではなく、債権が消滅しなかったものとすれば、債務者が支払うべき債権等の額（本法11条かっこ書）とされているのは、清算期間の経過とともに債権は既に消滅しているためである（高橋・298）。

5 第三者への処分

仮登記担保権者が清算金支払前に本登記をしている場合には、清算未了のうちに目的物を第三者に処分することがある。仮登記担保権設定者が債務額を提供して受戻しをしたが、その移転登記前に、仮登記担保権者が第三者に処分した場合には、典型的な二重譲渡になり、民法177条の適用によって処理される。

また、仮登記担保権者が、第三者に対して先に処分した場合、設定者は受戻権を行使しうるか否かが問題になる。本法11条ただし書は、「第三者が所有権を取得したとき」は受戻しをなしえないと規定する。この場合、第三者が未登記であれば、完全には所有権を取得しえないから受戻権を行使することができ、それを行使したときは二重譲渡の関係になる。しかし、第三者が登記をした場合には、受戻権は消滅するとするのが立法者の意図であると指摘されている（高木・327、宇佐見隆男「仮登記担保法拾遺（中）」金法895-10、14（昭54）［第三者が所有権を取得したときは受戻権自体が消滅するという意味において本法11条ただし書がある］。また、近江・290）。

♥**本登記の経由**
仮登記担保に基づく本登記をするのに必要な書類を、仮登記権利者が債務者等から予め預かっておくことが多い。後に本登記請求訴訟を提起する事態を回避するためである。しかし、仮登記権利者が、実体法上はまだできないはずなのに、この書類を悪用して本登記を経由し、または第三者に売却してしまうことがある（道垣内・274）。

●根仮登記担保権

仮登記担保権の被担保債権が不特定の債権である根仮登記担保権は、強制競売等（本法14条）や破産手続、民事再生手続および会社更生手続（本法19条5項）においてはその効力を有しない（このため、根仮登記担保権は非実用的）。これは、担保仮登記においては被担保債権額を登記する方法がなく、包括根抵当と同じ弊害の発生することを回避するためである（高木・328、近江・293）。

◆**根仮登記担保権の非実用性**
根仮登記担保権は、私的実行においては有効であるが、競売等が行われればその効力を否定される可能性をはらんでいるので、実用にたえないと指摘されている（内田・553）。

●消滅

　仮登記担保権にも、消滅に関する付従性が存し、被担保債権が消滅すれば仮登記担保権も消滅する（これに対して、被担保債権の消滅の場合は、契約目的の達成により仮登記担保権が消滅すると構成するのは、道垣内・291）。また、仮登記担保権の実行や後順位債権者の競売によって（本法16条1項）、仮登記担保権は消滅する。被担保債務の一部が弁済されても、仮登記担保権は消滅せず、弁済期に債務不履行があれば、当初の債務全額の弁済に代えて目的の権利は債権者に移転すべきことになり（最判昭和40年12月3日民集19-9-2071）、債権者は一部弁済金を返還すべきことになる（同最判、遠藤ほか・331［川井健］）。

[3] まとめ

　金銭債務を担保するため、その不履行があるときは債権者に債務者または第三者に属する所有権その他の権利の移転をすることを目的としてなされた代物弁済の予約、停止条件付代物弁済契約その他の契約で、その契約による権利について仮登記または仮登録できるものを仮登記担保契約という。仮登記担保契約から生じる債権者の権利を仮登記担保権という。仮登記担保契約は、諾成・不要式の契約である。仮登記担保権の公示方法は、仮登記または仮登録である。仮登記担保は、不動産抵当と比べると、競売手続によらず、簡易に所有権を取得することが可能であり、また、平成15年改正前には短期賃貸借や滌除による制約を受けないというメリットがあった。なお、仮登記担保に、抵当権について定めた民法370条の類推適用や物上代位の民法304条の類推適用が問題とされる。

　仮登記担保権者は、債務者の債務不履行により、目的物の所有権を取得するか、または他の債権者によって申し立てられた民事執行手続において被担保債権につき優先弁済を受けることができる。債務者に金銭債務の不履行があったため、仮登記担保権者が仮登記担保権の実行通知をし、目的物の所有権を取得したとしても、仮登記担保権設定者（債務者・物上保証人）は、自己が清算金の支払を受けるまでは、仮登記担保権者にその債権等の額を提供して、所有権を取り戻すことのできる受戻権を有している。

　仮登記担保契約は、具体的には代物弁済の予約、停止条件付代物弁済契約、売買予約などの形式をとるが、このうち仮登記担保法が適用されるのは、それが金銭債務の担保のためになされる場合だけである。仮登記担保法が適用されると、仮登記権利者の清算義務や、仮登記に後れる第三者との関係、受戻権、法定借地権など通常の仮登記上の権利とはその効力が異なることになるので、その契約が担保目的を有するか否かは重要な問題になる。

　この仮登記担保契約と認められる要件につき、名古屋高金沢支判昭和61年9月8日（判時1221-59）は、次のように判示する。仮登記担保契約と認められるためには、第一に、当該契約が「金銭債務」を担保するものであること、第二

に、「担保」の目的をもってされたこと、第三に、債務不履行があるときは債権者に債務者または第三者に属する所有権その他の権利の移転等をすることを目的としてされた契約であること、第四に、その契約による権利について仮登記または仮登録のできるものであること、以上4つの要件を満たす必要がある。当該事件では、問題となった契約の実態は弁済期までに借入金債務を弁済しないことを停止条件とする売買契約であると認めるのが相当であるから、仮登記担保契約に該当するとされた。

第22講 仮登記担保権の実行

[1] 概説

● 仮登記担保権の私的実行

1 総説

　仮登記担保権の私的実行は、債務者に債務不履行（履行遅滞）があった場合に仮登記担保権者がその目的物の所有権を取得し、その仮登記に基づいて本登記を経由し、さらに目的物の占有を取得することによって行われる（「仮登記担保契約に関する法律」を以下、「仮登記担保法」または「本法」という）。仮登記担保権の目的物価額がその被担保債権額を越えるときは、仮登記担保権者はその差額を仮登記担保権設定者（債務者または物上保証人）に支払うべき義務（清算義務）を負担する。逆に、目的物価額が債権額を下回るときには、その差額については、仮登記担保権者の債権の残額が無担保の債権として存続する（仮登記担保法9条）。

2 私的実行の要件

　仮登記担保権の私的実行をするためには、債務者に履行遅滞があることと、仮登記担保契約において債権者が目的物の所有権を取得するとしている日（予約型では予約完結権行使日、停止条件付契約型では条件成就日）の到来を必要とする（本法2条）。

3 仮登記担保権の実行方法

　(1) 所有権取得　　仮登記担保権者が、仮登記担保権の目的物所有権を取得するためには、仮登記担保権設定者に対して、本法2条に定める通知（2条通知）をしなければならない。その通知事項は、清算金の見積額である。その通知の相手方は、仮登記担保権設定者（債務者または物上保証人）であり、その目的物が第三者に譲渡されてしまっている場合も同様に仮登記担保権設定者である。

　2条通知が仮登記担保権設定者に到達した日から2カ月（清算期間）経過すると、目的物の所有権が仮登記担保権者に移転する。清算期間の満了により、所有権が仮登記担保権者に移転するとともに、被担保債権は、目的物価額の限度で消滅する（本法9条）。仮登記担保契約としての停止条件付代物弁済・代物弁済予約にあっては、売買予約との均衡もあって、代物（すなわち目的物）の価額の限度でしか消滅しない。本法9条はその旨を規定する（道垣内・279）。清算

♥仮登記担保に係る権利の処分
　被担保債権の譲渡でなく、仮登記担保に係る権利そのものの処分、たとえば転担保などは、明文の規定を欠くので、できないとされる（道垣内・274）。

期間の意味は、この期間内に後順位担保権者との利益調整を行うことと、債務者・物上保証人の保護を図ることである。

(2) **仮登記に基づく本登記・占有取得** 仮登記担保権者が、仮登記に基づく本登記をなし、目的物の占有を取得することにより、仮登記担保権の実行が完成する。清算期間が経過して所有権を取得すると、これを原因として、仮登記担保権者には、仮登記担保権設定者に対する本登記請求権および引渡請求権が生ずる（仮登記担保権者による清算義務履行との引換給付請求である）。仮登記後に、仮登記担保権設定者が目的物を処分（中間処分、例えば所有権譲渡・抵当権設定等）をし、登記（または仮登記）がなされているときに、仮登記担保権者が仮登記に基づく本登記をするには、第三者の承諾が必要とされている（不登法109条）。仮登記担保権設定者の処分によって登記（所有権移転登記や抵当権設定登記等）を経由した第三者には、仮登記担保権者に対する承諾義務があるから、もし、任意の承諾がないときは、仮登記担保権者は承諾請求をすることができる。

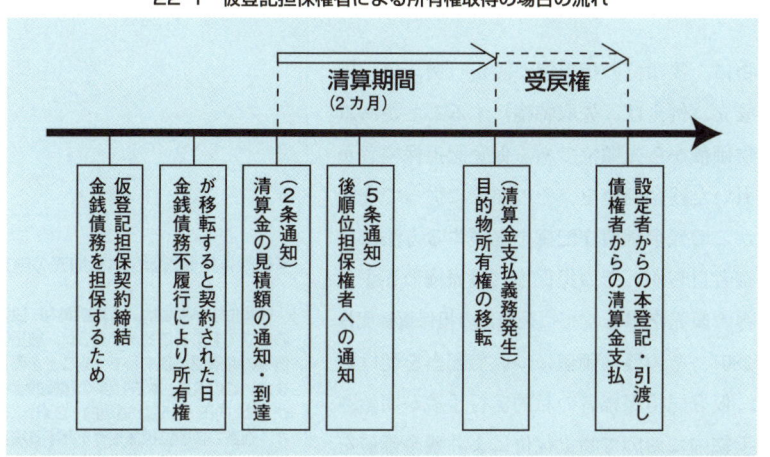

◆清算金支払前の本登記経由
　仮登記担保権者が、債務者等から預かっている書類を用いて、清算金支払前に本登記を経由した場合、債務者等の抗弁権を保障するために登記抹消請求を認める学説が多いが、債務者等には清算金債権を被担保債権とする留置権があることを理由として、登記抹消請求権を否定する説もある（道垣内・281）。

♥不動産登記法109条
　所有権に関する仮登記に基づく本登記は、登記上の利害関係を有する第三者がある場合には、当該第三者の承諾があるときに限り、申請することができる旨を定める。

22-1　仮登記担保権者による所有権取得の場合の流れ

［図：清算期間（2カ月）と受戻権の時系列図。左から順に、仮登記担保契約締結（金銭債務を担保するため）→金銭債務不履行により契約された日が到来すると所有権が移転→清算金の見積額の通知・到達（2条通知）→後順位担保権者への通知（5条通知）→目的物所有権の移転（清算金支払義務発生）→設定者からの本登記・引渡し債権者からの清算金支払］

仮登記担保権者は、目的物の価額と債権額との差額（清算金）を設定者に支払わなくてはならない（本法3条1項）。清算金の額は、仮登記担保権者が債務者等に対して通知した見積額ではなく、客観的に判断された目的物の価額と債権等の額との差額である（道垣内・280）。清算をしないとか、その他清算義務に関する仮登記担保権設定者に不利な特約は無効である（同3項本文）。もっとも、清算期間経過後になされた特約は、仮登記担保権設定者の自由意思に基づくものとして有効とされている（同3項ただし書）。清算期間経過時の目的物価額と、その時点の債権額および債務者が支払うべき費用で債権者が支払った額との差額が清算金額である（同1項参照）。

清算金請求権者は、仮登記担保権設定者である（本法3条1項）。仮登記担保権の目的物についての後順位担保権者・第三取得者は清算金請求権者ではない（高橋・297）。後順位担保権者の優先順位・被担保債権額、第三取得者が有する損害賠償債権額（民567条参照）を判断する負担を債権者に負担させるのは不当だからである（道垣内・280以下）。清算の方法は、仮登記担保権者が仮登記に基

◆仮登記担保法に反する特約
　清算期間経過前になされた仮登記担保権設定者に不利なものは無効である（本法3条3項本文）。

づく本登記および目的物の引渡と同時に仮登記担保権設定者に清算金を支払って、目的物の所有権を自己が取得するという帰属清算である。かつて、判例法の時期には、当事者が特に合意すれば仮登記担保権者が、あらかじめ本登記や明渡しを受けたうえで、目的物を第三者に処分して、清算金を支払う処分清算も認められており、最終的には、昭和49年大法廷判決（最大判昭和49年10月23日民集28-7-1473）により、帰属清算型をもって原則的形態とし、特段の事情があるときは、処分清算型（相当の価格で第三者に売却等をすること）をとりうるとされた。しかし、仮登記担保法のもとでは、担保権者が優越的地位を利用して自己に有利な処分清算の特約を債務者側にのませる危険が高いので、清算期間経過前になされた処分清算特約は無効と解されている（同3条3項、道垣内・278）。

仮登記担保権の実行によって仮登記担保権者が取得する仮登記に基づく本登記請求権ならびに目的物の明渡請求権と、仮登記担保権設定者の取得する清算金請求権の間には同時履行の関係が存し、民法533条（同時履行の抗弁権）の規定が準用される（本法3条2項）。

4 後順位担保権者の地位

(1) **総説**　仮登記担保権の目的物に、後順位の担保権が設定（例えば、抵当権・仮登記担保権）され、または成立（例えば、先取特権）することがある。このような後順位担保権者は、目的物価額から先順位である仮登記担保権者が把握した担保価値（債権額）を差し引いた残余価値を、その順位に従って支配しているといえる。後順位担保権者がこの残余価値支配権を実現する方法には2つある。その1つは、後順位担保権者自らが、その担保権（競売権の存する担保権に限られる）に基づいて目的物の競売を申し立て（後順位の担保仮登記権利者は、この申立てはできない、近江・286）、その残余価値について配当を受ける方法（本法12条）である。他の1つは、仮登記担保権者の私的実行手続が開始された場合に、後順位担保権者がその手続内において物上代位により残余価値を入手する方法である。仮登記担法は、清算金見積額に不満な後順位担保権者に目的物競売権を認め、そのかわり、競売権を行使しないで清算金見積額の正当性を争うことはできず（本法8条2項）、物上代位権行使の範囲も見積額に限定されるとした（道垣内・284）。

(2) **物上代位**　物上代位をなしうる者は、仮登記担保権者の仮登記後に登記（仮登記を含む）がなされた先取特権（一般の先取特権を含む）・質権・抵当権（本法4条1項）ならびに仮登記担保権（同2項）を有する者である。物上代位の客体は、「債務者等が支払を受けるべき清算金」（同1項）である。すなわち、設定者が仮登記担保権者に対して有している清算金請求権が物上代位の客体となる。後順位担保権者が物上代位をするためには、仮登記担保権者が、設定者に清算金の払渡（弁済）をする前に、清算金支払請求権を差し押さえなければならない。その差押えの意義は、民法304条の解釈と同じである。

後順位担保権者が数人あるときは、その順位により、優先弁済権を行使できる（本法4条1項）。「その順位により」とは差押えの順位ではなく、担保物権の

◆**後順位担保権者による競売の申立て**
後順位担保権者は、清算期間内に競売の申立てをすることができるが、被担保債権の弁済期が到来していることを要しない。この点に、本法12条の積極的意味がある（内田・552、道垣内・286）。また、複数の後順位担保権者が存する場合には、その1人でも競売権を行使すると、競売に持ち込まれる。清算金に対する差押えがすでにされていても、その差押えは効力を失う（道垣内・287）。

◆**後順位担保権者による清算金請求権に対する差押え**

```
仮登記担保権設定者
     │           ┌─────┐
     │清算金     │後順位│
     │請求権 ←差押え─│担保権│
     │           │者    │
     ▼           └─────┘
仮登記担保権者
```

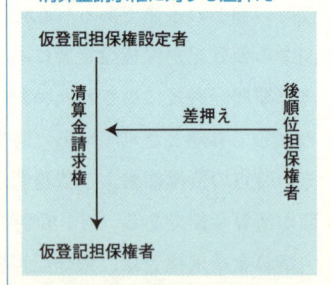

♥**後順位担保権者の物上代位権**
後順位担保権者の物上代位権の実効性を確保するため、通知（本法5条1項）、清算期間内の処分の禁止（本法6条1項）、および弁済の禁止（本法6条2項）が規定されている。

順位による（道垣内・284）。したがって、通常は登記（仮登記を含む）の順位による。

(3) **物上代位権の保全**　仮登記担保権者は、私的実行の手続に入った旨の通知を物上代位権者にしなければならず（本法5条1項）、この通知をしないと、たとえ清算金を設定者に弁済したとしても、これをもって物上代位権者に対抗することはできない（同6条2項）。この通知がない場合、物上代位権者は、清算金請求権が存在するものとして、物上代位をなすことができる。また、仮登記担保権者が本法2条1項の規定による通知をし、その到達の日から2カ月の清算期間を経過した後であっても、本法5条1項に規定する通知（5条通知）をしていない後順位担保権者があるときには、その後順位担保権者に対しては、本法2条1項の規定により土地等の所有権を取得した旨を主張して、仮登記に基づく本登記についての承諾の請求（不登109条参照）をすることはできないものというべきである。そして、5条通知を受けていない後順位担保権者は、清算期間の経過した後においても、本法12条の類推適用により土地等の競売を請求することができる（最判昭和61年4月11日民集40-3-584）（→詳細は、【2】論点のクローズアップ）。

物上代位権を保障するために、清算期間内は、仮登記担保権設定者（清算金請求権者）が、清算金請求権について一切の処分（譲渡・質入れ・免除・放棄・相殺）をすることが禁止されている（本法6条1項）。

(4) 物上代位権者、または債務者に対する一般債権者が、清算金請求権を差押ないし**仮差押え**すると、仮登記担保権者は、設定者（債務者・物上保証人）に、清算金を支払うことが禁じられ（民執145条1項）、その結果、仮登記担保権者は清算金の支払によって本登記・目的物引渡しを得ることはできない（本法3条2項参照）ということになる。

5 第三取得者の地位

仮登記担保権設定後の第三取得者（仮登記担保権設定者による中間処分の相手方）は、仮登記担保権者が仮登記に基づく本登記を経由すれば、第三取得者の取得していた所有権は喪失するので、その第三取得者の地位は極めて弱いものといえる。このような第三取得者は、清算期間中は、第三者弁済をなすことにより、仮登記担保権を消滅させることができる。このため、本法5条2項は、仮登記担保権者が仮登記担保権を実行するときには、第三取得者に対してその旨の通知をすべきこととし、第三者弁済の機会（清算期間経過後は債務者等の受戻権を代位行使することによる所有権の確保をするための機会）を保障すべきものとしている。

もっとも、仮登記担保権者がこの通知を怠った場合の仮登記担保権者に対する制裁については、何らの規定も置かれていない（高木・319）。これに対して、仮登記担保権者が、債務者等に対し本法2条1項の規定による通知をして、その到達の日から2月の清算期間を経過した後であっても、本法5条2項の第三者に対して同項の通知をしていないときは、その第三者に対しては、本法2条1項の規定により土地等の所有権を取得した旨を主張して、仮登記に基づく本

♥**仮差押え**
金銭債権または金銭債権にかえることのできる請求権のために、債務者の財産を確保し、将来の強制執行を保全する手続のこと。

登記の承諾請求をすることはできないし、また、本法5条2項の通知を受けていない同項の第三者は、債務者に代わり仮登記担保権者にその債務の弁済をすることができるとする高裁判決がある（東京高裁判決昭和62年2月26日東京高等民法38-1＝3-3、清算期間の経過を主張することができず、所有権取得・清算金支払いを対抗できないことについて、髙橋・300）。

清算期間が経過した後は、被担保債権は消滅するので、第三取得者は第三者弁済をすることはできなくなる。これに対して、本法11条・2条2項の文理上、第三取得者は受戻権者に該当しないが、特定物債権に基づきその特定履行を求めるための前提として債務者の有する特定的権利を代行行使することは債務者無資力の要件がなくても可能とする判例・通説に照らして、債務者の受戻権を代位行使して自己の所有権を保全できる（鈴木禄弥「仮登記担保付き不動産の第三取得者の地位」金法871-18、20（昭53）、高木・319）。同様に、仮登記担保権者としては清算金を完全には支払っていないから受戻しをされても仕方のない地位にあり、その清算金を債務者が支払うか第三取得者がその代わりに支払うかに違いはないとして受戻権の代位行使を認める見解もある（座談会「銀行取引における仮登記担保の運用とその問題点（2）」金法880-4、13（昭54）[吉原省三発言]）。

●競売手続と優先弁済受領権

1 先順位担保権者による競売

仮登記担保権の目的物について、民事執行法に基づいて他の担保権者が担保権実行としての競売手続をとったり、あるいは一般債権者が強制競売の手続をとることがある。仮登記担保権の先順位となっている担保権者が担保不動産競売の申立てをなした場合、仮登記担保権者は、その手続中において抵当権とみなされ（順位は仮登記の順位）、先順位担保権者が優先弁済を受けた残余金から仮登記担保権者は弁済・配当を受けうることになる（本法13条1項）。本法は、このような場合に、仮登記担保権を抵当権とみなし、仮登記のされた時に、この抵当権設定の登記がされたものとみなしている（同13条1項）。このような場合、仮登記担保権者は、仮登記の順位で優先弁済を受けるわけであり、事実上、仮登記に対抗力が与えられているのと同一の結果となる。仮登記は、仮登記のままでは対抗力はないのが一般であるが、それとの整合性を図るために、仮登記担保権を「抵当権」とみなし、その仮登記を「抵当権設定登記」とみなしている。仮登記担保権者には自ら民事執行による競売を申し立てる権利はないので、民事執行による場合とは、他の担保権者や一般債権者が申し立てた競売に便乗する形になる（内田・549）。

2 後順位債権者による競売

後順位債権者による不動産競売の申立てがなされた場合、仮登記担保権者が、自己の債権について優先弁済を受けるには、執行裁判所に届出をしなければならない（本法17条2項）。本法も、制定時は、このことを明記する条文を置かなかった。しかし、民事執行法制定に伴う改正（昭和54年法律5号）により本法17条2項が置かれ、仮登記担保権で売却により消滅するものは、配当要求の終期

◆担保権実行による仮登記担保権の消滅
　先順位担保権の実行によって、仮登記担保権は消滅する（本法16条）から、裁判所書記官は、職権をもって仮登記の抹消を管轄登記所に嘱託する（民執82条1項2号）。

◆債権の届出の必要性
　強制競売または担保権の実行としての競売においては、裁判所書記官から仮登記の権利者に対して配当要求の終期までに債権の届出をすべきことが催告される（民執49条・87条）。仮登記担保権者は、抵当権等とは異なって、届出をしてこない限りその債権額を認定することができないので、配当要求の終期までに、その債権の届出をしたときに限り、配当等を受けることができるとされる。

までに届出をしないときは、売却代金の配当または弁済金の交付を受けえないとした。本法は、仮登記担保権を完全に担保権として処遇し、仮登記担保権者は、競売手続内で、自己の債権につき優先弁済を受けるにとどまるとする立場をとり、私的実行に対する公的競売の優先の思想から、優先弁済受領権としての性格を前面に押し出す考え方をとったためである（高木・320以下）。

競売手続において買受人が、目的物所有権を取得した時に、仮登記担保権は消滅する（なお、本法16条1項）。所有権取得は、買受人が代金を納付した時である（民執79条）。仮登記担保権者の責めに帰することができない事由により、競売開始の通知も権利届出の催告（本法17条）も受けなかった場合には、仮登記担保権は、売却によっては消滅せず、買受人によって引き受けられると解されている（高木・322、法務省民事局参事官室編・仮登記担保と実務（金融財政事情研究会・昭54）217［さらに、売却許可決定の確定に至るまで競売開始の事実を知らなかった場合であることも必要としている］）。

●倒産手続と仮登記担保権

仮登記担保権は、債務者の破産や会社更生においては、抵当権と同じ扱いを受けるものとされている（本法19条1項3項）。したがって、仮登記担保権は、破産手続上は別除権（破2条9項）として、破産手続によることなく行使できる（破65条）から、私的実行の方法をとることができる。また、仮登記担保権は、会社更生手続では更生担保権（抵当権とみなされる。本法19条4項）として扱われる。

♥**別除権**
破産財団中の特定の財産から破産債権者に先んじて債権の満足を受けることができる権利のこと（破2条9項）。

♥**更生担保権**
会社更生手続において、手続開始当時に会社財産の上に存在する特別の先取特権、質権または抵当権等で担保された請求権のこと（会更2条10項）。

[2] 論点のクローズアップ

●仮登記担保法5条1項の通知義務

1 問題点

仮登記担保法は、仮登記担保権者が代物弁済予約を完結して目的物件の所有権を取得するためには、債務者に対して清算金の見積額を通知し、その通知が債務者に到達した日から2カ月の清算期間が経過しなければならないとしている（本法2条）。そして、もし、後順位担保権者がいるときは、仮登記担保権者は、それらに対して債務者に通知した清算金の見積額等を通知しなければなら

22-2　5条通知を受けた後順位担保権者の権利行使方法

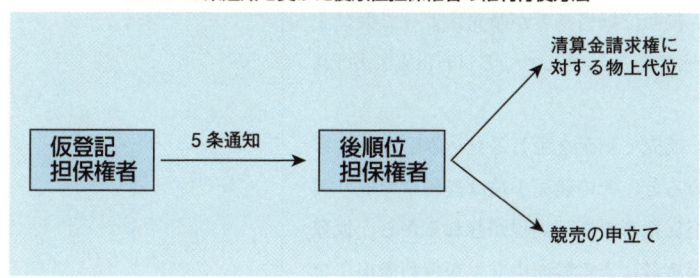

```
仮登記          5条通知    後順位         →  清算金請求権に
担保権者    ─────→    担保権者            対する物上代位
                                        →  競売の申立て
```

第22講　仮登記担保権の実行　215

ないとされている（同5条1項）。この5条通知を受けた後順位担保権者は、清算金に対して物上代位の手続をとるか（同4条）、または清算金の弁済前に競売の申立て（同12条）をするかを選択することになる。この選択の機会を後順位担保権者に保障しようとするのが5条通知の趣旨であるが、もし、後順位担保権者がこの通知を受けていなかった場合はどうなるかという問題が生じる。

2 議論

A：[競売申立て肯定説] 判例は、次のように解して競売申立てを肯定している。仮登記担保権者がその仮登記担保契約の相手方である債務者等に対し本法2条1項による通知をし、その到達の日から2カ月の清算期間を経過した後であっても、本法5条1項に規定する先取特権、質権もしくは抵当権を有する者または後順位の担保仮登記の権利者（以下これらの者を「後順位担保権者」という）のうち同項の規定による通知をしていない者があるときには、後順位担保権者に対しては、本法2条1項の規定により土地等の所有権を取得した旨を主張して、仮登記に基づく本登記についての承諾の請求（不登109条）をすることはできない。また、5条通知を受けていない後順位担保権者は、清算期間の経過した後においても、本法12条の規定の類推適用により土地等の競売を請求することができる。なぜならば、本法が後順位担保権者に対し5条通知をすべきであるとしている趣旨は、見積もられた清算金額に拘束されてそれに物上代位するか、または競売を請求して売却代金からの配当を期待するかの選択の機会を与えることによって、仮登記担保権者と後順位担保権者との利害の調整を図るところにある。ところが、もし、後順位担保権者が5条通知を受けていない場合であっても、清算期間の経過によって本法12条に基づく競売の請求ができなくなると解し、かつ、仮登記担保権者が5条通知をしなかった後順位担保権者に対しても仮登記に基づく本登記についての承諾の請求をすることができるものと解するときには、5条通知を受けていない後順位担保権者を著しく不利な立場におき、本法5条1項の規定の趣旨を没却することとなるからである（最判昭和61年4月11日民集40-3-584参照）。

この判例の結論に賛成し、通知を受けなかった後順位担保権者との関係では清算期間が経過していないとして、競売の申立てを根拠づける説もある（道垣内・284、賀集唱「判批」担保法の判例②88以下）。また、清算金の有無はまず仮登記担保権者によって判断され、これを仮登記義務者が争わないときは、これを争う後順位担保権者の申し立てた競売手続において、裁判所がその客観性の有無を究極的に判断することになるから、競売手続申立ての前提となる5条通知を欠く場合には、清算期間が過ぎても、後順位抵当権者が競売によって仮登記担保権者に挑戦できるとすることは当然であるとされている（石田喜久夫「判批」民商96-4-98、105、107（昭62））。

なお、このA説に立つ判例のように、競売で剰余を生じる見込みがないときでも後順位担保権者の競売申立てを認めると、その競売手続は無剰余で取り消されることになるが、それでは仮登記担保権者の権利実現が遅れるから、仮登記担保権者の利益を考えて、後順位担保権者による競売申立てが権利濫用にな

る場合のあることを指摘する見解もある（道垣内弘人「判批」法協105- 8 -109、118以下（昭63））。

　　B：[競売申立て否定説]　後順位担保権者は競売申立てをすることはできず、競売を請求すれば弁済を受けることができた限度で不法行為に基づく損害賠償請求を仮登記担保権者に対してすることができるにすぎないとする説がある。

　このB説に対しては、もともと担保権者は損害賠償請求等の手続負担をすることなく現実的満足を得られる地位を確保しているから、いわれなくその地位を覆滅されるべきでないとの批判がある。

3 留意点

　判例のような立場をとった場合、5条通知を受けなかった後順位担保権者がいつまでも競売を申し立てられるとすると相当ではないので、何らかの歯止めが必要であると指摘されている（中田昭孝「判批」ジュリ867-81以下（昭61））。また、5条通知を欠いた仮登記担保権者は、2条通知をやり直したうえで5条通知を行えばよいから特別な歯止めは不要であるとする見解と5条通知だけが必要であってその日から合理的な期間内に限り、申立てができるとする見解がある（道垣内・前掲「判批」120以下）。

　この最判昭和61年の事件では、5条通知を受けていない後順位担保権者が競売を申し立てても、目的不動産の売却代金を、まず競売のための共益費用（手続費用）や先順位者へ弁済することによって、後順位担保権者へ弁済するための剰余を生ずる見込みのない場合でも、なお、5条通知が必要かが問題となった。不動産の強制競売や担保競売の場合には、**無剰余換価の禁止**（剰余主義の原則）という基本原則（民執188条・63条）がある。後順位担保権者が競売を申し立てても、執行裁判所が、買受可能価額で手続費用やその優先債権を弁済して剰余を生ずる見込みがないと認めるときは、その旨を差押債権者たる後順位担保権者に通知しなければならず、それに対して、後順位担保権者が手続費用および優先債権の見込額を越える額を定めて、一定の申出および保証の提供をしない限り、その競売手続は取り消されることとなる。

[3] ケース・スタディ

ケース………1 ❖ 帰属清算型と処分清算型

　Yは、その所有建物にXに対する債務を担保するため仮登記担保ないし譲渡担保を設定しようとしているが、契約で帰属清算型によるのか処分清算型によるのか定めなかった場合、Yが債務を履行しないために仮登記担保ないし譲渡担保が実行されるときいずれの型によることになるのか。いずれの型を原則とするのが合理的なのかを検討しつつ、論ぜよ。

　処分清算とは、債権者が目的不動産を第三者に処分し、その売却代金の中か

♥**無剰余換価の禁止**
　執行裁判所は、不動産の買受可能価額で手続費用および差押債権者に優先する債権を弁済して剰余を生ずる見込みがないときは、その旨を差押債権者に通知しなければならない（民執63条1項）。差押債権者が手続の続行を望む場合には、その通知から1週間以内、剰余の見込みがあることを証明するか、手続費用と優先債権の合計額を超える額で自ら買い受ける旨の申出をして、その申出額に相当する保証を提供する必要がある。差押債権者が、このような行為をしない場合には、その競売手続は取り消されるのが原則である（民執63条2項）。これを無剰余換価の禁止の原則ないし剰余主義という。この制度は、無益な換価を防止するとともに、優先債権者による換価時期の選択権を保証する趣旨である。なお、平成16年の改正で、不動産の売却を容易にするため、買受可能価額が手続費用と優先債権の合計額を下回る場合であっても、手続費用の見込額を超えていれば、優先債権者（買受可能価額では自己の債権の全額弁済を受けられない者に限る）の同意を得て、競売手続を続行できる（民執63条2項ただし書）こととされた（上原＝長谷部＝山本・113以下〔山本和彦〕）。

第22講　仮登記担保権の実行　217

ら優先弁済を受けるとする方法である。この方法のメリットは、処分自体が取引市場への放出であり、売却価格はおのずと市場価格によって客観的に形成されるというところにある。これに対し、帰属清算は、債権者が不動産を取得し、それをみずから評価してその超過額を債務者に返還する方法である。そのメリットは、正しい額の清算金の支払と目的物の引渡とが同時履行の関係に立つことである。

　仮登記担保の清算方法は、清算期間経過後になされた処分清算特約を除き、帰属清算の方法による。判例法理の時期には処分清算の特約が認められていたが、処分清算方式は、担保権者が債務者に不利な特約を自己の優越的地位を利用してのませる危険が高いので、仮登記担保法3条3項に反し、無効である（清算期間経過後はそういう危険がないので、特約は有効である）。仮登記担保では、債務者が債務不履行に陥ったとしても、本登記をする書類はみずからが所持している。したがって、債権者が合理的な評価・清算をしない以上、債務者は本登記に協力する必要はない（仮登記担保法3条2項によれば、清算金の支払義務と本登記協力義務とは同時履行の関係に立つ）。それによって、その帰属清算の合理性が保障される。

　これに対し、譲渡担保ではすでに所有権登記は債権者に移転しているのだから、登記協力義務と清算金支払義務を同時履行の関係に立たせることはできないため、帰属清算の構成は直截には導き出すことはできない（同時履行の関係に立つのは、せいぜい目的物の引渡ぐらいにすぎない）。この点を重視すると、譲渡担保では、処分による売却価格が客観的に形成されるメリットのある処分清算のほうが合理的といいうる。しかし、不動産譲渡担保権者が目的物を自己の物として処分するにあたっては、必ずしも目的物を設定者の手元から引き上げてくることは必要ではなく、また、仮登記担保の場合と違って仮登記を本登記にするための設定者の承諾も必要でないために、担保権者にとっては簡便であるが、担保権実行の際に設定者への清算金の支払が確保されがたい、という欠点がある。したがって、仮登記担保法にならい、帰属清算方式を原則とし、ただ、当事者が処分清算を選択したときは、それを認めてもよいと考える。

[4] まとめ

　仮登記担保権の私的実行をするためには、債務者に履行遅滞があることと、仮登記担保契約において債権者が目的物の所有権を取得するとしている日（予約完結権行使日または条件成就の日）の到来を必要とする（本法2条）。仮登記担保権者が、仮登記担保権の目的物所有権を取得するためには、仮登記担保権設定者に対して、本法2条に定める通知をしなければならない（物上代位権を有する後順位担保権者がいる場合には、5条通知もする必要がある）。2条通知到達後に、2カ月の清算期間が経過すると、目的物所有権が移転する。仮登記担保権者は、設定者に清算金を支払い、本登記や占有移転を求めることになる。仮登記担保権者が私的実行により目的物の所有権を取得する場合に、その目的物

について後順位担保権者がいるときは、後順位担保権者は仮登記担保権設定者の有する清算金請求権に対して物上代位権を行使するか、あるいは自ら競売を申し立てる方法をとりうることになる。仮登記担保権の設定されている目的物の先順位の担保権者が競売の申立てをするか、またはその目的物について一般債権者が強制競売の申立てをした場合には、仮登記担保権者は、その仮登記の順位で抵当権を有するものとみなされて優先弁済を受けうる。仮登記担保権の設定されている目的物の後順位の担保権者が競売の申立てをした場合、仮登記担保権者は、裁判所からの権利等の届出の催告に応じて裁判所に届出をすれば、優先弁済を受けうる。

　仮登記担保権者が、仮登記担保権の目的物所有権を取得するためには、仮登記担保権設定者に対して、本法2条に定める通知（2条通知）をしなければならない（➡【1】概説）。この2条通知で示された清算金見積額が、客観的な見積額と相違している場合に、その2条通知が無効になるか否かが問題となる。これにつき、東京高裁は、仮登記担保法2条1項に基づき債権者から債務者に通知すべき清算金の見積額は、必ずしも客観的に正当な清算額と一致している必要はないものとした（東京高判昭和60年5月14日東高民時報36-4〜5-92）。そして、通知された清算金の見積額が客観的に正当な清算額と相違しているときは、債務者はこれを争い同時履行の抗弁権を行使し、客観的に正当な清算金の交付と引換に所有権移転の本登記に応ずれば足りるのであり、通知された清算金の額が不当であるからといって、直ちに清算金に関する通知が無効になるものではないと理由づけている。学説も、この判決を支持する。

◆学説の立場
　久保井一匡＝中井洋恵「批判」担保法の判例②91以下。もっとも、2条通知をする際に、鑑定費用がかけられた場合、それを誰が負担するのか問題が残されている、同「批判」93。

第22講　仮登記担保権の実行　219

第23講 譲渡担保の性質と実行

[1] 概説

●譲渡担保の性質

1 譲渡担保の意義

　債権者の債務者に対する債権を担保するために、ある財産権を債務者から債権者に移転し、もし、債務者が債務を弁済すればその財産権の返還を受けられるが、弁済をしない場合には、その財産権の返還を受けられなくなるという形式をとる担保方法を、譲渡担保という。譲渡担保は、判例と慣習法とによって構成された特別な物的担保である。譲渡担保の設定において、財産権を債権者に移転するのは、債務者自身である必要はなく、第三者（物上保証人）がその財産権を移転してもよい。また、債権者に移転される財産権（譲渡担保の目的）は、不動産や動産の所有権でもよいし、債権などでもよい。さらに、内容が時々刻々変動する集合動産または集合債権でもよい（→詳細は、第25講）。譲渡担保に供された財産権の直接占有も、債権者に移転される場合もある（譲渡質）が、債務者（または物上保証人）に残される（譲渡抵当）ことが多い。

　譲渡担保の法的構成に関して、債権担保を目的としていることから、譲渡担保権者を完全な所有権者とはせず、また、設定者にも目的物について何らかの物権が帰属していると解するのが通説（担保的構成）となっている（道垣内・299参照）。

表23-1　非典型担保の比較

		法　形　式	目的物の通常の占有者
非典型担保	仮登記担保	代物弁済の予約 停止条件付代物弁済契約	設定者（債務者・物上保証人）
	譲渡担保	債権者への目的物の譲渡	設定者（債務者・物上保証人）
	所有権留保	売買契約において所有権を移転しないとの特約	代金債務者たる買主

2 譲渡担保と売渡担保

　かつては、譲渡担保の中には、狭義の譲渡担保と売渡担保の2つの類型があると説明された。この区別を判示したのは、昭和8年大審院判決である（大判昭和8年4月26日民集12-767）。売渡担保の場合は、当事者間でいったんある財産

◆譲渡担保の所有権的構成から担保的構成へ

　譲渡担保は、目的物の所有権を譲渡担保権者に移転するという形式をとっているので、古くは、その形式を重視し、目的物の所有権は譲渡担保権者に完全に移転していると構成するのが一般的であった（所有権的構成）。所有権的構成では、譲渡担保権者は、取得した所有権を債権担保目的を超えてはならないとの拘束を受けるが、その拘束はあくまで債権的なものに過ぎないから、譲渡担保権者が被担保債権の弁済期到来前に目的物を第三者に売却等をした場合、相手方がその拘束の存在につき悪意であっても、目的物の所有権を有効に取得するものとされて、譲渡担保権設定者の地位が弱かった。そこで、現在では、譲渡担保権者を完全な所有権者とはせず、譲渡担保権設定者にも目的物について何らかの物権が帰属していると構成する見解（担保的構成）が通説となっている（道垣内・298以下）。

♥直接占有

　用益権者・質権者・賃借人・受寄者など他人のために占有する権利義務がある者のする占有を直接占有という。

◆譲渡担保の短所

　譲渡担保のような権利移転型担保の短所としては、債務不履行をしていないにもかかわらず債権者に所有権移転登記までなされてしまうこと、後順位の担保を設定できなくなること、移転登記を受けた債権者が勝手に不動産を処分してしまうおそれや、仮登記担保と比べて登録免許税が高額であることが指摘されている（道垣内・295以下）。

権の売買契約を締結することによって、その財産権が売主から買主に移転するが、その後、売主がその代金を買主に返還すれば、その財産権の返還を受けられる買戻しや再売買の予約という形態で行われる。このため、売渡担保の場合、売主・買主間には債権・債務関係は残っていないので、売主には代金を返還すべき債務がないのに対し、譲渡担保の場合には、被担保債権の債務者は、譲渡担保権者たる債権者に債務を負担している点で相違がある。そして、わが国の取引界においてはこの区別は徹底していないので、具体的な事例においてどちらの形態であるかを判断するに際しては、当事者が用いた用語にとらわれることなく、当事者の意思を推測・判定すべきであるとされてきた（我妻・593、柚木=高木・547以下）。

しかし、現在では、狭義の譲渡担保と売渡担保（買戻し・再売買の予約）を基本的には区別せずに処遇する立場が有力である（道垣内・297以下。両者の違いは債権債務を残すか否かだけであって、その他の点については同じ規律に服させるべきであるとするのが最近の学説である。遠藤ほか・267以下［淡路剛久］）。なお、目的物の占有を買主に移転する形態が売渡担保（買戻し・再売買の予約）であり、それに賃貸借を付けて売主が占有を続けるものが譲渡担保であるとして、占有の点でのみ区別する見解（近江・277）もある（これに対し、占有如何で区別する必要はないとの反対説も有力である。道垣内・298［目的物の利用に関する特約の問題］）。

● **買戻特約付売買契約として締結された契約と譲渡担保契約**

1 問題点

買戻特約付売買契約として締結された契約であっても、譲渡担保契約と解されることがあるか。すなわち、買戻特約付売買契約として締結された契約の買主が、同契約により目的不動産の所有権を取得したと主張して目的不動産の明渡しを求めた場合、その契約の売主は、同契約が（占有権の移転を伴わない）譲渡担保であることを主張して、明渡しを拒むことができる場合はあるか。

2 検討

真正な買戻特約付売買契約であれば、売主から買主への目的不動産の占有の移転を伴うのが通常であり、民法も、これを前提に、売主が売買契約を解除した場合、当事者が別段の意思を表示しなかったときは、不動産の果実と代金の利息とは相殺したものとみなしている（579条後段）。そうすると、買戻特約付売買契約の形式がとられていても、目的不動産の占有の移転を伴わない契約は、特段の事情のない限り、債権担保の目的で締結されたものと推認され、その性質は譲渡担保契約であるとするのが判例である（最判平成18年2月7日民集60-2-480）。したがって、真正な買戻特約付売買契約ではなく、譲渡担保契約と解すべき場合、真正な買戻特約付売買契約を目的物の所有権取得原因と主張する買主の明渡請求は認められない。

この最判平成18年は、債権担保目的で締結された買戻特約付売買契約は、譲渡担保契約と解すべきものとした（生熊長幸「判批」ジュリ1332-72・73（平19））。

♥ **買戻し**
売買契約を締結するのと同時になされた特約によってその契約を解除すること、またはその特約のこと(579条以下)。

♥ **再売買の予約**
売主がその所有不動産をいったん買主に売却し、将来、その買主が売主にそれを売り渡すことにつき予約することをいう。2度目の売買につき予約が行われるので、再売買の予約という。

今日においては、売渡担保を譲渡担保に吸収し、売渡担保の存在理由を否定する学説が主流をなしており、この最判平成18年は、売主が買戻特約付売買契約に際して売主から買主への目的不動産の占有移転がないということを立証すると、債権担保の目的であることが推認されるとしたものである（角紀代恵「判批」判タ1219-34・36（平18）。これは、近時の多数説・下級審判例の動向に従ったものである（片山直也「判批」金法1780-37・40（平18））。

③留意点

再売買の予約と買戻特約付売買は同じ機能を持つから、再売買の予約と譲渡担保の区別のメルクマールも本判決の射程にある（永石一郎「判批」金商1254-6・10（平18）。真正な買戻特約付売買契約とされず譲渡担保契約と認定された場合には、民法の買戻しの規定の適用はない。したがって、債権者（買主）は、清算義務を負い、清算されるまで債務者は受戻権を行使できる（細田勝彦「判批」銀行法務21No.670-74・77（平19））。また、生熊・前掲「判批」73）。

●譲渡担保権の設定

①譲渡担保権設定契約の当事者

譲渡担保権は、譲渡担保権者と譲渡担保権設定者との譲渡担保権設定契約によって設定される。譲渡担保権の設定契約では、「債務を担保するために所有権を債権者に移転する」という文言が用いられる（道垣内・304）。譲渡担保権設定契約の一方の当事者は、譲渡担保権設定者である。譲渡担保権設定者は、被担保債権の債務者自身であることが多いが、第三者（物上保証人）が譲渡担保権を設定することもできる。譲渡担保権設定契約の他方の当事者は、被担保債権の債権者自身であることが普通である。もっとも、第三者を譲渡担保権者とすることもある（我妻・608以下）。

②譲渡担保権設定契約の内容

(1) 譲渡担保権設定契約の目的たる財産権には、制限がない。財産的価値のある権利であって譲渡できるものであれば、すべて譲渡担保の目的にできる（我妻・609）。

(2) 譲渡担保権設定契約により、譲渡担保権設定者から譲渡担保権者にその目的たる財産権が移転する（どのような権利・財産権が移転するのかについては議論がある）。その目的たる財産権は、質権や抵当権のように所有権の一部の価値である制限物権が設定されるというのではなく、（少なくとも法形式的には）その財産権そのものが移転される。その財産権のうちのどのようなものが譲渡担保権者に移転するかについては、後述するように、譲渡担保の理論構成によって異なる。

(3) 譲渡担保権の目的たる財産権の譲渡について対抗要件を備えないときは、譲渡担保権者は、その財産権（譲渡担保権）の取得を第三者に対抗できないから、優先弁済を受けることはできない。したがって、譲渡担保権設定契約は、原則として目的たる財産権の移転について対抗要件を備える旨の合意を含むというべきである（我妻・611）。動産の譲渡担保における対抗要件は、引渡し（178

♥**制限物権**
目的物を一定の限られた目的のために一時的に利用する物権をいう。制限物権は、地上権や永小作権等の用益物権と質権や抵当権等の担保物権に大別される。

◆**不動産の譲渡担保と仮登記担保**
不動産の譲渡担保と仮登記担保との違いは、譲渡担保の場合、所有権移転登記を経由してしまうので、仮登記担保の場合と異なって、仮登記を本登記にする際の面倒な手続がいらない点にある（内田・521）。

条）である。目的物の占有が一般には設定者にとどめられることから、占有改定（183条）によることが多い（道垣内・305）。譲渡担保権の目的物が動産であって、譲渡担保権設定者がその直接占有を維持して使用収益する場合には、譲渡担保権者は、占有改定によって占有を取得し、対抗要件を備えることになる（我妻・611）。判例によれば、特定動産の譲渡担保契約が締結されて債務者が引き続き目的物を占有している場合には、それによって債権者は占有権を取得し、第三者に対抗することができるものとする（高橋・315）。動産・債権譲渡特例法に基づく登記によって、譲渡担保設定の対抗要件を満たすこともでき、そのときは譲渡担保の設定・対抗要件具備の時期等について立証しやすくなるとともに、一定程度は、譲渡担保目的物について第三者の即時取得を妨げる効果も期待できる（道垣内・305）。

　譲渡担保の目的物が不動産である場合の対抗要件は、所有権の移転登記によって行われる。その登記原因は、売買とすることが多い（「売買」を原因とする所有権移転登記）が、「譲渡担保」を登記原因とする所有権移転登記も登記実務上認められている。もっとも、譲渡担保を登記原因とした場合も、被担保債権を記載することは認められていないし、債務者が被担保債権を弁済すればその目的物が設定者に移転することについて登記することも認められていない。なお、不動産の譲渡担保は、最近あまり用いられないといわれている（道垣内・304）。

3 譲渡担保権の被担保債権

　譲渡担保権が有効に成立するためには、被担保債権の存在が要件である。したがって、その被担保債権を成立させる消費貸借契約や売買契約が無効であって被担保債権が成立しないときは、その契約締結と同時に締結された譲渡担保権設定契約に基づく権利の移転も、原則として、効力を生じない（我妻・616）。

4 譲渡担保権の目的物の利用関係

　譲渡担保権の目的物の利用関係については、設定当事者間で何らかの合意がなされるのが通常である。譲渡担保の目的物の利用に関して、契約書では、設定者が譲渡担保権者の代理人として占有する、または設定者は譲渡担保権者から賃借するといった約定のなされることが多い（道垣内・310）。この点に関して具体的な譲渡担保権設定契約において合意が明瞭でないときは、解釈によって明らかにしなければならない。そして、目的物が動産でも不動産でも、一般的には、占有を移さない趣旨と解すべきであるとされる。なぜならば、譲渡担保権を設定する当事者の合理的な意思からみて、それを常態とするからである（我妻・615）。したがって、これに反する特約のないときは、譲渡担保権設定者に目的物の利用権が存すると推定される。

●譲渡担保権の効力

1 譲渡担保権の目的物の範囲

　不動産を目的物とする場合、付加物や従物については、抵当権についての370条を類推適用してよいとするのが通説である（高木・343。これに対して、道垣

◆譲渡担保を登記原因
　従来は、不動産譲渡担保の登記原因として「売買」とされることが多かったようである。しかし、平成16年の不動産登記法改正により、登記の正確性を高めるため、「登記原因を証する情報」を提供することが権利に関する登記申請に必須のものとされた結果（不登61条）、今後は、「譲渡担保」を登記原因とすることが多くなると予想されている（道垣内・306）。

♥譲渡担保と登記
　不動産の譲渡担保の場合、登記原因として「譲渡担保」と記載することが認められるが、債権額、利率および弁済期は記載されず、また、実行されて確定的に現在の名義人の所有になっているかも明らかにされない（平野・256注283）。

内・307）。債務者である土地の賃借人がその賃借地上に所有する建物を譲渡担保とした場合には、その建物のみを担保の目的に供したことが明らかであるなど特別の事情がない限り、その譲渡担保権の効力は、原則として土地の賃借権に及び、債権者が担保権の実行としての換価処分により建物の所有権を自ら確定的に取得しまたは第三者にこれを取得させたときは、これに随伴して土地の賃借権も債権者または第三者に譲渡される（最判昭和51年9月21日判時833-69）。また、担保物権の物上代位（304条）は、譲渡担保権にも認められる。

2 被担保債権

譲渡担保権によって担保される債権は、将来の債権、条件付債権または不特定の債権（根譲渡担保となる）でもよいし、金銭債権でなくてもよい（債務不履行の場合には金銭債権になるため）。譲渡担保権によって担保される債権の範囲は、その設定当事者間の契約によって定まり、その元本のほか、利息や違約金にも及ぶ。

譲渡担保権の被担保債権の範囲について、抵当権の被担保債権の範囲について規定した375条を類推適用するか否かについて争いがある。譲渡担保を後順位者の出現を予定する無占有担保権と解し、375条が競争取引者間の調整策として合理性を有する以上、譲渡担保の被担保債権の範囲について375条を類推適用すべきとする少数説がある（槇・341）。

しかし、譲渡担保権の被担保債権の範囲について、375条の類推適用を否定するのが通説である。375条は、後順位者を保護するための規定であるのに、不動産譲渡担保の場合は後順位担保権者の生ずる余地はなく、また譲渡担保では利息等の公示方法はないし、さらに、仮登記担保でも375条の適用が否定されていることを考えると、譲渡担保に375条の類推適用はないと解すべきであろう（近江・298）。譲渡担保に関して、抵当権についての375条は類推適用されず、元本、利息、遅延損害金の全額について優先権を有するとするのが通説である（道垣内・309）。

● 譲渡担保権の実行

譲渡担保権の被担保債権が弁済等によって消滅すれば、譲渡担保権も消滅する。この場合、譲渡担保権設定者は、譲渡担保権者に目的物の引渡請求をすることができる（動産譲渡質などの場合）か、登記名義の移転を請求できる（不動産譲渡担保などの場合）。

(1) 譲渡担保権者は、被担保債権の弁済について債務者が履行遅滞をしたときは、譲渡担保権を実行することができる。譲渡担保権の私的実行は、譲渡担保権者がその目的たる財産権（典型的には、不動産の所有権や動産の所有権）ないし処分権を完全に取得し、また、譲渡担保権設定者が目的物の直接占有を続けていた場合には、譲渡担保権者が目的物の直接占有を取得することである。

(2) 譲渡担保権の私的実行による財産権の完全な取得は、譲渡担保権者からその譲渡担保権設定者への実行通知によって生ずる（その時期について、仮登記担保法2条を類推適用するのは、鈴木禄弥「仮登記担保法雑考(4)」金法874-4、5以

◆ 譲渡担保権に基づく物上代位
　一定の場合に、動産譲渡担保権に基づく物上代位権行使を認めた判例として、最判平成11年5月17日民集53-5-863がある。
　譲渡担保に物上代位性が認められるか議論があるが、最判平成11年5月17日の事件は、特定動産を目的とする譲渡担保であり、しかも、物上代位の目的である目的動産の売却代金債権と、被担保債権である目的動産の購入資金の貸付債権との間に密接な関係があるという特徴を有しているので、物上代位の成立を肯定しやすい事案であった。本判決は、このような特徴に着眼しつつ、譲渡担保の物上代位性に関する一般論を展開せず、本件の事実関係の下に限定して物上代位を肯定した（山野目章夫「判批」判例百選①[新法対応] 202）。

♥ 根譲渡担保
　不特定債権を被担保債権とする譲渡担保をいう。

◆ 否定するのが通説
　高木・343以下。また、松坂・441、我妻・619。判例も同様に否定する。最判昭和61年7月15日判時1209-23。

◆ 土地を譲渡担保とした場合の法定借地権
　同一所有者に属する土地と建物のうち、土地が譲渡担保の目的となって実行された場合、仮登記担保法10条の類推適用により、建物所有者は法定借地権に基づいて土地の利用を継続できる（道垣内・324）。

◆ 譲渡担保と同時履行関係
　譲渡担保の場合、被担保債権の弁済と目的物の返還は同時履行関係に立たず、弁済がなされた後に目的物返還請求ができるに過ぎない（最判平成6年9月8日判時1511-71）。

下（昭53）［清算期間経過後も、債権者からの清算金提供のなされないうちは、債務者は受戻しをすることができる］、近江・299。なお、受戻権が消滅したときに、債務者は目的物上の所有権を失うとするのは、最判昭和62年2月12日民集41-1-67［傍論］）。

(3) 譲渡担保権者が、その目的物によって自己の被担保債権に満足を得る方法としては、処分清算と帰属清算の2種類がある。譲渡担保権者がその目的物を第三者に処分し、売却代金を被担保債権の弁済にあて、剰余金があればそれを譲渡担保権設定者に交付（清算）する方法が、処分清算である。これに対し、譲渡担保権者自身がその目的物を完全に取得し、その目的物の評価額が被担保債権額を超過しているのであれば、その超過額を譲渡担保権設定者に交付（清算）する方法が、帰属清算である。このように、処分清算と帰属清算のいずれの方法をとっても、譲渡担保権者には清算義務が課される。

(4) 帰属清算型の不動産譲渡担保の場合、その清算金額の確定時期について争いがある。判例は、帰属清算型の譲渡担保においては、債務者が債務の履行を遅滞し、債権者が債務者に対し目的不動産を確定的に自己の所有に帰せしめる旨の意思表示をしても、債権者が債務者に対して清算金の支払いもしくはその提供または目的不動産の適正評価額が債務の額を上回らない旨の通知をしない限り、債務者は受戻権を有し、債務の全額を弁済して譲渡担保権を消滅させることができるとする。そして、債権者が単にその意思表示をしただけでは、いまだ債務消滅の効果を生ぜず、したがって清算金の有無およびその額が確定しないため、債権者の清算義務は具体的には確定しないとする。もっとも、債権者が清算金の支払いもしくはその提供または目的不動産の適正評価額が債務の額を上回らない旨の通知をせず、かつ、債務者も債務の弁済をしないうちに、債権者が目的不動産を第三者に売却等をしたときは、債務者はその時点で受戻権ひいては目的不動産の所有権を終局的に失い、同時に被担保債権消滅の効果が発生するとともに、その時点を基準時として清算金の有無およびその額が確定するとした（最判昭和62年2月12日民集41-1-67）。学説も、この判例の見解を支持するのが多数説である（塩崎勤「判批」金法1179-10、15（昭63））。これに対して、少数説として、仮登記担保法を類推し、2カ月の清算期間の経過時とする清算期間経過時説（近江・301、新版注釈民法⑨863［福地俊雄］）もある。

譲渡担保権設定者に譲渡担保権の目的物についての現実の占有がある場合、譲渡担保権者は譲渡担保権の実行により目的物の引渡し・明渡しを設定者に請求することができるが、譲渡担保権設定者の引渡・明渡義務と譲渡担保権者の清算金支払義務とは、引換給付の関係にある（最判昭和46年3月25日民集25-2-208）。この設定者の有する引換給付権は、債権者の無資力により被るおそれのある不利益を回避できること、および清算金の支払いが間接に促され、設定者は、事実上、わざわざ訴訟を強いる煩を免れることができる点で、設定者のために重要な役割を担う。

なお、譲渡担保権者が民執法に基づく競売を申し立てる権利があるかという問題がある。不動産を目的とする担保権実行の申立ての際に提出を要する文書を定める民執法181条は、「担保権」と規定するのみで（動産や債権を目的とする

◆最判昭和46年3月25日
　譲渡担保の実行に際して、従来は、清算義務を、処分清算型では肯定し帰属清算型では否定するのを原則とする考え方があったが、本判決は、これを否定し、帰属清算型の場合にも清算義務を肯定し、譲渡担保権者の清算義務を確立したものである（山野目章夫「判批」判例百選①［新法対応］200）。

◆引換給付権の意義
　山野目章夫「判批」判例百選①（5版・平13）200は、譲渡担保の目的が動産や債権の場合には、この判決は直ちには妥当しないと指摘する。

場合も、同様に「担保権」としている〔民執190条・193条〕）、その担保権の種類は限定していないので、譲渡担保権による民執法上の担保権実行手続の利用を肯定的に解する見解がある。譲渡担保権は、実体上担保権であって、優先弁済権を本体の効力としている以上、民執法に基づく実行を否定する理由はなく、また、私的実行過程では目的物の評価額をめぐる争いを生じたり、譲渡担保権者が清算金を準備できない事態を生ずるなどの支障を生ずる可能性があるので、譲渡担保権を、私的実行権だけを有する担保権にとどめるべきではないとする（槇・354以下）。これに対し、譲渡担保権に民執法上の競売権を認める実益がないとして、否定する見解もある（高木・344注）。

●譲渡担保権者と第三者との関係

(1) **不動産の場合** 不動産に譲渡担保権が設定され、対抗要件たる所有権の登記が債権者に移転していれば、譲渡担保権設定者は、不動産を第三者に処分することは事実上困難である。設定者が譲渡担保権者に所有権移転登記をしていない場合に、目的物を第三者に売却すれば、対抗問題として処理されることになる。

(2) **動産の場合** 動産譲渡担保権の設定された目的物の占有は、通常は譲渡担保権設定者にあるので、設定者が目的物を自己の所有物であるとして第三者に処分する可能性がある。この場合は、即時取得（192条以下）の問題として処理するのが通説である。第三者が譲渡担保権の存在につき善意であり、善意であることにつき過失のない場合には、第三者は何ら負担のない所有権を取得する（道垣内・309以下）。実務上は、目的物たる機械などに、「当該機械が譲渡担保の目的となっていること」を明記したネームプレートを貼り付け、第三者をして悪意ならしめようとすることがしばしば行われる（道垣内・313）。

●譲渡担保権設定者と第三者との関係

① 譲渡担保権者が目的物を第三者に処分した場合

(1) **不動産譲渡担保の場合** 不動産譲渡担保の場合は、譲渡担保権設定者から譲渡担保権者に対して所有権移転登記がなされる。この不動産譲渡担保の場合、譲渡担保権を私的実行する前に、譲渡担保権者がその目的物を第三者に売却等の処分をしてしまった場合、所有権的構成に立てば、それは所有権者による売却であるから有効であり、第三者は所有権を取得することになる（大判大正9年6月2日民録26-839）。

これに対し、担保的構成に立てば、第三者が、譲渡担保権者に所有権のないことについて善意である場合には、94条2項類推適用により、所有権を取得することになる。しかし、この94条2項類推適用の要件を満たさない場合には、その売買契約は無効であるから、譲渡担保権設定者は第三者に対して所有権移転登記の抹消登記請求ができるとするのが1つの立場である。

もう1つの立場は、第三者に譲渡担保権が移転し、債務者は債権者に債務を弁済して第三者に対し登記名義の回復を請求できると主張するものである。こ

♥**動産・債権譲渡特例法と即時取得**
動産譲渡担保の場合、動産・債権譲渡特例法に従った譲渡の登記によって対抗要件が具備されたときも、即時取得は成立しうる（道垣内・313）。

◆**所有権的構成と担保的構成**
譲渡担保権の設定契約では、目的物の権利（通常は所有権）は債権者に移転し、履行期までに債務者が債務を履行すれば、所有権は設定者に復帰すると定められる。契約内容に即して権利関係を構成すると、目的物の所有権は契約によって債権者に移転すると構成することになる（所有権的構成）。しかし、譲渡担保権の設定契約における債権者の経済的目的は債権担保であるから、債権者がその設定時から所有権を取得すると構成することは、債権者に過剰な権利を与えることになる。

そこで、学説は、譲渡担保権の法律構成について、債権者は、債権額の限度で目的物の価値を支配する担保権（物権）を有するにとどまり、残余価値は設定者に物権的に帰属していると考えている。そして、設定者に所有権が残り、債権者は一種の担保物権を取得する立場が有力であり、この立場は担保的構成（担保権的構成）と呼ばれている（高木・332以下）。

もっとも、担保的構成も大きく2つに分かれる。1つは、譲渡担保権の目的物の所有権が譲渡担保権者に移転することを認める説と、他の1つは譲渡担保権者にその所有権は移転することはないとする立場である（道垣内・299）。譲渡担保の法律構成については、後述。

の後者の立場では、譲渡担保権の債務者が履行遅滞をした場合には、その譲渡担保権者たる第三者は清算金を支払って目的物の所有権を取得できることになる（高木・359［設定者にとって特に不利な事態をまねくことにならず、設定者と譲受人の両者の利益を調和した解決方法である］以下参照。また、東京高判昭和46年7月29日判時640-45）（➡譲渡担保の法的構成については、【2】論点のクローズアップ）。

　不動産の譲渡担保において、譲渡担保権設定者が被担保債務を弁済して譲渡担保権を消滅させたが、所有権登記を復帰しないでいたところ、まだ登記名義人である譲渡担保権者が目的不動産を第三者に譲渡してしまったときは、所有権的構成に立てば、二重譲渡の場合と同様な対抗問題になる。判例は、この立場に立ち、被担保債務の弁済等により譲渡担保権が消滅した後に目的不動産が譲渡担保権者から第三者に譲渡されたときは、その第三者が背信的悪意者にあたる場合は別として、譲渡担保権設定者は、登記がなければその所有権をその第三者に対抗できないとした（最判昭和62年11月12日判時1261-71）。これに対し、担保的構成では、所有権はもともと譲渡担保権設定者に存し、不実の登記名義人である譲渡担保権者が第三者に譲渡したことになる。被担保債務の弁済がなされても、真実に合致しない登記名義が譲渡担保権者に存在していることになるから、第三者に94条2項類推適用の要件が満たされていれば、第三者はその所有権を取得できることになる（高木・360）。

　(2) **動産譲渡担保**　譲渡担保権者が譲渡担保権の設定を受けた動産を第三者に対して売却等の処分をした場合、所有権的構成に立てば、譲渡担保権者は所有権者であるから、その売却は有効であり、第三者は動産所有権を取得できることになる。これに対し、担保的構成に立ち、譲渡担保権者には所有権はないと構成すると、第三者は有効には所有権を取得できないことが原則になる（もっとも、第三者が即時取得の要件を満たしていれば、第三者は即時取得によって所有権を取得できることになる）。

　他の債権者のために一定の目的物について譲渡担保が設定され、占有改定の方法による引渡しをもってその対抗要件が具備された後に、その同一目的物について劣後する譲渡担保が重複して設定された場合、劣後する譲渡担保権者は、その目的物について独自の私的実行の権限が認められるか争われた事案がある（集合動産譲渡担保の事案）。判例は、このように重複して譲渡担保を設定すること自体は許されるとしても、劣後する譲渡担保に独自の私的実行の権限を認めた場合、配当の手続が整備されている民事執行法上の執行手続が行われる場合と異なり、先行する譲渡担保権者には優先権を行使する機会が与えられず、その譲渡担保は有名無実のものとなるおそれがあるとして、後順位譲渡担保権者による私的実行を認めていない（最判平成18年7月20日民集60-6-2499。この判決は、集合動産でなく特定の動産を目的物する譲渡担保の場合にまで譲渡担保の重複的な設定を認めたものでないことについて、高橋・344注(37)）。なお、その後順位譲渡担保権者が、同一目的物について、占有改定による引渡しを受けたにとどまる場合には即時取得を認めることはできないから、後順位譲渡担保権者が即時取得により完全な譲渡担保を取得したとすることはできないとした。

**23-2　譲渡担保権者の一般債権者が
　　　目的不動産を差し押さえた場合**

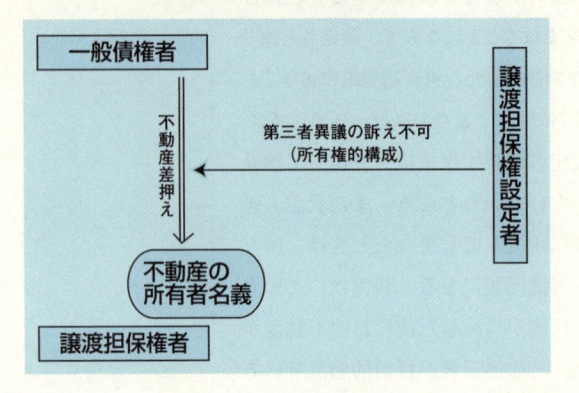

```
┌─────────┐                              ┌──┐
│ 一般債権者 │                              │譲│
└─────────┘                              │渡│
     │      第三者異議の訴え不可            │担│
   不│      ←──────────────            │保│
   動│         （所有権的構成）            │権│
   産│                                    │設│
   差│      ┌─────────┐                │定│
   押│      │ 不動産の     │                │者│
   え↓      │ 所有者名義  │                │ │
         └─────────┘                └──┘
┌─────────┐
│ 譲渡担保権者 │
└─────────┘
```

2　譲渡担保権者の一般債権者と譲渡担保権設定者との関係

(1)　**差押え**　不動産譲渡担保で、譲渡担保権者の一般債権者が、譲渡担保権の目的物である不動産について強制競売の申立てをして差押えをした場合、譲渡担保権設定者はどのような対応をとることができるかが問題となる。所有権的構成に立つと、譲渡担保権設定者には所有権はないから、第三者異議の訴えを提起することはできない。これに対し担保的構成に立つと、設定者は第三者異議の訴えを提起できるのが原則となるが、もし、差押債権者が94条2項類推適用の要件を満たしている場合には、設定者は第三者異議の訴えは提起できないとされる（例えば、内田・538）。

動産譲渡担保の場合においては、譲渡担保権者の一般債権者が動産執行の申立てをした場合、譲渡担保権の目的物である動産の占有を有している譲渡担保権設定者が、その動産を執行官に提出することを拒めば、その動産は差し押さえることはできない（民執124条）から、事実上、動産執行の方法をとることはできない。したがって、譲渡担保権者の一般債権者は、被担保債権を差し押さえるか（譲渡担保権にも差押えの効力が及ぶ、随伴性）、譲渡担保権者が設定者に対して有する目的物引渡請求権に対する執行手続（民執163条）の方法をとることとなる。被担保債権を差し押さえた場合、債権者が転付命令を得ると、債権とともに譲渡担保権を取得することとなり、設定者の地位に変化は生じない。転付命令を得ないときにも、差押債権者は、差押債権の取立てのために譲渡担保権を実行できる。譲渡担保権者が設定者に対して有する目的物引渡請求権に対する執行手続の方法をとる場合には、譲渡担保権者が私的実行を行い目的物の引渡請求権を取得するまでは引渡しを拒むことができ、引渡請求権が発生した後でも、清算金の提供がない限り引渡しを拒むことができる（高木・361以下）。

(2)　**破産**　取戻権とは、第三者が、特定の財産が破産者に属さず、したがって破産財団（法定財団）に属しないことに基づいて、破産財団（実在財団）に対し引渡請求や登記の抹消請求などをすることができる権利である（破産62条）。取戻権者としては、物の所有者、債権または無体財産権の帰属者などが典型例であるが、破産者に対する賃貸人なども契約上の返還請求権に基づいて取戻権を有する（伊藤・311以下）。この取戻権と譲渡担保との関係について問題と

なるのは、旧破産法88条である。旧破産法88条は、破産宣告前に破産者に財産を譲渡した者は「担保ノ目的ヲ以テシタルコトヲ理由トシテ」その財産を取り戻すことはできないと定めていた。かつて、この旧破産法88条の趣旨は、譲渡担保ではその設定された財産が完全に移転しかつ公示方法も具備していて、外観上は譲渡担保権者・譲受人の財産としてその信用の基礎になっているので、譲渡担保権者が破産した場合には、その破産債権者を保護するために、譲渡担保権設定者は債務を弁済してもその財産を破産財団から取り戻すことはできないものと解されていた。しかし、このような解釈は、譲渡担保権設定者の利益の保護に欠けるので、譲渡担保権設定者は、譲渡担保権者が破産した場合、その被担保債権を弁済すれば譲渡担保の設定された財産を取り戻すことができると解するのが従来の考え方であった。このように、旧破産法88条の趣旨は、被担保債権の消滅を理由とせず、財産の譲渡が単に担保の目的であることだけを理由としては取り戻すことができないことを定めたものと理解していた。しかし、設定者の有する権利は、目的物についての完全な支配権ではないから、取戻権の基礎として認めることができない。いずれにしても、譲渡担保権者の破産において設定者が目的物を取り戻すことができるか否かは、譲渡担保に対する実体上の規律に委ねられれば足り、あえて旧破産法88条のような特則を設ける理由に乏しいと考えられたところから、破産法の改正に伴い、この規定は削除された（伊藤・340以下）。

(3) **会社更生** 譲渡担保権者に会社更生手続が開始した場合、譲渡担保権設定者はその被担保債権を弁済すれば譲渡担保権を消滅させることができるのは、破産の場合と同様である（高木・362）。

●受戻権

不動産譲渡担保における清算金の額の確定時期については争いがある。その確定時期について、清算金の支払いまたは提供時（清算金のないときは、その旨の通知をした時）、また、清算しないで第三者に処分したときはその処分時とするのが判例である（受戻権の消滅時期と同じになる）。これに対して、仮登記担保法を類推し、2カ月の清算期間の経過時とする説もある（近江・301）。

譲渡担保権者が譲渡担保権設定者に対して譲渡担保権の実行通知をしてその目的物の所有権を完全に取得しても、譲渡担保権者が清算金の支払（帰属清算型）、または第三者への処分（処分清算型）をするまでは、設定者は債権額を提供して財産権（所有権）を取り戻すことができる。このような権利を受戻権という（仮登記担保11条の類推適用）。清算通知から2カ月の清算期間の経過によってはじめて、受戻権は消滅する（仮登記担保2条1項の類推適用）。この受戻権を有するのは、譲渡担保権設定者である。譲渡担保を担保的に構成して、目的物の第三取得者にも受戻権を認める見解が多い（例えば、高木・364）。この受戻権は形成権であり、債権額（および譲渡担保権設定者が負担すべき費用で譲渡担保権者が負担した費用）を提供し（要物行為）、譲渡担保権者に対する意思表示により行うとされている（高木・364）。

♥**受戻しについて**
弁済とは、債権・債務が存在する場合に、債務を履行することによって債務を消滅させることである。もっとも、仮登記担保法の場合、清算期間内において債務は消滅しないという前提で構成されているので、約定の弁済期が経過しても、債務者は清算期間内においては弁済できることになる。これに対し、受戻しとは、買戻付売買や譲渡担保などの権利移転型担保において、所有権が債権者に移転した後に（したがって、債権・債務は存在しない）、金銭の支払により担保目的物を取り戻すことをいう。債権者の清算金の支払い以前でも、清算期間内は弁済であり、清算期間経過後は受戻しとなる。受戻しは、所有権が債権者に移転することを前提とする（近江・289以下）。

第23講 譲渡担保の性質と実行

以上のような仮登記担保法を類推した受戻権という考え方に対し、そのような仮登記担保法の類推を否定する説もある。その理由は、仮登記担保では停止条件成就ないし予約完結により目的物の所有権が仮登記担保権者に移転してしまうため、その後一定の時期までに設定者が債権等の額の支払いをすることにより、目的物の所有権を受け戻すという構造がとられているのに対し、譲渡担保では、設定者留保権の消滅時期はいつか、いつまで被担保債権を弁済できるかの問題であって、受戻権という特別の権利を観念することは不要であるとする。

(1) **帰属清算型** 譲渡担保権の帰属清算型の実行における受戻権については、仮登記担保法11条を類推適用すべきであるとされる（高木・364）。譲渡担保権設定者は、原則として清算金支払いの債務の弁済を受けるまでは受戻権を行使できる。ただし、5年の除斥期間に服する（高木・365）。

この帰属清算型の譲渡担保においては、債務者が債務の履行を遅滞し、債権者が債務者に対し目的不動産を確定的に自己の所有に帰せしめる旨の意思表示をしても、債権者が債務者に対して清算金の支払いもしくはその提供または目的不動産の適正評価額が債務の額を上回らない旨の通知をしない限り、債務者は受戻権を有し（受戻権の放棄による清算金支払請求権につき、最判平成8年11月22日民集50-10-2702）、債務の全額を弁済して譲渡担保権を消滅させることができる。したがって、債権者が単にその意思表示をしただけでは、未だ債務消滅の効果を生ぜず、清算金の有無およびその額が確定しないため、債権者の清算義務は具体的に確定しない。もっとも、債権者が清算金の支払いもしくはその提供または目的不動産の適正評価額が債務の額を上回らない旨の通知をせず、かつ、債務の弁済もないうちに、債権者が目的不動産を第三者に売却等をしたときは、債務者はその時点で受戻権ひいては目的不動産の所有権を終局的に失い、同時に被担保債権消滅の効果が発生するとともに、その時点を基準時として清算金の有無およびその額が確定される（最判昭和62年2月12日民集41-1-67）。

判例は、このように仮登記担保法2条・3条の類推適用の否定を前提としたうえで、受戻権が消滅した時を目的物の評価基準時とする。これに対し、仮登記担保法2条・3条の類推適用を肯定する説に立てば、実行通知が設定者に到達してから2カ月を経過した時点が目的物の評価基準時ということになる（高木・348）。

(2) **処分清算型** 処分清算型の場合、譲渡担保権設定者は、債務の弁済期到来後も、債権者（譲渡担保権者）がその目的物を第三者に処分するまでは、その受戻権の行使（債務を弁済して目的物を取り戻すこと）をできる（最判昭和57年1月22日民集36-1-92）。清算金額は、原則として、目的物の処分価額と債権額等の差額である（高木・348）。この処分型の譲渡担保の場合、債務者（設定者）は、譲渡担保権者が第三者との間で譲渡の契約をする時までに、元利を弁済すれば、その譲渡担保権の実行を止めることができる（星野・322）。この場合も、その受戻権は5年の除斥期間に属する。

◆**受戻権という考え方の否定**
道垣内・317以下。なお、動産譲渡担保は価格変動が大きいことや、仮登記担保法のような二重構造を考える必要もないとして、同様に仮登記担保法の類推に反対するのは、小林＝角・92以下。

▲**最判平成8年11月22日**
譲渡担保権設定者は、譲渡担保権者が清算金の支払いまたは提供をせず、清算金がない旨の通知もしない間に譲渡担保の目的物の受戻権を放棄しても、譲渡担保権者に対して清算金の支払いを請求することはできないものと解すべきである。なぜならば、譲渡担保権設定者の清算金支払請求権は、譲渡担保権者が譲渡担保権の実行として目的物を自己に帰属させまたは換価処分する場合において、その価額から被担保債権額を控除した残額の支払いを請求する権利であり、他方、譲渡担保権設定者の受戻権は、譲渡担保権者において譲渡担保権の実行を完結するまでの間に、弁済等によって被担保債務を消滅させることにより譲渡担保の目的物の所有権等を回復する権利であって、両者はその発生原因を異にする別個の権利であるから、譲渡担保権設定者において受戻権を放棄したとしても、その効果は受戻権が放棄されたという状況を現出するにとどまり、その受戻権の放棄により譲渡担保権設定者が清算金支払請求権を取得することとなると解することはできないからである。また、このように解さないと、譲渡担保権設定者が、受戻権を放棄することにより、本来譲渡担保権者が有している譲渡担保権の実行の時期を自ら決定する自由を制約しうることとなり、相当でないことは明らかである。

[2] 論点のクローズアップ

●譲渡担保権の法的構成

1 問題点

譲渡担保権をどのように法的構成するかが問題となる。譲渡担保権は、実質的には譲渡担保権者の有する債権を担保する目的で設定されるが、形式上は、所有権を有している譲渡担保権設定者から譲渡担保権者にその所有権が移転された形をとるので、法的構成に関して理論的な対立がある（所有権以外の財産権も譲渡担保権の目的となるが、ここでは所有権を例にとる）。

2 議論

A：所有権的構成［信託的譲渡説］ かつては、譲渡担保権の法的構成について信託的譲渡説が支配的であった。この信託的譲渡説によると、譲渡担保の設定は信託行為であるとする。信託行為は、経済的目的（譲渡担保の場合は債権担保）を越える法的手段（譲渡担保の場合は所有権の移転）に訴える行為である。この信託行為の一般理論によると、譲渡担保にあっては、債権者が譲渡担保の目的物の所有権者とみられ、ただ、その所有権を担保目的以上には行使してはならない債権的拘束を受けるにすぎないということになる。反面、譲渡担保権設定者は、目的物について物権的な権利を有しないこととなる。したがって、債権者（譲渡担保権者）が、弁済期前に目的物をその債権的拘束にもかかわらず第三者に譲渡してしまうと、第三者はその善意・悪意を問わず、目的物の所有権を取得することになる（譲渡担保権者が目的物の所有権を有しているため）。

このような場合、譲渡担保権設定者は、目的物の所有権を確定的に喪失することになり、信託的譲渡説では譲渡担保権設定者に対する保護が薄いのではないかと批判される。また、譲渡担保は、法形式的には、目的物が譲渡担保権者へ移転したという形をとるが、経済的・社会的実質は1つの物的担保制度であるから、法的にも極力この実質に沿った個々の問題についての解決と理論構成とがなされるべきであるとの批判もある。所有権的構成をとる判例は、譲渡担保権者が目的物の所有権を有するという一般論を個々の場合に機械的に適用するのではなく、譲渡担保権者に担保権者的な処遇を与えたり、譲渡担保権設定者からの第三者に対する物権的請求権も認めており、担保的構成に接近している。

B：担保的構成

a：［授権説］ 授権説は、譲渡担保においては当事者に所有権移転の意思はなく、譲渡担保権者に対して所有権が移転されたとの外観が存在するにすぎず、その真意は債権者に担保目的の範囲内で目的物の管理処分権限を付与することにあるとする。このような授権は、設定者の側からの一方的な撤回を許さない授権であって、その外観を信頼した第三者があった場合は、94条2項準用によって保護されるとする。

♥信託
信託とは、他人（受託者）をして一定の目的に従って財産の管理または処分をさせるために、その者に財産を移転することを指す。

◆判例の立場に対する理解の仕方
判例は、柔軟性がみられるものの、所有権は譲渡担保権者に完全に移転するという所有権的構成（信託的譲渡説）を基本的にとっている（近江・294）。これに対して、譲渡担保の設定により、目的物件の所有権はいちおう譲渡担保権者に移転するが、それは債権担保の目的を達するのに必要な範囲にとどまり、なお設定者に一定の物権が残存しているという立場を判例はとっていると理解するのは、道垣内・302。

◆所有権的構成に立っても所有権移転の効力はあくまで債権担保の目的の限度内で
譲渡担保は、債権担保の目的を達するのに必要な範囲内においてのみ目的物件の所有権移転の効力が生じるに過ぎないとする趣旨の判例が繰り返されていることについて、道垣内・302。

♥授権
授権とは、自己の有する権限の行使を他者にゆだねることをいう。

この授権説は、譲渡担保の内容が明確ではなく、譲渡担保権者の地位が弱すぎることもあって、現在では、支持者はあまりいない。

b：[二段物権変動説：設定者留保権説] 二段物権変動説は、譲渡担保の設定により目的物の所有権はいったん譲渡担保権者に移るが、その目的物から担保価値を除いた部分（設定者留保権）が、設定者に返還されるので、設定者に所有権（実質的には、所有権マイナス担保権）が留保されているとする。なかには、譲渡担保関係の存続中は、目的物所有権は設定者と担保権者との間を移行中であり、この両者とも質的にいわば部分的な所有者であって、具体的に問題を生ずるごとに設定者ないし担保権者を所有者と位置づけてそれぞれの問題を処理する必要があると説く者もいる（鈴木・368）。

二段物権変動説を理論的により明確にした設定者留保権説は、譲渡担保権の設定により目的物の所有権が譲渡担保権者に移転するが、それは債権担保の目的に応じた部分に限られ、残りは設定者に留保されている（設定者留保権）と法的構成する（道垣内・299、内田・523、高橋・315）。つまり、二段物権変動説のように物権変動が二段階で生ずるのではなく、部分的に1度移転したにすぎないと解している。

c：[物権的期待権説] 物権的期待権説は、譲渡担保権の設定により譲渡担保権者は所有権を取得し、その設定者には物権的期待権が帰属するものと解する。物権的期待権とは、設定者が被担保債権を弁済することによって所有権を取得しうる地位をいう。そして、設定者は物権的期待権という物権的権利を公示するために、不動産の譲渡担保の場合であれば、譲渡担保権者に対し、買戻しの特約または再売買予約の登記を求める請求権を有し、譲渡担保権者はそれに応ずるべき義務があるという（例えば、竹内・前掲論文200）。

この物権的期待権説に対しては、現実の問題として登記請求権が設定者から譲渡担保権者に対して行使されることはほとんどないとの批判がなされている。

d：[抵当権説] 抵当権説は、譲渡担保権設定契約によって譲渡担保権者は抵当権を取得し、設定者は所有権を有しているとする。そして、動産抵当権については公示なくして対抗力を承認すべきであるとする。具体的には、設定者が目的物を売却した場合、譲渡担保権者はその譲受人に対してその担保権を追及することができるし、設定者が破産したときは、譲渡担保権者に別除権が認められるとする。また、譲渡担保権者が被担保債権の弁済期前に目的物を譲渡した場合には、設定者はその譲受人に対して所有権を主張することができるとする。なお、譲渡担保権の設定により所有権が譲渡担保権者に移転したような外観を呈するから、それを信頼した第三者は、94条2項類推によって保護されるとする（米倉明・譲渡担保の研究（有斐閣・昭51）44）。

この譲渡担保を抵当権と構成する抵当権説に対しては、所有権の移転という外的な形式とあまりにずれるし、また、担保権としての公示がないのに対外的関係においても抵当権としての実質を貫きうるかという問題が指摘されている（内田・522）。

e：[担保権説] 担保権説は、譲渡担保を単一のものとして法的構成するよ

◆二段物権変動説における設定者留保権
　二段物権変動説のいう設定者留保権とは、実質的には担保権の負担が付着した所有権であると指摘されている（竹内俊雄「不動産譲渡担保」私法43-198以下〔昭56〕）。

りも、譲渡担保の目的物ごとに個別に法的構成する方が、譲渡担保の実態により即応するとの基本認識に立つ。そして、動産の譲渡担保は、動産抵当であると構成し、不動産の譲渡担保は、私的実行という特殊の実行方法を伴う抵当権であり、また、権利の譲渡担保は、私的実行という特殊の実行方法を伴う権利質と考える見解である（吉田真澄・譲渡担保（商事法務研究会・昭54）72）。

3 留意点

譲渡担保権の法的構成に関連した問題がある場合、これらの信託的譲渡説、授権説、二段物権変動説、設定者留保権説、物権的期待権説、抵当権説、担保権説や判例の立場をすべて分析・批判したうえで、自己の立場を明らかにしてその問題を解決するという方法をとる必要は少ない。むしろ、譲渡担保権の法的構成を、所有権的構成と担保的構成とに対立させて分析し、その具体的問題に対する結論を導き出せば足りることが多い。もっとも、同じ担保的構成といっても、譲渡担保権の設定により、目的物所有権が譲渡担保権者に移転することをいちおう認める説と、所有権が移転することはないとする説に分かれる（道垣内・297）。これら各学説の中では、二段物権変動説または物権的期待権説が有力であると指摘されている（例えば、遠藤ほか・273［淡路剛久］）。

●譲渡担保権設定者から不法占有者に対する返還請求の可否

1 問題点

譲渡担保権設定者は、その譲渡担保の目的物を不法に占有する者に対して返還請求することができるか。

2 議論

A：[譲渡担保権設定者説] 判例（最判昭和57年9月28日判時1062-81）は、譲渡担保権設定者から譲渡担保目的物の不法占有者に対する返還請求を認めた。その根拠については、譲渡担保の趣旨および効力を挙げるだけで、その理論構成は必ずしも明確ではない。

第三者が目的物の占有を奪った場合、所有権的構成を徹底すると、譲渡担保権設定者は物権的請求権に基づく占有物の回復をすることはできないであろう（所有権を有しているのは譲渡担保権者である）。これに対し、担保的構成に立つと、設定者は所有権（または何らかの物権）に基づく返還請求権ないし妨害

23-3 不法占有者に対する返還請求権

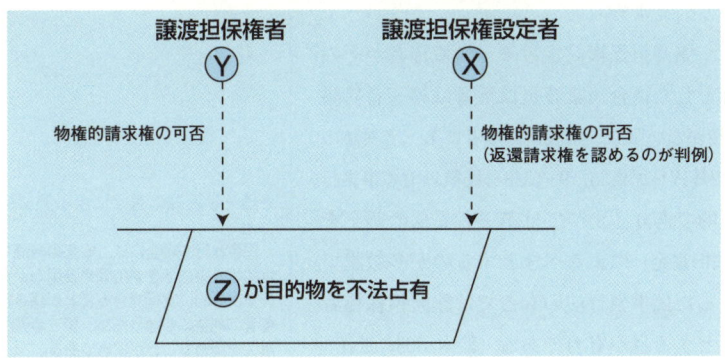

譲渡担保権者 Y ―物権的請求権の可否→ Zが目的物を不法占有
譲渡担保権設定者 X ―物権的請求権の可否（返還請求権を認めるのが判例）→ Zが目的物を不法占有

◆**担保権説と公示方法**

担保権説は法的構成の面では、抵当権説の亜流であると自認しているが、公示方法の点では、抵当権説との間には差異が存在する。担保権説によれば、譲渡担保は、一種の慣習法上の物権とみることができ、公示方法も慣習法上の公示方法をとることが可能であるとし、動産については、譲渡担保の存在を示すために取引社会で現実に用いられているネーム・プレートがその公示方法であるとする。また、不動産の譲渡担保は、帰属型の場合は、譲渡担保権設定契約を登記原因とした所有権移転請求権保全の仮登記であり、処分型の場合は、譲渡担保を登記原因とする抵当権設定登記とする。これに対し、売買を登記原因とする所有権移転登記は実体を反映していないので、登記としては無効としている（吉田・前掲書74以下）。

排除請求権を行使できることとなるが、これが現在の通説である（高木・363）。

　B：[譲渡担保権者説]　譲渡担保の目的物を第三者が不法に占有する場合その他不法な侵害を加えている場合に、これに対する返還請求権その他の所有権に基づく物権的請求権は、外形的な所有権の所在に従って解しても不都合は生じないことを理由として、譲渡担保権者が取得すると解する見解もある（我妻・651）。

　C：[競合説]　譲渡担保の目的物を第三者が不法に占有している場合、この第三者に対する返還請求ないし妨害排除請求権は、譲渡担保権者と譲渡担保権設定者の双方がともに有するとし、その根拠として、譲渡担保権設定者は所有権に基づき、また、譲渡担保権者は譲渡担保権に基づいて、それぞれ物権的請求権を有するからであるとする見解がある（柚木＝高木・578以下）。

◆競合説
　道垣内・316も、設定者留保権に基づく設定者の物権的請求権と所有権者としての譲渡担保権者の物権的請求権の両者が競合するとしている。

3 留意点

　譲渡担保権設定者から譲渡担保目的物の不法占有者に対する返還請求を認めた最判昭和57年は、担保的構成の方向に合致すると指摘する見解もある（高島平蔵「判批」判時1079-177（昭58））。これに対し、最高裁は基本的には所有権移転構成をとりつつ、場合により担保の実質に則した処理を行っていると評価すれば、この判決で直ちに最高裁が譲渡担保について担保的構成をすすめようとしているものとみることはできないとする説もある（宇佐見大司「判批」担保法の判例②35以下）。

●譲渡担保権設定者の一般債権者と譲渡担保権者

1 問題点

　譲渡担保権設定者の一般債権者が譲渡担保の目的物（特に、動産）に対して強制執行をなした場合、譲渡担保権者は**第三者異議の訴え**（民執38条）を提起できるか（または**配当要求**できるか）否かが、譲渡担保権の法的構成との関係で問題となる。

♥第三者異議の訴え
　債務名義の執行力の及ばない第三者が強制執行によって自己の権利を害されるに至ったときに、その執行の取消しを求め、自己の権利を守るための民事執行法上の訴えが第三者異議の訴えである（民執38条）。

♥配当要求
　金銭債権の満足を目的とする民事執行において、執行債権者以外の債権者が自己の債権に対しても弁済をなすべきことを申し立てること（民執105条）。

2 議論

　譲渡担保権の法的構成について所有権的構成（譲渡担保権者が目的物の完全な所有権を取得し、設定者は何ら物権的な権利を有しない）をとると、譲渡担保権者に第三者異議の訴えを認めやすい。これに対し、担保的構成に立つと、理論的には第三者異議の訴えを認めにくいように見えるが、手続法との関係から第三者異議の訴えを認めるものが多いといえよう。

　A：[第三者異議の訴え説]　判例は、譲渡担保権設定者の一般債権者がその譲渡担保権の目的物に対して強制執行をした場合、譲渡担保権者は第三者異議の訴えを提起できるとする（特段の事情がない限り、譲渡担保権者に第三者異議の訴えを認めるとするのは、最判昭和56年12月17日民集35-9-1328［民執以前の事案］）。

　学説は、担保的構成をとるのが一般的であり、かつては第三者異議の訴えを認めず、優先弁済請求の訴え（旧民訴法旧規定）によるべきとするのが多数説であったが、優先弁済請求の訴えを廃止した民事執行法のもとでは譲渡担保権者に第三者異議の訴えを認めるしかないとする説が有力である（鈴木・303、近江・

◆第三者異議の訴えによる実質的理由
　民事執行の場合には、本来の時価では目的物を売却できず時間や費用もかかるので、私的に実行できることが譲渡担保権者の利益にかなうため、第三者異議の訴えを認めることが妥当である。

318、内田・532以下［強制執行を排除して私的実行に持ち込む］）。

　B：[優先弁済説]　第三者異議の訴えの提起を認め、その一部認容として優先弁済を認めるにとどめる判決をするか、あるいは配当要求による優先弁済のいずれも認める見解がある（高木・355以下）。

3 留意点

　民執法133条（動産執行における配当要求債権者として先取特権者と質権者を挙げる規定）に掲げられた者は限定的である（立法担当者の見解）から、譲渡担保権者に配当要求を認めることは困難であるし（民執133条に譲渡担保権者は掲げられていない）、第三者異議の訴えの一部認容として優先弁済を認めるとする考え方に対しては、譲渡担保権者の有する利益は、単に優先弁済を受けることに尽きるものではないとの批判がある（譲渡担保権者は、競売手続の非効率性を回避し、また、目的物換価の時期を強制されない利益を有する。角紀代恵「判批」担保法の判例②6以下）。

　最判昭和58年2月24日（判時1078-76）は、前掲最判昭和56年12月17日を引用し、譲渡担保権者は、特段の事情がない限り、譲渡担保権者たる地位に基づいて、目的物件に対し譲渡担保権設定者の一般債権者がした強制執行の排除を求めることができるとして、民事執行法下でも第三者異議の訴え説に立つことを明らかにしている。

　また、譲渡担保権設定者が破産ないし会社更生に入った場合、譲渡担保権者は、所有権的構成に立てば、取戻権を行使できることになる。しかし、判例は、譲渡担保権者が目的物の所有権を有しているという一般論（所有権的構成）から、個々の解決を機械的に導き出しているのではない（道垣内・302）。例えば、最判昭和41年4月28日民集20-4-900は、譲渡担保権設定者に会社更生手続が開始された場合につき、譲渡担保権者に所有権に基づく目的物の取戻権を否定し、他の担保権者と同じく更生担保権者としての処遇しか認めなかった（完全な所有権者であれば取戻権が認められるはずである）。

　譲渡担保権設定者に会社更生法に基づく会社更生手続が開始した場合、譲渡担保権者は更生担保権者に準じて扱われることになる（最判昭和41年4月28日民集20-4-900）。譲渡担保権が債権担保のものに過ぎないことから、譲渡担保権者は他の担保権者と同等に扱えばよく、破産・民事再生においては別除権者（破産2条9項、民再53条）、また、会社更生においては更生担保権者（会更2条10項）として処遇されるべきであるとするのが通説である（道垣内・325）。このほか、民事再生手続において再生債務者等が譲渡担保権を担保として扱って担保権消滅許可請求ができるとする見解も主張されている（道垣内・325以下。会社更生手続においても、同様に管財人が譲渡担保権を消滅させることの許可決定を申し立てることができるとする）。

●弁済期後における譲渡担保権者による目的不動産の処分と受戻しの可否

1 問題点

　不動産に設定された譲渡担保権の被担保債権の弁済期後に、譲渡担保権者が

♥取戻権
　第三者が特定の財産が破産者に属さず、したがって破産財団に属しないことに基づいて破産財団からこれを取り戻す権利のこと。

♥会社更生法
　窮境にある株式会社について、その事業の維持更生を図る手続について規定した法律のこと。

◆最判昭和41年4月28日
　昭和41年判決は、譲渡担保を更生担保権として、抵当権・質権と同じ扱いをしている。しかし、このことから、最高裁が譲渡担保一般につき担保的構成を採用したと即断することはできないとも指摘されている（近江幸治「判批」判例百選①（4版・平8）202以下）。

目的不動産を第三者に処分した場合、債務者は残債務を弁済してその不動産を受け戻すことができるか。特に、その第三者が背信的悪意者である場合が問題となる。

2 議論

　譲渡担保権においては、被担保債権の弁済期が到来したからといって、譲渡担保権設定者（債務者または物上保証人）は直ちに受戻権を失うわけではない。帰属清算型の譲渡担保においては、債務者が債務の履行を遅滞し、債権者が債務者に対し目的不動産を確定的に自己の所有に帰せしめる旨の意思表示をしても、債権者が債務者に対して清算金の支払いもしくはその提供または目的不動産の適正評価額が債務の額を上回らない旨の通知をしない限り、債務者は受戻権を有し、債務の全額を弁済して譲渡担保権を消滅させることができる。したがって、このような場合、債権者が単にその意思表示をしただけでは、未だ債務消滅の効果を生ぜず、清算金の有無およびその額も確定しないため、債権者の清算義務は具体的に確定しない。債権者が清算金の支払い、提供または目的不動産の適正評価額が債務の額を上回らない旨の通知をせず、債務者も債務の弁済をしないうちに、債権者が目的不動産を第三者に売却等をしたときは、債務者はその時点で受戻権を終局的に失う。そして、被担保債権消滅の効果が発生するとともに、その時点を基準時として清算金の有無およびその額が確定されるとするのが判例である（最判昭和62年2月12日民集41-1-67）。また、判例は、処分清算の場合に、譲渡担保権者が第三者に目的物を処分し移転登記をしたときは、譲渡担保権設定者の受戻権は消滅するとしている（前掲最判昭和62年2月12日、最判昭和57年9月28日判時1062-81）。しかし、その第三者が背信的悪意者である場合に関しては、最高裁は明言していなかった。

　A：判例（最判平成6年2月22日民集48-2-414）は、譲渡担保権者は被担保債権の弁済期後はその目的物を処分する権能を取得するから、譲渡担保権者がその権能に基づいて目的物を第三者に譲渡したときは、原則として、譲受人は目的物の所有権を確定的に取得するとした。そして、この理は、譲渡を受けた第三者が背信的悪意者に当たる場合であっても異なるところはないとした。その理由として、そのように解さないと、権利関係の確定しない状態が続くばかりでなく、譲受人が背信的悪意者に当たるかどうかを確知しうる立場にあるとは限らない債権者に、不測の損害を被らせるおそれを生ずるからであるとしている。

　B：最判平成6年に対しては、**多数説は批判的**である。例えば、譲受人が背信悪意者の場合に譲渡担保目的物の移転登記を得ても信義則上保護に値せず、債務者は登記なくして自己の設定者留保権という準物権的権利を主張できるとして反対する見解がある（鳥谷部茂「判批」私法判例リマークス1995下52以下）。また、帰属清算型の譲渡担保においては清算金の支払がなされないために権利関係の確定しない状態が続くことになるが、債務者等にとってはそれが不利に働くことはないし、他方、債権者は清算金を支払えば権利関係を確定することができる地位にいるのだから、債権者の保護を考える必要はないと批判されて

★多数説が判例に反対する理由
　処分清算の場合、第三者が背信的悪意者であるときの多くの事例では、債権者と第三者が意を通じて債務者を害そうとしている（鳥谷部・前掲「判批」55）とか、判例の立場では、当事者の合意はどうあれ、弁済期後は債権者は第三者に目的物を処分する権限がある、という前提に立つことになってしまうと批判する（湯浅道男「判批」判例百選①（5版・平13）204以下）。
　当事者の合意が帰属清算型であれば、債権者が清算金の支払・提供をするまでは債権者は完全な所有者ではないのだから受戻権は存続し、処分清算型であれば、清算金支払前に債権者は処分権があるのだから、処分と同時に受戻権は失われるとするのが通説的見解である（湯浅道男「判批」判例百選①［新法対応］204、205）。

いる（道垣内弘人「判批」法教167-118以下（平6）、内田・538）。

3 留意点

　近年、譲渡担保権については、その受戻権と清算金支払請求権に関する重要な最高裁判決が出された。最判平成8年は、譲渡担保権設定者は譲渡担保の目的物の受戻権を放棄しても、譲渡担保権者に対して清算金の支払いを請求することはできないとした。譲渡担保権設定者は、譲渡担保権者が清算金の支払いまたは提供をせず、清算金がない旨の通知もしない間に譲渡担保の目的物の受戻権を放棄しても、譲渡担保権者に対して清算金の支払いを請求することはできない（最判平成8年11月22日民集50-10-2702）。譲渡担保権設定者の清算金支払請求権は、譲渡担保権者が譲渡担保権の実行として目的物を自己に帰属させまたは換価処分する場合において、その価額から被担保債権額を控除した残額の支払いを請求する権利である。これに対して、譲渡担保権設定者の受戻権は、譲渡担保権者が譲渡担保権の実行を完結するまでの間に、譲渡担保権設定者が弁済等によって被担保債務を消滅させることにより譲渡担保の目的物の所有権等を回復する権利である。このように、譲渡担保権設定者の清算金支払請求権と受戻権はその発生原因を異にする別個の権利であるから、譲渡担保権設定者が受戻権を放棄したとしても、その効果は単に受戻権が放棄されたというだけにすぎない。最判平成8年は、以上のように述べたうえで、もしこのように解さないとすると、本来譲渡担保権者が有している譲渡担保権の実行の時期を自ら決定する自由を、譲渡担保権設定者が受戻権を放棄することによって制約できることとなってしまい、相当でないとしている。

　この最判平成8年は、従来、判例の存しない事項について、下級審判例および学説と異なる結論をとった判例である（長沢幸男「判批」ジュリ1111-199、200（平9））。本判決のように、譲渡担保権設定者からの受戻権放棄による清算金支払請求権を認めないと、譲渡担保権者が譲渡担保権の実行を引き延ばしている場合、設定者が目的物の交換価値を実現してその余剰価値の利用を図る手段が認められなくなるという問題が残る。

◆最判平成8年の立場によれば目的物の余剰価値を利用できないとの批判
　秦光昭「判批」金法1492-52、55（平9）参照、生熊長幸「判批」判時1603-172、177（平9）。また、判例に反対するのは、大西武士「判批」判タ944-72、76（平9）。

　このほかに、譲渡担保の目的物が処分された場合、譲渡担保の目的となった建物の譲受人が、譲渡担保権設定者に明渡しを求めたとき、設定者は清算金請求権に基づいて、建物につき留置権を主張できるか否かも問題となる。清算金請求権と目的物との関連性の強弱の評価から、設定者は留置権を行使できるとする説（山野目章夫「判批」平成6年度重判解説79以下）と、留置権の行使はできないとする説（道垣内・前掲「判批」119）がある。

●被担保債権の弁済期後に譲渡担保権者の債権者が目的不動産を差し押さえた場合における設定者による第三者異議の訴え

　A（譲渡担保権者）がY（譲渡担保権設定者）に対して有する債権を担保するために、Yの所有する不動産を目的としてAのために譲渡担保が設定され、その旨の登記が経由された。被担保債権の弁済期後に譲渡担保権者Aの債権者Xが目的不動産を差し押さえ、その旨の差押登記がされたときは、設定者Yは、差

押登記後に債務の全額を弁済して、第三者異議の訴えにより強制執行の不許を求めることはできるか。

不動産を目的とする譲渡担保において、被担保債権の弁済期後に譲渡担保権者の債権者が目的不動産を差し押さえ、その旨の登記がされたときは、設定者は、差押登記後に債務の全額を弁済しても、第三者異議の訴えにより強制執行の不許を求めることはできないとするのが判例である（最判平18年10月20日民集60-8-3098）。その理由として、設定者が債務の履行を遅滞したときは、譲渡担保権者は目的不動産を処分する権能を取得する結果、被担保債権の弁済期後は、設定者としては、目的不動産が換価処分されることを受忍すべき立場にあることを挙げている。そして、譲渡担保権者の債権者による目的不動産の強制競売による換価も、譲渡担保権者による換価処分と同様に受忍すべきものであるとし、設定者は、目的不動産を差し押さえた譲渡担保権者の債権者との関係では、差押後の受戻権行使による目的不動産の所有権の回復を主張することができないとした。これに対して、譲渡担保権設定者と譲渡担保権者の一般債権者との利害を実質的に比較して設定者による受戻権行使を認める見解もある（生熊長幸「判批」民商136-2-279・293以下（2007））。

[3] ケース・スタディ

> **ケース……1 ❖ 譲渡担保と不法占有者**
>
> Xがある土地の所有権を取得したが、すでにその土地にはYが無権限でY所有の建物を所有して不法占有をしていた。Xが、その土地についてZのために譲渡担保権を設定して、Zに対して所有権移転登記を経由した。この場合、譲渡担保権設定者Xは、Yに対して土地の明渡請求をすることができるか。

本ケースの場合、譲渡担保権設定者が、譲渡担保権の目的物を不法に占有する者に対して明渡しを請求できるか否かが問題となる。

譲渡担保は、債権担保のために目的物件の所有権を形式的に移転するものであるが、所有権移転の効力は債権担保の目的を達するのに必要な範囲内においてのみ認められる。そして、譲渡担保権者は、債務者が被担保債務の履行を遅滞したときに目的物件を処分する権能を取得し、この権能に基づいて目的物件を適正に評価された価額で確定的に自己の所有に帰せしめまたは第三者に売却等をすることによって換価処分し、優先的に被担保債務の弁済にあてることができるにとどまる。他方、譲渡担保権設定者は、譲渡担保権者がその換価処分を完結するまでは、被担保債務を弁済して目的物件についての完全な所有権を回復することができるのであるから、正当な権限がなく目的物を占有する者がある場合には、特段の事情のない限り、譲渡担保権設定者は、前記したような

譲渡担保の趣旨および効力に鑑み、その占有者に対してその返還を請求することができるものと考えられる（判例同旨）。

結論として、Xは土地の明渡請求をすることができる。

★ケース1は、前掲最判昭和57年9月28日をもとにした。

> ### ケース……2❖弁済期後の処分と受戻権
>
> 債務者Yは、Aに対する債務を担保するため、Y所有の建物に譲渡担保権を設定し、処分清算を約してその所有権移転登記がYからAになされた。しかし、Yはその債務の履行を遅滞したので、AはYに対して譲渡担保権の実行通知をしたが、Yの残債務額は26万円であり、その建物の時価は990万円であった。その後、AはXとその建物の売買契約を締結し、AからXに所有権移転登記がなされた。Yが残債務と遅延損害金の全額を供託して、その不動産の占有を継続している場合、Xは、Yに対して、その不動産の明渡請求をすることができるか。Xが背信的悪意者であったらどうか。

不動産を目的とする譲渡担保契約において、債務者が弁済期に債務の弁済をしない場合には、債権者は、その譲渡担保契約が処分清算型である場合には、清算のために目的物を処分する権能を取得するから、債権者がこの権能に基づいて目的物を第三者に譲渡したときは、原則として、譲受人は目的物の所有権を確定的に取得する。そして、債務者は、清算金がある場合には、債権者に対してその支払いを求めることができるにとどまり、残債務を弁済して目的物を受け戻すことはできなくなるものと解される。この考え方は、譲渡を受けた第三者がいわゆる背信的悪意者にあたる場合であっても異なるところはない。なぜならば、そのように解さないと、権利関係の確定しない状態が続くばかりでなく、譲受人が背信的悪意者に当たるかどうかを確知しえる立場にあるとは限らない債権者に、不測の損害を被らせるおそれを生ずるからである（判例ほぼ同旨）。これに対し、帰属清算型の場合には、Xが民法94条2項により完全な所有権を取得できる場合を除き、Yは清算金の提供があるまでは受戻権を行使できると解するが（近時の多数説）、本ケースはこれに当たらない。

このように考えると、本ケースの場合、Yの債務の弁済期後に、Aがその不動産をXに譲渡したことによって、Yは残債務を弁済してこれを受け戻すことができなくなり、Xはその所有権を確定的に取得したものというべきである。したがって、その不動産を確定的に取得したXは、Yに対してその不動産の明渡しを請求することができると解される。このように解しても、Yは清算金請求権（残債務と遅延損害金は供託しているので、時価990万円）に基づき建物の引渡しについて留置権をXに行使できると解するので（近時の有力説）、Yの保護に欠けるところはない。

★ケース2は、前掲最判平成6年2月22日を処分清算型に修正した。

> **ケース………3** ❖ 借地上の建物の譲渡担保権者による建物の使用収益と無断転貸
>
> Xは、その所有する土地をAに賃貸し、Aは同地上に建物を所有・占有していたが、Aは、Yのためにその建物に譲渡担保権を設定した。Yは、まだ譲渡担保権を実行せず、譲渡担保権設定者による受戻権行使が可能であるが、Yがその建物の引渡しを受けて使用または収益をしている場合、Xは、民法612条にいう賃借権の譲渡または転貸が無断でなされたと主張して、賃貸借契約を解除できるか。

　Xは、民法612条にいう賃借権の譲渡または転貸が無断でなされたと主張して、賃貸借契約を解除できると解される。借地人が借地上に所有する建物につき譲渡担保権を設定した場合には、建物所有権の移転は債権担保の趣旨でされたものであって、譲渡担保権者によって担保権が実行されるまでの間は、譲渡担保権設定者は受戻権を行使して建物所有権を回復することができるのであり、譲渡担保権設定者が引き続き建物を使用している限り、その建物の敷地について民法612条にいう賃借権の譲渡または転貸がなされたと解することはできないとするのが判例・通説である。

　しかし、地上建物につき譲渡担保権が設定された場合であっても、譲渡担保権者が建物の引渡しを受けて使用または収益をするときは、いまだ譲渡担保権が実行されておらず、譲渡担保権設定者による受戻権の行使が可能であるとしても、建物の敷地について民法612条にいう賃借権の譲渡または転貸がなされたものと解することができる。そして、他に賃貸人に対する信頼関係を破壊すると認めるに足りない特段の事情のない限り、賃貸人は、同条2項により土地賃貸借契約を解除しうる。なぜなら、民法612条は、賃貸借契約における当事者間の信頼関係を重視して、賃借人が第三者に賃借物の使用または収益をさせるためには賃貸人の承諾を要するものとしているのであって、賃借人が賃借物を無断で第三者に現実に使用または収益させることが、まさに契約当事者間の信頼関係を破壊する行為となるものと解されるからである。譲渡担保権設定者が従前どおり建物を使用している場合には、賃借物たる敷地の現実の使用方法、占有状態に変更はないから、当事者間の信頼関係が破壊されるということはできないが、譲渡担保権者が建物の使用収益をする場合には、敷地の使用主体が替わることによって、その使用方法、占有状態に変更をきたし、当事者間の信頼関係が破壊されるものということができるから、賃貸人による解除を認めることができる（判例同旨）。

▲判例
　最判昭和40年12月17日民集19-9-2159（売渡担保の事案）。譲渡担保権設定者が目的物の所有権を失うのは譲渡担保権実行時であるから、原則として解除事由に当たらない。道垣内・307。

▲賃貸人による解除の可能性を認める判例
　最判平成9年7月17日民集51-6-2882。

[4] まとめ

　民法典には、譲渡担保権を直接認める規定はないが、判例や学説によりその法律関係が徐々に明らかにされてきた。譲渡担保に供された不動産や動産等の

財産権の占有は、譲渡担保権設定者にそのまま残されることが多く、特に、動産譲渡担保権の場合には、占有型担保権である動産質の欠点を補うことができる。不動産譲渡担保権では、抵当権と比較してその占有に関して相違はない（設定者が占有を継続できる）が、かつては譲渡担保権者が不動産を丸取りできるというメリットがあったため利用された（現在では、清算義務が課されるので、この債権者にとってのうまみはなくなった）。

　譲渡担保権設定契約の当事者は、担保を設定する目的でその契約をするが、法形式上は所有権が移転されるので、その目的と形式の不一致と明文規定のないことから各種の問題が生じる。まず、譲渡担保の法的構成として、譲渡担保を担保的に構成するか所有権的に構成するか（譲渡担保権者を所有者として扱うか）で判例・学説が対立する。判例は、従来、所有権的に構成していたが、近年の最判は担保的に構成する学説に接近しつつある。譲渡担保の各種の法律関係を考える場合、その明文の規定はないので、担保の典型といえる抵当権の規定が類推適用できるかが検討されることも多い。例えば、担保物権の付従性は、譲渡担保にも認められるか、譲渡担保の目的物の範囲について、370条を類推適用してよいか、物上代位を規定する304条は類推適用されるか、また、375条を類推適用してよいかなどが検討される。これに対して、譲渡担保権者と第三者との関係（譲渡担保権設定者が目的物を第三者に譲渡した場合の登記による対抗問題や即時取得の問題として処理）や譲渡担保権設定者と第三者との関係（譲渡担保権者が目的物を第三者に処分した場合、譲渡担保権者の一般債権者が目的物を差し押さえた場合）については、譲渡担保における担保目的と所有権移転という法形式の不一致から、解釈上の問題点が生じる。

　譲渡担保に独特の問題としては、譲渡担保の目的物の受戻権や譲渡担保権の実行における帰属清算・処分清算や清算金支払請求権にかかわる問題があり、判例は受戻権と清算金支払請求権は別個の権利としている。

◆判例の立場と所有権の移転
　前掲最判昭和56年12月17日、後掲最判昭和62年11月10日および前掲最判昭和62年11月12日を挙げて、判例は、譲渡担保契約の目的が債権担保にある点を重視しつつも、契約によって所有権が債権者に移転されるという点を捨て去っているのではないことについて、古積健三郎「譲渡担保の法的構成と効力」民法の争点(平19)151。

第24講 集合動産譲渡担保と債権譲渡担保

[1] 概説

●集合動産譲渡担保の性質

(1) **はじめに** 時の経過に従って内容の変動する動産を目的物として設定する譲渡担保を、**集合動産譲渡担保**（流動動産譲渡担保・流動集合動産譲渡担保）という。例えば、債務者の有する特定の倉庫の中の在庫商品（機械、反物、材木など）を一括して、譲渡担保の目的物とするような場合である。倉庫内の商品を目的物として集合動産譲渡担保権を設定した債務者が、消費者や小売店にその商品を売却して倉庫から持ち出せば在庫商品は減少するし、製造・仕入れた商品をその倉庫内に運び入れれば在庫商品は増加するというように、倉庫内の在庫商品は時の経過に従って増減変動する。このような集合動産譲渡担保の目的物である集合動産は、どのように特定されるかが問題となる（物権の目的物は特定していなければならないのが原則）。判例は、集合動産の目的物の範囲が特定される場合には譲渡担保の目的物となることを認め、その特定をするためには、目的物の種類、所在場所および量的範囲が定められていなければならないとする（最判昭和54年2月15日民集33-1-51、近江・320）。

集合動産譲渡担保の被担保債権は、実際には、継続的取引から生じる債務一切を担保するという根譲渡担保の場合が通常である（道垣内・333）。集合動産譲渡担保の対抗要件は、**占有改定**による引渡しによって取得できる（最判昭和62年11月10日民集41-8-1559、通説）。集合動産譲渡担保の目的物の処分に関して、契約書では、一切の処分には譲渡担保権者の承諾が必要であるとの約定がなされることも多いが、当事者の合理的意思として、通常の営業ないし生活の範囲で（承諾なしで）、構成動産を処分することは、集合物の利用にあたると考えるのが妥当である（道垣内・336）。債務者が債務不履行となった場合、譲渡担保権者はその譲渡担保権を実行することができるが、その方法は譲渡担保権設定者に対する実行通知である。実行通知がなされると、それまでは時の経過に従って内容の増減変動していた集合動産は固定することとなる。集合物を内容の変動しうる状態にしたままで、譲渡担保を実行することはできない。固定化には、譲渡担保権者の実行通知を要するが、債務者の承諾等は不要である。固定時以降に、集合体に新たな動産は加入しない（道垣内・339以下）。

(2) **動産・債権譲渡特例法と動産譲渡登記制度**

◆**集合物と集合動産譲渡担保**
集合物上の物権とは、集合物（集合動産）の上に1個の物権が成立すると解するものである。集合動産の上には1つの譲渡担保権が成立すると解するのが、集合動産の譲渡担保である（近江・319以下）。内容の変動する1つの集合物という観念を認め、その集合物に譲渡担保が設定され、あとはその内容が変動しているだけであるととらえるのが一般的であり（集合物論）、判例でも確立した法理となっている（道垣内・328）。

なお、通説では、集合物に譲渡担保が設定される結果、同時に、個別動産も直接に譲渡担保目的物になる。これに対し、譲渡担保の目的物は集合物そのものであり、個々の動産は譲渡担保の直接の目的物ではないととらえる見解もある（道垣内・330）。この後者の立場では、個々の動産は譲渡の直接の目的物ではないのであり、集合物の構成要素としての地位しか与えられない。したがって、まず集合物の固定化が必要であり、この固定化により複数の個別動産譲渡担保に転化する（道垣内・339）。

◆**範囲の特定の必要**
集合物論をとれば、目的物は集合物そのものであるが、集合物の範囲が特定されている必要がある（道垣内・330）。

◆**特定の方法**
特定の方法として、判例は、一般論として、「その種類・所在場所及び量的範囲を指定するなど」の方法によるとし、学説もこの3つの基準を挙げるのが通常である（道垣内・332）。なお、量的範囲については、「第1倉庫内にある乾燥ネギのうち28トン」という限定を付けると、例えば全部で44トン存在した場合、そのうちどの部分が集合物を構成しているか不明になるので、特定性を満たさなくなる（道垣内・332）。

◆**占有改定による対抗力取得**
集合動産譲渡担保の場合、その対抗要件は集合物の債権者への引渡し（178条）であり、通常は占有改定の方法による（道垣内・333）。これに対して、集合動産譲渡担保のような広範囲の目的物を対象とするものに、実際的な公示機能のない占有改定または将来の占有改定で対抗力を認めることに疑問を呈するのは、堀龍兒「判批」ジュリ912-102以下（昭63）。

動産を活用した企業の資金調達の円滑化を図るため、法人がする動産の譲渡につき登記による新たな対抗要件の制度を創設し、その登記手続が整備された。従来の法律のもとでは、動産の譲渡を公示する制度が不十分であるため、動産を活用した企業の資金調達が円滑に行われていないと指摘されていた。そこで、動産を活用した企業の資金調達の円滑化を図るため、登記によって動産の譲渡が公示できるように動産譲渡登記制度が創設された。これにより、動産を担保とする融資や動産の流動化・証券化が促進され、企業が円滑に資金調達をすることができると期待されている。法人がする動産の譲渡について、登記により対抗要件を備えることができる制度が、動産譲渡登記制度である。動産譲渡登記ファイルに記録された譲渡の登記は、178条の「引渡し」とみなされる（特例法3条1項）。譲渡人の本店等の所在地を管轄する法務局等に登記事項概要ファイルを備えて登記事項の概要を記録し、何人でもこのファイルに記録されている事項を証明した書面（概要記録事項証明書）の交付を請求できる。登記の対象は、法人が譲渡人である動産譲渡に限定されているのが特徴である。譲受人は法人でなくともよい。譲渡の目的物が個別動産か集合動産（倉庫の在庫等）かは不問である。また、「譲渡」とは、「真正譲渡」であるか「譲渡担保」であるかを問わない（近江・312）。登記事項の概要は何人に対しても開示されるが、すべての登記事項は、譲渡の当事者、利害関係人、譲渡人の使用人に対してのみ開示される。

◆**固定化すると個別動産の譲渡担保と同様**
　目的物所有者についての倒産手続の開始により、当然に集合物の内容は固定化すると考えると、後は、個別動産の譲渡担保と同様の処遇となる（道垣内・340）。

●債権譲渡担保の性質

1 序説

　譲渡担保権は、債権も目的とすることができ、債権を目的とする譲渡担保を債権譲渡担保という。例えば、XがYから金銭を借り受ける際にそのYの債権を担保するために、XがZに対して有している債権を譲渡担保の目的とする場合である。もし、XがYに対してその債務を履行しなかった場合、Yは、譲渡担保の目的であるXのZに対する債権を行使し、Zからの弁済によって自己の債権の満足を受けることになる。債権譲渡担保は、譲渡担保権者（債権者）と譲渡担保権設定者との譲渡担保権設定契約によって設定される。もっとも、債権の譲渡担保とはいっても、具体的には「債権譲渡」の方法によることとなる

◆**債権質と債権譲渡担保**
　個々的な金銭債権を譲渡担保の目的とすることも多いが、債権質の方法をとらずに個別債権譲渡担保の方法をとっても、対抗要件の具備や債権の直接取立てなど、両者にほとんど変わりはない（道垣内・342）。

24-1　債権譲渡担保

```
債権譲渡担保権者 ──債権──→ 譲渡担保権設定者
                              （目的債権の債権者）
[対抗要件は、                        │
 第三債務者への        担保          債権
 通知またはその承諾]                  │
                                    ↓
                              第三債務者
                              （目的債権の債務者）
```

第24講　集合動産譲渡担保と債権譲渡担保

（近江・339）。そして、債権の譲渡担保は、債権譲渡の場合と同様に、467条の通知または承諾を対抗要件とする。

債権譲渡担保権者の有する被担保債権の弁済期よりも、譲渡担保権の目的である債権の弁済期の方が先に到来する場合、債権質（366条3項）と同様にその供託を請求できるとする説（道垣内・344以下）と、譲渡担保権者は被担保債権の弁済期が到来していなくても第三債務者との関係ではその債権は完全に譲渡担保権者に移転していることを理由として第三債務者から直接取り立てることができるとする説がある（角紀代恵「債権非典型担保」担保法理76、80以下）。なお、実務では、被担保債権の弁済期が到来していなくても、譲渡担保権者がその目的債権を取り立てて、被担保債権に弁済充当できる旨の特約のなされていることが多い（道垣内・344）。

2 集合債権譲渡担保

集合債権譲渡担保とは、現在の債権および将来発生する債権を一括して譲渡担保権の目的とする担保方法である。これは、指名債権について行われる。譲渡担保権設定当事者間による債権譲渡の形式をとった一個の譲渡担保権設定契約で、現在すでに発生している債権だけではなく、将来発生しうる多数の債権を担保にする目的で設定される。なお、集合債権譲渡担保では、譲渡担保権者の有する被担保債権の弁済期前は、譲渡担保権設定者の方に目的債権の取立権があるのが一般であるとされている（近江・345）。これは、譲渡担保権者が債務者の債務不履行によって譲渡担保権の実行ができるようになるまでは譲渡担保権者に取立権を認めないタイプのものである。これに対し、譲渡担保権設定時から譲渡担保権者に対して目的債権の取立権・弁済充当権を付与しておくタイプもある。

集合債権にも2種類ある。第一に、特定の債権者・債務者間で継続的に発生する債権を包括的に担保化する場合である。この場合、理論上は比較的容易に対抗要件を具備することが可能なので、あえて集合物論を導入する意味はない。第二に、消費者ローン債権のように、不特定の債務者の小口債権をまとめて担保化する場合である。この場合は、債務者を異にする以上、対抗要件を債権ごとに具備するほかなく、新陳代謝を繰り返す不特定多数の債務者に対する債権について、対抗要件を具備することは、手間と費用がかかりすぎる（内田・546）。後述する動産・債権譲渡特例法が適用される範囲内では、この問題は解消された。

3 集合債権譲渡担保の目的

集合債権譲渡担保は、譲渡担保権者とその設定者との間の譲渡担保権設定契約によって設定される。集合債権譲渡担保の被担保債権は、継続的取引に際してそこから生ずる不特定多数の債権とすること（根譲渡担保）が多い（道垣内・347）。この集合債権譲渡担保の有効性やその目的である債権の範囲が、どのように特定されるかが問題となる。

集合債権譲渡担保の対象となる債権は、主としてその契約締結後に発生する将来の債権である。将来発生すべき債権も譲渡できると解するのが判例・通説

である。かつて、最高裁は、将来生じる債権であっても、それほど遠い将来のものでなければ、特段の事情のない限り、現在すでに債権発生の原因が確定し、その発生を確実に予測できるものであるから、始期と終期を特定してその権利の範囲を確定することによって、これを有効に譲渡することができるとした（最判昭和53年12月15日判時916-25）。

将来発生すべき債権を特定するための基準・有効要件に関しては議論があるが、近年、最高裁は、その基準・有効要件を、次のように述べている。将来発生すべき債権を目的とする債権譲渡契約にあっては、譲渡の目的とされる債権がその発生原因や譲渡に係る額等をもって特定される必要があり、将来の一定期間内に発生し、または弁済期が到来すべきいくつかの債権を譲渡の目的とする場合には、適宜の方法によりその期間の始期と終期を明確にするなどして譲渡の目的とされる債権が特定されるべきである。将来発生すべき債権を目的とする債権譲渡契約にあっては、契約当事者は、譲渡の目的とされる債権の発生の基礎をなす事情を斟酌し、その事情のもとにおける債権発生の可能性の程度を考慮したうえ、その債権が見込みどおり発生しなかった場合に譲受人に生ずる不利益については譲渡人の契約上の責任の追及により清算することとして、契約を締結するものと見るべきであるから、その契約締結時においてその債権発生の可能性が低かったことはその契約の効力を当然に左右するものではない（最判平成11年1月29日民集53-1-151）。

この最判平成11年は、将来債権の譲渡の有効性に関して最判昭和53年が説示した「発生の確実な予測可能性」の基準や「それほど遠いものでなければ」といった曖昧な基準を否定し、期間の始期と終期を明確にするなど債権が特定されていれば足りるとした（池田真朗「将来債権譲渡の効力（下）」NBL666-27、32以下（平11））。

その後、最判平成12年は、既発生債権および将来債権を一括して目的とするいわゆる集合債権譲渡担保契約の事案において、集合債権譲渡の予約にあっては、予約完結時において譲渡の目的となるべき債権を譲渡人が有する他の債権から識別することができる程度に特定されていれば足りるとし、この理は、将来発生すべき債権が譲渡予約の目的とされている場合でも変わらないとした。そして、当該事案の予約において譲渡の目的となるべき債権は、債権者および債務者が特定され、発生原因が特定の商品についての売買取引とされていることによって、他の債権から識別できる程度に特定されていると認定されている（最判平成12年4月21日民集54-4-1562）。

④ 集合債権譲渡担保の対抗要件

(1) 序説　平成10年10月1日に施行された債権譲渡特例法は、債権譲渡の対抗要件に関する民法の特例として、民法上の対抗要件制度に加え、登記による対抗要件制度を新たに創設した法律である（同法は、平成16年改正され、平成17年に施行された。名称も変更された。改正された法律を、以下「動産・債権譲渡特例法」または「特例法」と呼ぶ。この改正法については、後に詳述）。動産・債権譲渡特例法は、法人が譲渡人となって行う金銭債権（かつ指名債権）の譲渡に適

★最判昭和53年12月15日
学説の詳細については、鳥谷部茂「将来債権の担保」担保法の現代的諸問題（別冊NBL10号・昭58）61。これに対し、債権発生の可能性を問題にする必要はないとして、限定を付さずすべての将来債権の譲渡性を肯定する説もあった（道垣内・347以下、小林・角・112以下）。

◆最判平成11年の評価
最判平成11年は、譲渡人の営業活動等に対して社会通念に照らし相当とされる範囲を著しく逸脱する制限を加え、または他の債権者に不当な不利益を与えるものであると見られるなどの特段の事情のあるときは、公序良俗違反として効力が否定されることを留保しつつ、特定性が満たされている限り、将来の長期間にわたる債権の包括的譲渡の有効性を承認するに至った（道垣内・348）。

この最判平成11年は、複数年以上の長期にわたる将来債権譲渡の有効性を法的に承認するという、従来から実務界において強く期待されていたものであり、将来債権の譲渡契約の締結時においてその債権の発生の可能性の低かったことはその契約の効力を当然に左右するものではないとした点が重要である。その結果、将来債権の譲渡が飛躍的にしやすくなった（池田真朗「判批」銀行法務21No.564-1（平11））。学説上では、その発生の可能性がなくても、将来債権の譲渡は有効であるとする説が、近時、有力となっていた（高木多喜男「集合債権譲渡担保の有効性と対抗要件（上）」NBL234-8（昭56）、道垣内・347以下）。将来における発生が確実であるときに限り将来債権の譲渡性を肯定することについて、第三者との関係は、実際に将来発生した債権についてのみ生ずるのだし、当事者間では、債権が発生しなかったときは履行不能の問題として処理すれば足りるのだから、いずれにおいても債権発生の可能性を問題にする必要はない（道垣内・347以下参照）。

用され、同法の適用対象となる「債権譲渡」には、真正の債権譲渡だけではなく、担保目的の債権譲渡も含まれる。したがって、集合債権譲渡担保を取得した債権者は、その第三者対抗要件について、民法に基づく従来方式と、動産・債権譲渡特例法に基づく登記方式を選択的に利用しうることとなった（なお、譲渡人には債権譲渡登記に協力する義務はない）。

債権譲渡の対抗要件を定める467条は、その1項が債務者対抗要件具備の方法（債権譲渡の通知または承諾）、2項が第三者対抗要件具備の方法（確定日付のある証書による債権譲渡の通知または承諾）を規定する。この場合、取引実務上は、確定日付の付された債権譲渡通知書または承諾書により、債務者対抗要件と第三者対抗要件を同時に具備することが多い。これに対して、動産・債権譲渡特例法に基づく場合は、債権譲渡登記により第三者対抗要件が具備され、また、債務者に登記事項証明書を交付して債権譲渡の通知をするかもしくは債務者から承諾を得ることによって債務者対抗要件を具備することになる（動産・債権譲渡特例法は、債権譲渡における第三者対抗要件と債務者対抗要件を分離した）。

(2) **動産・債権譲渡特例法に基づかない集合債権譲渡担保**　動産・債権譲渡特例法に基づかない（従来方式の）集合債権譲渡担保契約を締結する場合においては、その契約締結時に確定的に債権譲渡の効力を生じさせるのではなく、債務者の支払停止など信用不安の発生後に、その予約完結権を行使したり（予約型）、または契約の効力を発生させる（停止条件型）という契約類型をとる（期限の利益喪失約款も包含させておく）。予約型は、債権譲渡の一方の予約という形式をとり、債務者の支払停止など信用不安の発生時に、債権者が予約完結権を行使することにより、債権譲渡の効力を発生させる契約類型をいう。停止条件型は、債務者の支払停止など信用不安の発生を債権譲渡の効力発生の停止条件とする契約類型をいう。このように、債権譲渡の効力の発生を信用不安の発生以後まで遅らせるのは、破産法上の対抗要件の否認（破産164条）の問題を回避しようとするための取引実務上の工夫であった。

動産・債権譲渡特例法に基づかない集合債権譲渡担保は、予約型の場合も、停止条件型の場合も、債権者は、あらかじめ債務者が作成した白地の債権譲渡通知書を契約締結時に預かり、公証人役場で確定日付を取得しておくが、直ちには発送しない（通知留保方式）。そして、譲渡人に一定の信用不安の事由が生じたときに（予約型の場合には予約完結権を行使し）、預かっていた白地の債権譲渡通知書に、譲渡人に代わって必要事項を記載のうえ、第三債務者に発送し、その後、第三債務者に対して支払の請求をすることになる（もっとも、集合債権譲渡担保の内容には、いく通りもの類型がある。巻之内茂「債権譲渡特例法施行後の集合債権譲渡担保取引と倒産手続における取扱い」金法1567-65、67以下（平12））。しかし、この通知留保方式では、債権譲渡の対抗要件を具備した二重譲受人や差押債権者に劣後してしまう可能性があるし、また、この対抗要件の具備が、譲渡人の信用不安・倒産状態になって行われることから、譲渡人に破産手続開始決定がなされると、破産管財人からその対抗要件の否認の主張がなされることが

◆**第三者対抗要件と債務者対抗要件**
債権譲渡の対抗要件には、債務者に対する対抗要件と債務者以外の第三者に対する対抗要件があるが、この2つの機能は異なる。債務者に対する対抗要件は、債務者に自己の弁済すべき相手方を確知させて二重弁済の危険を防止するという機能を有するのに対して、第三者対抗要件は、当該債権について両立しえない法的地位を有する者相互の優劣を決定するという機能を有する。このように、債務者対抗要件と第三者対抗要件とは、それぞれ機能が異なるので、これを分離することが可能であると考えられた。そして、動産・債権譲渡特例法では、二重弁済の危険や抗弁切断の危険を防止して債務者に不利益を与えないように図りつつ、第三者対抗要件を簡素化している（Q＆A債権譲渡・34以下）。民法467条は、第三者対抗要件を具備するために、確定日付ある個々の債務者に対する通知または個々の債務者の承諾を必要としているため、その手数および費用の負担が重いとして、その簡素化を求める要望が強かった（揖斐潔「債権譲渡の対抗要件に関する民法の特例等に関する法律の概要」ジュリ1141-125（平10））。

◆**集合債権譲渡担保と第三債務者**
集合債権譲渡担保にあっては、通常、債務者に信用上の不安が生じるまでは債務者に目的債権の取立ておよび取立金の自己使用が認められることから、債務者に信用上の不安が生じるまでは、実際上、目的債権の債務者（第三債務者）に債権譲渡があったことを知らせる必要はない（角紀代恵「判批」判例百選①［新法対応］206）。

♥**否認権**
破産手続開始決定前に破産財団に属する財産に関してなした破産者の行為が破産債権者に損害を与えまたは一部の債権者だけを不当に満足させた場合に、その法律行為の効力を破産財団に関する関係で否定することのできる破産管財人の権利のこと（破160条以下）。

多いという欠陥がある。その回避のために考え出されたのが、前述した予約型または停止条件型の集合債権譲渡担保契約であった。

　金銭債務の担保として既発生債権および将来債権を一括して譲渡するいわゆる集合債権譲渡担保契約において、第三債務者に対し、譲渡担保権を設定したので467条に基づいて通知する旨を記載し、かつ譲渡担保権者から実行通知を受領するまでは担保設定者へ弁済するように指示する文言を入れた、確定日付のある通知をした場合でも、債権譲渡の第三者対抗要件を具備しうる、とするのが最判である（最判平成13年11月22日民集55-6-1056）。この最判は、担保設定契約の当事者間の合意に基づき、「実行通知」がなされるまでは、担保設定者に担保目的債権の取立権を認めることができること、および譲渡担保権の「設定通知」とともに、担保設定者に付与された取立権限の行使につき第三債務者に協力を依頼したとしても、集合債権譲渡担保契約の第三者対抗要件の効力を妨げないとの趣旨である（千葉恵美子「判批」ジュリ1223-72、77（平14）。この最判に肯定的なのは、大西武士「判批」判タ1086-86（平14）、角紀代恵「判批」平13年度重判解1224-76、池田雅則「判批」法教263-190（平14））。また、既に生じ、もしくは、将来生ずべき債権は、譲渡契約時に確定的に譲渡されたことになるとするのが、この最判平成13年の立場である（道垣内・348）。

●停止条件型の集合債権譲渡担保契約の対抗要件と否認

1 問題点

　①Ａ会社（譲渡担保権設定者）は、平成11年２月、Ｙ（譲渡担保権者）との間で、Ａ会社がＹに対して負担する一切の債務を担保するために、Ａ会社の特定の第三債務者らに対する現在および将来の売掛債権等をＹに包括的に譲渡することとした。ただし、その債権の譲渡の効力発生の時期は、Ａ会社において、破産手続開始の申立てがされたときまたは支払停止の状態に陥ったとき等の一定の事由が生じた時とする旨の契約（以下「本件債権譲渡契約」）を締結した。②Ａ会社は、平成12年３月31日、手形の不渡りを出し、支払いを停止した。③Ａ会社は、同年４月３日以降、上記第三債務者らに対し、確定日付のある証書による債権譲渡の通知をした。④Ａ会社は、同年６月16日、地方裁判所において破産宣告を受け、Ｘが破産管財人に選任された。⑤Ａ会社の破産管財人Ｘは、本訴において、Ｙに対し、本件債権譲渡契約に係る債権譲渡については旧破産法72条２号（現行法160条１項２号）に基づき否認権を行使し、債権譲渡に係る債権につき、Ｙが第三債務者から弁済を受けたものについては、その受領した金員が不当利得であるとして、その返還を求めた。この返還請求は認められるか。

2 議論

　旧破産法72条２号（現行法160条１項２号）は、破産者が支払停止または破産の申立て（以下「支払停止等」）があった後にした担保の供与、債務の消滅に関する行為その他破産債権者を害する行為を否認の対象として規定している。その趣旨は、債務者に支払停止等があった時以降の時期を債務者の財産的な危機時期とし、危機時期の到来後に行われた債務者による上記担保の供与等の行為を

◆否認の主張
　近年、判例により否認が認められている。例えば、大阪地判平成10年３月18日金判1045-9（停止条件についての約定が否定され、集合債権譲渡担保の契約時点で担保権が現実に発生していると認定され、対抗要件具備行為が破産法74条１項により否認された事例）、大阪高判平成10年７月31日金判1050-3（控訴人から、停止条件付きの集合債権譲渡担保契約と主張されたが、裁判所は、条件未成就の間は担保権の実行が制限されているにすぎず、その契約締結時点で担保権が発生しているとされて、債権譲渡通知が旧破産法74条(164条)により否認された事例）、東京地判平成10年７月31日金判1048-3（停止条件付き集合債権譲渡担保契約が一般の破産債権者間の平等を害して債権譲受人のみが優先的、排他的に債権の回収を図り、否認制度を潜脱することを目的とした脱法的な行為であるとし、旧破産法72条１号（160条１項１号）または２号の準用により否認された）。

◆最判平成13年11月22日
　最判平成13年11月22日が、「効力発生型（本契約型）」としての「取立権限付与型」を承認したのであるから、今後は、「効力未発生型（予約型）」は、この方式に収斂されるべきであろう（近江幸治「集合債権の譲渡担保」民法の争点（平19）155、157）。

♥停止条件型と動産・債権譲渡特例法
　動産・債権譲渡特例法においては、「仮登記」の制度はないから、通知留保型・停止条件型・予約完結型については、同法に依拠することはできない。したがって、集合債権譲渡の「登記」を行い、当事者間の特約により、一定事由が生じるまでは債務者が債権者の代理人として取立てを行うことを合意し、第三債務者には譲渡通知を行わず、支払停止等が生じたときにはじめて譲渡通知を行って債権者が取立権を行使する運用になる（近江・350）。

すべて否認の対象とすることにより、債権者間の平等および破産財団の充実を図ろうとするものである。

債務者の支払停止等を停止条件とする債権譲渡契約は、その契約締結行為自体は危機時期前に行われるものである。しかし、契約当事者は、その契約に基づく債権譲渡の効力の発生を債務者の支払停止等の危機時期の到来にかからしめ、これを停止条件とすることにより、危機時期に至るまで債務者の責任財産に属していた債権を債務者の危機時期が到来するや直ちに当該債権者に帰属させることによって、これを責任財産から逸出させることをあらかじめ意図し、これを目的として、当該契約を締結している。

判例（最判平成16年7月16日民集58-5-1744）は、このような上記契約の内容、その目的等にかんがみると、その契約は、旧破産法72条2号の規定の趣旨に反し、その実効性を失わせるものとした。そして、その契約内容を実質的にみれば、上記契約に係る債権譲渡は、債務者に支払停止等の危機時期が到来した後に行われた債権譲渡と同視すべきものとする。したがって、上記契約は、上記規定に基づく否認権行使の対象となるとし、本件債権譲渡契約に係る債権譲渡につき、上記規定に基づくXの否認権の行使を認め、Xの請求を認容すべきものとした。

3 留意点

この最判平成16年は、その契約内容を実質的にみれば、危機時期が到来した後に行われた債権譲渡と同旨できるとしたものであり、いわば条件成就時における債権譲渡行為の存在を擬制して、当該行為を危機否認の対象としたものである（宮坂昌利「判批」ジュリ1284-132・133（2005））。この最判平成16年は、脱法行為構成によって旧破産法上の危機否認を認めた。最判平成16年は、停止条件型だけでなく、予約型についても射程が及び（角紀代恵「判批」判タ1173-105・107（平17））、また、新破産法162条1項1号による否認の対象となる（山本克己「判批」金法1748-60・63（平17））。予約ないし停止条件型の集合債権の譲渡担保契約は、この最判平成16年により対抗要件を具備した譲渡契約も否認の対象となるのであるから、この種の譲渡契約はもはや存続価値を失った（栗田陸雄「判批」判時1891-200・203（平17））。最判平成16年は当然の論理構成を示したものであり、実務界は、予約型や停止条件型はやめて、本契約としての債権譲渡契約を行い、その時点で特例法登記により第三者対抗要件を備えるべきである（池田真朗「判批」金法1721-10以下（2004）、中原利明「判批」銀行法務21No.679-69・72（2007））。最判平成16年は、妥当性が高く、最判平成16年9月14日（判タ1167-102）も同旨の判断をしているので、否認権行使の対象となることについて確定した判例になった（淺生重機ほか「判批」金法1749-89・92（平17））。学説は、その理論構成は一致しないが、多数説は否認を肯定する。

4 動産・債権譲渡特例法に基づく集合債権譲渡担保

(1) **はじめに**　動産・債権譲渡対抗要件特例法（以下、「特例法」）は、民法の特別法という形式をとっているが、民法に定める対抗要件制度に優先するものではなく、またこれを排除するものではない。特例法の制定により、法人の行う金銭債権の譲渡に関しては、特例法または民法467条のいずれかで対抗要

★危機否認を認めた
中井康之「判批」民商133-1-120・128（平17）、淺生重機ほか「判批」金法1747-68・74（平17）、原田剛「判批」法セ600-116（平16）。

★否認を肯定
田原睦夫「判批」金商1197-2・3（平16）。松下淳一「判批」平成16年度重判解141・142、山本和彦「判批」NBL794-40・46（平16）。判旨に賛成、平野・302。

◆特例法の制定
旧特例法は、平成10年6月5日に成立し、同年1月1日に施行された。この旧特例法の問題点を解決するために、平成16年11月25日に改正法として、特例法が成立し、平成17年10月3日に施行された。旧特例法の債権譲渡登記制度においては、債務者の特定していない将来債権の譲渡を登記をすることができないため、このような債権を企業の資金調達に活用することができないと指摘されていた。そこで、債権を活用した企業の資金調達のより一層の円滑化を図るため、このような債権の譲渡についても登記ができるように見直しがなされて改正されたものが現在の特例法である。

件を備えればよいことになる（経営法友会マニュアル等作成委員会編・動産・債権譲渡担保マニュアル（商事法務・平19）28）。

特例法は、債権譲渡の第三者対抗要件を登記により備えることができることとした（特例法4条1項）。具体的には、指定法務局等に備えられた債権譲渡登記ファイルに登記することにより、第三者対抗要件を備えることができる。また、債務者に登記事項証明書を交付し、債権譲渡の事実・内容および債権譲渡登記がなされたことを通知するか、または債務者の承諾を得る（承諾の場合は登記事項証明書の交付の要しない）ことで、債務者対抗要件を備えることができる（経営法友会マニュアル等作成委員会編・動産・債権譲渡担保マニュアル（商事法務・平19）28）。

債権の流動化とは、資金調達をしようとする企業が、安定したキャッシュ・フローを定期的に生み出す良質の債権を多数プールして資本市場で投資家に販売するなどして資金調達をする方法のことである。債務者の信用とは無関係に、債権（資産）の信用だけで資金調達を図る点が特徴である。債権の流動化の対象となる債権は、債権の個数、債務者の数において多数になることが多く、民法に基づき第三者対抗要件を具備することは実際的には困難であり、一括して迅速かつ簡易に対抗要件を具備する制度の創設が望まれていた。特例法に基づく債権の流動化では、資金調達を図ろうとする法人が、自己の保有する多数の債権を特定目的会社や信託等に譲渡し、その特定目的会社等がその譲り受けた債権の信用を裏付けとして証書を発行し、それを投資家に販売し、その購入代金は特定目的会社等を経由して譲渡人が取得し、投資家に対する償還金は、譲り受けた債権の回収金が充てられる。この仕組みのため、債権譲渡の第三者対抗要件を簡易化する目的で制定されたのが、特例法である。

(2) **登記の対象** 法人が債権（指名債権であって金銭の支払を目的とするものに限る）を譲渡した場合において、当該債権の譲渡につき債権譲渡登記ファイルに譲渡の登記（債権譲渡登記）がされたときは、当該債権の債務者以外の第三者については、民法467条の規定による確定日付のある証書による通知があったものとみなす。この場合においては、当該登記の日付をもって確定日付とする（特例法4条1項）。

この場合の「法人」が行う債権の譲渡とは、譲受人は法人でなくともよい。譲渡人が法人に限定される理由は、資金調達の目的で債権譲渡を利用するという需要に応ずるには、法人が債権者となる場合を対象とすれば十分であることと、法人であれば、債権者の名前が変わっても法人登記簿を手がかりに同一性を確認できることである（内田・222）。

(3) **登記を第三者対抗要件** 特例法は、第三者対抗要件と債務者に対する対抗要件とを分離した。第三者に対しては公示機能を持った対抗要件を用意すれば足り、債務者をインフォメーション・センターにする必要はない。そこで、債務者に知られたくないという実務の需要を考えて、電子的な記録を登記することをもって確定日付のある通知が到達したのと同じ効力を認める（特例法2条1項）こととした（内田・221）。

♥**第三者対抗要件と債務者対抗要件**
債権譲渡における債務者対抗要件と第三者対抗要件は、機能が異なる。債務者対抗要件は、債務者に弁済先を確知させて二重弁済の危険を防止する機能を有するのに対し、第三者対抗要件は、同一債権について両立し得ない法的地位を有する者相互の優劣を決定する機能を有する。このように2つの対抗要件は機能が異なるので分離することが可能である。また、債務者に対して不利益を与えることなく、第三者対抗要件を簡素化するためには、第三者対抗要件具備方法と債務者対抗要件具備方法を分離する必要がある。そこで、債権譲渡登記制度においては、第三者対抗要件（登記）と債務者対抗要件（通知・承諾）を分離した（植垣＝小川・49以下）。

♥**債権譲渡登記制度の利用**
債権譲渡登記制度を利用する債権譲渡の形態は、商社が与信先の取引先に対する売掛金等の集合債権を譲渡担保として取得する場合や、クレジット会社等がそのクレジット債権等を金融機関に譲渡または譲渡担保に供する場合が多くを占めている（野口宣大「債権譲渡登記制度の運用状況と実務上の論点」金法1653-32（平14））。

♥**債権と譲渡の意義**
「債権」とは、既発生債権であるか将来債権であるかを問わず、「譲渡」とは、真正譲渡であるか譲渡担保であるかを問わない（近江・349以下）。さらに、包括的な債権譲渡担保、個別的な債権譲渡担保や債権質権にも、このような対抗要件具備方法を用いることができる（道垣内・352）。

債権が二重に譲渡された場合における譲受人相互間の優劣は、確定日付のある証書による通知が債務者に到達した先後によって決すべきであると考えられている。したがって、債権が二重に譲渡された場合、それぞれの譲渡につき債権譲渡登記がされた場合に登記の時間的先後によって優劣関係が決定され、債権譲渡登記と民法467条の確定日付のある証書による通知とがされた場合には、登記がされた時と通知が到達した時の時間的先後によって優劣関係が決定される。民法467条の規定による確定日付にある証書による「通知があった」と認められるためには、その通知が到達したことが必要であるから、特例法4条1項は、債権譲渡登記がされた時に第三者対抗要件としての確定日付のある証書による通知が到達したものとみなすということを意味する（植垣=小川・51）。

　(4) **第三債務者対抗要件**　債権譲渡登記がされた場合において、当該債権の譲渡及びその譲渡につき債権譲渡登記がされたことについて譲渡人若しくは譲受人が当該債権の債務者に特例法11条2項に規定する登記事項証明書を交付して通知をし、又は当該債務者が承諾をしたときは、当該債務者についてにも、特例法4条1項と同様とする（特例法4条2項）。

　特例法では、債権譲渡の対抗要件を、目的債権の債務者に対する対抗要件と、他の第三者に対する対抗要件とに分離し、後者に関しては、債権譲渡登記ファイルに登記することによって具備できるようにしたものである（特例法4条1項）。この登記がなされただけでは、第三債務者は、譲渡の対抗を受けないわけだから、そのまま弁済を続ければよい。しかし、譲渡担保の実行時になって、譲渡担保権者が第三債務者に登記事項証明書を添付した通知を行えば、それ以降、第三債務者にも対抗できるようになる（道垣内・352）。

　(5) **登記事項**　指定法務局等に、磁気ディスクをもって調整する債権譲渡登記ファイルを備える（特例法8条1項）。債権譲渡登記は、譲渡人および譲受人の申請により、債権譲渡登記ファイルに、次の事項を記録することによって行う（特例法8条2項）。その事項とは、①譲渡人の商号等、②譲受人の氏名等、③登記番号、④債権譲渡登記の登記原因およびその日付、⑤譲渡に係る債権（すでに発生した債権のみを譲渡する場合に限る）の総額、⑥譲渡に係る債権を特定するために必要な事項であって法務省令で定めるもの、⑦債権譲渡登記の存続期間である。

　債務者不特定の将来債権の譲渡では、「譲渡債権の債務者」は必要的登記事項ではなくなった（特例法8条2項4号、旧特例法5条1項）。債務者の特定していない将来債権には、例えば、不動産賃貸業者の所有建物に将来入居する賃借人に対する賃料債権や、商品販売業者の在庫商品に係る将来の売買代金債権などがある。

　目的債権の債務者を特定しない方法による登記は、登記時に未発生の債権の譲渡についてのみ認められ、既発生の債権の譲渡については、債務者名を必要的登記事項とする制度が維持される（動産・債権譲渡登記規則9条1項2号）。

　また、譲渡債権に将来債権が含まれる場合、「譲渡債権の債権総額」は必要的登記事項とされなくなった（特例法8条2項3号、旧特例法5条1項5号）。この

♥**債務者と譲受人**
　債権が譲渡され、その旨の登記がされた場合においては、譲渡人または譲受人が債務者に登記事項証明書を交付して通知したときに限って民法468条2項の適用があり、この場合には、債務者は、当該通知を受けるまでに譲渡人に対して生じた事由を譲受人に対抗できる（特例法4条3項）。

♥**債務者名と必要的登記事項**
　不特定の顧客に対する将来の売掛代金債権・リース料債権や、あるビルに将来居住することになる賃借人に対する賃料債権のように、譲渡担保権設定時には第三債務者の定まっていないものを譲渡し、または、譲渡担保に供するときには、同法の定める登記制度が用いえないことになっていた。しかし、実体法上は、債務者不特定の債権も譲渡可能なのであり、また、そのような場合に第三者対抗要件を定められるようにすることに対する実務的なニーズも高かったため、平成16年の改正にあたり、債務者名を必要的登記事項にしないことにした（道垣内・352）。債務者を特定する必要があるとすると、多数の債務者に対する債権を譲渡担保とするときに登記手続が煩雑になるという欠点がある。また、将来の債権のように、譲渡担保権設定時には第三債務者の特定していない債権を譲渡する場合には債権譲渡登記制度を利用できなくなってしまうという欠点もある（道垣内・352）。

ため、「債権総額」が累積額または残高のいずれを意味するのかという問題点が解消された。

　(6)　**登記所**　　指定法務局等への申請方式には、出頭、郵送等またはオンラインの３種類がある。

　動産譲渡登記および債権譲渡登記に関する事務うち、特例法７条から11条までおよび12条２項に規定する事務は、法務大臣の指定する法務局もしくは地方法務局もしくはこれらの支局またはこれらの出張所（指定法務局等）が登記所としてつかさどる（特例法５条１項）。

　債権譲渡登記に関する事務のうち、債権譲渡登記事項概要ファイルの調整・備付け（特例法12条１項）、および同概要ファイルに記録されている事項を証明した概要記録事項証明書の交付（特例法13条１項）に関する事務は譲渡人の本店等所在地法務局等が行う（特例法５条２項）。

　(7)　**登記情報の開示**　　何人も、指定法務局等の登記官に対し、債権譲渡登記ファイルに記録されている登記事項の概要（債権譲渡登記ファイルに記録されている事項のうち、特例法８条２項４号および10条３項２号に掲げる事項を除いたもの）を証明した書面（登記事項概要証明書）の交付を請求することができる（特例法11条１項）。また、何人も、本店等所在地法務局等の登記官に対し、登記事項概要ファイルに記録されている事項を証明した書面（概要記録事項証明書）の交付を請求することができる（特例法13条１項）。

　しかし、すべての登記事項を記載した登記事項証明書の交付を請求できる者は限定されている。すなわち、譲渡に係る債権の譲渡人もしくは譲受人、または譲渡に係る債権の債務者など一定の者は、指定法務局等の登記官に対し、債権の譲渡について、債権譲渡登記ファイルに記録されている事項を証明した書面（登記事項証明書）の交付を請求することができる（特例法11条２項）。

　(8)　**登記の存続期間**　　特例法８条２項５号に定める債権譲渡登記の存続期間は、原則として、譲渡に係る債権の債務者のすべてが特定している場合は50年で、それ以外の場合は10年である（特例法８条３項）。

　債権譲渡登記（旧登記）がされた譲渡に係る債権につき譲受人がさらに譲渡をし、旧登記の存続期間の満了前に債権譲渡登記（新登記）がされた場合において、新登記の存続期間が満了する日が旧登記の存続期間が満了する日の後に到来するときは、当該債権については、旧登記の存続期間は、新登記の存続期間が満了する日まで延長されたものとみなす（特例法８条４項）。

[2] 論点のクローズアップ

●集合動産譲渡担保と動産売買先取特権

①問題点

　第三者の動産売買先取特権の目的物となっている物が、集合動産譲渡担保の目的となっている集合動産の中に混入した場合、その動産先取特権は消滅す

♥**登記官による記録**
　譲渡登記・抹消登記をした指定法務局等の登記官の特例法12条２項に基づく通知を受けた本店等所在地法務局等の登記官は、遅滞なく、通知を受けた登記事項の概要のうち法務省令で定めるものを譲渡人の債権譲渡登記事項概要ファイルに記録しなければならない（特例法12条３項）。

♥**債権譲渡登記ファイルの公示**
　債権譲渡登記ファイル上のデータは、プライバシーの問題もあって、すべてが公示されるわけではない。一般の人は、債務者の情報などを除外した概要だけを、譲渡人の本店等所在地の登記所で知ることができる。それを見て、詳細な情報の入手を希望する潜在的譲受人などは、債権を譲り渡そうとする人に対して登記事項証明書を要求すればよい。この証明書は、譲渡人が登記所から発行してもらうことができ、先行する譲渡が存在しない場合では、存在しない旨の証明書が作成される（内田・221以下）。

♥**さらに譲渡された場合の存続期間**
　債権譲渡登記がされた譲渡に係る債権につき譲受人がさらに譲渡をし、当該債権譲渡登記の存続期間の満了前に民法467条の規定による通知又は承諾がされた場合（特例法４条１項の規定により民法467条の規定による通知があったものとみなされる場合を除く）には、当該債権については、当該債権譲渡登記の存続期間は、無期限とみなす。

るか否かが問題となる。

2 議論

A：[譲渡担保権優先説]　構成部分の変動する集合動産を目的とする集合動産譲渡担保権の設定者が、構成部分である動産の占有を取得したときは譲渡担保権者が占有改定の方法によって動産の占有権を取得する旨の合意がなされていた事案で、最高裁（最判昭和62年11月10日民集41-8-1559）は、先取特権の成立している動産が集合動産に混入したことにより、譲渡担保権者は動産の引渡しを受けたといえるとして、先取特権者は動産の上に先取特権を行使できなくなるとした。すなわち、譲渡担保権の設定は、333条に規定された「第三取得者」への引渡し（「引渡し」には占有改定も含む）に当たるから、それによって先取特権の追及効は消滅するとして、譲渡担保権を優先させている。判例は、集合物について、1度占有改定がなされれば、以後集合物の内容となった動産についても、自動的にこの対抗要件具備の効力が及ぶことを明らかにしたものであり、集合物という概念は、譲渡担保権を肯定するこの効果を導くために措定されたものである（角紀代恵「判批」法協107-1-137以下（平2））。

この判例の見解に対しては、333条にいう第三取得者への引渡しとは動産の買主からの動産所有権の離脱とその表象としての引渡しをいうのであって、単なる動産担保権の設定である譲渡担保をそれと同視する理論的必然性はないとの批判がある（近江・68）。また、譲渡担保権者であることだけで333条にいう「第三取得者」に該当すると解すると、同じ担保権者たる質権者とのバランスがとれなくなるとの批判もある（角・前掲「判批」147）。この他にも、333条の「引き渡し」に占有改定を含むとされることには、その占有改定に公示性がないだけに行き過ぎであるとの批判もある（堀・前掲「判批」105）。

B：[334条・330条類推適用説]　譲渡担保権の設定は動産担保権の設定であるとみなして、334条を適用し、先取特権と動産譲渡担保権は330条における順位的な優先関係で処理されるべきであるとする説もある。そして、譲渡担保権は、330条1項の第1順位とし、動産売買先取特権（先取特権者は第3順位）に優先するものとする（近江・54、同「判批」昭和62年度重要判例解説79以下）。なお、動産売買先取特権の成立している動産が、集合動産譲渡担保の範囲内に混入する際に、譲渡担保権者がその動産について先取特権の成立していることを知っている場合には、譲渡担保権者は優先権を主張できないとされる（330条2項）。

C：[成立順説]　先取特権の成立時期と個別動産の搬入時の前後によって決定するとする説がある（高木多喜男「流動集合動産譲渡担保の有効性と対抗要件」金法1186-18（昭63））。

D：[固定化先後説]　譲渡担保権が実行されて流動性が喪失されるまでは集合物を構成する個別動産に対して譲渡担保の効力は及ばないから、動産売買先取特権が優先するが、その流動性喪失後（集合動産譲渡担保権の実行開始の時点以降）は、両担保権の競合を認めたうえで動産抵当の理論に準じて集合動産譲渡担保が優先するとする説もある（伊藤進「集合動産譲渡担保と個別動産上の担保権との関係」法律論叢61-1-91（昭63）、同様の見解は、道垣内・335以下）。

♠最判昭和62年11月10日
この判決では、当該物件に占有改定の効力が及ぶ時期について、個別動産搬入時なのか、集合動産譲渡担保権設定時まで遡及するのかは必ずしも明確ではないと指摘されている（千葉恵美子「判批」判例百選②（4版・平8）206以下）。

◆334条・330条類推適用説
田原睦夫「動産の先取特権の効力に関する一試論」現代私法学の課題と展望（上・有斐閣・昭57）95、近江・54。また、角・前掲「判批」も334条類推適用説に立つ。

3 留意点

　集合動産譲渡担保においては、時の経過に従ってその内容が増減変動することが当然に予定されているので、その譲渡担保権設定者の通常の営業または生活により、集合動産を構成している一部の動産がその集合体から離脱し（譲渡担保権の目的物でなくなる）、または外部からの動産がその集合体に補充・吸収される（譲渡担保権の目的物となる）ことには問題はない（これは、譲渡担保権設定者の目的物の利用に相当する）。このような譲渡担保権設定者の通常の営業ないし生活の範囲を越えて、目的物たる集合動産を構成する一部の動産を処分・離脱させ、または外部にある動産を補充しないことは、目的物たる集合動産の侵害に当たるとされている。もっとも、集合動産譲渡担保の場合、その契約書中でその処分に関し、一切の処分には譲渡担保権者の承諾を必要とする旨の約定のなされていることも多いが、当事者の合理的意思としては、前記のように目的物の利用・処分は通常の営業の範囲では許されると理解すべきとされる（道垣内・336）。

24-2　動産先取特権の目的物が集合動産の所在場所に混入した場合

　構成部分の変動する集合動産を目的とする譲渡担保においては、集合物の内容が譲渡担保権設定者の営業活動を通じて当然に変動することが予定されている。したがって、譲渡担保権設定者には、その通常の営業の範囲内で、譲渡担保の目的を構成する動産を処分する権限が付与されており、この権限内でされた処分の相手方は、当該動産について、譲渡担保の拘束を受けることなく確定的に所有権を取得することができる。他方、対抗要件を備えた集合動産譲渡担保の設定者がその目的物である動産につき通常の営業の範囲を超える売却処分をした場合、当該処分は上記権限に基づかないものである。したがって、譲渡担保契約に定められた保管場所から搬出されるなどして当該譲渡担保の目的である集合物から離脱したと認められる場合でない限り、当該処分の相手方は目的物の所有権を承継取得することはできない（最判平成18年7月20日民集60-6-2499。この最判平成18年によると、通常の営業の範囲外での個別動産の売却処分は、設定者の処分権限に基づかない処分であり、当該動産が集合物に留まっている限り、集合動産譲渡担保の効力が集合物を構成する個別動産に及んでいることになる。千葉恵美子「判批」私法判例リマークス2007(下)18・20以下〔本判決は、保管場所から目的動産が搬出されると場所的関係を失う結果、譲渡担保権者は追及力を失うと解する見解に立っている〕）。

[3] ケース・スタディ

ケース……1 ◆ 集合動産譲渡担保と動産先取特権

Xは、債務者Aに対して有する現在および将来の債権を担保するため、Aの有する倉庫内の動産の種類、量的範囲および所在場所を明確に特定して集合動産譲渡担保の設定を受けた。Aは、将来同種または類似の動産を製造または取得したときには原則としてそのすべてを前記保管場所に搬入するものとし、その動産も当然に譲渡担保の目的となることをあらかじめ承諾する旨（占有改定による引渡方法）が定められていた。そして、Aは、同種の動産を、売主Yから買い受けてそれを前記保管場所に搬入した。代金未払いのままAが倒産した場合、Yはその動産に対して動産売買先取特権を主張ができるか。

本ケースでは、債権者Xと債務者Aとの間で集合動産譲渡担保契約が締結され、債務者がその構成部分である動産の占有を取得したときは債権者が占有改定の方法によってその占有権を取得する旨の合意がなされている。したがって、その合意に基づき債務者Aがその集合物の構成部分として現に存在する動産の占有を取得した場合には、債権者Xはその集合物を目的とする譲渡担保権につき対抗要件を具備するに至ったということができる。そして、その効力は、その後に集合物の構成部分が変動したとしても、集合物としての同一性が損なわれない限り、新たにその構成部分となった動産を包含する集合物についても及ぶと解される。したがって、Aが、Yから買い受けて搬入された動産も、債権者Xの集合動産譲渡担保権の目的物に包含されており、また、その対抗要件も具備されていると考えられる。

これに対し、売主Yは、Aに対して本来はその売買代金債権を被担保債権として、その売却した動産に動産売買先取特権を主張できるところであるが、その動産は、前述したように、債権者Xが引渡しを受けたものとして譲渡担保権を主張できる。このような譲渡担保権者である債権者Xは、民法333条所定の第三取得者に該当するものと考えられるから、そもそも動産先取特権はその動産には及ばない（判例同旨）。

◆判例
ケース1は、最判昭和62年11月10日民集41-8-1559をもとにした。

ケース……2 ◆ 債権譲渡登記のされた債権が二重譲渡された場合の優劣

甲は、法人乙がBに対して有する集合債権（金銭債権かつ指名債権）を目的として譲渡担保権を取得し、債権譲渡登記を経由したが、その債権譲渡およびその譲渡につき債権譲渡登記がされたことについて、甲と乙はBに対して動産・債権譲渡特例法4条2項の要件を満たした通知をせず、Bもその承諾をしなかった。その後、乙が、同一の集合債権に属

する債権をAに譲渡した場合、甲とAはどのような法律関係に立つか。

★森井ほか・104を参考とした。

　集合債権譲渡担保の設定を受け、その債権譲渡登記を経由しても、債権譲渡および譲渡につき債権譲渡登記がされたことについて、第三債務者に対してその登記事項証明書を交付して通知等をするのは、譲渡人・債務者に信用不安の事態が発生した以後である。したがって、その間に同一の集合債権に属する債権が譲渡される可能性があるため、債権の二重譲渡における対抗問題を生じたり、第三債務者の弁済の有効性が問題となることがある。

　本ケースの場合、乙がBに対して有する同一の債権について、甲とAがともに譲渡を受けているから、甲とAの関係は、民法467条が適用される債権の二重譲渡の対抗問題として扱われる。したがって、確定日付のある証書による通知または承諾があるか否か、またはその先後により、甲とAの優劣が決められる。甲は、その債権譲渡につき、債権譲渡登記を経由しているので、第三者たるAに対しては、民法467条の規定による確定日付のある証書による通知があったものとみなされ、当該登記の日付をもって確定日付とされる（特例法4条1項）。したがって、仮に、Aがその債権譲渡の第三者対抗要件を満たしているとしても、甲は、Aよりも先に同一債権について債権譲渡登記を経由しているから、甲がAに優先する。

　もっとも、甲は、動産・債権譲渡特例法4条2項の要件を満たした通知または承諾を得ていないからBに対して弁済の請求をすることはできないので、Aが、その債権譲渡について動産・債権譲渡特例法または民法467条に基づく債務者対抗要件を満たしている場合、AはBに対して弁済の請求することができる。したがって、Bは、Aに対して弁済すればその弁済は有効なものとして扱われる。しかし、前述のように、甲の債権譲渡登記の方が、Aの具備した対抗要件より先に経由されているから、債権譲渡の対抗問題としては甲がAに優先するため、AがBから弁済を受けていれば、甲はAに対してその不当利得の返還を請求できる。

ケース………3❖ 債権譲渡登記のされた債権が差し押さえられた場合の優劣

　甲は、法人乙がBに対して有する集合債権（金銭債権かつ指名債権）を目的として譲渡担保権を取得し、債権譲渡登記を経由したが、甲と乙はBに対して動産・債権譲渡特例法4条2項の要件を満たした通知をせず、Bもその承諾をしなかった。その後、乙の債権者Aが、その集合債権に属する債権を差し押さえ、Bに対して支払いを請求した場合、Bはその弁済をすべきか。また、Bが弁済した場合、甲とAの法律関係はどうなるか。

★Q&A債権譲渡・46を参考にした。

　債権譲渡登記がされても、動産・債権譲渡特例法4条2項の要件を満たした通知または債務者の承諾がされていない段階では、譲渡担保権者は、同条1項

による債権譲渡登記の効果を債務者に主張できない。したがって、債務者Bとしては、差押えをしてきたAをその債権の債権者として取り扱えば足りるから、Aに対して弁済すれば有効な弁済として扱われる。しかし、甲とAとの間では、Aによる差押えよりも先に債権譲渡登記をした甲が優先するから、BがAに弁済していれば、甲はAに対して不当利得として弁済金の返還を請求できる。

[4] まとめ

　集合動産譲渡担保契約では、その目的物をどのようにして特定するか、また、その対抗要件は占有改定で足りるかが、特に問題となる。

　また、特定の問題と対抗要件の問題は、集合債権譲渡担保契約でも、問題となり、近年、これについて重要な最高裁判例が示され、また新法が制定された。集合債権譲渡担保契約は、主として、将来債権を対象として締結されるが、前掲最判平成11年1月29日は、将来債権の譲渡の有効性に関して最判昭和53年が説示した「発生の確実な予測可能性」の基準や、「それほど遠いものでなければ」といった曖昧な基準を否定し、始期と終期を明確にするなど債権が特定できれば足りるとしたため、将来債権の譲渡が飛躍的にしやすくなった。

　特例法は、民法上の対抗要件制度に加え、登記による対抗要件制度を新たに創設した法律である。特例法は、法人が譲渡人となって行う金銭債権（かつ指名債権）の譲渡に適用され、同法の適用対象となる「債権譲渡」には、真正の債権譲渡だけではなく、担保目的の債権譲渡も含まれる。集合債権譲渡担保を取得した債権者は、その第三者対抗要件について、民法に基づく従来方式と、特例法に基づく登記方式を選択的に利用しうることとなった。467条は、第三者対抗要件を具備するために、確定日付ある個々の債務者に対する通知または個々の債務者の承諾を必要としているため、その手数および費用の負担が重いとして、その簡素化を求める要望が強かったが、特例法では、二重弁済の危険や抗弁切断の危険を防止して債務者に不利益を与えないように図りつつ、第三者対抗要件を簡素化している。

第25講 所有権留保

[1] 概説

● 所有権留保の性質

1 所有権留保の意義

売買契約において買主がその代金を完済する前に売買目的物の占有が買主に移転する場合、売主の売買代金債権を担保するため、代金が完済されるまで、目的物の所有権を売主が留保する担保方法を所有権留保という。所有権留保という担保方法が利用されるのは、売買契約の目的物が動産である場合がほとんどである（特に、動産の割賦販売）。したがって、以下では、動産売買における所有権留保を中心にして述べる。なお、宅地建物取引業者が自ら売主となってする宅地建物の割賦販売において、所有権留保することは法律上禁止されている（宅建43条）。

2 所有権留保の必要性

代金が完済されないうちに目的物の占有が買主に移転される動産の売買契約では、買主は代金全額の用意をしなくても動産を入手して利用できるが、その反面、売主は買主から代金債権が完済されない可能性があるというリスクを負わなければならない。所有権留保という担保方法は、売主がその目的物の所有権を自己に留保しておくことにより、代金不払いのリスクを解消しようとするものである。所有権留保がなされなくても、買主が売買代金の支払をしなかった場合、売主は買主に対して代金支払請求訴訟を提起することなどによって債務名義を取得し、それに基づき買主の一般財産に対して強制執行手続を行う方法をとることができる。しかし、債務者たる買主の一般財産が十分でない場合には、売主の代金債権は回収されない危険がある。

また、買主が代金を支払わない場合、売主は債務不履行を根拠として損害賠償を請求し、または売買契約を解除し（545条1項）、売買目的物の返還を請求することができる。しかし、この場合、契約解除前にその目的物について権利関係を有する第三者が現れて、545条1項ただし書に基づき売主がその第三者に劣後したり、また、契約解除後に第三者がその目的物について対抗要件を備えた場合にも売主が劣後してしまうことになり、結局、買主から目的物の返還を受けることができなくなる危険性もある。

さらに、買主が代金を支払わない場合、売主は、動産売買先取特権（311条5

◆割賦販売法と所有権留保
割賦販売法の適用がある契約については、その目的物について所有権留保が推定される（同法7条）。

♥債務名義
債務者の債務の存在を公証する文書のこと（民執22条）。債務名義がないと、強制執行手続を利用することができない。

♥一般財産
ある人の全財産、またはすべての債権者の債権の引き当てとなっている債務者のすべての財産のこと。

号）を行使する方法もある。しかし、その目的物について第三取得者が出現すると売主の動産売買先取特権は消滅するし、また、買主が目的物を第三者に転売する際に、第三者からの代金債権の支払前にその代金債権を差し押さえて物上代位権を行使するという方法もあるが、それは実際上容易ではない（道垣内・360以下）。

このような売主側のリスクや不都合さを回避するための手段として、所有権留保が、特に動産売買において利用される。

3 所有権留保の理論構成

所有権留保の理論構成としては、従来、代金完済という停止条件が成就することにより買主は目的物の所有権を取得できると解するのが通説であった（所有権的構成）。

これに対し、近時は、所有権留保が売買代金の担保を目的としそのような機能を果たしていることを直視し、留保所有権という一種の担保物権であると解する説（担保的構成）が有力説である（理論構成については、田山・474）。例えば、売主の所有権留保の目的は残代金債権の担保であるから、売主の権利を所有権ではなく担保権として構成すれば十分であり、売主は所有権留保特約によって、一種の担保物権である留保所有権を取得し、買主には所有権からその留保所有権を差し引いた物権的な地位が帰属すると構成する（高木・379［売買契約に基づき、代金一部支払いと目的物の引渡しによって目的物の所有権が買主に移転する］）。

このほか、中間的な学説では、所有権留保を動産譲渡担保とパラレルに考える傾向がある（道垣内・361）。すなわち、譲渡担保の場合と同様、所有権は売主に属するが、買主にも物権的な権利（物権的期待権）が分属すると構成している（内田・557）。

●所有権留保の設定

1 所有権留保の設定方法

所有権留保は、売買契約を締結する際に、売買目的物の所有権が買主へ移転する時期を買主による代金完済時とする旨の特約を付することにより設定される（独自の担保設定契約がなされるわけではない）。なお、法律上、所有権留保が推定される場合もある。

2 所有権留保の対抗要件（公示方法）

所有権留保を所有権移転に関する特約と理論構成すると（所有権的構成）、所有権は売主から買主へは移転しないから、物権変動はなされておらず、したがって、対抗要件（公示方法）は不要ということになる。

これに対し、所有権留保は、留保所有権の設定という物権変動がなされたものであると理論構成（担保的構成）する場合には、公示方法について立場が分かれる。例えば、売主は、一種の担保物権である留保所有権を取得すると構成する立場では、留保所有権の設定という物権変動についての対抗要件（公示方法）として、買主から売主へ占有改定がなされ、留保所有権者（売主）は占有

◆留保所有権の性質
売主の留保した「所有権」は一種の担保権であるとするのは、近江・324。

◆不動産に対する所有権留保
不動産の売買契約で所有権留保がなされた場合、登記が売主のもとに留保されるため、買主が債務不履行に陥れば、売主としては売買契約を解除するという方法で権利を行使する。その際、解除の効果として、受け取った代金は返す義務があるが、買主が目的物を利用したことによる利益は不当利得となるから、返済する受領代金から控除することになる（内田・554）。

◆法律上、所有権留保が推定される場合
割賦販売業者が割賦販売法上の指定商品を販売する場合には、所有権留保が推定される（同法7条）。

25-1 所有権留保の構造

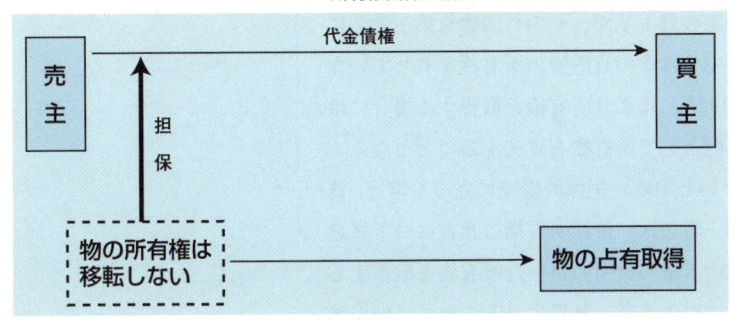

改定により対抗要件を具備していると構成する立場がある（高木・381）。これに対して、所有権留保では、買主は物権的な期待権を取得するが、所有権は売主に属すると構成する見解では、所有権の移転は起こらない（物権変動はない）から、売主の留保所有権は対抗要件の具備の必要がなく（道垣内・362）、特別の公示方法はないとする立場がある（近江・324 [公示方法なくして対抗力を有する]）。

なお、取引界では、所有権留保付売買契約のなされた目的動産に、ネーム・プレート等を貼付する方法がとられることも多い（第三者による即時取得を妨げるため）。

●所有権留保の効力

1 実行方法

買主が残代金債務の履行を遅滞した場合、形式上、売主は売買契約を解除して、目的物の引渡しを請求できる（545条1項）。これに対し、契約の解除を不要とする見解もある（道垣内・365以下）。

売主が契約を解除して買主に目的物の引渡しを請求する場合、売主は受け取った既払代金額から違約損害金を差し引いた額を買主に対して支払うべき清算義務を負っている（高木・382、田山・476）。買主の目的物引渡義務と売主の清算金の支払義務は同時履行の関係にたち（田山・476）、買主は目的物に関して留置権を取得する。

なお、所有権留保の特約には、買主が売買代金の支払いを遅滞した場合の無催告解除特約または期限の利益喪失約款が付されていることが多い。

2 売主と買主との関係（対内的効力）

所有権留保のなされた売買契約の当事者間では、代金の完済により所有権が買主に移転するまでは、その売買契約が継続するという形式がとられるから、売主と買主との関係は売買契約の効果に基づいて決せられることとなる。所有権留保のなされた目的物が買主に引き渡された後に目的物が滅失または損傷した場合、それが買主の責めに帰することができない事由による滅失または損傷であっても、買主は代金債務を免れるものではない（高木・383）。売主に所有権留保がなされていても、買主は実質的には所有者であるから、自由に目的物の使用・収益できるのが原則である。ただし、売買契約上、使用・収益に関して制限を付する特約のなされていることが多い。

♥買主の物権的期待権の対抗要件
　所有権留保における買主の物権的期待権は、対抗要件具備の必要があるが、目的物の引渡しにより具備されたと考える（道垣内・362）。

◆解除の必要性
　解除の必要性はないとする説もあるが、売主としての債務を消滅させるためにも、解除を要求すべきである（内田・555 [担保実務は解除している]）。多数説は、目的物の占有・利用に関する買主の権利を売買契約に基づくものと考えるので、それを買主から奪うために売買契約の解除が必要であると考える（これに対して、道垣内・365は物権的期待権に基づくことを理由に、不要とする）。

♥期限の利益喪失約款
　民法の定める以外の事実が生じたときにも、期限の利益を失うと定める当事者間の特約のこと。

♥目的物の利用関係
　所有権留保における目的物の利用関係は、売買契約に基づく権利として、買主に占有・利用権があるとするのが一般的である（これに対して、道垣内・363 [物権的期待権に基づく占有]）。

第25講　所有権留保

3 売主と第三者との関係（対外的効力1）

(1) 所有権留保のなされた売買目的物の買主Yが、その目的物を第三者Zに売却した場合、所有権的構成では、買主Yはその目的物の所有権を有していないから、第三者Zがそれを即時取得（192条）により所有権を取得する場合には、所有権を留保していた売主Xはその反射として所有権を喪失することとなる。

これに対し、（所有権は売主に属しないとする）担保的構成に立った場合、買主Yに所有権が帰属しているから、第三者Zは、留保所有権の存在につき悪意ないし善意・有過失であるときは留保所有権の負担の付いた所有権を取得することになり、また、留保所有権の存在につき善意・無過失であるときは留保所有権の負担のない所有権を取得（即時取得）することになる（高木・383以下）。したがって、担保的構成に立った場合、売主Xは、前者のときには留保所有権を第三者Zに対して主張でき、後者のときには所有権を喪失することになる。

(2) 所有権留保のなされた目的物を、買主の一般債権者が差し押さえた場合、所有権留保している売主は、どのような対抗手段をとることができるか。

判例は、動産の割賦払約款付売買契約において、代金完済に至るまで目的物の所有権が売主に留保され、買主に対する所有権の移転はその代金完済を停止条件とする旨の合意がなされているときは、代金完済に至るまでの間に買主の債権者が目的物に対して強制執行に及んだとしても、売主あるいは売主から目的物を買い受けた第三者は、所有権に基づいて第三者異議の訴えを提起し、執行の排除を求めることができるとする（最判昭和49年7月18日民集28-5-743［民執法改正前の事案］）。留保売主に買主の一般債権者による目的物に対する執行を甘受させるのは酷であり、留保売主からの第三者異議の訴えを認めるべきである（中野貞一郎「判批」民商72-6-1004（昭50））。所有権留保に特徴的なことは、代金不払いの場合に、売主が担保物たる売買目的物を取り戻しこれを自らの任意の方法で換価できてこそ、債権担保の目的を十分に達成できる点にあり、留保目的物が営業対象に属する商品であるという通常の場合、留保売主は、競売よりもそれを有利に換価できる。また、所有権留保の主眼は、代金完済に至るまでの間、第三者の法律的介入によって代金回収が不確実・困難となるのを防止しようとすることにあるから、買主の一般債権者の執行に対する所有権留保売主の第三者異議の訴えを認めないとすると、所有権留保特約の意義を大きく減殺することになる。

これに対し、買主の一般債権者が目的物を差し押さえた場合で、目的物の価額が被担保債権額を上回っているときには、配当要求の方法によるべき（民執133条の類推適用）と主張する説もある（高木・384）。しかし、民執法133条は、動産執行において配当要求できる者を「先取特権又は質権を有する」者に限定しており、その立法の経緯などをふまえて、これには所有権留保の売主は含まれないと解するのが一般である（新版注釈民法⑨922［安永正昭］）。動産価格の下落は時期とともに急激に進むことが多く、民事執行手続では高額な売却代金を期待することができず、時間や手間がかかり、また、所有権留保売主はその実行の時期を決めることができないので、民事執行法上の手段として配当要求では

♥**第三者異議の訴え**
債務名義の執行力は、債務者自身と債務者に関係のある一定範囲の者にしか及ばないので、債務名義の執行力の及ばない第三者に対して強制執行がなされてその権利が害されるに至ったときは、強制執行の取消を求め、その権利を守る必要性が生じる。このための制度が第三者異議の訴えである（民執38条）。第三者異議の訴えを提起できる者は、強制執行の目的物について所有権その他目的物の譲渡または引渡を妨げる権利を有する第三者である。

所有権留保売主の保護として不十分であることを考えると、第三者異議の訴えを一般に肯定すべきだろう（小林・72以下）。

25-2 売主からの第三者異議の訴え

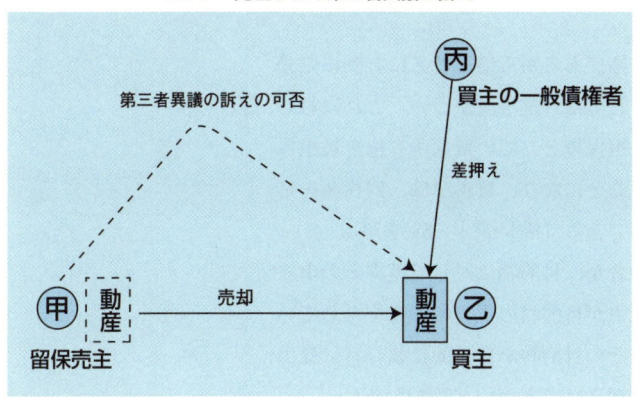

　(3)　所有権留保のなされた目的物の買主に対して破産手続または会社更生手続が開始された場合、所有権的構成によれば、売主は、取戻権（破62条、会更64条）を有することになり、担保的構成によれば、売主は、別除権（破2条9項）または更生担保権（会更2条10項・135条以下）を有することになる（札幌高決昭和61年3月26日判タ601-74、大阪高判昭和59年9月27日判タ542-214）。買主が倒産した場合、売主を別除権者（破産2条9項、民再53除）または更生担保権者（会更2条10項）とするのが通説である（これに対して、道垣内・367は、取戻権としつつ、中止命令によるコントロールを図る）。破産では、所有権留保の買主が破産した場合、売主を別除権者とすれば、売主は破産手続にも民事執行手続にもよらないで自由に目的物を処分する権利を有する（破65条・185条）が、目的物の価値が被担保債権額を上回るときは清算金の支払いと引換えに目的物の引渡しを請求でき、逆に下回る場合は不足額について破産債権者として届け出ることができる。さらに、所有権留保では目的物の価値と被担保債権の額とのバランスがもともととれているところ、目的物が動産であるために減価が著しくその価値が債権額を下回るという場合もかなり生じるので売主にとっても担保的構成の妥当性はより強い（小林・72以下）。したがって、所有権留保は、担保的構成により別除権として扱えば十分であろう。会社更生の場合も更生担保権として扱うほうがその非典型担保としての担保的性格にふさわしい。

　最近の学説は、すでに買主が条件付所有権という物的支配権を目的物について取得している以上、留保所有権は本来の意味における所有権ではありえず、代金債権を担保するための担保権の一種であるとする点でほぼ一致している。これを前提とすれば、留保所有権は別除権とみなされる（伊藤・336）。もっとも、別除権とされても、その実行方法として目的物の引渡しおよび留保売主による換価が認められれば、取戻権とされる場合とその点について差異は生じない。ただし、別除権の目的物換価については、破産管財人の介入権や担保権消滅許可が認められるから（破78条2項・154条・184条2項・185条・186条以下）、取戻権とされる場合と差異が生ずる（伊藤・336）。

◆**買主が倒産した場合における双方未履行の双務契約**
　買主が倒産した場合、所有権留保では、売主としてはもはや積極的になすべき義務は負担していないから、売主がなすべき所有権移転義務が履行されていない売買契約というわけではない。すなわち、所有権留保は、双方未履行の双務契約でないから、破53条、民再49条、会更61条の適用はないとするのが通説である（道垣内・366）。

▼**取戻権**
　第三者が、特定の財産が破産者に属せず、したがって、破産財団（法定財団）に属しないことに基づいて、破産財団（実在財団）からこれを取り戻す権利のこと。
　破産手続開始決定を基準時として、破産者が占有していた動産や破産者の名義となっていた不動産は、すべて破産管財人の管理に服する（破34条・78条）。しかし、破産手続開始決定前から第三者が破産者に対して、ある財産を自己に引き渡すことを求める権利を有している場合には、第三者は、その権利を破産管財人に対して主張することができる。このような第三者の実体法上の権利を破産手続において取戻権と呼ぶ（破62条）。取戻権とは、目的物に対して第三者がもつ対抗力ある実体法上の支配権で、破産手続開始決定の効力によって影響を受けないものを意味する。したがって、どのような権利が破産手続において取戻権とされるかは、実体法において物の支配権が認められるか、およびその支配権について対抗要件が具備されているかを基準として決定される（伊藤・310以下）。留保売主に取戻権がないことが通説であることについて、近江・327。

▼**別除権**
　破産財団に属する特定の財産から、破産手続によらないで優先的に弁済を受ける権利で、原則的に担保物権がこれにあたる。もっとも、民事留置権と一般先取特権は別除権にはならない。

4 買主と第三者との関係（対外的効力2）

(1) 所有権留保している売主Xがその目的物を第三者Zに売却等の処分をした場合、どのような法律関係を生じるか（現実には、目的物の直接占有は買主が有しているから、この事態は少ない）。

所有権的構成では、売主Xにはその所有権があるから第三者Zに有効に処分できることになり、買主Yは第三者Zに対しては対抗手段がない。これに対し、担保的構成に立った場合には、売主Xは、担保権としての留保所有権を被担保債権とともに第三者Zに有効に処分できることになり、買主Yは、残代金を第三者に支払うことによって受け戻すことができる（柚木＝高木・586参照）。

(2) 所有権留保している売主の一般債権者が、目的物に対して差押えの申立てをした場合の法律関係はどうなるか。買主が目的物の現実の占有を有しているという通常の所有権留保の場合、買主がその目的物を自発的に執行官に提出し、または差押えの承諾をしない限り、差押えはできない（民執124条）。

(3) 所有権留保している売主に破産手続または会社更生手続が開始された場合には、債権および所有権留保の権利は破産財団ないし更生会社に帰属するが、買主は、破産財団または更生会社に残代金を支払えば、目的物の完全な所有権を取得できる地位を有する。売主が倒産した場合、買主の地位に変更はなく、買主が売買代金を支払えば、当然に目的物の所有権が買主に移転する（道垣内・367）。

●所有権留保と譲渡担保との関係

従来、所有権留保の法的性質は、**停止条件付所有権留保**であるといわれていたが、近年は、売主が売買契約を締結する際に所有権留保という停止条件を付けた目的が、売買代金を担保することにあることを直視し、所有権留保を一種の担保権であると説く学説が多い（柚木＝高木・581、近江・324、高木・379）。この立場では、所有権留保付売買契約の売主は一種の担保権（担保物権）を有すると構成することになる。前述したように、学説によっては、その担保権を留保所有権と呼んでいる（高木・380）。

近時の有力説に従い、所有権留保を一種の担保権と解した場合、所有権留保を譲渡担保と同様に構成する見解が多い（柚木＝高木・581以下、高木・379、近江・324以下、道垣内・361以下、鈴木・403以下、内田・557）。もっとも所有権留保は、譲渡担保の場合と同じく、当事者の用いている法形式を離れ、残代金債権を被担保債権とする担保権（留保所有権）が売主に存し、所有権からこれを差し引いた物権的地位が買主に帰属するとし、売買契約（代金一部支払と目的物の引渡し）によって目的物の所有権が買主に移転すると構成する立場（高木・380）と、目的物の所有権は売主に帰属すると構成する立場（道垣内・361以下、内田・557[買主には物権的期待権が分属する]）がある。

所有権留保と譲渡担保との相違点は、譲渡担保の場合の被担保債権と譲渡担保権はそれぞれ別個の契約関係から発生し、これらが付従性の原理によって結びつくのに対し、所有権留保の場合の被担保債権（代金債権）と留保所有権は

◆停止条件付所有権留保
　買主による代金の完済によって、条件が成就し、所有権が買主に移転するのであり、それまでは、所有権は売主に帰属し、**買主は目的物の利用権と、条件成就による所有権取得についての期待権を有する**と構成する（柚木＝高木・581参照）。

売買という一個の契約関係から発生している点にある（柚木=高木・581）。

[2] 論点のクローズアップ

●所有権留保のなされている自動車の転売

1 問題点

　自動車の販売では、ユーザーは自動車をサブディーラーから購入するが、サブディーラーは、自動車をディーラーから仕入れている。ディーラーがサブディーラーに自動車を売却する場合、その売買代金債権を担保するために自動車の所有権を留保してサブディーラーに売却するのが通常である。そして、サブディーラーは、自動車をユーザーに売却し引き渡すが、問題は、そのサブディーラーが倒産などをしてディーラーに対する売買代金債務を履行しないときである。ディーラーが、サブディーラーの債務不履行を根拠として売買契約を解除し、留保している所有権に基づいてユーザーにその自動車の引渡しを求めたときに、その引渡請求が認められるか否かが問題となる。

25-3　自動車の所有権と占有

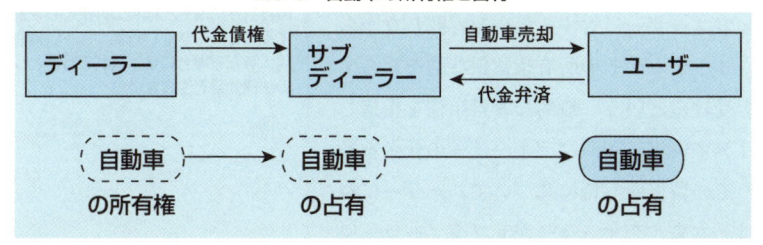

```
ディーラー ──代金債権──→ サブ      ──自動車売却──→ ユーザー
                          ディーラー ←──代金弁済──

自動車          →  自動車       →  自動車
の所有権            の占有           の占有
```

2 議論

　サブディーラーに代金を完済していたユーザーからその自動車を取り上げることを認めることが消費者保護の観点からして妥当な結論といえるか、反面、ディーラーの引渡請求を否定すると、所有権留保付の売買契約の意味を没却してしまうのではないかが問題となる。しかし、自動車販売の実情に鑑みると、消費者保護の要請が優先されるとするのが、学説・判例の大勢である。

　A：[代理関係説]　サブディーラーが、ディーラーの所有している自動車をユーザーに売却する場合、サブディーラーはディーラーの委任に基づき、ディーラーの代理人として売却していると見るべきであるとする。この場合、サブディーラーは、自分がディーラーのサブディーラーであることをユーザーに表示するが、この資格の表示は代理権の表示と見ることができ、したがって、このような売買においては、代理人たるサブディーラーとユーザーとの間の意思表示により、本人たるディーラーとユーザーとの間に売買契約が成立すると解する。そして、ディーラーとサブディーラーとの間の売買契約はその内部関係にすぎず、特に所有権留保であることが明示されない限り、所有権留保をもってユーザーに対抗することはできず、ユーザーは完全な所有権を取得すると構成する（中馬義直「判批」判時783-148以下（昭50））。

◆**転売容認型の所有権留保に対する考え方**
　留保物件の販売促進を意図した転売容認型の所有権留保においては、留保買主の転売によって留保売主も当該物件の代金回収ができる関係にあり、転買人が留保売主に代金を完済し目的物の引渡しを受けている限り、留保売主による転買人からの目的物の引揚げは正当な権利行使とはいえないというのが、学説の基本的な発想である（千葉恵美子「判批」判例百選①[新法対応]208、209）。

B：[即時取得説]　道路運送車両法や自動車抵当法における自動車の登録は対抗要件とされているだけであるから、占有の取得だけで即時取得を認めることに論理的な障害はなく、ユーザーが自動車の引渡しを受ければ、その登録名義がディーラーになっていても、ユーザーは自動車の所有権を即時取得（192条）できるとする（安藤次男「判批」法学40-4-434、437以下（昭52））。

C：[転売授権説]　流通過程におかれた目的物についての所有権ないし担保権は、留保売主・転得者のいずれに買主無資力の危険を負わせるのが妥当かという見地から（条理による意思の制限）、目的物が買主の営業における通常の過程で転売された場合には当然に消滅すると解すべきであるとする（米倉明「判批」法協93-8-1295（昭51））。このディーラーからサブディーラーに転売授権がなされているとする転売授権説が、現在の多数説である（吉田真澄「判批」判例百選①208以下）。

◆転売授権説の法的構成
転得者（ユーザー）が代金を完済すれば、これに有効に所有権を移すことができる権限を、買主（サブディーラー）は留保売主（ディーラー）から得ていると構成する（内田・558[その結果、代金を完済したユーザーが確定的な所有権を取得し、登記名義の移転請求もできる]）。

D：[権利濫用説]　判例は、ディーラーがユーザーに対して自動車の引渡請求をすることは、自ら負担すべき代金回収不能の危険をユーザーに転嫁しようとするものであり、代金を完済したユーザーに不測の損害を被らせるものであって、権利濫用にあたるとして、その引渡請求を認めなかった（最判昭和50年2月28日民集29-2-193、最判昭和57年12月17日判時1070-26）。最高裁は、ディーラーがサブディーラーに対し営業政策としてユーザーに対する転売を容認しながら所有権留保特約付で自動車を販売し、ユーザーがその所有権留保特約を知らずに買い受け、代金を完済して引渡しを受けるという一般的な背景事情を指摘したうえで、次のように判示している。「ディーラーがサブディーラーの代金不払を理由としてその売買契約を解除し、その留保所有権に基づいてユーザーに対しその自動車の返還を請求することは、本来、ディーラーがサブディーラーに対して自ら負担すべき代金回収不能の危険をユーザーに転嫁しようとするものであり、かつ、代金を完済したユーザーに不測の損害を被らせるものであって、権利の濫用として許されない」。

♥権利濫用
外形上権利の行使のようにみえるが、具体的な場合に即してみるときは、権利の社会性に反し、権利の行使として是認することのできない行為である。権利濫用にあたる場合には、権利の行使としての法律効果を生じない。

これに対し、権利濫用法理では、ユーザーが勝訴したとしても自動車の所有権を取得できない難点があると指摘されている。この判決の理論では、自動車の所有権は依然としてディーラーにあることになるから、ユーザーは自動車登録の移転を請求できないという欠点を伴う（内田・558）。

◆権利濫用法理の難点
手塚宣夫「所有権留保の追及力」争点①184・186（昭60）。権利濫用法理では、自動車の所有権は依然としてディーラーにあり、ディーラーからの引渡請求が認められないだけだからである、米倉・前掲「判批」1303。

[3] ケース・スタディ

ケース……1 ❖ 所有権留保と自動車ディーラー

自動車のディーラーA社とそのサブディーラーB社は、協力してユーザーに自動車の販売をしていた。ユーザーCは、B社に代金82万円を完済して自動車（A社が所有権留保）を買い受け、引渡しも受けた。A社は、B社とCとの間の自動車売買契約の履行に協力し、自らCのために

車検手続、自動車税、自動車取得税等の納付手続や車庫証明手続等を代行し、そのためＡ社のセールスマンを２、３度Ｃの所に赴かせたことまであった。ＡＢ両者間においては、その自動車について割賦売買契約が締結され、Ｂ社による代金完済まで自動車の所有権がＡ社に留保されるという約定がなされていた。その後、Ｂ社が経営危機に陥りＡ社に対する代金の支払いが滞ったので、Ａ社は、Ｂ社の債務不履行に基づいて売買契約を解除したが、留保していた所有権に基づきＣに対し自動車の引渡請求をすることができるか。

　本ケースのような自動車販売に関する売買契約において、買主がその代金を完済する前に売買目的物の占有が買主に移転する場合には、売主の売買代金債権を担保するため、代金が完済されるまで目的物の所有権を売主が留保する担保方法である所有権留保のなされることが多い。消費者保護の要請が、ディーラー・サブディーラー間の内部事情的な所有権留保による売買代金確保の要請を上回る本ケースと類似した所有権留保の事案において、最高裁は、留保された所有権に基づくディーラーのユーザーに対する自動車の引渡請求は権利濫用にあたるとしてその請求を認めなかった。下級審裁判例では、判例に従い、権利濫用ないし信義則違背を根拠として、ディーラーからの引渡請求を否定したものが多い。しかし、引渡請求を認める裁判例もあり、その事例の境界は明確ではない。また、判例のようにディーラーからの引渡請求を権利濫用にあたるとして認めない立場では、Ｃが勝訴しても自動車所有権を取得できない点で問題がある。
　これに対し、サブディーラーをディーラーの代理人として構成できれば、ディーラーからの引渡請求を否定し、ユーザーを保護することができる。しかし、ディーラーとサブディーラーとの間に常に代理関係があるか否かは疑問である。
　結局、ディーラーが、自己の売却した自動車がはじめから流通（転売）されることを予定してサブディーラーに自動車を売却すれば、サブディーラーの無資力の危険はディーラーが負担すべきである（条理による意思の制限）。あるいは、サブディーラーはユーザーが代金を完済すればこれに有効に所有権を移転できる権限をディーラーから授権されていると構成することにより、たとえユーザーがディーラーとサブディーラーとの間の所有権留保について悪意であったとしても、自動車の現実の引渡しを受け代金を完済したユーザーは、自動車の所有権を取得すると解せられる。
　結局、Ａ社はＣに対して所有権留保に基づき自動車の引渡請求をすることはできないと考える。

ケース……2 ❖ 所有権留保と救済手段

　ＸがＹに動産を売却した際にその売買代金を担保するため、動産の所有権をＸに留保した。Ｙが売買代金を完済する前に、Ｙの一般債権者Ｚが動産を差し押さえた場合、Ｘはいかなる手段をとりうるか。Ｙが破産

した場合はどうか。

　所有権留保の場合、通常、留保売主Ｘは、買主の一般債権者Ｚによってなされる目的動産に対する差押えを排除して適当なタイミングで私的に実行する正当な利益を有しているから、Ｘに第三者異議の訴えを認めてよい。判例も、同様に、動産の割賦払約款付売買契約において、代金完済に至るまで目的物の所有権が売主に留保され、買主に対する所有権の移転はその代金完済を停止条件とする旨の合意がなされているときは、代金完済に至るまでの間に買主の債権者が目的物に対して強制執行に及んだとしても、売主あるいはその売主から目的物を買い受けた第三者は、所有権に基づいて第三者異議の訴えを提起し、その執行の排除を求めることができるとしている。

　これに対して、Ｙが破産した場合には、Ｘに所有権的な取戻権ではなく担保権的な別除権を認めることが売主の残代金債権の確保を目的とした所有権留保の性格に合致する。破産法は別除権について民事執行によらない実行も認めているから（同185条）、Ｘは、所有権留保の目的動産の価値が残代金を上回っている場合には、差額を支払ってその動産を引き揚げることができるし、下回っている場合には、不足額について破産債権者として届出できるとすることが、非典型担保としての所有権留保に適合する。下級審判決でも、同様な事案でＸの取戻権を否定し別除権としたものがある。

[4] まとめ

　売買契約において買主がその代金を完済する前に売買目的物の占有が買主に移転する場合、売主の売買代金債権を担保するため、代金が完済されるまで、目的物の所有権を売主が留保する担保方法を所有権留保という（動産の割賦販売契約で利用され、また、期限の利益喪失約款を伴うことが多い）。売主は、買主が代金債務を履行しない場合、所有権留保がなされなくても、売買契約の解除に基づく目的物返還請求権や損害賠償請求権、または動産売買先取特権によって保護されるように考えられるが、買主の無資力、対抗要件の具備や目的物譲渡の関係で、売主が、事実上、第三者に劣後してしまう危険性があるため、所有権留保をしておく意義がある。所有権留保がなされ、買主が代金債務の履行を遅滞した場合、売主は、売買契約を解除して、目的物の引渡しを請求できる。売主には、差額の清算義務があり、清算義務と目的物引渡義務は同時履行関係に立ち、買主には留置権も生じうる。所有権留保では、売主と買主との関係のほか、売主と第三者との関係や買主と第三者との関係も問題となる。所有権留保で、従来から議論される典型的な事例は、自動車の転売におけるユーザーの保護であり、理論的な問題としては、所有権留保を所有権的に構成するか、担保的に構成するかという問題がある。

　近時は、所有権留保を担保的に構成し、また、譲渡担保とパラレルに理解す

る学説が多くなっている。所有権留保は、譲渡担保と類似しているが、譲渡担保においては、被担保債務の履行によって旧所有者が完全な所有権を回復するのに反し、所有権留保では、被担保債務不履行・担保権私的実行によって旧所有者（売主）が完全な所有権を回復する点で両者は異なる（鈴木・405）。

第26講
強制執行法総論

[1] はじめに

◉民事執行法の制定

　民執法が定める民事執行とは、①強制執行、②担保権の実行としての競売、③民法、商法その他の法律の規定による換価のための競売、ならびに④債務者の財産の開示の4者を総称するものである（民執1条）。民事執行事件の法的性質として、最近では非訟事件説が有力となりつつあるが、かつては訴訟事件説が支配的であった（中野・78）。

　民執法では、執行手続を迅速化し、権利実現の確保を図り、買受人の地位を安定化させ、債務者の生活の保持を確保するように設計されている（浦野・3以下）。民事執行は、「民事」に関する債権を国家権力が関与・介入して強制的に実現する手続である（国家権力による債権の強制的実現であっても、「税債権」に関する滞納処分と異なる）。また、民事執行は、債務者（または所有者）の有する個別の財産（不動産、動産または債権など）について、個別に執行の対象とする意味で、個別執行と呼ばれる。これに対し、債務者の総財産を執行の対象として行われる破産手続、民事再生手続または会社更生手続（いわゆる包括執行）とは異なる。

◉執行機関

　民事執行は、債権者の申立てによって行われる（民執2条）。強制執行権その他の民事執行をなす権能は、国の独占するところであり、その行使を管掌する国家機関、すなわち、執行手続に属する国家の行為を担当する官庁もしくは公務員を、執行機関と呼ぶ（中野・46）。民事執行の実施機関は、**執行裁判所**（民執3条）と**執行官**である（民執2条）。民事執行については、この2つの執行機関が、執行権限を分掌している。

　民事執行につき裁判所に委ねられた権限、すなわち執行処分の実施その他の執行手続への関与を職分とする裁判所を執行裁判所という。執行裁判所は、原則として地方裁判所であり、単独裁判官の構成による（中野・51）。執行裁判所の裁判（決定、命令）は、口頭弁論を経ないですることができる（民執4条）。執行裁判所は、執行処分をするに際し必要があると認めるときは、当事者だけでなく賃借人等の占有者等の利害関係人その他の参考人を審尋することができる

◆**民事執行法**
　民事執行法（昭和54年3月30日法律第4号）は、昭和55年10月1日から施行された。民事執行規則（昭和54年11月8日最高裁判所規則第5号）も、昭和55年10月1日から施行されている。民事執行規則では、民事執行法が具体的にこれに委任した事項のほか、民事執行の手続の実施のために必要な細目を定めている。

◆**競売法**
　民執法施行前は、動産、不動産、船舶に対する担保権の実行については、単行法として「競売法」（明治31年法律15号）があった。強制執行に関する規定は、旧民訴法第6編に規定されていた。

◆**強制執行手続と担保権の実行手続の統合**
　強制執行手続と担保権の実行手続は、財産を所有者の意思とはかかわりなく国家の手により換価し、その代金をもって請求権の満足にあてるという点では本質的に変わりがない、現行の民執法では、それら2つの手続を基本的に統合した（上原＝長谷部＝山本・6〔上原敏夫〕）。

◆**民事執行**
①強制執行
②担保権実行競売
③換価競売
④債務者の財産開示手続

◆**倒産処理手続と強制執行**
　倒産処理手続は、債務者の財産が全債務の弁済に不足するかまたは不足するおそれがあることを前提とするのに対して、強制執行は、財産が十分にありながら債務を弁済しようとしない債務者に対しても行われうる。もっとも、現実に強制執行が行われるのは、債務者に財産が十分にはない状況においてである（上原＝長谷部＝山本・7以下〔上原〕）。

◆**執行機関の職分**
　執行機関が随所に臨場し実力をもって事実的行為を実施しなければならない、現実的執行処分を主とする執行（動産執行、物の引渡執行など）は、執行官の職分とし、これに対して、しばしば複雑な権利関係につき高度の法的判断を必要とする、観念的執行処分を主とする執行（不動産執行・債権執行など）は、執行裁判所の職分とされる（中野・47）。

◆**裁判所書記官が例外的に執行機関**
　執行機関は、裁判所と執行官の二元制が永く採られていたが、少額訴訟債権執行に関して裁判所書記官を執行機関とする例外が最近認められた（民執167条の2）。

（民執5条）。

執行官は、各地方裁判所に置かれている手数料制の公務員である（ただし、その手数料につき、裁判62条4項）。執行官は、民執法など法令において執行官が取り扱うべきものとされている裁判の執行、文書の送達の事務等を取り扱う。執行官は、抵抗の排除のための威力行使や警察上の援助請求（民執6条）の権限を有する。

26-1　執行権限の分掌

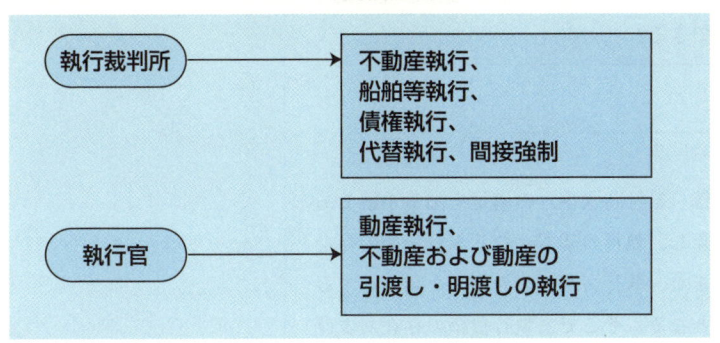

```
┌─────────┐    ┌──────────────────┐
│ 執行裁判所 │ → │ 不動産執行、      │
└─────────┘    │ 船舶等執行、      │
                │ 債権執行、        │
                │ 代替執行、間接強制 │
                └──────────────────┘
┌─────────┐    ┌──────────────────┐
│  執行官  │ → │ 動産執行、        │
└─────────┘    │ 不動産および動産の │
                │ 引渡し・明渡しの執行│
                └──────────────────┘
```

[2] 強制執行の機能とその内容

　債権者が、債務者に対して貸金債権（代金債権もしくは賃料債権等）を有し、または不動産の明渡請求権等の権利を有しているが、債務者がこれに対応する債務・義務を任意に履行しないことがある。このような場合、近代社会においては、私人の自力救済によりその権利の実現を図ることは原則として許されていない（自力救済の原則的禁止）。また、債権者は、泣き寝入りをして、何ら自己の権利を実現させないこともある。しかし、債権者は、泣き寝入りしないのであれば、担保権のついていない債権（一般債権）や権利については、国家の強制権力の発動によりその債権の実現を図ることができる。

　国家権力によって私法上の請求権の履行があったと同様の状態を実現するための手続が「強制執行」手続である。強制執行は、請求権の強制的満足を目的とする。この強制執行によって満足を与えられるべき請求権を執行債権と呼ぶ。執行債権は、原則として私法上の請求権である（中野・115）。債権者が、国家に対して強制執行を求めるには、これを請求することができる権利である強制執行請求権の存在を証明する公証文書として「債務名義」を必要とする。

　強制執行は、その実現すべき請求権が金銭の支払を目的とする債権であるか否かにより、金銭債権についての強制執行（金銭執行）と、金銭の支払を目的としない請求権についての強制執行（非金銭執行）とに分類される。金銭執行は、その執行対象財産（不動産、動産または債権等）の違いにより、執行機関または執行方法を異にする。

　金銭執行のすべてに共通の手続パターンがある。すなわち、金銭執行は、債務者の責任財産に属する各個のまたは特定の財産を差し押え、その差押財産を換価し、それによって得られた金銭を債権者に交付または配当するという手続

◆**地方裁判所以外が執行裁判所**
　代替執行や間接執行（民執171条2項・172条6項・173条2項）においては、地方裁判所以外の裁判所、たとえば、簡易裁判所、家庭裁判所または高等裁判所が執行裁判所となることがある（福永・20）。

◆**執行官に対する規制**
　執行官は、住居立入りの職務執行の適正を保障するための立会人の立会（民執7条）、休日・夜間執行についての執行裁判所の許可（民執8条）、職務執行の際の身分証明書の携帯・提示義務（民執9条）等の規制を受ける。

♥**執行官の意義**
　執行官は、官署としての地方裁判所におかれ、法律の定めるところにより裁判の執行、裁判所の発する文書の送達その他の事務を行う独立かつ単独制の司法機関である。執行官は、最高裁の定める資格要件に従って、地方裁判所が任命し、その勤務する裁判所を指定する。他の裁判所職員と同様に常勤し、所属地方裁判所等の司法行政上の監督を受けるほか、国家公務員法の服務等の諸規定がほぼ全面的に準用される（中野・56以下）。

◆**民事紛争への対応**
①自力救済の原則的禁止
②泣き寝入り
③強制執行（民事訴訟）

◆**国税徴収法に基づく滞納処分**
　国税、地方税または社会保険料などの請求権の実現は、これらの請求権が優先権を有することや課税処分等が行政行為として自己執行力を有することなどが考慮されて、国税徴収法に基づく滞納処分によって行われる（上原＝長谷部＝山本・6以下［上原］）。

◆**強制執行**
```
  ┌ 金銭執行
 ─┤
  └ 非金銭執行
```

◆**金銭執行**
```
  ┌ 不動産執行
  │ 船舶執行
 ─┤ 動産執行
  │ 債権執行
  └ その他の財産権執行
```

◆**責任財産**
　責任財産は、執行開始当時に債務者に属する財産である。金銭執行の責任財産は、原則として執行開始当時に債務者に属し、金銭に換価しうる財産であって、差押禁止財産でないものである。人格権や身分権は責任財産ではない。一身専属権や不融通物のような金銭に換価できない財産や、独立に財産的価値をもたない取消権・解除権なども責任財産でない（福永・88）。

　人的執行は、債務者の身体や労働力を執行の対象として債権の実現をはかる執行である。近代法の下では、個人の人格尊重の理想と経済観念の変遷に伴って、人的執行は概ね影を潜めるに至った。日本では人的執行は認められていない（福永・44）。

第26講　強制執行法総論　269

である。金銭執行と違い、非金銭執行、すなわち金銭の支払いを目的としない請求権の満足のための執行にあっては、請求権の目的の差異に応じて執行手続は様々の形態を示し、それらの多様な執行手続の間に共通性がない（中野・30以下）。

これに対し、債務者が、債権者の有する債権に対応する債務を任意に履行しない場合であって、その債権が抵当権等の担保権の被担保債権となっているときは、その担保権の実行としての競売等により、債務が任意に履行されたのと同様の状態を強制的に実現することができる。

●債務名義

1 債務名義の役割

強制執行は、国家権力により執行債権（給付請求権）の満足を図る手続である。しかし、執行機関が執行の実際に際し、執行の基本となる執行債権の存否や範囲を調査することは適当でない。また、執行官が、このような調査をすることは迅速に執行に着手できないこととなる。そこで、執行債権の存在および範囲を確定して公証した文書を執行機関（執行裁判所または執行官）が信頼し、それにより直ちに執行ができるものとされている。このように、強制執行に適する私法上の請求権の存在および範囲を証明する公正の証書で、法律が強制執行によってその内容を実現できる執行力を有するものを「債務名義」という。債務名義の種類および内容は法律上定められている。債務名義は、債務者がその手続に関与して作成された文書であって、高い蓋然性をもってその執行債権の存在と内容を表象する文書である（浦野・要点21以下）。債権者が、具体的に強制執行の申立てをするには、原則として執行文の付された債務名義の正本に基づく必要がある（民執25条）。強制執行を求める申立書には、執行力のある債務名義の正本の添付を要する（民執規21条）。

2 債務名義の種類・内容

債務名義の種類は、民執法22条に定められている。執行機関は、債務名義が適法である限り、それに従って執行する職責を有する。執行機関は、たとえ実体上請求権が弁済等により消滅していても、債務名義があれば適法に強制執行を遂行することができる。債務者が債務名義に掲げられた請求権につき弁済等により消滅していることを主張し、債務名義の執行力を排除するには、執行終了前に請求異議の訴え（民執35条）を提起する必要がある。

代表的な債務名義は、確定した終局判決（民執22条1号）である。しかし、すべての終局判決が債務名義となるのではない。債務名義となるためには、給付義務を宣言した給付判決であって、しかも、給付義務の性質上強制執行に適する終局判決である必要がある。

仮執行宣言付判決（民執22条2号）も、強制執行に適するものは、債務名義となる。給付判決であっても、確定しないと債務名義とならないのが原則であるが、仮執行宣言が付された場合には、給付判決が未確定であっても、債務名義となる。仮執行宣言とは、未確定の終局判決に即時に執行力を与える宣言であ

◆**財産を対象としない強制執行と責任財産**
　財産を対象としない強制執行（作為・不作為の執行）については、代替執行の費用や間接強制金の取立てを別として、責任財産は観念できない（上原＝長谷部＝山本・66〔上原〕）。

♥**債務名義と強制執行**
　債権者は、債務名義がないと強制執行を求めることはできない。強制執行は、この債務名義に基づいて行われる（民執22条）。

◆**債務名義の執行力の排除**

　債権名義の執行力
　↑執行力の排除
　請求異議の訴え

◆**民執法22条以外の規定**
　民執法22条とは別に、「執行力ある債務名義と同一の効力を有する」と規定される場合があり（非訟163条1項、民訴189条1項、民訴費15条ないし17条）、これらは債務名義となる（松村・30）。

♥**債務名義の利用**
　債務名義となる文書は、現実には判決・支払督促・執行証書の3者の利用が高率を占める（中野・157）。

◆**仮執行宣言**
　仮執行宣言は、判決主文でなされる場合がある（民訴259条4項）。また、仮執行宣言は、判決後に補充決定の形でなされる場合（民訴259条5項）、または上訴審で不服申立てのない部分につき決定の形でなされる場合がある（民訴294条、323条）。

る。仮執行宣言付判決による執行は、（仮執行宣言付支払督促による執行と併せて）仮執行と呼ばれるが、保全執行とは異なり、確定判決による執行と同じく、執行債権の満足に至る（満足執行）。ただ、その満足が仮執行宣言の失効（民訴260条1項）を法定の解除条件とする点が異なる（中野・175）。

抗告によらなければ不服申立てができない裁判（民執22条3号）は、債務名義となる。債務名義となるのは、決定または命令で、性質上抗告ができるものであって、その内容が執行に適する具体的給付請求権を宣言としているものである。これらの裁判は、原則として告知によって直ちに効力を生じて（民訴119条）、債務名義となる。もっとも、これらのうち、確定しなければ効力を生じない裁判である場合には、確定したものだけが債務名義となる。これに該当する裁判は、不動産執行における保全処分（民執55条7項・68条の2第4項・77条2項）、不動産引渡命令（民執83条5項）、代替執行の費用前払決定や間接強制の制裁金支払決定（民執171条4項・172条）である。

仮執行宣言付支払督促（民執22条4号）も、債務名義となる。金銭その他の代替物または有価証券の一定の数量の給付を目的とする請求については、簡易裁判所書記官は、債権者の申立てにより、債務者を審尋しないで、支払督促を発することができる。この督促手続により出された**仮執行宣言付支払督促**は、債務名義となる。

訴訟費用の負担等の額等を定める裁判所書記官の処分（民執22条4号の2）も、債務名義となる。たとえば、訴訟費用・和解費用の負担の額を定める裁判所書記官の処分（民訴71条・72条）である。また、執行費用等の額を定める裁判所書記官の処分が確定した場合である（民執42条4項以下）。

執行証書（民執22条5号）も債務名義となる。公正証書が債務名義として執行力を認められるためには、公証人がその権限に基づき作成した証書であって、一定額の金銭の支払または代替物もしくは有価証券の一定数量の給付を目的とする請求を表示し、かつ、債務者が直ちに強制執行に服する旨の陳述が記載されている場合に限られる。執行証書は、債務不履行の場合に訴訟手続を経ることなく直ちに強制執行をすることができるように、債権者が予め債務名義を得ておく手段として広く活用されている（上原＝長谷部＝山本・51〔上原〕）。公証人が執行証書を作成する際、証書の作成記載内容の実体的正当性に対する審査義務はないとするのが、通説・判例である（松村・157）。

確定した**執行判決**のある外国判決（民執22条6号）や、確定した**執行決定**のある仲裁判断（民執22条6号の2）も、債務名義となる。

このほか、確定判決と同一の効力を有するもの（民執22条7号）も、債務名義となる（同3号に掲げる裁判を除く）。金銭の支払等の給付義務を内容とする裁判上の和解調書、認諾調書等は、確定判決と同一の効力を有するものとされるので、債務名義となる。

債権者は、債務名義なしには強制執行を申し立てることができず（執行文も原則的に必要）、執行機関としても、提出された債務名義に即し迅速に強制執行を実施すべく、執行債権の存否について実質的な調査・判定を要しない（中野・

♥**確定判決と執行力**
確定判決の執行力の範囲は、客観的にも主観的にも既判力のそれと一致するというのが通説であり、これを既判力のある他の債務名義に推及し、さらには既判力を有しない債務名義についても、既判力ある場合に準ずるとする見解が支配的である（中野・161）。

♥**直ちに強制執行が可能**
仮執行宣言が付されると、判決が確定しなくても債務名義となるから、債務者が強制執行の停止決定を得ない限り、債権者は、直ちに強制執行を求めることができる。

♥**抗告**
抗告は、判決以外の裁判である決定および命令に対する独立の上訴である。上訴として、上級裁判所への不服申立てである。決定・命令に対する同一審級での不服申立てである異議と異なる。

♥**督促手続**
金銭その他の代替物の一定数量の給付請求権に関して、債務者がその債務を争わない場合に、債権者のために、通常の判決手続よりも簡易迅速に債務名義を取得させる手続である。裁判所書記官によって進められる。民訴382条以下。
支払督促に仮執行の宣言が付され、債務者に送達された時に執行力が生じ、債務名義（民訴391条5項、同388条2項、民執22条4号）となる（松村・27）。

♥**公正証書**
公証権限を有する公務員（たとえば、公証人または裁判所書記官）が正規の方式に従って作成した文書を公正証書という。

♥**執行判決・執行決定**
外国裁判所の判決は、一定の要件のもとに日本において効力を認められ（民訴118条）、仲裁廷の仲裁判断も当事者間において確定判決と同一の効力をもつ（仲裁45条1項）。しかし、それらの内容を国家権力により強制的に実現するには、その効力が認められるための法定の要件の審査に慎重を期する必要があり、執行機関ないし執行文付与機関に判定を委ねることは適当でないところから、法は、とくに予め独立の手続をもってその要件の存在を審査し、裁判所の裁判をもって強制執行を許す旨を宣言することにした。これが執行判決（民執24条）および執行決定（仲裁46条）の制度である。強制執行に適する請求権を表示した外国判決につき執行判決が確定した場合には、執行判決と合体して債務名義となり、仲裁判断につき執行決定が確定した場合には、執行決定と合体して債務名義となる（民執22条6号・6号の2、中野・183）。

第26講　強制執行法総論　271

158以下）。

●執行文

1 執行文の機能と内容

執行文とは、債務名義の執行力の現存およびその範囲を公証する文言、またはこれを記載した文書をいう。債務名義が存在していても、現在それが執行力を有しているか、また、誰との間で執行力を有するかについてはさらに調査の必要な場合がある。例えば、判決が確定しているか、執行条件が成就しているか、または誰が承継人となっているかなどについて調査が必要な場合がある。債務名義の作成機関と執行機関とが分離されているから、執行力を有するか否かの調査を執行機関に担当させることは適当でない。また、仮に、執行機関に執行力を有するか否かを調査させると執行を遅延させる原因となる（浦野・要点28）。そこで、執行証書以外の債務名義については事件の記録の存する裁判所の裁判所書記官が、その点を調査して、債務名義の正本の末尾に執行力がある旨の証明を付記する（民執26条）。また、執行証書についてはその原本を保存する公証人が、その点を調査して、債務名義の正本の末尾に執行力がある旨の証明を付記する（民執26条）。この執行力がある旨の証明を「執行文」という。

執行文の付与の権限は、裁判所書記官または公証人が有する。執行文は、通常（「単純執行文」の場合には）、債務名義の正本の末尾（債務名義とは別の紙）に、「原告某は、被告某に対し、この債務名義により強制執行をすることができる」旨が記載される（民執26条）。執行文は、原則としてすべての債務名義について必要である。

執行文は、当該債務名義の正本に基づいて強制執行の申立てをし、または、配当要求をするためには、原則としてすべての債務名義にこれを付与することを要する。執行文を付与すべき態様とその手続はいくつかある。

26-2 債務名義と執行文

確定判決・執行証書等の債務名義の取得 → 書記官・公証人に対する執行文付与の申立て → 執行文の付与 → 債権者の申立てによる執行の開始

債務名義に表示された当事者につき付与される執行文を、一般に「単純執行文」という。また、請求が債権者の証明すべき事実の到来に係る場合（民執27条1項）、例えば先給付ないし条件付判決のような場合等に付与される執行文を、一般に「条件成就執行文」という。さらに、債務名義に表示された当事者以外の者を債権者または債務者とする場合（民執27条2項）、例えば債務名義成立後

◆債務名義のほかに執行文が必要な理由
債務名義のほかに（単純）執行文が必要な理由としては、たとえば、特定の給付請求権の存在を認める判決が存在しても、それが確定しているか、また、再審訴訟や請求異議訴訟でその後に取り消されていないか、執行力の現存を確認しておく必要があるからである。このほか仮執行宣言付判決の場合には、その判決や仮執行宣言がその後に取り消されていないかなど、執行力の現存を確認しておく必要があるからである（福永・46）。

◆執行文なしで執行
（単純）執行文の付与を受けないで執行ができるのは、仮執行宣言付支払督促（民執25条ただし書）、少額訴訟における確定判決・仮執行宣言付判決（民執25条ただし書）、執行力ある債務名義と同一の効力を有する文書、付随執行（民執148条、98条など）、仮差押命令・仮処分命令（民保43条1項）である（松村・33）。

◆執行文を不要とする場合
少額訴訟の確定判決、仮執行宣言付判決や仮執行宣言付支払督促のように、その性質上、執行文を不要とする場合もある（もっとも、民執25条ただし書）。

◆執行文の債務名義補充機能
執行文は、強制執行の実体的要件の存在を公証する機能のほかに、債務名義作成当時の実体的権利関係が執行文付与段階で一致しなくなったときに、その変化に対応させて債務名義の記載を執行文により追加・訂正・補充するという債務名義補充機能を有する（松村・32）。

◆証明文書の提出等と執行文
単純執行文以外の執行文の場合には、原則としてそれぞれ所要の証明文書の提出等があったときに限り、執行文が付与される。

に債務者が死亡しまたは債権譲渡が行われた場合等に付与される執行文を、一般に「**承継執行文**」という。

②執行文付与をめぐる不服申立て

執行文の付与の申立てに関する処分（申立ての却下、棄却とその認容による執行文の付与）に対しては、裁判所書記官の処分の場合、その裁判所書記官の所属する裁判所に異議の申立てができる。また、それが公証人の処分の場合には、その公証人の役場の所在地を管轄する地方裁判所に異議の申立てをすることができる（民執32条）。また、単純執行文以外の執行文の付与を求める場合に、その申立ての要件である証明文書を提出できないとき、債権者は、**執行文付与の訴え**を提起することができる（民執33条）。

これに対し、執行文が付与されるべきではないにもかかわらず執行文が付与された場合には、債務者は、執行文付与に対する異議の申立てや、**執行文付与**

◆執行文の付与等に関する異議
執行文付与の申立てが拒絶されたときは債権者が、また執行文が付与されたときは債務者が、裁判所に異議を申し立てることができる。すなわち、執行文の付与等に関する異議には（民執32条1項）、執行文付与拒絶に対する債権者の異議と執行文付与に対する債務者の異議とがある。執行文の付与は執行機関の執行処分ではないから、執行文の付与等に関する異議は、執行異議（民執11条）ではない（福永・72）。

♥執行文付与の訴え
執行文付与の訴えとは、債権者が民執27条規定の必要な事実の到来または執行力の拡張事由（承継事由）を証明する文書を提出できないときに、債権者が債務者を相手方として、かかる文書の提出に代えて執行文の付与を受けることができる旨の判決を求める訴え（民執33条）である（松村・54）。
この訴えの管轄は、専属であり、債務名義の区分に応じて定まっている。

26-3　（債務者側の承継）の参考執行文式

債務名義の事件番号	平成××年（ワ）第1015号
執　行　文　　債権者は、債務者に対し、この債務名義により強制執行をすることができる。　　平成××年12月3日　　　　○○地方裁判所民事第70部　　　　　　裁判所書記官　　白　山　良　子　㊞	
債　権　者　　　［　原　告　］	甲　野　建　利
債　務　者　　　［被告乙川努の承継人］	○○県白山市………………　　　　　乙　川　Ａ　子　　　　　乙　川　Ｂ　夫　○○県小石川市……………　　　　　乙　山　Ｃ　子
債務名義に係る請求権の一部について強制執行をすることができる範囲	
条項4項につき　　　　債務者乙川Ａ子に対し2分の1の額　　　　債務者乙川Ｂ夫及び同乙山Ｃ子に対しそれぞれ4分の1の額	
付　与　の　事　由	
ア　証明すべき事実の到来を証する文書を提出（民執法27Ⅰ）　イ　承継などの事実が明白（民執法27Ⅱ）　ウ　承継などを証する文章を提出（民執法27Ⅱ）　エ　特別の事情等を証する文書を提出（民執法27Ⅲ）　オ　付与を命ずる判決　　　（該当する符号を右の欄に記載する。）	ウ
再　度　付　与	

注）該当する事項がない場合には、斜線を引く。
（裁判所職員・執行文153）

に対する異議の訴えを提起できる（民執34条）。

◉執行開始の要件

強制執行を開始するには、債務名義の送達、執行文や証明書の送達および期限の到来等が必要である（立担保が必要なこともある）。事件によっては、反対給付に係る場合のその履行または提供や、他の給付の不履行に係る場合の不履行の証明が、強制執行の開始のために必要なこともある。

強制執行を開始するには、債務名義の正本等の送達が必要である。債務名義または確定により債務名義となるべき裁判の正本または謄本が執行前または執行着手と同時に、債務者に送達されていなければならない（民執29条）。執行着手と同時に送達されるのは、同時送達ができ、かつ、その利益のある場合は、執行証書による動産執行の場合であり、実務的にも、執行官による同時送達が多く利用されている。

執行証書を債務名義にする場合の送達の方法（郵便送達と執行官送達）については、公証人法57条ノ2（公証人による郵便送達）および民執規則20条（執行官による送達および公示送達）に、その手続が定められている。

強制執行を開始するためには、執行文等の送達が必要な場合もある。請求が債権者の証明すべき事実の到来に係っている場合および債務名義に表示された当事者以外の者のためまたはこれらの者に対し執行文を付与した場合（民執27条1項・2項）には、債務名義等のほか、その執行文および債権者の提出した証明文書の謄本も、執行開始前または執行着手と同時に送達しておかなければならない（民執29条。執行文等の送達につき、公証人法57条ノ2、民執規20条）。

強制執行を開始するためには、期限の到来が必要である。請求が確定期限の到来に係る場合には、その期限到来後でなければ強制執行を開始することができない（民執30条1項）。この期限の到来はその証明が確実であることから、執行文付与の要件とはされず、執行開始の要件とされている。

担保を立てることを強制執行の実施の条件とする債務名義による強制執行の場合には、債権者がその命じられた担保を立てたことを証する文書（供託証明書、ボンド等）により証明する必要がある（民執30条2項）。

反対給付と引換えに給付を求める請求権を内容とする債務名義の執行の場合には、債権者が反対給付またはその提供があったことを執行機関に証明しなければならない（民執31条1項）。例えば、債務者は金何万円の支払いを受けるのと引換えに……の建物から退去しなければならないとする債務名義の場合である（浦野・要点33）。

債権者の給付が他の給付について強制執行の目的を達することができない場合に他の給付に代えてすべきものであるときは、債権者は、他の給付が執行不能であったことを証明しなければならない（民執31条2項）。たとえば、自動車の引渡しができない場合にはその給付に代えて金200万円を支払えとする債務名義の場合である。

以上に述べた強制執行の開始の要件が具備されていても、債務者につき破産

◆執行開始の要件は執行機関が判断
　執行開始の要件は、その調査・判断が比較的容易であり、またその要件の性質から要件が具備すれば直ちに執行を許すのが債権者の利益にかなう。そこで、実体的要件ではあるが、執行開始要件は、執行機関が債権者の文書提出による証明を手がかりとして直接に判断するものとされている（上原＝長谷部＝山本・46以下〔上原〕）。

♥強制執行の開始後の手続
　強制執行の開始は、すべて債権者の執行申立てに基づく。いったん開始された執行は、その後債権者の何らの申立てを待たず、債務者の何らの協力も要しないで、執行機関の職権により法定の段階を踏んで進行を重ね、完結に至るのを原則とする（中野・324）。

◆債務名義の送達
　債務名義の送達（民執29条）は、動産執行や引渡し・明渡しの執行では、執行の開始と同時に執行官が執行の現場で送達をすることで足りる。不動産執行や債権執行の場合には、開始決定の裁判や執行裁判所の差押命令の前提となるので、予め送達が必要である（上原＝長谷部＝山本・95以下〔上原〕）。

手続開始や会社更生手続開始があると執行を開始することはできなくなるか、または、執行を続行することができなくなる。すなわち、強制執行を開始するためには、これらの執行障害事由のないことが必要である。

●強制執行の不許の裁判、強制執行の停止・取消し

1 はじめに

強制執行は、原則として執行力のある債務名義の正本に基づいて開始される（民執25条）。しかし、執行力のある債務名義が、取り消される場合がある。例えば、確定判決を取り消す再審判決等である。また、その執行力自体が取り消されることがある。例えば、仮執行宣言を取り消す控訴審判決等である。さらに、強制執行を許さない旨の裁判がなされる場合もある。

開始された強制執行の手続が停止されることもある。執行の停止とは、法律上の事由により執行機関が執行を開始・続行しないことをいう（終局的停止と一時的停止がある）。終局的停止においては、すでにした執行処分の取消しが伴う（民執40条1項）。

2 強制執行を許さない旨の裁判を求める訴え

(1) **はじめに** 強制執行を許さない旨の裁判を求める訴えとして、民事執行法では3種類のものが法定されている。すなわち、執行文付与に対する異議の訴え（民執34条）、請求異議の訴え（民執35条）および第三者異議の訴え（民執38条）である。

(2) **執行文付与に対する異議の訴え** 民執法27条のいわゆる条件成就執行文または承継執行文が付与された場合において、債権者が証明したその事実の到来または債務名義に表示された当事者以外の者に対しもしくはその者のために強制執行をすることができることについて異議のある債務者は、その執行文の付された債務名義の正本に基づく強制執行の不許を求めるために、**執行文付与に対する異議の訴え**を提起することができる（民執34条）。この異議の訴えは、「強制執行の不許を求める」執行法上の形成訴訟であるが、債権者が強制執行に着手したか否かを問わない。

執行文付与に対する「異議の事由」（異議事由が数個あるときは、これを別訴で主張することはできず、本訴で同時に主張しなければならないことにつき法34条2項）とは、民執法27条にいう条件成就の事実、承継の事実という実体上の事由に基づくものでなければならない。したがって、たとえば、執行証書（民執22条）の作成要件の不備による債務名義の無効のような形式的要件の欠缺は、異議事由とはならない（ただし、執行文付与についての形式的要件も併せて主張することができるとするのが多数説である）。

(3) **請求異議の訴え** 債務名義（民執22条2号または4号に掲げる債務名義で確定前のものを除く）に係る請求権の存在または内容について異議のある債務者は、その債務名義による強制執行の不許を求めるために、**請求異議の訴え**を提起することができる。この執行力の排除は、執行開始後の具体的執行処分の排除だけでなく、当該債務名義に基づく抽象的な執行力の排除を求めることもで

♥**執行障害事由**
執行障害事由とは、その存在によって特定の債務名義による執行の開始または続行が妨げられる事由であって、特に執行機関が職権で調査すべき事由をいう。債権者の個別の財産に対する強制執行は、倒産手続が開始されれば原則として許されなくなる（破産42条、民再39条、会更50条、会社515条）。

♥**法定の文書の提出が必要**
強制執行の停止ないし執行処分の取消しは、原則として、債務者（または第三者）が法定の文書を執行機関に提出して停止を申し立てた場合である（中野・327）。

♥**強制執行の停止・取消し**
債務名義（執行証書を除く）もしくは仮執行の宣言を取り消す旨または強制執行を許さない旨を記載した執行力のある裁判の正本は、強制執行の停止・取消しの文書とされている（民執39条1項1号、40条）。民執39条1項1号ないし6号に定められた文書は、執行取消文書である（民執40条1項）。単純な執行停止文書は、民執39条1項7号（一時的執行停止命令）・8号（弁済受領文書・弁済猶予文書）に定められている。

♥**条件成就執行文・承継執行文**
請求が債権者の証明すべき事実の到来に係わる場合には、債権者がそれを証明する文書を提出する限りで、執行文が付与される（民執27条1項）。これを「条件成就執行文」という。また、債務名義に表示された当事者以外の者を執行当事者とする場合には、その当事者に対して強制執行ができることが書記官又は公証人に明白であるか、又は債権者がそれを証する文書を提出した場合に限り、執行文を付与できる（民執27条2項）。これを「承継執行文」という（松村・33）。

◆**不当執行の救済は執行手続とは別の訴訟手続**
強制執行の場合、不当執行の救済は、基本的には、執行手続とは別の訴訟手続によるのであって、執行抗告または執行異議の手段によることはできない（上原＝長谷部＝山本・34〔上原〕）。

◆**執行文付与等に関する異議と訴え**
執行文付与の申立てに関する処分に対して、債権者または債務者は執行文付与等に関する異議を申し立てることができる。この申立てに関する裁判は決定の形式でなされるが、不服を申し立てることはできない（民執32条4項）。しかし、その異議申立てが却下されても、債権者または債務者は、執行文付与の訴えまたは執行文付与に対する異議の訴えを提起することができる（松村・59）。

きる。

　請求異議の訴えの「異議事由」とは、債務名義が裁判に係るものにあっては
それに掲げられた請求権の存在または内容についてのものである。すなわち、現
在の実体関係との不一致を事由とするものであり、債務名義に掲げられた請求
権の①不発生（無効、不存在）、②消滅（解除、弁済、相殺等）、③効力の停止・
制限（猶予、免責等）、④権利の変動（債権譲渡等）等である。なお、債務名義
が裁判以外のもの（執行証書、和解調書、調停調書等）にあっては、請求権の
存在、内容だけでなく、その成立についても異議事由（たとえば、執行証書作
成における無権代理、和解における錯誤等）となる（民執35条）。

　(4)　**第三者異議の訴え**　　強制執行の目的物が債務者以外の第三者の所有に
属する等その目的について自己の権利が害される場合には、その第三者（所有
者等）は、その強制執行の不許を求めるために、**第三者異議の訴え**を提起する
ことができる（民執38条）。第三者異議の訴えは、強制執行の不許、排除を求め
る形成訴訟であるから、執行開始後に訴えの提起が認められるのが原則である。
しかし、特定物の引渡し、明渡し等その執行の対象物が特定している場合には、
執行の着手前でも執行の不許を認める利益があるので、本条の訴えを提起する
ことができる（浦野・要点39）。第三者異議の訴えの異議事由は、強制執行の目
的物について、所有権その他目的物の譲渡または引渡しを妨げる権利（地上権、
登記のある賃借権等）を有することである。

　用益（収益）を目的とする権利（地上権、永小作権、採石権等目的物の使用・
収益をすることができる物権はもちろん、担保物権であっても、目的物の直接
の占有を要件とする質権、留置権も含む）を有する者は、強制執行により、そ
の権利が侵害される以上、第三者異議の訴えを提起することができる。

　(5)　**執行停止の裁判の必要性**　　執行文付与に対する異議の訴え、請求異議
の訴えまたは第三者異議の訴え（民執38条4項で36条が準用される）の提起があっ
た場合、それらの訴えの提起があっただけでは、強制執行の続行は停止されな
い。その異議のため主張した事情が、①「法律上理由があるとみえ」、かつ、②
「事実上の点について疎明があったとき」は、受訴裁判所は、債務者の申立て
により、決定で終局判決において民執法37条1項の裁判（仮の処分の命令、す
でにした処分の取消し、変更、認可の裁判）をするまでの間、担保を立てさせ、
または立てさせないで、**執行停止の裁判**をすることができる（民執36条1項）。

③ **強制執行の停止文書・取消文書**

　強制執行手続が開始された後、執行力のある債務名義が取り消されたり、そ
の執行力を失ったり、または強制執行不許の裁判がなされることがある。執行
力が完全にまたは一時的に排除されていることを証する文書の提出があると、
執行が停止される。そのような文書は、裁判の正本等の公文書が原則であるが、
特に債務者の執行の一時停止を受ける利益を保護する見地から、例外として、債
権者の弁済受領または弁済猶予を記載した文書（私文書）で足りることもある。
これらの文書が、執行機関（執行裁判所または執行官）に提出されたときは、特
別に執行停止の裁判を要せずに、強制執行は停止しなければならない（民執39

♥**請求異議の訴えの性質**
　請求異議の訴え（民執35条）の性質については、学説上争いがある。形成訴訟説、確認訴訟説、給付訴訟説、救済訴訟説、命令訴訟説、新形成訴訟説等がある。また、これとの関連で、請求異議の訴えの訴訟物が何かも問題とされるが、請求異議の訴えは、手続上の異議権を訴訟物とし、債務名義に基づく強制執行の不許（執行力の排除）を求める形成訴訟である（判例、多数説）。

♥**第三者異議の訴えの性質**
　第三者異議の訴えの性質については、学説・判例で争いがある。判例は、古くから本条の性質につき訴訟法上の異議権を訴訟物とする形成訴訟であるとした。通説もこれと同旨である。

♥**第三者**
　第三者の所有に属する目的物は、債務者の一般財産に対する強制執行の対象とならないから、第三者は、所有権（共有権を含む）に基づいて第三者異議の訴えを提起することができる（なお、この所有権は対抗力を有するものでなければならない）。

♥**目的物についての用益に関与せず、優先弁済権のみを有する担保権**
　目的物についての用益に関与せず、優先弁済権のみを有する先取特権、質権（使用・収益をしない旨の特約のあるもの）および抵当権は、執行による換価、引渡しを妨げることはできないから、これらの担保権を有する者は、原則として第三者異議の訴えを提起することができない。

◆**目的物の譲渡または引渡しを妨げる権利**
　第三者異議の訴えにおける「目的物の譲渡又は引渡しを妨げる権利」とは、第三者が執行対象物につき一定の権利ないし保護されるべき法的地位を有し、それが侵害され、かつその侵害につき執行を受忍する理由がない場合に認められる点では一致する方向にある（松村・168）。

◆**第三者異議の訴えとの併合**
　第三者異議の訴えは、債務者を被告とするものであるが、原告（第三者）は、訴訟経済上、この第三者異議の訴えに併合して、債務者に対する所有権確認または目的物の引渡しの訴え等強制執行の目的物についての実体権の確認または実体権による給付の訴えを提起することができる（民執38条2項。この両者の訴えの関係は、通常共同訴訟）。

◆**第三者異議の訴えと非典型担保**
　譲渡担保、所有権留保または仮登記担保は、担保という実質を重視してそれにふさわしい保護を与えれば足りるとする担保的構成によれば、原則として第三者異議の訴えは認められない（上原＝長谷部＝山本・88〔上原〕）。

26-5　第三者異議の訴えの訴状

訴　状

平成　　年　　月　　日

○○地方裁判所民事部　御中

原告訴訟代理人弁護士　○　○　○　○　㊞

〒○○○-○○○○　○○市○○区○○町○丁目○番○号
　　　　　　　　　　　　　原　　　　告　　○　○　○　○
〒○○○-○○○○　○○市○○区○○町○丁目○番○号
　　　　　　　　　　　　　○○法律事務所（送達場所）
　　　　　　　　　　　　　上記訴訟代理人弁護士　○　○　○　○
　　　　　　　　　　　　　電話　○○-○○○○-○○○○
　　　　　　　　　　　　　ＦＡＸ　○○-○○○○-○○○○
〒○○○-○○○○　○○市○○区○○町○丁目○番○号
　　　　　　　　　　　　　被　　　　告　　○　○　○　○

第三者異議の訴え
　訴訟物の価額　　○○○万○○○○円
　ちょう用印紙額　　○万○○○○円

第1　請求の趣旨
1　被告より訴外○○に対する○○地方裁判所平成○○年（ワ）第○○○号○○○○請求事件の判決正本に基づき平成○○年○月○日別紙物件目録記載の○○に対してした強制執行は、これを許さない
2　訴訟費用は被告の負担とする
　との判決を求める。
第2　請求の原因
　省略（強制執行の目的物について所有権その他目的物の譲渡又は引渡しを妨げる権利を有する事実を記載する。）

証拠方法
（省　略）

添付書類
（省　略）

（不服申立の実務・205）

◆執行停止文書と執行取消文書
　民執法39条1項1号ないし6号の文書は、執行取消しにまで至る執行取消文書である（民執40条1項）。単純な執行停止文書は、民執法39条1項7号・8号である。

条1項）。

　①債務名義（執行証書を除く）もしくは仮執行の宣言を取り消す旨または強制執行を許さない旨を記載した執行力のある裁判の正本（民執39条1項1号）が、執行停止の文書の典型である。たとえば、確定判決（債務名義）を取り消す再審判決、仮執行宣言を取り消す控訴審判決や、強制執行の不許を宣言する請求異議の訴え等の勝訴判決（いずれも確定し、かつ、執行力のあるもの）の正本である。

　②債務名義に係る和解、認諾または調停の効力がないことを宣言する確定判決等の正本（民執39条1項2号）も、執行停止の文書となる。これは、債務名義となっている和解調書、認諾調書（民訴267条）、調停調書（民調16条、家審21条

◆仮執行宣言の取り消し
　仮執行宣言（民訴259条）は、敗訴者に上訴による審級の利益を保障しつつ勝訴者の早期の満足を図る制度である（上原＝長谷部＝山本・49〔上原〕）。仮執行宣言は、上訴の提起によって当然に失効しない。上訴審における仮執行宣言もしくは本案判決を変更する判決の言渡しによって、変更の限度で即時にその効力を失うことになる（民訴260条1項）。

♥請求の認諾
　請求の認諾とは、請求を認めて争わない旨の、期日における被告の意思表示である。

1項）の基本となっている和解等の私法上の合意の無効確認の確定判決の正本である。この判決により、和解調書等の執行力は失われる。

③民執法22条2号から4号の2までに掲げる債務名義が訴えの取下げその他の事由により効力を失ったことを証する調書の正本その他の裁判所書記官の作成した文書（民執39条1項3号）は、執行停止文書となる。

④強制執行をしない旨またはその申立てを取り下げる旨を記載した裁判上の和解、調停の調書等の正本（民執39条1項4号）も、執行停止文書となる。強制執行をしない旨またはその申立てを取り下げる旨を記載した裁判上の和解、調停の調書等の正本とは、不執行の合意、または執行取下げの和解調書もしくは調停調書の正本である。これらの合意があっても、その合意は私文書では足りない。これらの合意は、必ず和解調書、調停調書によらなければ、同4号の執行停止文書にはならない。これらの合意が私文書によりなされている場合には、請求異議の訴えや執行異議の申立てによる執行停止を求めるべきである。

⑤強制執行を免れるための担保を立てたことを証する文書（民執39条1項5号）は、執行停止の文書となる。これは、執行免脱宣言（民訴259条3項）がある判決の場合に、その命ぜられた担保（免脱担保）を立てたことを証する文書（ボンド、供託証明書等）である。

⑥強制執行の停止および執行処分の取消しを命ずる旨を記載した裁判の正本（民執39条1項6号）は、執行停止の文書となる。これは、たとえば、請求異議の訴えの提起に伴う仮の処分としての執行の停止および既にした執行処分の取消しをともに命ずる裁判（これは決定でなされ、これには不服申立てができない）の正本である。

⑦強制執行の一時の停止を命ずる旨を記載した裁判の正本（民執39条1項7号）は、執行停止の文書となる。これは、執行の一時停止の裁判（上訴、抗告や執行関係訴訟の提起に伴う執行の一時停止の裁判等）の正本である。

⑧債権者が債務名義の成立後に弁済を受け、または弁済の猶予を承諾した旨を記載した文書（民執39条1項8号）も、執行停止の文書となる。これらは、債務者が請求異議の訴えを提起し、正規に執行停止を得るまでの暫定的性質を有するものであることから、期間、回数に制限が設けられている。すなわち、債権者が債務名義の成立後に弁済を受領した旨を記載した文書（私文書でさしつかえない）の提出による強制執行の停止は、4週間に限られる。また、弁済を猶予した旨を記載した文書（私文書で足りる）の提出による強制執行の停止は、2回に限り、かつ、その期間は通じて6月を超えることができない（民執39条2項・3項）。

4 執行の停止・取消しの態様

執行は執行機関の行為であるから、執行の停止・取消しは執行機関の行動として現れる。判決裁判所が執行の停止・取消しを命ずる裁判をしても、当然には執行停止・取消しの効力を生ずることはない。これらの裁判を得た者が、その文書を執行機関に提出して停止・取消しを申し立てる必要がある（大阪高決昭和60年2月18日判夕554-200）。

執行停止文書が提出された場合、執行官の執行においては、執行処分をその後実施しないということによって執行停止がなされる（単に実施しないという消極的行為）。執行裁判所の執行においては、停止の宣言、取立禁止の裁判・期日指定の取消し・配当等の額の供託などの積極的行為を要する。しかし、執行停止文書が、売却の実施の終了後（民執72条）、買受申出後（民執76条）、もしくは売却代金納付後（民執84条3項・4項）に提出されても、執行は原則として停止しない（福永・101）。

　執行取消文書が提出された場合には、執行機関は既にした執行処分の存在を失わせる措置をとる必要がある。執行裁判所の執行では、既にした執行処分を取り消す旨の裁判が必要である。執行官の執行では、差押え表示の撤去・差押物の返還などを要する（福永・101以下）。

●執行処分に対する不服申立て

1 総説

　民執法においては、執行機関（執行裁判所、執行官）のする具体的執行処分（裁判等）に対する不服申立方法として、執行抗告（民執10条）と執行異議（民執11条）がある。執行抗告は、民事執行の手続に関する執行裁判所の裁判（決定、命令）に対して認められる不服申立てである。執行抗告は、法令（民執規則を含む）上、執行抗告をすることができるとする特別の定めがある場合に限り認められるのが特徴である（浦野・要点47）。執行異議は、執行裁判所の執行処分であって執行抗告をすることができないものならびに執行官の執行処分およびその遅怠に対して認められる。

26-6　違法執行と不当執行

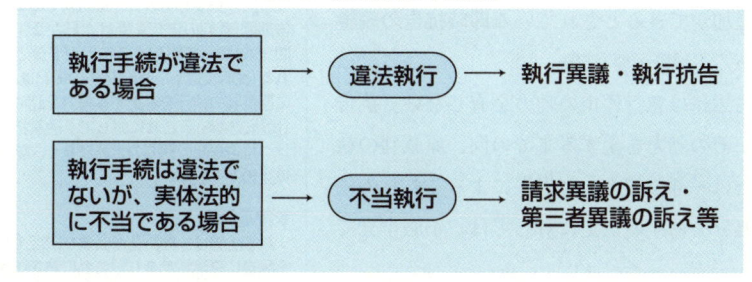

| 執行手続が違法である場合 | → | 違法執行 | → | 執行異議・執行抗告 |
| 執行手続は違法でないが、実体法的に不当である場合 | → | 不当執行 | → | 請求異議の訴え・第三者異議の訴え等 |

2 執行抗告

　執行抗告とは、民事執行の手続に関する裁判に対する上訴審への不服申立てとしての抗告であって、特別の定めがある場合に限って許される（民執10条）。執行抗告の理由は原則として手続的瑕疵であるが、実体法上の事項が執行機関の調査事項となっている限度では、実体的瑕疵（民執83条4項・182条など）についても認められる（福永・31）。執行抗告は、即時抗告（民訴332条）と比べて、いくつかの特色を有している。執行抗告で、特に注意すべきことは、書面申立ての理由強制がとられ、これに反する申立ては、原審却下されることである。

　<u>執行抗告</u>は、その理由を記載した抗告状を裁判の告知を受けた日から1週間以内に原裁判所（抗告状を直接抗告裁判所に提出したときは、当該執行抗告

♥**具体的執行処分に対する不服申立方法**
・執行抗告
・執行異議
　執行機関の執行手続上の各個の処分に対する、裁判所の決定手続による救済の手段として、執行抗告と執行異議がある。執行異議が執行裁判所の処分と執行官の処分とを通じて原則的に認められるのに対し、執行抗告は、執行裁判所の処分に対し、特別の定めがある場合に限って認められる（中野・85）。

♥**一方の不服申立てのみ**
　執行処分に対する不服申立ては、執行抗告か執行異議かのいずれかが認められるのであって、同一処分について双方の不服申立てが認められるわけではない。また、執行抗告の申立てについてなされた裁判に対しても、原則として執行抗告は認められない（例外は、民執12条1項後段）。

◆**違法執行と不当執行**
　違法執行とは、民事執行において、執行機関の執行行為が執行に関する手続法規に違背している執行をいう。不当執行とは、執行法上は適法であるが、実体法上は違法である執行をいう（福永・29）。

♥**執行抗告は申立てが限定**
　執行抗告は、特別の定めがある場合に限って許される。執行抗告ができる場合を限定したのは、旧法においては、すべての決定、命令に対して即時抗告が認められ、それが濫抗告を招き執行遅延の原因となったためである。そこで、民執法では、その裁判が手続の終了をもたらす最終的なものであるとき、または、利害関係人の権利変動に重大な影響を及ぼす裁判等に限定した。

26-7 執行抗告状の例

```
┌─────┐
│収入 │
│印紙 │
└─────┘
                          執行抗告状
                                              平成　年　月　日

　○○高等裁判所　御中

                          抗告人代理人弁護士　○　○　○　○　㊞

　当事者の表示　　別紙当事者目録記載のとおり
　○○地方裁判所平成○○年（○）第○○号○○○○事件につき、同地方裁判所が平
成○○年○○月○○日に言い渡した○○決定に対し、執行抗告をする。

                          抗告の趣旨
　原決定を取り消し、○○とする裁判を求める。

                          抗告の理由
　省略（原裁判の取消又は変更を求める事由（法令違反、事実誤認等）を具体的に記
載する）
```

（不服申立の実務・200）

は不適法として却下される）に提出する必要がある。抗告状に執行抗告の理由の記載がないときは、抗告人は、抗告状を提出した日から1週間以内に、執行抗告の理由書を原裁判所に提出しなければならない（民執10条2項・3項）。

　抗告裁判所（原則として高等裁判所）は、原裁判所に影響を及ぼすべき法令の違反の違反または事実の誤認の有無については、職権で調査できる。しかし、調査義務のあるのは、上記抗告状または抗告理由書に記載されたものに限られる（民執10条7項）。したがって、この執行抗告は、抗告審の裁判に至るまでいつでも抗告の理由の主張およびその追加ができるとされている即時抗告の続審構造とは異なり、事後審的なものである（浦野・要点50）。

　執行抗告は、即時抗告と異なり、当然には執行停止の効力を有しない。抗告裁判所は、執行抗告についての裁判がその効力を生ずるまでの間、原裁判の執行の停止、民事執行の手続の全部または一部の停止、立担保によるこれらの続行を命ずることができる。この仮の処分を命ずる決定に対しては、不服申立ては許されない（民執10条9項）。

③ 執行異議

　執行裁判所の執行処分で執行抗告ができないものならびに執行官の執行処分（動産の差押え等）およびその遅怠（動産執行の申立てに対して相当期間経過後も差押えに着手しない場合等）に対しては、執行裁判所に対し、執行異議の申立てをすることができる（民執11条）。執行抗告の認められない執行処分につき、主としてその手続上の違法の救済手段となるのが執行異議である（中野・96）。**執行異議の申立て**は、期日においてする場合（この場合は、直ちにすることが必要なことから、口頭申立てが認められる）を除いて、必ず書面（異議の理由を明らかにして）でしなければならない（民執規則8条）。

　執行異議の申立てについてなされた裁判には、原則として執行抗告は認めら

♥**抗告の理由**
　抗告状または抗告理由書に記載すべき抗告の理由には、原裁判の取消しまたは変更を求める事由（法令の違反であるときはその法令の条項または内容およびこれに違反する事由、事実の誤認であるときはその事実の摘示）を具体的に記載しなければならない（民執規則6条）。

♥**即時抗告**
　即時抗告は、法が特にこれを許す旨を個別に規定しているもので、法は、迅速な解決の必要を認めて不変期間である抗告期間（裁判の告知を受けた日から1週間）内に限って提起することが必要とされる（民訴332条）。即時抗告の提起は、常に原裁判の執行を停止する効力を認める（民訴334条）。これに対して、通常抗告は、抗告提起の期間の定めがなく、執行停止の効力もない。

♥**続審主義**
　続審主義は、控訴審が必要な限度で自ら独自に事実認定をし、これに法を適用して事件の再審理をし、その結果が第一審判決と一致するかどうかを調査するものである。自ら事実認定をする点で事後審査と異なる。事後審査とは、自ら事実認定をしなおさず、第一審の資料から原判決の事実認定が納得できるかどうかを検討して原判決の当否を判断する方式である。

♥**事件の記録が原裁判所に存する間**
　事件の記録が原裁判所に存する間は、原裁判所も、この仮の処分を命ずることができる（民執10条6項）。

♥**執行異議と執行停止の仮の処分**
　執行抗告における執行停止の仮の処分命令（決定）およびこの決定に対する不服申立ての禁止の規定が執行異議の申立てにも準用されている（民執11条2項）。

れない。しかし、民事執行の手続を取り消す執行官の処分（差押えの取消し等）に対する執行異議の申立ての却下の裁判または執行官に民事執行の手続の取消しを命ずる決定については、これらが終局的裁判であることから、これに対しては、とくに執行抗告が認められている（民執12条1項）。

4 不服申立てができない裁判

民執法上、その裁判の性質、内容から、不服申立て（執行抗告および執行異議の申立て）が禁止されているものがある。

●執行当事者の承継

執行当事者は、執行文の付与を要する執行においては、執行文の付与によって定まる。担保執行においては、執行当事者は担保権の存在ないし承継を証する法定文書等と一体をなす競売の申立書の表示によって確定する（福永・28）。

民執法上も自己の利益を自ら十分に擁護できない当事者を保護するための訴訟能力制度が必要であるから、未成年者・成年被後見人は法定代理人によってのみ執行手続に関与できるのが原則（民執20条、民訴31条、民訴35条）である（松村・9）。しかし、債務者は、執行手続上、原則的には受け身の立場にあるから、訴訟能力は不要である。債務者は、審尋を受けたり、債務名義や裁判の送達を受領したり、自ら執行抗告や執行異議の申立てをするなど、手続の主体として重要な役割を果たす場合に限って、訴訟能力が必要となる（上原＝長谷部＝山

◆執行異議の申立てに対する裁判
　執行異議の申立てに対する裁判は、原則として一審限りであり、既判力は認められない（松村・44）。

♥不服申立てができない例
　例外として、執行抗告・執行異議のいずれをも認めない場合（執行停止等の仮の処分につき民執10条9項・11条2項・36条5項など、移送の裁判につき44条4項・119条2項・144条4項など）がある。処分の暫定的性格あるいは手続安定の必要から、およそ不服申立てを許さない（中野・97）。

◆承継執行文と当事者
　承継執行文には、新たな債権者または債務者を特定表示するのが原則である（上原＝長谷部＝山本・62以下〔上原〕）。

26-8　執行異議申立書

```
┌─────────────────────────────────────┐
│ 収入                                 │
│ 印紙           執行異議申立書         │
│                                     │
│                     平成　年　月　日  │
│  ○○地方裁判所　御中                 │
│                                     │
│           （異議）申立人代理人弁護士  ○　○　○　○　㊞ │
│   〒○○○−○○○○　○○市○○区○○町○丁目○番○号 │
│                   申　立　人　　○　○　○　○ │
│                                     │
│   〒○○○−○○○○　○○市○○区○○町○丁目○番○号 │
│                   ○○法律事務所（送達場所） │
│                   上記代理人弁護士　○　○　○　○ │
│                   電話　○○−○○○○−○○○○ │
│                   FAX　○○−○○○○−○○○○ │
│                                     │
│  御庁平成○○年（○）第○○○号○○○○事件においてされた○○の決定に対し異議を申し立てる。│
│                                     │
│  省略（執行処分の形式的・手続的な瑕疵があることを記載する。例外：民執法182条、189条、191条、195条） │
│                                     │
│         添　付　書　類                │
│           （省　略）                  │
└─────────────────────────────────────┘
```

（不服申立の実務・201）

本・23〔上原〕)。

　強制執行の開始後に債務者が死亡した場合には、すでにされた債務者の財産に対する差押えの効力には影響を与えない。この場合、執行債権者は、債務者の承継人に対する新しい承継執行文（民執27条2項）を必要とせずに、そのまま強制執行を続行することができる（民執41条1項）。

　これに対し、強制執行の開始後に執行債権者に承継（相続、合併等の一般承継、債権譲渡等の特定承継）があった場合において、当該承継人が執行機関に対し自己のために強制執行の続行を求めるときは、承継執行文の付された債務名義の正本を提出しなければならない（民執規則22条）。たとえば、すでに債務者の不動産を差し押さえてその換価が終了した執行債権者から執行債権の譲渡を受けた債権者は、同人のための承継執行文の付与された債務名義の正本を執行裁判所に提出して、当該債権者のために、強制執行の続行（配当の実施）を求めることができる（浦野・要点54）。

♥**債務者の相続人の存在・所在が不明**
　債務者が死亡した場合において、債務者の相続人の存在・所在が不明のときは、執行裁判所は、申立てにより、相続財産（民951条）または相続人のために特別代理人を選任することができる（民執41条2項）。

第27講
不動産に対する強制執行

[1] はじめに

◉対象財産と管轄執行裁判所

不動産に対する強制執行の方法は、「強制競売」および「強制管理」の2つに分かれる。この2方法は、併用することができる。強制競売は、差し押さえた不動産を売却し、その売却代金によって執行債権の満足を得る方法である。強制管理は、差し押さえた不動産を管理人により強制的に管理し、その得た収益（天然果実、法定果実）またはその換価代金によって執行債権の満足を得る方法である。

不動産の強制競売は、債権者の申立てによりなされる（民執2条、民執規1条）。その対象となる不動産は、民法の不動産（民86条1項。ただし、登記することができない土地の定着物を除く）と民事執行法上不動産とみなされるその共有持分および既登記の地上権、永小作権とその準共有持分である。

27-1 不動産の強制競売の流れ

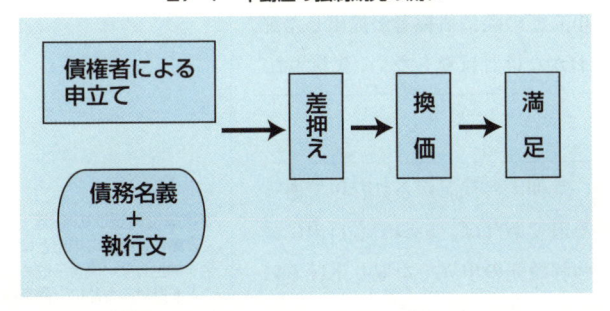

[図：債権者による申立て／債務名義＋執行文 → 差押え → 換価 → 満足]

♥不動産に対する強制執行
　＜強制競売
　　強制管理

♥不動産の所在地を管轄する地方裁判所
　不動産の強制競売の申立ては、その不動産の所在地を管轄する地方裁判所（管轄は専属であることにつき、民執19条）に対して提起するのを原則とする（民執44条1項）。

◉申立書、添付書類

強制競売の申立書の記載事項は、民執規則21条に定められている。強制競売開始決定や各種通知等の別紙として使用するために、当事者目録、請求債権目録、物件目録を申立書の別紙として相当数作成してこれを提出するのが実務の取扱いである（浦野・要点57）。

執行開始の要件（これは申立段階で立証する必要がある）である執行力のある債務名義の正本等を送達ずみであることを証するため、それらの送達証明書の添付を要する。

27-2　不動産強制競売申立書の例

不動産強制競売申立書

東京地方裁判所民事第21部　御中

平成20年9月1日

債　権　者　　○○○○株式会社

当　事　者　　別紙当事者目録のとおり
請　求　債　権　別紙請求債権目録のとおり
目　的　不　動　産　別紙物件目録のとおり

　債権者は、債務者に対し、別紙請求債権目録記載の債務名義に表示された上記債権を有するが、債務者がその弁済をしないので、債務者所有の上記不動産に対する強制競売の手続の開始を求める。

　　　　　添付書類

1	執行力ある判決正本	1通
2	送達証明書	1通
3	不動産登記事項証明書	2通
4	資格証明書	1通
5	住民票	1通
6	売却に関する意見書	1通

　すなわち、当該債務名義に表示された当事者に対する単純執行文の付与による執行申立てについては、債務名義の正本または謄本のみを事前に送達しておけば足りる。条件成就執行文や承継執行文の付与による執行申立てについては、債務名義のほかにその執行文と執行文付与の申立ての際に債権者が提出した証明書（民執27条参照）の謄本も事前に送達しておかなければならない（民執29条）。

●申立ての取下げ

　申立人は、強制競売手続が開始され、かつ、差押えの登記がされた後であっても、入札期日等において買受けの申出がある前であれば、いつでも自由に強制競売の申立てを取り下げることができる。強制競売の申立てを取り下げるには、執行裁判所に取下書を提出してすべきである（浦野・要点66）。

　他方、入札期日等が開かれて買受申出人が買受けの申出をした後においては、原則として最高価買受申出人または買受人および次順位買受申出人の同意を得なければ、強制競売の申立てを取り下げることはできない（民執76条1項）。買受人（最高価買受申出人は、売却許可決定を受ければ買受人となる）は、代金を納付することにより不動産を取得できる地位とその利益を有するから、強制競売の申立人の一方的な取下げにより、これらの者の利益を失わせるべきでないからである。

▼**次順位買受けの申出**
　次順位買受けの申出とは、買受人が代金を納付しない場合、改めて競売をすることを避けるために、最高価買受申出人に次いで高額の買受申出をした者を予め次順位買受申出人と定めておいて、買受人が代金不納付の場合に、次順位買受申出人に売却を許可する制度である（民執67条）。ただし、その者の買受申出額が、買受可能価額以上で、かつ、最高価の買受申出額との差額が売却基準価額の2割以下である場合に限る。

▼**申立ての取下げと次順位買受申出人**
　次順位買受申出人は、買受人が代金を納付しないでその売却許可決定が失効したときは、自己名義の売却許可決定を得る地位とその利益を有するので、申立人の一方的な取下げがあると、その利益を失うことになるからである。

[2] 不動産の強制競売開始決定と差押えの効力

◉開始決定と差押宣言

　強制競売の申立てがあると、執行裁判所は、申立書および添付書類により強制競売の申立ての要件を審査し、適法であると認めたときは、強制競売の開始決定をし、その開始決定において債権者のために不動産を差し押さえる旨を宣言しなければならない（民執45条1項）。この開始決定は債務者に送達される（民執45条2項）。開始決定がされたときは、裁判所書記官は、直ちに差押えの登記を管轄登記所に嘱託しなければならない（民執48条1項）。そして、差押えの効力は、その開始決定が債務者に送達された時に生ずるが、差押えの登記がその開始決定の送達前にされたときは、その登記の時に生ずる（民執46条1項）。

27-3　不動産の差押え

```
競売申立て    →    開始決定    →    登記嘱託発送
民執2              民執45①           民執48・45②
```

◉差押えの効力（手続相対効）

　差押えの効力は、処分制限効である。しかし、この処分制限効は、相対的であるため、差押えの登記後にした債務者の処分（所有権の移転、抵当権等の担保権の設定、賃借権等の用益権の設定およびそれらの対抗要件としての登記等）は、その処分の当事者間では有効であるが、その処分行為をもって差押債権者および買受人には対抗することができない（差押えの相対効）。しかし、その相対効についても、差押え後の第三者の権利の取得が、その後に配当要求をした債権者に対する関係でも対抗することができるか否かで説が分かれ、旧法時代には「個別相対効」と「手続相対効」とで争いがあった。

　「個別相対効」とは、債務者の処分行為の内容とその処分の時期の前後により、それを各債権者との関係で個別に判断するもので、債務者の処分は、その処分までの間に出現した債権者（二重差押債権者、配当要求債権者）に対しては対抗することができないが、その他の債権者にはその処分をもって対抗することができるものとする。これに対し、「手続相対効」とは、差押え後の債務者の処分は、差押債権者の行う執行手続との関係ではその効力を否定され、無効とされる。すなわち、債務者の処分が、たとえ配当要求の終期前であっても、その執行手続が完結する以上は、配当要求をした他の債権者との関係でも、その効力を主張できないこととなる。差押え（仮差押え）の相対効の主観的範囲につき、相対効を手続単位でとらえ、差押え（仮差押え）の処分禁止に抵触する債務者の処分は、差押債権者（仮差押債権者）のほか、その差押え（仮差押え）に基づく事後の執行手続が存する限り、これに参加するすべての債権者に対し

♥**差押え**
　差押えとは、民執法上、特に強制執行において執行機関による換価ないし満足を準備すべく特定の財産を国の支配下に拘束することをいう（中野・31）。

♥**まず差押えの登記を嘱託**
　実務的には、差押えの効力（処分制限効）を生じさせる必要から、債務者への開始決定の送達前に、まず差押えの登記を嘱託する取扱いである（浦野・要点67）。

♥**差押えの相対効**
　差押え（または仮差押え）によって、対象財産についての債務者の処分は禁止される。しかし、その後にこの処分禁止に反して債務者が行った処分行為（抵触処分）は、その効力が絶対的に無効とされるわけではなく、執行手続における換価・満足の準備としての差押え（仮差押え）の本旨を取引安全の要請に合わせて、執行手続に対する関係においてのみ効力を否定する（相対効）のに異論はない。抵触処分は、執行手続以外の関係では有効であり、差押え（仮差押え）の効力が生じた不動産につき債務者から所有権移転ないし他物権設定の登記申請があれば、登記官吏はこれを受理して登記をする（中野・32以下）。

て、その効力を対抗することができないとする（中野・33）。

個別相対効では、結果的には、債務者の処分後に配当要求をした他の債権者は、差押債権者に劣後することになるのに反し、手続相対効では、債務者の処分後に配当要求をした他の債権者も、差押債権者と同じ割合で配当を受けることになる。

この両説の相違は、「個別相対効」によれば、差押え後に設定された抵当権は、差押債権者には対抗することができないが、当該抵当権より劣後する一般債権者や債務者に対しては、その抵当権の効力を主張できるし、また、差押え後の不動産の譲受人は剰余金の交付を受けることができるとする。しかし、差押え後の抵当権について、それより劣後する債権者との関係でなおその優先権を認めることは配当手続上きわめて複雑な権利関係が生ずることになる。また、剰余金の交付にしても、目的不動産の譲渡について争いがあるか、または、譲受人の所有権につき抵当権が設定されているような場合に譲受人に剰余金を交付することはきわめて問題である。のみならず、基本的には、このような複雑な配当手続上の問題を生ずることになるにもかかわらず、なお差押え後の債権者の処分を有効なものとして処遇することへの批判は強かった。そこで、民事執行法では、手続の安定と迅速化を図るため、「手続相対効」をとり（浦野・要点68以下）、差押え（仮差押えも同じ）登記後の抵当権者等の担保権者は、配当を受けられないものとし（民執87条）、また、剰余金は、すべて債務者に交付することを明らかにした（同84条2項）。

◆**個別相対効説と手続相対効説**
処分の効力を対抗できない債権者の範囲を問題として、個別相対効説と手続相対効説の対立がある。個別相対効説は、抵触処分前に執行手続に参加していた債権者（差押債権者、仮差押債権者または配当要求債権者）に対してだけ対抗できないとする説である（債務者の財産処分の自由を尊重する）。手続相対効説は、抵触処分の前と後とを問わず、当該執行手続に参加するすべての債権者に対抗できないとする説（手続の簡明性を重視する）である（福永・118）。

個別相対効説によると、差押え（仮差押え）後から売却に至るまでの間になされた所有権移転または担保権設定などの実体法上の権利変動をそのつど執行手続に反映させる必要性が生じ、また、配当順位が決まらない状況が生じるといった問題点がある（松村・149）。

27-4　強制競売開始決定の例

```
                                平成20年（ヌ）第11号

                  強制競売開始決定

        当事者      別紙目録のとおり
        請求債権    別紙目録のとおり

   債権者の申立てにより、上記請求債権（債権者の申立金額）の弁済に充てるため、
  別紙請求債権目録記載の執行力ある債務名義の正体に基づき、債務者の所有する別紙
  物件目録記載の不動産について、強制競売の手続を開始し、債権者のためにこれを差
  し押さえる。


              平成20年2月3日
                 ○△地方裁判所
                        裁判官    甲山秋子
```

●目的不動産の使用・収益権

差押えは、執行債権を実現するための目的不動産の処分制限であることから、債務者は、差押えにより、通常の用法に従って不動産を使用・収益することを

妨げられない（民執46条2項）。例えば、目的不動産が債務者の居住する居宅であれば、債務者は、差押え後もそのまま居住を継続できる。しかし、その後に不動産の売却が行われ、売却許可決定が確定して買受人が代金納付をすると、買受人がその不動産の所有権を取得することになる。したがって、不動産の占有者が買受人に対抗できないのであれば、占有者は買受人にそれを明け渡さなくてはならない。

●地代等の代払いの許可

借地上の建物が差し押さえられた場合においては、建物の差押えの効力は、その底地の借地権（地上権または賃借権）に及ぶ。したがって、債務者（借地権者）がその借地権を第三者に譲渡し、または、借地契約を当事者間で合意解除しても、その効果を差押債権者に対抗することができない。しかし、債務者の地代、借賃の不払いによる借地契約の解除は、債務者の処分行為ではない。したがって、借賃等の不払いによる借地契約の解除が適法になされたものであれば有効であり、解除により差押え後に借地権は消滅する。その結果、差押えの目的である建物は、借地権のない建物として、材木価額に下落することとなり、差押債権者としては重大な不利益を受けるおそれがある。

そこで、民執法は、債務者が地代または借賃を支払わないときは、建物を差し押さえた差押債権者の権利として、建物の価額の下落を防止するため、差押債権者は、執行裁判所の許可を受けて、その差押債権者が債務者の不払いの地代、借賃（開始決定前のものも含む）を債務者に代って弁済することが認められた。そして、この弁済費用は「共益費用」として、配当等の手続において最優先で償還を受けられることとした（民執56条）。

[3] 債権者の競合

●二重開始決定とその効力

強制競売の開始決定がなされた不動産について、さらに競売の申立てがされたときは、執行裁判所は、重ねて開始決定をする（民執47条）。このように、すでに開始決定されている不動産について、重ねてされる開始決定を二重開始決定という。もっとも、開始決定のされた不動産について重ねて開始決定をして売却手続を進行させる実益はないとの疑念も生じうる。しかし、先にされた開始決定に係る競売の申立てが取り下げられるか、または取り消されることによって効力を失う場合に、二重開始決定が実益を生じうる。そこで、手続の円滑な進行と取引の安全を図るために二重開始決定の制度が採られている（裁判所職員・60）。

不動産の強制競売に関して二重開始決定がなされても、後行事件については、現況調査手続までは進めるが、原則として、その後の手続は進めることができない。先行事件が取下げにより終了した場合等に、後行事件の手続を進めるこ

♥二重開始決定と配当要求
　換価のもたらす金銭から満足を受けるのは、必ずしも差押債権者に限らない。金銭執行では、差押えによる開始から満足段階に達するまでに相当の時間がかかるのを常とし、その間に他の債権者が同一財産を差し押さえ、あるいは配当要求によって差押財産の換価金からの満足に与ろうとする事態は（一定の担保権者は、差押え・配当要求なしに換価金から満足を受けうる）、実際上非常に多い（中野・38）。

♥二重開始決定の要件
　二重開始決定がされるためには、すでに先行事件において開始決定がされている必要がある（先行事件の申立てがあっただけでは足りない）。また、すでに開始決定のされている不動産について競売の申立てがあったことが必要である（先行事件の代金納付時まで、後行事件の申立て可能）。二重開始決定も民執45条1項による開始決定であるから、その申立て自体は適法でなければならない（申立書の審査、開始決定、差押登記の嘱託まで、民執45条1項の開始決定をする場合の手続と同様）。さらに、後行事件の開始決定をする当時に、先行事件における目的不動産の所有者に変動がないことも必要である（裁判所職員・60以下）。

第27講　不動産に対する強制執行　287

とができる（民執47条2項）。また、二重開始決定の場合、強制競売の申立債権者は、先行事件の配当要求の終期までにその申立てをすれば配当等を受けうる（民執87条1項）。この二重開始決定が、担保不動産競売の申立債権者の場合、申立てに係る担保権が最初の差押えの登記前に登記されたものであるときは、担保権者として配当を受ける（民執87条1項）ことができる（裁判所職員・61以下）。

●配当要求とその手続

配当要求（民執51条）があった場合にも、債権者が競合する。配当要求は、債権（利息その他の附帯の債権を含む）の原因および額を記載した書面でしなければならない（民執規26条）。この配当要求は、抵当権等に基づく担保不動産競売においても認められる（民執188条）が、配当要求をすることができる資格を、原則として執行力のある債務名義の正本を有するいわゆる有名義債権者に限っていることが、民執法の特色である。

配当要求を認めていた旧法の強制競売においては、債務名義の正本を有しな

◆先の差押えの効力発生後にした債務者の処分行為

不動産強制競売で二重開始決定がなされたが、先行申立てが取り下げられたか先行手続が取り消されたとき、二重開始決定に基づいて手続が当然に続行される（民執47条）。しかし、先の差押えの効力発生の時から後行手続のための差押えの効力発生の時までの間に債務者が執行の目的物である不動産についてした処分、たとえば用益権の設定や担保権の設定は有効となるから、手続の一部やり直しが必要な場合（民執47条6項ただし書参照）がある（福永・123）。

♥現況調査

不動産を適正な価格で売却するためには、不動産の権利関係や占有状態が正確に把握されていることが必要であり、単に登記簿だけによることはできない。そこで、執行裁判所は、執行官に命じて、不動産の形状、占有関係その他の現況を調査（民執57条1項）させる（福永・132）。

27-5 配当要求書の例

```
           配  当  要  求  書        ┌─────────┐
                                      │ 収入印紙      │
                                      │ 500 円        │
○○地方裁判所民事第△部 御中          │ (割印しない)  │
                                      └─────────┘

                    平成20年9月1日
                    住所
                    配当要求債権者    甲 野 太 郎


  配当要求債権者は、御庁平成  年（  ）第   号 □担保不動産競売 ☑強制
競売 事件について、次のとおり配当要求をする。
1  配当要求をする債権の原因及び額
    平成   年   月   日付□金銭消費貸借契約に基づく貸金
                         □
    □元 本    金              円
    □利 息    金              円
           □上記         に対する平成  年  月  日から
                              平成  年  月  日まで
                                 の割合による利息
    □損害金    金              円
           □上記         に対する平成  年  月  日から
                              平成  年  月  日まで
                                 の割合による確定遅延損害金
           □上記         に対する平成  年  月  日から
                              支払済みまで
                                 の割合による遅延損害金
2  配当要求の資格
      配当要求債権者は、別添の                  を有する。

  添付書類
  1  （執行力のある債務名義の正体）       通
  2  配当要求書副本                       通
```

い債権者（無名義債権者）の配当要求も認めていた。その結果、虚偽債権または通謀債権等による配当要求もなされ、執行債権者の権利実現を妨げる原因となっていた。そこで、民執法51条は、配当要求をすることができる債権者を、原則として執行力のある債務名義の正本（配当要求のためにも、原則として執行文の付与を受けることを要する）を有する債権者および差押えの登記後に仮差押えの登記をした債権者に限ることとされた。

しかし、給料債権等実体上一般の先取特権により優先権を有する債権者については、配当要求のため債務名義や仮差押えの登記を求めることは酷であると考えられた。そこで、例外として、民執181条1項各号の文書によりその権利の存在することを証明した一般の先取特権者については、配当要求を認める（民執51条1項）こことされている（浦野・要点75）。一般の先取特権者が配当要求する（民執51条1項）場合には、配当要求の資格としては、民法308条の雇用関係の一般の先取特権と記載し、その配当要求の資格を証する民執181条1項各号の文書のうち、確定判決、公正証書、登記事項証明書は問題ないが、同項4号書面としては、賃金台帳の写しや賃金未払証明書等を添付しなければならない。

この配当要求は、事件ごとに具体的に裁判所書記官が定める（かつ、公告される）配当要求の終期までにしなければならない。この配当要求の終期は、物件明細書の作成までの手続に要する期間を考慮して定められる。この終期は、3か月ごとに更新される（民執52条）。配当要求の終期後にした配当要求も、適法であり、却下されることはない。このような配当要求債権者も、配当要求の終期が変更されたときは、配当にあずかる可能性があるからである（浦野・要点79以下）。

[4] 売却条件と物件明細書

●売却条件とその内容

差押えをした不動産を強制競売により換価する場合、買受人がどういう権利状態の不動産をいくらの価額で取得することができるかは、買受人にとって重要である。問題となるのは、売却に伴う権利の消滅等に関する売却条件である。これは、当事者間の相対の売買であれば、当該不動産上に存する担保権や用益権を買主が引き受けるかあるいは消滅させるかは、当事者の契約条項として合意により自由に定められるし、また、それを前提にして代金も自由に定められる。しかし、強制換価においてはそれができないので、この売却条件は、原則として法定されている（これを「法定売却条件」という。これに対し、利害関係人の合意によりこれを変更した売却条件を「特別売却条件」という）。

法定売却条件は、大別すると二種類のものに分けられる。すなわち、売却により消滅あるいは失効する権利関係（消除主義）と、買受人がその権利関係を引き受けるもの（引受主義）がある（これらの内容は、民執59条、仮登記担保16条）。

♥**仮差押え**
仮差押えは、金銭債権の保全のために将来の執行換価・満足を準備する点に差異があるにとどまり、差押えと本質を同じくする（中野・31）。

♥**差押登記後に登記された仮差押債権者**
不動産の強制競売事件において、その開始決定に係る差押えの登記後に登記された仮差押債権者が配当要求をする場合（民執51条1項）がある。この配当要求の資格を有することを証するため、当該仮差押命令正本および当該仮差押えの登記の記載のある登記事項証明書の添付を要する。

◆**一般の先取特権者の権利行使**
不動産強制競売の場合、一般の先取特権を有する債権者は、担保不動産競売の申立てに必要な証明文書（民執181条1項）によりその権利を証明して、配当要求することができる。一般の先取特権者は、二重の競売申立てや仮差押えの登記による配当要求もできる（福永・125）。

♥**配当要求があったときの通知**
配当要求があったときは、差押債権者には追加差押えの機会を保障し、また、債務者には配当上の異議を述べる準備の機会を与えるため、裁判所書記官は、差押債権者および債務者に、その旨を通知しなければならない（民執規27条）。

♥**物件明細書の記載事項**
法定事項以外の記載は必要ではないが、違法ではなく、かえって、物件明細書の機能充実に有用適切でありうる。売却により消滅する権利の記載を要しないことは、法文上も明らかであるが、任意的記載事項として、たとえば、現に債務者以外の占有者が存する場合にその占有者・占有状況・占有開始時期（差押え・仮差押え・抵当権設定との先後）等を摘示することは、買受希望者の切実な関心に応える（中野・444）。

担保権は、後述の例外を除いて、原則として消滅する。具体的には、不動産の上に存する先取特権、使用収益をしない旨の定め（民359条、不登95条1項6号）のある質権ならびに抵当権は、売却により消滅する（民執59条1項）。仮登記担保権も同様である（仮登記担保16条）。これは、わが国における不動産取引の実情が消除主義になじんでいることを考慮したものであると言われている（福永・128）。

また、用益権が引受けになるか否かは、民執法59条2項等に規定する者等に対抗できるか否かによる。対抗できる者であるときは、その用益権を買受人が引き受けることになる。民執法59条2項等に規定する権利等、すなわち、①先取特権、②使用および収益しない旨の定めのある質権、③抵当権、④仮差押え、⑤差押債権、⑥担保仮登記権、⑦滞納処分による差押債権は、すべて登記を対抗要件としているので、当該登記の時と用益権の対抗要件具備の時との先後によって決せられる。これら①から⑦のすべての権利に対抗することができる用益権は引受けとなり、いずれかに対抗できないものは効力を失う（裁判所職員・103）。

買受人が売却により引き受ける権利関係は、用益権としては、最先順位の用益権（差押債権者に対抗できる賃借権、地上権等）であり、担保権としては、最先順位の不動産質権で使用・収益をしない旨の特約（民359条）のないものおよび留置権である。したがって、買受人は、これらの用益権についてはその賃貸人等の地位を承継することになるし、また、これらの担保権については、その被担保債権を弁済する責任を負うこととなる（民執59条4項）。

●現況調査・評価と売却基準価額

1 現況調査とその報告書

売却条件（とくに、売却により消滅する用益権、買受人が引き受ける用益権等）を明らかにするためには、差押不動産の占有関係の調査は不可欠である。また、適正に換価するためには、目的不動産の形状（建物の増改築等の有無、その内容、土地の形状、位置、地目等の物理的状況）の調査も必要である。このように不動産の形状、占有関係等の現況調査は、不動産の評価の前提となり、売却条件や売却基準価額の決定の要因となる。

そこで、執行裁判所は、不動産強制競売の開始の手続（開始決定の送達、差押えの登記の嘱託）が終了すると、その地方裁判所所属の執行官に対し、現況調査命令を発する（民執57条1項）。

執行官は、不動産の現況調査をしたときは、必要事項を記載した「現況調査報告書」を所定の日までに執行裁判所に提出しなければならない（民執規29条）。この現況調査報告書の写しは、物件明細書の写しや評価書の写しとともに、一般の閲覧に供される（民執規31条32項）。

執行官の現況調査の結果は、不動産の売却に重要なものであるから、右物件明細書の作成またはその手続に重大な誤りがあるときは、売却不許可事由とされている（民執71条6号）。

◆消除主義のメリット
消除主義によると、担保権の実行による売却手続の反復を避けることができ、また、買受人は負担のない不動産を取得することができるメリットがある。

◆留置権は引受主義
留置権について引受主義が採られる根拠は、留置権に優先弁済権がないからである。使用収益を伴う質権につき引受主義が採られる根拠は、使用収益権を質権者の意思に基づかずに奪うべきでないということにある（福永・129）。

◆一括売却
執行裁判所は、相互の利用上不動産を他の不動産と一括して同一の買受人に買い受けさせることが相当であると認めるときは、これらの不動産を一括して売却することを定めることができる（一括売却）。数個の不動産を同一の買受人が一括して買い受けるほうが、買受人にとって利用上便宜であるため、売却価額が高くなる場合があるので、一括売却（民執61条）の制度が認められている。一括売却によることができるのは、執行裁判所を同じくする複数の不動産であり、差押債権者または債務者を異にする場合であっても、一括売却が認められる（福永・132）。

♥現況調査と立入り等
執行官は、この調査に際し、不動産の強制立入り（必要に応じ、閉鎖した戸扉を強制的に開けることができることにつき民執57条3項）、債務者または不動産の占有者に対する質問、文書の提示要求ができる。債務者、所有者が、正当な理由がなくてこれを拒む等の行為をしたときは、刑罰に処せられる（民執205条）。

♥閲覧とコピー
物件明細書等の写しは、何人も無料で閲覧できるし、業者による執行記録のコピー・サービスができる庁では、実費を支払えば、それらの謄写・コピーを求めることができる。

27-6　差押後の流れ

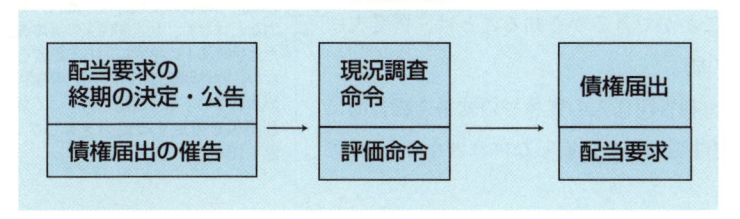

配当要求の終期の決定・公告／債権届出の催告　→　現況調査命令／評価命令　→　債権届出／配当要求

2 不動産の評価

　目的不動産の現況調査がなされるとともに、当該不動産の売却基準価額を決定するための評価がなされる。すなわち、執行裁判所は、その選任する評価人に対し評価を命じなければならない（民執58条）。

　評価人は、評価のための調査、測量等に際しては、執行官による現況調査と同様に、不動産の立入り（ただし、強制立入りはできない。抵抗を受けるときは、執行官に援助を求めて、その抵抗を排除する方法を採らなければならない）、質問、文書の提示要求ができる（民執58条3項、57条2項）。

　評価人は、必要事項を記載し、不動産の形状図面、周辺概況図面を添付した評価書を所定の日までに執行裁判所に提出しなければならない（民執規30条）。

　執行裁判所は、評価人から評価書が提出されたときは、その評価に基づいて、不動産の売却基準価額を定めなければならない。売却の額の基準となるべき価額を売却基準価額という（民執60条1項）。この売却基準価額を2割下回る価額（買受可能価額）以上でなければ、買受申出ができない（民執60条3項）。なお、無剰余措置については買受可能価額が基準とされる。

　売却基準価額・買受可能価額の制度の前には、最低売却価額の制度があった。従来の最低売却価額の制度は、売却を困難にさせ、また遅延させる原因になっているとの批判を受け、平成16年の改正で廃止され、これに代わったのが、売却基準価額と買受可能価額の制度である。従来の最低売却価額制度は、不当な安値で売却されることを防止して、所有者、債権者の利益を保護しようというものであった。しかし、最低売却価額がやや高すぎて物件が売れにくくなっているので、最低売却制度を、もう少し売却率が向上できるような、迅速に売れるような制度に改める方策が立法過程で検討された。最低売却価額で売れなかった場合に、再度の評価を行わずに、最低売却価額を2割程度減価して再競売をすると、その結果売れる物件が出てくるという実情もあった。そこで、最低売却価額としてそれに満たない価額での入札を認めなかった扱いを改めて、売却基準価額の2割下回る額まで入札を認めることとしたのが買受可能価額である。これによって、従来再度の売却を実施してやっと売れていたというものが、1回目から売れるようになって、早期に売却が可能になると期待されている。

●物件明細書とその備置き

　売却に伴う権利の消滅等の売却条件（法定売却条件または特別売却条件）の内容は法律上定められている（民執59条）。これを当該強制競売に係る不動産に

▼売却不許可事由
　売却不許可事由として、民執71条（188条）は、以下の事由を挙げる（松村・87以下参照）。
①手続の開始又は続行を妨げる事由が存在するとき（71条1号。例えば、管轄違い、執行当事者能力の欠如、債務者の破産など）
②最高価買受申出人に買受資格、能力がないなどの欠格事由があるとき（同2号。例えば、最高価買受申出人が債務者であるとき（民執68条）、無能力者であるときなど）、又はその代理人がその権限を有しないとき
③最高価買受申出人が不動産を買い受ける資格を有しない者の計算において買受けの申出をした者であること（同3号。いわゆる「黒幕」などを考慮して）
④「黒幕」などの悪質ブローカーによる執行妨害などの手続関与があるとき（同4号）
⑤目的不動産が損傷した場合（天災などによる損傷の場合）の不許可の申出があるとき（同5号）
⑥売却基準価額もしくは一括売却の決定、物件明細書の作成又はこれらの手続に重大な誤りがあること（同6号。例えば、一括売却で債務者の同意がない場合（民執61条ただし書）など）
⑦売却手続に重大な誤りがあること（同7号）。

▼評価人の資格
　評価人の資格については、法令上制限は設けられていないが、評価の目的から考え、不動産鑑定士その他評価の能力を有する専門家を選任すべきである。

▼評価書の写しは一般の閲覧に
　評価書の写しは、物件明細書の写しおよび現況調査報告書の写しとともに一般の閲覧に供される（民執規31条2項）。

▼売却基準価額と売却不許可事由
　売却基準価額の決定またはその手続に重大な誤りがあるときは、売却後でも、売却は不許可とされる（民執71条6号）。実務上問題とされるのは、目的不動産の位置、面積、種別等の誤りである。これらは、評価の大前提になるから、これに誤りがあるときは、売却不許可とすべき重大な誤り（民執71条6号）となる。

▼かつての最低売却価額
　最低売却価額とは、不動産を売却するに当たって、それに満たない額では買受けを認めないとする最低の価額をいう。これは、最低売却価額に満たない額では売却しないという法定売却条件の1つであった。

◆最低売却価額に対する批判
　不動産の実勢価格を上回る最低売却価額が定められたために売却されない不動産が存在するとの指摘があった（福永・131）。

あてはめた場合、具体的にどういう権利状態（特に、買受人の引き受けるべき権利、処分制限）の不動産を取得することができるかを知ることは、買受人にとっては重要なことである（浦野・要点93）。

そこで、裁判所書記官は、現況調査や利害関係人の審尋等の結果を総合的に判断して、次に掲げる事項を記載した**物件明細書**を作成しなければならない（民執62条）。

① 不動産の表示
② 上述した買受人が引き受けるべき権利の取得（最先順位の賃借権等）、仮処分の執行で売却により失効しないもの（最先順位の処分禁止の仮処分）
③ 法定地上権が成立する予定の場合（民執81条、民388条、立木法5条～7条）には、その地上権の概要

裁判所書記官は、所定の売却条件を記載した物件明細書を作成しなければならない（民執62条1項）。そして、売却実施日の1週間前までに、その写しを執行裁判所において一般の閲覧に供するか、またはインターネットを利用する方法によってその内容の提供を受けることができるような措置をとる必要がある（民執62条2項、民執規31条1項2号）。買受人が引き受けなければならない負担等を予め買受希望者に開示し、正しい情報に従った適切な買受申出の判断を可能にする趣旨である。

●内覧制度

普通の不動産市場で不動産を買う場合には、不動産の中を見て買うかどうか決めるというのが普通であるし、買受希望者に対する情報提供として3点セット（現況調査報告書の写し、物件明細書の写し、評価書の写し）だけでは不十分である。そこで、買受希望者が直接不動産物件の中身を見ることを認める制度が、内覧制度である。

内覧とは、不動産の買受けを希望する者をこれに立ち入らせて見学させることをいう。執行裁判所は、差押債権者の申立てがあるときは、執行官に対し、内覧の実施を命じなければならない。ただし、当該不動産の占有者の占有の権原が差押債権者、仮差押債権者および民執法59条1項の規定により消滅する権利を有する者に対抗することができる場合で当該占有者が同意しないときは、この限りでない（民執68条の2第1項）。内覧実施命令を受けた執行官は、売却の実施の時までに、最高裁規則で定めるところにより内覧への参加の申出をした者（内覧参加者）のために、内覧を実施しなければならない（民執68条の2第3項）。執行官は、内覧の実施に際し、自ら不動産に立ち入り、かつ、内覧参加者を不動産に立ち入らせることができる（民執68条の2第5項）。

◆**物件明細書の記載の効力**
物件明細書の記載には、既判力や形成力などはなく、利害関係人の実体法上または手続法上の権利に対して影響を与えない。物件明細書の中で特定の権利が認められていても、否認されていても、権利関係を確定する効力を有しない（福永・134）。

♥**物件明細書の記載を信頼した買受人**
権利関係についての物件明細書における判断は一応の判断にすぎず、実体法上の効力はない。したがって、買受人が、記載のない賃借権等の権利を主張されるおそれは残る。物件明細書の記載を信頼した買受人は、保護されない（上原敏夫＝長谷部由起子＝山本和彦・民事執行保全法（第2版・有斐閣・平18）115〔山本和彦〕）。

♥**内覧に伴う問題点**
買受希望者が直接不動産物件の中身を見ることに対しては、占有者の側からみると競落されるまでは、一応法的にはその物件に居住することができる点や、占有者のプライバシーの問題もある。また、大勢の内覧希望者がある場合にどのように中を見せるのかという問題がある。さらに、大勢の内覧希望者が集まれば、そこで談合が行われるおそれもある。このほか、居住者の動産が紛失ないし損壊されるという事故の発生や、債務者の方が、見に来た買受希望者に対して、脅かして入札を断念させるというような事態も考えうる。これらの要因が総合的に考慮されて、左記の内覧制度が創設された（小林＝角・92）。

♥**三点セット**
物件明細書の写し
現況調査報告書の写し
評価書の写し

```
27-7 内覧申立書の例

                                        平成 20 年 9 月 1 日
                                        平成 19 年（ケ・ヌ）第 1234 号

                    内覧申立書

○○地方裁判所第△民事部　御中

                        〒○×△－△△○○
                        住所　○○○○○○○○
                        春 山 秋 男　㊞

1　別紙物件目録記載の不動産につき、内覧の実施を求める。
2　不動産の占有者を特定するに足りる事項等（下記□に✓印を付したもの）
            〒
  □　占有者　（住所）
            （氏名）
            TEL
            FAX
  □　上記の者は、民事執行法 64 条の 2 第 1 項のただし書占有者に該当するが、
    内覧の実施につき、同意している。
  添付資料　□同意書、□面談報告書、□電話聴取書、□その他（　　　　　）
  □　占有者がいない。
  □　占有者がいるかいないか不明
```

[5] 不動産の売却と売却許否の手続

●売却の前提条件（剰余主義）

　執行裁判所は、不動産の買受可能価額で手続費用および差押債権者に優先する債権を弁済して剰余を生ずる見込みがないときは、その旨を差押債権者に通知しなければならない（民執63条1項）。差押債権者が手続の続行を望む場合には、その通知から1週間以内に、剰余の見込みがあることを証明するか、手続費用と優先債権の合計額を超える額で自ら買い受ける旨の申出をして、その申出額に相当する保証を提供する必要がある。差押債権者が、このような行為をしない場合には、その競売手続は取り消されるのが原則である（民執63条2項）。これを**無剰余換価の禁止の原則**ないし**剰余主義**という。この制度は、無益な換価を防止するとともに、優先債権者による換価時期の選択権を保証する趣旨である。

●売却の方法とその手続

　民執法は、不動産の売却手続の合理化、適正化を図るため、**売却の方法**は、入札、競り売りのほか最高裁規則で定めることとし（民執64条2項）、また、買受けの申出に際して提供すべき保証も、現金のほか有価証券等適当な方法がとら

◆執行費用と手続費用
　執行費用とは、強制執行の費用で必要なものをいう（このほか、担保執行、形式的競売、財産開示の費用）。執行費用は、執行申立ての際に債権者が予納しなければならない。執行費用のうち共益費用であるものを、手続費用（民執63条1項）という。債務名義の送達の費用や執行付与の費用などは、執行費用となる。これに対し、執行に関連する異議・抗告や訴訟手続の費用、広義の執行に要する登記費用などは執行費用でない（福永・38）。

◆優先債権者の同意を得た場合
　平成16年の改正で、不動産の売却を容易にするため、買受可能価額が手続費用と優先債権の合計額を下回る場合であっても、手続費用の見込額を超えていれば、優先債権者（買受可能価額では自己の債権の全額弁済を受けられない者に限る）の同意を得て、競売手続を続行できる（民執63条2項ただし書）こととされた（上原＝長谷部＝山本・113以下［山本和彦］）。

◆債務者の買受けの申出は禁止
　債務者の買受けの申出は禁止（民執68条）されているが、執行債務者の親族・連帯債務者・保証人などは、民執68条にいう「債務者」には含まれない（福永・140）。

れるように最高裁規則で定めることとしている（民執66条、民執規40条）。そして、裁判所書記官は、事件ごとに、適切な売却方法を定め（民執64条1項）、執行裁判所は、買受けの申出の保証の額および方法を指定することとしている（民執66条）。

27-8　保証の提供（和田・105参照）

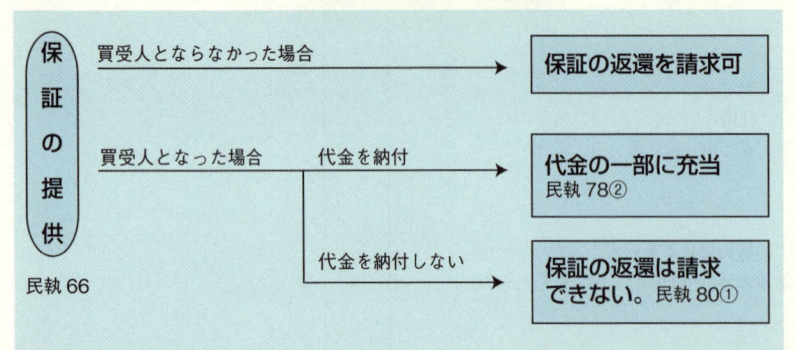

```
保証の提供（民執66）
├─ 買受人とならなかった場合 → 保証の返還を請求可
└─ 買受人となった場合
    ├─ 代金を納付 → 代金の一部に充当　民執78②
    └─ 代金を納付しない → 保証の返還は請求できない。民執80①
```

入札、競り売りの方法により売却するときは、裁判所書記官が売却の日時および場所を定め、執行官にこれを実施させる（民執64条3項）。その場合には、裁判所書記官は、売却すべき不動産の表示、売却基準価額、売却の日時および場所を公告しなければならない（民執64条5項）。

1 入札

27-9　期間入札の流れ（裁判所職員・161参照）

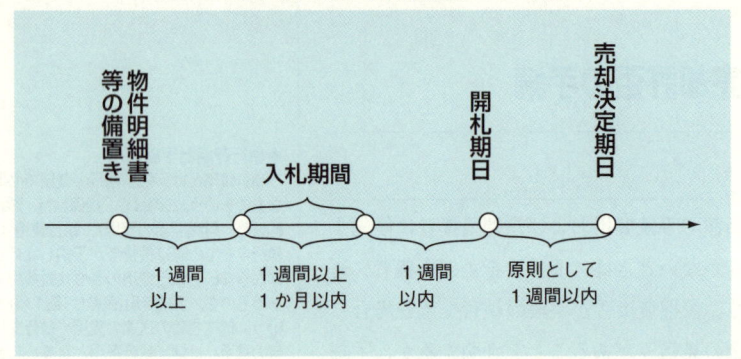

```
物件明細書等の備置き ── 入札期間 ── 開札期日 ── 売却決定期日
    1週間以上  1週間以上1か月以内  1週間以内  原則として1週間以内
```

入札には、期日入札と期間入札がある。<u>期日入札</u>とは、入札期日における入札をするものである。<u>期間入札</u>は、一定期間内の入札を認めるものである（民執規34条）。いずれの場合も、入札期日（期間入札の場合には入札期間および開札期日）と売却決定期日を裁判所書記官が定め（民執規35条以下、46条以下）、入札期日または入札期間開始の日の2週間前までに所要の事項が公告される（民執規36条、49条）。また、差押債権者、債務者等の利害関係人に、入札期日等を開く日時および場所が通知される（民執規37条、49条）。

期間入札の場合には、この入札期間は、1週間以上1月以内、開札期日は入札期間の満了後1週間以内の日を定めなければならないものとされている（民執規46条）。また、期間入札における入札の方法は、入札書を入れて封をし、開札期日を記載した封筒を執行官に差し出す方法またはその封筒を他の封筒に入

♥**公告の方法**
公告は、裁判所の掲示場その他裁判所内の公衆の見やすい場所（玄関ホール等）に掲示して行うのが原則であるが、相当と認めるときは、公告の要旨を日刊新聞紙、住宅情報の専門紙、インターネット等に掲載する等の方法により補充的な公示をすることができる（民執規4条）。

♥**入札**
・期日入札
・期間入札

♥**売却の公告の事項**
公告事項のうち、法定事項は、①不動産の表示、②売却基準価額、③売却の日時・場所（民執64条5項）であるが、規則所定事項として、事件の表示、売却決定期日を開く日時・場所、買受申出の保証の額および提供方法などのほか、いわゆる「三点セット」（物件明細書、現況調査報告書および評価書の写し）が入札期日の1週間前までに執行裁判所において一般の閲覧に供するために備え置かれる旨が含まれる（中野・469）。

れて書留郵便等により執行官に送付する方法によらなければならない（民執規47条）。

2 競り売り

「競り売り」は、買受申出額を競り上げさせる方法の売り方であり、買受けの申出は競り売り期日に口頭でし、その申出をした者は、より高額の買受けの申出があるまで申出の額に拘束される（撤回はできない）。そして、最高の買受申出の額を3回呼び上げるうちに、より高額の買受けの申出がないと、その者が最高価買受申出人と定められる（民執規50条）。

3 特別売却

民執規則51条では、「入札または競り売り以外の方法による売却」（特別売却）が認められている。これは、買受可能価額以上の価額ならば誰にでも売却を認めるといういわゆる任意売却（随意売却）等を内容とするものである。裁判所書記官が入札または競り売りの方法により売却を実施させても適法な買受けの申出がなかった場合にのみ行われる（民執規51条1項）。これは、執行官が実施するものである。

◉次順位買受けの申出

旧法においては、競落人が代金を納付しないときは、再競売を実施すべきこととされていた。しかし、この再競売は、競売期日の指定からやり直すもので、それによる競売手続の遅延は著しかった。また、正当な買受けの申出がなされている以上（特に、入札をする場合には）、競売を実施してみても、次順位以下の買受けの申出をした者がそれ以上高価の申出をすることも期待できない。

そこで、民執法67条においては、買受けの申出の価額の下落を防止しつつ、再競売による手続の遅延を阻止するため、最高価買受申出人に次いで高額の買受けの申出をした者は、その買受けの申出の額が、買受可能価額を超え、かつ最高価買受申出人の額から買受けの申出の保証の額を控除した額を超える場合に限り、売却の実施の終了までの間に、執行官に対し、最高価買受申出人の売却許可決定がその代金の不納付により失効する（民執80条1項）ときは自己の買受けの申出について売却許可をすべき旨の「次順位買受けの申出」ができる新しい制度が創設された（浦野・要点107以下）。

この次順位買受けの申出をした者は、買受人（最高価買受申出人）が代金を納付しないためその売却許可決定が失効したとき（民執80条1項）は、他に売却不許可事由がない以上、再売をせずに、自己の買受けの申出につき売却許可決定を受けられることとなる（民執80条2項）。

◉売却決定期日と売却不許可事由

1 売却の許可、不許可の決定

入札、競り売りまたは特別売却において最高価買受申出人が決まると、その売却が適法であるか否かを審査するための売却決定期日が開かれる。執行裁判所は、売却決定期日に出頭した利害関係人の意見の陳述を聞き（民執70条）、か

♥競り売りの欠点
　競り売りによる方法は、旧法では主流であった。しかし、談合が行われやすい欠点がある。また、一般市民は不慣れで参加しにくいことから、民執法になってからは実務的にはほとんど利用されていない。

♥特別売却
　裁判所書記官は、執行官に対し、原則として3月以内の期間を定め、たとえば随意契約による売却の実施を命ずることができる（民執規51条1項）。その場合、予め差押債権者の意見を聴かなければならず、また、買受申出の保証の額を定めなければならない（民執規51条2項・3項）。特別売却をするかどうかは、裁判所書記官の裁量に属する（福永・142）。

◆最高価の買受申出額との差額が売却基準価額の2割以下
　次順位買受けの申出をする者の買受申出額が、買受可能価額以上で、かつ、最高価の買受申出額との差額が売却基準価額の2割以下である場合に限り、次順位買受けの申出をすることができる。

♥売却決定期日
　売却決定期日は、原則として裁判所内で開かれる。これは、民事訴訟における口頭弁論ではないから、公開原則の適用はない。利害関係者だけが参加できる。一般公衆は傍聴できない。売却の許可・不許可に関して利害関係を有する者は意見を陳述できる（浦野編・コンメ244〔水沼宏＝水沼太郎〕）。
　売却の許可または不許可の決定は、売却決定期日に言い渡され、言渡しの時に告知の効力を生じ（民執規54条）、執行抗告の期間の進行がすべての者との関係で開始する（福永・143）。

つ、職権により、売却不許可事由の有無について調査し、売却の許可または不許可の決定をする。この売却の許可または不許可の決定は、売却決定期日において言い渡される（民執69条）。

2 売却不許可事由

　<u>売却不許可事由</u>は、民執法71条に列挙されている。その内容として特に注意すべきことは、まず、悪質な競売ブローカーの買受け申出を排除するため、執行官による売却の場所の秩序維持（民執65条）をさらにフォローする意味で、最高価買受申出人、その代理人または自己の計算において最高価買受申出人に買受けの申出をさせた者が民執法65条に該当する場合、その強制競売手続で代金の納付をしなかった者等に該当する場合（民執71条4号）、売却基準価額や一括売却の決定、物件明細書の作成またはそれらの手続に重大な誤りがある場合（民執71条6号）、または売却の手続に重大な誤りがある場合（民執71条7号）等が、売却不許可事由とされている。

　そして、利害関係人の意見の陳述を聞いて、かつ、執行裁判所が職権で記録を調査しても、民執法71条に該当する事由がないときは、売却許可決定が言い渡される。しかし、民執法71条の事由の1つでもあれば、売却不許可決定の言渡しがなされる。

3 超過売却となる場合の措置

　数個の不動産を売却した場合に、そのうちのある物件の買受申出額で、各債権者の債権と執行費用の全部を弁済することができる見込みがあるときは、執行裁判所は、当該物件以外の物件についての売却許可決定を留保しなければならない（民執73条1項）。このような<u>超過売却</u>は、債務者にとって不利になるからである。超過売却の場合において売却許可決定の留保がされた物件の最高価買受申出人または次順位買受申出人は、その買受けの申出を撤回することが認められる（民執73条3項）。そして、売却許可決定がされた物件の代金が納付されたときは、その他の物件は売却すべきでない状態が確定するので、執行裁判所は、その他の物件の強制競売手続を取り消さなければならない（民執73条4項）。

●売却許否の決定と執行抗告

　売却の許可または不許可の決定に対しては、その決定により自己の権利が害されることを主張するときに限り、執行抗告をすることができる（民執74条1項）。売却許可決定に対する執行抗告は、売却不許可事由（民執71条各号）があることを主張するものである。例えば、債務名義の正本の不送達等執行開始の要件の不存在（民執71条1号）、または売却許可決定の手続に重大な誤りがあること（例えば、売却の実施の終了後に執行停止文書（民執39条1項7号）が提出されているにもかかわらずなされた売却許可決定（民執72条1項））を理由とするものでなければならない（民執74条2項）。売却の許可または不許可の決定は、確定しなければその効力を生じない（民執74条5項）。

◉買受人（最高価買受申出人）のための保全処分

　執行裁判所は、債務者または不動産の占有者が、価格減少行為等（不動産の価格を減少させ、または不動産の引渡しを困難にする行為をいう）をし、または価格減少行為等をするおそれがあるときは、最高価買受申出人または買受人の申立てにより、引渡命令の執行までの間、その買受けの申出の額（金銭により民執66条の保証を提供した場合にあっては、当該保証の額を控除した額）に相当する金銭を納付させ、または代金を納付させて、一定の保全処分または公示保全処分を命ずることができる（民執77条1項）。これは、その買受け申出に係るその価格のままの不動産の引渡しを受けることを容易にするための特別な保全処分の制度である。

♥買受人のための保全処分の立法趣旨
　民執77条の保全処分は、引渡命令(民執83条)の執行に至るまでの間に、債務者や不動産の占有者が価格減少行為等をすることを防止し、買受人が確実に不動産の引渡しを受けることができるようにするものである(浦野編・コンメ258〔筒井健夫〕)。

[6] 代金の納付とその効果

◉代金の納付とその方法

　売却許可決定が確定したときは、買受人は、裁判所書記官の定める期限までに売却許可決定に掲げられた代金を裁判所書記官に納付しなければならない（78条）。この期限は、売却許可決定が確定した日から1月以内の日である（民執規56条1項）。買受人は、この代金を納付した時に不動産（所有権または地上権等）を取得する（民執79条）。その不動産の従物の取得についても、同様である。

　強制執行の基本となった債務名義に表示された債権が不存在または消滅していても、売却許可決定が確定して代金が納付されれば、買受人の不動産取得の効果に影響を及ぼさない。債務名義は、これに基づいてなされる強制執行の実体的基礎を確保する。債務名義に表示された請求権が当初から不成立あるいは事後に消滅して執行当時に存在しなくても、債務名義に基づく有効な執行実施を妨げず、強制執行による実体上の効果（買受人への所有権移転等）を生ずる

♥債務名義の瑕疵と競売手続の瑕疵
　債務者に対する債務名義が不存在の場合、当該執行は無効であり、買受人は目的物の所有権を取得しない。債務名義が無効であった場合には、買受人が目的物の所有権を取得するかについて争いがある。代金納付後に債務名義である判決が取り消された場合でも買受人の不動産取得は覆らない。また、執行債権が消滅していても適式な執行正本に基づいて競売がなされ、あるいは競売手続に瑕疵があっても執行抗告等でその瑕疵が是正されることなく代金が納付されれば、買受人は、目的不動産を取得する。以上につき、浦野編・コンメ268〔石川明〕。
　買受人の不動産取得は、執行債権の不存在によって影響されないが、競売不動産が債務者の所有でないときは、不動産を取得できない(福永・146)。

27-10　代金納付後の流れ

代金納付（民執78）→ 登記嘱託（権利の移転や抹消等）（民執82）→ 弁済金交付手続（民執84以下） / 配当手続

引渡し命令の申立て　民執83

（中野・159）。債務名義に表示された債権が不存在または消滅している場合には、請求異議の訴え（民執36条）を提起して、執行手続の停止を経てその取消しをすべきものである。

●引渡命令

買受人は、代金の全額を納付した時に不動産を取得する（民執79条）。債務者その他買受人に対抗することができない権原により目的不動産を占有している者が任意にその不動産の引渡しをしない場合には、買受人はこれらの者に対し不動産引渡請求訴訟を提起し、その確定勝訴判決による強制執行により強制的にその引渡し（民執168条）を実現することもできる。

しかし、不動産の売却は、執行裁判所が執行機関として、その国家権力を用いて実現したものであることから、その不動産を取得した者に対する執行裁判所のいわばアフター・サービスとして、不動産引渡請求訴訟といった正規の方法を採らないで、執行手続内における決定手続による債務名義（引渡命令）により、簡易迅速に不動産の引渡しを実現する方法（民執83条）が設けられている（浦野・要点121）。

すなわち、執行裁判所は、代金を納付した買受人の申立てにより、債務者または不動産の占有者に対し、不動産を買受人に引き渡すべき旨を命ずることができる。この命令（引渡命令）が確定すれば、その執行によって不動産の引渡しを受けることができる。ただし、事件の記録上買受人に対抗することができる権原により占有していると認められる者に対しては、この不動産引渡命令の制度は利用できない（民執83条）。不動産の引渡命令に既判力はない（福永・149）。

［7］配当等の手続

●売却代金の分配手続

売却代金の分配手続には、大別して2種類がある（両者を含めて「配当等」の実施という）。

弁済とは、売却代金の「交付計算書」を作成して債権者に弁済金を交付する場合である。これは、債権者が1人である場合、また、債権者が2人以上いるが売却代金で各債権者の債権および執行費用の全部を弁済することができる場合にとられる手続である。すなわち、各債権者に順位をつけて割合的分配（配当）を実施する必要がない場合である。剰余金があれば債務者に交付する（84条2項）。これらの場合には、配当表を作成してする厳格な配当手続を実施せずに簡易な分配手続によることとした（浦野・要点127）。

それら以外の場合、すなわち、債権者が2人以上いてその各債権者の債権および執行費用の全部を弁済することができない場合には、配当の順位や額が問題となるので、配当期日において、出頭した債権者、債務者の審尋等を経て「配当表」を作成し、これに基づいて一定の手続により分配を実施する（民執85条以

♥**交付計算書の記載事項**
執行裁判所が交付計算書を作成する。売却代金の額のほか、各債権者について、債権の元本、利息その他の附帯の債権、執行費用の額、ならびに弁済金の交付を受ける順位および額を記載する（浦野編・コンメ288〔生熊長幸〕）。

♥**債権者に対する催告**
配当期日等が定められたときは、裁判所書記官は、各債権者に対し、債権の元本、配当期日等までの利息その他の附帯の債権および執行費用の額を記載した計算書を1週間以内に執行裁判所に提出するよう催告しなければならない（民執規60条）。

♥**配当表の記載**
執行裁判所は、配当表に、売却代金の額のほか、各債権者について、債権の元本、利息その他の附帯の債権、執行費用の額ならびに配当の順位および額を記載する。債権の元本の額については、後順位であるために全く配当を受けることのできない債権についても記載する（浦野編・コンメ290〔生熊長幸〕）。

下）。

●配当等の実施

27-11　配当等の流れ

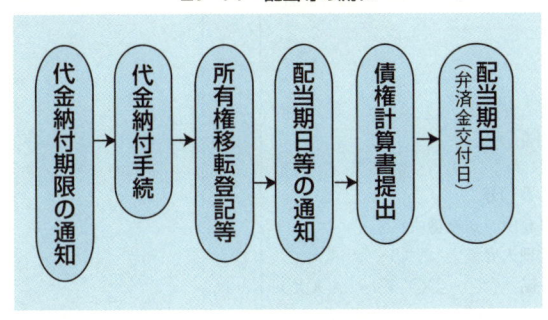

代金納付期限の通知 → 代金納付手続 → 所有権移転登記等 → 配当期日等の通知 → 債権計算書提出 → 配当期日（弁済金交付日）

1 弁済金の交付

　弁済金の交付の日が定められたときは、執行裁判所は債権者から提出された計算書等により「交付計算書」を作成し、それに基づいて債権者に弁済金を交付する。その交付の手続は、裁判所書記官が行う（民執規61条）。弁済金の交付の日時、場所は通知されるので、その日に出頭した債権者には、即時に弁済金が交付される。

2 配当手続

　債権者が2人以上であって、売却代金で各債権者の債権および執行費用の全部を弁済することができない場合には、執行裁判所は配当表に基づいて配当を実施しなければならない（民執84条1項）。執行裁判所は、配当期日を定め（民執規59条）、配当を受けるべき債権者および債務者を呼び出す（民執85条3項・7項）。裁判所書記官は、各債権者に対し、債権の元本、配当期日までの利息その他の附帯の債権および執行費用の額を記載した計算書の提出を催告する（民執規60条）。

　配当表に記載された各債権者の債権または配当の額について不服のある債権者及び債務者は、配当期日において、異議の申出（「配当異議の申出」）をすることができる（民執89条1項）。配当異議の申出には、理由を付する必要はない（福永・153）。

　配当異議の申出をした債権者および執行力のある債務名義の正本を有しない債権者に対し配当異議の申出をした債務者は、配当異議の訴えを提起しなければならない（民執90条1項）。配当異議の申出をした債権者または債務者が、配当期日（知れていない抵当証券の所持人に対する配当異議の申出にあっては、その所持人を知った日）から1週間以内（買受人が民執78条4項ただし書の規定により金銭を納付すべき場合にあっては、2週間以内）に、執行裁判所に対し、配当異議の訴えを提起したことの証明をしないとき、または請求異議の訴え・定期金賠償判決変更の訴えの提起したことの証明およびその訴えに係る執行停止の裁判の正本の提出をしないときは、配当異議の申出は、取り下げたものとみなされる（民執90条6項）。

♥出頭しなかった債権者の弁済金
　その日に出頭しなかった債権者の弁済金については供託される（民執91条2項）。この弁済金に剰余が生ずれば、その剰余は、債務者に交付することとなる（民執84条2項）。

♥配当の順位
　配当の順位および額は、民法、商法その他の法律の定めるところによるのが原則である。

♥配当異議の訴え
　配当異議の申出をした債権者、および、執行正本を有しない債権者に対し配当異議の申出をした債務者は、配当異議の訴えを提起しなければならない（民執90条1項）。実体上の不服は必要的口頭弁論を経て判決により解決する趣旨である。配当異議の訴えの性質は、旧法当時から争われ、形成訴訟説・確認訴訟説・救済訴訟説・命令訴訟説等が対立する（中野・524）。

♥定期金賠償判決変更の訴え
　定期金賠償判決変更の訴えとは（民訴117条）、損害額算定の基礎となった基準時前の事情について、既判力の遮断効を解除して、基準時後に生じた著しい事情変更の主張・立証を許し、既に既判力によって確定している定期金額を前提として、将来にむかって一定額の増加・減少を求める訴えである。

27-12 配当異議の訴えの訴状

訴　状

平成　年　月　日

○○地方裁判所民事部　御中

　　　　　　　　　原告訴訟代理人弁護士　○　○　○　○　㊞
〒○○○-○○○○　○○市○○区○○町○丁目○番○号
　　　　　　　　　原　　　　　　告　　○　○　○　○
〒○○○-○○○○　○○市○○区○○町○丁目○番○号
　　　　　　　　　○○法律事務所（送達場所）
　　　　　　　　　上記訴訟代理人弁護士　○　○　○　○
　　　　　　　　　電　話　○○-○○○○-○○○○
　　　　　　　　　ＦＡＸ　○○-○○○○-○○○○
〒○○○-○○○○　○○市○○区○○町○丁目○番○号
　　　　　　　　　被　　　　　　告　　○　○　○　○

配当異議訴訟事件
　訴訟物の価額　　　○○○万○○○○円
　ちょう用印紙額　　○万○○○○円

第1　請求の趣旨
1　○○地方裁判所平成○○年（○）第○○号○○事件につき、同裁判所が作成した配当表を変更し、原告に○○円を配当する
2　訴訟費用は被告の負担とする
　との判決を求める。
第2　請求の原因
　　省略（配当表の変更をもたらす理由を記載する。）
　　　　　　　　　　　　　　証拠方法
　　　　　　　　　　　　　（省　略）

　　　　　　　　　　　　　　添付書類
　　　　　　　　　　　　　（省　略）

（不服申立の実務・207）

[8] もう一つの不動産執行

●強制管理

　強制管理は、不動産の収益（天然果実および法定果実）を個々的に有体動産あるいは債権として差し押えて換価し、これを各債権者に個別に配当等を実施する代わりに、その収益を全体として執行の目的とし、管理人による不動産の管理ならびに収益の収取、換価および配当等の実施により金銭債権の満足に充てる執行方法である（民執43条1項）。強制管理は、強制競売ができない不動産（例えば、譲渡禁止の不動産や、買受可能価額をもって手続費用および担保権

者等の優先債権を弁済して余剰を生ずる見込みのないため強制競売ができない不動産）に対する強制執行として適している。区分所有建物の貸ビルや貸マンションであって、しかも、収益（賃料）が相当あがる場合には、その不動産を強制競売するよりも、むしろ、若干期間がかかっても、強制管理で着実に債権の回収を図ったほうがよい場合がある（浦野・要点136以下参照）。

　執行裁判所は、強制管理の手続を開始するには強制管理の開始決定をし、その開始決定において、債権者のために不動産を差し押さえる旨を宣言し、かつ、債務者に対し収益の処分を禁止し、および債務者が賃貸料の請求権その他の当該不動産の収益に係る給付を求める権利を有するときは、債務者に対して当該給付をする義務を負う者に対しその給付の目的物を管理人に交付すべき旨を命じなければならない（民執93条1項）。強制管理は収益執行であるため、強制管理の開始決定においては、強制競売と同様に債権者のために不動産を差し押さえる旨の差押宣言のほかに、開始決定と同時に管理人を選任する（民執94条1項）。

　収益執行としての強制管理の管理人の権限は、目的不動産について、これを管理し、および収益を収取し（天然果実を収穫し、法定果実を取り立てること）、これを換価することである（民執95条1項）。管理人は、たとえば、すでに債務者の設定した賃貸借がある場合には、その管理としては、その賃料を取り立てて配当すれば足りるから、目的不動産の直接占有を得ることを要しない。しかし、管理人は、債務者が直接占有している不動産については、その占有を解いて自ら占有し、これを賃貸する等の方法により収益を獲得する必要がある。そこで、管理人は、管理のため必要があるときは、自ら不動産を占有することができる（民執96条1項）。そして、管理人は、その管理行為として自ら占有する不動産につぎ、債務者の法定代理人として当該不動産につき新たな賃借権を設定することができる。

　配当等に充てるべき金銭は、民執98条1項の規定による分与をした後の収益またはその換価代金から、不動産に対して課される租税その他の公課および管理人の報酬その他の必要な費用を控除したものである（民執106条1項）。

　管理人は、民執106条1項に規定する費用を支払い、執行裁判所の定める期間ごとに、配当等に充てるべき金銭の額を計算して、配当等を実施しなければならない（民執107条1項）。債権者が1人である場合、または債権者が2人以上であって配当等に充てるべき金銭で各債権者の債権および執行費用の全部を弁済することができる場合には、管理人は、債権者に弁済金を交付し、剰余金を債務者に交付する（民執107条2項）。この民執107条2項に規定する場合を除き、配当等に充てるべき金銭の配当について債権者間に協議が調ったときは、管理人は、その協議に従い配当を実施する（民執107条3項）。

第28講
動産執行・船舶執行

[1] 動産執行

●動産執行の申立てと対象財産

1 動産執行の対象財産

　動産（登記することができない土地の定着物、土地から分離する前の天然果実で1月以内に収穫することが確実であるもの及び裏書の禁止されている有価証券以外の有価証券を含む）に対する強制執行（「**動産執行**」）は、執行官の目的物に対する差押えにより開始する（民執122条1項）。

28-1　動産執行の流れ

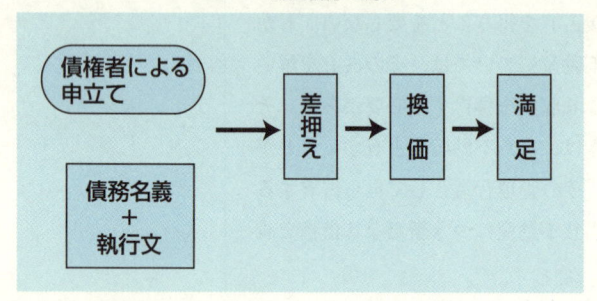

債権者による申立て／債務名義＋執行文　→　差押え　→　換価　→　満足

　民執法における動産執行の対象財産は、民法の動産（民86条2項・3項）のほかに、登記することができない土地の定着物（例えば、庭木、庭石、鉄塔等）を含む。また、土地から分離する前の天然果実（木に実っているミカン、畑で生育しているトマト等）で1月以内に収穫が確実なものも含む。さらに、裏書の禁止されている有価証券以外の有価証券を含む（有価証券の具体例は、株券、社債券、手形、小切手、貨物引換証、倉荷証券）。

　動産執行の対象となる動産は、一般にはそれを占有する債務者にとっては使用価値が高いから、それがないと不便になる。しかし、動産執行の対象となる動産は、取引上の価値は小さく、高額には売却できないことが多い。したがって、動産執行では、その換価手続により得られる売得金からの配当等を期待して債権者がその申立てをすることは少ない。債権者が動産執行により債務者に動産を利用させないとする苦痛を与えることによって、弁済を強制するための手段として、動産執行手続が利用されている（動産執行の間接強制機能）。

2 申立書とその記載事項

♥民法の動産
　民法では、動産は、不動産以外のものであって（民86条2項）、有体物である（民85条。無記名債権は動産とされることについて民86条3項）。したがって、動産執行における動産と民法上の動産は、その範囲に多少の相違がある。

◆指図証券も動産執行の対象
　民執法は、手形等の指図証券を動産執行の対象とし、通常の有体動産と同様に、執行官がその差押えをし、手形等の支払金（民執136条）または手形等を競り売り等により換価したその売得金について配当等を実施することとされている。

動産執行の申立書の記載事項は、原則として強制執行の総則規定である民執規則21条が適用される。したがって、当事者、代理人の表示（民執規21条1号）、債務名義の表示（民執規21条2号）、執行の目的物および執行方法（民執規21条3号）などを記載すべきである（「執行の目的物」は、債務者の支配する一般財産に属する動産すべてであるから、とくにこれを記載する必要はない。「動産執行」と表示すれば足りる。債権者は、動産を特定する必要はない）。この点、不動産執行の場合には債権者が不動産執行の対象となる不動産を特定すべき必要があることと相違している。

　申立書には、請求金額も記載すべきである（民執規21条4号）。なお、動産執行においては、超過差押禁止の原則が働く（民執128条1項）ことから、民執規21条4号に規定する一部請求でない場合にも、必ず請求金額を記載すべきである。この請求金額は、元本のほか、利息、損害金等の附帯の債権（執行準備費用等）の内訳を明らかにした「請求金額計算書」を別紙として添付すべきである。

　動産執行の場合、「目的物の所在場所」を記載する必要がある（民執規99条）。特に差し押さえるべき動産の所在する場所を明らかにさせる趣旨は、民執法の動産執行においては、執行官の動産の差押えにつき「場所単位主義」がとられたことに由来する。動産執行においては、同一の差押えの場合における動産の二重の差押え、仮差押えの執行は禁止され、同一債務者に対し同一の差押えまたは仮差押えの執行の場所についてさらに動産執行の申立てがあった場合には事件を併合することとし、これにより後行の（本執行の）申立ては配当要求の効力が生ずるものとしている。このように二重の差押えまたは仮差押えの執行となるか別個独立の差押えまたは仮差押えの執行となるかは、すべてその差押えまたは仮差押えの執行がなされた「場所」を単位として判断する（民執125条参照）こととしている（浦野・要点159以下）。

　「目的物の所在場所」を申立書に記載させる趣旨は、すでに差押えがなされている場合に二重差押えとなるかどうかを判断するものである。その場所の特定は、一般的には「債務者の住所」である何アパートの何号室あるいは何番土地上の建物のように、一定の場所的範囲を明らかにして記載すべきである。

　執行官に関する旧法下の自由選択制は廃止されたので、債権者は特定の執行官を選んで動産執行の申立てをすることはできない。

●差押えの方法と事件の併合

1 差押えの方法と保管

　執行官は、申立てにより指定された動産所在場所において、差押債権者の債権と執行費用の弁済に必要な限度内で（民執128条）、差し押さえるべき動産を選択する。その選択は、原則として執行官の裁量に任されている（ただし、民執規100条）。

　動産の差押えの方法は、執行官が債務者の占有する動産（民執123条1項）または債権者もしくは第三者が任意に提出する動産（民執124条）を占有して行う。

♥申立書の添付書類
　動産執行の申立書の添付書類としては、一般通則規定（民執規21条）による「執行力のある債務名義の正本」とその「送達証明書」を要する。また、申立人が会社等の法人の場合の「資格証明書」、代理人により申立てをする場合の「委任状」についても同様である。

♥動産の選択
　債権者や債務者の指示に拘束されない。債権者の利益を害しない限り、債務者の利益を考慮して選択すべきである。

この差押えをするに際しては、債務者の住居等に立ち入り、捜索、閉鎖した戸を開くために必要な処分をすることができる（民執123条2項）。この場合、超過差押え（民執128条）および無剰余差押え（民執129条）は、禁止されている（売却の見込みのない差押物の取消しについて民執130条）。

動産については、債務者が占有する物は債務者の所有物とみなして差押えをしてよいと考えられている。外観上、債務者が占有する物を自己の所有物であると主張する者は、その第三者が原告となって第三者異議の訴えを提起すべきことになる。債務者の占有については、執行官が判断する以上、その占有は現実的なものである必要があり、事実上の支配で足りる（和田・129）。

執行官は、相当と認めるときは、差押物を債務者に保管させることができる（民執123条3項）。たとえば、執行官が、動産の所在場所で債務者が占有するテレビ、冷蔵庫または洗濯機などを差し押さえた場合であっても、執行官がそれらをその場所から持ち去るのではなく、その物に封印等を施した上で、その場所においたままにできる（債務者に使用の許可もできる）。民執法123条3項の規定は、民執法124条において、債権者または提出を拒まない第三者の占有する動産を差し押さえた場合の当該債権者または第三者の保管に準用されている。これらの場合以外にも、民執規則104条2項においては、執行官は、相当と認めるときは、差押債権者または提出を拒まない第三者以外の他の第三者に差押物を保管させることができるものとしている。したがって、執行官は、債務者の占有する動産または債権者等が提出した動産を差し押さえた場合に、これを第三者（たとえば、倉庫業者）に保管させることができる（浦野・要点163）。

動産執行の場合、執行官自身が、差し押さえた動産を保管するのが原則である。執行官が、以上述べたように、差押物を債務者、差押債権者または第三者に保管させるときは、差押物件封印票による封印もしくは差押物件標目票の貼付またはこれらの方法によることが困難な場合にあってはその他の方法により、その物が差押物である旨、差押えの年月日ならびに執行官の職および氏名を表示する必要がある（民執規104条2項）。民執123条3項（民執124条において準用する場合を含む）の規定により差押物を債務者等に保管させた場合には、上記の方法により差押えの表示をしたときに限り、差押えの効力を有することとなる。

民執法においては、「保管」には「使用」を含まないことが明らかにされた（浦野・要点164）。そして、差押物の保管をさせる場合において、相当であると認めるときは、執行官は、その差押物の使用を許可することができる（民執123条4項）。

なお、執行官は、上述した債務者等に保管させた差押物を自ら保管し、または上記使用の許可を取り消すことができる（民執123条5項）。

執行官による動産の差押えによって、債務者はその動産の処分権限を制限される（手続相対効）。差押えの効力は、差押物から生ずる天然の産出物に及ぶ（民執126条）。すなわち、債務者には、その天然果実の収取権はない（この点、不動産の強制競売と相違する）。

2 事件の併合

♥第三者が先取特権・質権
　動産につき第三者が先取特権または質権を有するときは、これを留保してその動産を提出することができ、配当要求ができる（民執133条。第三者が提出を拒む場合については民執163条）。

♥差押物の使用の許可
　執行官は、この使用を許可したときは、前述した差押えの表示（封印票等）にその旨を明らかにする必要がある（民執規104条4項）。

すでに差押えまたは仮差押えの執行のされた動産に対して**二重執行の申立て**があった場合には、手続の錯雑を避けるため、二重差押えは禁止される（民執125条1項）。旧法では仮差押えの執行された物についての二重差押えを許すこととしていたが、民執法では、すべて禁止された。動産の二重執行の申立てがあった場合、追加差押えによる事件併合により、原則として後行の（本執行の）事件の申立ては先行の事件につき配当要求の効力を生ずることとしている（浦野・要点164以下）。

　何を基準として「二重執行」の申立てとするかに関しては、立法主義として、「人単位主義」と「場所単位主義」がある。後者の方が事件処理上も簡明かつ適切であることから、民執法では「場所単位主義」がとられている。「同一の場所」（ただし、何をもって「同一の場所」というのか問題であるが、通常は地番とその上にある建物、ビルの一室であればその階層と部屋番号等により特定される。なお、差押え後に債務者が転居しても、右転居先に差押えの「場所」が移動することはない）について二重執行の申立てがあった場合に限り、事件併合がなされる（民執125条2項）。

　同一の場所について二重執行の申立てがあった場合には、執行官は、まず、先行の差押えまたは仮差押えの執行がされていない動産があれば、これに追加差押えをする（これがないときは、その旨を調書上明らかにする）。そして、その動産執行事件と先行の動産執行事件あるいは仮差押執行事件とを併合しなければならない。この執行官の「併合」は、特別の処分を要せず、事件記録を合綴し、併合したことを明らかにすれば足りる（浦野・要点165以下）。

　事件併合の効果としては、2個の動産執行事件の併合の場合と仮差押執行事件と本執行事件とに分けられる。2個の動産執行事件の併合の場合には、後行の申立てが先行差押事件につき配当要求の効力が生ずる。仮差押執行事件と本執行事件の併合の場合には、先行の仮差押執行の申立てが、後行の差押事件につき配当要求の効力が生ずる（民執125条3項・4項）。民執法125条は、二重執行が仮差押えの執行になる場合についても準用される（民保49条4項）が、2個の仮差押執行事件が併合される場合には、後行の申立てについても仮差押えの性質上配当要求効は生じないで、その後に本執行の申立てがあったときにその本執行事件につきいずれも配当要求の効力を生ずる。

　動産執行では、配当要求ができる権利者を優先権のある先取特権者と質権者に限っている。これは、執行力のある債務名義を有する債権者や仮差押債権者には配当要求を認めない趣旨である。これらの者は、二重執行の申立てをして事件の併合の手続によって配当等に与ることができる（福永・176）。

3 差押物の引渡命令

　執行官が占有を取得して差押えをした後にその差押物（執行官が直接占有しているものと債務者等に保管させているものの双方を含む。実際上差押物の引渡命令が問題となるのは後者の場合である）を第三者が占有するに至った場合に、その占有を回復する方法が問題となる。これにつき、簡易な債務名義（引渡命令）による差押物の取戻しの手続がある（民執127条）。

▼**差押動産の所在場所の記載**
　差押えにつき、場所単位主義がとられることから、その場所の同一性を判断するため、動産執行の申立書には、民執規則21条各号に掲げる事項のほか、「差押動産の所在場所」を記載する必要がある（民執規99条）。

▼**事件併合と通知**
　事件併合には、配当要求の効力が生ずることから、執行官は、差押債権者、仮差押債権者および債務者にその旨を通知しなければならない（民執規106条）。

▼**動産執行事件と動産競売事件**
　動産執行事件と担保権の実行としての動産の競売（動産競売）事件が競合する場合にも、事件の併合が認められる（民執192条・125条）。

第28講　動産執行・船舶執行　305

動産の差押え後にその差押物を第三者が占有するに至った場合（例えば、債務者保管中の差押物から封印をはがして、それを第三者に譲渡したような場合）には、執行裁判所は、差押債権者の申立てにより、その第三者に対し、差押物を執行官に引き渡すべきことを命ずる引渡命令を発することができる（民執127条1項）。ただし、差押物を第三者が占有していることを知った日から1週間以内にしなければならない（民執127条2項）。

　民執法127条の差押物の引渡命令は、第三者の占有権原の内容を問題とせずに、とにかく差押当時の占有状態に回復することを目的とするものである。したがって、差押物を占有するに至った第三者が動産の善意取得者（民192条）であっても、あるいはその者の任意の提出がないにもかかわらず差押えを受けた者であっても、いったんはこの引渡命令が発令され、執行官に取り戻されることとなる（東京高決昭和58年4月26日判タ498-102）。この場合には、当該第三者は、その動産執行に対し、第三者異議の訴えの提起や執行異議の申立てによりその差押えの取消しを求める必要がある（浦野・要点168以下）。

● 差押禁止動産とその範囲の変更

1 差押禁止動産とその内容

　民執法は、国税徴収法の差押禁止物（国税徴収法75条）を参考にしながら、差押禁止動産の内容を明確にし、かつ、合理化した（民執131条。個別の法律による差押禁止動産については、生活保護法58条、工場抵当法7条2項など）。

　差押禁止動産は、債務者等の生活に欠くことができない衣服、寝具、家具、台所用具、畳および建具、債務者等の1月間の生活に必要な食料及び燃料、標準的な世帯の2月間の必要生計費を勘案して政令で定める額の金銭等である。また、主として自己の労力により農業を営む者の農業に欠くことができない器具、肥料、労役の用に供する家畜およびその飼料ならびに次の収穫まで農業を続行するために欠くことができない種子その他これに類する農産物や、主として自己の労力により漁業を営む者の水産物の採捕または養殖に欠くことができない漁網その他の漁具、えさおよび稚魚その他これに類する水産物も、差押禁止動産である。このほか、技術者、職人、労務者その他の主として自己の知的または肉体的な労働により職業または営業に従事する者のその業務に欠くことができない器具その他の物（商品を除く）等も、差押禁止動産である。

2 差押禁止動産の範囲の変更

　差押禁止動産の範囲は、動産執行の執行機関が執行官であり、執行官が現場において第一次的に判断することとされている。差押えの効力は、差押物から生ずる天然の産出物、鶏を差し押さえた場合のその卵等に及ぶ（民執126条）。

　具体的妥当性の面からすると、債務者、債権者の生活の状況等を考慮して、差押禁止物の範囲の変更（拡張、減縮）を広く認めることが必要である。そこで、民執法132条1項に基づき、執行裁判所は、申立てにより、債務者および債権者の生活の状況その他の事情を考慮して、差押えの全部もしくは一部の取消しを命じ、または民執法131条各号に掲げる動産の差押えを許すことができる。また、

♥ 差押禁止動産と許可の裁判
　民執法131条の差押禁止動産は、旧法とは異なり、債務者の承諾があるときでも差し押さえることはできない。差押禁止物の範囲を減縮するには、その許可の裁判が必要である。

事情の変更があったときは、執行裁判所は、申立てにより、差押えが取り消された動産の差押えを許し、または差押えの全部もしくは一部の取消しを命ずることができる（民執132条2項）。すなわち、範囲の変更については、執行官ではなく執行裁判所が判断する。

従来、平成15年改正前の民執131条2号、3号においては、差押禁止財産として、債務者等の生活に必要な2月間の食料、燃料と、標準的な世帯の1月間の必要生計費を換算して、政令で定める額の金銭とされていた。しかし、現在の一般の生活においては、食料および燃料について2月分貯めておくという必要はない。現在の生活の感覚からいえば、せいぜい食料および燃料については、1月分で足りるのではないか、と考えられた。これに対して、必要生計費については、2月分くらい必要なのではないか、ということから、従来の規定を逆転させ、新しい規定においては、債務者等の1月間生活に必要な食料および燃料と、標準的な世帯の2月間の必要生計費を勘案して政令で定める金銭というように改正された（改正民執法131条2号、3号）。また、民事執行法が施行された昭和55年に標準的必要生計費は月額21万円と定められ差押禁止財産も同額で、その後20年以上も物価の変動等にかかわらず、見直しが行われていなかった。平成15年の改正は、それも見直して引き上げる方向で検討され、新しい政令（民事執行法施行令）で2月間の差押禁止財産の額は66万円に引き上げられ、標準的必要生計費は月額33万円となった（小林＝角・112）。

● 売却と配当等の手続の特色

1 売却の方法と手続

差押動産の売却の方法やその手続の細目については、民執規則112条から126条までに規定されている。

差押動産の売却の手続には、手形等の指図証券の売却も含まれる。執行官が占有中に満期（支払期）の到来した手形等については、執行官は、債務者に代って、その手形等につき支払いのための提示等の義務がある（民執136条）。したがって、手形交換にまわす等の方法により、その支払いを受けたときは、その支払金につき配当等を実施する（民執139条1項）こととなる。

差押物は、執行官が換価するが、不動産の場合と異なり、売却基準価額は定められない。しかし、高価な動産については評価人による評価が執行官に義務づけられている（民執規111条1項）。また、執行官は、必要があると認めるときは、評価人による評価をさせることができる（民執規111条2項）。

<u>一括売却</u>は、どの方法による売却にも共通のものであり、売却すべき数個の動産の種類、数量等を考慮して、これらの動産を一括して同一の買受人に買い受けさせることが相当であると認めるときは、執行官の判断で（執行裁判所の許可を要せずに）、一括売却（例えば、全集ものの書籍や応接セット等）をすることができる（民執規113条）。

動産の売却の最も典型的なものが競り売りである。手形等の有価証券も、原則的に競り売りの方法により売却される。

▼満期
　満期とは、手形金額の支払いがなされるべき期日として手形上に記載されたものをいう。一般に、満期日または支払期日として記載される。

▼支払いのための提示（呈示）
　手形法38条1項は、確定日払い、日付後定期払いまたは一覧後定期払いの手形について、一定の期間内に、支払いのため手形の呈示をすることを要する旨を規定している（一覧払手形について手形法34条1項）。すなわち、手形法は、手形の支払いについて手形の呈示が必要であるとしている。

▼売却の見込みがないとき
　差押物について相当な方法で売却してもなお売却の見込みがないとき（例えば、数回売却期日を開いても、買受けの申出のない場合等）は、執行官は、職権で、その差押えを取り消すことができる（民執130条）。

▼未分離の天然果実と収穫時期
　未分離の天然果実（民執122条1項。木に実っている柿、みかん等）は、その収穫時期が到来した後でなければ売却することはできない（民執規112条）。

動産を競り売りする場合には、執行官は、競り売り期日（差押えの日から1週間以上1か月以内）の日時・場所を定め、これを各債権者および債務者に通知し、かつ、これを含め、一定の事項を公告しなければならない（民執規114条1項、115条）。

競り売りの場合には、競り売り期日またはその期日前に、原則として執行官の立会いのもとに、売却すべき動産を一般の見分に供されることとされている（民執規117条）。期日前に見分の機会を与えれば足りるので、動産を差押えの現場や保管させた倉庫内に置いたままで、裁判所内の競売場等で競り売りすることが可能である（福永・172）。

競り売りは、順次高額の申出をする競り上げの方法で行われる。申出額を3回呼び上げた後さらに高額の申出がないと、その申出をした者が最高価買受申出人としてその者に買受けを許す旨が告知される。ただし、その申出額が執行官の見積額に比し不相当に低い場合は、買受けの許可がされない（民執規116条1項）。

この買受けが許可された者は、原則として直ちにその場で代金を支払わなければならない（民執規118条1項）。そして、代金の支払いと引換えに動産の引渡しを受けることができる（民執規126条）。

動産の売却については、入札の方法も認められる（民執134条）。この入札は、入札期日に買受申出人に入札をさせ、その最高価の者に買受けを許す方法で実施される（民執規120条1項・2項）。この入札書の記載事項、入札方法、入札期日の手続等については不動産執行の入札の規定が準用されている（民執規120条3項）。

競り売りや入札以外の売却方法として、随意（任意）売却がある。これは、①執行官が実施する場合と②執行官以外の者に売却を実施させる場合がある。いずれも執行裁判所の許可を要する（民執規121条、122条）。ただし、不動産の場合（民執規51条1項）と異なり、動産の場合には、利害関係人も少なく、また、価額も一般的に低いことから、事前に、競り売り、入札を実施する必要はない（浦野・要点176以下）。

随意売却を執行官が実施する場合（民執規121条）、執行官は、動産の種類、数量等を考慮して相当と認めるとき（例えば、銃砲刀剣類、劇薬等一定の資格等がないと買受けができないもの等がその適例である）は、執行裁判所の許可を受けて、任意競売、陳列売却等ができる。

随意売却として、執行官以外の者に売却を実施させる場合（民執規122条）は、家畜や生鮮食品等をその専門の業者に委託販売する例が典型である。この場合にも、差押債権者の事前の意見聴取を要し、許可の申出には、売却を実施する者および売却の実施の方法を明らかにする必要がある（浦野・要点176）。

代金は、競り売り期日に直ちに支払うのが原則である。買受人が代金を支払わないときは、当該動産は再売却されるが、この場合には、前の買受人については、再売却の買受けの申出が禁止される（民執規125条）。

いずれの売り方を問わず、買受人が代金を支払ったときは、執行官は、売却

◆**期日を開く場所**
期日を開く場所は、執行官が裁量で定める。差押物の所在する場所で開かれるのが通常であるが、所属する地方裁判所で開かれることもある（福永・171以下）。

◆**動産執行における売却の問題点**
動産執行の場合、差押物は、従来通常その所在場所で競売されており、競売参加者も少なく、また、いわゆる道具屋などに売却し、それらの者が債務者の親族等に売ってその動産を債務者が使用するというような状況がみられた（福永・167参照）。

◆**差押物の売却価額が高額になると見込まれる場合**
差押物の売却価額が高額になると見込まれる場合において、執行官が競り売り期日から1週間以内の日を代金支払の日と定めたときは、買受けの申出をしようとする者は、執行官に対し、差押物の評価額の10分の2の保証を提供し、定められた日に代金（右保証が金銭で提供されているときは残金）を支払えば足りる。

◆**入札期日の指定等**
入札期日の指定、公告および動産の見分、代金の支払い等については、動産の競り売りの手続が準用される（民執規120条3項）。

◆**執行裁判所の許可**
この許可を受けようとするときは、あらかじめ、差押債権者の意見を聴かなければならないし、許可の申出には、売却の実施の方法を明らかにしなければならない。また、執行官は、この許可を受けたときは、その旨を各債権者および債務者に通知しなければならない。

◆**売却の特則**
売却の特則としては、相場のある有価証券については上述したいかなる売り方をするにしろ、その日の相場以上の価額で売却しなければならない（民執規123条）。また、貴金属（金、銀、イリジウム等）またはその加工品は、その地金としての価額（この価額は、競り売り、入札の場合には公告されることについて民執規115条7号、120条）以上の価額で売却しなければならない（民執規124条）。

◆**代金を支払わないとき**
買受人がこの代金支払いの日に代金を支払わないときは再売却がなされるが、この場合には、後の売却価額が前の売却価額に満たないときは、前の買受人が提供した買受けの申出の保証は、その差額を限度として売得金とされる。前の買受人は、この額に相当する部分の返還を請求することができない（民執規118条6項・7項）。

した動産を買受人に引き渡さなければならない（民執規126条1項。代金の支払いが先給付）。ただし、執行官以外の者が保管している物（民執規104条参照）については、指図による占有移転が認められている。この場合には、執行官は、買受人の同意を得て、買受人に対し、売却を証する文書（せり売り調書について民執規119条）を交付し、かつ、その物の保管者に対し買受人にその動産を引き渡すべき旨を通知する方法により引渡しをすることができる。

2 配当等の手続

　動産執行においては、簡易、迅速な執行ができるように、執行官を執行機関としていることにかんがみ、配当手続においても、一定の要件のもとに執行官を第一次配当機関として簡易な売得金の分配手続が認められる（民執139条）。これができない場合は、執行裁判所が第二次的配当機関とされている（民執142条）。すなわち、動産執行の配当の実施は、配当をすべき問題がない場合には、執行官が行うことになる。

　執行官が配当を実施する場合としては、債権者が1人の場合と、債権者が2人以上で売得金等に剰余を生ずる場合がある。この場合、債権者に弁済金を交付する（民執139条1項）。また、執行官が配当を実施する場合としては、債権者が2人以上で売得金等に剰余を生じないときで債権者間に協議が調ったときであり、このときは、その協議に従い配当を実施する（民執139条2項）。この配当協議の日としては、執行官は、売得金の交付、差押金銭・手形等の支払金を受けたときから2週間以内の日を定め、各債権者に、その日時、場所を通知しなければならないものとされている（民執規128条）。債権者間の協議不調のときは、執行官は、執行裁判所にその事情を届け出なければならない（民執139条3項）。

　第二次配当機関として執行裁判所が配当を実施する場合がある（民執142条）。これは、前述したように、債権者間の協議不調で執行官からその事情届（民執139条3項）があった場合である。この場合には、直ちに執行裁判所において、不動産の強制競売における配当の手続に関する規定（民執84条、85条、88条から92条まで）を準用して配当の手続が実施される。また、執行裁判所が、配当を実施するのは、前述した停止条件等による未確定債権について執行官から供託した旨の事情届（民執141条1項）があった場合である。この場合には、その供託の事由が消滅したときに、前述した手続により、執行裁判所が配当の手続を実

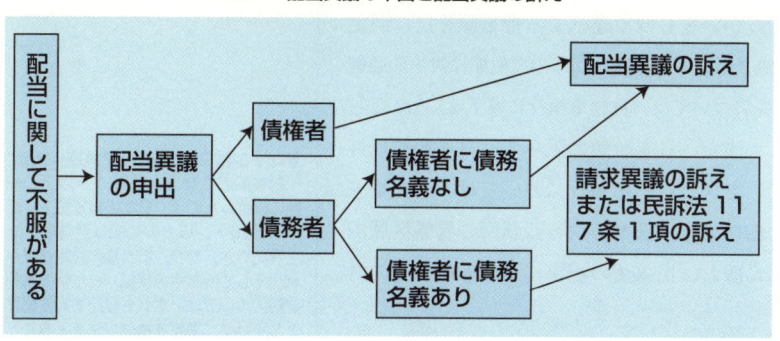

♥**第三者の所有物と善意取得**
　目的物となった動産が第三者の所有物であった場合には、買受人が善意取得の要件を満たさない限り、その所有権を取得できない（福永・174）。

♥**執行官による供託**
　執行官が配当等を実施する場合に、配当等を受けるべき債権者の債権が停止条件付であったり、仮差押債権者の債権であったり、執行停止文書（民執39条1項7号）が提出されている等のときは、執行官は、その金銭を供託してその事情を執行裁判所に届け出なければならない（民執141条1項）。この供託部分の配当等の手続は、その供託事由が消滅した後、執行裁判所が実施するからである。

28-2　配当異議の申出と配当異議の訴え

配当に関して不服がある	→	配当異議の申出	→	債権者	→	配当異議の訴え
			→	債務者	→	債権者に債務名義なし → 配当異議の訴え
					→	債権者に債務名義あり → 請求異議の訴えまたは民訴法117条1項の訴え

（不服申立の実務・180）

施しなければならない。

[2] 船舶執行

●船舶、航空機、自動車、建設機械執行の位置づけ

　船舶、航空機、自動車、建設機械は、動産（民86条2項）であるが、その強制執行は、不動産に対する強制競売に準ずべきものとされている。船舶執行は、民執法において不動産執行とは別款（第2章第2節第2款）で規定されている。この船舶執行に関しては、管轄執行裁判所、差押えの方法とその解放等について特色のある規定が設けられている。船舶執行のほか、民執規則においては、航空機執行、自動車執行、建設機械執行（いずれも、日本法による登記、登録がされた日本の航空機等に限られる）が独立した款（第2章第2節第3款～第5款）に規定されている。

　船舶、航空機、自動車および建設機械について共通した実体法上の特色としては、いずれも抵当権の設定が認められ（船舶抵当権につき商848条、航空機抵当3条等）、かつ、これらの動産の所有権および抵当権の得喪変更（保存、設定、変更、処分の制限）は、登記または登録を対抗要件としていることである（例えば、船舶所有権につき商687条）。このように抵当権の設定による与信取引が認められることとしているのは、その価格が一般の動産に比して著しく高額であることに由来し、そして、抵当権の設定が認められる結果、これらの動産をめぐる権利関係は錯雑し、執行手続上も多数の利害関係人が出現する可能性が大きいからである。そのため、不動産の強制競売の場合と同様に、執行裁判所が手続の主宰者となり、一定の売却条件（民執59条）に従い、厳格な売却手続（民執64条、69条等）により換価し、かつ、周到な配当等の手続により売却代金を分配することが相当である。このために、執行官が執行機関（配当等についても、第一次実施機関となる）となる動産執行から分離し、基本的には不動産の強制競売に準ずる手続による（民執121条）こととしている（浦野・要点146）。

●船舶執行の対象船舶と執行裁判所

　民執法において、船舶執行の対象となる船舶は、総トン数20トン以上の船舶（端舟その他ろかいまたは主としてろかいをもって運転する舟を除く）に限定されている（民執112条。小型船舶登録3条により登録された小型船舶に対する強制執行および先取特権の実行としての競売については、自動車執行に準ずる）。ただし、この船舶は登記の有無を問わないし、また、日本船舶に限らず、日本船舶以外の船舶（外国船舶および無国籍船舶）を含む。船舶執行においては、所在地主義が採られるため、日本船舶以外の船舶でも、日本の執行裁判所の管轄区域内の地に所在する以上、日本の裁判籍に服し、民執法の規定により船舶執行の対象とされる（浦野・要点147）。

　しかし、船舶は移動性が大きいから、船舶執行は、目的船舶を一定の場所に

♥船舶等の特色
・抵当権の設定が可能
・登記・登録を対抗要件
・一般に高額

♥船舶等執行の特色
・執行裁判所が手続を主宰
・不動産強制競売に準ずる手続

♥船舶執行と強制管理
　船舶については、強制管理（および担保収益執行）の方法は認められていない。その理由は、船舶を管理人に管理させることについては管理上の困難や経営上の不安定などの問題があるからである（福永・163）。

♥総トン数20トン以上の船舶に限定
　対象船舶を総トン数20トン以上の船舶に限定したのは、日本の実定法上、総トン数20トン以上の船舶は登簿船として登記でき、かつ、抵当権の設定が許され、そして所有権の移転、抵当権の権利変動についてはいずれも登記を対抗要件とし不動産に準ずる換価方法をとることに適するからである（浦野・要点147）。

停泊させておいて、これを換価することが要求されるという特殊性がある。そこで、船舶執行においては、その管轄は「所在地主義」がとられる。すなわち、船舶に対する強制競売の開始決定の発令の時の船舶の所在地（この所在地は、港その他の地で船舶が停止している場所をいい、航行中のある場所は含まない）を管轄する地方裁判所が、船舶執行の執行裁判所とされている（民執113条）。

したがって、適法に船舶執行の申立てをしようとすれば、申立時に船舶が所在していて（これは、必ずしも申立ての要件ではないが、実際には、船舶は一定期間一定の場所に停泊するのが通例である）、開始決定の発令の時までの間継続してそこに所在することが確実である場合（例えば、入国手続のため湾内の一定の場所に停泊している場合や、積荷の荷揚げ、荷卸しのために埠頭に停泊している場合とか、修理のためドックに入っている場合等）でなければならない。また、そうでなくても、船舶の所在を確知し、これを差し押さえるのに困難を来たしている債権者にとっては極めて不利な地位に立たされることとなる。この不都合を解消する方法が、「船舶執行の申立て前の船舶国籍証書等の取上げ・引渡命令」の制度（民執115条）である（浦野・要点148）。

●船舶国籍証書等の取上げ、引渡し

船舶執行の対象とすべき船舶は、債務者が占有していることを要する。第三者が占有している船舶に対する執行は、船舶の引渡請求権の執行としてなされる（民執162条）。

船舶執行（民執121条）は、不動産の強制競売に準ずべきものとされる。すなわち、船舶執行では、不動産と同様に債権者のための差押宣言がなされ、登記できる船舶については差押えの登記がなされ、また、債務者に対しては船舶の出航禁止命令が出される。

船舶に関して差押宣言がなされ、その差押えの登記がなされまたは出航禁止命令が出されても、それらは移動性の強い船舶の具体的差押えとしては不十分である。したがって、民執法においては、執行裁判所は、船舶の強制競売の開始決定に際し、具体的差押えのための執行官に対する職務命令として、その執行裁判所（地方裁判所）所属の執行官に対し、船舶の航行のために必要な文書（船舶国籍証書等）（船舶国籍証書については船舶5条2項。仮船舶国籍証書、航海日誌、船舶検査証書等）を取り上げて、これを執行裁判所に提出すべきことを命じ、船舶を差押えの場所に停泊させるための具体的な執行処分をすべきこととしている（民執114条1項）。この取上げは、船舶を直接占有している債務者（所有者。これには定期傭船者を含む）からしかできない。

船舶国籍証書等を取り上げられると、船舶は法的には航行できなくなることから、これを執行官に取り上げさせて、船舶の具体的差押えを実現しようとしたものである（浦野・要点149以下）。執行裁判所は、船舶国籍証書等を取り上げたときは、直ちに、債務者、船長および船籍港を管轄する地方運輸局、海運監理部（またはそれらの海運支局）の長にその旨を通知しなければならない（民執規75条）。

♥**船舶の所在する場所**
船舶執行の申立書には、執行の目的たる船舶の所在する場所（左記載の港その他の地）を記載すべきものとされている（民執規74条）。

♥**不動産の強制競売の規定を準用**
船舶執行については、不動産の強制競売の規定が準用される（民121条）。強制競売の申立て、開始決定、執行官による現況調査、評価人による評価、物件明細書の作成、売却条件の決定、売却手続、引渡命令、二重開始決定、配当要求、配当等の手続などは、不動産の強制競売に準ずる。

♥**申立人に対抗することができる権原を有しない船舶の占有者**
船舶の競売においては、申立人の申立てにより、当該申立人に対抗することができる権原を有しない船舶の占有者（申立抵当権者に劣後する船舶の賃借権者等）に対する船舶国籍証書等の執行官への引渡命令（債務名義）が発せられる（民執規174条2項～4項）。

♥**船舶国籍証書等を取り上げることができなかった場合**
船舶国籍証書等を取り上げることができなかった場合は、執行官は、その事情を執行裁判所に届け出なければならない（民執規76条）。執行官が開始決定の発せられた日から2週間以内に船舶国籍証書等を取り上げることができないときは、具体的差押えができないことから、執行裁判所は、強制競売の手続を取り消すべきものとしている（民執120条）。

船舶執行の申立ては、船舶の所在地の地方裁判所（執行裁判所）にしなければならないが、船舶の荷揚げ、荷卸しの作業がその機械化に伴い、きわめて短時間内にその作業を終了して船舶が出航する事例が多い。したがって、船舶が入港後、その所在地で（民執113条）、直ちに船舶執行の申立てをしても、開始決定の発令までにその船舶が出航してしまい申立てを却下される場合が生ずることも多い。そこで、民執法においては、船舶執行の申立て前における保全的債務名義としての船舶国籍証書等の引渡命令の制度（民執115条）が新設された（浦野・要点150）。

　すなわち、船舶執行の申立て前に船舶国籍証書を取り上げなければ船舶執行が著しく困難となるおそれがあるときは、船籍（船舶法施行細則3条参照）の所在地または日本に船籍のない船舶（外国船舶がその適例である）にあっては、最高裁判所の指定する地（室蘭市、仙台市、東京都千代田区、横浜市、新潟市、名古屋市、大阪市、神戸市、広島市、高松市、北九州市および那覇市（民執規77条参照））を管轄する地方裁判所が、申立てにより、債務者に対し、船舶国籍証書等を執行官に引き渡すべき旨の命令を発することができる（民執115条）。

　執行裁判所は、差押債権者の申立てにより、強制競売の開始決定がなされた船舶について保管人を選任することができる（民執116条）。船舶は、差押えにより出航を禁止され、船舶国籍証書等の取上げをなされても、その占有は、債務者ないし船長にある。しかし、それだけでは、船舶の保存が十分に行われないおそれがあるから、保管人の選任の必要性が生じる（福永・164）。

●保証提供による差押えの解放と航行許可

　民執法においては、船舶執行を実効性のあるものにするために具体的差押えの方法を強化した。しかし、船舶の具体的差押えの執行（停泊）により積荷等の運送ができないで著しい不利益を受ける債務者の救済と執行債権者等の利益との調整を図るため、民執法では、差押えの解放の制度も整備された（浦野・要点151以下）。すなわち、保証提供による船舶執行の取消し（民執117条）と、航行許可の制度（民執118条）である。

　保証提供取消しは、船舶の差押えについて不服があり、かつ、一刻も早く出航したいと欲する債務者のための制度である。すなわち、債務者が、請求異議の訴えの提起等に伴う執行停止の裁判の正本（民執39条1項7号）とか弁済受領、弁済猶予を証する文書（民執39条1項8号）を提出した場合に、債務者が差押債権者の執行債権および保証の提供時までに配当要求をした債権者の債権および執行費用に相当する保証を提供したときは、執行裁判所は、申立てにより船舶に対する強制競売の手続（配当等の手続を除く）を取り消さなければならないとするものである（民執117条1項）。

　つまり、債務者は、いったんは執行債権者や配当要求債権者の請求どおりの保証を提供して、船舶執行の取消しを得たうえ、請求異議の訴え等により、その請求を争うこととしている。したがって、債務者は、この取消決定（これに対する執行抗告は認められない（民執117条3項））により、直ちに、差押船舶を

♥申立て前における保全処分としての引渡命令
　この保全処分は、無保証（無担保）で発令されなければ事実上その利用価値がないことから無担保で発令されることとされている関係上、執行力のある債務名義の正本の提示とその保全の必要性の疎明を要するものとされている（民執115条3項）。

♥保証の提供
　保証の提供には、民執法15条の規定が準用される（民執117条5項）が、そのほかに、執行裁判所の許可を得て船主相互保険組合の発行する「ボンド」（支払保証委託契約を締結したことを証する文書）を提出する方法も認められている（民執規78条1項）。

発航することができることとなる。そして、上記文書の提出による執行停止がその効力を失ったときには、上記保証について上記債権者（差押債権者、配当要求債権者）のためにのみ配当等の実施がなされ（民執117条2項）、右執行停止が功を奏して債務者が請求異議の訴え等に勝訴した（確定）ときは、右保証は、債務者に返還されることとされている（浦野・要点152以下）。

執行裁判所は、営業上の必要その他相当の事由があると認める場合において、各債権者ならびに最高価買受申出人または買受人および次順位買受申出人の同意があるときは、債務者の申立てにより、船舶の航行を許可することができる。ただし、この<u>航行許可決定</u>は、確定しなければその効力を生じない。

また、当該執行裁判所の管轄区域内に帰港した場合に船舶国籍証書等の返還がないときは、開始決定に伴いなされた上記船舶国籍証書等の取上執行（民執114条1項）がまだ持続していると考えられる。そこで、具体的に当該船舶国籍証書等を返還させるため、申立てにより、執行裁判所は、船舶国籍証書等の再取上命令を発することができるものとされている（民執規81条）。

●船舶執行における売却手続と配当等

船舶執行については、不動産強制競売手続の規定が準用され（民執121条）、執行官による現況調査、評価人による評価、物件明細書の作成、売却条件の決定、売却手続、引渡命令、二重開始決定、配当要求、配当等の手続などは、不動産強制競売手続に準ずる（福永・165）。

♥船舶の航行許可決定
　航行許可決定は、法律上は明記されていないが、航行許可の性質上、執行裁判所は、航行許可の期間、航行の経路、帰港地等を航行許可決定において指定すべきものである。そして、右航行許可の期間の満了時までの間に定められた地に船舶が帰港し船舶国籍証書等の返還があった場合には、あたかも執行停止が解けたと同様に、執行裁判所は、その後の手続を続行すれば足りる（浦野・要点153）。

第29講
債権執行

[1] 債権執行

●債権執行の申立てと差押命令

1 債権執行とその申立て

債権執行は、債権者が債務者の第三債務者に対して有する債権を差し押さえて行う強制執行である。債権に対する金銭執行のうち、少額訴訟債権執行を除いたものを「債権執行」という。債権者が債務者に対して有する債権を、執行手続上、執行債権または請求債権という。債務者が第三債務者に対して有する債権を、執行手続上、差押えに係る債権、差押債権または被差押債権などと呼ぶ。債権執行は、現代社会では重要な意義を有しており、第三債務者の協力が得られれば迅速に満足を得ることができるし、高額の債権も存在している。債権執行においても、その執行手続の段階は、差押え、換価および満足であるが、債権執行においては、換価と満足が密接な関係にあることが特徴である（和田・136）。

◆**給料債権・預金債権**
債権執行が利用されるのは、給料債権や預金債権などの金銭債権に対する強制執行事件である（松村・110）。

29-1　債権の差押え

[図：債権者→（差押え）→第三債務者、債権者→請求債権→債務者、債務者→差押債権→第三債務者]

金銭の支払いまたは船舶もしくは動産の引渡しを目的とする債権（動産執行の目的となる有価証券が発行されている債権を除く）に対する強制執行は、執行裁判所の差押命令により開始する（民執143条）。

民事執行法上、債権執行の対象となる「債権」とは、次の3種類の債権をいう。すなわち、

　①金銭の支払いを目的とする債権（金銭債権）
　②船舶の引渡請求権（その執行については、民執162条参照。航空機の引渡請求権も、この民執162条に準ずることについて民執規142条）。
　③動産の引渡請求権（その執行については、民執163条参照。民執163条1項の

♥**少額訴訟債権執行は裁判所書記官**
少額訴訟債権執行は、裁判所書記官も行うことができ、そのときは、裁判所書記官の差押処分によって開始する（民執167条の2）。

◆**債権執行の対象財産と譲渡可能性**
氏名権、商号権、財産分与請求権や本人行使前の扶養請求権などは、譲渡可能性がないから、債権執行の対象財産とならない（松村・112）。

♥**裏書の禁止されていない有価証券は動産執行**
裏書が禁止されていない有価証券（すなわち、動産執行の目的となる有価証券）が発行されている場合のその表章債権は、債権執行から除かれる。このような有価証券は、動産執行による。

規定により執行官が引渡しを受けた自動車、建設機械または小型船舶の強制執行は、自動車執行または建設機械もしくは小型船舶に対する強制執行の方法により行うことについて民執規143条）。

債権執行は、いずれも債権者の申立てにより、執行裁判所が、債務者の第三債務者に対する債権（前述の①ないし③）を差し押さえる旨の差押命令を発することにより開始される（民執143条）。

債権執行の申立てをすべき管轄執行裁判所は、第一次的には債務者の普通裁判籍所在地（民訴4条により、個人についてはその住居所、会社その他の法人についてはその主たる事務所または営業所の所在地を原則とする）の地方裁判所である（民執144条1項）。もし、債務者が外国にいる等の理由で、その普通裁判籍が日本にない場合には、第二次的に差し押さえるべき目的債権の所在地を管轄する地方裁判所が執行裁判所となる。なお、差し押さえるべき債権は、原則として第三債務者の普通裁判籍所在地にあるものとされる。

債権執行の申立ては、書面によらなければならない（民執規1条）。債権執

29-2 債権差押命令の例

```
                                    平成19年（ル）第31号

                    債権差押命令

            当事者    別紙当事者目録記載のとおり
            請求債権  別紙請求債権目録記載のとおり

1  債権者の申立により、上記請求債権の弁済に充てるため、別紙請求債権目録記
   載の執行力ある債務名義の正体に基づき、債務者が第三債務者に対して有する別
   紙差押債権目録記載の債権を差し押さえる。
2  債務者は前項により差し押さえられた債権について、取立てその他の処分をし
   てはならない。
3  第三債務者は、第1項により差し押さえられた債権について、債務者に対し、
   弁済をしてはならない。


        平成20年2月20日
           ○○地方裁判所第△民事部
               裁判官    甲野  太郎

          これは正本である。
           平成20年2月20日
               裁判所書記官   乙山  次郎      [裁判所書記官の印]


（民事執行法155条1項）
  金銭債権を差し押さえた債権者は、債務者に対して差押命令が送達された日から
一週間を経過したときは、その債権を取立てることができる。ただし、差押債権者
の債権及び執行費用の額を超えて支払いを受けることができない。
```

♥**不動産の引渡請求権**
　民執法143条の定める「債権」の中は、不動産の引渡請求権は含まれない。旧法下では、不動産の引渡請求権の差押命令の申立ては、実務上もまったく利用されていなかったこと等にかんがみ、民執法においては、不動産の引渡請求権の差押えについては、特段の規定を設けていない。したがって、不動産の引渡請求権を差し押さえる必要がある場合には、一般原則により、「その他の財産権」執行による差押えをすべきものである（浦野・要点181）。

♥**債権の意義**
　ここでいう「債権」は、条件付きまたは期限付きでもよい。また、将来生ずべき債権でも、すでに発生の基礎となる法律関係が存在しており、その債権を特定することができれば、差押えできる（例えば、退職金債権、将来の診療報酬債権、保険契約の解約返戻金請求権）。反対給付に係る権利、質権の対象となっている権利、すでに差押え・仮差押えの執行を受けている権利でもよい（福永・179）。

♥**動産の引渡請求権と担保物権の存する金銭債権**
　船舶、動産の引渡請求権および担保物権の存する金銭債権に限り、その請求権の目的物や担保物の所在地にあるものと定められている（民執144条2項）。また、裁判所書記官が行う少額訴訟債権執行では、裁判所書記官の所属する簡易裁判所が執行裁判所となる（民執167条の3）。

第29講　債権執行　315

についての差押命令の申立書には、民執規則21条各号に掲げる事項のほか、第三債務者の氏名または名称および住所を記載しなければならない（民執規133条1項）。この申立書に強制執行の目的とする財産を表示するときは、差し押さえるべき債権の種類および額その他の債権を特定するに足りる事項ならびに債権の一部を差し押さえる場合にあっては、その範囲を明らかにしなければならない（民執規133条2項）。

差し押さえるべき債権に関しては、債権を特定するに足りる事項を明らかにする必要はあるが、必ずしも債権の発生原因や額の記載を要しない（福永・179）。

この申立書の添付書類については、執行力のある債務名義の正本（民執規21条）とその送達証明書が主たるものである。

2 差押命令とその内容

差押命令の申立てを受けた執行裁判所は、債務者や第三債務者を審尋しないで（審尋しなくてもよいというのではなく、審尋してはならないという趣旨である）、すなわち、被差押債権の存否や帰属について調査をしないで、差押命令を発する（民執142条2項）（東京高決昭和58年4月22日金法1056-46）。事前に審尋をすると、差押えを予知した債務者が債権譲渡や取立てなどの妨害行為をするおそれがあるからである。被差押債権については、債権執行の申立てをした債権者の陳述だけを資料として、その被差押債権が債務者に帰属するかどうかを判断することになる（和田・140）。執行裁判所は、申立てが適式かどうか、差し押さえるべき債権が差押禁止債権でないか、超過差押えまたは無益な差押えでないか等を審査するが、差し押さえるべき債権の存否については審査しない（福永・180以下）。

差押命令は、執行債務者に対して債権の取立てその他の処分を禁止し、かつ第三債務者に対して執行債務者に弁済することを禁止することを内容とする（民執145条1項）。差押命令の申立てについての裁判（申立ての却下、棄却または差押命令）に対しては、執行抗告をすることができる（民執145条5項、10条、民執規5条以下）（高松高決昭和63年3月10日判時1272-106）。

29-3 債権執行の流れ

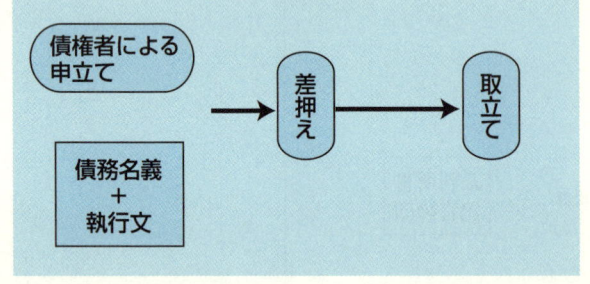

債権者による申立て／債務名義＋執行文 → 差押え → 取立て

●差押命令の効力

1 差押えの効力の発生時期と効力の範囲

差押命令は、債務者および第三債務者に送達される（民執145条3項）。そして、

♥**債権執行の申立書と目録**
債権執行の申立書に当事者、請求債権および差押債権を記載するには、別紙として、それぞれ所要の目録（当事者目録、請求債権目録、差押債権目録）を添付すべきである。

♥**添付書類**
申立債権者、債務者または第三債務者が法人である場合には、その代表者の「資格証明書」、また、代理人により申立てをする場合には、「委任状」を添付しなければならない。

♥**審尋**
審尋は、決定手続の審理方式の1つであり、これには、当事者・申立人の言い分を聴くという「口頭弁論に代わる審尋」と、当事者や参考人に証人としての供述をさせる「証拠調べとしての審尋」とがある。

♥**差押命令に対する執行抗告**
差押命令に対する執行抗告については、第三債務者は、被差押債権の不存在を主張することができない（最決平成14年6月13日民集56-5-1014）。

♥**差押債権者への通知**
差押命令が債務者および第三債務者に送達されたときは、裁判所書記官は、差押債権者に対し、その旨および送達の年月日を通知しなければならない（民執規134条）。

差押えの効力は、差押命令が、第三債務者に送達された時に生ずる（民執145条4項）。

差押えの効力は、差押命令に表示された差押債権の種類および数額の範囲で生ずる。なお、債権者は、差押債権の全部について債権執行の申立てをすることができる（民執146条1項）。例えば、200万円の執行債権で、300万円の売買代金債権を差し押さえることができる。しかし、差押命令の申立てを受けた執行裁判所は、差押債権者が申立てにおいて表示した差押債権の種類および数額について、その存否や帰属について調査をしないで差押命令を発する（民執145条2項）ので、差押命令中の差押債権の表示は、原則として差押債権者が申し立てたものと一致する。なお、差押債権者は、差押えに係る債権の存否等について第三債務者の陳述の催告を申し立てることができる（民執147条）。

♥差押えの効力と超過差押えの禁止
　差押えの効力は、1口の債権についてはその全部に及ぶのが原則であり、超過差押えの禁止は他の債権をともに差し押さえる場合に適用（民執146条）される（福永・180）。

```
                    29-4
┌─────────────────────────────────────────┐
│        第三債務者に対する陳述催告の申立書        │
│                                          │
│  ○○地方裁判所第△民事部　御中              │
│                                          │
│      平成20年9月1日                       │
│                                          │
│              申立債権者　乙　山　春　子      │
│                                          │
│  債 権 者    乙　山　春　子                │
│  債 務 者    秋　川　甲　子                │
│  第三債務者  大日本桜株式会社               │
│                                          │
│   本日御庁に申し立てた上記当事者間の債権差押命令申立事件について、第三債務者に対し、民事執行法第147条1項に規定する陳述の催告をされたく申し立てる。│
└─────────────────────────────────────────┘
```

金銭債権を差し押さえた場合、差押債権として元本債権のみを表示して差押命令が発せられると、差押えの効力はその従たる権利である基本権としての利息債権に及ぶ。すなわち、将来発生する支分権としての利息債権にも当然に差押えの効力が及ぶ。しかし、差押命令の効力発生の当時すでに弁済期の到来している利息債権は、別個独立の債権であるから、元本債権の差押えの効力は及ばない。この弁済期がすでに到来している利息債権を差し押さえるには、元本債権とともに差押債権として差押命令中に別に独立してその既発生の利息債権を表示する必要がある（浦野・要点187）。この点は、遅延損害金債権についても、同様である。

また、差押債権が、給料債権または賃料債権のように一定期間継続して支払われる債権（継続的給付に係る債権）（札幌高決昭和61年7月14日判タ624-231）である場合には、これらの債権を包括的に差し押さえれば、その後継続的に支払われる金額に対して、当然に差押えの効力が及ぶ（民執151条）。このような継続的給付に係る債権に対して差押えの効力が及ぶ範囲は、債権者の債権および執行費用の額を限度とする（民執151条）。

定期金債権の場合、それが少額債権の場合には、本来通り（民執30条）、確定

♥差押えと担保権の登記
　登記または登録された抵当権等の被担保債権の差押えがその効力を生じたとき（民執145条4項）は、執行裁判所の裁判所書記官は、差押債権者の申立てにより、その担保権の登記等につきその債権について差押えがされた旨の登記等の嘱託をしなければならない（民執150条）。

♥継続的給付に係る債権と差押えの後に受けるべき給付
　継続的給付に係る債権である場合、本来であれば、債権者は、そのたびに債権執行の手続を執らなければならないはずであるが、それは煩雑であるから、給料その他継続的給付に係る債権に対する差押えの効力は、差押債権者の債権および執行費用の額を限度として、差押えの後に受けるべき給付に及ぶものとされる（民執151条）。

♥扶養義務等に係る定期金債権を請求する場合の特例
　債権者が、一定の掲げる義務に係る確定期限の定めのある定期金債権を有する場合において、その一部に不履行があるときは、民執法30条1項の規定にかかわらず、当該定期金債権のうち確定期限が到来していないものについても、債権執行を開始することができる（民執151条の2）。

第29講　債権執行　317

期限の到来ごとに強制執行の申立てをしなければならないとすると、債権者の負担が大きい。そこで、差押債権者の執行債権が定期金債権であって、被差押債権が継続的給付に係る債権である場合には、一括して債権執行の申立てができることとされた。この制度は、執行債権が期限未到来であっても差押えができるとするものであり、予備差押えと呼ばれる（和田・143）。

29-5 債権執行における債権の差押え

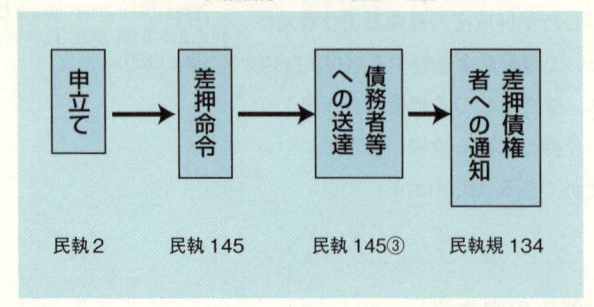

申立て → 差押命令 → 債務者等への送達 → 差押債権者への通知

民執2　　民執145　　民執145③　　民執規134

2 差押債権者、債務者および第三債務者の地位

(1) **差押債権者の取立権**　民執法においては、差押債権者は、差押えの効力として、旧法では必要とされていた取立命令を必要とせずに、その差し押さえた債権の取立てをすることができる。

　金銭債権を差し押さえた債権者は、債務者に対して差押命令が送達された日から1週間を経過したときは、その債権を取り立てることができる（民執155条1項本文）。ただし、差押債権者の債権および執行費用の額を超えて支払いを受けることはできない（民執155条1項ただし書）。そして、差押債権者が第三債務者から支払いを受けたときは、その債権および執行費用は、支払いを受けた限度で、弁済されたものとみなされる（民執155条2項）。

　ただし、第三債務者は、民執157条1項に規定する取立訴訟の訴状の送達を受ける時までに、差押えに係る金銭債権のうち差し押さえられていない部分を超えて発せられた差押命令、差押処分または仮差押命令の送達を受けたときは、その債権の全額に相当する金銭を、また、配当要求があった旨を記載した文書の送達を受けたときは差し押さえられた部分に相当する金銭を債務の履行地の供託所に供託しなければならない（民執156条2項）。このような場合には、差押債権者は、その第三債務者からの取立てをすることはできない。

(2) **債務者の地位**　債務者は、差押命令を受けただけでは、第三債務者に対する実体上の債権者たる地位を失わない。しかし、債務者は、差押命令により、その債権の処分（債権の取立て、譲渡、免除、相殺または質入れ等）をすることが禁じられる。もっとも、この処分禁止の効力は、差押債権者に対する関係においてのみ生ずる（相対効）。したがって、差押え後に、債務者が譲渡などの処分行為を行っても、差押債権者が申立てを取り下げ、または差押えの取消しがあれば、その債務者のした処分行為は有効となる。この相対効については、不動産の場合と同様に、手続相対効が採られているので、差し押さえられた債権を債務者が譲渡しても当該債権の換価の剰余金については、債権の譲受

♥**債権者による証書の引渡し**
　差押えに係る債権について証書があるときは、債務者は、差押債権者に対し、その証書を引き渡さなければならない（民執148条）。

人は交付を受けることはできない。同様に、剰余金があっても、差押え後に債務者から質権の設定を受けた質権者は、配当等を受けることはできない（浦野・要点189）。被差押債権の譲渡がなされた場合であっても、配当要求は認められるが、元の債務者に対するその後の差押命令は無効である（福永・182）。

(3) 第三債務者の権利義務　差押命令が送達されると、差押えの処分制限効により、第三債務者は、債務者に直接弁済することができなくなる（民執145条1項、民481条）。この場合（仮差押えを含む）には、第三債務者は、差押債権者のために供託することができる（民執156条1項）。

民執156条1項においては、単発の差押え（仮差押えの執行を含む）においても、第三債務者は、差押えに係る金銭債権の全額（なお、差し押さえられた額のみの供託も認められる）を債務の履行地（民484条、商516条）の供託所に供託することができる。

第三債務者は、取立権を有する差押債権者の請求に応じてその支払いをすることができる（この差押債権者への支払いが適法に許されるのは、差押債権者が一人の場合である）。また、第三債務者は、民執156条1項の規定により供託をすることもできる（ただし、供託をするには、第三債務者の債務につき履行期が到来していなければならない）。これらの支払いまたは供託により、第三債務者は免責を受けられる（浦野・要点190）。これに対し、債権者が競合する場合には、第三債務者は、民執156条2項により供託が義務づけられている。

第三債務者が差押命令に反して債務者に弁済した場合には、差押債権者に対しては、債権が弁済によって消滅したことを対抗することができない。この場合、第三債務者は、差押債権者がその弁済によって受けた損害の限度で、二重に弁済をする義務を負う（民481条）。また、第三債務者が差押命令を受けた後に、債務者に対する反対債権を取得しても、この債権をもって差押債権と相殺することはできない（民511条）。ただし、差押債権と反対債権との関係、特に弁済期の先後の関係については、判例（最判昭和45年6月25日民集24-6-587、最判昭和48年5月25日金法690-36）により、第三債務者が差押命令を受ける前から有していた反対債権であれば、差押債権との弁済期の先後を問わず、相殺適状に達しさえすれば、差押えのなされた後においても、第三債務者は自己の反対債権による相殺が認められる。

● 差押禁止債権とその範囲の変更

1 差押禁止債権とその内容

民執法は、差押禁止債権の範囲を合理化、近代化するため、その対象の債権を法定した（民執152条1項・2項）。ただし、この差押禁止債権は、民執法に定める一般的規定であり、これ以外にも生活保護法58条など特別法に定める多数の差押禁止規定が存し、その特別法が優先して適用される。

給料や退職金債権などについては、その支払期に受けるべき給付の4分の3に相当する部分（その額が標準的な世帯の必要生計費を勘案して政令で定める額（現在は月33万円）を超えるときは、政令で定める額に相当する部分）は、差

♥民執156条1項の供託
　この供託は、執行供託であるが、弁済供託の効力をも有するので、第三債務者は、左記供託をすることにより、債務を免かれることとなる（浦野・要点190）。

♥第三債務者に対する陳述の催告
　第三債務者は、執行裁判所の裁判所書記官から差押えに係る債権の存否、内容、相殺の意思の有無等に関する陳述の催告（民執147条1項、民執規135条）を受けたときは、その催告に従い、これらの事項に関し陳述をすべき義務を負う（最判昭和55年5月12日判時968-105参照）。

◆特別法上の差押禁止債権
　特別法上の差押禁止債権としては、たとえば、社会保険給付請求権（国年24条、健保61条など）、法的扶助・援助請求権（生活保護58条など）、災害補償・損害賠償等の請求権（労災12条の5第2項など）である（松村・114）。

し押さえてはならない（民執152条）。

例えば、債務者の給料が月20万円の場合、4分の3が差押禁止であるから、15万円は差押禁止となる。5万円は差押が可能である。これに対し、債務者の給料が100万円の場合、その4分の3は75万円であるが、この75万円は政令で定める33万円を超えているから、33万円は差押禁止となる。残りの67万円は差押えが可能となる。これは、差押禁止となる部分が社会通念上多すぎて、債務者の保護が過大となってしまうことを避ける趣旨である（和田・144）。

2 差押禁止債権の範囲の変更

民執法上、差押禁止債権の範囲は画一的に定められている。しかし、この差押禁止債権の範囲を具体的事案に応じて是正する方法として、差押禁止動産の範囲の変更（民執132条）と同趣旨により、債権者または債務者の申立てによって、その範囲の変更（拡張および縮減）ができるとしている（民執153条）。

裁判所は、申立てにより、債権者および債務者の生活の状況その他の事情を考慮して、債権差押命令の全部もしくは一部を取り消し、または差押禁止の債権の部分の差押命令を発することができる。つまり、債権差押命令の全部もしくは一部を取り消す場合は、債務者の生活をさらに保持する必要があるときであり、その申立ては債務者によりなされる。逆に、差押禁止の債権の部分の差押命令を発する場合は、債権者の生活をより保護すべき事情があるときであって、債権者の申立てにより追加差押命令が発せられることとなる。

●債権者の競合

1 二重差押えとその効力

数名の債権者が、それぞれ別個の執行力のある債務名義の正本に基づいて、同一の債権（金銭債権に限られないが、義務供託等との関連で問題となるのは金銭債権である）を、同時または異時に差し押さえることができる。これを「二重差押え」または「重複差押え」という。この**二重差押え**は、有効である。二重差押えの効力として、2点が問題となる。

第一は、差押えが一部競合した場合の効力（民執149条）についてであり、旧法においては、明文の規定がなく解釈上争いがあった。そのため、民執法はこれを明文化し、債権の一部差押え（または仮差押えの執行）が競合したときは、その効力は債権の全部に及ぶこととした。たとえば、100万円の債権について甲債権者がそのうち60万円を差し押さえた（仮差押えの執行の場合も、同様である）後、乙債権者が右100万円のうち50万円を差し押さえた（これも仮差押えが含まれる）場合には、甲と乙の各差押え（または仮差押えの執行）は、上記100万円の債権の全額に及ぶ。この場合、甲と乙は、100万円の債権につき、それぞれ6対5の割合で、配当を受けることとなる。これは、たとえば、甲債権者が100万円の債権全部を差し押さえた後、乙債権者がその一部である60万を差し押さえた場合も、同様である。この場合も、乙の差押えは100万円全額に及び、結局、甲と乙は、100万円の債権につき、10対6の割合で、それぞれ配当を受けることとなる（浦野・要点197）。

♥**差押禁止債権の変更**
　差押禁止債権の範囲は、その種類も含め比較的画一的に規定されているが、これは、差押えができる範囲（額）は、結局、差押命令の発令の段階において判断されることから、あまり細分された区分を設けることは妥当でないという配慮に基づくものである。そのために生ずる事案ごとの不都合は、ケース・バイ・ケースにより、差押禁止の範囲の変更を認めるという方法（民執153条）により是正することとされている（浦野・要点194）。

♥**差押命令の取消しと民執法152条**
　差押命令の取消しは、民執法152条に掲げる債権には限られない。たとえば、銀行振込のなされた給料債権（これは、実体上預金債権に転化するので、形式的には、全額差押えが可能である）とか、家内労働としての下請代金等（これも、民執152条1項には当たらないので、形式的には、全額差押えが可能である）について差押命令が発せられた場合においては、それが債務者の生活に不可欠なものであれば、原則として左記の民執法152条の範囲で、差押命令は取り消されることとなる（東京高決平成2年1月22日金法1257-40）。

29-6 二重差押え

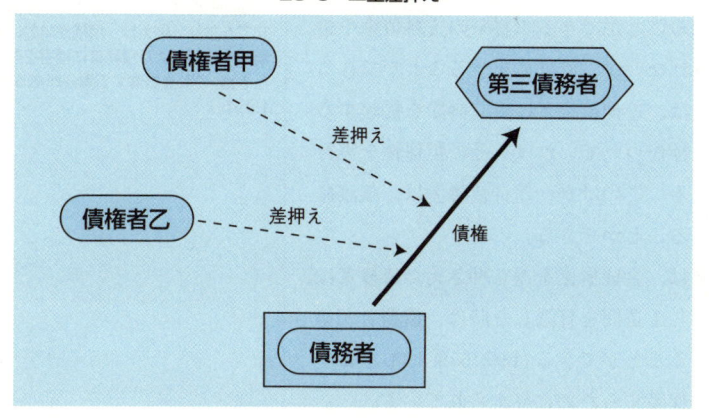

[図：債権者甲、債権者乙から第三債務者への差押え、債務者から第三債務者への債権]

　第二は、差押えまたは仮差押えの執行が競合した場合（配当要求があった場合も、同様）の第三債務者の供託義務についてである。このような競合があった場合、第三債務者は、差押えまたは仮差押えのいずれの債権者にも弁済することはできない。仮に、第三債務者が弁済しても免責されない。第三債務者は、必ず、一定の額について、その債務履行地の供託所に供託しなければならない（民執156条2項）。

2 配当要求

　債権執行では、一定の債権者は、みずから差押えの手続（二重差押え）をとらないでも、他の債権者が行った債権執行事件において配当要求することによって目的債権から配当等により、その債権の満足を受けることができる。この配当要求をすることができる債権者は、執行力のある債務名義の正本を有する者と文書により先取特権（一般の先取特権または特別の先取特権）を有することを証明した者である（民執154条1項）。

　配当要求の方法は、差押命令を発した執行裁判所に対して、債権（利息その他の附帯の債権を含む）の原因および額を記載した「配当要求書」（民執規145条、26条）を提出してしなければならない。

　配当要求債権者は、供託金からの分配に与る権利を有するが、自ら取立てをすることはできない。また、差押債権者が債権執行の申立てを取り下げ、または債権執行手続が取り下げられると、配当要求債権者は、配当等を受けることができなくなる。

　配当要求をするために、一定の終期がある（民執165条）。この終期は、①第三債務者が供託（民執156条1項・2項）をした時、②取立訴訟の訴状が第三債務者に送達された時、③債権の「売却命令」により執行官が売得金の交付を受けた時、または④動産引渡請求権の差押えの場合にあっては執行官がその動産の引渡しを受けたときである。

● 差押債権の取立ておよび換価

1 取立権と取立ての手続

(1) **差押債権者の取立て権限**　差押債権者による債権の取立て（民執155

♥**第三債務者による供託の義務**
　第三債務者は、①取立訴訟（民執157条）の訴状の送達を受けるときまでに差押えに係る金銭債権のうち差し押さえられていない部分を超えて発せられた差押命令の送達を受けたときは、その債権の全額に相当する金銭（左記で述べた差押えまたは仮差押えの執行が競合する場合であり、この場合には、差押えまたは仮差押えの執行の効力は、当該債権の全額に及んでいるからである）、また、配当要求（民執154条）があった旨を記載した文書の送達を受けたときは、差し押さえられた部分に相当する金銭を供託しなければならない（義務供託）。

♥**債務名義を有しない債権者と仮差押え**
　債務名義を有しない債権者であっても、仮差押えの執行によれば配当を受けることができる（民執165条参照）。

♥**配当要求と通知**
　配当要求があったときは、裁判所書記官は、差押債権者と債務者にその旨を通知しなければならない（民執規145条、27条）。

♥**終期までに配当要求をしないとき**
　債権者は、これらの終期までに配当要求をしないと、配当等を受けることはできない。なお、債務者が被差押債権を譲渡した後であっても、他の債権者は配当要求することができる。

♥**取立訴訟**
　差押債権者が第三債務者に対し差し押さえた債権に係る給付を求める訴えを取立訴訟という（民執157条）。取立訴訟では、差押債権者が取立権を行使し、第三債務者に対して自己への支払いまたは供託を求めることになる。法定訴訟担当の一種であり、取立訴訟の判決の効力は債務者に及ぶ。

♥**売却命令**
　売却命令は、執行裁判所の定める方法によって、差押えに係る債権の売却を執行官に命じるものである。執行官は、売却手続が終了したときは、売得金を執行裁判所に提出する必要がある。執行官は、債権の売却が終了したときは、債務者に代わって第三債務者に対し確定日付のある証書によって譲渡通知をする。

条）が、差押債権の換価方法として原則的な方法である。例えば、券面額のない債権でも、差押債権者は、取立てをすることができる。将来の賃料債権や給料債権などについては、転付命令は許されないが、取立てをすることができる。第三債務者が任意に支払いをしないときは、差押債権者は取立訴訟を提起することができる。また、被差押債権に担保権がついていれば、その担保権を実行して執行債権の満足に充てることができる。このほか、差押債権者は、譲渡命令等を得て、自己の執行債権の満足を得ることができる。

(2) <u>取立ての手続とその効力</u>　例えば、金銭債権を差し押さえた債権者は、債務者に対し差押命令が送達された日から1週間を経過した時は、債務者が第三債務者に対して有する債権を取り立てることができる（民執155条1項）。この1週間は、債務者が不服を述べる機会を保障するために与えられている。

♥**差押債権者の責任**
　差押債権者は、差し押さえた債権の取立てを怠り、例えば、債権が時効により消滅する等により債務者に損害を与えたときは、これを賠償する責任がある（民執158条）。

29-7　差押債権の取立て

差押命令は、1個の金銭債権の全部について発することができる（（民執146条）。たとえば、400万円の執行債権で、700万円の貸金債権全部を差し押さえることができる）。この場合、債権者が取得する上記取立権の範囲は、目的債権の全額に及ぶ。ただし、実務では、目的債権の額が執行債権および執行費用の額よりも大きい場合には、目的債権の額を執行債権および執行費用の額の範囲に限定した差押命令を申し立てるのが通例である（浦野・要点203）。

第三債務者は、差押債権者から支払いの請求を受けても、債務者（自己の直接の債権者）から請求される場合と同一の地位に立つので、債務者に対し主張できるすべての抗弁をもって差押債権者に対抗することができる（第三債務者は、差押債権者の執行債権の不存在を主張することができないことについて、最判昭和45年6月11日民集24-6-509）。しかし、差押債権者は、単に目的債権について取立権を有するのみであるから、第三債務者が差押債権者自身に対し主張できる抗弁は、原則として差押債権者の請求を拒む理由とはならない（浦野・要点203）。

また、差押債権者は、債務者に代わり自己の名で目的債権の取立てに必要ないっさいの権利を行使することができる。例えば、目的債権が抵当権付であるときは、取立権は抵当権を実行する権能を含むので、第三債務者が任意に支払をしないときは、差押債権者は、債務者に代わってその担保権の実行としての競売の申立てをすることができる。また、無資力のために取立てができないと

♥**支払いを受けることのできる額**
　差押債権者は、自己の債権および執行費用の額を超えて支払いを受けることができない（民執155条1項ただし書）。

♥**差押債権者が第三債務者から弁済を受けたとき**
　差押債権者が第三債務者から支払いを受けたときは、その支払いを受けた額の限度で、執行債権および執行費用は、弁済されたものとみなされる（民執155条2項）。

きは、差押債権者は、その債権執行の申立てを取り下げて、債務者の他の財産に対して執行することができる。

(3) **取立訴訟とその内容**　第三債務者が差押債権者の取立権の行使に対し任意に履行しない場合には、差押債権者は、強制的取立てをするために、第三債務者を被告として目的債権の支払を求める訴え（**取立訴訟**）を提起しなければならない（民執157条）。

取立訴訟（法定訴訟担当の一場合）が提起された場合には、他の債権者で右訴えの訴状の送達の時までにその債権を差し押さえた債権者は、共同訴訟人として取立訴訟に参加できる。参加しなくても、参加命令（形式は決定）が出されれば、取立訴訟の判決の効力は、勝訴・敗訴いずれの場合にも、右参加をしなかった差押債権者に及ぶ（民執157条）。

2 転付命令およびその手続

(1) **転付命令制度**　「**転付命令**」とは、差し押さえた金銭債権を差押債権者の請求債権（執行債権および執行費用）の弁済に代えて、「券面額」で差押債権者に移転すべきことを命ずる裁判をいう（民執159条1項、160条。裁判の形式は決定）。この裁判に対しては、執行抗告が認められ（民執159条4項）、確定しなければ、転付の効力は生じない（民執159条5項）。すなわち、「転付の効力」とは、被転付債権が存在する限り、その券面額で差押債権者に代物弁済的に移転し、券面額と同額の範囲で執行債権および執行費用が消滅することをいう。この効力は、差押命令および転付命令が確定したときに、その転付命令が第三債務者に送達された時に遡って生ずる（民執160条）。この意味で、転付命令は、債権者に優先的弁済権を付与するものである（浦野・要点205）。

(2) **転付命令の申立てと転付命令の効力**　転付命令の申立ては、執行裁判所に対し、差押命令の申立てと併合または差押命令の発令後は差押命令の申立てとは別個に、書面により、転付を受ける債権の種類および金額を明示してしなければならない。転付命令の申立てをすべき管轄執行裁判所は、差押命令のそれと同一の地方裁判所である。

転付命令の発令の要件で問題となるのは、目的債権に関する「**券面額**」である。券面額とは、債権の目的として表示されている一定の金額をいう。この「券面額」とは、債権の名目額をいうのであって、債権の実際の価格をいうのではない。券面額のある債権か否かは、その債権の性質や内容等により判断される。未発生の将来債権は、券面額のない債権である（大判大正14年7月10日民集4-629）。また、条件付債権（例えば、家屋明渡し前の敷金返還請求権）は、券面額のない債権である（最判昭和48年2月2日民集27-1-80）。

これに対し、他人の質権の目的とされている債権や工事完成前における請負代金債権などは、転付が可能と解するのが判例である。

また、転付命令の発令の要件で問題となるのは、被転付債権について譲渡、相殺ができるものである必要性である。例えば、譲渡ができない一身専属的権利（例えば、扶養請求権について民881条）は、転付ができない。

転付命令が発せられる場合、その転付命令は、債務者および第三債務者に送

♥**法定訴訟担当**
　訴訟物たる権利義務の主体に代わり、またはこれと並んで、第三者がその訴訟物について当事者適格をもち、しかも、この者が受けた判決の効力がその権利義務の主体に及ぶ場合を第三者の訴訟担当という。第三者の訴訟担当であって、法律上当然に行われるものを法定訴訟担当という。

♥**参加命令**
　取立訴訟の被告とされた第三債務者は、受訴裁判所に申し立てて、取立訴訟の訴状の送達時までに当該債権を差し押さえた他の債権者に対し、共同訴訟人として取立訴訟の原告に参加することを命ずる裁判をうることができるとき、この裁判を参加命令という。参加命令は、口頭弁論を経ずに出すことができ、決定の形式をとる。

♥**同一の債権に差押えが競合する場合と供託判決**
　同一の債権に差押えが競合する場合の取立訴訟の認容判決は、請求に係る金銭の支払いは供託の方法によるという「供託判決」がなされる（民執157条4項）。この供託判決による強制執行（または配当要求があったとき）においては、原告の配当分は、供託すべきものとされている（民執157条5項）。

♥**転付命令の申立ては差押命令を発した裁判所に**
　転付命令が差押命令と別個に申し立てられる場合には、差押命令の送達後に管轄原因である債務者または第三債務者の住所などが変わることもありうるが、転付命令は差押命令を発した同じ裁判所に申立てをすべきである。ただ、実務上は、債権者が債権差押命令と転付命令とを併合して申立てをすることが多いので、このような問題はほとんど生じない（浦野・要点206）。

◆**券面額が問題とされる債権**
　券面額を有するか否かで議論されているのは、将来債権ないし停止条件付債権、反対給付にかかる債権、および他人の優先権の目的となっている債権である（松村・120）。

♥**反対給付に係る債権は券面額のない債権**
　反対給付に係る債権（同時履行の抗弁付債権）等も、券面額のない債権である。

達する必要がある（民執159条2項）。転付命令が第三債務者に送達された時に、転付の効力が生ずる。しかし、転付命令の要件が満たされていても、転付命令が第三債務者に送達される時までに、同一債権について差押えが競合または配当要求がなされると、転付命令はその効力を生じない（民執159条3項）。取立訴訟の訴状が第三債務者に送達された後に、他の債権者の差押えや配当要求がなされても、転付命令を発することができる（民執165条2号参照）。

　転付命令が送達されてその効力が生ずると、被転付債権は差押債権者に当然に移転する。差押債権者は、債務者が有していた債権について債権譲渡を受けたのと同様に、債権の同一性を保持しながら承継的にその債権を取得する。これに対し、被転付債権が存在しないときは、転付命令は無効である。

　被転付債権に担保物権が付着していれば、原則としてその担保権も移転する。また、第三債務者が債務者に対して抗弁権（例えば、同時履行の抗弁権）を有している場合には、この抗弁権が付着したまま債権者に移転するから、債権者は、第三債務者からその抗弁権をもって対抗されるおそれがある。

　このように転付命令による権利移転は、債権譲渡と同一の効果を生ずるが、裁判としての転付命令の第三債務者への送達により生ずる効果であるから、債権譲渡の対抗要件（例えば、民法467条の通知または承諾）を備えなくても、第三者に対抗することができる。したがって、債権譲渡があった場合、その債権の譲受人とその債権に対し差押命令・転付命令を得た者との間の優劣は、確定日付のある譲渡通知が債務者に到達した日時または確定日付のある債務者の承諾の日時と、右差押命令・転付命令が第三債務者に送達された日時の先後によって決せられることとなる（最判昭和58年10月4日判時1095-95）。

　転付命令は、債権譲渡がなされたと同様の効力を生ずる。したがって、第三債務者が無資力であって、その債権の回収が困難または不能であっても、その危険は、転付を受けた差押債権者が負担することになる。差押債権者は、その第三債務者から弁済を受けられなくても、債務者に対する執行債権についての弁済の効果を左右しないから、第三債務者からの取立不足分を、債務者に対して請求することはできない。

　(3)　**転付命令に対する執行抗告**　　民執法は、転付命令に対する執行抗告を認めた（民執159条4項。また転付命令の申立ての却下決定についても執行抗告ができる）。しかし、差押えの競合（この場合には、転付命令は無効なので抗告の法律上の利益がない）や執行債権の不存在（これは請求異議の訴えによるべきものである）は、その執行抗告の理由とはならない（浦野・要点208）。

3 特別の換価命令とその手続

　(1)　**特別の換価命令の内容**　　差し押さえられた債権が条件付きもしくは期限付きであるときまたは反対給付に係ることその他の事由によりその取立てが困難なときは、その債権については、執行裁判所は、差押債権者の申立てにより、特別の換価命令を発することができる。特別の換価命令とは、譲渡命令、売却命令および管理命令等である。すなわち、執行裁判所は、①その債権の差押債権者に対する執行裁判所が定めた価額での「**譲渡命令**」、②執行裁判所の定め

♥**譲渡禁止特約のある債権と転付命令**

　譲渡禁止の特約のある債権（預金債権等）に対する転付命令については、かつては転付命令を得た債権者の善意か悪意かにより転付命令の効力が左右されていた（民466条2項の解釈による）。しかし、判例（最判昭和45年4月10日民集24-4-240）は、譲渡禁止特約のある債権について、債権者の善意、悪意を問わず、転付命令を有効としている。

♥**被転付債権に担保物権が付着しているとき**

　裁判所書記官は、差押債権者の申立てにより、その担保権の移転の登記等および差押えの登記等の抹消を嘱託しなければならない（民執164条1項）。

♥**危険は差押債権者が負担**

　転付命令は、他の債権者よりも優先して被転付債権による弁済効を享受できるが、その被転付債権の実価についての危険を差押債権者みずから負担するものである（浦野・要点208）。

♥**特別の換価命令**

・譲渡命令
・売却命令
・管理命令
・その他

る方法による「売却命令」、③管理人を選任してする「管理命令」、④「その他相当な方法による換価を命ずる命令」を発することができる（民執161条1項）。

このうち「譲渡命令」が実務上問題となる。券面額のない債権については、転付命令は発せられないので、この「譲渡命令」が利用される。譲渡命令は、執行裁判所が定めた価額で、転付命令と同じく、その確定を条件に、譲渡命令が第三債務者に送達された時に、差押債権者の執行債権に対する弁済効が生ずる（民執161条6項、160条）。譲渡命令は、代物弁済と同様の効果があり、転付命令に類似する。

(2) **特別の換価命令の手続**　特別の換価命令を発する場合には、債務者に不測の損害を生じさせないために、事前に債務者を審尋しなければならない（ただし、電話加入権の特別の換価命令については、その必要はないことについて、東京高決昭和58年6月17日判時1085-65）。また、必要があれば、執行裁判所は、評価人による債権の評価を命ずることができる（民執規139条）。そして、譲渡命令において執行裁判所が定めるべき価額が差押債権者の債権と執行費用の額を超えるとき（例えば、執行債権と執行費用の合計額が80万円で、100万円と定められた債権につき譲渡命令が発せられる場合）は、執行裁判所は、譲渡命令を発する前に差押債権者にその超える額（設例でいえば、20万円）に相当する金銭を納付させなければならないものとしている（譲渡命令が効力を生じたときは、この金銭は債務者に交付されることについて、民執規140条）。

● **配当等の実施手続**

1 配当等を受けるべき債権者の範囲

債権執行において、配当等を受けることのできる債権者は、差押え（仮差押え）債権者および配当要求をした債権者である。この差押え、仮差押えの執行（二重差押え）や配当要求には、いずれも終期がある。これらの終期は、供託時、訴状送達時または売得金の交付時等、民執法165条1号～4号において規定されている。

2 配当等を実施すべき場合

債権執行においては、差押債権者が差し押さえた債権につき取立てにより第三債務者から支払いを受け、その執行債権および執行費用が弁済されたものとみなされた場合には、配当という手続を要せずに、債権執行手続は終了する。また、差押債権者が適法に転付命令または譲渡命令を得てそれが確定した場合も、執行債権および執行費用はその券面額（転付命令）、執行裁判所の定めた額（譲渡命令）で弁済されたものとみなされるから、この場合にも、配当という手続を要せずに、債権執行手続は終了する（浦野・要点212）。

そこで、執行裁判所が、配当実施機関として、債権者に対して、配当等を実施すべきこととなるのは、次の4つの場合である（民執166条1項）。

①差し押さえられた債権につき供託がされた場合。この供託には、第三債務者のする民執156条1項（東京高決昭和62年1月22日判タ645-254）・2項の場合と、供託判決の原告に対し配当機関が配当等を実施する場合（民執157

♥**売却命令と譲渡の通知**
執行官は、「売却命令」により差し押さえられた債権を売却したときは、その売却の付随処分として、債務者に代わり、第三債務者に対し、確定日付のある証書により、その譲渡の通知をしなければならない（民執161条5項）。

♥**取立てをした差押債権者はその旨の届出が必要**
取立てをした差押債権者は、執行裁判所にその旨の届出をしなければならない（民執155条3項）。

条5項）の両者がある。

②債権の売却命令（民執161条）により執行官が債権を売却した場合。この場合には、その売却代金につき執行裁判所が配当等を実施することとなる。

③動産の引渡請求権の差押命令の執行によりその引渡しを受けた動産を執行官が売却して、その売得金が債権執行の執行裁判所に提出された場合（民執163条2項）。

④債権につき管理命令が実施された場合（民執161条6項）。

3 配当等の実施

配当等を実施すべき場合の配当等の実施の手続は、不動産強制競売の配当等の手続が準用されている（民執166条）。すなわち、債権者が1人である場合、または債権者が2人以上であっても供託金または売却代金で各債権者の債権、執行費用の全部を弁済することができる場合には、配当表を作成せずに、供託金または売却代金の交付計算書を作成して各債権者に弁済する（剰余があれば、債務者に交付する）。しかし、それ以外の場合には、配当表に基づいて配当期日において配当を実施することとなる（民執166条2項、84条）。この配当の手続については、民執85条（配当表の作成）、民執88条～92条（配当異議の申出、配当異議の訴え、配当等の額の供託等）が準用されている。

第30講 非金銭執行

[1] 不動産の引渡し・明渡しの執行

●はじめに

　不動産等の引渡しまたは明渡しの強制執行は、執行官が行う（民執168条1項。間接強制による場合は執行裁判所が行うことについて、民執173条）。**引渡し**とは、単に占有を移転することをいう。**明渡し**とは、居住する人を立ち退かせ、または置かれている物品を取り払って占有を移転することをいう。

　不動産等（不動産または人の居住する船舶等）の引渡しまたは明渡しの強制執行は、執行官が債務者の不動産等に対する占有を解いて債権者にその占有を取得させる方法により行う（民執168条1項）。

　不動産・動産をとわず、引渡執行の目的物を第三者が占有している場合には、直接の引渡しの執行はできないが、その第三者が債務者に引渡義務を負っているときは、執行裁判所が債務者のその引渡請求権を差し押さえ、請求権行使を債権者に許す旨の命令を発する方法で執行する（民執170条）ことができる。第三者占有物は、不動産・準不動産・動産のいずれであるかをとわず、また、動産の場合には、代替物・不代替物のいずれであるかをとわない（中野・760以下）。

●執行の方法

　不動産等の引渡しまたは明渡しの強制執行は、債権者の申立てにより、民執法168条1項に基づき執行官が債務者の目的物に対する占有を解いて債権者にその占有を取得させる方法（債務者を追い出して債権者に引き渡す方法）によりなされる（浦野・要点219）。この執行は、債務者の占有すなわち直接支配を解くことによってなされるから、債務者以外の者が占有しているときは、この執行を行うことはできない。

　執行官は、この強制執行をするに際し、債務者の占有する不動産や船舶等に立ち入り、必要があるときは、閉鎖した戸を開くため必要な処分をすることができる（民執168条4項）。しかし、執行の目的不動産等を執行の終了後も執行官がこれを保管しておくことは適切でない。そこで、この強制執行は、債権者またはその代理人が執行の場所に出頭した場合に限ってすることができる（民執168条3項）。

♥**強制執行**
　　＜金銭執行
　　　非金銭執行

♥**不動産の定義**
　ここでいう「不動産」は、民法86条1項に定めるものであり、民執法43条の定義は、非金銭執行には適用がない。また、ここでいう人の居住する「船舶」も、同様であり、民執法122条の定義には従わない。およそ人の居住する船舶であれば、総トン数は問わない。そして「等」の中には船舶以外にも人の居住する自動車等（キャンピング・カー等）が含まれる（浦野・要点219）。

♥**非金銭執行**
　・不動産の引渡し・明渡しの執行
　・動産の引渡執行
　・代替執行
　・間接強制
　・意思表示義務の執行

♥**住居の明渡し**
　住居の明渡しの強制執行は、債務者の生活の本拠を奪うものであり、苛酷執行や執行妨害等の回避のために適切な実務的配慮を要請する場面も多い（中野・755）。

♥**占有者を特定するための質問等**
　執行官は、不動産等の引渡しまたは明渡しの強制執行をするため、当該不動産等の占有者を特定する必要があるときは、当該不動産等に在る者に対し、当該不動産等またはこれに近接する場所において、質問をし、または文書の提示を求めることができる（民執168条2項）。

♥**同居者・賃借人**
　明渡し執行では、債務者に止まらず、その家族・雇人その他の同居者で債務者に付随して居住しているにすぎない者に対しても、強制的に退去させることができるが、不動産の一部の賃借人など独立の権原を有すると認められる者に対しては、別にこれらに対する執行正本がないと執行できない（中野・755）。

♥**建物収去土地明渡しの執行**
　建物収去土地明渡しの執行は、「建物を収去して土地を明け渡せ」との債務名義に基づいて、建物収去執行の実施がされ、地上に建物のなくなった土地の引渡執行の実施がされることになる。「土地を明け渡せ」との債務名義であっても、その地上に存する建物を収去すべき旨の文言を欠

327

●目的外動産の処理

　執行官は、不動産の引渡し等（民執168条1項）の強制執行においては、その目的物でない動産を取り除いて、債務者、その代理人または同居の親族もしくは使用人その他の従業者で相当のわきまえのあるものに引き渡さなければならない。この場合において、その動産をこれらの者に引き渡すことができないときは、執行官は、最高裁判所規則で定めるところにより、これを売却することができる（民執168条5項）。

　平成15年改正前は、不動産の明渡執行では目的外動産の処理が実務上は大きな問題となっていた。目的外動産を債務者等に引き渡すことができないときは、改正前民執法168条5項は、「執行官は、これを保管しなければならない。」と規定していた。この執行官保管の具体的方法として、実務上は、断行日に目的動産を段ボール等に梱包し、トラック等で運搬して倉庫に保管していた。そして、債務者等が引き取りにきた動産は引き渡し、残りの倉庫に保管してある目的外動産はしばらくしてから競売期日を指定して競売にかけた。しかし、実務上では、債権者が非常に安い価格で買い取り、廃棄処分にしていたことがほとんどの場合であった（小林＝角・150）。

　平成15年の改正では、改正民執法168条5項は、執行官保管に変えて、「執行官は、最高裁判所規則で定めるところにより、これを売却することができる。」と規定した。執行官は、不動産等の引渡しまたは明渡しの強制執行を行った日（「断行日」）において、強制執行の目的物でない動産であって民執法168条5項の規定による引渡しをすることができなかったものが生じ、かつ、相当の期間内に当該動産を債務者等に引き渡すことができる見込みがないときは、即日当該動産を売却し、または断行日から1週間未満の日を当該動産の売却の実施の日として指定することができる（民執規154条の2第3項）。

　執行官は、不動産等（民執168条1項に規定する不動産等をいう）の引渡しまたは明渡しの強制執行をした場合において、不動産等の中に差押えまたは仮差押えもしくは仮処分の執行に係る動産があったときは、これらの執行をした執行官に対し、その旨および当該動産についてとった措置を通知しなければならない（民執規151条）。不動産の引渡等の強制執行が終了したときは、執行官は、債務者に対し、その旨を通知しなければならない（民執規154条）。

●明渡しの催告

　執行官は、不動産等の引渡しまたは明渡しの強制執行の申立てがあった場合において、当該強制執行を開始することができるときは、引渡し期限を定めて、明渡しの催告（不動産等の引渡しまたは明渡しの催告）をすることができる。ただし、債務者が当該不動産等を占有していないときは、この限りでない（民執168条の2第1項）。

　明渡しの催告については、場合によっては任意の明渡しを期待して執行官が債務者に対して猶予を与えることも合理性があり、従来、実務上行われてきた

く場合には、土地明渡しの執行はできない（中野・758）。

♥**目的外動産の保管**
　執行官は、その動産のうちに民執法168条5項の規定による引渡しまたは売却をしなかったものがあるときは、これを保管しなければならない。

♥**目的上の不動産の扱い**
　目的上の不動産（例えば目的土地上の建物）は、この執行によって執行官が取り除くことはできない。これを取り除くには、別の債務名義に基づき、代替執行または間接強制の方法による必要がある。実務では、建物収去請求と土地明渡請求を併合し、建物収去土地明渡請求を提起して、これを執行するのが通常である（福永・206）。

♥**明渡しの催告の趣旨**
　明渡しの催告の趣旨は、早急の明渡し断行による債務者らの生活の急変に伴う摩擦や妨害を予防するとともに、当事者双方に所要の対応を準備させ、明渡しの確実を期するにある（中野・756）。

（和田・164）。平成15年の改正により、明渡しの催告を法律上の制度とし、断行日までに占有者の変更があっても承継執行文を要しないで即時に明渡しを断行できることにした（福永・205）。

引渡し期限は、明渡しの催告があった日から1月を経過する日とする。ただし、執行官は、執行裁判所の許可を得て、当該日以後の日を引渡し期限とすることができる（民執168条の2第2項）。この引渡し期限は、明渡し断行の期限ではなく、催告後に占有移転を受けた占有者に対して承継執行文を要せずに執行できる期限である（中野・756）。執行官は、明渡しの催告をしたときは、その旨、引渡し期限および債務者が不動産等の占有を移転することを禁止されている旨を、当該不動産等の所在する場所に公示書その他の標識を掲示する方法により、公示しなければならない（民執168条の2第3項）。

♥ **明渡しの催告と目的外動産**
明渡しの催告を実施したときは、これと同時に、断行予定日を定め、この予定日に目的外動産で引き渡すことができずに残るものが生じた場合、その場で即時売却する旨の決定をすることができる（民執168条5項、民執規154条の2第2項）。

30-1　不動産の引渡し等の強制執行（不服申立の実務・192参照）

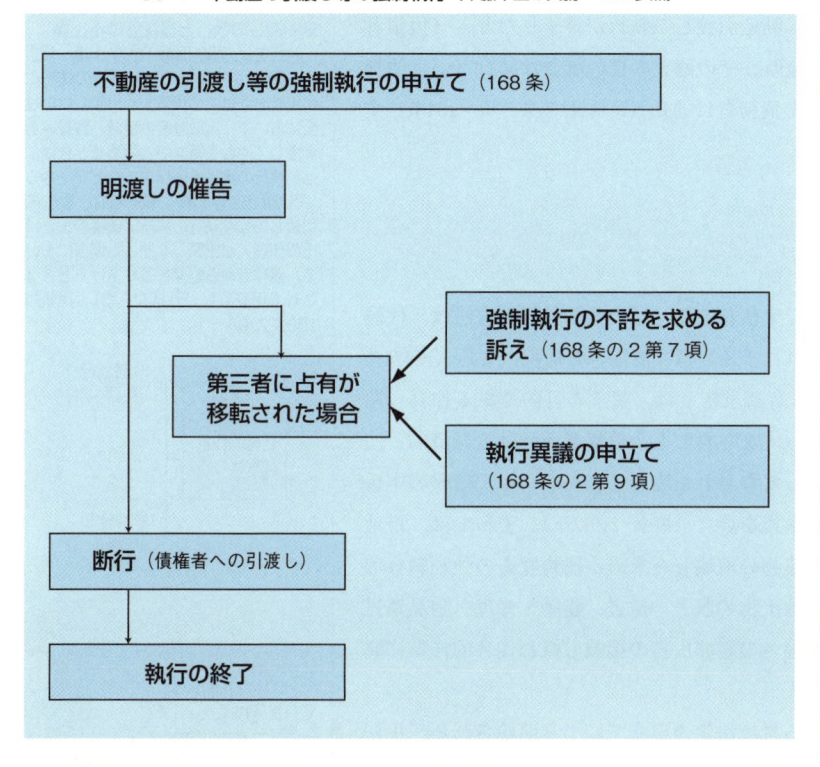

```
不動産の引渡し等の強制執行の申立て（168条）
        ↓
   明渡しの催告
        ↓
  第三者に占有が  ← 強制執行の不許を求める訴え（168条の2第7項）
  移転された場合  ← 執行異議の申立て（168条の2第9項）
        ↓
   断行（債権者への引渡し）
        ↓
     執行の終了
```

◆ **債務者不特定執行文**
不動産の明渡執行において、債務者とすべき当該不動産を占有する者を特定することを困難とする特別の事情がある場合には、債権者がこれらを証する文書を提出したときに限り、債務者を特定しないで執行文を付与できる（民執27条3項）。これを債務者不特定執行文といい、承継執行文の亜種とされる（松村・34）。

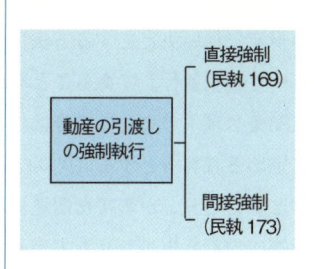

[2] 動産の引渡執行

動産の引渡しの強制執行は、執行官が行う（民執169条1項。間接強制による場合は執行裁判所が行うことについて民執173条）。

民執法168条1項に規定する動産以外の動産（有価証券を含む）の引渡しの強制執行は、執行官が債務者からこれを取り上げて債権者に引き渡す方法（直接強制）により行う（民執169条1項）。ここでいう「動産」は、民法86条2項・3項の動産（有価証券を含む）をいう。これは、民執法122条の動産とは異なる（浦野・要点221）。人の居住する船舶等は、ここでいう「動産」に含まない。

動産の引渡しの強制執行
├─ 直接強制（民執169）
└─ 間接強制（民執173）

動産の引渡請求権とは、動産の直接支配を移転することを内容とする請求権である。占有改定・指図による引渡しのように間接占有の設定・移転を求める請求権は、意思表示を求める請求権として執行される。また、債務者でなく、第三者の占有中にある動産の引渡しの執行は、別の執行方法（民執170条）による（福永・207）。

動産の引渡執行について、旧法では執行の目的物でない動産執行外物件、例えば、自動車の中にある荷物等の保管売却の手続等についての明文の規定を欠いていたが、民執法はこれを改めて、人の居住する船舶以外の動産（有価証券を含む）の引渡しの強制執行においても、上記不動産等の明渡しまたは引渡しと同様に、執行官は、その目的物でない動産（執行外物件）を取り除いて、これを債務者等に引き渡すべきことを明らかにし、かつ、これを引き渡すことができない場合の保管義務、売却権限等について、民執法168条5項から8項までの規定を準用することとしている。動産引渡しの執行が終了したとき（債権者等が臨在する場合は目的動産の引渡時、その臨在のない場合は執行官が目的物の保管を始めたとき）は、その旨を債務者に通知（民執規155条3項・154条）する（中野・760）。

[3] 代替執行

代替的作為請求権（意思表示をなす債務を除く）の強制執行の方法は、**代替執行**と**間接強制**である。このいずれによるかは、債権者の選択による（民414条2項、民執171条・173条）。代替的作為請求権とは、請求の目的である作為（給付）が、債務者以外の第三者によってなされても、債権者が受ける経済的・法律的効果において債務者自身によってなされた場合と差異がなく、債務の本旨に従った給付とみられる性質の請求権をいう（福永・210以下）。実務では、借地契約の解除等を理由として、地上建物の取壊しを求める建物収去の強制執行等で利用されることが多い。建物・地上物の収去・撤去、建築・修理・物品運送などの非個性的労務のほか、新聞等への謝罪広告の掲載も概ね代替的作為に属する（中野・770以下）。

代替執行は、執行裁判所に対する授権決定の申立てにより開始される。民法414条2項本文または3項に規定する請求に係る強制執行は、執行裁判所が民法の規定に従い決定をする方法により行う（民執171条1項）。ただし、その代替執行は「強制執行」であることを明らかにし、これに伴い、執行裁判所は、民執法33条2項1号または6号に掲げる債務名義の区分に応じ、それぞれ当該各号に定める裁判所とする（民執171条2項）。代替執行では、執行債権の実体的な内容と執行処分とが密接な関連性を有するので、債務名義の形成に関与した裁判所等に執行も担当させた方が適当だからである（遠藤ほか・224）。

民執法171条1項の決定は、債権者に対し、債務者の費用で債権者（または債権者の委任した者、例えば執行官）が債務者に代わって義務の履行を行うことができるという権限を与えるもの（授権決定）である。代替執行は、債権者が

♥**引渡請求権**
引渡請求権には、物の呈示または閲覧を求める請求権も含まれる。引渡請求権は、債権的であるか物権的であるかにかかわらないし、引渡しの相手方は、債権者であるか第三者であるかにかかわらない。また、引渡執行における対象動産の特定は、1つひとつ個別に特定する必要はない。動産の集合体であっても、債務名義がその集合体を明確にしていれば足りる。種類物の引渡しでは、債務者による特定は必要でなく、執行官が債務名義に従って該当する物を所定の数量にみつるまで取り上げる（福永・207）。

♥**動産執行の規定の準用**
動産の引渡しの強制執行についても、民執法122条2項（執行官の弁済受領権限）、民執法123条2項（執行官の債務者の住居等への立入り、捜索権限等）の規定が準用されている（民執169条2項）。

♥**引渡しの執行と債権者の不出頭**
執行官は、動産（民執169条1項に規定する動産）の引渡しの強制執行の場所に債権者またはその代理人が出頭しない場合において、当該動産の種類、数量等を考慮してやむを得ないと認めるときは、強制執行の実施を留保することができる（民執規155条1項）。執行官は、動産の引渡しの強制執行の場所に債権者またはその代理人が出頭しなかった場合において、債務者から動産を取り上げたときは、これを保管しなければならない（民執規155条2項）。

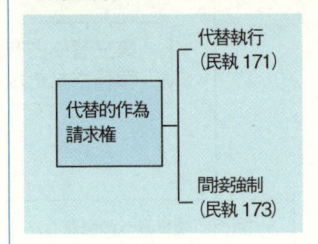

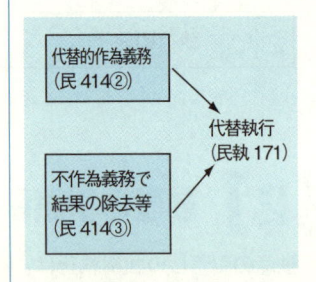

```
代替的作為     ─── 代替執行（民執171）
請求権
               ─── 間接強制（民執173）
```

```
代替的作為義務
（民414②）      ┐
                ├→ 代替執行（民執171）
不作為義務で    ┘
結果の除去等
（民414③）
```

♥**執行裁判所による審査・決定**
執行裁判所は、一般の執行要件および代替執行の要件を審査し、決定をもって裁判する。執行裁判所は、執行債権の満足を導くべき特定の行為（代替行為）を債務者の費用で債権者以外の者に実施させることを債権者に授権する旨の決定（授権決定）をする（民執171条）。代替行為の具体的表示を要するが、実施者の指定はなくともよい（中野・771）。

債権の目的である一定の行為を債務者の費用をもって第三者にさせることができるという趣旨を宣言するが、行為者を指定する必要はない。実務では、行為者を債権者の申立てを受けた執行官とする例が多い。行為者の指定がないときは、債権者自身でまたは任意に適当な第三者を使用してこれをなすことができる（福永・211）。

代替執行の授権決定を発するには、債務者を必ず審尋しなければならない（民執171条3項）。この審尋は、債務者に審尋期日に出頭すべきことの呼出し、またはこれに代わる陳述を記載した書面を提出すべきことを催告すれば足りる。なお、この授権決定は、執行裁判所の権限を債権者に授与するものであり、債務名義（民執22条）ではないから、その執行には、執行文の付与を要しない（浦野・要点223以下）。

債権者は、授権決定に基づいて、代替行為の実行に当たる。授権決定に行為者の指定がないときは、債権者自身が行い、または任意の第三者たる私人にさせることができる（中野・771）。

債務者は、授権決定に基づく行為の実行およびこれに必要な行動を受忍しなければならない。代替執行については、執行官が裁判所の授権を受けることが多い。執行官以外の者が授権を受けた場合において、その者が職務の執行に際し抵抗を受けるときは、執行官に対し、援助を求めることができる（民執171条6項、6条2項）。

[4] 間接強制

作為または不作為を目的とする債務で、代替執行（民執171条1項）ができないものについての強制執行は、執行裁判所が、債務者に対し、遅延の期間に応じ、または相当と認める一定の期間内に履行しないときは直ちに、債務の履行を確保するために相当と認める一定の額の金銭を債権者に支払うべき旨を命ずる方法により行う（民執172条1項）。この金銭の支払命令は債務名義となる（民執22条）こととし、執行裁判所は事情の変更があったときは、この額を変更（増減）することができる（民執172条2項）。

不代替的作為請求権について間接強制が認められるためには、その作為の実行が債務者の意思のみに係るものであることを要する。債務の履行のために第三者の協力を必要とするがそれが容易には得られる見込みがない場合、債務者の資力に比べて不相応に多額の費用を要する場合、債務者の意思を抑圧して強制したのでは債務の本旨に従った給付とならない場合、または債務者に強制を加えて実行させることが現代の倫理・文化観念に反する場合などには、間接強制は認められない。間接強制ができるものの例としては、証券に署名すべき義務、財産関係の清算・計算をなすべき義務、一定の場所からの退去義務、団体交渉応諾義務などがある（福永・212以下）。

間接強制の手続は、債権者からの強制金決定の申立てによる。執行裁判所は、一般の執行要件および間接強制の要件を審査し、決定をもって裁判する。執行

♥ **債権者による費用の前払い**
代替執行の授権決定をする場合には、執行裁判所は、申立てにより、債務者にその決定に掲げる行為（例えば、建物の収去）をするために必要な費用を債権者に前払いすべきことを命ずることができる（民執171条4項）。これは、債務名義（民執22条）となる。

♥ **代替執行の終了**
代替執行は、代替行為の実行が完結したときに終了する。それまでは、強制執行の停止・取消しの可能性がある。

◆ **間接強制と強制金決定**
間接強制は、債権者の強制金決定の申立てによる。強制金決定とは、債務者のなすべき作為を特定したうえで、その作為義務の履行を確保するために相当と認める一定の金銭を債権者に支払うべき旨を命じる決定（民執172条1項）である（松村・137）。

♥ **不作為義務の結果除去・将来のための適当な処分**
不作為義務の強制執行は、代替執行または間接強制による。不作為自体の強制的実現をはかるときは間接強制（民執172条）によるのに対し、違反結果の除却または将来のための適当な処分として代替的作為を命じたときは代替執行または間接強制による（中野・776）。

不作為義務の強制執行では、債権者が代替執行を求める場合には授権決定の申立て、間接強制を求める場合には強制金決定の申立てをする。執行裁判所は、一般の執行要件および代替執行・間接強制の要件を審査し、決定をもって裁判をする（中野・778）。

◆ **間接強制の利用が拡大**
非金銭執行について、平成15年に間接強制の利用が拡大された。その結果、物の引渡執行については直接強制・間接強制、また、代替的作為義務については代替執行・間接強制の利用が可能である。不作為義務については間接強制・代替執行が可能であり、不代替的作為義務については間接強制が可能である（松村・136）。

裁判所は、申立てを認容するときは、債務者のなすべき作為を特定し、そして、その作為義務の履行を確保するために相当と認める一定の額の金銭、すなわち強制金を債権者に支払うべき旨を命ずる（民執172条1項）。

平成15年改正により、不動産の引渡し・明渡しの強制執行などの非金銭執行でも間接強制が利用できることとされた。また、平成16年の改正では、金銭執行のうち、扶養義務等に係る金銭債権についての強制執行の場合にも、間接強制が利用できるようになった（民執167条の15以下）。

裁判所から支払いを命じられた金銭を債務者が債権者に支払ったときは、その限度で損害額に充当される。この金銭と損害との関係を明らかにするために損害額の方が支払いを受けた金額を上回るときは、その超える額について、債権者は損害賠償の請求をすることを妨げない（民執172条4項）。支払額が実損害を上回る場合には、債権者はその差額を返還する必要はない（浦野・要点226）。

[5] 意思表示義務の執行

意思表示義務は、不代替的作為義務の一種であるが、特異な執行形態が定められ、意思表示義務を表示する債務名義の発効時点その他の所定時点で債務者がその意思表示をしたものと擬制（民執174条）する（中野・786以下）。民法414条2項ただし書は、法律行為を目的とする債務については、裁判をもって債務者の意思表示に代えることができると規定し、これを受けて、民執174条は、債務者が意思表示をしたものとみなす時点を明確にした。意思表示を目的とする請求権については、直接強制は不可能である。また、債務者に対して意思表示義務を履行させるべく間接強制を用いるといった執行手続は迂遠である。意思表示を目的とする請求権は、法律効果の発生を意図するものであり、法律効果は観念的なものであるから、法的擬制によって実現することとし、現実の執行手続を省略するものとされている（福永・216）。意思表示義務の執行は、実際には登記義務に関連するものが、その大部分を占めている。

債務名義において債務者が一定の意思表示をなすべきことを命じている場合（たとえば、債務者に登記申請手続を命じ、または登記申請手続をすることを合意している場合）における、その債務名義に掲げられた意思表示の執行は、その債務名義の確定等の時にその意思表示をしたものと擬制し、それにより観念的（広義）な強制執行がなされることとしている（浦野・要点226以下。なお、執行証書は、この種の債務名義とならない）。

意思表示をすべきことを債務者に命ずる判決その他の裁判が確定し、または和解、認諾、調停もしくは労働審判に係る債務名義が成立したときは、債務者は、その確定または成立の時に意思表示をしたものとみなされる（仮執行宣言を付けられないことについて、福永・217）。したがって、この場合には、この意思表示の執行には、執行文の付与を要しない（浦野・要点227）。

♥間接強制の例
執行債権たる作為請求権の目的が代替性を有しない場合には、その強制執行は間接強制（民執172条）による。義務の本旨に従う履行が債務者本人の特別の地位・技能・学識・経験等に依存する場合（芸能人の劇場出演義務、鑑定義務など）、債務者本人が自らの法律上の責任において行為しなければならない場合（手形その他の証券上に署名すべき義務など）、債務者本人の裁量に委ねなければならない場合（代行者選任義務など）などがその例とされる（中野・773）。

♥間接強制の利用
民執法168条1項、169条1項、170条1項および171条1項に規定する強制執行は、それぞれ民執法168条から171条までの規定により行うほか、債権者の申立てがあるときは、執行裁判所が民執法172条1項に規定する方法により行う。この場合においては、民執法172条2項から5項までの規定を準用する（民執173条1項）。

♥強制金の性質
間接強制において支払いを命ずる金銭（「強制金」）の性質については、法文上は明らかにされていない。これについて、債務の履行を確保するために定められるものであり、損害額が斟酌され、また、債権者がこの金銭を受領すれば、その限度で損害に充当されること等から考え、法定の違約金の性質を有するとする見解（浦野・要点225以下）と、違約金でなく、執行法上の制裁金であるとする見解（福永・213）がある。

◆意思表示を求める請求権の強制執行と強制的要素
意思表示を求める請求権の強制執行は、判決その他の裁判の確定または和解や調停等の成立の時点で債務者が意思表示をしたものとみなすことによってなされるという観念的な性格を有しており、現実的な強制の要素を欠いている（上原＝長谷部＝山本・14〔上原〕）。

♥意思表示
ここにいう「意思表示」とは、一定の法律効果を伴う意思表示でなければならないが、法律行為の要素たる（狭義の）意思表示に限らず、準法律行為たる観念の通知（例えば、債権譲渡の通知）や意思通知（催告など）を含み、また、要式行為たる意思表示、公法上の意思表示、第三者に対する意思表示（官公署に対する許認可申請・登記申請など）でもよい（中野・787）。

第31講
動産競売・債権に対する担保権の実行・留置権による競売等

[1] 動産競売

◉動産競売の開始

　動産を目的とする担保権の実行は、動産執行の規定が基本的に準用され、債権者の申立てにより目的となっている動産を執行官が差押え（債務名義は不要）、そして、競り売り等により換価し、その売得金から債権者が弁済等を受けることになる。

31-1　担保権の実行としての競売

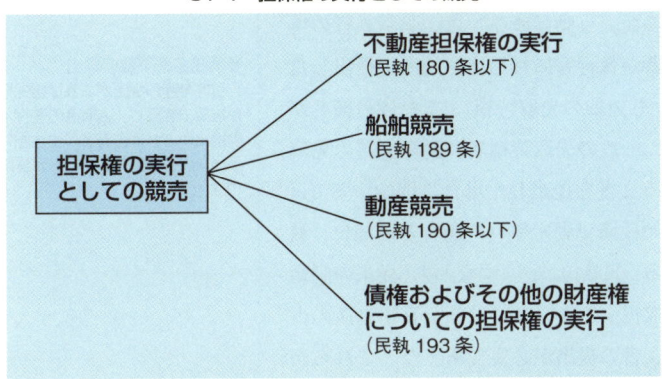

```
                    ┌─ 不動産担保権の実行
                    │  （民執180条以下）
                    │
担保権の実行 ────────┼─ 船舶競売
としての競売         │  （民執189条）
                    │
                    ├─ 動産競売
                    │  （民執190条以下）
                    │
                    └─ 債権およびその他の財産権
                       についての担保権の実行
                       （民執193条）
```

　動産を目的とする担保権としては、法律上、一般の先取特権、特別の先取特権および質権がある。質屋営業法の適用のある質権では、流質契約が認められているから（質屋19条）、質権に基づく動産競売が利用されることは少ない。また、動産を目的として設定された譲渡担保や所有権留保における実行方法は、私的実行であるから、動産競売は行われない。そこで、動産競売の利用が求められるのは、動産を目的物とする先取特権である（福永・230）。

　<u>動産競売</u>の申立書には、民執規則170条1項各号に掲げる事項（競売申立書の通則的記載事項）のほか、その管轄を明らかにし、かつ、同一場所についての差押え（民執192条において準用する同123条）であるか否かを判断するため、差し押さえるべき動産の所在する場所を記載すべきものとされている（民執規178条1項）。

　<u>動産競売の手続</u>については、差押えに対する実体上の異議のほかは、原則として動産執行規定が準用される。民執第2章第2節第3款（民執123条2項、128

♥総則の適用と強制執行の規定の準用

　担保権の実行としての競売には、民執法の総則規定が当然に適用されるほか、執行対象の区別に従い、その強制執行に関する手続規定の広汎な準用がある（中野・356以下）。

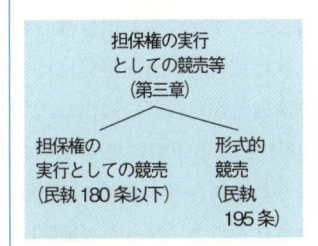

```
          担保権の実行
          としての競売等
            （第三章）
           ／      ＼
   担保権の         形式的
   実行としての競売   競売
   （民執180条以下） （民執195条）
```

♥準用の除外

　超過差押禁止を定めた民執128条、差押禁止動産等について定めた民執131条・132条、および差し押さえるべき動産の選択について定めた民執規100条は、質権や特別先取特権等に基づく動産競売のように、執行対象が特定している動産競売には準用されない（遠藤＝野村＝大内・255）。

条、131条および132条を除く）および民執183条の規定は動産競売について準用される。民執128条、131条および132条の規定は一般の先取特権の実行としての動産競売について準用される。また、民執123条2項の規定は民執190条1項3号に掲げる場合における動産競売について準用される（民執192条）。執行裁判所による動産競売開始許可決定書の謄本が提出される場合には、そのような立入捜索等が必要となるために、民執123条2項の規定が準用されている（遠藤功＝野村秀敏＝大内義三・テキストブック民事執行・保全法（法律文化社・平19）255）。

●動産の差押え

1 執行官への動産の提出等

動産競売の申立てがなされ、これにより執行官が当該動産を差し押さえる（民執192条の準用による民執123条1項、124条）ことにより、動産競売の手続は開始される。すなわち、執行官による占有の取得または占有の取得ができる証明等が競売開始の要件とされる。担保不動産競売と同様に、動産の担保権（質権、先取特権が典型である）の優先弁済権に内在する換価権により換価手続が実施される。そこで、上記差押えについては、実体上の異議の主張ができるものとされている（民執191条）。

動産を目的とする担保権の実行としての競売（動産競売）は、強制執行の場合と異なって債務名義を要しない。債権者が執行官に対し当該動産を提出した場合（例えば、質権のほか、旅館宿泊ないし運輸の先取特権）、または債権者が執行官に対し当該動産の占有者（例えば、一般の先取特権者、動産売買の先取特権者）が差押えを承諾することを証する文書を提出した場合に開始する（民執190条1項1号2号）。そして、手続の開始段階で動産執行の場合と同様に、執行官が目的物を差し押さえることを要する（民執192条）。すなわち、従来の動産競売においては、執行官が動産の占有を取得するか、または執行官が動産の占有を取得することができることを証する文書の提出が必要であった。これらが、強制執行の場合における債務名義に代わるものとして扱われている。

平成15年改正では、これらの場合以外にも、動産競売が開始される場合を追加した。すなわち、担保権の存在を証する文書を提出した債権者の申立てにより執行裁判所が当該担保権についての動産競売の開始を許可した決定書の謄本を債権者が執行官に提出し、かつ、民執法123条2項の規定（同法192条に基づく準用）による捜索に先立ってまたはこれと同時に当該許可の決定が債務者に送達された場合（すなわち、許可決定書謄本の提出と必要な送達）、動産競売が開始されることになった（民執190条1項3号。ただし、執行裁判所は、当該動産が民執123条2項に規定する場所または容器にない場合は、当該担保権についての動産競売の開始を許可することができないことについて同法190条2項ただし書）。すなわち、担保権の実体判断が、執行裁判所にゆだねられた（遠藤功＝野村秀敏＝大内義三・テキストブック民事執行・保全法（法律文化社・平19）254）。

♥債務名義不要の理由
目的動産の提出があれば担保権の存在が推認できるし、占有者の差押承諾文書の提出があれば占有者の生活圏に対する不当な侵害を生じないことが保障される（中野・347）。

♥執行裁判所の許可と執行官による捜索
平成15年改正では、目的動産の任意提出等がない場合であっても、執行裁判所の許可がされることにより動産競売を開始することができることとし、その場合には執行官が目的動産の捜索を行うことができる（民執190条、192条、123条2項）こととしている（谷口園恵ほか「担保物権及び民事執行制度の改善のための民法等の一部を改正する法律の概要」金法1682-31・38（平15））。

31-2 動産競売の申立てをする際に、次のいずれかが必要

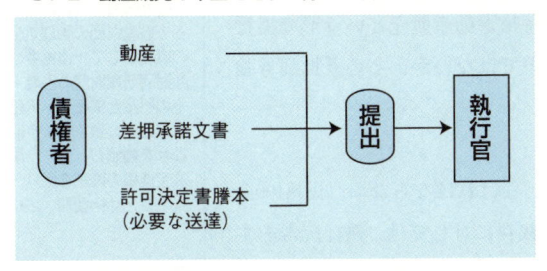

債権者 → 動産／差押承諾文書／許可決定書謄本（必要な送達） → 提出 → 執行官

31-3 動産競売の開始許可申立書

```
        動産競売の開始許可申立書

  ○○地方裁判所第△民事部　御中

    平成20年9月1日

                  〒○×△－△△××
                  住所
                  申立債権者　秋　山　春　男

当事者              別紙当事者目録のとおり
担保権・被担保債権・請求債権  別紙担保権・被担保債権・請求債権の目録のとおり
目的動産及び在所場所    別紙目的動産・所在場所目録のとおり

債権者は、債務者に対し、別紙請求債権目録記載の請求債権を有するが、債務者が
その弁済をしないので、別紙担保権目録記載の担保に基づき、別紙目的動産・所在場所
目録の目的動産について、動産競売の開始の許可を求める。

添付書類
1  担保権の存在を証する文書
   甲1号証　△×○
2  資格証明書
```

　民執法旧190条が、動産競売の申立要件として執行官に目的動産を提出するか、または占有者の差押承諾文書を提出しなければ、動産競売を開始できないとしていたのは、動産競売の執行機関が執行官であるために、不動産や債権の場合の執行機関である執行裁判所と異なって、実体的判断ができないという手続法的な制約があったからである。したがって、動産先取特権が、動産競売手続によって実行されるのではなく、物上代位の方法により債権執行になっていれば、民執法193条に基づき執行裁判所が執行するから、その場合は執行が可能であった。その結果、従前、本来的な動産先取特権の実行は困難となっており、むしろバイパス的な物上代位の方が隆盛をみていた（小林＝角・65）。特に、動産売買の債務者（買主）が倒産したときに、第三債務者への転売代金債権を、物上代位によって動産売買の債権者（売主）が先取特権者として、破産手続によらずに別除権行使ができるかが問題になった。異論もあったが、最高裁判例（最判昭和59年2月2日民集38-3-431）が、この別除権行使を肯定し、実務的には動

♥**動産売買先取特権に基づく物上代位の利用と問題点**
　動産売買先取特権に基づく物上代位の利用にも問題があった。事実上、動産売買先取特権は、目的動産が転売された後に転売代金債権に物上代位できるのみである。しかし、この転売代金債権に対する物上代位権の行使については、差押えを必要とし、性質上その証明が厳格に解されていた。そのため、先取特権者（売主）は、必ずしも機動的に差押えをすることができず、債務者（買主）が破産手続開始があれば、破産管財人との取立て競争となり、転売代金債権から必ずしも回収できないという問題があった（畑一郎「担保・執行法制の見直しと執行官事務」判タ1123-4・12（平15））。

産売買先取特権に基づく物上代位の利用が増えていた。しかし債務者の手元に目的物があるという本来的な場合に、動産先取特権が動産競売という形で実行できないということは問題であり、立法上の過誤ではないか、という批判も強かった（小林＝角・65）。

2 差押えに対する実体上の異議

動産競売開始の許可の決定は、債務者に送達しなければならない（民執190条3項）。また、動産競売開始の申立てについての裁判に対しては、執行抗告をすることができる（民執190条4項）。

動産の差押えに対しては執行異議の申立て（民執11条）をすることができる。この申立てにおいては、不動産と同様に、債務者または所有者は、実体上の異議事由として、担保権の不存在、消滅または被担保債権の一部の消滅を主張することができる（質権、動産の特別の先取特権の場合には、担保権の不可分性により、被担保債権の一部消滅は、差押えの取消しを求める実体上の異議事由とはならないことについて、浦野・要点283。したがって、被担保債権の一部の消滅の主張は、一般の先取特権の実行による競売の場合に適用されることとなる）。被担保債権の一部の消滅を理由とする執行異議が認められるのは、一般の先取特権による動産競売においては超過差押えが禁止（民執192条・128条）されているからである。

31-4　担保執行手続における実体上の瑕疵（不服申立の実務・181）

対象	条文	実体的異議理由
不動産担保執行・準不動産担保執行における競売開始決定に対する執行異議	182条、189条、民執規175条、同176条2項、同177条	担保権の不存在・消滅
担保不動産収益執行の開始決定に対する執行抗告		
動産競売の差押え	191条	担保権の不存在・消滅　一般先取特権の被担保債権の一部の消滅
債権その他の財産権に対する担保権実行の差押命令に対する執行抗告	193条2項、145条5項	担保権の不存在・消滅

●動産の売却手続

動産競売における売却手続は、動産執行の場合と同様である。期日入札、競り売りまたは民執規則で定める方法による（民執134条準用）。差押物の評価、未分離果実の売却制限、一括売却や手形などの提示義務などの規定が準用される。

動産の競り売り期日または入札期日において最高価の買受けの申出をした者に買受けが許され、原則として買受人はただちに代金を支払わなければならない。買受人が代金を納付した時に、買受人に動産の所有権が移転すると解されるので、執行官は動産をこの時に買受人に引き渡す。

●配当要求

動産競売においても、動産執行の場合と同様に、先取特権者または質権者は、その権利を証する文書を提出して配当要求をすることができる（民執133条準用）。一般債権者は、債務名義を有していても配当要求することは認められてい

♥**破産管財人**
破産管財人は、破産手続開始決定によって破産財団の管理処分権を取得し、その職務として、債権者のために直ちに破産財団所属財産の占有・管理に着手し、その財産と債務者への配当の原資となる財産とが合致するよう破産財団を組成し、これを換価し、一方、配当の対象となる破産債権の確定を図り、公平な配当を実施する（小林＝齋藤・29）。

♥**執行異議の申立て**
債務者または動産所有者は、動産競売における執行官の差押えに対して、執行異議の申立てをすることができる。もっとも、動産競売の開始が執行裁判所の許可による場合は、許可手続の中で実体権の審理が行われるので、実体異議として主張できる事由は、その許可決定確定後に生じた事由に限られる。実体異議事由は、担保権の不存在・消滅のほか、被担保債権の一部消滅である。これは、一般先取特権の実行において超過差押えの事態が発生する場合を想定したものである（遠藤＝野村＝大内・255以下）。

♥**売却手続の瑕疵と売却の効力**
売却手続に関して瑕疵があっても売却手続が終了すれば、売却の効力に影響を与えない。目的物たる動産が第三者の所有物であったときは、買受人は、原則としてその所有権を取得できないが、善意取得（民192条）の要件が満たされていればその所有権を取得できる。

♥**配当要求の時期的制限**
配当等を受けうる債権者は、差押債権者のほか、動産の売得金については執行官がその交付を受けるまでに配当要求をした債権者である（民執140条準用）。同様に、差押え金銭についてはその差押えをするまでに配当要求した債権者や、手形金などの支払金についてはその支払いを受けるまでに配当要求をした債権者も配当を受けうる。

ないから、配当等を受けるためには、自ら動産の差押えを申し立てる必要がある。

●弁済・配当の手続

債権者が1人である場合は、執行官はその債権者に弁済金を交付する。また、債権者が2人以上であって売得金などで各債権者の債権および執行費用の全部を弁済することができる場合にも、執行官は各債権者に弁済金を交付する。これらの場合に、弁済金を交付して剰余金が生ずる場合には、剰余金を債務者に交付する（民執139条1項）。

債権者が2人以上であって売得金などで各債権者の債権および執行費用の全部を弁済することができない場合に、その債権者間の協議が調わない事情が執行官から届出がなされたときは（民執139条3項）、執行裁判所は、配当表に基づく配当を実施する（民執142条1項）。

【2】 債権に対する担保権の実行

●はじめに

31-5　債権差押命令申立書

```
　　　　　　　債権差押命令申立書　　　　　　　[印紙]

　　地方裁判所第　　民事部　御中
　　　平成　年　月　日
　　　　　申立債権者代理人弁護士　　　　　　　㊞
　　　　　　　当　事　者　　別紙目録のとおり
　　　　　　　担　保　権　┐
　　　　　　　被担保債権　├別紙目録のとおり
　　　　　　　請　求　債　権　┘
　　　　　　　差　押　債　権　　別紙目録のとおり

　債権者は、債務者に対し、別紙請求債権目録記載の債権を有するが、債務者がその支払をしないので、別紙担保権目録記載の動産売買の先取特権（物上代位）に基づき、債務者が第三債務者に対して有する別紙差押債権目録記載の債権の差押命令を求める。
```

```
　　　　　　　　　　添　付　書　類

　　　1　売買契約書写し　　　　　　　　　　　1　通
　　　2　証明書　（株式会社　　　作成）　　　1　通
　　　3　同　　　（第三債務者作成）　　　　　1　通
　　　4　資格証明書　　　　　　　　　　　　　3　通
　　　5　委　任　状　　　　　　　　　　　　　1　通
　　　　　　　　　　　　　　　　　　　　　　以　上
```

（浦野・要点286）

民執法は、旧競売法にはその規定が存しなかった債権（民執143条）および「その他の財産権」（民執167条1項）を目的とする担保権の実行および物上代位権による担保権の行使の手続について規定を設けている（民執193条）。ここで「債権」とは、民執法143条に規定する債権、すなわち、金銭債権、船舶の引渡請求権、動産（動産執行の目的となる有価証券が発行されている場合を除く）の引渡請求権をいう。債権を目的とする「担保権」は、質権（民362条）と一般先取特権（民306条）である（福永・232）。

　執行現場では、金銭債権に対する担保権の実行の多くは、動産売買先取特権や抵当権に基づく物上代位権の実行である（遠藤功＝野村秀敏＝大内義三・テキストブック民事執行・保全法（法律文化社・平19）259）。例えば、動産売買先取特権については、破産手続開始後の物上代位が認められることになったので（最判昭和59年2月2日民集38-3-431）、その実行がよく行われる。しかも、抵当権について、判例（最判平成元年10月27日民集43-9-1070）が、賃料に対する物上代位を一般的に認めたので、その実行件数が顕著に増加した（遠藤功＝野村秀敏＝大内義三・テキストブック民事執行・保全法（法律文化社・平19）257）。

●申立て

　担保権の実行としての債権、その他の財産権の差押えに関する申立ての要件としては、債務名義を要しないが、一般的に、その担保権の存在を証する文書を必要とする。ただし、権利の移転について登記等を要するその他の財産権を目的とする担保権（一般の先取特権以外のもの、例えば、既登記賃借権を目的とする質権）については、不動産競売の申立ての際の文書（民執181条1項1号～3号、2項または3項に規定する文書）の提出が必要である（民執193条1項前段）。

　これは物上代位権に基づく担保権の行使としての債権の差押え（民304条、土地収用104条等参照）についても、同様である（民執193条1項後段）。

　債権を目的とする担保権の実行または行使の申立書には、①債権者、債務者および担保権の目的である権利の権利者の氏名または名称および住所ならびに代理人の氏名および住所、②担保権および被担保債権の表示、③担保権の実行または行使に係る財産の表示および求める担保権の実行の方法、④被担保債権の一部について担保権の実行または行使をするときは、その旨およびその範囲を記載しなければならない（民執規179条1項）。このほか、第三債務者の氏名または名称および住所を申立書に記載しなければならない（民執規179条1項）。

　債権その他の財産権に対する担保権実行の手続については、債権その他の財産権執行の規定がほぼ全面的に準用されている（民執193条2項）が、準用が除外された規定としては、超過差押禁止を定めた民執146条2項や、差押禁止債権について定めた民執152条・153条である。これは、担保権実行の場合、執行対象が特定されているからである（遠藤功＝野村秀敏＝大内義三・テキストブック民事執行・保全法（法律文化社・平19）257以下）。

♥物上代位権の行使としての差押え
　物上代位権の行使としての差押えは、担保権に基づくものであり、債務名義は不要であるから、「債権及びその他の財産権についての担保権の実行」に含まれる（和田・181）。

♥原則的な準用規定
　債権およびその他の財産権の担保権の実行および行使については、原則として債務名義に基づく債権およびその他の財産権に対する強制執行の規定（第2章第2節第4款第1目）ならびに民執182条から184条までの規定（競売開始決定に対する執行異議、競売手続の停止、代金納付の効果）が、準用されている（民執193条2項）。

♥一般先取特権の実行・行使についての準用規定
　一般の先取特権の実行および行使については、差押えの範囲（民執146条2項）、差押禁止債権とその範囲の変更（民執152条、153条）の規定が準用されている（民執193条2項）。

◉実行手続

1 差押命令

債権その他の財産権に対する担保権の実行ならびに物上代位権の行使は、執行裁判所の差押命令によって開始される（民執143条の準用）。債権その他の財産権に対する担保権の実行ならびに物上代位権の行使も、担保権実行手続として、担保権の不存在または消滅を理由とする簡易な不服申立てが認められる（民執193条2項による182条の準用）。また、差押命令に対する執行抗告も準用される（民執193条2項・145条5項）。

被差押債権の存在は、差押えの適法性に影響しないので、被差押債権の不存在・消滅は、差押命令に対する執行抗告の理由とならない（最決平成14年6月13日民集56-5-1014、遠藤功＝野村秀敏＝大内義三・テキストブック民事執行・保全法（法律文化社・平19）258）。

2 換価手続

担保の目的となっている債権の換価手続も原則として債権執行の場合と同様であり、目的債権等の取立て（民執155条準用）、転付命令（民執155条準用）、譲渡命令ないし売却命令などによりなされる（民執161条準用）。

担保権者は、債務者に対して差押命令が送達された日から1週間を経過したときは、被担保債権および執行費用の額の範囲で、第三債務者からその債権を取り立てることができる。そして、その支払いを受けたときは、被担保債権および執行費用は支払いを受けた限度で弁済されたものとみなされる（民執155準用）。

また、担保の目的債権が券面額を有する金銭債権であるときは、担保権者は執行裁判所に転付命令の申立てをすることができる。転付命令が発せられて確定すると、被転付債権が存在する限り、担保の目的債権が担保権者に移転し、その券面額で被担保債権および執行費用が弁済されたものとみなされる（民執160条）。転付命令による場合において、第三債務者への送達までに他の債権者の差押等が行われた場合には、その効力を生じないのが原則である（民執159条3項）。しかし、担保権の実行の場合には、転付命令を取得した債権者が、実体上、他の債権者に優先するときには、転付命令は、その効力を有する（最判昭和60年7月19日民集39-5-1326、遠藤功＝野村秀敏＝大内義三・テキストブック民事執行・保全法（法律文化社・平19）258）。

配当要求や配当等を受けるべき債権者の範囲または配当等の手続も、債権執行の規定が準用される（民執154条、165条以下の準用）。

◉動産売買先取特権の物上代位権の行使としての転売代金債権に対する差押え

動産の売主は、買主に対する代金債権につき先取特権を有し、その動産の転売代金等から優先弁済を受けることができる。この先取特権に基づく物上代位は、債権を目的とする担保権の実行として民執法193条1項後段に基づいてその転売代金債権を差し押さえることによって行う（前澤功「動産売買先取特権」山

♥担保権の不存在または消滅を理由とする不服申立ての方法
担保権の不存在または消滅を理由とする不服申立ての方法につき、執行異議によるのか、また執行抗告によるのについては争いがある（平成15年改正を根拠として、執行抗告によるとするのは、福永・233）。

♥譲渡命令や売却命令等の利用
執行裁判所は、差押債権者（担保権者）の申立てにより、差押債権者への譲渡命令、第三者への売却命令や、管理命令などを命ずることができる（民執161条）。

崎亘＝山田俊雄編・民事執行法（青林書院・平13）319以下）。

31-6　動産売買先取特権者による物上代位権の行使

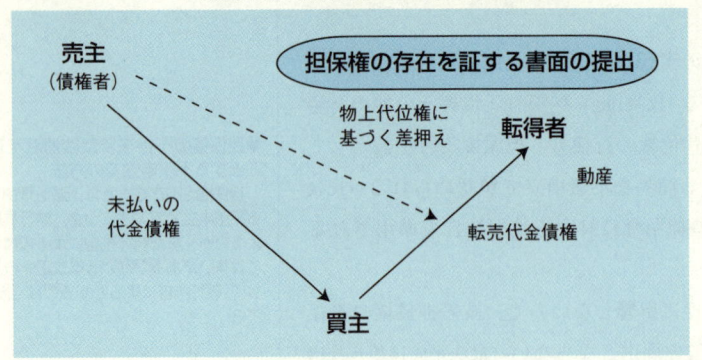

```
売主                担保権の存在を証する書面の提出
（債権者）
    ＼       物上代位権に
     ＼      基づく差押え      転得者
      ＼                         動産
   未払いの    ＼
   代金債権     ＼    転売代金債権
        ＼
         買主
```

　転売代金債権を物上代位権の行使として差し押さえる場合、その申立てにあたっては、担保権を証する書面を提出する必要がある（民執193条1項）。先取特権の実現として債権を実現しようとする場合に必要な民執法193条の「担保権の存在を証する文書」について、具体的に条文では、その文書を特定して列記されていない。仮にその文書を特定して列記すると、それ以外の文書では足りないというような、むしろ厳格な運用になるのではないかが懸念されて、「担保権の存在を証する文書」という形で抽象的に規律されている。たとえば、1つの文書では証明、疎明として十分でないとしても、複数の文書を総合的に判断するというような裁判官の自由心証に任されている（第156回国会衆議院法務委員会議録23号（平15・6・10）8頁1段目〔上原敏夫参考人〕参照）。

　動産売買先取特権に基づく**物上代位**をするための実体的な要件として、担保権の存在、被担保債権の存在および弁済期の到来がある。また、その実体的な要件として、債権者から債務者に売却された動産が第三債務者に転売された事実を証明する必要がある。担保権の存在は、複数の文書を総合して担保権の存在が高度の蓋然性をもって証明される文書であればよいとするのが実務の立場である。これは、具体的には、売買基本契約書・個別契約書、発注書、納品書・受領書、請求書または第三債務者作成の確認書を提出することになる（内山宙「東京地裁執行部における動産売買先取特権に基づく物上代位事件の取扱い」金法1632-18・19以下（平14））。

　動産売買先取特権は、個々の動産に発生するので、請求債権等目録および差押債権目録については動産ごとに書き分け、各動産の売買代金をそれぞれ記載し、請求債権等と差押債権との対応関係を明確にする必要がある。それらの合計額をまとめて記載するのは不十分である。債権者・債務者間の売買契約、特に売買代金額の合意、売買代金の支払期の到来している事実、転売事実、および債権者・債務者間で売買された動産と債務者・第三債務者間で転売された事実（動産の同一性）の証明が必要である（小川理佳「動産売買先取特権による債権差押命令申立ての留意点」金法1647-60以下（平14））。

　弁済期到来の証明は不要とするのが優勢である（前澤功「動産売買先取特権」山崎亘＝山田俊雄編・民事執行法（青林書院・平13）319・325参照〔同論文は必要説

♥**担保権の存在に関する証明等**
　動産売買先取特権に基づく物上代位としての債権差押命令申立事件では、担保権の存在に関する証明が必要であって疎明では足りない。また、差押命令は、債務者を審尋せずに発令される。さらに、破産の場合でも別除権とされて他の一般債権者に優先する強い効力をし、一般債権者が知らないうちに執行が完了してしまい、それに対する不服申立手段がないことに留意すべきである（小川理佳「動産売買先取特権による債権差押命令申立ての留意点」金法1647-60・61（平14））。

♥**動産売買代金債権の存在を証明**
　民執法に基づく担保権実行の手続では、一般に債権者は被担保債権の存在を証明する必要がなく、債務者が民執法145条5項・182条に基づき執行抗告で主張すべき事由であるが、動産売買先取特権の成立要件として動産売買代金債権の存在が必要であるから、結局、動産売買先取特権が存在することの証明として動産売買代金の存在を債権者が証明すべき必要がある（前澤功「動産売買先取特権」山崎亘＝山田俊雄編・民事執行法（青林書院・平13）319・320以下）。

♥**買主に対する目的物の引渡し**
　買主に対する目的物の引渡しは、売買代金請求権の要件事実でないから、先取特権の要件事実とならない（前澤功「動産売買先取特権」山崎亘＝山田俊雄編・民事執行法（青林書院・平13）319・322）。

に立つ〕）。

　債務者経由で第三債務者に動産が転売された事実を証明するには、債務者が作成に関与した文書が必要であり、基本的には債務者・第三債務者間の売買契約書ないし債務者作成の納品書、請求書およびこれと対応する第三債務者作成の注文書、受取書等を要する（前澤功「動産売買先取特権」山崎恒＝山田俊雄編・民事執行法（青林書院・平13）319・331）。

　動産売買先取特権に基づく物上代位により債権差押命令が発令された後の手続進行は、債務名義に基づく債権差押命令の場合と同様である。第三債務者に対する差押命令の送達によって差押えの効力が生じ（民執145条）、債務者に送達後1週間を経過すれば取立権が発生する（民執155条）。

♥物上代位権の実行と執行妨害
　物上代位権の実行の局面において、債務者等による執行妨害も発生している。例えば、賃料債権の第三者への譲渡や、転貸借契約の締結等がその典型例である（遠藤＝野村＝大内・259）。

［3］留置権による競売

●留置権による競売の性質

　留置権（民295条、商521条等）の効力は、債権（被担保債権）の弁済を受けるまで目的物を留置することにあるが、その被担保債権の弁済を得るため、留置権者が、みずから積極的にその留置に係る目的物を競売により換価することができるかは問題がある。

　すなわち、実体法上は、留置権には、優先弁済権（ただし、民297の場合を除く）がないから、一般の担保権の実行と留置権を同視することはできない。しかし、債務の弁済を受けるまで留置することができるとする留置的効力のみを認め、手続法上も目的物の競売による換価およびその換価金からの優先的弁済を否定することは、特に、動産の留置権の多い実情にかんがみると、留置権の社会的存在を否定することに等しい。そこで、民執法においては、旧競売法と同様に、その実行としての競売を認めることとされた（浦野・要点290以下）。

　留置権による競売は、被担保債権の弁済まで目的物を留置する不便を避けて、代金として保管しておくための換価である。この競売は、被担保債権の満足を目的とするものではないが、競売による換価金は留置権者に交付される。したがって、留置権者はその換価金引渡債務と自己の債権とを相殺することにより（中野・742）、事実上の優先的満足を得ることができる（福永・235）。

●留置権による競売の手続

　留置権による競売は、優先弁済権に基づくものでないから、いわゆる「形式的競売」の性質を有する。しかし、その競売の性質は、実体法の解釈の問題とも関連するので、これを一律に規定することを避け、民執法195条は、手続的な面からその競売は、担保権の実行としての競売の例による（実質は、準用である）こととされている（浦野・要点293）。

　形式的競売も、執行裁判所または執行官に対する、書面による申立てによって行われる（民執2条、民執規1条）。留置権による競売の手続は、換価のための

競売であるから、手続開始として差押処分は必要であるが、不動産上の負担については消除主義の適用が無く引受主義で売却が実施され（中野・740）、売却代金から競売費用を控除した残額は留置権者に交付される（福永・235）。

また、留置権についての担保権の実行としての競売に関する規定の準用で問題となるのは、留置権による競売において、他の債権者が配当要求をすることができるかである。留置権は、民執法195条で認めた特別の競売（換価のための競売）であり、実体的請求権の満足を直接の目的とするものではないから、他の債権者は、配当要求ができない（中野・741）。また、配当等の手続はなく、留置権者は、換価代金を取得し、これを被担保債権の全部または一部に充当することができる（浦野・要点293）。

[4] 形式的競売とその手続

●形式的競売の内容

民法、商法その他の法律の規定中には、共有物の分割のための競売（民258条2項）、限定承認の場合の相続財産の競売（民932条）、商人間の売買の場合の自助売却（商524条）等一定の目的のために特定物（不動産もしくは動産）を金銭に換えるために目的物を競売するという規定がある（「形式的競売」）。この形式的競売については、その競売の実体権ないしはその目的が多種多様であり、単に換価のみを目的とするものから清算的なものまで含まれていて、画一的にその内容を定めることができない（純換価型と清算型の2つに大別されることについて、福永・236、中野・741）。そこで、民執法においては、概括的に形式的競売についても担保権の実行としての競売の例によるべきものとしている（浦野・要点294以下）。なお、実例として多いのは、共有物の分割のための競売と限定承認の場合の相続財産の競売である。

●競売手続の準用（競売の例による）

形式的競売の手続については、担保権実行としての競売の例によるものとされる（民執195条）。ここで問題となるのは、不動産について競売開始決定がなされた場合に、その開始決定に基づく「差押え」の登記が許されるか、また、その目的物件に抵当権等の担保権が設定されている場合の売却条件等である。

形式的競売の申立人は、実体上目的不動産につきその処分を制限すべき権限はないから、目的物に対する担保権の実行としての競売の場合と同じ意味の差押えの登記はできない。ただし、形式的競売の手続の開始を公示する意味から、実務的には、差押えの登記がなされてしかるべきであり、また現になされている（浦野・要点295）。この差押えは、理論的には、本来の処分制限効はない。法定売却条件としては、担保権等目的物件上の権利はすべて引受けとなり、担保権者への配当等は実施されない（他の債権者の配当要求も認められない）ものと解すべきである（浦野・要点295以下）。もっとも、純換価型と違い、限定承認

♥剰余がある場合
剰余があれば、債務者(所有者)に返還される。競売手続に参加することができない他の有名義債権者は、剰余金の交付前に、債務者の有する右交付請求権を差し押さえるべきものである(浦野・要点293以下)。

♥共有物の分割
共有物の分割について共有者間に協議が調わないときは、その分割を裁判所に請求することができる。
この場合において、共有物の現物を分割することができないとき、又は分割によってその価格を著しく減少させるおそれがあるときは、裁判所は、その競売を命ずることができる(民258条)。

♥自助売却
商人間の売買において、買主がその目的物の受領を拒み、またはこれを受領することができないときは、売主は、その物を供託し、または相当の期間を定めて催告をした後に競売に付することができる。この場合において、売主がその物を供託し、または競売に付したときは、遅滞なく、買主に対してその旨の通知を発しなければならない(商524条1項)。

や財産分離の場合の相続財産の換価のための競売や遺産分割審判による遺産の競売のような清算型の場合には、担保競売の規定通り担保権の消除または引受けを認め、剰余主義の適用や配当要求なども認められる（福永・236、中野・741、上原＝長谷部＝山本・249［山本］）。

♥財産分離
相続債権者又は受遺者は、相続開始の時から3か月以内に、相続人の財産の中から相続財産を分離することを家庭裁判所に請求することができる（民941条）。

[5] 財産開示手続

◉財産開示手続

1 はじめに

財産開示手続は、勝訴判決等を得た債権者の権利実現の実効性を確保する見地から、債権者が債務者の財産を把握するための方策として民執法の中に創設された制度である（平成16年4月1日に施行。財産開示手続については、債務者の普通裁判籍の所在地を管轄する地方裁判所が、執行裁判所として管轄する。民執196条）。

財産開示手続を設けるに至った経緯は、日本では、強制執行の申立ては、相手方の財産を把握し、それを特定した上で申し立てるのが原則になっているので、判決をとって相手方に対する債務名義を取得しても、財産が分からないと、これを実現する道がなく、空振りに終わってしまうということが、かねてから日本の司法制度の欠陥の1つであると指摘されていた。諸外国の例では、このような判決等の債務名義をとった者の申立てに基づいて相手方に財産の開示を命ずる、あるいは第三者に照会をするというような制度が設けられ、それに対して罰則の制裁も科されているという例が多数存在する。そこで、何らかの形で債務者の財産を把握して、入手した判決が空振りに終わらないような仕組みを作るということで、財産開示手続が創設された。ただ、債務者が裁判官の面前で全財産を開示するということは相当の負担であるから、財産開示手続が過酷な債権取立ての手段として濫用されることのないような配慮も必要とされた。それは、第一に、債務名義の種類を制限したことである。すなわち、執行証書のようなものについては、財産開示手続は利用できないということにして、判決のような確実なものに限定されている。第二に、財産開示手続の申立てをする場合に、強制執行したけれども配当を得られなかった、あるいは配当を得られないということが見込まれるというような疎明を要求することによって、安易に利用されることを防止している。第三に、債務者がいったん財産開示手続において陳述をした場合には、原則としてその後3年間は当該債務者に対する財産開示手続を実施することができないこととして、頻繁に利用されて圧力の手段とされることを防止するという配慮をしている。このような手当てを講じることによって、財産開示手続が過酷な債権取立ての手段として濫用されるおそれを低減させている（第156回国会衆議院法務委員会議録25号（平15・6・13）〔房村精一政府参考人〕）。

2 財産開示手続の実施決定

強制執行または担保権の実行における配当等の手続において申立人が当該金

第31講　動産競売・債権に対する担保権の実行・留置権による競売等　343

銭債権の完全な弁済を得ることができなかったときや、知れている財産に対する強制執行を実施しても申立人が当該金銭債権の完全な弁済を得られないことの疎明があったとき等には、執行裁判所は、原則として執行力のある債務名義の正本を有する金銭債権の債権者の申立てにより、債務者について財産開示手続を実施する旨の決定をしなければならない（民執197条1項）。また、執行裁判所は、一定の場合、債務者の財産について一般の先取特権を有することを証する文書を提出した債権者の申立てにより、当該債務者について、財産開示手続を実施する旨の決定をしなければならない（民執197条1項）。

　知れている財産に対する強制執行を実施しても、申立人が当該金銭債権の完全な弁済を得られないことの疎明があったとき（民執197条1項2号）とは、例えば、債権者が不動産を把握はしているが、それに先順位の非常に高額の抵当権がついていて、調査した限りでは、およそ余剰が生ずるとは思えないというような場合が典型例である（第156回国会衆議院法務委員会議録25号（平15・6・13）21頁〔房村政府参考人〕）。

　財産開示請求ができる債務名義から執行証書は除かれるし、また、仮執行宣言付判決や支払督促も除かれる。これらの債務名義を有するだけの債権者は財産開示手続を利用できない（第156回国会衆議院法務委員会議録25号（平15・6・13）21頁〔房村政府参考人〕、小林＝角・96）。

　債務名義を持っていない債権者でも、一般先取特権を有する債権者は財産開示を申し立てることができるとされた。これは、会社の従業員が一般先取特権を給料等賃金債権について有しているとしても、経営者の方の財産状態がどうなっているかがわからないために行使できないという状況がかなりあるのではないかという懸念から認められた。すなわち、労働者保護の政策的な観点から認められたものであり、債権者が、一般先取特権を有していることを証する文書を提出すれば、財産開示手続の利用を認められる（小林＝角・96）。

3 財産開示期日

　執行裁判所は、財産開示手続の実施決定（民執197条1項・2項）が確定したときは、財産開示期日を指定しなければならない（民執198条1項）。財産開示期日には、申立人と開示義務者（債務者、債務者に法定代理人がある場合にあっては当該法定代理人、または債務者が法人である場合にあってはその代表者）を呼び出さなければならない（民執198条2項）。開示義務者は、財産開示期日に出頭し、債務者の財産について陳述しなければならない（民執199条）。

　財産開示手続は、基本的に、強制執行もしくは担保権実行の対象となる財産を把握するための制度であるから、債務者が開示をする必要があるのは積極財産である。また、財産開示手続は、強制執行あるいは担保権の実行の対象となる財産を開示するという目的であるから、生活必需品のような差押禁止財産については当然開示する必要はないが、それ以外については基本的にすべての財産を開示することが原則である（第156回国会衆議院法務委員会議録25号（平15・6・13）21頁〔房村政府参考人〕）。

　なお、債務者のもとに現にある財産だけでなく、詐害行為取消権の対象にな

るような行為または財産を隠す行為など、債務者が過去の一定期間内に処分した重要な財産は開示させるべきではないかが問題となるが、現時点における債務者の財産に限るということになった（第156回国会衆議院法務委員会議録25号（平15・6・13）22頁〔房村政府参考人〕、小林＝角・97）。

4 陳述義務の一部の免除等

　財産開示期日において債務者の財産の一部を開示した開示義務者は、申立人の同意がある場合または当該開示によって民執197条1項の金銭債権もしくは同条2項各号の被担保債権の完全な弁済に支障がなくなったことが明らかである場合において、執行裁判所の許可を受けたときは、民執199条1項の規定にかかわらず、その余の財産について陳述することを要しない（民執200条）。

　財産開示手続では一応全財産を開示するのが原則であるが、民執200条に陳述義務の一部の免除という規定があるから、債務者が既に開示した財産で債権者が十分完全な弁済が得られるということが明らかであれば、裁判所の許可を得て、その余のものについて開示する必要はなくなる。しかし、債務者に他の債権者がいて執行が行われた場合に配当要求をしてくる可能性があるので、それにより、既に債務者から開示された財産からは債権者が完全な弁済が受けられないというおそれがあれば、民執200条は適用されず、その余の財産についての陳述は免除されない（第156回国会衆議院法務委員会議録25号（平15・6・13）22頁〔房村政府参考人〕）。

　なお、申立人は、財産開示手続において得られた債務者の財産または債務に関する情報を、当該債務者に対する債権をその本旨に従って行使する目的以外の目的のために利用し、または提供してはならない（民執202条1項）。

付　録
債権回収法のすすめ（事例問題による）

　本書の付録として、「債権回収法のすすめ」を事例問題によりながら考えてみよう。六法を軸とした現行の法典は、歴史的ないし沿革的な理由から編纂されており、債権回収という実践的視点からみると、当然のことながら、民法や民事執行法の垣根を取り払って担保物権とその実行手続を理解していることが必要だろうし、場合によっては、債権法や倒産法の知識も求められる。結局のところ、担保物権は「債権回収」のための主要な手法であるが、それだけで完結しておらず、民事執行法をはじめとする手続法の理解が不可欠であるのみならず、債権法や倒産法への目配りも欠かせないのである。しかし、ここでは、難しい議論はやめて、具体的に事例問題の解答と検討を通じて、このような新しい債権回収法のあり方を考えてみよう。

　以下では、第1問として典型的な担保物権の問題を完全に理解するには民事執行法の理解が必要なことを示すし、第2問として典型的な債権総論の問題を解くには倒産法の理解が不可欠なことを示したい。典型的な民法の問題ですら、手続法を視野に取り込まなければ完全な理解と解答はありえないのである。今後は、本書のように民法と手続法が合体したテキストが必要になってくるし、そうして初めて「債権回収」の全体像が見えてくるのである。

ケース……1

　以下の事例において、両当事者ＸＹの言い分を、譲渡担保や先取特権の取り扱いや効力を中心に論ぜよ。なお、参考として付した2つの最高裁判例の射程距離も、合わせて論ぜよ。

　債務者A社は、その資金繰りが厳しくなってきたため、金融機関X社から1億円の融資を受け、その担保としてその所有工場の機械備品一切を、その後の新しい機械備品も含め譲渡担保とする契約を結んだ。契約後の機械備品も含めたのは、A社工場で製造しているのはIT関連器具であり、技術革新も早くかつメンテナンスも日常的に必要なため、毎月のように新しい機械備品に部分的ではあるが入れ替わるためである。

　ところが、A社工場の機械備品を供給販売していたのは、製造メーカーY社であり、A社はY社に対する毎月の機械備品の販売代金を滞りがちであった。そして、A社が倒産するといううわさが流れたため、Y社はそれまでに供給販売したにもかかわらず支払いがなされていなかった6000万円の代金保全のため、A社の機械備品をすべて差し押えた。

　これに対して、Xは譲渡担保権を主張し、Yの差押えに対して第三者異議の訴えを提起した。Yの差押えは、通常の一般債権としての差押えと担保権実行としての差押えの2つの可能性がある。

＜参考判例＞
Ⅰ　最高裁昭和41年4月28日判決（民集20-4-900）

> 1　会社更生手続の開始当時において、更生会社と債権者間の譲渡担保契約に基づいて債権者に取得された物件の所有権の帰属が確定的でなく両者間になお債権関係が存続している場合には、当該譲渡担保権者は物権の所有権を主張して、その引渡を請求することはできない。
> 2　前項の場合において譲渡担保権者は更生担保権者に準じて、その権利の届出をし、更生手続によってのみ権利行使をすべきである。
>
> Ⅱ　最高裁昭和56年12月17日判決（民集35-9-1328）
>
> 1　譲渡担保権者は、特段の事情がない限り、第三者異議の訴えによって目的物件に対し譲渡担保権設定者の一般債権者がした強制執行の排除を求めることができる。
> 2　譲渡担保権者は、目的物件につき自己の債権者のために更に譲渡担保権を設定したのちにおいても、第三者異議の訴えによって目的物件に対し原譲渡担保権設定者の一般債権者がした強制執行の排除を求めることができる。

＜論点＞

1. 譲渡担保の法的構成
2. 譲渡担保の担保的構成と最高裁昭和41年判決
3. 譲渡担保の所有権的構成と最高裁昭和56年判決
4. 判例は過渡的なのか手続による差異なのか
5. 集合物譲渡担保の要件
6. 動産売買先取特権の要件と行使手続
7. 集合物譲渡担保と動産売買先取特権の優劣

＜解答のポイント＞

　譲渡担保の法的構成については、一見すると、判例と学説の間に対立があるように見える。学説の大勢は、担保的構成なのに、最高裁昭和41年判決が担保的構成をとりながらも、その後の最高裁昭和56年判決が所有権的構成に立ち矛盾しているように見えるからである。学説の中には、判例は混迷しているとか、「なお過渡的段階にある」と評する向きも一部にある。しかし、判例の立場の食い違いは、譲渡担保が問題になるのが民事執行段階か倒産段階かという、手続の差異によるものと理解すべきである。

　集合物譲渡担保を判例・学説とも肯定する方向にあるが、その要件は何か、特定性や対抗要件を考えてみる必要がある。

　集合物譲渡担保は、動産売買先取特権に優先するとされているが、両者の成立要件や行使手続も含めて検討する必要がある。

●非典型担保の担保的構成

　昭和30年代以降最近まで民法の学説は、非典型担保について、その実質的機能に合わせて法律的にも担保的構成を行うことに、特に意をそそいできた。「所有権的構成から担保的構成へ」の流れである。これは仮登記担保について特に顕著であったが、譲渡担保や所有権留保でも同様であった。

　具体的には、1000万円の債権の担保のために1億円の不動産を譲渡担保とした場合、弁済期になっても債務者が返済できないために譲渡担保権の実行として不動産が債権者の所有に帰することになるとしても、必ず差額の9000万円を返還させる清算義務を債権者に課し、差額マル取りをいっさい認めないようにするのである。債権者

が目的不動産を第三者に処分することにより譲渡担保を実行する場合も同様で、目的物の価値が被担保債権を上回っているかぎりつねに清算を要するとすることになる。

　所有権留保の場合はどうか。所有権留保は動産売買のさいに代金の担保として利用されるのが通常であり、目的物の価値と債権額が当初から均衡していることが多い。また、目的物が動産だと時の経過により減価が著しいことが多い。したがって、譲渡担保よりは清算義務が生じることは少ないが、近時の学説は、実質は担保として取り扱う点は同様である、としている。ところが判例は、必ずしもつねに担保的構成をしているわけではない。たしかに、譲渡担保について昭和41年最高裁判決（最判昭和41年4月28日民集20-4-900）は、会社更生手続が債務者（譲渡担保設定者）について開始された場合には、譲渡担保権者の所有権（に基づく取戻権*）を否定し、他の担保権者と同じく更生担保権（破産の場合の別除権にあたる）として取り扱った。この判決は、非典型担保の担保的構成の皮切りとなった有名な最高裁判決である。しかし他方で、倒産手続ではない通常の場合には、判例は、債務者の一般債権者が目的物を差し押さえたときに担保権者（譲渡担保権者・所有権留保権者）は、所有権者などに認められる第三者異議の訴え**（民執38条）を提起できるとしているのである。たとえば、前述の譲渡担保の例で、債務者の一般債権者の1人が譲渡担保の目的不動産を差し押さえたら、譲渡担保権者は、その不動産は債務者の所有に属さないとして第三者異議の訴えを提起し、一般債権者による差押えおよび強制執行を排除できるとするのが、昭和56年（最判昭和56年12月17日民集35-9-1328）および昭和58年（最判昭和58年2月24日判時1078-76）の最高裁判決である。また、所有権留保についても、買主の一般債権者が売買目的物を差し押さえたら、所有権留保していた売主は、その物は買主の所有に属さないとして第三者異議の訴えを提起し、その差押えおよび強制執行を排除できるとするのが、昭和49年の最高裁判決（最判昭和49年7月18日民集28-5-743）である。

　このように、判例は、倒産の場合には担保的構成をおし進めながら、通常の場合（民事執行の場合）には所有権的構成にこだわっているようにみえる。そこで、判例はまだ「所有権的構成から担保的構成への過渡期にある」として、批判的な学説が民法では多い。

　しかし、実は、判例がこのような態度をとっているのには、通常の場合（民事執行法による）と倒産の場合（破産法・会社更生法による）の手続の差異に対応した取扱いをしているからである***。そのように理解するなら判例は「過渡期にある」のではなく、むしろ非典型担保の性質にふさわしい取扱いを手続に応じてするという一貫した考え方に基づいているとみることもできるのである。

---

*　第三者が、特定の財産につき実体法上の権利（所有権）を有しており、破産者の責任財産（法定財団）にもともと属していないと主張できる権利（破産法62条以下）。
**　民事執行の対象が第三者の所有物などである場合に、民事執行手続の不許を求める訴え。
***　民事執行では担保的利益を守る救済手続がないため第三者異議の訴えによるしかないのに対して、倒産では別除権や更生担保権として扱うことができる。

●譲渡担保についての規定

　譲渡担保について、法の不備から生まれた非典型担保だから、法律上の規定はなかったと諸君は考えておられるかもしれない。しかし、実は、譲渡担保権者が破産した場合について、旧破産法88条に明文の規定があった（改正前の民事再生法52条2項や会社更生法64条2項も同条を準用していた）。

　旧破産法88条は、譲渡担保権者が破産したときは、破産者（譲渡担保権者）に対する譲渡が担保目的であることを理由に譲渡担保設定者が目的物を取り戻すことは許さない、と規定していた。文字どおり解すると、譲渡担保権者が目的物の完全な所有権を取得するという趣旨に読め、1000万円の債権のために1億円の不動産を譲渡担保として供したあとで、債権者が破産してしまうと、債務者はもはや不動産を取り戻せないことになる。

　しかし、このような文言解釈は譲渡担保設定者の利益をはなはだしく害し公平に反するので、破産法の学説は、

こぞって、旧破産法88条は被担保債権を弁済しなければ譲渡担保の目的物を取り戻すことができないことを規定しただけで、被担保債権の弁済をすれば目的物を取り戻すことができる、と制限的に解釈していた。判例も、大審院以来、弁済がなされても目的物を返さなければ不当利得になるとして、実質的に同様の立場であった。

このように、譲渡担保権者が破産した場合についての旧破産法88条の規定は、担保的構成の立場から完全に読み替えられていた。

以上のように、旧破産法88条は、譲渡担保の担保的構成の観点から事実上無視され、死文化していたために、今回の改正では削除され、現行破産法では譲渡担保に関する直接の規定はなくなった。

●譲渡担保設定者の破産

では、譲渡担保設定者が破産した場合はどうか。この場合については、破産法にも規定はない。しかしこの場合も、ほとんどの学説は担保的構成によるべきだとしている。所有権的構成によると、破産のときには譲渡担保権者に取戻権（破産法62条）を認めることになるが、それでは目的物の価値が破産担保債権額を上回る場合その差額を譲渡担保権者がタダ取りできることになってしまい、他の債権者がふつうは自己の債権の一部しか満足を受けられないことと比較してあまりにも不公平である。逆に、目的物の価値が破産担保債権額を下回る場合には譲渡担保権者は不足額につき債権者としての届出ができなくなり、通常の担保権者よりも不利な地位に置かれ、譲渡担保権者に酷な結果となってしまう（担保権者は、本来不足額については破産債権者として権利行使できてよいはずである〔破産法108条1項参照〕）。

担保的構成に従い、譲渡担保権を別除権（破産手続によらずに行使できる権利）として扱えば、譲渡担保権者は破産手続にも民事執行手続にもよらず実行できるから（破産法65条1項・185条）、譲渡担保権を自由に実行して差額を清算すればよく、何ら問題はない。もし、逆に譲渡担保権を実行しても不足する場合には、譲渡担保権者は不足額について破産債権として届け出ることもできる。管財人のほうで、破産手続を進める関係で目的物が必要ならば、被担保債権を弁済して目的物を受け戻すことができるし、譲渡担保権者が実行する期間を定めることもできる（破産法185条1項）。

つまり、譲渡担保を別除権として扱えば、その本来の機能を十分に発揮できるのであり、所有権的構成により取戻権として扱うよりはるかに妥当なのは明らかであろう。

なお、会社更生では、担保的構成によると譲渡担保権は更生担保権となり、一般の更生債権よりもはるかに有利に扱われるが、会社更生手続には服するため、そのかぎりで譲渡担保権者の権利行使は制限を受けるともいえる。そのことに疑問を感じる人もいるかもしれない。しかし、会社更生では、譲渡担保設定者である更生会社の再建が大きな目的であり（会社更生法1条）、譲渡担保権者が自由に実行できたのでは更生会社の再建の妨げになるから、やはり担保的構成により更生担保権とするのが妥当である。

しかし、譲渡担保権が実行された場合にいつの時点から所有権（取戻権）になるかについて、平時に仮登記担保のような規定を欠くため（仮登記担保法2条には所有権移転時期について明文の規定が置かれている）、倒産時において譲渡担保の担保的構成の規定を置くのは妥当でないとして、今回の改正での立法化は見送られた。

●民事執行との比較

破産の場合には、以上の説明から明らかなように、非典型担保である譲渡担保や所有権留保を担保的構成により別除権として取り扱うことが妥当である。そして、判例もそのように扱っている。それなのに、判例が、通常の民事執行の場合には、第三者異議の訴えのような所有権的構成によっているのはどうしてなのだろうか。

実はそれは、民事執行には破産と違って非典型担保をその実質に即して担保的に取り扱う手続が欠けており[*]、むしろ所有権的に扱ったほうがかえってその実質に適合するからなのである。

端的にいえば、民事執行は最初に説明したように、本来の時価で目的物を換価できず、時間や手間がかかるものなので、民事執行によらず私的に実行したいという非典型担保権者の利益は、法的にも保護に値する利益といえる。だから、債務者の一般債権者が差し押さえてきたからといって、この正当な利益を奪われるいわれはない、と考えられるからである。また、いつ実行するかを自分で決められるという非典型担保権者の利益も、尊重されるべきである。

　民事執行でも、実際には他にめぼしい財産がなく、残された非典型担保の目的物をめぐって債権者が競合している破産類似の状況では、例外的に第三者異議の訴えを否定し、その目的物において破産的な手続を行うことも十分に考慮に値しよう。しかし、他に差し押さえられる財産のある通常の場合ならば、所有権的構成によったほうがむしろ非典型担保の実質に合致する。

* 民事執行法以前は、「優先弁済の訴え」が旧民事訴訟法強制執行編で認められていたため、担保的な取扱いが可能であったが、手続が重厚すぎて実務的には繁雑であったため、民事執行法では廃止された。

＜参考文献＞
小林秀之・新・破産から民法がみえる（日本評論社・平18）60頁以下

A　譲渡担保の法的性質については、所有権的構成と担保的構成の対立がよく理解できず、判例も混乱しているのではないかと思っていたのですが、小林先生の参考論文を読んですっきりしました。要は、手続的な差異から、民事執行では所有権的構成に、倒産では担保的構成によるのが判例で、理論的にもそのほうが妥当なわけですね。
B　譲渡担保には優先弁済権のほか、競売手続によらないで権利実行できる私的実行権があり、私的実行によるほうが競売によるよりも手間がかからず価格も高くなるというメリットがあります。ですから、民事執行では第三者異議の訴えによりその私的実行の利益を守る必要があるわけですね。
C　破産ではなお譲渡担保権者は、私的実行が可能です。ところが、民事執行では、かつて民事執行法制定以前にあった優先弁済の訴えもなくなり、優先弁済権の確保すら不十分です。
D　実務的にも、民事執行では譲渡担保権者に第三者異議の訴えを認め所有権的構成でいくことは、確立しています。これに対して、倒産実務では、担保的構成でいくことがほぼ確立しており、会社更生では構成担保権に準じて、それ以外の倒産手続では別除権として取り扱われています。これらの実務の裏にある実質的な理由の分析が、小林先生が示されたように、重要です。
小林　それでは、集合物譲渡担保の成立要件や動産売買先取特権との優劣を検討してみましょう。判例は、集合動産譲渡担保の成立案件として、目的物の範囲の特定性を要求し、対抗要件として占有改定による引渡しでも足りるとしているようですが、説明できますか。
A　最初の判例（最判昭和54年2月15日民集33-1-51）は、集合動産譲渡担保の成立要件として集合動産の目的物の範囲の特定を要求し、目的物の種類、所在場所、量的範囲の3つを要素としています。
小林　具体的な事案との関係はどうですか。昭和54年判決は、結論として、集合動産譲渡担保の成立を否定していませんか。
B　事案は、譲渡担保設定者が倉庫業者に委託中の乾燥ネギ44トンのうち28トンという定めの譲渡担保で、目的物の種類および量的範囲は明らかですが、所在場所の指定にあいまいさが残ったために、結論的には特定性が不十分として集合動産譲渡担保の成立を否定しています。
小林　集合物譲渡担保と動産売買先取特権との優劣について判示した最高裁昭和62年11月10日判決（民集41-8-1559）のほうが、集合物譲渡担保の成立を肯定し、しかも本件の直接の先例といえるものではないですか。

C　小林先生のおっしゃる通りで、事案は債務者の4つの倉庫ならびにそれらの敷地およびヤードを保管場所とし、これらの保管場所に所在する普通棒鋼および異形棒鋼とよばれる動産などの一切の在庫商品をもって担保の目的とし、占有改定の方法により債権者への引渡しを了したものとされた。また、将来において債務者が取得した同種または類似の動産も、同保管場所に搬入することにより譲渡担保の目的となることが承諾されていました。債務者に異形棒鋼を売り渡し、同保管場所に搬入された後、債務者が売買代金を支払わないため、売主が動産売買先取特権に基づいて競売を申立てたところ、債権者（集合動産譲渡担保権者）が第三者異議の訴えを提起し、裁判所はその訴えを認めたものです。最高裁（最判昭和62年11月10日前掲）は、次のように判示しています。

「構成部分の変動する集合動産であっても、その種類、所在場所及び量的範囲を指定するなどの方法によって目的物の範囲が特定される場合には、一個の集合物として譲渡担保の目的とすることができるものと解すべきであることは、当裁判所の判例とするところである（昭和54年2月15日第1小法廷判決・民集33-1-51参照）。そして、債権者と債務者の間に、右のような集合物を目的とする譲渡担保権設定契約が締結され、債務者がその構成部分である動産の占有を取得したときは債権者が占有改定の方法によってその占有権を取得する旨の合意に基づき、債務者が右集合物の構成部分として現に存在する動産の占有を取得した場合には、債権者は当該集合物を目的とする譲渡担保権につき対抗要件を具備するに至ったものということができ、この対抗要件具備の効力は、その後構成部分が変動したとしても、集合物としての同一性が損なわれない限り、新たにその構成部分となった動産を包含する集合物について及ぶものと解すべきである。したがって、動産売買の先取特権の存在する動産が右譲渡担保の目的である集合物の構成部分となった場合においては、債権者は、右動産についても引渡を受けたものとして譲渡担保権を主張することができ、当該先取特権者が右先取特権に基づいて動産競売の申立をしたときは、特段の事情のない限り、民法333条所定の第三取得者に該当するものとして、訴えをもって、右動産競売の不許を求めることができるものというべきある」。

小林　集合物譲渡担保では、個々の動産について譲渡担保権が成立していると考えるのではない限り、先取特権の実行に対して譲渡担保権者は何ら異議を述べられないとする有力説もありますが（道垣内弘人・担保物権法［第3版・有斐閣・平20］335頁）、譲渡担保は約定担保物権であり動産質権に準じた効力を持つと考えられます。それ故、民法334条・330条を準用して、判例と同様に集合物譲渡担保が優先するとする考え方が多数説です。

なお、動産先取特権の実行としての差押えでなければ、動産先取特権の実行ということにはなりませんので、単なる一般債権の差押えになり、その場合は、譲渡担保が当然に優先することについての争いはありません。

ケース……2

以下の事例において、債権者甲の第三者丙に対する詐害行為取消権の行使は認められるかについて、甲の言い分と丙の反論を想定しつつ論ぜよ。なお、参考として、最近改正がなされた破産法の否認権（詐害行為取消権と共通の性質を有するとされる）に関する条文を付記してある。

甲は、債務者乙に対して4000万円の金銭債権を有しているが、乙は他にめぼしい資産がないのに、唯一の資産であるその所有不動産の土地を1億円の対価で第三者に売却した（丙への所有権移転登記もなされた）。本件土地の売買契約は1つであるが、本件土地は3筆からなっており、実際には通路の関係で一体利用しなければ接道が不十分になるという物件であった。3筆の土地の価格は、A区3000万円、B区3500万円、C区3500万円の値が乙丙間でつけられ、総額1億円は、付近の土地取引の事例からすると時価にほぼ近いものであった。

しかし、甲としては、本件土地3筆が丙に売却されると乙が無資力になるとして、丙に対して乙丙間の不動産売買契約を取消し、乙丙間の移転登記を抹消するように求める詐害行為取消権の訴えを提起した。

仮に、乙丙間の本件3筆の土地の売買が、乙が丙に対して負っていた1億円の債務の代物弁済として行われたものであった場合はどうか。また、乙丙間の不動産売買契約が、実は乙の窮状を救済するため、丙から乙に1億円の救済融資がなされ、その担保としての譲渡担保契約であった場合はどうか。

<参考>〔下線はいずれも筆者〕

破産法160条（破産債権者を害する行為の否認）1項1号
　次に掲げる行為（<u>担保の供与又は債務の消滅に関する行為を除く。</u>）は、破産手続開始後、破産財団のために否認することができる。
一　破産者が破産債権者を害することを知ってした行為。ただし、これによって利益を受けた者が、その行為の当時、破産債権者を害する事実を知らなかったときは、この限りでない。

破産法161条（相当の対価を得てした財産の処分行為の否認）1項
　破産者が、その有する財産を処分する行為をした場合において、<u>その行為の相手方から相当の対価を取得しているときは</u>、その行為は、次に掲げる要件のいずれにも該当する場合に限り、破産手続開始後、破産財団のために否認することができる。
一　当該行為が、不動産の金銭への換価その他の当該処分による財産の種類の変更により、破産者において隠匿、無償の供与その他の破産債権者を害する処分（以下この条並びに第168条第2項及び第3項において「隠匿等の処分」という。）をするおそれを現に生じさせるものであること。
二　破産者が、当該行為の当時、対価として取得した金銭その他の財産について、隠匿等の処分をする意思を有していたこと。
三　相手方が、当該行為の当時、破産者が前号の隠匿等の処分をする意思を有していたことを知っていたこと。

破産法162条（特定の債権者に対する担保の供与等の否認）1項1号
　次に掲げる行為（<u>既存の債務についてされた担保の供与又は債務の消滅に関する行為に限る。</u>）は、破産手続開始後、破産財団のために否認することができる。
一　破産者が支払不能になった後又は破産手続開始の申立てがあった後にした行為。ただし、債権者が、その行為の当時、次のイ又はロに掲げる区分に応じ、それぞれ当該イ又はロに定める事実を知っていた場合に限る。
イ　当該行為が支払不能になった後にされたものである場合　支払不能であったこと又は支払の停止があったこと。
ロ　当該行為が破産手続開始の申立てがあった後にされたものである場合　破産手続開始の申立てがあったこと。

<論点>
1．否認権改正の立法趣旨
2．詐害行為取消権をめぐる従来の判例と学説の状況
3．不動産の相当価格での売却と詐害行為の成否
4．本旨弁済・代物弁済と詐害行為の成否
5．同時交換的行為（救済融資）と詐害行為の成否

<解答のポイント>
　本問は、詐害行為取消権の典型的な問題のように見える。不動産の相当価格での売却は、費消したり隠匿しやすい金銭に形を変えることから、原則として取消すことができ、例外的に「有益な資」に代金を使用すれば取消せないとするのが、確立した判例理論だった。本旨弁済についても、当事者間の通謀などを考慮しつつ、総合的に判断しながらも原則として取消せるとするのが、判例理論である。もっとも、救済融資のための担保設定などの「同時交換的行為」については、判例は取消しを否定する傾向にあった。

ところが、詐害行為取消権と性質と同じにする否認権（倒産時に管財人が行使し、範囲は広がっているが、詐害行為否認は詐害行為取消権とほぼ同一）について、近時立法の大改正がなされ、それぞれ原則として否認できないとされた。この否認権の立法的改正は、詐害行為取消権の解釈に大きく影響を及ぼすものとされており、このあたりの理解を問う問題である。民法のテキストでも、最新版では必ず言及されている重要論点である。

●否認権の一元的構成から二元的構成へ

否認権の本旨弁済や担保供与に対する行使が支払い不能以後に限定される一元的構成から二元的構成への変化は、詐害行為取消権にも同様な解釈の限定の可能性を生み出すだろう。非常時である倒産時において否認されないという以上、平常時において詐害行為として取消されるべきでないというバランス論ないし整合性の観点からのみならず、実質的な基本思想の変化がそこに読み取られるからである。詐害行為取消権行使の要件である無資力時においても、信用や労力が債務者にある限り、有効になされた法律行為を取消さなければならない理由はなく、取消すほうがむしろ取引の安全性を害し有害である。たとえば、現代社会では弁護士や医師をはじめとする高度技術サービス産業の比重が増加しているが、その職域では資産よりも信用や労力のほうがむしろ重要である（名声を有する医師や弁護士が開業した場合を考えよ）。そうであれば、資産だけでなく信用や労力も要素とし、これら3要素を総合して債権者が債務者の取引行為に介入できるか否かを決める「支払不能」基準によって、詐害行為取消が本旨弁済や担保提供などの義務的行為に及ぶかを決定すべきであろう。債務者の資産の有無だけで債権の実質的価値が左右され、債務者の義務的な取引行為まで取消されるリスクまで生じるというのでは、債務者の事業計画を検討して融資することもできなくなるし、（通常のあるべき事業への融資である）プロジェクト・ファイナンスなどもってのほかということになりかねない。

ある債権が弁済期に来てその債権を弁済すれば無資力になるが、次の債権の弁済期前に必要な資金が入ってくる予定である、という債権者の姿は別に不健全ではなく、資金繰り表を作成するのはそのためである。また、ベンチャー・ビジネスは、そのような資金繰りを前提として、事業開始当初は存在せざるを得ず、それを否定すればベンチャー・ビジネス自体の否定にまでつながりかねない。

以上の検討から明らかなように、本旨弁済や担保提供などの義務的行為が詐害行為として取消すことが可能になるのは、支払不能以後に限られることになるべきである。本旨弁済や担保提供は、本来的に義務的行為で法がむしろその効力を守るべき立場にあるのであり、過大な部分があればその部分だけを詐害行為として取消せば足りる。そもそも廉価売買のような責任財産を減少させる行為と、減少を生じさせない義務的行為とは質的に異なるのである。

●不動産などの相当価格による売却

次に、不動産などの重要財産の相当価格による売却であるが、従来は債権者にとっては不動産と売却代金とでは実質的な担保価値は異なり、金銭は費消したり隠匿したりしやすいので原則的に詐害行為になり、例外的に金銭がそのまま残っている場合や「有益な資」に使用した場合にのみ詐害行為にならないとされていた。しかし、これでは不動産などの重要財産の売却は、相当価格でも取消されるリスクがあることになり、無資力に近い債務者から重要財産を買い受ける人がいなくなってしまう。しかも、資金繰りや事業計画の関係で重要財産の売却が必要になったにもかかわらず、その売却が困難になったのでは、債務者としては途方にくれ、倒産に追い込まれる状況も出てこよう。

また、近時は不動産などの重要財産の流動化・証券化が盛んになっているが、取消しリスクがあるとその根底が覆され、債務者にとっては流動化・証券化による資金調達の途が封じられるだけでなく、流動化・証券化ビジネスの安定に悪影響を及ぼしてくる。

具体的に考えても、近時のサービス産業に到底あてはまるルールとは言い難い。たとえば、弁護士が開業して自宅兼事務所を持とうとするとき、現在所有している自宅が交通の便も良くなく事務所として不向きな場合に、自宅を売却してその売却資金をもとに交通の便の良いところに自宅兼事務所を賃借し、残額を当面の運転資金にあてることはよくある話であり、これが原則として詐害行為として取消されるというのは、誰もがおかしいと感じるだろう。これは、弁護士以外のサービス業を開業しようとするときに、すべてあてはまる話である。そして、製造業であっても、不動産の利用計画が売却して別の不動産を賃借したり買い換えたりしたほうが良いことは、いくらでもありえる。

●同時交換的行為

同時交換的行為についても、不動産などの重要財産の売却と同様な分析があてはまる。重要財産の売却と異なるのは、重要財産の担保供与とその見返りとしての資金獲得であるだけに、重要財産の売却以上に対価の相当性は保障されていることである。被担保債権額と同額の担保設定であるから、利息や遅延損害金の設定が暴利的でない限り、対価の適正は間違いないし、対象財産の所有権は債務者に残るから、債権者としてその後の監視も容易である。そして、債務者に対する救済融資が否認されないならば、当然に詐害行為取消しがなされないとしないならば、一貫性を欠くし、否認権の対象から同時交換的行為を外した政策的意図も実現されない。

さらに、同時交換的行為の場合、債権者平等の要請や責任財産の保全の枠外であるという否認権における理論的説明は、詐害行為取消権の場合も同様にあてはまろう。

以上からすると、同時交換的行為も、否認権の場合と同様、詐害行為取消権の対象から外れると言ってよいと思われる。

●取消しや否認の範囲

詐害行為取消制度は、取引の安全を害するおそれが大きいのみならず、あまりに広くこれを適用することは、債務者の財産整理を妨げ、その経済的更生を困難にする弊害を生ずる。従って、詐害行為取消権の行使が許される範囲は、債権者の損害を救済するのに必要な限度、すなわち債務者の詐害行為により債権者が害された範囲（詐害性を帯びている範囲）に限られるべきであり、詐害行為の目的物が可分の場合には、一部取消しが認められる。

倒産法上の故意否認権についても、一部否認を認める戦後の裁判例は存在するが、担保権の対象があるため、残部に否認を認める事案の場合が多い。

詐害行為取消権が行使された場合の取消しの範囲について大判大正9年12月24日（民録26-2024）は、債権者の損害を救済するために必要な限度での取消しを認めていた。

奥田昌道教授も、詐害行為が部分的にのみ成立する場合について、「債務者の財産状態が、積極財産1000万円、負債800万円であるとき、債務者が第三者に金500万円を贈与した場合には、右贈与契約を300万円の限度で取り消し、受贈者から300万円の返還を請求することになる」と説く。

＜参考文献＞
小林秀之「倒産法大改正とその社会的実体的影響」日本法制の改革：立法と実務の最前線（中央大学出版部・平19）465頁以下

A　詐害行為取消権の典型的事例問題かと思ったけど、小林先生の参考論文を読むと、大きな思想的転換が否認権改正の根底にあり、詐害行為取消権にも影響を及ぼすことが分かりました。ただ、従来の判例理論は取引の実態を踏まえた妥当なものと覚えていただけに、本事例に当てはめると具体的にどうなるか、良く分かりません。

B　私も、従来の判例理論が正しいと思っていたのですが、法科大学院で倒産法の否認権改正が民法の詐害行為取消権の解釈論を変更する可能性がある、と習いました。たしかに、本事例で考えると、不動産の相当価格での売却や本旨弁済あるいは代物弁済の結論は逆になる可能性がありますね。

C　そうよ。否認権は倒産時、詐害行為取消権は平常時の責任法制を構成する車の両輪みたいな関係にあるの。そうだとすると、否認権の基本的思想の変化は詐害行為取消権の解釈に当然影響を及ぼすし、民法424条や425条は、文言上はかなり一般的なので、解釈論の変更での対応が可能なのよ。

小林　まず、不動産の相当価格での売却ですが、どうして否認権では原則と例外が入れ換わったのか詐害行為取消権にも同様に当てはまるか、という点はどうですか。

B　私は、従来の判例理論のほうが実質的考察をしていて妥当であり、ただ例外の「有益の資」に何があたるか明確でなく、子女に高等教育を受けさせることも該当するという判例がありました。

C　現在の取引では、不動産の流動化・証券化が隆盛をみるようになっているけど、後で不動産売買が取消されたら、流動化・証券化の基本が覆ってしまって、取引が大混乱になるわ。少なくとも、取消しの基準を明確化し、しかも原則は取消されないことが必要だわ。従来の判例が例外の「有益の資」と認めた子女の高等教育の場合にしても、債権者の中には債務者の弁済がないために子女に高等教育を受けさせられない人もいるでしょうし、その人達からすれば「有益の資」とは到底いえないわ。

D　実質的にも、債務者の事業の再建のため、唯一の資産である不動産を処分する必要があることが多いことは事実です。その場合、原則として取消しの可能性がないし、例外的に取消される場合も基準を明確化して欲しいのが実情です。

小林　私も、現在の取引では予測可能な明確な基準が必要だし、金銭のほうが費消しやすいとしても、相当対価である以上無資力と決めつけられず、むしろ隠匿等があった場合のみ取消せるとするのが、筋だと思います。この点は、否認権だけでなく、詐害行為取消権にも同様にあてはまります。

　否認権だけではなく詐害行為取消権にも、同じ理屈があてはまるのは、代物弁済も含む本旨弁済の支払不能前の故意を理由とする取消しや、同時交換的行為の取消し不可にもあてはまります。

B　従来の判例理論では、本旨弁済の取消しを認めると、結局、結論的にはより勤勉でない債務者、本問でいえば、XがよりAí勤勉な債権者であったYに優先することを認めることになってしまいます。

小林　その意味でも、従来の判例理論では、債権者間の公平や勤勉な債権者の保護という面で問題があったと思います。本旨弁済の取消しというのは、本来は当然しなければならない義務行為である本旨弁済を否定するわけですから、慎重にする必要があると思います。支払不能前は、債務者が自由に経済活動ができることを保障する必要があります。

D　同時交換的行為を認めないと、緊急融資が怖くてできなくなり、倒産が増大するという実務的問題もあります。否認権改正により、「既存の債務」についての担保提供等しか偏頗行為にならないとされたことは、歓迎すべきことです。

事項索引

あ

明渡し……327
　——の催告……328
明渡猶予期間……127, 128
明渡猶予制度……127

い

異議をとどめない承諾……123
異時配当……181
意思表示義務……332
異主共同抵当……182, 186
一部抵当……75
一括競売……144
　——の拡大……132, 140
　——の適用範囲拡大の理由……141
　抵当地と建物の——……140
一括売却……307
一般債権者……5
一般抵当権……73

う

請負代金債権……43
受戻権……206, 229, 230
受戻権放棄……237
売渡担保……220
運送賃……28

か

買受可能価額……291
買受人……297
開札期日……294
開示義務者……344
買戻し……221
確定請求……192
　——の相手方……193
確定日付のある証書……67
価値権……133
価値権説……43
価値代表物……97
仮執行宣言……270
仮執行宣言付給付判決……7
仮執行宣言付支払督促……7, 271
仮執行宣言付判決……270
仮登記……204, 208
仮登記担保……3, 202
仮登記担保契約……204, 208
仮登記担保権……202

仮登記担保法……202
仮登録……204, 208
簡易な換価方法……61
間接強制……330, 331, 332
元本確定期日……189
管理人……301
管理命令……325

き

期間入札……294
期限の到来……274
期限の利益喪失約款……246, 259
期限の利益の喪失……93
期日入札……294
帰属清算……225
帰属清算型……212, 230
求償権……74
給付判決……5
強制管理……300
強制金……331
強制競売……283
供託……319
共同抵当……179
共有物の分割のための競売……342
漁業財団……179
極度額……187
極度額減額請求権……194
金銭執行……269

け

形式的競売……341
形成権……14, 194
件外建物……132
現況調査……290
建設機械執行……310
限定承認……342
原抵当権……159
券面額……323

こ

鉱業財団……179
工業の労務者……33
航空機執行……310
航行許可……312
工場財団……179
公正証書……165
公租・公課……168
交付計算書……298

個別執行……………………………………… 268
個別相対効……………………………………… 285
混同法理の例外………………………………… 147

● さ

債権・質権共同質入れ説……………………… 56
債権執行………………………………………… 314
債権者平等の原則……………………… 4, 6, 27
債権証書の交付………………………………… 65
債権譲渡担保…………………………………… 243
債権譲渡登記…………………………………… 246
債権譲渡特例法…………………………… 245, 248
債権・抵当権共同質入れ説…………………… 161
債権と物との牽連性……………………… 12, 21
債権の流動化…………………………………… 249
最高価買受申出人………………………… 295, 297
財産開示手続…………………………………… 343
最低売却価額…………………………………… 291
再売買の予約…………………………………… 221
債務者対抗要件………………………………… 246
債務者の変更…………………………………… 197
債務超過………………………………………… 8
債務名義…………………………………… 7, 270
詐害行為取消権………………………………… 81
先取特権………………………………………… 3, 27
　　運輸の——……………………………… 32
　　雇用関係の——………………………… 27, 28
　　種苗・肥料供給の——………………… 33
　　葬式費用の——………………………… 27, 30
　　動産売買の——………………………… 33
　　日用品供給の——……………………… 27, 31
　　農業労務の——………………………… 33
　　不動産工事の——……………………… 34
　　不動産賃貸の——……………………… 31, 32
　　不動産の売買代価の——……………… 28
　　不動産売買の——……………………… 34
　　不動産保存の——……………………… 33
　　旅館宿泊の——………………………… 32
差押え………………………… 5, 98, 105, 285
　　——の相対効…………………………… 285
差押禁止債権……………………………… 319, 320
差押禁止動産…………………………………… 306
差押物の保管…………………………………… 304
差押命令…………………………………… 316, 339
更地……………………………………………… 136

● し

敷金……………………………………………… 31
自己換価権……………………………………… 164
次順位買受けの申出…………………………… 295
質権……………………………………………… 3, 51
質権設定の効力発生要件……………………… 65
質物再度質入れ説（質物質入れ説）………… 56

執行異議…………………………………… 166, 280
執行機関………………………………………… 268
執行決定………………………………………… 271
執行抗告………………………………………… 279
執行障害事由…………………………………… 275
執行証書…………………………………… 7, 271
執行停止の裁判………………………………… 276
執行停止の文書………………………………… 278
執行取消文書…………………………………… 279
執行判決………………………………………… 271
執行文…………………………………………… 272
執行文付与に対する異議の訴え……………… 275
執行妨害………………………………………… 96
執行妨害目的の短期賃貸借…………………… 126
執行力のある債務名義の正本………………… 168
実在財団………………………………………… 228
私的実行………………………………………… 210
自動車執行……………………………………… 310
支払停止………………………………………… 190
支払不能………………………………………… 8
指名債権………………………………………… 65
収益質…………………………………………… 60
収益的効力……………………………………… 4
終局判決………………………………………… 270
集合債権譲渡担保……………………………… 244
集合債権譲渡担保契約…………………… 244, 256
集合動産譲渡担保………………………… 242, 256
自由選択権……………………………………… 180
従たる権利……………………………………… 85
従物………………………………………… 24, 81
授権決定………………………………………… 330
授権説…………………………………………… 231
種苗・肥料の代価……………………………… 28
順位確定の原則………………………………… 73
順位上昇の原則………………………………… 73
順位保全効……………………………………… 204
純換価型………………………………………… 342
使用……………………………………………… 304
承継執行文……………………………………… 273
条件成就執行文………………………………… 272
消除主義………………………………………… 20
承諾転質………………………………………… 55
譲渡担保…………………………………… 3, 220
　　狭義の——……………………………… 220
譲渡担保権………………………………… 23, 222
　　——の受戻権…………………………… 237
　　——の清算金支払請求権……………… 237
譲渡担保権者…………………………………… 224
譲渡担保権設定者……………………………… 224
譲渡命令………………………………………… 324
剰余主義………………………………………… 293
将来債権の譲渡の有効性……………………… 245
将来発生すべき債権…………………………… 244

所在地主義……………………………………… 311
処分権限………………………………………… 74
処分制限効……………………………………… 285
処分清算………………………………………… 225
処分清算型………………………………… 212,230
処分清算特約…………………………………… 212
所有権取得……………………………………… 210
所有権取得権能………………………………… 202
所有権取得的効力……………………………… 4
所有権の構成……………………………… 227,231
所有権留保……………………………… 3,257,266
書類預り………………………………………… 201
自力救済の原則的禁止………………………… 269
侵害是正請求権………………………………… 90
信託的譲渡説…………………………………… 231
人的担保………………………………………… 2
人的無限責任…………………………………… 5
信用金庫取引による債権……………………… 196

す

随意売却………………………………………… 308
随伴性…………………………………………… 4

せ

請求異議の訴え………………………………… 275
清算型…………………………………………… 342
清算期間………………………………………… 207
清算義務…………………………………… 203,225
清算金の見積額………………………………… 210
責任転質………………………………………… 55
設定者留保権説………………………………… 232
競り売り…………………………………… 295,307
競り売り期日…………………………………… 308
全体価値考慮説………………………………… 138
船舶国籍証書…………………………………… 311
船舶執行………………………………………… 310
占有改定…………………………………… 51,242
占有者の費用償還請求権……………………… 21
善良な管理者の注意…………………………… 13

そ

増価競売…………………………………… 113,117
　　――に対する批判…………………………… 113
　　――の請求………………………………… 115
増価競売義務の廃止…………………………… 115
相殺……………………………………………… 319
相殺権…………………………………………… 8
相殺予約………………………………………… 3
造作買取請求権………………………………… 24

た

代価弁済…………………………… 62,111,117,119
待機期間の伸長………………………………… 116

第三債務者…………………………………… 316,319
第三者異議の訴え…………………………… 165,260,276
第三者対抗要件………………………………… 246
代替執行………………………………………… 330
代替的作為請求権……………………………… 330
代担保の提供…………………………………… 15
第二の意味の順位確定の原則………………… 73
代物弁済の予約………………………………… 202
代理受領………………………………………… 3
短期賃貸借（制度）…………………………… 125
　　――の保護…………………………… 125,133
　　――の保護の廃止…………………… 125,132
担保権説………………………………………… 232
担保権の存在を証する文書…………………… 42
担保的構成……………………………… 227,231,258
担保不動産収益執行……………… 61,72,101,164,168

ち

地上権・永小作権……………………………… 72
超過差押禁止の原則…………………………… 303
超過売却………………………………………… 296
直接強制………………………………………… 332
調停調書………………………………………… 7
賃借権の譲渡…………………………………… 32
賃借人の費用償還請求権……………………… 21
陳述義務………………………………………… 345
賃料債権………………………………………… 109

つ

通知留保方式…………………………………… 246

て

停止条件付代物弁済契約……………………… 202
抵当権…………………………………………… 3
　　――に基づく物上代位としての差押えと相殺の優劣… 104
　　――の実行………………………………… 72
　　――の順位………………………………… 155
　　――の順位の譲渡………………………… 155
　　――の順位の変更……………… 155,158,163
　　――の順位の放棄………………………… 155
　　――の譲渡………………………………… 155
　　――の処分…………………………… 155,163
　　――の随伴性……………………………… 161
　　――の放棄………………………………… 155
抵当権再度設定説……………………………… 161
抵当権実行通知………………………………… 113
抵当権者の合理的意思…………………… 135,137
抵当権者の同意を得た賃貸借登記……… 130,134
抵当権者の同意の登記…………………… 131,134
抵当権者の放棄………………………………… 118
抵当権消滅請求………………………… 80,110,112,119
抵当権消滅請求権者の限定…………………… 116
抵当権消滅請求制度…………………………… 113

抵当権侵害	89
抵当権説	232
抵当権担保設定説	161
抵当権抹消登記手続	124
抵当直流の特約	203
抵当不動産の果実	72
滌除（制度）	112, 117
滌除制度の問題点	112
手続相対効	285
典型担保	3
転貸	32
転貸賃料債権	102
転抵当	155, 162
転抵当権設定者	159
天然果実	83, 100, 302
転付命令	323
転付命令制度	49

と

登記事項証明書	246
動産競売	333
動産競売開始許可決定	41
動産競売開始許可決定書	334
動産質権	51
動産執行	302
動産の代価	28
動産の引渡し	329
動産の保存費	28
動産売買先取特権	335, 340
同時配当	180
同主共同抵当	186
同時履行の抗弁権	10, 212
特定性維持説	45
特定の原則	73
特別清算開始	190
特別売却	295
特別売却条件	289
土地・建物の同一人帰属	138
土地・建物の同時存在の必要	136
特権説	43
取立て	322
取立権	318
取立訴訟	318, 323
取戻権	8, 228, 261

な

内覧	292

に

二重開始決定	287
二重差押え	320
二段物権変動説	232
二面性説	46

入札	294
認諾調書	7

ね

根仮登記担保権	207
根抵当	187
根抵当権	187, 200
——の確定事由	191
根抵当権者	187
——からの確定請求	192
——の請求による元本確定	193
根抵当権消滅請求権	194
根抵当権設定者	187

の

農業労務者の賃金	28

は

売却基準価額	290
売却許可決定	297
売却条件	289
売却代金	89, 97, 298
売却不許可事由	296
売却命令	325
配当	325, 337
——の順位	168
配当異議の訴え	299
配当異議の申出	299
配当期日	299
配当表	299
配当要求	6, 166, 188, 288, 321, 336
配当要求書	321
破産	190
破産債権	8
破産手続開始決定	194
場所単位主義	305

ひ

引受主義	20
引換給付判決	13
引渡し	327
引渡命令	298
非占有担保性	100
被担保債権の範囲の変更	197
必要生計費	307
非典型担保	3
評価人	291

ふ

付加物	81
不可分性	4
付記登記	159
付合物	81

付従性	4
不代替的作為請求権	331
負担の按分	180
物権的期待権説	232
物件明細書	292
物上代位	100, 335
——の不都合な点	101
物上代位権	42, 339
物上代位性	4
物上保証人	51
不動産競売の申立書	166
不動産質の存続期間	59
不動産質権消滅請求	64
不動産質の使用収益権	61
不動産担保権の実行	80
不動産賃貸による賃借人の債務	27
不動産の強制管理	164
不動産引渡命令	129
不当伐採	91
不特定の債権	187
振込指定	3
分離物	86

へ

別除権	261
弁済金	298, 309, 337
——の交付	299

ほ

包括執行	268
包括根抵当	188
法定果実	83, 100
法定財団	228
法定担保物権	3
法定地上権	135
——の制度趣旨	135, 137
——の成立要件・内容	147
法定賃借権	205
法定抵当権	73

法定売却条件	289

ま

増担保請求	93
回り手形	190

み

身元保証金の返還	30
民事再生手続	190
民事留置権の留置的効力	20

も

目的外動産	328
物と債権との牽連関係	12, 21

や

約定担保物権	51

ゆ

有害な登記	92
優先権保全説	45
優先弁済請求の訴え	234
優先弁済的効力	4

り

流質契約の禁止	55
留置権	3, 10, 341
留置的効力	4
民事留置権の——	20
留置的作用	61
流動集合動産譲渡担保	242
流動動産譲渡担保	242
留保所有権	258, 261
利用権	133
旅館宿泊	27

わ

和解調書	7
割付主義	180, 186

判例索引

明治

大判明32・11・13民録 5 -10-40 …………………………… 75
大判明33・10・5 民録 6 - 9 -21 …………………………… 85
大判明37・2・5 民録10-79 ………………………………… 85
大判明39・3・19民録12-391 ……………………………… 150
大判明40・3・12民録13-265 ……………………………… 97,98
大判明41・5・11民録14-677 ……………………………… 136
大判明43・3・23民録16-233 ……………………………… 150
大判明44・3・20刑録17-420 ……………………………… 58

大正元～9 年

大判大 2・5・8 民録19-312 ……………………………… 79
大判大 2・7・5 民録19-609 ……………………………… 44
大判大 3・7・4 民録20-587 ……………………… 32,35,36
大判大 4・7・1 民録21-1313 ……………………………… 136
大判大 4・9・15民録21-1469 ……………………………… 122
大決大 4・10・23民録21-1755 …………………………… 74
大判大 5・9・5 民録22-1670 ……………………………… 68
大判大 5・9・20民録22-1813 ……………………………… 150
大判大 5・12・25民録22-2509 …………………………… 62
大判大 6・4・12民録23-695 ……………………………… 82
大判大 7・12・6 民録24-2302 …………………………… 137
大判大 7・12・25民録24-2433 …………………………… 67
大連判大 8・3・15民録25-473 …………………………… 84
大判大 8・8・25民録25-1513 …………………………… 67
大判大 8・10・8 民録25-1859 …………………………… 92
大判大 9・1・29民録26-89 ……………………………… 77
大判大 9・3・29民録26-411 ……………………………… 54
大判大 9・5・5 民録26-1005 …………………………… 150
大判大 9・6・2 民録26-839 ……………………………… 226
大判大 9・7・16民録26-1108 …………………………… 120
大判大 9・12・24民録26-2024 …………………………… 354

大正10～15年

大判大11・2・13新聞1969-20 …………………………… 181
大判大11・6・17民集 1 -322 …………………………… 67
大判大11・6・28民集 1 -359 …………………………… 150
大連判大12・4・7 民集 2 -209 ……………… 43,45,50,99
大判大13・6・12民集 3 -272 …………………………… 68
大判大14・7・10民集 4 -629 …………………………… 323
大判大14・7・14刑集 4 -484 …………………………… 58
大判大14・10・26民集 4 -517 …………………………… 82
大判大15・4・8 民集 5 -575 …………………………… 182
大判大15・10・26民集 5 -741 …………………………… 165

昭和元～9 年

大判昭 2・6・29新聞2730- 6 …………………………… 13
大決昭 5・9・23民集 9 -918 ……………………… 45,50,107
大判昭 5・12・18民集 9 -1147 …………………………… 81

大判昭 6・1・17民集10- 6 ……………………………… 24
大判昭 7・5・27民集11-1289 …………………………… 92,94
大決昭 7・8・29民集11-1729 …………………………… 160
大判昭 8・4・26民集12-767 …………………………… 220
大決昭 8・8・18民集12-2105 …………………………… 121
大決昭 9・3・8 民集13-241 …………………………… 82
大判昭 9・6・2 民集13-931 …………………………… 59

昭和10～19年

大判昭10・5・13民集14-876 …………………………… 14
大判昭10・8・10民集14-1549 …………………………… 137,138
大判昭10・12・24新聞3939-17 …………………………… 14
大判昭11・1・14民集15-89 …………………………… 78
大判昭13・5・25民集17-1100 …………………………… 138
大判昭15・8・12民集19-1338 …………………………… 120
大判昭15・11・26民集19-2100 …………………………… 119,121
大判昭16・5・15民集20-596 …………………………… 150
大判昭17・3・23法学11-12-100 ………………………… 107
大判昭18・3・31新聞4844- 4 …………………………… 67

昭和20～29年

最判昭29・1・14民集 8 - 1 -16 ………………………… 24
最判昭29・7・22民集 8 - 7 -1425 ……………………… 24
最判昭29・12・23民集 8 -12-2235 ……………… 139,143,145

昭和30～39年

最判昭30・3・4 民集 9 - 3 -229 ………………………… 14
最判昭31・8・30裁判集民23-31 ………………………… 61
鹿児島地判昭32・1・25下民集 8 - 1 -114 ……………… 104
福岡高宮崎支判昭32・8・30下民集 8 - 8 -1619 …… 99,104
最判昭33・1・17民集12- 1 -55 ………………………… 14
最判昭33・5・9 民集12- 7 -989 ………………………… 75
最判昭34・9・3 民集13-11-1357 ………………………… 23
最判昭38・10・30民集17- 9 -1252 ……………………… 15

昭和40～49年

最判昭40・5・4 民集19- 4 -811 ………………… 85,139,151
最判昭40・10・7 民集19- 7 -1705 ……………………… 68
最判昭40・12・3 民集19- 9 -2071 ……………………… 208
最判昭40・12・17民集19- 9 -2159 ……………………… 240
最判昭41・4・28民集20- 4 -900 ………… 235,346,347,348
最判昭42・11・16民集21- 9 -2430 ……………………… 203
最判昭43・11・21民集22-12-2765 ……………………… 23
最判昭43・12・24民集22-13-3366 ……………………… 120,123
最判昭44・2・14民集23- 2 -357 ………………………… 147
最判昭44・3・28民集23- 3 -699 ………………………… 82,84
最判昭44・7・3 民集23- 8 -1297 ……………………… 183
最判昭44・7・4 民集23- 8 -1347 ……………………… 76
最判昭44・9・2 民集23- 9 -1641 ……………………… 28

最判昭44・11・４民集23-11-1968･････････････ 143
最判昭44・11・27民集23-11-2251･････････････ 15
最判昭45・４・10民集24-４-240 ･･････････････ 324
最判昭45・６・11民集24-６-509 ･･････････････ 322
最判昭45・６・25民集24-６-587 ･･････････････ 319
最判昭46・３・25民集25-２-208 ･･････････････ 225
最判昭46・７・16民集25-５-749 ･･････････････ 16
東京高判昭46・７・29判時640-45 ････････････ 227
最判昭46・10・21民集25-７-969 ････････････ 31, 37
最判昭46・12・21民集25-９-1610･････････････ 139
最判昭47・11・２判時690-42 ････････････････ 136
最判昭47・11・16民集26-９-1619･････････････ 24
最判昭48・２・２民集27-１-80 ･･･････････････ 323
最判昭48・５・25金法690-36 ････････････････ 319
最判昭48・９・18民集27-８-1066 ･････ 148, 151, 154
最判昭48・10・４判時723-42 ･･･････ 189, 195, 200
最判昭48・12・14民集27-11-1586････････････ 119
最判昭49・７・18民集28-５-743 ･･････････ 260, 348
最判昭49・９・２民集28-６-1152 ････････････ 15
最大判昭49・10・23民集28-７-1473 ･･････ 203, 212

昭和50～59年
最判50・２・28民集29-２-193 ････････････････ 264
最判昭51・６・17民集30-６-616 ･･････････････ 17
最判昭51・９・21判時833-69 ････････････････ 224
最判昭51・10・８判時834-57 ････････････････ 139
最判昭52・10・11民集31-６-785 ･･････････････ 137
最判昭53・７・４民集32-５-785 ･･････････････ 184
最判昭53・９・29民集32-６-1210････････････ 148, 152
最判昭53・12・15判時916-25 ････････････････ 245
最判昭54・２・15民集33-１-51 ･･････ 242, 350, 351
東京地判昭54・８・15判時951-76 ････････････ 69
最判昭55・５・12判時968-105 ･･･････････････ 319
最判昭56・12・17民集35-９-1328････ 234, 235, 241, 347, 348
最判昭57・１・19判時1032-55 ･･･････････････ 124
最判昭57・１・22民集36-１-92 ･･･････････････ 230
最判昭57・３・12民集36-３-349 ･･････････････ 87
最判昭57・９・28判時1062-81 ･･････ 233, 234, 236, 239
最判昭57・12・17判時1070-26 ･･･････････････ 264
最判昭58・２・24判時1078-76 ･･･････････ 235, 348
東京高決昭58・４・22金法1056-46 ･･･････････ 316
東京高決昭58・４・26判タ489-102 ･･･････････ 306
東京高決昭58・６・17判時1085-65 ･･･････････ 325
最判昭58・６・30民集37-５-835 ･･･････････ 70, 71
最判昭58・10・４判時1095-95 ･･･････････････ 324
最判昭58・12・８民集37-10-1517 ････････････ 98
最判昭59・２・２民集38-３-431 ･･････ 46, 49, 99, 107, 335
大阪高判昭59・９・27判タ542-214 ･･･････････ 261

昭和60～63年
大阪高決昭60・２・18判タ554-200 ･･･････････ 278
東京高判昭60・５・14東高民時報36-4〜5-92 ･･････ 219
最判昭60・５・23民集39-４-940 ･･････････････ 184
最判昭60・７・19民集39-５-1326 ･･････ 46, 99, 107, 339

東京高決昭60・10・８判時1173-67 ････････････ 45
札幌高決昭61・３・26判タ601-74 ････････････ 261
最判昭61・４・11民集40-３-584 ･･････ 213, 216, 217
札幌高決昭61・７・14判タ624-231････････････ 317
最判昭61・７・15判時1209-23 ･･･････････････ 224
名古屋高金沢支判昭61・９・８判時1221-59 ･･････ 208
東京高決昭62・１・22判タ645-254 ･･･････････ 325
最判昭62・２・12民集41-１-67 ･･････ 225, 230, 236
東京高判昭62・２・26東京高等民法38-1=3-3 ･･･ 214
最判昭62・４・２判時1248-61 ･･･････････････ 46
名古屋高決昭62・６・23判時1244-89 ･･････････ 45
最判昭62・11・10民集41-８-1559 ･･････ 241, 242, 252, 254, 350, 351
最判昭62・11・12判時1261-71 ････････････ 227, 241
高松高決昭63・３・10判時1272-106 ･･････････ 316

平成元～９年
最判平元・10・27民集43-９-1070 ･･････ 83, 98, 99, 100, 338
最判平２・４・19判時1354-80 ･･･････････････ 88
東京地判平２・12・25判時1387-75 ････････････ 200
最判平３・３・22民集45-３-268 ･･････････････ 90, 91
最判平３・３・22民集45-３-322 ･････････････ 175, 176
最判平４・11・６判時1454-85 ･･････････････ 121, 124
最判平４・11・６民集46-８-2625･････ 181, 182, 184
最判平５・１・19民集47-１-41 ･･･････････････ 196
最判平６・２・22民集48-２-414 ･･････････ 236, 239
大阪地判平８・３・29判タ919-169 ････････････ 66
神戸地判平８・９・４判タ936-223 ････････････ 66
最判平８・11・22民集50-10-2702 ･････････ 230, 237
最判平９・２・14民集51-２-375 ･･････ 135, 137, 138
最判平９・６・５民集51-５-2116 ････････････ 138
最判平９・７・３民集51-６-2500 ････････････ 14
最判平９・７・17民集51-６-2882 ････････････ 240

平成10～18年
最判平10・１・30民集52-１-１ ･･････ 39, 45, 46, 47, 98, 99, 105, 106, 107, 109, 171
最判平10・２・10判時1628-３ ････････････････ 47
大阪地判平10・３・18金判1045-９ ････････････ 247
最判平10・３・26民集52-２-483 ･･････ 47, 99, 108
最判平10・７・３判時1652-68 ････････････････ 138
東京地判平10・７・31金判1048-３ ････････････ 247
大阪高判平10・７・31金判1050-３ ････････････ 247
最決平10・12・18民集52-９-2024 ･･･････････ 44
最判平11・１・29民集53-１-151 ････････････ 245, 256
最判平11・５・17民集53-５-863 ･････････････ 224
最判平11・11・24民集53-８-1899 ･･････ 90, 91, 95
最決平12・４・14民集54-４-1552 ･･････････ 102, 103
最判平12・４・21民集54-４-1562 ･･･････････ 245
最判平13・３・13民集55-２-363 ･････････････ 103
最判平13・10・25民集55-６-975 ･････････････ 108
最判平13・11・22民集55-６-1056 ･･･････････ 247
最判平14・３・12民集56-３-555 ･････････････ 47
最判平14・３・28民集56-３-689 ･･･････････ 101, 108

最決平14・6・13民集56-5-1014 ……………… 316, 339	最判平18・2・7民集60-2-480 ……………… 221, 222
最判平16・7・16民集58-5-1744 ……………… 248	最判平18・7・20民集60-6-2499 …………… 227, 253
最判平16・9・14判タ1167-102 ……………… 248	最判平18・10・20民集60-8-3098 ……………… 238
最判平17・2・22民集59-2-314 ………………… 47	最判平19・7・6金商1271-33 …………………… 149
最判平17・3・10民集59-2-356 ……………… 91, 95	

●小林秀之（こばやしひでゆき）

1952年石川県生まれ。学者として実務家として八面六臂の活躍を続ける。大学時代の異名、「鉄腕アトム」のパワーは今なお健在。

時代の波をキャッチするセンスが抜群で、専攻の民事訴訟法・倒産法に限らず、製造物責任法会社訴訟など活躍の場は広がるばかり。今回は、手続法的な視点が大きなウエイトを占める「担保物権法」から「債権回収法」を目指す新しいタイプのテキストが実現した。

東京大学法学部を卒業し、第28期司法修習生、東京大学助手、上智大学法学部教授、同法科大学院教授を経て、現在、一橋大学大学院国際企業戦略研究科教授。

著書に、アメリカ民事訴訟法（弘文堂・1985［新版1996］）、「法と経済学」入門（共著、弘文堂・1986）、手続法から見た民法（共著、弘文堂・1993）、プロブレム・メソッド新民事訴訟法（判例タイムズ社・1997［補訂版1999］）、製造物責任法大系Ⅰ・Ⅱ（責任編集、弘文堂・1994［新版1998］）、株主代表訴訟大系（共編、弘文堂・1996［新版2002］）、破産法（共著、弘文堂・2007）、新民事訴訟法がわかる（日本評論社・1999）、民事訴訟法（共著、弘文堂・2000［第2版2003］）、わかりやすい担保・執行法改正（共著、弘文堂・2004）、わかりやすい新破産法（共著、弘文堂・2005）、条解民事再生法（共編、弘文堂・2003［第2版2007］）、などがある。

●山本浩美（やまもとひろみ）

1960年静岡県生まれ。上智大学法学部を卒業し、同大学院法学研究科で学んだ後に小林秀之先生のもとで研究生活を送った。専攻の民事執行法的な視点をいかし、これまでにない手続法との関係を重視した「担保物権法」のテキストに挑戦した。上智大学法学部助手、神戸学院大学法科大学院教授などを経て、現在、南山大学大学院法務研究科教授。博士（学術・東亜大学）。

著書に、アメリカ環境訴訟法（弘文堂・2002）がある。

担保物権法・民事執行法〔新・論点講義シリーズ5〕

平成20年6月15日　初版1刷発行

著　者　小林秀之
　　　　山本浩美
発行者　鯉渕友南
発行所　株式会社 弘文堂　101-0062　東京都千代田区神田駿河台1の7
　　　　　　　　　　　　TEL 03（3294）4801　振替 00120-6-53909
　　　　　　　　　　　　http://www.koubundou.co.jp
装　丁　笠井亞子
印　刷　図書印刷
製　本　井上製本所

© 2008 Hideyuki Kobayashi & Hiromi Yamamoto. Printed in Japan

Ⓡ　本書の全部または一部を無断で複写複製（コピー）することは、著作権法上での例外を除き、禁じられています。本書からの複写を希望される場合は、日本複写権センター（03-3401-2382）にご連絡ください。

ISBN978-4-335-31232-8

新論点講義シリーズ

法科大学院がスタートし、法学部生および法科大学院生が法律を学ぶ際に求めるテキストの形もますます多様化しています。新司法試験をめざす人にとっては良き演習書として、法学未修者にとっては良き入門書として、「論点講義シリーズ」がよりパワフルになって新シリーズにリニューアル！

＊シリーズ名を、「論点講義シリーズ」から変更し、装丁も一新。
　順次、改訂とともに新シリーズへ移行します。★印は新シリーズへ移行済み。

- 新司法試験対応のテキスト兼演習書。
- 重要論点をピックアップし、重点にそって解説。
- 記述的にも視覚的にもわかりやすさを追求。
- 図表・チャートを多用して重要点を整理。
- 2色刷を駆使してビジュアルに構成。
- 学説の分布や対立点、判例の動向などをクローズアップ。
- 短文・長文のケース・スタディで応用力・実戦力を養成。
- 法律用語の説明、判例の内容解説、考え方のポイント、一歩立ち入った話、文献案内など役立つ情報を右欄に満載。

★公法（憲法）	内野正幸	1800円
刑法総論	川端　博	2800円
★刑法各論	井田　良	2700円
★民法総則	後藤巻則・山野目章夫	2400円
物権法［第2版］	平野裕之	2850円
★担保物権法・民事執行法	小林秀之・山本浩美	3300円
債権総論［第3版］	本田純一・小野秀誠	2500円
債権各論［第2版］	本田純一	2800円
会社法［第5版］	弥永真生	2550円
民事訴訟法［第3版］	小林秀之・原　強	2850円
★破産法	小林秀之・齋藤善人	2900円
（以下、続刊あり）		

弘文堂

＊価格（税別）は2008年5月現在